构建社会主义和谐劳动关系

中华全国总工会

中国工人出版社

图书在版编目（CIP）数据

构建社会主义和谐劳动关系/中华全国总工会编著
—北京：中国工人出版社，2012.9
ISBN 978-7-5008-5275-9

Ⅰ.①构… Ⅱ.①中… Ⅲ.①劳动关系—中国—学术会议—文集 Ⅳ.①F249.26-53

中国版本图书馆 CIP 数据核字（2012）第 137557 号

构建社会主义和谐劳动关系

出 版 人 李庆堂
责任编辑 吕 静
责任校对 赵 思
责任印制 栾征宇
出版发行 中国工人出版社（北京市东城区鼓楼外大街45号 邮编：100120）
网 址 http://www.wp-china.com
电 话 010-62350006（总编室） 010-82075935（工会与劳动关系分社）
010-62005038（传真）
发行热线 010-62004002 62389465（读者服务部）
购书网址 http://ghyldgx.taobao.com
经 销 各地书店
印 刷 北京中科印刷有限公司
开 本 700毫米×1000毫米 1/16
印 张 47.5
字 数 660千字
版 次 2012年9月第1版 2012年9月第1次印刷
定 价 168.00元

大力发展社会主义和谐劳动关系 推动科学发展、促进社会和谐

（代序）

王 兆 国

这次主席团会议的主要任务是，认真学习贯彻党的十七届五中全会和中央经济工作会议精神，贯彻落实中央书记处关于今年工会工作的重要指示，深入研究新形势下发展社会主义和谐劳动关系的有关问题，团结引导广大职工为实现“十二五”规划目标任务作贡献，并审议通过有关议程，为开好全总十五届五次执委会议做准备。

以胡锦涛同志为总书记的党中央高度重视构建社会主义和谐社会，多次强调要全心全意依靠工人阶级，发展和谐劳动关系，维护职工合法权益，以劳动关系和谐促进社会和谐。五中全会明确提出，要加强和创新社会管理，发挥群众组织和社会组织作用，健全党和政府主导的维护群众权益机制。发挥政府、工会和企业作用，努力形成企业和职工利益共享机制，建立和谐劳动关系。下面，我着重就发展和谐劳动关系这个问题，讲几点意见。

第一，如何认识我国劳动关系现状。当前，我国劳动关系总体上是稳定的，与市场经济体制相适应的社会主义新型劳动关系正在逐步形成，但影响劳动关系和谐的问题仍然比较多。一个时期以

来，在一些地区和企业，劳动争议有多发趋势，有的甚至导致职工群体性事件。特别是去年富士康、南海本田等事件的发生，集中暴露了企业劳动关系中存在的严重问题，引起了社会的广泛关注，也引发了人们的各种议论。一些人对能否保持劳动关系总体稳定表示担忧，还有的对工会组织能不能有效协调劳动关系、维护职工合法权益产生疑虑。这就给我们提出了一个如何正确认识我国劳动关系现状的问题。从目前情况看，国际金融危机爆发以来，中央采取的一系列保增长促发展的举措以及保障和改善民生的政策效果明显，保持了经济平稳较快增长，为劳动关系总体稳定奠定了重要的物质基础；劳动法律体系的逐步健全，尤其是《劳动合同法》等的颁布实施，为协调劳动关系提供了重要的法律保障；在应对危机过程中，工会倡导“共同约定行动”，企业与职工共同应对、共同发展，许多经营管理者认识到劳动关系和谐的重要性，形成了保持企业劳动关系稳定的思想基础，劳动关系总体稳定的态势并没有改变。但也要看到，由劳动工资、社会保障、劳动条件等方面问题引发的劳动关系矛盾仍大量存在，成为不可忽视的问题。从发展趋势看，我国经济发展与世界经济联系日益紧密，劳动关系状况与宏观经济形势密切相关。“十二五”时期，国际金融危机影响仍会存在，我国发展面临的国际国内环境更加复杂。人民币升值压力加大，稳定和扩大出口面临困难，外向型企业特别是中小型企业的生产经营和职工就业状况不容乐观；产业结构调整和转型升级、淘汰落后产能，企业兼并重组，有可能给劳动就业、工资收入和社会保障等带来新的影响；农民工、劳务派遣工、非正规就业人员的权益实现还存在种种问题，劳动关系矛盾有更趋复杂、尖锐的态势。这些涉及职工利益的问题在经济增长较快的情况下不一定很突出，一旦经济发展出现较大波动，就会凸显出来，影响社会稳定。从现实紧迫性看，我国发展正处在关键时期，面临难得机遇，但新的风险和挑战、各种矛盾和问题也在滋生。一些国家的发展经验表明，当经济社会发展到一定阶段，特别是人均国内生产总值达到3000美元左右时，往往是包括劳动关系矛盾在内的各种经济社会矛盾集中多发的时期。尽管按目前汇率计算，我们人均国内生产总值已经达到4000美元，但是如果劳动关系问题处理不好，会影响到社会稳定，就有可能丧失我国发展的重要战略机遇期。我国现在是战略机遇期、改革关键期、矛盾多发期并存，必须下大气力发展和谐劳动关系，保持社会和谐，才能有利于抓住并用好机遇期。五中全会提出，“十二五”时期必须以科学发展为主题。科学发展离不开社会和谐，社会和谐离不开劳动关系和谐。我们要对目前劳动关系的总体情况心中有数，对未来发展趋势有一个科学判断，既要看到当前我国劳动关系总体稳定这个主流，对保持劳动关系和谐充满信心，又要看到存在的突出问题，增强构建和谐劳动关系的责任感和紧迫感。

第二，发展和谐劳动关系需要把握的原则。前一段时间，在协助党政妥善处理一些企业的集体停工事件中，工会组织主动介入、积极作为，帮助职工群众表达利益诉求，引导职工及时恢复正常生产秩序，得到了党政和各方面的肯定。对于如何解决集体劳动争议日益频发的问题，在社会上、工会内部有些不同的看法。有的同志认为，要真正维护职工权益，工会应该有自己的“最后手段”，把罢工视为解决问题的有效办法。也有同志认为，企业工会干部拿老板的工资，在维护职工权益上地位尴尬，很难有所作为。对这些问题怎么认识？国际金融危机爆发以来，法国、意大利、希腊、西班牙、美国等西方国家的工会为了实现自身利益诉求，都采取过罢工、示威等行动，对国家经济发展产生很大影响，并造成交通瘫痪、社会秩序混乱，引发公众不满，但他们提出的目标也并没有都得到实现。我们和他们的情况有着根本的不同。我国是社会主义国家，工人阶级是国家的领导阶级，劳动者和建设者都是国家的主人，尽管具体利益有差异，但根本利益是一致的，劳动关系矛盾在我国属于人民内部矛盾，不具有根本的对抗性。我们已经建立了比较完善的调整劳动关系的法律法规和制度体系，应当也完全可以通过协商、协调、沟通的办法来解决劳动关系矛盾，这既是我们党和国家性质所决定的，也是中国工会的职责和优势。工会是维护职工合法权益的组织，在企业要代表和维护职工的利益。经过协商、协调、沟通仍达不成共识、解决不了问题的，还有党和政府来解决，我们国家有党和政府主导的维护群众权益机制，政府有权督促企业执行劳动法律法规和政策，落实职工群众合法权益。因此，我们不赞成罢工是工会维权的“最后手段”的提法。通过采用过激手段来解决劳动关系矛盾，不符合中国国情、会情和我国现阶段劳动关系的性质。

要坚持以规范有序、公正合理、互利共赢、和谐稳定为目标，充分考虑劳动关系双方地位和作用的均衡，把劳动关系的建立、运行、监督、调处等环节都纳入法制轨道，通过法律和制度来调整劳动关系，兼顾双方利益，促进和谐相处。要牢固树立以职工为本、主动依法科学维权的工会维权观，贯彻落实“促进企业发展、维护职工权益”的企业工会工作原则，通过构建协调、稳定的劳动关系，努力把企业建成利益共同体、事业共同体、命运共同体。工会组织要通过自身努力，最大限度地增加和谐因素，最大限度地减少不和谐因素，促进社会和谐。

第三，发展和谐劳动关系的重要条件。发展和谐劳动关系是一项复杂的社会工程，涉及到各个方面，需要各方协调、相互支持。发展和谐劳动关系必须坚持党的领导。构建和谐劳动关系是党的要求、职工群众的期盼。在这一社会工程中，党委起着领导作用，政府起着主导作用，工会履行社会责任。工会要自觉接受党的领导，及时向党组织反映职工群众的诉求和劳动关系中的问题，主动配合政府制定和实施协调劳动关系的政策措施，力争把构建和谐劳动关系纳入经济社会发展规划，推动建立健全党政主导的职工权益维护机制，形成“党委重视、政府支持、各方配合、合力推进”的工作格局。浙江之所以涌现出不少像传化集团那样的劳动关系和谐企业，与浙江省委、省政府高度重视、大力倡导构建和谐劳动关系是分不开的，这充分说明了党委领导、政府支持的重要性。发展和谐劳动关系需要健全法律制度。这些年来，国家相继制定修订了《劳动法》、《工会法》、《劳动合同法》、《劳动争议调解仲裁法》、《企业破产法》、《就业促进法》、《社会保险法》等多项法律，国务院制定了不少涉及职工权益和劳动关系的行政法规，各地立法部门和地方政府也从实际出发，出台了许多维护职工权益的具体法规政策，这些共同构成了我国比较完备的劳动法律体系；同时，也制定了许多法律法规来维护企业的利益。在法律上，国家对劳动关系双方利益的保障总体是平衡的、协调的，是适应改革开放要求和经济社会发展的，这对和谐劳动关系、和谐企业以及和谐社会建设起到了重要的作用。全国人大和地方各级人大还通过行使监督法律实施和工作监督等职权，促进维护劳动者权益。各级政府是执法主体，在法律实施方面负有法律责任。工会要发展和谐劳动关系，一方面，必须学会运用法律，在法律制度框架内解决劳动关系矛盾，勇于善于承担法律赋予的社会责任；另一方面，还要继续推动完善劳动法律法规，加强执法监督。发展和谐劳动关系必须坚持由政府来主导。发展和谐劳动关系是政府工作的重要目标和任务。比如说，人力资源和社会保障部门负有促进就业，完善劳动收入分配制度，确定和适时调整最低工资标准，健全社会保障体系，开展劳动保障监察，监督劳动合同、集体合同履行等职责；民政部门负有制定社会救助政策，健全社会救助体系，保障城乡居民最低生活等职责；工商行政管理部门负有市场监督管理，行政执法，监督企业经营行为等职责；安监部门负有监督检查指导安全生产，调查处理重特大事故，开展安全生产行政执法等职责。因此，工会发展和谐劳动关系，要坚持在政府的主导下，把自己的工作与政府有关部门的工作紧密衔接起来，把工会的特色和优势发挥出来，配合政府发展和谐劳动关系，依靠政府发展和谐劳动关系，支持政府发展和谐劳动关系。发展和谐劳动关系需要企业和职工共同参与。在当代中国，企业经营者和职工群众都为建设中国特色社会主义事业贡献着智慧和力量，包括管理者、科技人员、一线职工在内的全体职工是企业发展最主要的动力。企业经营者和职工群众既是管理与被管理的关系，又是团结协作、共同发展的关系。作为劳动关系的双方，虽然既对立又统一，但企业要多讲共同，职工也要多讲共同。企业劳动关系能否和谐稳定，主要责任还是在企业一方。企业要树立以职工为本、依靠职工群众办企业的理念，依法经营、依法用工，主动履行社会责任，不仅关注企业生产，也要关心职工生活、家庭和心理健康，而不能违法，不能侵犯职工群众的合法权益。职工群众要以企业发展为己任，增强自己是企业发展主人的意识，关心企业、热爱企业，加强学习、提高本领，发挥好聪明才智，为增强企业发展能力、创新能力，推动企业健康发展献计出力。要真正实现劳动关系和谐，就要把企业经营者和职工群众两个方面的积极性充分调动起来。发展和谐劳动关系需要工会组织大力推动。工会是发展和谐劳动关系的重要推动力量。要认真学习党的理论和路线方针政策，学习法律法规和业务知识，增强政治敏锐性和政治鉴别力，提高协商谈判能力、争议调解能力、思想疏导能力、应急处置能力和舆论引导能力，大力推动劳动者就业、收入分配、社会保障、住房、子女就学及农民工户籍、劳务派遣工等问题的解决。宏观上，要积极配合政府制定和落实涉及职工权益的政策，使现有的工会与政府联席会议制度、劳动关系三方协商机制更加切实有效，重视发挥产业工会的独特优势，促进完善劳动标准体系，推动建立适合国情的社会责任标准，探索把职工权益保障状况列入企业年检等做法。微观上，要更加主动地站在基层协调劳动关系第一线，加强就业培训，帮助和指导职工签订劳动合同，建立健全平等协商和集体合同制度，监督企业执行劳动法律法规，开展劳动争议调解、仲裁以及法律援助。

要加强调查研究，积极建言献策，有效预防、妥善处理集体劳动争议和职工群体性事件，主动去想办法解决影响劳动关系和谐的突出矛盾和问题，始终为构建和谐劳动关系而努力。发展和谐劳动关系需要重视发挥新闻宣传媒体的作用。传化集团发展和谐劳动关系的经验能够在社会上引起反响，很重要的一条就是中央有关部门深入调研，全面总结他们的新理念、好做法，中央新闻宣传媒体、浙江省委省政府、全总和地方工会重视舆论宣传。这些年，社会各界越来越关注劳动关系问题，这就对我们如何充分发挥媒体在构建和谐劳动关系中的作用提出了新课题。下一步，还要继续重视发挥好新闻宣传媒体的作用，加大宣传力度。工会要学会和媒体打交道，学会引导社会舆论，学会运用媒体的力量推动工作。互联网、手机、微博等新兴媒体，在职工特别是青年职工中有很大影响，工会要利用好这些手段，生动活泼地宣传基层和企业发展和谐劳动关系的好经验、好做法，使党政干部、经营管理者、职工群众都能入耳入眼入脑，真正取得宣传实效。

第四，当前发展和谐劳动关系要注意抓好的几项工作。一是要认真总结推广构建和谐劳动关系的典型经验。这些年，各级工会配合政府部门积极推进和谐劳动关系建设，发现、培育、选树了不少好的典型。各级党委、政府及有关部门、工会组织等都要深入调查研究，进一步从理论和实践上认真总结提炼、宣传推广构建和谐劳动关系的经验，特别是传化集团和浙江省的经验，形成合力推进的工作态势，通过榜样示范、典型引路，以点带面，在全社会营造发展和谐劳动关系的强大声势和浓厚氛围。二是要积极推动开展劳动法律法规执法情况监督检查。要发挥好法律对于规范劳动关系的基础性作用，就必须运用好法律武器，加强执法检查。各级工会要加强与人大、政府、政协的配合，积极参与劳动执法检查、监察、视察和工作督察，做好工会劳动法律监督与劳动保障监察的协调配合工作，督促企业认真执行劳动法律法规。三是要依法大力推动“两个普遍”工作。依法推动企业普遍建立工会组织，提升建会质量，把广大职工组织到工会中来，增强企业工会活力，充分发挥企业工会作用。依法推动企业普遍开展工资集体协商，建立健全有关制度机制，提高职工特别是普通职工工资收入；先以工资协商为主，逐渐发展到劳动安全卫生以及社会保障等各个方面，最终达到涉及职工利益的所有事情都通过协商、协调、沟通来确定，实现劳动关系和谐、企业和谐。四是要善于运用先进企业文化职工文化培育和谐劳动关系。文化的作用很重要，是团结人民、激励人民的强大精神力量。要建设和传播先进企业文化职工文化，引导企业树立以职工为本的理念，研究解决好“企业靠谁发展”、“企业发展为了谁”的问题，营造企业与职工相互尊重、团结协作的文化氛围，促进企业与职工共同成长、共同进步、共同发展。

同志们，推动科学发展、促进社会和谐，工会肩负着崇高使命。各级工会组织和广大工会干部要坚定不移地走中国特色社会主义工会发展道路，振奋精神、真抓实干，大力发展和谐劳动关系，切实维护职工合法权益，认真做好新形势下职工群众工作，更好地在党和国家工作大局中发挥作用，以优异的成绩迎接中国共产党成立90周年！

（本文系中共中央政治局委员、全国人大常委会副委员长、中华全国总工会主席王兆国同志在2011年1月17日召开的全总十五届八次主席团全体会议上的讲话）

目 录

contents

全国构建和谐劳动关系先进表彰暨经验交流会在北京举行

全国构建和谐劳动关系先进表彰暨经验交流会15日至16日在北京举行。中共中央政治局常委、中央书记处书记、国家副主席习近平出席会议并讲话。他指出，构建和谐劳动关系，是建设社会主义和谐社会的重要基础，是增强党的执政基础、巩固党的执政地位的必然要求，是坚持中国特色社会主义道路、贯彻中国特色社会主义理论体系、完善中国特色社会主义制度的重要组成部分，其经济、政治、社会意义十分重大而深远。各级党委和政府要进一步提高认识、强化责任，把构建和谐劳动关系作为一项重要而紧迫的政治任务抓实抓好。

这次会议，是由全国总工会、人力资源和社会保障部、全国工商联、中国企业联合会、中央宣传部联合召开的一次专门研究构建和谐劳动关系的会议。会议表彰了全国模范劳动关系和谐企业和工业园区，交流了构建和谐劳动关系的工作经验，对当前和今后一个时期构建和谐劳动关系工作进行了全面部署。会议期间，习近平等中央领导同志会见了受表彰的全国模范劳动关系和谐企业和工业园区代表并合影留念。

习近平指出，劳动关系是生产关系的重要组成部分，是最基本、最重要的社会关系之一。党和国家对劳动关系问题历来高度重视，近些年来各级党委和政府把构建和谐劳动关系摆到更加突出的位置，加大工作力度，取得积极成效。当前，我国劳动关系总体和谐稳定。同时随着工业化、信息化、城镇化、市场化、国际化的深入发展，我国劳动关系领域也出现一些新情况新问题，务必高度重视，采取有力措施引导劳动关系朝着规范有序、公正合理、互利共赢、和谐稳定的方向健康发展。

习近平强调，构建和谐劳动关系，要坚持以人为本，把解决广大职工最关心最直接最现实的利益问题，切实维护他们的经济权益、政治权益、文化权益、社会权益，作为根本出发点和落脚点；要坚持促进企业发展和维护职工权益相统一，同时调动劳动关系主体双方的积极性、主动性，推动企业与职工群众协商共事、机制共建、效益共创、利益共享；要从不同类型企业的实际出发，把构建和谐劳动关系必须遵循的总的共同要求与具体的具有差异性的措施结合起来，统筹兼顾、分类指导，既整体推进，又突出重点、突破难点。当前和今后一个时期，要着重抓好进一步完善劳动法律法规并保障其实施、合理调节企业工资收入分配、加强企业民主管理建设、努力化解劳动关系矛盾、加强企业党组织建设、支持和促进企业健康发展等工作，以构建和谐劳动关系的新进步更好地推动科学发展、促进社会和谐。

习近平指出，经过这些年的探索和实践，构建和谐劳动关系工作已初步形成党委领导、政府负责、社会协同、企业和职工参与的工作格局，要在坚持中进一步明确各方职责，使党政力量、群团力量、企业力量、社会力量紧密结合和统一起来，共同推进构建和谐劳动关系。各级党委宣传部门和新闻媒体要把构建和谐劳动关系作为宣传报道的经常性任务，坚持正确舆论导向，引导和促使各类媒体共同营造构建和谐劳动关系的良好舆论氛围。要继续大力推进和谐劳动关系创建活动，丰富创建内容，规范创建标准，改进创建评价，完善激励措施，不断把创建活动取得的成果转化为构建和谐劳动关系的长效机制。

中共中央政治局委员、国务院副总理张德江在总结讲话中指出，要认真贯彻落实习近平同志重要讲话和本次会议精神，高度重视构建和谐劳动关系工作，努力形成职工得实惠、企业得效益、经济得发展、社会得稳定的和谐劳动关系新局面。要高度重视当前劳动关系领域的突出问题，着重解决好部分企业损害职工合法权益的问题，部分职工特别是劳动密集型企业一线职工工资偏低问题，部分企业忽视职工发展需要问题和劳动关系基层基础工作薄弱问题。要创新和谐劳动关系体制机制，加快和谐劳动关系制度建设，重点健全劳动合同制度、集体协商和集体合同制度、协调劳动关系三方机制、劳动关系矛盾调处机制。

中共中央政治局委员、全国人大常委会副委员长、中华全国总工会主席王兆国主持会议。中共中央政治局委员、中央书记处书记、中宣部部长刘云山，全国政协副主席、全国工商联主席黄孟复，中国企业联合会会长王忠禹出席会议。

各省、自治区、直辖市和副省级城市、新疆生产建设兵团有关负责人，中央和国家机关有关部门、中央国有企业负责人，会议经验交流单位代表、受表彰单位代表参加了会议。

（新华社北京 2011 年 8 月 16 日电）

中华全国总工会关于认真学习宣传贯彻全国构建和谐劳动关系先进表彰暨经验交流会精神的通知

（总工发〔2011〕62号）

各省、自治区、直辖市总工会，各全国产业工会，中共中央直属机关工会联合会、中央国家机关工会联合会，全总各部门、各直属单位：

全国构建和谐劳动关系先进表彰暨经验交流会于2011年8月15日至16日在北京召开。在这次会议上，中共中央政治局常委、中央书记处书记、国家副主席习近平发表重要讲话，中共中央政治局委员、国务院副总理张德江作总结讲话。中共中央政治局委员、全国人大常委会副委员长、中华全国总工会主席王兆国主持会议。中共中央政治局委员、中央书记处书记、中宣部部长刘云山，全国政协副主席、全国工商联主席黄孟复，中国企业联合会会长王忠禹出席会议。各省、自治区、直辖市和副省级城市、新疆生产建设兵团有关负责人，中央和国家机关有关部门、中央国有企业负责人，会议经验交流单位代表、受表彰单位代表参加了会议。这次会议，由全国总工会、人力资源和社会保障部、全国工商联、中国企业联合会、中央宣传部联合召开，是改革开放30多年来第一次全国性研究部署构建和谐劳动关系的工作会议，是一次高规格的十分重要的会议，对于进一步做好新形势下的劳动关系工作具有里程碑意义，对于推动科学发展、促进社会和谐必将产生重大而深远的影响。为认真学习宣传贯彻会议精神，现就有关事项通知如下。

一、认真学习领会会议精神，切实增强构建和谐劳动关系的使命感、责任感和紧迫感

这次会议，以邓小平理论和“三个代表”重要思想为指导，深入贯彻落实科学发展观，认真学习贯彻胡锦涛同志“七一”重要讲话精神，表彰全国模范劳动关系和谐企业和工业园区，交流构建和谐劳动关系的工作经验，全面分析我国劳动关系工作面临的形势和任务，对做好新形势下构建和谐劳动关系工作作出全面部署。

会议指出，构建和谐劳动关系，是建设社会主义和谐社会的重要基础，是增强党的执政基础、巩固党的执政地位的必然要求，是坚持中国特色社会主义道路、贯彻中国特色社会主义理论体系、完善中国特色社会主义制度的重要组成部分，其经济、政治、社会意义十分重大而深远。

会议强调，构建和谐劳动关系，要坚持以人为本，把解决广大职工最关心最直接最现实的利益问题，切实维护他们的经济权益、政治权益、文化权益、社会权益，作为根本出发点和落脚点；要坚持促进企业发展和维护职工权益相统一，调动劳动关系主体双方的积极性、主动性，推动企业与职工群众协商共事、机制共建、效益共创、利益共享；要从不同类型企业的实际出发，把构建和谐劳动关系必须遵循的总的共同要求与具体的具有差异性的措施结合起来，统筹兼顾、分类指导，既整体推进，又突出重点、突破难点。

会议要求，要把构建和谐劳动关系作为一项重要而紧迫的政治任务抓实抓好。当前和今后一个时期，要着重抓好进一步完善劳动

法律法规并保障其实施、合理调节企业工资收入分配、加强企业民主管理建设、努力化解劳动关系矛盾、加强企业党组织建设和工会组织建设、支持和促进企业健康发展、维护职工合法权益等工作，以构建和谐劳动关系的新成绩更好地推动科学发展、促进社会和谐。

各级工会组织和广大工会干部要把思想和行动统一到会议精神上来，坚定不移地推动党的全心全意依靠工人阶级根本方针的贯彻落实，始终站在构建和谐劳动关系的最前列，准确把握当前我国劳动关系的性质、特点和发展趋势，始终坚持以“规范有序、公正合理、互利共赢、和谐稳定”为目标，自觉遵循“促进企业发展、维护职工权益”的企业工会工作原则，立足自身特点优势，坚定信心、迎难而上，积极进取、认真履责，以奋发有为的精神状态和求真务实的工作作风加强和改进劳动关系工作，大力推进制度创新、政策创新、工作创新，努力形成职工得实惠、企业得效益、经济得发展、社会得稳定的和谐劳动关系新局面。

二、紧密结合工会工作实际，扎实推进构建和谐劳动关系重点工作

推动形成党委领导、政府负责、社会协同、企业和职工参与的工作格局。明确工会在构建和谐劳动关系工作格局中承担的职责，积极争取党委的领导和人大、政府、政协的支持，主动向党委汇报工作，加强与人大、政府、政协的沟通配合，广泛联系社会各界，促进政府与工会、政府部门与产业工会的联席会议制度建设，推动完善人力资源社会保障部门、工会组织、企业联合会和工商联等共同参与的协调劳动关系三方机制，促使党政力量、群团力量、企业力量、社会力量结合和统一起来，共同推进构建和谐劳动关系工作。

不断促进劳动法律法规及相关政策制度的完善和实施。要积极参与完善劳动合同法、社会保险法等法律法规的配套规章和政策，

积极配合人大、政协开展劳动法律执法检查、视察，协助政府劳动行政部门开展劳动监察执法，组织引导职工开展群众性劳动法律监督，深入开展工会“六五”普法工作，重点抓好劳动密集型中小企业和非公有制企业中劳动合同法的贯彻落实，提高劳动合同的签订率和履行质量，健全集体协商和集体合同制度，依法严格规范劳务派遣用工行为，努力实现劳动法律的有法必依、执法必严、违法必究，从源头上、根本上、基础上保证劳动关系稳定。

*大力提高企业工会组织覆盖率和职工入会率。*要坚持党建带动工建、工建服务党建，依法推动企业普遍建立工会组织，创新组建方式，提高组建质量，加强区域性、行业性基层工会联合会建设，健全“小三级”工会网络，着力启发职工依法组织和参加工会的自觉性和主动性，把包括农民工、劳务派遣工等在内的广大职工组织到工会中来，充分激发企业工会活力，切实发挥企业工会在构建和谐劳动关系中的基础性作用。

*旗帜鲜明地维护职工合法权益。*要及时准确反映职工群众的意见建议，推动解决职工群众在劳动就业、收入分配、社会保障、劳动安全卫生等方面存在的突出问题，尤其是推动解决部分职工特别是劳动密集型企业一线职工工资偏低、增长偏慢问题，依法推动企业普遍开展工资集体协商，促进企业职工工资协商共决机制、正常增长机制、支付保障机制的建立健全，促进最低工资标准适时合理提高，大力开展困难职工帮扶工作，努力让广大职工共享经济社会发展成果，使和谐劳动关系建立在保障和发展广大职工切身利益基础之上。

*积极推进厂务公开民主管理工作。*要大力开展厂务公开、职工代表大会建制专项行动，提高建制率、扩大覆盖面，加大非公有制企业建制工作力度，推行区域（行业）职代会制度，健全职工董事职工监事制度，认真落实职代会职权，加强职代会标准化、规范化建设，推动厂务公开民主管理纳入企业经营管理制度之中，保障职

工的知情权、参与权、表达权、监督权。

深入开展创建劳动关系和谐企业（工业园区）活动。要总结推广创建活动经验，建立健全创建目标责任制，进一步丰富创建内容，规范创建标准，改进创建评价，完善激励措施，把区域性创建活动向企业集中的乡镇（街道）、村（社区）拓展，推动以职工为本的先进企业文化职工文化建设，用先进文化培育和谐劳动关系，把企业建设成为企业和职工的利益共同体、事业共同体、命运共同体，努力形成促进劳动关系和谐稳定、促进企业健康发展的综合效应。

加强和改进职工思想政治工作。要在职工群众中深入开展爱国主义、集体主义和社会主义的思想教育，引导他们牢固树立正确的世界观、人生观、价值观，追求高尚职业理想，培养良好道德情操，始终爱岗敬业、遵纪守法，团结奋进、争创一流，不断为企业发展创造新业绩。要主动把握职工群众的多样化需求，时刻关心他们的工作、学习和生活，加快形成有利于职工成长成才的制度环境，为他们掌握新知识、新技能、新本领创造更好的条件，更加注重对他们的人文关怀和心理疏导，帮助他们解疑释惑和排忧解难，发挥他们的聪明才智，激励广大职工同心同德为党和人民事业不懈奋斗。

积极主动地化解劳动关系矛盾。要完善劳动争议预防、预警、调处、援助一体化机制，健全劳动争议调解组织，坚持预防为主、调解为主、基层为主的原则，加强矛盾排查化解工作，及时发现和解决影响劳动关系稳定的苗头性、倾向性、潜在性的问题，做到早发现、早报告、早介入，努力把矛盾解决在萌芽状态。要牢牢把握构建和谐劳动关系的主动权，协助党政妥善处理职工群体性事件，绝不允许所谓的“维权”组织或“第二工会”插手劳动关系事务，切实维护职工队伍团结和工会组织统一。

三、加强组织领导，改进工作作风，狠抓构建和谐劳动关系工作的落实

各级工会领导班子和领导干部要增强政治意识、大局意识、责任意识和忧患意识，加强对和谐劳动关系工作的组织领导，把构建和谐劳动关系作为重要责任，摆上重要议事日程，加强督促检查。要结合劳动关系发展变化的新情况新问题，认真学习党的群众工作理论和社会管理、劳动关系以及经济、法律等方面的知识，深入基层调查研究，掌握第一手材料，推动解决职工群众的实际问题，不断提高构建和谐劳动关系的能力和水平。

要自觉践行“忠诚党的工运事业、奉献职工群众”的职业操守，大兴密切联系群众之风、求真务实之风、艰苦奋斗之风、批评和自我批评之风，克服工会机关化、行政化倾向，培养造就政治坚定、业务精湛、作风过硬、清正廉洁的工会干部队伍，提高工会工作的吸引力凝聚力，把工会建设成为发展和谐劳动关系的强大组织力量。

要进一步为企业工会工作创造条件，高度重视加强企业工会特别是非公有制企业工会工作，做到重心下移，大力推行“上代下”维权模式，形成“服务下沉一级、维权上提一级”的工作机制，从力量配置、经费投入等方面积极帮助他们解决实际困难，充分发挥他们在协调劳动关系第一线的重要作用。

要发挥工会网络、报刊、出版、文艺团体等宣传舆论阵地作用，善于运用主流媒体，积极宣传党的全心全意依靠工人阶级根本方针，积极宣传中国工人阶级伟大品格和劳模精神，积极宣传构建和谐劳动关系的政策主张、典型经验和工作进展，形成构建社会主义和谐劳动关系的强大宣传声势和良好舆论氛围。

要加强劳动关系理论研究工作，大力弘扬理论联系实际的优良

学风，认真总结新鲜经验，深入研究历史经验，努力把握基本规律，学习借鉴国外协调劳动关系的有益做法，加强工会院校、研究机构相关学科建设，加快培养构建和谐劳动关系的专门人才、工作骨干，不断提高工会劳动关系理论研究的整体水平，推动社会主义和谐劳动关系理论的丰富和发展。

各级工会组织和广大工会干部要以这次会议的召开为重要契机和强劲动力，认真组织会议精神的学习宣传，抓紧制定贯彻落实的具体措施，抢抓机遇、乘势而上，把构建和谐劳动关系的各项工作明确到具体单位和个人，健全一级抓一级、层层抓落实的工作责任制，切实做到有目标方案、有对策措施、有进度安排、有检查考核，严格要求、严格管理、严格监督，把构建和谐劳动关系各项工作落到实处，努力为促进经济平稳较快发展和社会和谐稳定作出更大的贡献。

请你们将学习宣传贯彻会议精神情况及时报送全国总工会办公厅。

中华全国总工会

2011 年 8 月 22 日

依法推动企业普遍开展工资集体协商促进构建和谐劳动关系

王玉普

工资集体协商是市场经济条件下工会参与协调劳动关系的通行做法，也是我国工会维护职工合法权益的重要手段。全总十五届四次执委会议提出“两个普遍”要求以来，各级工会把依法推动企业普遍开展工资集体协商摆上重要位置，集中力量扎实推进，取得明显的阶段性成果。当前和今后一个时期，我们要把深入推进工资集体协商作为工会的一项重要职责，认清形势、不辱使命，振奋精神、真抓实干，大力发展和谐劳动关系，维护职工合法权益，为推动科学发展、促进社会和谐作出更大贡献。

一、认真贯彻落实党中央关于构建和谐劳动关系的重要指示精神，进一步增强开展工资集体协商工作的责任感、紧迫感

党中央高度重视发展社会主义和谐劳动关系。胡锦涛总书记等中央领导同志多次强调，要大力发展和谐劳动关系，完善劳动关系协调机制，促进劳动关系和谐与社会稳定。习近平同志在全国构建和谐劳动关系先进表彰暨经验交流会上强调，构建和谐劳动关系是当前一项紧迫而重要的政治任务，要加快建立企业职工工资正常增

长机制，积极稳妥地推动工资集体协商扩大覆盖范围，建立和完善企业与职工的利益共享机制。王兆国同志多次指出，要把工会推动构建和谐劳动关系的各项工作抓紧抓实抓好，依法推动企业普遍开展工资集体协商，促进建立企业工资集体协商共决机制、正常增长机制和支付保障机制。国家“十二五”规划专门部署了构建和谐劳动关系的任务，明确提出了实现居民收入增长和经济发展同步、劳动报酬增长和劳动生产率提高同步，提高居民收入在国民收入分配中的比重、劳动报酬在初次分配中的比重的“两同步”、“两提高”目标，要求最低工资标准年均增长13%以上、绝大多数地区最低工资标准达到当地城镇从业人员平均工资的40%以上。这些都充分体现了党中央以人为本、执政为民的治国理念和推进以改善民生为重点的社会建设的战略举措，揭示了开展工资集体协商、构建和谐劳动关系的重要性和紧迫性，为深入推进工资集体协商进一步指明了方向，提出了新的更高要求。

目前我国正处于发展的重要战略机遇期和社会矛盾多发期，劳动关系在总体稳定的同时出现了新变化，一些地方和企业的劳动关系矛盾时有发生。从全总调查情况看，部分企业工资收入分配不合理，一线职工收入偏低、增长缓慢，是引发劳动关系矛盾的主要因素之一。据2010年职工工资收入统计，目前全国还有20%以上的职工工资徘徊在当地最低工资标准水平，非公有制企业一线职工相对于管理人员工资更是明显偏低。“十一五”期间，全国财政收入年均增长21.3%，而企业在岗职工工资（不含民营企业）平均增幅为15.2%；2000年以来，我国规模以上工业企业利润总额年均增长达35.3%，但职工工资增长只有14.1%。2010年全国调解、仲裁机构共处理劳动争议案件总量达到128.7万件，以劳动报酬、社会保险待遇及福利、经济补偿金、违约金、赔偿金为主要争议类型的案件合计占到立案劳动争议的81.1%。开展工资集体协商，能够在劳动关系领域形成一种协调利益矛盾、化解利益冲突、促进利益和谐的调节机制，从而使劳动关系矛盾和冲突得到有效解决。因此，我们要站在贯彻落实党中央关于构建和谐劳动关系、加强和创新社会管理决策部署的高度，充分认识开展工资集体协商的长期性、复杂性和艰巨性，切实增强责任感和紧迫感，把它作为做好新形势下职工群众工作、维护职工合法权益的一项基础性社会工程抓紧抓好。

二、认真总结经验，进一步推进工资集体协商工作

2011 年，全总先后下发推进工资集体协商工作和集体协商指导员培训实施两个三年规划（计划）及推动世界 500 强在华企业建立工资集体协商制度的意见；25 个省（区、市）将推进工资集体协商写入当地“十二五”规划纲要，20 个省（区、市）党委政府下发开展工资集体协商工作的文件，19 个省（区、市）三方联合发文推进工资集体协商工作，23 个省（区、市）人大颁布了集体合同条例。各地在推进工资集体协商的过程中，涌现出许多特色鲜明的典型经验，其中，上海家乐福签订工资集体合同、武汉餐饮行业工资集体协商、海南酒店与餐饮行业和注册会计师行业工资集体协商、吉林长春百胜餐饮有限公司 39 家连锁店签订集体合同、江苏邳州板材行业工资集体协商、东风汽车推进工资集体协商等典型经验，全总进行了推广，在全国产生广泛影响。

在看到进展的同时，还必须清醒地认识到，工资集体协商工作还面临诸多困难和问题，一些党政领导和企业劳动关系双方的认识还有待提高，相关法律法规还不够完善，工会组织的体制机制和工会干部的工作方式、能力素质还难以适应工作需要，导致工资协商过程和工资协议针对性、实效性还不够强、职工认可度还不够高。尤其在国际金融危机的背景下，部分中小企业面临着生产经营困境，给开展工资集体协商带来了新的挑战。我们必须针对这些问题，进一步加大工作力度。

一是着力解决重点难点问题，增强工资集体协商的针对性和实效性。要围绕工资增长、劳动定额、计件工资单价等职工最关心、反映最强烈的问题开展工资集体协商，促进企业在经济效益增长的基础上合理增加职工工资，推动国有企业发挥带头作用，切实把农民工、劳务派遣工纳入工资集体协商范畴。实施定期要约、集中要约、动态要约、专项要约有机结合，进一步形成声势、扩大影响。目前，我国企业总数达到1142万多家，职工总数达到3.21亿人，其中中小企业数量已占企业总数的99%以上，80%以上的职工在中小企业就业。针对大量中小企业规模小、职工人数少、工会组织程度低，单独开展工资集体协商难度大的实际情况，各级工会要以中小非公有制企业、劳动密集型企业为重点，把大力推行区域性、行业性工资集体协商作为突破口来抓，明确开展区域性、行业性工资集体协商的程序、内容、重点，加强协商主体建设，积极探索“上代下”、“上参下”，“二次协商”、“二元协商”，“协商层级上提”、“签订合同下移”等方式，通过经济、法律、政策、信息手段以及必要的行政手段，有效解决中小企业特别是非公有制企业工会“不敢谈”、“不会谈”和企业方“不愿谈”等问题，确保劳动关系双方能够谈得成、落得实。重视解决世界500强在华企业开展工资集体协商问题，各地工会特别是世界500强企业较多的地区工会要采取有力措施，着力抓好总部集体协商，形成工资专项集体合同框架，带动各所属企业建制，争取实现重大突破。

二是推动工资分配法规政策的制定和落实，为开展工资集体协商创造有利条件。研究总结工资集体协商中的实践经验和理论成果，提升到政策层面，推进集体合同和企业工资立法进程。积极参与最低工资标准、工资指导线、劳动力资源市场价位、行业人工成本、行业劳动标准的制定，推动政府部门及时调整最低工资标准，发布工资指导线、劳动力市场工资指导价位、行业人工成本信息，为企业进行工资集体协商提供政策支持和政策依据。进一步加强对劳动定额、工时工价等问题的研究，推动完善劳动定额标准，为企业确定劳动报酬提供依据。加大企业工资支付保障力度，建立健全欠薪保障机制，从制度和机制上防范和处置拖欠职工特别是农民工工资问题。推动开展劳动执法监督检查，解决工资集体协商和履约过程中的集体争议问题。

三是运用更多的资源手段，形成推进工资集体协商的工作合力。党政重视支持是推进工资集体协商的重要保证。目前，开展工资集体协商已初步形成党政主导、三方协作、工会力推、企业和职工参与的工作格局，需要在实践中进一步坚持完善。各级工会要继续推动党委、政府把开展工资集体协商纳入经济社会发展规划，作为发展和谐劳动关系、加强社会建设的重要内容，列入目标责任、纳入奖惩考核指标体系，切实担负起定政策、作部署、抓监督的责任。要充分运用三方机制这一平台，采取联合调查研究、联合督促指导、联合培训交流等形式，合力推动工资集体协商工作扩面提质。督促人力资源社会保障等部门认真做好决策咨询、协调服务、审查备案、监察执法、调解仲裁等工作。推动企业代表组织加大对企业经营者的教育引导和培训力度，加强基层企业组织和行业协（商）会组织建设，积极培育工资集体协商主体。

三、以开展工资集体协商为载体，推动构建和谐劳动关系

一是集中力量抓好工资集体协商三年规划的贯彻落实。建立适应社会主义市场经济体制要求的工资集体协商机制是一个逐步发展的过程。目前，各省级工会都已制定了本地推动工资集体协商的三年行动计划，16 个省级工会制定了考核奖励办法，大多数省级工会加大了培训工会干部和集体协商指导员工作的力度。要在现有工作的基础上，依据全总制定的三年分别达到 60%、70%、80% 建制的目标任务，结合实际作出具体部署，狠抓落实，确保实现确定的目标。实行严格的

责任制度，一把手要亲自抓、负总责，确保责任到位、措施到位、投入到位。加强指导和服务，在政策支持、信息技术运用等方面给予企业工会实实在在的支持，为企业工会开展工资集体协商创造有利条件。要尊重基层首创精神，及时总结培育一批可学可鉴、生动鲜活的开展工资集体协商的典型，带动面上工作的开展。

二是促进协调劳动关系各项工作深入开展。工资集体协商涉及工会工作众多领域和许多方面，在工会协调劳动关系工作中处于基础性、关键性的重要位置。要把握劳动关系的新特点和新变化，坚持以深化工资集体协商为抓手，有效整合工会内部资源，把推进工资集体协商与工会协调劳动关系各项重点工作有机结合起来，力争取得构建和谐劳动关系的综合效益。要通过开展工资集体协商，形成对依法推动企业普遍建立工会组织工作的倒逼机制，进一步调动职工参加工会、组织工会的主动性和自觉性。要通过开展工资集体协商，充分发挥以职代会为基本形式的企业民主管理制度的作用，深化厂务公开，通过劳资恳谈会等渠道，组织职工依法理性表达工资方面的利益诉求，从而在基层、在源头构筑起预防和化解劳动关系矛盾的防线。要通过开展工资集体协商，加强对不同地区、不同行业、不同企业的分类指导，推进产业工会建设，发挥产业工会特别是县以下行业性工会组织在发展和谐劳动关系中的独特优势和作用，带动工会组织体制和工作方式的创新。要通过开展工资集体协商，加强对工会干部和职工协商代表的业务培训，培养造就一支敢谈、善谈、会谈的工资集体协商指导员队伍，不断提高工会干部协调劳动关系的能力和水平。要通过开展工资集体协商，深入基层、深入一线，了解职工群众情况，争取在一线解决实际问题，化解劳动关系矛盾。

三是推动形成协商协调沟通的良好氛围。王兆国同志强调指出，“先以工资集体协商为主，逐渐发展到劳动安全卫生以及社会保障等各个方面，最终达到涉及职工利益的所有事情都通过协商、协调、沟通来确定，实现劳动关系和谐、企业和谐”。对此，我们要深刻理解，不但要把工作做好，而且要从中西方工会的本质区别、维权方式方法、坚持走中国特色社会主义工会发展道路等方面，进行理论性、方向性和思想性的研究探索。经过多年推进工资集体协商的探索与实践，劳动关系双方对自主协商利益关系已经形成一定共识，集体协商机制在协调劳动关系中的基础性作用日益显现。要努力拓展工资集体协商成效，善于把工资集体协商中的成功经验做法上升为制度机制，推行到协调劳动关系的众多领域，让劳动关系主体双方在良好的协商、协调、沟通机制作用下，充分表达各自意愿和诉求，最大限度促进劳动关系和谐稳定。要通过广泛深入的宣传和实实在在的工作成效，引导全社会强化协商、协调、沟通的理念，形成通过协商化解矛盾、通过协调增进共识、通过沟通形成合力的局面，切实促进企业发展、维护职工权益，维护职工队伍和社会稳定。

（本文作者系中华全国总工会副主席、书记处第一书记）

为发展社会主义和谐劳动关系提供舆论支持

张研农

在全面建设小康社会的关键时期和深化改革开放、加快转变经济发展方式的攻坚时期，深入研究发展社会主义和谐劳动关系的思路和举措，对于进一步凝聚全社会的智慧和力量，推动科学发展，促进社会和谐，具有重要意义。

发展社会主义和谐劳动关系，是建设中国特色社会主义社会管理体系，确保国家长治久安的重要战略任务。以胡锦涛同志为总书记的党中央，在对坚持科学发展、构建和谐社会、加强和创新社会管理的战略部署中，高度重视发展和谐劳动关系，多次强调要全心全意依靠工人阶级，维护职工合法权益，以劳动关系和谐促进社会和谐。我国“十二五”规划纲要专节部署了构建和谐劳动关系的战略任务，提出要“建立规范有序、公正合理、互利共赢、和谐稳定的劳动关系”，这充分体现了我们党以人为本、执政为民的理念，体现了党和国家对广大职工和企业的关心爱护，为我们发展和谐劳动关系指明了前进方向。

劳动关系和谐是社会和谐的重要基础，企业和职工队伍的稳定是社会稳定的重要内容。人民日报作为我们党治国理政的重要资源和重要手段，在促进社会和谐、维护社会稳定中肩负重要使命，理应发挥重要作用。近年来，在中宣部统一部署和指导下，新闻媒体高度重视对发展和谐劳动关系的舆论引导，综合运用报纸、广播、电视、网络等多种媒体和手段，广泛宣传全国总工会依法推动企业普遍建立工会组织、普遍开展工资集体协商的先进典型；开辟《劳动者之歌》栏目，集中宣传劳动模范和先进工作者的感人事迹，宣传在发展和谐劳动关系中有探索有创造有贡献的优秀企业，受到社会各界和广大职工的好评。人民日报社积极参加有关宣传报道工作，努力发挥示范和导向作用，也收获了一些认识和体会：

一是把握正确导向，在营造发展和谐劳动关系的浓厚氛围上发挥重要作用。党领导的新闻媒体，首要任务是围绕中心、服务大局，为推动党的工作开展提供舆论支持。我们要把宣传发展和谐劳动关系，放在服务党和国家工作大局中来思考，放在新闻宣传工作整体部署中来谋划，牢牢把握正确舆论导向，努力运用通俗的语言、生动的事例、多样的载体，大力宣传中央关于发展和谐劳动关系的指示和要求，宣传发展和谐劳动关系的重大意义，宣传推广基层企业单位创造的新鲜经验和有益做法，把好政策、好经验、好做法传播开来、推广下去。要着眼于经济社会协调发展和改善民生，着眼于国家长治久安和社会和谐稳定，积极配合各级党委、政府和工会等部门做好有关宣传报道工作，努力为发展和谐劳动关系营造良好的舆论环境。

二是坚持以人为本，在弘扬发展和谐劳动关系的价值观念上发挥重要作用。劳动关系是基本的社会关系，直接反映企业和职工现实利益。我们要充分考虑改革攻坚期、发展关键期、矛盾多发期的阶段性特征，针对不同企业、不同阶层、不同职工的思想倾向和价值取向，掌握好舆论引导的重点、节奏和力度，加强有针对性、有说服力的舆论引导。要大力弘扬和传播先进的企业文化、职工文化，围绕“企业靠谁发展”、“企业发展为了谁”等问题，引导企业经营者依法经营、依法用工，牢固树立以职工为本、依靠职工办企业的观念；引导职工关心企业、热爱企业，以理性合法的形式表达利益诉求、解决利益矛盾，倡导互信共赢、团结协作、和谐发展的价值观念，寻找和扩大管理者利益和被管理者权益的交汇点，调动好、发挥好各方主体的积极性，努力为发展和谐劳动关系奠定坚实的思想基础和群众基础。

三是体现统筹兼顾，在促进形成发展和谐劳动关系的工作格局上发挥重要作用。发展和谐劳动关系，是一项复杂的、系统的社会工程、民生工程。新闻宣传工作要运用舆论的力量，通过有效的宣传，推进各方面积极参与、共同努力、形成合力，促进发展和谐劳动关系工作大格局的形成和完善。要统筹运用多种手段，增强宣传实效，充分考虑互联网、手机、微博等新媒体在青年职工中影响越来越大的特点，充分发挥人民网承办的“中国工会新闻”网的作用，广泛运用报纸、网络、手机报、微博客等多种传播手段和途径，丰富内容，创新形式，增强亲和力感染力，以改革创新精神做好和谐劳动关系的宣传报道，努力以互联互补互动的舆论引导格局，不断促进和谐劳动关系的建立和发展。

四是贯彻依法治国，在提高全社会发展和谐劳动关系的法治意识上发挥重要作用。发展和谐劳动关系，离不开健全完善的法律制度和高效廉洁的执法环境。当前，中国特色社会主义法律体系已经形成。体现在劳动关系领域，我们已经制定修订了《劳动法》、《工会法》、《劳动合同法》、《就业促进法》等一系列劳动法律法规，对发展和谐劳动关系起到了基础性的保障作用。新闻媒体要宣传好，首先要学习好、运用好，做到严格依法办事、依法宣传。要在新闻宣传中大力弘扬社会主义法治精神，加强有关法律知识的解读，加强与职工生产生活密切相关的法律法规的介绍，引导各部门各行业和广大企业经营者、劳动者严格依照法律法规调解、处理劳动关系，坚持运用合法手段反映诉求、维护权益，运用法律途径解决纠纷、化解矛盾，在全社会形成学法遵法守法用法的良好氛围，为发展和谐劳动关系创造良好的法治环境。

五是着眼服务大局，在增强发展和谐劳动关系的能力上发挥重要作用。发展和谐劳动关系，需要立足当前、着眼长远，不断研究新情况、总结新经验，不断增强凝聚共识、促进和谐的能力。新闻媒体要树立很强的政治意识、大局意识和责任意识，深入研究把握现阶段劳动关系的新特点新规律，增强舆论引导的能力和效果，多反映企业和职工对我们有什么新期待新要求，多研究落实工作任务有什么新途径新办法，多探索增强工作实效有什么新手段新载体，更加积极更加主动地配合支持各方做好工作，促进全社会在发展和谐劳动关系上的研究思考，最大限度地增进全社会对发展和谐劳动关系的智慧与共识。要促进各部门各方面不断加强有关制度和能力的建设，全面提升协商谈判能力、争议调解能力、思想疏导能力、应急处置能力和舆论引导能力，不断提高发展和谐劳动关系的能力和水平。

六是加强舆论监督，在维护劳动者合法权益上发挥重要作用。舆论监督是新闻媒体的重要功能，是推动解决劳动争议问题、保障职工权益的重要工具。我们要发挥好舆论监督的特殊作用，从大局出发，本着准确监督、科学监督、依法监督、建设性监督的原则，加强对劳动关系领域存在突出问题和矛盾的舆论监督，帮助有关部门及时掌握情况、解决问题，减少触点，消弭燃点，化解难点，疏导公众情绪，引导社会舆论，充分发挥好社会舆论减压器、稳定器和平衡器的作用。同时，要及时揭露、妥善反映严重违反劳动法律法规、侵犯劳动者权益的典型案例和倾向性问题，让舆论监督有理有力、有效有用，为维护劳动者合法权益、维护社会大局和谐稳定作出积极贡献。

中国特色社会主义道路越走越宽广，发展社会主义和谐劳动关系具有光明的前景，也蕴涵着丰厚的新闻资源。我们要始终不渝坚持宣传全心全意依靠工人阶级的指导方针，深刻理解中央精神，认真贯彻中央部署，努力把发展社会主义和谐劳动关系的新闻宣传做得更加扎实、更加生动、更有成效，为促进发展社会主义和谐劳动关系自觉担当责任，提供舆论支持。

（本文作者系人民日报社社长）

建立和谐劳动关系是工业和信息化发展的现实需求

苗　圩

发展社会主义和谐劳动关系是构建社会主义和谐社会的重要内容，是深入贯彻落实科学发展观的内在要求，是确保改革发展成果惠及全体人民的重要途径，也是加快转变经济发展方式、实现产业结构战略性调整的重要保障。

一、和谐劳动关系是工业和信息化发展的重要基础

工人阶级是促进工业和信息化发展的主力军。长期以来，在党的领导下，我国工人阶级和广大劳动群众始终站在时代前列，艰苦奋斗，锐意进取，推动我国工业从小到大，初步形成了门类齐全、自主发展的现代工业体系。进入新世纪，在走中国特色新型工业化道路目标的指引下，数以亿计的产业大军适应时代要求，团结拼搏，奋发努力，推动工业和信息化发展跃上新台阶。一直以来，全心全意依靠工人阶级和广大劳动群众，发挥其聪明才智和创造活力，是工业和信息化领域攻坚克难、实现快速发展的坚实基础。

和谐的劳动关系为工业和信息化发展提供保障。随着我国低

劳动力成本竞争优势逐渐弱化，过度依靠低成本要素投入的粗放发展方式难以为继。和谐的劳动关系能够平衡不同群体的利益关系，具有社会政治“稳定器”和社会公平“调节器”的功能。加快走新型工业化道路，推进工业转型升级，推动工业发展方式转变，都要求构建更加和谐的劳动关系。通过构建和谐的劳动关系，尊重并维护劳动者的合法权益，加强工资福利、社会保障、劳动保护以及职业培训等人力资本方面的投入，能够更好地激发和调动劳动者的工作热情和创造活力，改善工业和信息化发展环境。通过构建和谐的劳动关系，扩大就业规模，提高劳动者收入，增强社会归属感，能够更有效地释放消费意愿、扩大消费需求，增强工业和信息化发展动力。

工业和信息化领域存在的劳动关系矛盾和问题不容忽视。社会主义市场经济体制改革，不仅打破了经济结构、所有制结构的单一性，也打破了劳动关系的单一性。在改革发展的过程中，用人单位和就业主体日益多元，劳动关系日趋复杂，矛盾和问题日渐显现。部分企业损害职工合法权益，不签订或不履行劳动合同，随意提高劳动强度，延长劳动时间，克扣、拖欠职工工资。部分企业片面追求经济利益，安全保障水平低下，安全事故、职业病问题屡屡出现；缺乏人文关怀，忽视职工心理健康和发展诉求，引发员工极端事件和群体事件。实体经济特别是工业投资回报率偏低，税费负担较重，劳动密集型工业企业一线职工工资偏低，职工劳动报酬增长和劳动生产率增长不同步，行业间、职业间收入差距进一步拉大。近年来，由这些问题引发的劳动争议不断增多，群体性事件时有发生，企业招工难问题也愈发突出。只有高度重视劳动关系建设，妥善解决出现的矛盾和问题，才能更好地保证企业的稳定经营，保障工业和信息化的持续发展，保证社会的和谐稳定。

二、和谐劳动关系助推我国工业和信息化取得巨大发展

工业和信息化战线历来高度重视劳动关系建设。在党中央、国务院的正确领导下，实施更加积极的就业政策，引导企业履行社会责任，探索构建和谐劳动关系。在社会主义现代化建设过程中，注重发挥工会作用，发扬职工主人翁精神，努力改善劳动条件，推行职工代表大会制度、厂务公开制度、集体合同制度等有利于保护劳动者权益的各类措施，组织技能大赛、岗位练兵，不断提高职工队伍整体素质。

工业和信息化领域初步构建起规范有序、公正合理、互利共赢、和谐稳定的劳动关系。坚持把发展产业作为解决就业的基石，加快工业转型升级，改造提升传统产业，培育发展战略性新兴产业，调整产业结构，扩大就业规模，提升就业质量。2010 年，规模以上工业企业就业人数超过 9500 万，制造业就业人数占城镇单位就业人数的 27.9%。着力优化中小企业发展环境，完善和落实各项扶持政策，支持创新型、创业型、劳动密集型中小企业特别是小型微型企业发展。目前，中小企业提供了 80% 以上的城镇就业岗位，成为农村富余劳动力和高校毕业生就业的主渠道。加强劳动者权益保障，在行业准入、标准规范制定中突出安全生产要求，在技术改造项目安排中加强安全生产改造，督促企业落实安全生产责任，完善安全生产管理体系，为劳动者创造安全的劳动生产环境。2011 年，工矿商贸企业就业人员 10 万人生产安全事故死亡率较 2006 年下降 44%。在推进淘汰落后产能、企业兼并重组等涉及企业职工切身利益关系调整的工作中，注重加强劳动者权益保护，组织地方有关部门、企业认真落实和完善企业职工安置政策，落实淘汰落后产能奖励资金和关闭小企业补助资金，切实保证职工合法权益。

建设和谐劳动关系促进我国工业和信息化蓬勃发展。工业总体

规模不断扩大，2011 年工业增加值达到 18.9 万亿元，占国内生产总值的40%，对经济增长的贡献率接近 50%。自主创新能力不断增强，载人航天、探月工程、高性能计算机等一批重大装备和关键技术取得突破，拥有了一批自主创新的关键核心技术，工业各行业生产技术装备和工艺水平持续提高。通信业实现跨越发展，实现行政村村村通电话，建成了覆盖全国、连接全球、技术先进的信息通信网络，第四代移动通信技术（TD－LTE）取得重大进展。信息化进程稳步推进，信息技术在经济社会各领域广泛应用，电子政务、电子商务、农村信息化、企业信息化和社会信息化建设快速发展，数字家庭、网络社区、无线城市蓬勃兴起，正在形成新一轮引导经济和社会创新发展的驱动力量。国际地位显著提升，制造业规模和工业制成品出口规模位居世界第一，500 多种工业产品中有 220 余种产量位居世界第一，成为名副其实的全球制造业基地。

三、工业和信息化领域需要构建更加和谐的劳动关系

今后一个时期，是加快走中国特色新型工业化道路的关键时期，是推进工业转型升级、促进信息化与工业化融合发展的攻坚时期。要坚持以人为本的发展理念，把实现好、维护好、发展好广大人民群众的根本利益作为一切工作的出发点和落脚点，进一步激发劳动者创造活力，进一步保障劳动者权益，进一步提高劳动者素质，加快构建工业和信息化领域更加和谐的劳动关系。

一要把提升就业水平作为构建和谐劳动关系的基础。充分就业是和谐劳动关系的前提，发展产业是就业的基础。我国仍处于工业化加速发展时期，产业结构、劳动力结构和经济发展水平决定了工业仍将是未来一个时期创造就业的主体。要在加快发展技术密集型、资金密集型产业的同时，把扩大就业作为推进工业发展方式转变和结构调整的优先目标，积极发展纺织、轻工、加工贸易等吸纳

就业能力强的产业。要引导劳动密集型产业向人力资源丰富的中西部地区有序转移，促进劳动力资源就地充分利用。要引导制造业与服务业融合发展，促进生产性服务业发展，不断创造新的就业机会，提高吸纳就业能力。要把中小企业作为吸纳就业的主力军，进一步改善中小企业发展环境，加强中小企业公共服务平台建设和小企业创业基地建设，大力支持创新型、创业型、劳动密集型小型微型企业发展，促进创业、带动就业。

二要把加强职工权益保护作为构建和谐劳动关系的重要内容。保护职工合法权益是我国社会主义制度的根本要求，也是发挥广大职工积极性、主动性、创造性的重要工作。要加强职工经济权益保护，加快建立职工工资正常增长机制和支付保障机制，在淘汰落后产能、推进企业兼并重组中，进一步落实和完善企业职工安置政策，积极稳妥解决职工社会保险关系接续、工资拖欠等问题。要加强职工安全和健康权益保护，引导企业完善安全生产管理体系，落实劳动安全保护措施，加强职业病防治，提升本质安全水平，为职工创造安全健康的劳动环境。要加强职工职业教育权益保护，建立健全面向全体职工的职业技能培训制度，形成有利于职工学习成才的引导机制、培训机制和激励机制，使职工素质与经济发展方式转变和产业结构调整相适应，使人力资本转化为经济可持续增长的动力。

三要形成多方共建和谐劳动关系的局面。企业和职工是和谐劳动关系的主体，政府和行业协会在构建和谐劳动关系中担负着重要责任。要转变政府职能，创新管理方式，引导企业把保障职工权益、维护职工利益作为企业社会责任建设的一项重要内容。要发挥工会联系职工和企业的桥梁和纽带作用，使其更多地参与到劳动关系的协调与处理中来，把职工合理意愿变成各方共识，维护职工合法权益。要发挥行业协会熟悉行业、联系政府和企业的优势，推进行业、企业自律，切实维护好劳动者权益。

四要积极创造有利于构建和谐劳动关系的环境。要加强对和谐劳动关系的理论研究和实践总结，丰富其内涵，深化对发展社会主义和谐劳动关系的认识，使发展和谐劳动关系与推进工业和信息化发展相互促进、协调发展。要建立健全政策法规、行业规划、标准规范体系，把职工经济权益、安全与健康权益、职业教育权益等内容制度化、规范化。要切实维护劳动市场秩序，健全就业服务体系，构建可持续发展的社会保障体系。

工业和信息化的发展，离不开广大劳动者的聪明才智和创造活力，只有尊重和保障广大劳动者权益，建立和谐的劳动关系，产业发展才有动力；只有产业更好地发展，劳动者权益才有更可靠的保障。工业和信息化系统将坚持不懈，努力形成职工得实惠、企业得效益、经济得发展、社会得稳定的和谐劳动关系新局面。

（本文作者系工业和信息化部部长）

积极发展和谐劳动关系　努力构建和谐央企

王　勇

中央企业发展社会主义和谐劳动关系，既是为推动企业改革发展奠定坚实基础，也是构建和谐企业、和谐社会建设的根本要求。长期以来，国务院国资委和中央企业高度重视发展社会主义和谐劳动关系，在推进中央企业改革发展的过程中，坚持以科学发展观为指导，积极营造企业与职工良性互动、真诚合作、共谋发展的良好氛围，做了大量工作，取得了积极进展。

一是推进职工民主管理，充分发挥广大职工的积极性和创造性。我们坚持完善和落实职代会、厂务公开等职工民主管理制度，制定了《关于建立和完善中央企业职工代表大会制度的指导意见》。目前，68%的中央企业建立了集团职代会制度，所属二级及以下单位绝大部分建立了职代会制度，境内企业100%实行了厂务公开。适应建立完善的企业法人治理结构，我们制定了《职工董事管理办法（试行）》和《职工董事履职管理办法》，在建立规范董事会的中央企业建立和完善职工董事制度，目前27家企业设立了25名职工董事。多年来，中央企业民主管理范围不断扩大，职权有效落实，制度更加健全，效果日益明显。

二是切实维护职工合法权益，为职工创造有尊严的工作生活条件。我们始终坚持把依法维护职工合法权益作为中央企业改革发展的重要原则。中央企业严格遵守法律法规，不断完善劳动合同制度，应签劳动合同职工全部签订劳动合同，养老、失业、医疗、工伤、生育保险基本实现了全员覆盖。企业普遍成立了劳动争议调解委员会，充分发挥基层劳动争议调解员作用，妥善解决劳动争议。在国有企业改制和破产企业资产处置中认真落实职工社会保障权利，积极做好下岗分流职工社会保险关系的接续工作。坚持“安全第一、预防为主”的方针，认真贯彻安全生产法、职业病防治法等有关法律法规，加强劳动保护监督检查，切实保护职工群众职业健康安全。深入开展“送温暖”活动，多渠道筹集扶贫帮困资金，建立和完善困难职工档案、领导干部结对帮困、职工互助合作保障等制度，不断健全扶贫帮困机制。在推动企业发展的同时，我们坚持使广大职工充分享受改革发展的成果，2003—2011 年中央企业职工收入逐年提升。

三是持续开展职工素质工程，努力培育一支高素质的职工队伍。我们坚持实施人才强企战略，始终把加强职工队伍建设作为企业人才工作的基础性任务。不断加大员工培训力度，广泛开展职工技能竞赛、岗位练兵等活动。国资委成立以来，中央企业职工已有1856.9 万人次参加了各类技能竞赛和岗位练兵活动，526.6 万人次参加了职业资格等级培训，176.6 万人晋升职业资格，其中 7.1 万人通过技能竞赛晋升职业资格。积极实施高技能人才培养计划，加强高技能人才队伍建设。中央企业高级工以上技能人才占技能人才比例达到 50.5%；技师、高级技师占技能人才比例由 2003 年的 3.07% 提升到 2011 年的 9.4%。不断深化班组建设，广泛开展“创建学习型红旗班组，争做知识型先进职工”活动，坚持每年选派中央企业优秀班组长赴国外知名企业学习考察，一大批优秀的中央企业班组长脱颖而出。

四是积极吸纳就业，缓解全社会就业压力。我们严格执行党中央、国务院各项决策部署，切实采取各种措施，扩大中央企业就业岗位，努力缓解全社会就业压力。在应对国际金融危机冲击中，中央企业以实际行动履行了“歇岗不失业，减薪不裁员”的承诺。同时，多方挖掘岗位，尽最大可能吸纳就业。目前，中央企业有1037万在岗职工、680多万农民工，带动了相关产业和配套企业的发展，在保障和吸纳就业等方面发挥了积极作用。

五是做好农民工工作，维护农民工合法权益。我们积极贯彻落实党中央、国务院精神，采取多种措施切实维护农民工合法权益。2010年底我们发布了《关于中央企业做好农民工工作的指导意见》，2011年2月召开了中央企业农民工工作会议，对中央企业进一步做好农民工工作提出明确要求。绝大多数企业明确了负责农民工工作的专门机构，制定了比较完善的农民工工作制度。通过建立工资保证金制度、办理农民工工资卡、设立农民工工资发放监督举报电话等措施，确保按时足额发放农民工工资。积极为农民工办理工伤、医疗、养老等保险，认真落实社会保障措施。不断改善生产作业条件和日常生活设施，努力丰富农民工精神文化生活。加强农民工职业技能培训，不断提升农民工综合素质，积极鼓励农民工参与企业管理。许多中央企业根据新时期发展实际，创新工作思路和方法，如中国中铁全面推行农民工与职工“同学习、同劳动、同管理、同生活、同报酬”的“五同”管理，切实维护了农民工合法权益。

在2011年利比亚撤侨工作中，国务院国资委和有关中央企业坚决贯彻落实党中央、国务院的部署和要求，迅速行动，精心组织，全力以赴做好在利比亚同胞的安全有序撤离工作。相关中央企业共撤出中方员工25481人，外籍人员1913人，协助撤离其他中资企业员工、留学生约6000人。在撤侨中，有关中央企业优先安排合作企业的劳务工包括农民工撤离，并无条件优先解决劳务工包括农民工的工资结算、损失补助，确保他们的生命安全和经济权益。

总的看，中央企业劳动关系是和谐稳定的。但我们也看到，随着改革发展的深入推进，企业劳动关系也面临着一些新的矛盾和挑战。“十二五”时期是我国全面建设小康社会的关键时期，在转变经济发展方式、统筹经济社会协调发展进程中，中央企业必须在促进就业和构建和谐劳动关系中发挥表率作用。我们将以建设一流职工队伍，创建和谐发展环境为目标，引导中央企业努力建设“规范有序、公正合理、互利共赢、和谐稳定”的新型劳动关系，切实推动中央企业科学发展。我们将重点做好以下几个方面的工作。

一是在重组改制中切实维护好职工合法权益。以建设和谐企业为导向，在企业重组改制中坚持主动、依法、科学维权，建立完善和谐劳动关系的利益协调、诉求表达、矛盾调处和权益保障机制。不断完善民主决策程序，在重组改制方案制定过程中充分听取职工群众意见，接受职工群众的民主监督。切实解决好职工的劳动关系和社会保障等问题，坚决制止少数企业在重组改制中存在损害职工合法权益的行为。

二是扎实做好农民工工作。按照《关于中央企业做好农民工工作的指导意见》要求，切实维护农民工合法权益，全面规范中央企业农民工用工管理。建立健全劳动报酬支付监控体系，坚决杜绝拖欠农民工工资事件的发生，进一步提高农民工参加社会保险的参保率。加强农民工职业技能培训，改善农民工工作生活条件，丰富农民工精神文化生活。重视发展本企业农民工加入工会，加强农民工党团组织建设，进一步拓宽农民工参与企业民主管理的渠道。

三是深入推进企业民主管理工作。积极探索完善符合现代企业制度要求、与公司治理有机融合的企业民主管理体系。普遍建立规范的职代会制度，有效落实职代会职权，切实保障职工民主权利。适应企业建立规范董事会的要求，建立健全职工董事、职工监事制度，提高代表职工参与决策的质量和效果。不断丰富职工参与企业民主管理形式，逐步拓宽厂务公开民主管理渠道。

四是深入实施职工素质工程。以培养“一流职业素养、一流业务技能、一流工作作风、一流岗位业绩”的“四个一流”职工队伍为目标，着力打造爱岗敬业、技术精湛、作风过硬的职工队伍。突出培养职工的政治素质、职业道德和工作作风，引导职工与祖国共奋进，与企业同发展。重点面向基层职工，开展普遍性培训，举办群众性岗位练兵和技术比武，提高职工技能水平。加强人文关怀和职工文化建设，积极开展群众性文体活动，营造健康向上、充满活力的良好环境。

我国发展社会主义和谐劳动关系具有重要意义。国务院国资委和广大中央企业将在党中央、国务院的领导下，坚持以科学发展观为指导，积极发展社会主义和谐劳动关系，推进中央企业成为构建和谐企业的表率，为构建社会主义和谐社会作出新的更大的贡献。

（本文作者系国务院国有资产监督管理委员会主任、党委书记）

巩固工人阶级领导地位 发挥主人翁作用 建立社会主义和谐劳动关系

王伟光

建设和发展社会主义和谐劳动关系，是实现科学发展、构建社会主义和谐社会的重要方面，是坚持工人阶级领导地位、发挥主人翁作用的重要任务，是适应改革发展新形势要求的重要举措，对于发展中国特色社会主义具有十分重要的意义。

建设和发展和谐的劳动关系，首要的是认清社会主义和谐劳动关系的实质、性质和特点。目前我国的劳动关系，是指在社会主义初级阶段条件下，劳动方与投资方（可以暂且简称为劳方与资方）二者的关系。这就要搞清楚社会主义初级阶段条件下劳资关系的实质、性质和特点，认清劳资关系中工人阶级的地位和作用。只有在科学认识的前提下，妥善解决和协调好劳资纠纷和矛盾，也就是说，妥善处理好劳动关系，才能真正建立和发展社会主义和谐劳动关系。

为此，必须搞清楚社会主义初级阶段有哪些主要因素对劳动关系产生影响，产生怎样的影响。在我国社会主义初级阶段，对劳动关系产生影响的最重要因素是生产资料的所有制关系。我国实行的是以公有制为主体、多种所有制并存的基本经济制度，这就决定了我国社会主义初级阶段劳动关系的基本性质和特点。基本经济制度决定我国所有制结构中包括公有制的国有经济成分、集体经济成分、公有制控股经济成分；还包括其他股份制、合伙制等带有社会所有制成分的经济成分（这只是部分性质的公有制）；还包括私人投资或外国资本投资的私有经济成分；还包括有一定数量雇工的个体经济成分。第一类是公有性质的经济；第二类是既有公有性质，同时有私有性质的混合经济；第三类是第三种、第四种，即私有性质的经济。

不同性质的所有制关系决定了劳动关系，即劳资关系，具有不同的性质与特点。公有性质经济成分的劳方是公有经济的职工，严格来说他们才是企业的主人；资方是国家（有中央和地方两种国有形式）和集体，是全体或部分人民共有的所有制性质，其法人代表是国家或集体委派的高级管理人员。从根本上来说，公有经济的劳方和资方的根本利益是一致的，但也有一致利益基础上的利益分歧和矛盾，这种利益分歧和矛盾表现为：一是职工的个人利益与企业集体利益、国家整体利益的矛盾，劳方即职工个人一般是要求多分配一些，资方总是要求企业利益大一些，向国家贡献大一些，这就必然产生利益分歧和矛盾（企业利益与国家整体利益也有利益分歧与矛盾）；二是劳方即职工同那些收入过高、搞特殊化、脱离工人群众、官僚主义，甚至贪污腐败，损害职工、企业和国家利益的高级管理人员之间的利益分歧和矛盾。当然，这两种利益矛盾的性质是不同的，前者是正常的、非对抗性的、可以协调化解的，后者是非正常的、对抗性的、必须严肃纠正的。如果对这两种利益矛盾重视不够，失去警惕，处理不妥，都会由于职工利益得不到满足，或职工的不合理要求得不到正确教育引导，或资方代表人的错误得不到有效纠正，利益矛盾会向越来越严重的方向发展，有可能引发矛盾激化，使非对抗性矛盾转变成对抗性矛盾，潜在的对抗性矛盾成为现实的对抗性矛盾，引发严重的利益冲突，直至群体性事件或更严重的社会冲突事件。从矛盾性质来说，公有经济的劳动关系是人民内部的利益矛盾，但弄不好可以激化为对抗性矛盾；如果有坏人挑拨，加之处理不及时或处理失误，可能会招致矛盾发生性质的改变，激化为社会冲突动乱事件。

私有性质（包括个体所有）经济成分的劳方是资方雇佣的职工，他们并不是企业的主人，而是雇员；资方是私人资本性质的，体现的是私人利益。私有性质的所有制关系决定其劳动关系，即劳资关系。严格来说，私有经济的劳方与资方从利益关系与矛盾的性质来说，与公有经济本质上是不同的。在我国社会主义条件下，也属于人民内部利益矛盾，但其劳资双方的利益分歧与矛盾更为复杂、多变、多元，甚至尖锐。从总体上、从多数来说，私有经济的资方是遵纪守法、爱护职工的，但由于利润的驱动，市场经济规律的作用，损害职工利益的现象则较多存在（公有经济也少量存有此类现象)，而劳方即职工往往是处在受雇的、被动的位置上。私有经济的劳资矛盾虽然属于人民内部利益矛盾，然而存在潜在的对抗性和复杂性，其利益分歧与矛盾表现得较为明显与尖锐，这类劳动关系与矛盾更值得我们高度关注。

我国现阶段的分配制度是以按劳分配为主、多种分配形式并存的基本分配制度。在按劳分配方面，在一次分配中，根据全国整体统计来看，职工的收入比例偏小，这是不争的事实；在二次分配中，根据全国整体统计来看，职工享受的社会保障、社会福利也显少。无论是公有经济还是私有经济都存在这个事实，可能私有经济更偏少一些。在其他形式的分配方面，如按资、按劳动要素分配，多是非劳动性收入，有的是占有剩余劳动价值形式的收入。分配上的弊端一定程度上损害了工人阶级的利益，使得我国人民内部的劳动关系矛盾趋向紧张。

我国在政治制度上是社会主义性质的国家，工人阶级是社会主义国家的领导阶级。建立和谐劳动关系，必须坚持工人阶级的领导地位，注意发挥工人阶级的主人翁地位。我们党高度重视工人阶级，始终坚持依靠主力军、建设主力军、发展主力军。伴随着中国特色社会主义事业的蓬勃发展，我国工人阶级队伍不断壮大，素质不断提高，先进性不断增强，已经成为一个包括广大农民工在内的由企业、机关事业单位以及新经济组织、新社会组织中的全体劳动者构成的统一整体。实践证明，只有从党的阶级基础和执政基础的高度出发，从中国特色社会主义前途命运出发，充分相信和紧紧依靠工人阶级，把各方面的积极性充分调动起来，才能建立真正的和谐劳动关系。

从工人阶级整体利益出发，是建立社会主义和谐劳动关系的基本出发点。我国工人阶级包括公有经济的职工、私有经济的职工、个体经济的职工，其中包括公有经济的高层管理人员和私有经济的一般管理人员、技术人员等知识分子；还有国家机关公务人员、事业单位工作人员和各条战线上的广大知识分子；还有庞大的工人阶级的新鲜血液——农民工。如何充分认识工人阶级的阶级性质、地位和作用，认清工人阶级的整体利益要求，认清工人阶级的利益要求，是党和国家利益主要所在。要充分尊重工人阶级在企业经营活动中的主人翁地位，保证他们的合法权益和合理利益，最大限度地满足他们的物质文化需求，这是妥善处理社会主义初级阶段劳动关系，促进劳动关系和谐的关键。当然在发挥工人阶级作用，满足他们的利益要求的同时，也要加强对他们的思想教育，引导他们正确处理好国家、集体和个人三者利益关系。

另一方面，建设和发展社会主义和谐劳动关系，也必须兼顾投资方的利益。投资方可以分两个层面来理解：一是公有经济的资方，保证国家和企业利益。这就要教育引导职工群众正确认识和处理好国家、集体和个人的利益关系，以国家大局利益、工人阶级和全体人民的根本利益为重；同时要严格教育公有经济的领导干部廉洁奉公，防止他们因私利而侵害国家和职工的利益；还要考虑公有经济领导干部的合理待遇。二是私有经济的资方，既要支持他们、扶持他们，满足他们的合理合法的利益需求，又要加强教育、引导、监督和调节，保证国家利益和职工的合法权益和合理利益。

中国共产党作为执政党，时刻不要忘记工人阶级是执政根基。要从工人阶级和广大劳动人民的利益出发，正确协调好人民内部利益关系和矛盾，兼顾多方利益，调动一切可以调动的积极因素，为社会主义建设服务。当前要优先解决好农民工的合理利益，否则会出不稳定不和谐的大问题。

辩证法告诉我们，对立统一规律是宇宙间的根本规律，矛盾无处不在，矛盾无时不有，没有矛盾是不可能的。我国社会大量存在的是人民内部的利益矛盾。关系就是矛盾，劳动关系就是劳资之间的矛盾关系。什么叫对立？对立就是矛盾。什么叫和谐？和谐就是统一。社会和谐应当是在处理社会矛盾过程中求得统一，求得和谐。世上根本就不存在没有矛盾的和谐，也不存在不用化解矛盾就能取得的和谐。建立和发展和谐劳动关系的总题目是正确认识、处理、协调人民内部的劳资利益矛盾，特别要维护工人阶级的整体利益，兼顾他方利益。所谓和谐劳动关系，就是在正确化解、协调劳资之间的利益矛盾过程中求得统一、团结与和谐。这里尤其要注意保障职工群众的合法权益。一般来说，就责任来说，劳资矛盾的责任在资方，如何做好资方工作，则很必要。资方又为公私两者，这又要加以区别，分别对待。总之，坚持从工人阶级利益出发，正确处理好劳资利益矛盾，兼顾各方，是构建社会主义和谐劳动关系的关节点。要完善劳动立法，健全劳动力市场制度，积极发挥工会作用，建立企业和职工利益共享机制，实现发展成果共享。要执行各项劳动法律法规，大幅度提高劳动合同的签约率，完善劳动争议处理机制，保障劳动者和经营者的合法权益。要加强对人力资源市场制度法规的执行和执法监督，建立健全人力资源市场制度，逐步提高最低工资标准。要充分发挥协调劳动关系三方机制的作用，推进工资集体协商制度，推动工资与劳动生产率提高同步增长，保持劳动力供给的持续稳定，激发职工的劳动热情和创新精神。总之，要保证职工的经济、政治、文化和社会权益的充分实现，保证工人阶级领导地位的实现和广大职工主人翁作用的有效发挥。

（本文作者系中国社会科学院党组副书记、常务副院长）

积极营造良好社会氛围
推动发展社会主义和谐劳动关系

申维辰

当前，全党全国上下正在深入学习贯彻党的十七届五中全会精神和全国“两会”精神，积极谋划推进“十二五”开局之年各项工作任务。发展社会主义和谐劳动关系，是加快转变经济发展方式，实现科学发展的重要保障，也是摆在我们面前的一项紧迫任务。

一、充分认识发展社会主义和谐劳动关系的重要性

党中央对发展社会主义和谐劳动关系历来高度重视。党的十六届六中全会强调，要“发展和谐劳动关系”，“完善劳动关系协调机制”。党的十七大报告强调，要“规范和协调劳动关系，完善和落实国家对农民工的政策，依法维护劳动者权益”。胡锦涛总书记多次指出：要切实发展和谐劳动关系，建立健全劳动关系协调机制，维护和实现劳动关系的和谐与稳定，依法保障各方面劳动群众的权益，促进实现体面劳动等等。这一系列重要论断和重要讲话，为新形势下发展社会主义和谐劳动关系，提出了明确要求，指明了努力方向。

发展社会主义和谐劳动关系是构建社会主义和谐社会的内在要求。社会和谐是中国特色社会主义的本质属性。劳动关系作为最基本

的社会关系，是社会和谐的重要基础和生动体现。劳动关系和谐，很大程度上决定着人与人关系和谐。当前，我国正处于改革发展的关键时期，深层次矛盾逐步显现，影响社会和谐的因素明显增多，其中，劳动关系矛盾已成为影响社会和谐稳定的重要因素。这就要求我们必须把发展社会主义和谐劳动关系，作为构建社会主义和谐社会的一项重要的基础性工作来抓，通过劳动关系的不断改善，切实维护广大劳动者的合法权益，更好地保障他们共享改革发展成果，从而最大限度激发社会活力、最大限度增加和谐因素、最大限度减少不和谐因素。

发展社会主义和谐劳动关系是加强和创新社会管理的重要课题。加强和创新社会管理，是党中央正确把握国内外形势新变化新特点，针对当前社会管理领域存在的突出问题，提出的一项重大战略任务。加强和创新社会管理，根本目的是维护社会秩序、促进社会和谐、保障人民安居乐业，为党和国家事业发展营造良好社会环境。应当看到，随着改革开放的深入和社会主义市场经济的发展，我国经济成分、就业方式、分配方式、组织形式日趋多样化，人们的社会身份、利益诉求、价值观念也变得复杂多样，给社会管理带来新的问题。从某种意义上说，劳动关系处理得好不好直接影响着社会管理工作的成效。这就要求我们，必须把发展社会主义和谐劳动关系，作为加强和创新社会管理的重要课题，不断研究新情况，解决新问题，主动适应形势发展变化，及时调整工作内容，努力把矛盾纠纷化解在萌芽状态，从而更好地推动社会管理上水平，进一步发展良好社会秩序。

发展社会主义和谐劳动关系是推动企业又好又快发展的必由之路。企业是经济社会发展的主要动力，担负着全面建设小康社会的重要职责。当前，企业所处的社会环境、经营环境不断发生变化，企业制度和用工制度改革日益深化，农民工和劳务派遣人员等新兴职工群体大量涌现，职工群众思想观念多元多样多变趋势增强。这些新情况新问题带来的影响，很多都会在劳动关系上反映出来。可以说，能否有效改善劳动关系、化解矛盾纠纷，关系企业核心竞争力的提升，关系企业的发展壮大。大量事例表明，发展社会主义和谐劳动关系，是推动企业可持续发展的必由之路，必须既重视教育引导，又注重管理服务，在解决实际问题过程中解决好思想问题，增强职工群众对企业的认同感归属感，增强企业的凝聚力向心力，为企业又好又快发展夯实基础，创造稳定的内部环境。

二、发展社会主义和谐劳动关系需要把握的几个问题

发展社会主义和谐劳动关系，从贯彻党的路线方针政策上讲，就是要把党的群众路线、群众观点更好地贯彻落实到企业的经营管理工作之中。当前，在工作中应注意把握好以下几个问题。

紧紧依靠职工群众。发展社会主义和谐劳动关系，重心在企业，关键在企业经营管理者。企业职工是生产经营活动的主力，也是社会主义和谐劳动关系的主体。企业经营管理者要充分尊重职工群众的主体地位，在经营管理中切实保障他们的民主权利，扩大他们在企业决策上的知情权、参与权、表达权、监督权。要把握劳动关系中出现的新情况新问题，适应职工构成、维权内容、工作方式变化的新特点，积极创新贴近基层生产组织、沟通联系职工群众的有效途径和办法，让他们的意见得到及时回应，合理诉求得到逐步解决。要弘扬以职工为本的企业文化，调动发挥职工群众的积极性创造性，鼓励他们以积极的心态、向上的精神，关心企业生产经营，融入企业全部活动中，实现职工群众和企业、社会的良性互动。

坚持实事求是，从实际出发处理问题。发展社会主义和谐劳动关系，必须适应我国的基本国情和企业、职工群众的实际。要坚持实事求是的思想路线，从我国处于社会主义初期阶段这一最大的基本国情出发，加强党的领导，加强思想政治工作。既要支持企业依法管理、诚信经营，促进企业健康发展；又要根据不同所有制形式、不同形态构成、不同行业、不同规模企业的实际，针对不同职

工群体的具体情况，采取不同的政策、运用不同的方式方法开展工作、解决问题，保障职工群众切身利益。要重点做好农民工、劳务派遣人员的维权工作，注意做好新生代农民工的思想工作，努力解决弱势群体和困难职工的生活问题。

坚持依法治理，加强制度保障。发展社会主义和谐劳动关系，从根本上讲，要坚持依法行政、依法治企、依法维权，加强制度建设。要积极推进《劳动合同法》等法律法规的宣传贯彻落实，建立健全劳动关系矛盾预警预防机制，完善职工法律援助与服务机制，及时处理侵犯职工权益的重大案件。要建立健全科学有效的利益协调机制、诉求表达机制、矛盾调处机制、权益保障机制，尤其是企业职工工资协商共决机制、正常增长机制和支付保障机制，努力形成企业和职工共建共享新格局。要丰富发展以政府劳动行政部门、工会组织、企业组织为代表的国家、职工、企业协调劳动关系三方机制，全面优化劳动关系。要重点加强劳动监察，加大政策法规执行力度，维护社会主义劳动秩序，为发展社会主义和谐劳动关系提供基础保证。

三、积极营造发展社会主义和谐劳动关系的良好氛围

发展社会主义和谐劳动关系是一项社会系统工程，需要全党重视，全民参与，社会各界共同努力。各级宣传部门要担负起重要职责，发挥优势，加强协调，为在全社会发展和谐劳动关系营造积极向上、规范有序的良好氛围。要组织新闻媒体通过发表理论文章、开展评论综述、加强通讯报道、制作专题节目等形式，深入宣传中央关于发展社会主义和谐劳动关系的方针政策和决策部署，大力宣传发展社会主义和谐劳动关系的重要意义和总体要求，注意宣传有关部门和企业推进形成和谐劳动关系的创新举措和工作经验。要适应互联网、手机等新兴媒体广泛普及的新趋势，有效利用职工群众经常接触、便于接受的传播渠道，通过网上展览、网上征文等活动和手机微博等方式，主动设置议题，吸引职工

群众参与，加强正面引导。要强化形势政策宣传教育，针对职工群众普遍关心的劳动就业、收入分配、社会保障、安全生产等热点问题，把党和政府的各项政策措施讲清楚，把对人民群众的利益安排讲明白，做好解疑释惑、增进共识的工作。要深入企业、深入一线，及时了解职工群众的工作生活和所思所想，有针对性地开展思想政治工作，促进形成和谐劳动关系。要加强企业文化建设，深入挖掘企业历史与文化资源，总结提炼并不断完善企业价值理念，增强企业文化对职工群众的号召力和影响力。要加强企业精神文明创建，通过深化文明企业、文明车间、文明班组和文明职工等创建活动，广泛开展“创建学习型企业、争做知识型职工”活动，在职工群众中形成热爱学习、积极上进、岗位建功、奉献社会的良好风尚。要注重人文关怀和心理疏导，开展心理健康教育，健全心理咨询网络，提供及时有效的心理咨询服务，帮助职工群众解决工作生活中遇到的精神层面问题。要注意发挥企业宣传思想文化阵地作用，介绍企业生产经营情况，展示企业文化建设成果，反映职工群众所思所盼，努力在企业和职工群众之间架起更多的沟通桥梁，推动社会主义和谐劳动关系的不断发展。

（本文作者系中共中央宣传部副部长）

发展社会主义和谐劳动关系具有重大战略意义

张伯里

劳动关系是现代社会中最为基本的社会关系之一。发展社会主义和谐劳动关系，是构建和谐社会的重要基础，是推动科学发展、实现“十二五”规划目标的必然要求，是维护职工合法权益、促进职工队伍稳定与社会安定的重要途径。当前，我国劳动关系总体上是稳定的，与社会主义市场经济体制相适应的社会主义新型劳动关系正在逐步形成，但影响劳动关系和谐的问题仍然比较多，在一定程度上对我们能否维护社会稳定，抓住重要战略机遇期来发展自己，具有十分重要的影响。从时间维度上看，劳动关系同现代化和市场经济进程相伴始终；从空间维度上看，随着工业化、城市化进程迅速的推进，农民的数量必然会越来越小，非农劳动者的数量必然会越来越大，劳动关系必然会涵盖绝大部分的社会经济领域。在这样的时代背景下，劳动关系的具体状况必然会直接影响我国的市场经济秩序、内需拉动、劳动者职业水准以及经济竞争力水平，影响大多数现有农村剩余劳动力以及中等收入人群的未来前景（中等收入人群成员主要来自于劳动者群体），影响社会阶层结构的公正与否。尤其是，发展并改善劳动关系，从中近期看，能够大幅度有效缓解社会矛盾；从长远看，则能够推动社会和谐局面的形成。正如胡锦涛总书记在2010年全国劳模和先进工作者表彰大会上所指出的那样，“要切实发展和谐劳动关系，建立健全劳动关系协调机制，完善劳动保护机制，让广大劳动群众实现体面劳动。”要“进一步保障劳动者权益，为促进社会和谐奠定坚实基础”。

一、发展社会主义和谐劳动关系是推动科学发展的重要前提

科学发展离不开社会和谐，社会和谐离不开劳动关系和谐。我们必须从推动科学发展的战略高度来重视和推进劳动关系和谐问题。劳动关系和谐对我国经济社会科学发展的推动作用，主要体现在以下两个方面：

第一，能够有效地拉动消费内需，保持经济平稳较快发展。一个比较长的时期以来，我国的消费内需拉动明显不足，最终消费率持续走低。2009 年我国的最终消费率（消费率）降到了改革开放以来的最低点 48.0%（1979 年为 64.4%），而资本形成率（投资率）却达到了改革开放以后 30 年间的最高点 47.7%。我国消费内需拉动之所以不振，经济发展之所以过于偏重依靠投资拉动，一个重要的原因在于劳动者的收入相对过低。在市场经济条件下，虽然社会成员的收入来自多个方面，但毫无疑问的是，劳动收入是大多数社会成员最为基本的收入来源。但是，在我国国民收入分配中，劳动者报酬比重呈逐年下降的趋势。劳动者报酬、资本收入和间接税在 GDP 中的比重，在 20 世纪 90 年代中期以前基本保持稳定，其中劳动者报酬占比约为 50%。从 1995 年开始，劳动者报酬占比开始下降，而资本收入占比和间接税占比分别上升。在 1995—2007 年间，劳动者报酬占比从 51.4% 下降到 39.7%，共计 11.7 个百分点。通过发展社会主义和谐劳动关系，建立健全劳动工资法规，切实加强劳动保障监察，坚持执法必严、违法必究，就能够有效解决劳动收入比重偏低的问题，进一步释放劳动者消费潜力，推动扩大消费需求长效机制的建立。例如，依照《最低工资规定》，适时合理调整

最低工资标准，能够为劳动者提供正常劳动应得的工资收入设定最低保障线；通过强化《劳动法》等法规的执行力度，能够确保国家工时制度的有效实行，延长工作时间能够得到应有补偿；通过制定和实施《工资条例》，有利于建立劳动者工资增长与国家经济发展状况的合理联动机制；等等。

第二，能够有效地激发劳动者的创造力，体现以人为本的发展理念。胡锦涛总书记2010年9月在第五届亚太经合组织人力资源开发部长级会议上指出，人力资源开发，对提高人们参与经济发展和改善自身生存发展条件，对推动经济持续发展、实现包容性增长，具有基础性的重要意义。人力资源是可持续开发的资源，人力资源优势是最需培育、最有潜力、最可依靠的优势。劳动者是人力资源当中最为基础性的组成部分，通过发展社会主义和谐劳动关系，能够使劳动者得到应有的劳动报酬，实现体面劳动，有效地激发劳动者的创造潜能，从而更好地体现发展依靠人、发展为了人的以人为本的发展理念。

二、发展社会主义和谐劳动关系是构建和谐社会的首要任务

与其他国家和地区相比，转型时期的我国社会面临着更为复杂和突出的社会矛盾问题。党的十七届五中全会公报中指出，我国现阶段“既面临难得的历史机遇，也面对诸多可以预见和难以预见的风险挑战。我们要增强机遇意识和忧患意识，科学把握发展规律，主动适应环境变化，有效化解各种矛盾”。特别需要引起注意的是，由劳动关系矛盾所引发的社会问题呈多发、易发和迅速加重的趋势。从1997年到2006年，全国劳动争议受理的案件迅速增多，每年的增幅在20%以上，短短的10年当中，就从1997年的71524件增加到2006年的317162件，其数量增加了3倍以上。就此而言，至少有两种现象值得特别注意：一是许多劳动者的基本权利没有得到应有的保障，比如，许多劳动者的劳动收入同其劳动投入不成比例，劳动超时

现象比较普遍和严重，劳动安全卫生水准低下，社会保障状况仍然不容乐观，劳动监察力量十分薄弱，等等。这样的情形若不改变，则会使社会矛盾问题加重。二是新生代农民工的利益诉求没有得到有效解决。同上一代农民工相比，新生代农民工在诸多方面都发生了很大变化。但是，不少新生代农民工同城市居民相比，仍然会受到不同程度的歧视，属于城市当中的边缘人。因此，对于各级党政乃至全社会来说，迫切需要进一步做好保障农民工合法权益的工作。

《中共中央关于制定国民经济和社会发展第十二个五年规划的建议》中指出，要积极“构建和谐劳动关系”。“加强劳动执法，完善劳动争议处理机制，改善劳动条件，保障劳动者权益。发挥政府、工会和企业作用，努力形成企业和职工利益共享机制，建立和谐劳动关系。”具体地说，就是要遵循合法、公平、平等自愿、协商一致、诚实信用的原则，大幅度提高劳动合同签约率；提高劳动报酬在初次分配中的比重，尽快扭转收入差距扩大趋势；推进工资协商制度，保障职工工资正常增长和支付；等等。这些具体措施，可以最大限度减少社会不和谐因素，确保我国社会安全。

三、发展社会主义和谐劳动关系是实现企业经营管理者和劳动者良性互动的必然要求

在我国社会转型过程中，资本往往处于稀缺的状态，劳动力则往往处在充分供给的状态，从而很容易导致“强资本、弱劳工”的现象出现，即企业经营管理者一方往往处在优势的位置，而劳动者一方往往处在劣势的位置。这种现象直接带来的问题是，企业经营管理者和劳动者之间的互动往往是不平等的，违背市场经济平等交换的准则。市场经济一旦严重失范，市场经济规则一旦严重扭曲，则大量的社会不公现象就会必然产生，并成为社会矛盾问题的重要来源。

为防止和矫正这种不平等的现象，缓解社会矛盾问题，就需要建立起公正合理的、互惠互利的社会主义和谐劳动关系。比如，认真贯彻实施《劳动合同法》，不仅能够使企业具有了一种法定的自由选择余地，具有了一种市场经济的规范，因而具有了可持续发展的空间，而且有助于劳动者在大幅度增加自主择业空间的同时，获得必不可少的社会保护。再比如，协调劳动关系三方机制对于消除企业经营管理者和劳动者之间的隔阂和纠纷，从而对形成良性的劳动关系有着必不可少的积极作用，等等。总之，通过建立社会主义和谐劳动关系，实现企业经营管理者和劳动者之间在利益诉求等方面的良性互动，对于缓解社会矛盾具有十分重要的意义。

四、发展社会主义和谐劳动关系是形成公正合理社会阶层结构的重要保证

社会稳固与和谐的基础，在于公正合理的现代型社会阶层结构。从社会力量的配置结构看，公正合理的现代型社会阶层结构应当呈现出一种“两头小、中间大”的橄榄型状态，即高收入群体和低收入群体这样两极的人数比例较小，而中等收入群体人数的比例最大。像一些发达国家的中等收入者比例一般高达80%以上。这样的一种社会阶层结构是公正合理的。它反映出一个社会的普遍受益、共享社会发展成果的具体状况，反映出以绝大多数社会成员为基点（数学上的大数原则）的制度设计的公正性和社会政策实施的力度，也反映出社会成员的实际能力与收入状况之间的合理对应，因为在一个社会当中能力强者和能力弱者均占少数，而能力居中者占多数。我国目前中等收入者的比例尚小，一般认为在20%左右。

发展和谐的劳动关系，对于形成公正合理的社会阶层结构至关重要。其一，有助于保证劳动者的合理收入。在自发的市场经济当中，“强资本、弱劳动”的现象不可避免，进而势必造成劳动者在

初次分配和再分配均处于不利位置。而在社会主义市场经济发展、完善的同时，发展和谐的劳动关系，意味着要制定并实施诸如公正合理的工资分配政策和社会保障政策，这有助于劳动者摆脱前述不利的位置，获得同自己具体的劳动贡献相符的劳动收入，得到应有的社会保障。这对扩大中等收入者群体成员比例是必不可少的。其二，有助于社会流动渠道的畅通。公正、畅通的社会流动，是一个社会实现机会平等取向、社会成员寻求自由发展以及改善自身处境的前提条件，是一个社会之所以具有活力的重要源泉。而和谐的劳动关系意味着要制定和实施充分就业、技能等级升迁、消除性别歧视等方面的政策，因而有助于劳动者实现自由的、充分的发展。

总之，当前和今后一个时期我们应该把发展社会主义和谐劳动关系放到一个十分重要的战略位置来抓，并努力通过劳动法律政策体系的建立和实施，确保和谐劳动关系走上法制化轨道，为推动我国经济社会科学发展、促进社会和谐提供坚实的社会基础。

（本文作者系中共中央党校副校长）

认真执行《劳动合同法》构建和谐劳动关系

信春鹰

《劳动合同法》是2007年6月29日第十届全国人民代表大会常务委员会第二十八次会议通过、2008年1月1日起施行，到现在已经三年多了。《劳动合同法》颁布实施之际，正值美国次贷危机开始向全球蔓延，直接影响到我国外向型经济，出口订单减少，企业开工不足，大量农民工下岗失业，经济形势严峻。当时，社会上对《劳动合同法》有不同认识，担心《劳动合同法》增加企业用工成本，影响经济发展。然而事实证明，三年来我国成功应对了国际金融危机的冲击，实现了经济持续快速发展，国内生产总值跃升到世界第二位，取得了历史性的成绩。同时，《劳动合同法》的贯彻实施，在各方的共同努力下稳步推进，劳动合同的签订率不断提高，2010年全国规模以上企业劳动合同签订率达97%；劳动合同期限延长，劳动关系趋于稳定，对应对国际金融危机对我国经济社会的冲击发挥了积极作用。实践证明，《劳动合同法》是一部好法。

三年多来，各级人力资源和社会保障部门、工会组织、工商联合会、企业联合会等为推进《劳动合同法》的实施做了大量卓有成效的工作。当前，我国处于经济社会重要的转型时期，中央提出转变经济发展方式，要坚持经济发展与社会发展相协调，要更加注重社会公平，切实加强和改善民生。继续认真执行实施《劳动合同法》，对于切实维护劳动者的合法权益，构建和谐的劳动关系，促进社会主义和谐社会建设，具有十分重要的意义。

一、《劳动合同法》为构建和谐劳动关系提供了法律保障

《劳动合同法》是实现劳动力资源的市场化配置、促进劳动关系和谐稳定的重要法律制度，建立和完善劳动合同制度，是社会主义市场经济体制的内在要求。改革开放以来，我国的劳动用工制度发生了重大变化，逐步打破了计划经济体制下行政分配式的劳动用工制度，建立了适应市场经济需要、用人单位与劳动者双向自主选择的用工制度，促进了劳动力的合理流动，发挥了劳动者的积极性和创造性，解放了生产力，增加了经济发展的活力。可以说，实行劳动合同制度是我国经济体制改革的成果，也是我国经济取得成功的重要因素之一。但是，随着我国市场经济体制的建立和经济快速发展，企业形式和劳动关系日益多元化、复杂化，劳动关系领域出现了一些新情况、新问题，如劳动合同签订率低，发生劳动争议劳动者权利得不到有效保护；劳动合同短期化，劳动关系不稳定；一些企业侵害劳动者的合法权益，导致劳资矛盾日益严重，劳动关系出现了不稳定、不和谐的情况。劳动合同是保护劳动者合法权益的最基本、最直接、最明确的依据，建立健全劳动合同制度，依法保护劳动者合法权益，是制定《劳动合同法》的主要目的之一。《劳动合同法》从解决现实劳动关系存在的问题出发，总结我国劳动合同制度实施以来的实践经验，对劳动合同制度作出科学、合理的规范，对劳动合同的订立、履行、变更、解除和终止等问题作了具体规定，明确了用人单位和劳动者双方的权利义务，为构建和谐稳定的劳动关系提供了法律保障。实践证明，《劳动合同法》对维护劳动者的合法权益，构建和谐劳动关系起到十分重要的作用。

二、认真执行《劳动合同法》，切实保护劳动者合法权益

《劳动合同法》是一部规范劳动关系的法律，更是一部保护劳动者合法权益的法律。《劳动合同法》在维护用人单位合法权益的同时，侧重于保护劳动者的合法权益，这是由我国当前劳动关系的实际情况决定的。劳动创造财富，我国经济建设取得举世瞩目的伟大成就，千千万万普通劳动者居功至伟，他们是社会财富的创造者，要旗帜鲜明地保护劳动者的合法权益，让劳动者分享经济发展成果。这是社会主义的本质要求，也是经济发展的出发点和立足点。尊重和保障劳动者的权利，是完善社会主义市场经济体制的必然要求，是实现社会经济可持续发展的根本保障，是保障社会公平正义、促进社会和谐的内在需要。《劳动合同法》实施以来，劳动者的合法权益进一步得到保障，劳动关系总体上是和谐稳定的。但是，在看到成绩的同时，也应当注意存在的问题。目前非公企业、小型企业劳动合同的签订率还有待提高，以劳务派遣用工形式侵害劳动者合法权益的情况还时有发生。因此，要继续宣传《劳动合同法》，让劳动合同意识深入人心；要认真执行实施《劳动合同法》，切实保护好广大劳动者的合法权益。用人单位要严格按照《劳动合同法》的规定，与劳动者订立劳动合同，通过合同形式确立劳动关系，明确双方各自的权利和义务，双方都要遵守劳动合同约定的各项内容。各级劳动行政部门、工会组织要按照《劳动合同法》的规定，帮助、指导、监督劳动关系双方订立和履行劳动合同，鼓励、引导用人单位和劳动者签订无固定期限或较长期限的劳动合同，以建立稳定的劳动关系；要积极采取有效措施保证劳动者及时足额取得劳动报酬。要充分发挥工会组织的作用，积极建立以工资集体协商为重点的集体协商制度，进一步建立健全区域性、行业性平等协商和集体合同制度，充分发挥集体合同制度在协调劳动关系中的作

用。要进一步严格规范劳务派遣行为，维护劳务派遣职工权益，鼓励、引导用人单位直接用工。要积极推动建立健全利益协调、诉求表达、矛盾调处和权益保障机制，切实解决劳动者最关心、最直接、最现实的利益问题。各级劳动行政部门要建立和完善日常监察制度，定期对用人单位遵守劳动保障法律法规情况进行检查，不断加大劳动监察力度，探索建立有效的防范和查处机制，要加大对违法行为的查处力度，对已经查处的案件要依法严惩。各级人民法院和劳动争议处理机构要妥善处理劳动合同纠纷，依法严厉打击各种侵犯劳动者合法权益的违法犯罪行为，保障劳动者的合法权益。

三、认真执行《劳动合同法》，构建和谐稳定的劳动关系

构建社会主义和谐社会，是中央全面分析我国发展面临的机遇和挑战基础上提出来的重大战略任务。经过改革开放三十多年的实践和发展，经济改革和社会改革进入“深水区”，经济体制和社会结构发生深刻变化，利益格局发生深刻调整，深层次矛盾逐步显现，影响社会和谐的因素明显增多。当前，我国劳动关系总体上来说是和谐稳定的。但是，也存在不和谐、不稳定的因素。尤其是在一些非公有制企业，劳资关系依然紧张、矛盾比较突出，职工合法权益受到侵害，集体停工事件时有发生，对社会和谐稳定产生不利影响。劳动关系是最重要最基础的社会关系，劳动关系稳定是社会稳定的基础。因此，构建和谐的劳动关系是构建社会主义和谐社会的重要保证。在劳动关系中，劳动者和用人单位是既统一又对立的矛盾共同体，劳资双方既有共同的利益，又有不同的诉求，合则双赢，不合则双输。法律是社会关系和社会权利的调整器，任何立法都是对社会关系各方权利义务的分配和社会利益的配置。《劳动合同法》将劳动合同制度化、规范化，通过明确劳动关系双方的权利义务，在维护用人单位合法权益的同时，侧重于保护劳动者的合法

权益，以实现双方利益和力量的平衡，从而促进劳动关系的和谐稳定。用人单位和劳动者都应当认真执行《劳动合同法》，严格遵守《劳动合同法》的各项规定，通过签订劳动合同，把握好、调整好双方的利益关系，共同构建和谐稳定的劳动关系，最终实现劳资双赢，为构建和谐社会作贡献。

当前，我国劳动用工情况发生新的变化，一些地区出现新一轮的“招工难”、“用工荒”。一方面，当前的“招工难”、“用工荒”是结构性的，从总体上看，劳动力资源还比较充足，就业压力还比较大；另一方面，也说明我国的人口红利正在减少，劳动力资源不是“取之不尽，用之不竭”的。因此，要切实保护劳动者的合法权益，充分发挥劳动者的积极性，以促进我国经济发展方式的转变，实现经济社会的全面协调可持续发展。

（本文作者系全国人大常委会法制工作委员会副主任）

实施就业优先战略　构建和谐劳动关系

徐宪平

就业是民生之本，和谐劳动关系是社会稳定之基。十一届全国人大四次会议审议通过的“十二五”规划纲要，首次提出要实施就业优先战略，强调把促进就业放在经济社会发展的优先位置，建立规范有序、公正合理、互利共赢、和谐稳定的劳动关系。这是着眼于构建和谐社会、实现全面建设小康奋斗目标的一项重大决策部署。

一、深刻认识构建和谐劳动关系的重大意义

构建和谐劳动关系，是实施就业优先战略的重要内容，是促进劳动者体面就业、幸福劳动的基本条件，对于加快转变经济发展方式、保障和改善民生、加强和创新社会管理具有十分重要的意义。

*构建和谐劳动关系，是加快转变经济发展方式的必然要求。*加快转变经济发展方式，是我国经济社会领域的一场深刻变革，涉及发展理念的变革、发展模式的转型、发展路径的创新。在这场变革中，生产关系必须遵循生产力发展规律的要求。劳动关系是重要的社会生产关系。构建和谐劳动关系的目的是为了在发展中求和谐，在和谐中促发展，使劳动者和企业各自的合法权益得到维护和保障，实现包容性增长，这本身就是转变经济发展方式题中应有之

义。同时，和谐的劳动关系也有利于激发企业和职工的积极性、主动性和创造性，提升人力资源质量，优化人力资源配置，推动产业转型升级。惟有此，转变经济发展方式才能获得持久动力，才能得到人民群众的拥护和支持。

构建和谐劳动关系，是保障和改善民生的重要内容。劳动关系事关职工切身利益，没有规范、和谐的劳动关系，就没有稳定、体面的就业，也就难以实现民生的根本改善。构建和谐劳动关系，加快形成企业和职工利益共享机制，有利于不断提高职工特别是一线职工劳动报酬，使劳动者更好分享企业发展成效、共享经济社会发展成果，从根本上提升劳动者就业质量。完善国家劳动标准体系，加强劳动保护，健全劳动保障监察和劳动争议调解仲裁体系，有利于切实维护劳动者合法权益，尽可能地化解影响民生改善的突出矛盾。这是最大限度地实现好、维护好、发展好广大人民群众根本利益的重要内容。

构建和谐劳动关系，是加强和创新社会管理的重要途径。以劳动关系和谐促进企业和谐、社会和谐，是加强和创新社会管理的重要手段和有效途径。在当前就业形势依然严峻、劳动关系领域矛盾和纠纷上升的情况下，努力构建和谐劳动关系，能够引导和促进劳动者稳定就业，有利于缓解社会管理压力。加快实施劳动合同制度和劳动用工备案制度，有利于加强对流动就业人员的管理和服务。健全劳动关系诉求表达机制、矛盾调处机制和权益保障机制，有利于化解劳动纠纷，规范社会行为，维护社会公平正义，尽可能地预防和减少社会矛盾。这是推动社会管理关口前移、源头治理，健全社会管理长效机制的重要举措。

二、准确把握构建和谐劳动关系面临的新形势新特点

随着经济体制深刻变革和社会结构深刻变动，各种经济社会关

系正在发生深刻变化，企业组织形式、社会就业方式和分配方式更加多样，劳动关系领域出现了一些新特点，构建和谐劳动关系面临新的形势。

*就业方式更加多样化。*近年来，不同所有制经济就业、不同区域就业、不同群体就业等都在快速增长，就业市场越来越活跃，各种临时性、季节性以及劳务派遣等新型就业方式不断涌现。劳动合同短期化，灵活就业、流动就业人数大量增加，给劳动关系协调和管理带来更大压力，也对建立平等就业制度、完善积极就业政策体系和建设统一规范灵活的人力资源市场提出了更为迫切的要求。

*职工诉求更加多元化。*职工利益诉求逐步从原来的争取基本劳动权益，向提高工资待遇、改善劳动条件、实现体面劳动转变。劳动争议重点从传统的开除、辞退以及解除劳动合同等问题，逐渐扩大到工资福利、社会保险、工伤赔偿、经济补偿、同工同酬等权利性纠纷，劳动关系利益调处难度明显加大，对健全职工诉求表达和矛盾调处机制，提升劳动争议调解仲裁服务能力提出了更高要求。

*劳资关系更加复杂化。*当前，企业忽视劳动者权益的现象依然严重，突出表现在中小企业和流动性较大行业的企业劳动合同签订率不高，部分企业没有严格遵守国家劳动标准，一些企业未按《劳动合同法》的规定使用劳务派遣工，个别高危等特殊行业缺乏必要的劳动保护等，由此引发的劳动纠纷持续多发，对进一步健全和落实劳动保障法律法规、提升劳动保障执法能力提出了新的要求。

三、积极探索构建和谐劳动关系新机制

构建和谐劳动关系，要深入贯彻落实科学发展观，扎实推进“十二五”规划纲要实施，坚持就业优先，完善相关法律法规，健全劳动关系协调机制，增强公共就业服务能力，切实维护劳动者合法权益，促进经济社会协调互动发展。

第一，实施就业优先战略，以提高就业质量为重点，促进劳动关系和谐。构建和谐劳动关系，关键在于提高就业质量。国际劳工组织 1998 年通过的《基本劳工权利原则宣言》，主要是从工作机会、工作条件等方面，引导促进体面劳动、提升就业质量、规范劳动关系。从我国国情出发，必须实施更加积极的就业政策，千方百计扩大就业创业规模，努力缓解劳动力市场供求压力。同时，要加快劳动标准体系建设，加强劳动定额标准管理，着力提高就业质量，推动形成更加和谐的劳动关系。

第二，建立企业和职工利益共享机制，以理顺分配关系为重点，促进劳动关系和谐。发达国家普遍将健全集体谈判机制、理顺工资分配关系，作为构建和谐劳动关系的重要着力点。比较典型的是瑞典等北欧国家，通过加强集体谈判，健全企业和职工利益协商机制，促进了劳动关系稳定。我国应以理顺工资分配关系为重点来规范劳动关系，进一步完善政府、企业和工会三方劳动关系协调机制，加强工资集体协商制度建设，健全职工工资与企业效益和劳动生产率提高等相挂钩的正常增长制度，形成企业和职工利益共享机制，努力实现劳动报酬增长和劳动生产率提高同步的目标。

第三，坚持同工同酬原则，以农民工为重点，促进劳动关系和谐。同工同酬是劳动者平等就业的重要体现，也是构建和谐劳动关系的内在要求。各国对此普遍重视，如印度针对农民转移就业问题，在 1979 年通过的《邦之间流动农民工法案》中明确规定，农民工的假期、工作时间和加班工资以及其他服务条件，不低于当地劳动者平均水平。从我国的情况来看，促进同工同酬、规范劳动关系的重点和难点也在农民工。到 2011 年末，我国农民工总量达 2.53 亿人，已成为产业工人的主体，但其平均工资只有城镇职工平均工资的 60% 左右。为此，应以农民工较为集中的地区和行业为重点，引导更多农民工加入工会，加强集体协商，健全农民工工资正常增长机制和支付保障机制，努力实现农民工与城镇就业人员同工同酬，切实保障农民工权益。

第四，健全公共就业服务体系，以提升服务能力为重点，促进劳动关系和谐。向城乡劳动者提供公共就业服务，是构建和谐劳动关系的重要基础。目前，我国公共就业服务体系仍不完善，服务能力亟待提高。据调查，80%左右的县、乡缺少公共就业服务设施，就业信息没有实现互联互通、全国联网。约40%的劳动保障监察机构和劳动争议调解仲裁机构无固定服务场所，部分涉及劳动关系的投诉举报和争议案件得不到及时处理。职业技能培训设施十分短缺，一些劳动者的综合素质和就业技能得不到有效提高。必须加强公共就业、劳动监察和调解仲裁等服务设施建设，健全统一规范灵活的人力资源市场，健全面向全体劳动者的职业培训制度，努力提高公共就业服务的水平，增强劳动关系服务和调节能力。

第五，完善劳动关系法律法规，以保护劳动者权益为重点，促进劳动关系和谐。健全法律法规，是协调劳动关系的重要保障。荷兰、德国、法国等国家在上世纪初就颁布了劳动环境、就业保障、劳动争议处理等劳动关系方面的法律法规。美国于1935年实施了《全国劳动关系法案》。为夯实劳动关系工作的法律基础，我国应针对薄弱环节，加快研究出台《工资条例》等法律法规，适时修订完善劳动时间、休息休假、女职工特殊保护等规章制度，依法促进劳动关系和谐。

（本文作者系国家发展和改革委员会副主任）

发展新时期社会主义和谐劳动关系

杨志明

劳动关系是现代社会基本的社会关系。构建和谐劳动关系不仅是需要探索的重大理论课题，更是我们面临需要解决的重大现实问题。在我国经济体制改革不断深化和工业化、城镇化快速发展中，劳动关系对经济发展和社会稳定的影响程度日益加深。2011 年召开的全国构建和谐劳动关系先进表彰暨经验交流会，表明了中央对发展和谐劳动关系的高度重视。按照党中央要求，加强对劳动关系的规范和协调，最大限度增加和谐因素，最大限度减少不和谐因素，以劳动关系和谐促进社会和谐，是政府部门的重要责任。

一、发展社会主义和谐劳动关系的改革探索

劳动关系的状况是衡量一个国家或地区社会和谐程度的重要标志，也是衡量一个国家、地区投资环境和企业核心竞争力的重要指标。世界各国的工业化进程中，注重劳动关系协调的，企业就有凝聚力，劳动关系就和谐，招商引资就有吸引力，就能促进经济和社会的发展；忽视协调劳动关系的，劳动关系就紧张，甚至发生激烈的劳资对抗，就会降低投资吸引力，就会影响经济的运行发展和社会的稳定。美国、日本、德国等市场经济国家的劳动关系经历了一

个从资本占有绝对优势、劳资力量悬殊到劳资双方力量相对趋于平衡，从冲突对抗到谈判对话、谋求合作共赢的发展历程。在经济快速发展的“亚洲四小龙”等新兴工业化国家和地区以及“金砖四国”，其劳动关系的发展也经历了从对抗走向合作的过程。

改革开放以来，适应经济体制改革的需要，尤其是国有企业改革的深化和所有制结构的调整，我国劳动关系进行了一系列重大改革，在建立和完善适应社会主义市场经济体制的劳动关系协调机制和制度上进行了长期理论探索和实践，对社会主义初级阶段劳动关系的基本特征和发展变化规律的认识不断深入，劳动关系法律制度逐步健全，劳动关系协调机制逐步完善，劳动关系的建立、运行和调整进入法制化轨道，劳动关系总体上保持了和谐稳定，为经济社会发展提供了必要的和重要的支撑。经过逐步改革，我国劳动关系发生了深刻变化，体现在：

一是劳动关系的建立市场化。劳动关系的建立以市场调节为基础，用人单位和劳动者在劳动力市场上依法双向自主选择建立劳动关系，劳动合同作为劳动关系双方依法自主订立的契约，成为明确双方权利和义务的重要载体。

二是劳动关系的类型多样化。随着经济体制改革的推进，各种所有制经济快速发展，劳动用工主体多元化，劳动关系协调的范围从国有企业扩大到各种所有制经济组织。

三是劳动关系双方利益清晰化。随着劳动关系的市场化，劳动关系双方成为相对独立的两个利益主体，双方利益相对分离又相互联系，在同一利益主体内相互协调。

四是劳动关系调整法制化。基本形成了以《劳动法》、《工会法》、《劳动合同法》、《劳动争议调解仲裁法》为主干的劳动关系法律政策体系框架，劳动关系协调进入了规范化、法制化的新阶段。

在发展和谐劳动关系的改革探索中，党委领导、政府依法调整、劳动关系双方自主协商、社会三方协调的劳动关系调整模式逐步形成。党委对发展和谐劳动关系的重视和领导是最为关键的，是发展和谐劳动关系的最重要保障；政府对劳动关系的规范、协调是必不可少的，在制定法规政策、执法监察和处理重大的、突发性群体事件上发挥的作用是主导的。政府通过运用法律、经济和必要的行政手段，规范劳动关系的建立和运行，平衡劳动关系双方的利益，弥补市场不能自发维护公平的缺陷；以劳动合同制度和集体合同制度为核心的劳动关系双方自主协调机制是基础的，在解决大量的、一般性的劳动关系问题上发挥的作用是主要的；政府、工会和企业代表组织三方的协商合作是重要的，在研究解决普遍的、复杂的劳动关系问题上发挥着独特的作用。工会是发展和谐劳动关系的重要推动力量，发挥着极为重要的、不可替代的作用。而发挥企业的主观能动性，是发展和谐劳动关系的重要条件。协调劳动关系的实践证明，尊重劳动关系双方的市场主体地位，坚持党的领导，发挥政府主导作用，组织动员社会各方参与，是发展社会主义和谐劳动关系的有效途径。

二、发展和谐劳动关系亟待解决的问题和面临的新情况

当前，我国既处于发展的重要战略机遇期，又处于社会矛盾凸显期，社会管理领域存在的问题还不少。党的十六届四中全会、十七大、十七届五中全会都提出了加强和创新社会管理的要求。劳动关系协调是社会管理的重要方面。我国劳动关系虽然总体保持和谐稳定，但在某些局部矛盾和问题突出。一些较长时期以来没有得到彻底解决的老问题和新形势下出现的新问题相互交织。前一类问题主要表现在：

一是部分职工劳动保障基本权益没有得到落实。不与职工签订劳动合同、不执行国家劳动标准、超时加班、工作场所劳动条件恶劣等侵害职工合法权益的现象仍大量存在，拖欠工资问题也时有发

生。一些企业过于追求利益最大化，缺少对职工的人文关怀。

二是部分职工没有分享到改革发展的成果。企业工资正常增长机制尚未普遍建立，一些企业中职工在工资分配中的知情权、参与权、表达权得不到落实。特别是不少劳动密集型企业将最低工资标准作为确定职工基本工资的标准，这类企业一线职工成为拿“地板工资”的主要群体。

三是劳动关系协调机制不完善的问题仍比较突出。利益协调机制、诉求表达机制、矛盾调处机制不健全，劳动关系矛盾的事前预防和事中及时化解亟待加强。同时，基层劳动关系协调、调解仲裁、劳动监察力量薄弱的问题一直未得到很好解决。

在存在这些问题的同时，现阶段我国劳动关系方面又出现了一些新情况、新矛盾。近年来，随着我国经济回升向好的基础日渐巩固，部分企业职工特别是劳动密集型外商投资和港澳台商投资企业职工要求提高工资待遇、改善劳动条件的诉求强烈，一些地区由此引发的集体停工事件连续发生，给当地经济发展和社会稳定造成一定影响。这些集体停工主要呈现以下特点：

一是涉及的地区、企业类型、职工群体和发生的时间比较集中。集体停工事件主要集中发生在沿海地区，涉及的企业主要为外资和港澳台企业，涉及的职工群体绝大多数都为电子等制造加工行业一线职工，而且主要为新生代农民工。

二是事件自身突发性、自发性、隐蔽性、传导性较强。绝大部分集体停工事件发生前并无明显征兆，大部分停工事件主要是由职工自发通过手机、网络等新兴媒体私下相互约定、传递信息，组织性不强。同时，事件传导性较强。

三是事件过程中劳资双方虽有冲突但总体保持理性。集体停工过程中劳资双方虽然对立情绪比较明显，个别企业还发生堵厂门、破坏设备等行为，影响了企业正常生产经营，一定程度也给社会稳定带来隐患。但总的看来，参与集体停工事件的职工主要是为了争取自身经济利益，事件过程中能够保持理性，愿意通过协商解决问题，在政府、工会等部门和劳资双方共同努力下，事件基本都得到妥善处置，未对劳动关系、社会稳定造成严重影响。

这些事件发生的直接原因主要是企业普通职工尤其是一线职工工资水平偏低，职工利益诉求表达机制不完善，以及网络、手机等新兴媒体的集中报道炒作产生“传染”和模仿效应等。从深层次原因来看，主要是企业工资正常增长机制不健全，新生代农民工已经逐步成为劳动力市场主体，企业落后的管理模式与职工尤其是新生代农民工由物质诉求向精神诉求拓展、由进城谋生向追求归宿感延伸、由忍耐坚持向追求权益平等延伸、由承担家庭经济责任向实现自我价值延伸等新的特点不相适应，低附加值低工资的企业发展模式也不能适应转变经济发展方式的要求。从世界工业化、现代化的进程看，这些事件的发生是我国经济社会发展水平和阶段性特征在劳动关系领域的集中反映。我国用30多年的时间走过了西方发达市场经济国家上百年才走完的发展历程，发达国家在经济起飞和结构转型的不同时期出现的矛盾和问题会在我国相对集中表现出来。日本、韩国、我国台湾等东亚国家和地区的经济发展历程也大都经历了适度保持较低工资水平实现经济赶超、分步骤逐步提高工资促进经济结构转型、推动产业技术进步实现扩大就业和提高工资相互协调的三个阶段。目前，我国人均GDP已经达到4000美元，一些发达国家经历过的劳动关系冲突性强、矛盾易发多发，尤其是工业化、城镇化快速发展时期出现的加薪潮问题在我国开始显现。劳动者利益诉求从争取基本劳动权益向提高工资待遇、改善劳动条件、实现体面劳动转变，维权方式从被动表达向积极主张转变，维权手段从个人争取向集体行动转变。今后一个时期，伴随着经济发展方式转变、经济结构调整和社会转型中利益关系的不断调整，以及经济发展的周期性波动，劳动关系将更加复杂，不稳定性可能进一步增加，劳动关系矛盾进入易发期和多发期。因提高工资待遇、改善劳动条件等诉求引发的集体利益争议可能逐步增多，协调劳动关系难度加大，发展和谐劳动关系的任务更加繁重。

三、新形势下发展和谐劳动关系的总体思路和主要措施

当前和今后一个时期，构建和发展长期和谐稳定的劳动关系的总体思路是：适应加强和创新社会管理的新要求，切实发挥政府的主导作用，加强协调劳动关系的法律、体制、机制和能力建设，巩固和完善党委领导、政府依法调整、劳动关系双方自主协商、社会三方协调的模式，以扩大劳动合同覆盖面、增加一线职工工资、改善劳动条件为重点，在贯彻实施《劳动合同法》上取得新进展，在提高劳动报酬比重、形成企业和职工利益共享机制上取得新突破，在深化和谐劳动关系创建促进实现体面劳动上取得新成效。为此，应采取以下政策措施。

第一，全面实施劳动合同制度，重点解决“大”和“小”的问题。目前，《劳动合同法》实施取得了劳动合同签订率提高、带动参加社会保险人数上升、签订短期劳动合同比例降低的“两升一降”的成效。当前，需要重点解决好“大”和“小”的问题。解决“大”的问题，主要是要进一步规范大中型企业的劳务派遣用工行为，将法律的刚性约束和劳务派遣用工的灵活性有机结合起来，加快制定劳务派遣规定，使其在发展中规范，以规范促发展。解决“小”的问题，主要是继续抓好小企业劳动合同制度实施专项行动和农民工劳动合同签订“春暖行动”，以私营企业、小微企业和流动性大的农民工为重点，全面推进劳动合同签订工作，实现“十二五”期末劳动合同签订率达到90%。

第二，建立健全企业和职工利益共享机制，重点解决“高”和“低”的问题。工资是劳动关系的核心问题，也是最易引发劳资冲突的焦点问题。需要进一步深化企业工资分配制度改革，按照“调

高、扩中、提低”的总体目标任务，重点解决好“高”和“低”的问题。“调高”主要是进一步落实《关于进一步规范中央企业负责人薪酬管理的指导意见》，对垄断性高收入行业实行工资总额与工资水平双重调控。“提低”主要是促进竞争行业、私营企业职工工资特别是一线职工工资合理增长。继续合理调整最低工资标准，“十二五”时期年均增长幅度达到13%以上，使绝大多数地区最低工资标准达到当地城镇从业人员平均工资的40%以上。继续加强工资支付保障，努力根治拖欠工资行为。“扩中”主要是扩大中等收入职工人群规模，逐步形成橄榄型收入分配结构。加快建立反映人力资源市场供求关系和企业经济效益的职工工资决定机制和正常增长机制。以工资集体协商为重点，扩大集体协商覆盖范围，实现“十二五”期末集体合同签订率达到80%的目标，推动实现企业职工工资增长不低于企业经济效益增长，企业一线职工工资增长不低于企业平均工资增长。

第三，健全并落实劳动标准，重点解决好“差”和“缺”的问题。健全和落实工时等国家基本劳动标准是实现劳动者体面劳动的基本要求。在健全落实劳动标准、促进改善劳动条件方面，要重点解决好“差”和“缺”的问题。解决“差”的问题，需要通过提高企业法律意识、加强劳动保障监察执法以及充分发挥工会的监督作用等措施，进一步推动工资支付、工作时间、劳动保护、休息休假等劳动标准落实。把落实劳动标准与加强人文关怀相结合，指导推动企业形成以人为本、和谐共赢的企业文化，实现劳动者体面劳动。解决“缺”的问题，主要是加快完善劳动标准体系，对改善劳动条件急需、目前仍然缺失的劳动标准加快制订，对需要完善的标准抓紧进行修订。加强劳动定额标准管理，指导企业制定实施科学合理的劳动定额、计件单价，促进企业提升劳动管理水平。

第四，加强劳动争议调解仲裁工作，重点解决“多”和“少”

问题。劳动争议是劳动关系不和谐的一种表现。当前及今后一个时期，劳动争议调解仲裁工作案“多”人“少”的矛盾非常突出。解决“多”的问题，主要是通过强化调解、完善仲裁、裁审衔接来化解大量的劳动争议案件。在劳动争议案件处理过程中，既要依法维护劳动者合法权益，又要促进企业发展，多采用调解方式结案，实现“劳资两利”。解决“少”的问题，主要是抓好基层调解组织建设和仲裁实体化基本建设，开发公益性岗位，将吸纳大学毕业生就业与充实基层调解人员有机结合起来，充实基层调解组织人员和仲裁办案人员。抓好仲裁院实体化建设，积极扩大专职仲裁员队伍，从而实现“三上一提高”，即仲裁办案上水平，硬件上档次，管理上台阶，提高争议处理效能。

第五，加大劳动保障监察执法力度，重点解决“防”和“转”的问题。解决“防”的问题，就是把“执法寓于服务之中，积极预防违法。尤其是针对当前劳动关系矛盾多发的形势，集中力量对农民工用工量大、工资低、劳动条件差的重点企业的突出矛盾进行排查，对发现的重大隐患及时采取有效措施予以处置，做到早发现、早控制、早解决。解决“转”的问题，就是劳动保障监察范围从以城镇为主转向城乡统筹。通过劳动保障监察网格化和网络化的“两网化”管理，构建“横向到边、纵向到底、覆盖城乡”的劳动保障监察执法网络。力争“十二五”期末，在全国乡镇街道一级基本实现“两网化”管理全覆盖。

第六，充分发挥三方机制独特作用，重点解决“分”和“合”的问题。协调劳动关系三方机制是重要的社会利益协调机制，是妥善处理社会利益关系的重要手段。当前，加强协调劳动关系三方机制建设，充分发挥其独特作用，需要解决好“分”和“合”的问题。解决“分”的问题，就是要利用政府、工会、企业组织三方各自的职能优势，各有侧重，分头落实协调劳动关系的各项工作任务。发挥工会组织在职工中的影响力、雇主组织在企业中的影响力以及政府居中的协调平衡作用，妥善协调处理劳动关系双方利益。同时，需要解决好“合”的问题。发展和谐劳动关系涉及方方面面，具有多方性、群众性和协同性。需要进一步借助三方机制这一社会平台，加强三方之间以及社会各方面间的协商、沟通，共同研究劳动关系重大问题。探索依托协调劳动关系三方机制及时介入协调处理集体协商争议的办法。深入开展和谐劳动关系创建活动，扩大创建活动范围，丰富创建内容，大力宣传表彰传化集团等创建典型，提高创建活动的实效性。

多年的工作实践说明，忽视对劳动关系协调的积累，长期积存的问题遇到冲击就易从个别案件转化为突发性群体性事件。长期注重协调劳动关系的积累，“厚积”可以不发，“薄积”易于多发，“不积”难免要发。我们要按照党中央和国务院关于发展和谐劳动关系的要求，带着对劳动者的感情、服务企业的热情、做好工作的激情，进一步探索发展社会主义和谐劳动关系的有效途径，促进形成规范有序、公正合理、互利共赢、和谐稳定的社会主义新型劳动关系。

（本文作者系人力资源和社会保障部副部长）

发挥工商行政管理职能作用 积极促进发展和谐劳动关系

刘玉亭

和谐劳动关系是和谐社会的基础。发展和谐劳动关系，关系到我国改革、发展、稳定的大局，关系到“十二五”规划目标的顺利实施，关系到亿万职工群众的切身利益。中央明确提出，“十二五”时期要构建和谐劳动关系。温家宝总理在2011年的《政府工作报告》中，对构建和谐劳动关系也有明确的要求。构建和谐劳动关系，把中央的要求和部署贯彻好、落实好，是长期的历史任务，也是急迫的现实工作，需要社会各方积极参与，形成共同推动的良好氛围和整体合力。

促进发展和谐劳动关系，工商行政管理部门义不容辞。作为政府负责市场监管和行政执法有关工作的职能部门，工商部门一直在与市场、与企业打交道。企业是社会的细胞，是市场的主体，是劳动关系双方中具有强势地位的一方，是发展和谐劳动关系的“主角”。从这个意义上说，工商行政管理工作就与发展和谐劳动关系有关，工商行政管理部门就要当好和谐劳动关系的促进者。

多年来，各级工商行政管理部门充分发挥职能作用，认真贯彻落实中央决策部署，努力做到监管与发展、监管与服务、监管与维权、监管与执法的统一，加强制度化、规范化、程序化、法治化建设，创新机制，提高效能，在积极服务经济社会发展中促进劳动关系和谐，在切实营造良好市场环境中促进劳动关系和谐，在引导督促企业切实履行社会责任中促进劳动关系和谐，在引导非公有制经济组织开展党建工作中促进劳动关系和谐。

一是支持各类市场主体发展，促进就业再就业，为构建和谐劳动关系打下坚实基础。企业发展是企业和职工群众利益的共同基点，是构建和谐劳动关系的基石。为了催生更多的市场主体，促使企业做强做大，各级工商部门在建立健全准入服务体系，创新准入机制，提供优质高效服务上下功夫。国际金融危机爆发后，工商部门认真贯彻落实党中央、国务院决策部署，总局及时提出了市场主体准入“增加总量、扩大规模、鼓励先进、淘汰落后”的十六字方针，及时出台了帮扶企业发展的政策措施，通过开辟登记绿色通道、改进登记管理方便企业进入市场，通过开展股权出资、出质登记解决企业融资难，通过利用年检平台、延长企业出资期限帮扶企业应对生产经营困难，有力地促进了市场主体发展。“十一五”期间，我国各类市场主体发展迅速，截止到2010年底，全国实有企业1136.48万户，比2005年底的779.74万户增长了45.7%，5年净增356多万户；注册资本（金）总额达59.63万亿元，比2005年底的28.94万亿元增长了1.06倍。企业数量的增加、规模的扩大、实力的增强，为发展和谐劳动关系提供了物质基础、创造了良好条件。

与此同时，各级工商行政管理部门充分认识到，就业是民生之本，是建立和谐劳动关系的前提条件。我们认真贯彻中央更加积极的就业政策，大力推进“以创业带动就业”，通过制定实施一系列优惠政策，鼓励和支持高校毕业生、返乡农民工、下岗失业人员等自主创业和自谋职业；引导和促进劳动密集型企业、中小企业、民营经济、各种服务业加快发展，多渠道增加就业岗位。仅2010年，工商行政管理系统就引导、支持63万多名就业困难人员实现就业再就业，努力为发展和谐劳动关系创条件、打基础。

二是全面推行行政指导，引导企业在切实履行社会责任中构建和谐劳动关系。发展和谐劳动关系是企业履行社会责任的题中应有之义。企业的社会责任对内体现为用工责任，对外体现在市场责任、环境责任、公益责任等多方面；从法律和道德的角度看，还体现为法律责任、道义责任等。企业的对内责任和对外责任、法律责任和道义责任是相辅相成，有机统一的。企业和职工是共生共赢的关系，一个企业履行社会责任，首先就要以职工为本，履行对职工的法律责任，维护职工的合法权益。很难想象，一个对自己职工都尽不到最起码法律责任的企业，会对消费者真正负责，会对社会有所担当。正是基于这样的认识和感受，近年来，各级工商部门在履行市场主体准入与监管、市场秩序维护、消费者权益保护、商标知识产权保护和广告监管、打击传销与规范直销等职能过程中，都把积极引导推动企业履行对职工、对消费者等多方面的法律责任作为重要内容来抓，在采用行政处罚等强制性方式的同时，创新监管理念和监管方式，全面推行行政指导，采取建议、辅导、提醒、规劝、示范、公示等非强制方式帮助企业，鼓励企业严格遵守法律、遵守合同，鼓励企业在维护职工群众利益、建立融洽劳资关系的基础上更好地发展。这种方式以企业自愿、理解、配合为前提，充分尊重企业自主权，更易于为企业接受、认同，与行政处罚等传统方式相互配合、相互补充，刚柔相济，对于增强企业法律意识、更好地履行对职工群众的法律责任，进而建立和谐劳动关系产生了更加积极的效果。

三是实施信用分类监管，引导企业在诚信经营中构建和谐劳动关系。诚信经营是企业发展之道，也是构建和谐劳动关系内在的、本质的要求。企业失信，市场就会失序，社会就会失和，和谐劳动关系也就无从谈起。针对一些企业不守信用的问题，从2003年开始，工商行政管理部门创新监管机制，实施了“金信工程”，在全国工商系统实施企业信用分类监管，通过整合监管资源，建立上下互动、左右互通的联动机制，充分发挥守信企业激励机制、警示企业预警机制、失信企业惩戒机制、严重失信企业淘汰机制的作用，实现对企业市场准入、经营行为和市场退出的全过程监管。目前，工商总局已建成五级贯通、适时更新的各类市场主体“经济户籍库”，汇集了全国1091万多户内资企业、44万多户外资企业、37万多户农民专业合作社和3452万多户个体工商户的基本信息和相关执法信息；建立了全国统一的吊照企业数据库和一人有限公司数据库，基本实现了对进入“黑名单”的企业和法定代表人在全国范围内的锁定，以及一个自然人再投资一人公司在全国范围内的锁定，努力形成“一处失信，寸步难行”的局面。企业信用分类监管在加大企业失信成本、加大信用约束力度、推动企业诚信建设的同时，相应的，对于发展和谐劳动关系也起到了积极的推动作用。

四是推进非公有制经济组织党建工作，引导非公有制经济组织构建和谐劳动关系。非公有制经济是我国社会主义市场经济的重要组成部分。截止到2010年底，我国非公有制企业已达到845万多家，占企业总数的74%；个体工商户已有3452万多户。发展和谐劳动关系，非公有制经济组织是重点，也是难点。近些年来，全国各级工商行政管理部门和个私协会，通过积极协助党委组织部门开展非公企业党建工作，引导企业发展和谐劳动关系。工商总局制定了推进非公有制经济组织党建工作方案，各地工商部门积极做好非公有制经济组织党建工作基础数据调查统计，配合有关部门为非公有制经济组织党员建立党组织，向私营企业派出党建工作指导员，总结推广非公企业党组织和党员先进典型经验，有效推动了非公企业党建活动的开展。实践证明，非公有制经济组织党建工作开展得好，企业员工思想就稳定，企业劳动关系的和谐度就高。浙江传化集团等私营企业通过开展党建促劳动关系和谐、促企业更好发展的经验，对此作了生动的诠释。

构建和谐劳动关系是“十二五”时期加快和改进以改善民生为

重点的社会建设的重要任务，是一项复杂的社会工程，更是人民群众期盼解决的“民心工程”。为了更好地服务“十二五”规划实施，更好地维护群众利益，工商行政管理部门要更加自觉服务经济发展、更加高效加强市场监管、更加有为强化消费维权、更加努力推进依法行政、更加严格锻炼干部队伍，深入推进企业信用分类监管，引导督促企业诚信守法、更好地履行对员工对社会的责任，努力为发展和谐劳动关系，为加快经济发展方式转变，为构建社会主义和谐社会作出新的更大的贡献。

（本文作者系国家工商行政管理总局党组副书记、副局长）

完善人力资源市场和福利体制促进和谐劳动关系建设

刘世锦

在当前的经济社会形势下，建设社会主义和谐劳动关系具有非常重要的意义。我国正处在转变经济发展方式的关键时期。从主要依靠物质资本投入推动经济发展转变到以人力资本积累和创新促进经济发展，是我国发展方式转变的核心内容，也是我国从中等收入国家迈向高收入国家的必然要求。劳动者将在推动经济发展中起到更大的作用，更加要求劳动关系和谐。和谐的劳动关系有利于提高劳动生产率，有利于推进创新，促进发展方式的转变，改变我国长期处于国际价值链低端的状况。

劳动关系是否和谐，影响因素很多。但主要有两类，一类是劳动关系本身的协调机制，包括工人组织化状况、集体协商机制等；另一类是与劳动关系相关的制度环境，包括人力资源市场制度、福利体制等，这对和谐劳动关系的建设也非常重要，事实上不少劳动纠纷是由宏观制度环境不完善引起的。

一、人力资源市场制度与和谐劳动关系建设

建立统一、公平而又富有竞争性的人力资源市场是实现和谐劳

动关系的重要基础。改革开放以来，我国已基本形成按市场原则配置人力资源的人力资源市场，政府不再直接介入人力资源配置和工资决定。但是，我国的人力资源市场仍然不够完善，主要是受户籍制度和所有制性质等因素的制约，城乡、地区、所有制之间的人力资源市场分割仍然没有完全消除，导致就业不能充分竞争；除此之外，就业歧视、权力干预就业机会分配的现象也时有发生。这些都妨碍了劳动者平等自由就业权利的实现，不利于提高人力资源配置效率。这虽然不一定直接导致劳动关系冲突，但会引发社会不满，造成纵向社会流动下降，影响和谐劳动关系的形成。为了改变这些状况，需要从以下几个方面着力。

（一）要创造平等的就业机会，让劳动者人尽其才。

平等就业机会，就是要使就业机会的竞争只与劳动者自身的能力相关，而不与户籍、家庭背景等社会身份挂钩。这些年来，我们在这方面的改革取得了很大进展。但是，在一些地区和领域，主要是地方机关事业单位等公共部门，仍然对就业资格有不合理的限制；有些地方和领域，虽然形式上放开，但在招聘录用过程中，“玻璃门”现象时有发生。我们要从观念和行动上消除这种不平等，这不仅有利于公平，更是有利于提高人力资源市场的效率。

创造平等的就业机会，政府不仅要维护人力资源市场秩序，消除就业竞争中的不平等，也要加大公共投入，帮助每个人尽量均等地获得人力资本积累的机会，包括儿童早期发展和教育、基础教育、职业培训等，增强每个人的就业能力。我们要按照《国家中长期教育改革和发展规划纲要（2010—2020）》和医药卫生体制改革的要求，努力促进基础教育和基本卫生服务的均等化。

（二）要处理好人力资源市场灵活性和稳定性之间的关系。

促进劳动力流动，增强人力资源市场的灵活性，是优化人力资源配置，劳动者实现自我发展和社会流动的重要途径。但人力资源市场的灵活性并不是越高越好，不能以牺牲劳动者的基本权益为代价。相对稳定的劳动关系，既有利于保护劳动者的权益，加强人力资本积累，也有利于企业/机构的长远发展。

我国的现状是，劳动力流动性过高和过低现象同时存在。私营部门特别是低端人力资源市场的流动性非常高，而且在流动过程中劳动者的基本权益得不到充分保护（如有些劳务派遣就是企业为了规避参保责任）。对此，政府要加大执法力度，保障劳动者的合法权益，使劳动关系相对稳定。另一方面，机关、事业单位等公共部门的流动性很低，且跨部门（机关、事业单位和企业之间）的流动更少，导致劳动力难以实现优化配置。劳动力流动的障碍除了户籍制度、过度就业保护外，更重要的是机关、事业单位、企业之间公共养老金待遇和福利水平的巨大差距。这些差异不仅不利于劳动力的流动，而且已经造成不同群体之间的矛盾。应设计合理方案，尽快缩小差距，在公共部门和私营部门之间形成一个统一的人力资源市场。

二、福利体制与和谐劳动关系建设

福利体制是关于就业和社会保障的一整套制度安排。按照艾斯平—安德森的分法，发达国家的福利体制可以分为三类，分别是以英、美为代表的自由主义福利模式，以德、法、日为代表的保守主义或合作主义福利模式，以瑞典、丹麦、挪威等北欧国家为代表的社会民主主义福利模式。近年来，北欧的社会民主主义模式，在保障国民高福利、实现劳动关系和谐的同时，保持了较好的经济活力和创新力，引起了世人的高度关注。北欧国家，例如丹麦，拥有面向全民的高水平的失业保险、医疗保险和其他福利政策，也是世界上工会密度最高的国家之一。但同时，丹麦的整体就业保护水平低于德国等典型的合作主义市场经济国家，更接近英、美等自由市场经济国家。20 世纪 90 年代初，丹麦人在一个工作岗位上的平均时间仅有4.4年，与美国和英国大体相同，低于德国（10.7年）一半。丹麦的劳动力流动能如此灵活，除了实行有限的就业保护，完善的社会安全网，在很大程度上得益于其有效的职业培训制度，提高了劳动者就业转换的能力。丹麦一直是高福利国家，但福利政策已由救济型转变为投资型，被用来积极发展综合竞争力。鉴于我国的国情，我们不大可能发展北欧的高福利，但有很多理念和原则值得借鉴。结合我国国情，重点可从以下几个方面完善我们的福利体制。

（一）按照低水平、广覆盖的原则，建立起面向全民的社会保障制度。

特别是对于中小企业，由于经营管理者和职工在市场经济中都处于相对弱势，政府对参保要予以适当补贴，实现普遍覆盖。社会保障除了满足劳动力再生产的需要外，也解决了劳动者失业、择业过程的后顾之忧。这样就能在保障劳动者基本权益的基础上，增强人力资源市场的灵活性，促进创新。近年来，失业保险的作用没有受到充分重视，失业保险金不仅是对劳动者失业期间的生活保障，更是对维持其就业能力、找到与自己能力相匹配的工作的一种支持，这在创新驱动的经济中将更为明显。当然，失业保险金的水平和领取期限要适度。

（二）加快落实和完善社会保障转移接续制度。

我国是一个地区发展差异较大的大国，长期以来社会保障制度分地区、按人群实施，跨地区携带较为困难，影响了劳动者的权益和流动。近年来，国家已经出台关于养老保险、医疗保险跨地区转移接续的办法，但在实际操作过程中还存在一些障碍。下一步要抓紧落实和完善这些制度，使得转移接续过程更加便捷，充分保护劳动者的权益，真正消除劳动力流动的障碍。同时要尽可能提高社保的统筹层次，这样可以降低转移接续制度的复杂性，也有利于社会保障的可持续发展。

（三）建立更加积极、有效的职业培训制度。

职业培训的目的不仅仅是为了促进就业，也是加强人力资本积累，促进创新的重要手段。当前，我国的公共职业培训主要面向农民工和失业人员开展，今后要加快建立面向全民的就业培训制度，并增强其针对性和有效性。有了坚实的人力资本积累，我国才能实现发展方式的实质性转变，创造更有利于和谐劳动关系建设的产业环境。

当然，和谐劳动关系的建设，除了劳动力市场和福利体制的完善，工人组织建设、集体协商机制形成也同样重要。政府的职责是帮助建立这些机制并保证其有效运转，但要避免直接干预，实现稳定而又充满活力的劳动关系，促进和谐社会建设。

（本文作者系国务院发展研究中心副主任）

积极发展和谐劳动关系

李德成

全国人民正积极以科学发展为主题，以加快转变经济发展方式为主线，全力做好“十二五”规划中的各项工作，发展和谐劳动关系是其中一项十分重要的工作。构建和谐劳动关系，对于推动科学发展、促进社会和谐，努力实现经济社会平稳较快发展，具有重要意义。

一、发展和谐劳动关系是推动科学发展、促进社会和谐的重要基础

和谐劳动关系是中国特色社会主义的本质属性。劳动关系是经济社会生活中最基本、最重要的社会关系之一。劳动关系的稳定与否，不仅反映出社会的生产关系性质、劳动者权益保护的情况，而且关系着企业生产的质量和效率，关系着企业的核心竞争能力。社会主义和谐劳动关系是劳动者和企业双方在根本利益一致的基础上，尊重和承认利益差别，追求合作共赢。只有建立和谐稳定的劳动关系，才能最大限度地调动劳动者的生产积极性，才能创造出和谐社会所需要的物质基础。我国是发展中的人口大国，经济发展速度快，改革开放步子大，建立稳定协调和谐的劳动关系，对于实现社会和谐，保证经济社会可持续发展，具有特别重要的意义。

发展和谐劳动关系是落实科学发展观的具体体现。《中共中央关于构建社会主义和谐社会若干重大问题的决定》强调：构建社会主义和谐社会“必须坚持科学发展”。科学发展观的核心是以人为本、全面协调可持续发展。发展和谐劳动关系是落实科学发展观的内在要求，从根本上回答了“发展为了谁、发展依靠谁”的重大原则问题。科学发展观统领下的社会主义和谐社会建设，就是要创造人们平等发展、充分发挥聪明才智的社会环境。构建和谐劳动关系能够促进人的全面发展，不断提高人们的思想道德素质、科学文化素质和健康素质，为和谐社会的建设奠定坚实的基础。

国家“十二五”规划纲要关于“构建和谐劳动关系”中明确提出，要建立规范有序、公正合理、互利共赢、和谐稳定的劳动关系，努力形成职工得实惠、企业得效益、经济得发展、社会得稳定的职工、企业、社会互利共进的局面。改革开放30多年来，我国劳动关系总体上是好的、是稳定的，有力地保障了经济持续快速健康发展，取得了举世瞩目的辉煌成就。但是，随着改革开放的深化，特别是近两年国际金融危机对实体经济的冲击和影响，劳动关系呈现多样性和复杂性，出现了许多新情况、新问题，劳动纠纷、劳动争议案件数量上升很快，影响了企业的正常经营和社会稳定。我们要按照党的十七届五中全会提出的关于加强和创新社会管理的部署和要求，加强劳动执法，完善劳动争议处理机制，通过全面推进劳动合同和集体合同制度，建立和谐劳动关系的长效机制。

二、发展和谐劳动关系是中国企联的重要职责

中国企联是在我国改革开放之初经国务院同意成立的第一个全国性、经济类社会团体，是全国企业、企业家和企业社团的联合组织，会员企业涵盖全国各种所有制企业，包括国有、混合所有制、民营、中外合资企业等。三十多年来，在党中央、国务院领导同志

和国家主管部门的关怀和支持下，中国企联以邓小平理论、“三个代表”重要思想和科学发展观为指导，以面向企业、为企业和企业家服务的宗旨，坚持“自立、自治、自养”，以维权、自律、服务为主要内容开展各项工作，认真履行中国企业（雇主）组织代表职能，在推进企业改革发展、培养和造就中国企业家队伍、积极参与协调劳动关系三方机制、维护企业和企业家合法权益、努力发挥政府的参谋与助手作用等方面，努力作出应有的贡献，得到了党和政府的良好评价以及企业和社会各界的肯定与认可。

积极参与协调劳动关系三方机制工作是中国企联的一项重要职能，是国家对企联系统的信任和重托。中国企联作为企业（雇主）组织代表参加国家协调劳动关系三方会议，认真履行雇主组织代表的职责，代表广大企业和企业家的利益，广泛反映他们的诉求。近十年来，中国企联积极与人社部、全总协调配合，密切关注企业劳动关系的发展变化，努力做好有关劳动关系重大问题的协调处理、劳动关系领域立法及有关政策的制定工作。在积极推动各地三方机制建设、推进企业劳动合同和集体合同制度贯彻实施、参与劳动争议调处、加强劳动关系领域相关问题调查研究、组织创建和谐劳动关系企业和工业园区活动等方面，做了大量有成效的工作。

在近年国际金融危机对我国经济社会发展带来严重冲击的情况下，面对严峻复杂的经济形势和企业经营困难的状况，中国企联明确提出：要帮助企业和企业家排忧解困，急企业所急，帮企业所需，切实做好服务。为减少危机冲击对企业劳动关系带来的负面影响，维护社会稳定大局，中国企联积极配合人社部、全总，认真贯彻党中央、国务院提出的“保增长、保民生、保稳定”的决策部署和促进经济平稳较快发展的一揽子计划，三方一致认为，在应对危机冲击的严峻形势下，就业是民生之本，和谐劳动关系是社会稳定之基。在统一思想、达成认识的基础上，于2008年底，三方联合向全国发出《关于应对当前经济形势稳定劳动关系的指导意见》的文件，明确提出“保企业、保就业、保稳定”的具体措施。文件要求各级三方加强协商对话，把共克时艰、共谋企业发展和保障职工合法权益结合起来，帮助和鼓励企业渡过难关，尽量稳定用工岗位、稳定就业局势。与此同时，中国企联深入开展调查研究，及时反映企业面临困难的真实情况，提出相应意见建议，为政府部门决策提供了有益的参考。同时，各地企联普遍采取相应措施，加大调研力度，及时向政府部门反映企业的困难和建议，受到政府部门的肯定和广大企业的欢迎。

三、发展和谐劳动关系是企业和企业家的重要使命

社会和谐的根本特征是人的和谐，企业和谐的核心是劳动关系的和谐。发展和谐劳动关系要求企业和企业家以科学发展观与和谐理念统领企业发展。企业作为社会财富的创造者，只有落实科学发展观，才能实现又好又快发展。企业经营状态良好，就能吸纳更多的劳动力，持续扩大就业，为社会稳定和谐奠定基础。如果企业经营管理不善，甚至破产倒闭，造成职工下岗失业，就会影响社会的和谐稳定。广大企业和企业家在建立和发展新型劳动关系方面，要增强使命感和责任感，转变发展观念，创新管理模式，提高人力资源管理水平，完善劳动保护机制，让广大劳动群众实现体面劳动。

企业和企业家要树立依靠职工办好企业的思想，善待职工，建立和谐文化，实行和谐管理。企业的发展最根本的是要靠全体职工的积极性和创造性。当今和未来企业之间的竞争，说到底是人才的竞争，人力是企业经营发展最宝贵的资源。在创建和谐企业、建立和谐稳定的劳动关系中，企业和企业家要从企业发展战略的高度，关心爱护职工群众，切实维护广大职工的合法权益，高度重视职工在企业发展中的重要作用，牢牢树立依靠职工办好企业的思想不动摇，加强和完善职工民主管理。和谐的劳动关系要求建设和谐的企

业文化，企业文化是企业的灵魂，是企业获得持久发展的动力源泉。企业要以“和谐管理”为指导思想，继承发扬中华民族优秀传统文化，借鉴吸收世界先进企业文化成果，结合自身特点和文化内涵，努力形成独具特色和优于对手的企业文化，在企业内部营造一个劳动关系和谐、可持续发展的良好环境。

（本文作者系中国企业联合会常务副会长）

以人为本　共建共享
着力构建和谐劳动关系

赵洪祝

党中央、国务院历来高度重视劳动关系工作。胡锦涛总书记强调，要全心全意依靠工人阶级，建立健全劳动关系协调机制，促进实现体面劳动，促进劳动关系和谐，促进社会和谐稳定。中央领导的重要指示精神，为我们构建和谐劳动关系指明了方向。

近年来，浙江省委、省政府认真贯彻落实中央决策部署，按照建立“规范有序、公正合理、互利共赢、和谐稳定”的社会主义新型劳动关系的目标要求，从民营经济大省实际出发，坚持以人为本、统筹兼顾、创新推动、共建共享，着力构建和谐劳动关系，努力使劳动纠纷“易发地”变为劳动关系“和谐地”，初步探索出一条符合时代要求、适应市场规律、具有浙江特色的构建和谐劳动关系之路。

一、坚持思想认识和机制保障双到位，从建设中国特色社会主义事业的战略高度来谋划和构建和谐劳动关系

浙江地处改革开放前沿，是我国民营经济的先发地区，现有企业79万家，其中民营企业75.6万家，外来流动人口2200多万人。“十一五”期间，全省60%以上的税收、70%以上的GDP和外贸出口、90%左右的新增就业岗位都来自民营企业。民营企业多、中小

企业多、外来务工人员多这“三多”的实际，给我省劳动关系带来许多新情况、新问题。省委、省政府深刻认识到：我国作为工人阶级领导的社会主义国家，企业与职工尽管在具体利益上有差异，但根本利益是一致的，劳动关系矛盾属于人民内部矛盾，不存在根本的对抗性；构建和谐劳动关系，是建设中国特色社会主义的题中之义，是完善社会主义市场经济体制的内在要求，是社会和谐稳定的重要基础。因此，这些年省委、省政府一直把构建和谐劳动关系放在浙江改革发展稳定的全局中来谋划，作为推动全省经济转型升级和社会管理创新的重要举措来落实。

在深化认识、统一思想的基础上，我们着重建立健全三个体系。

一是组织领导体系。省委、省政府每年召开会议研究部署，先后出台《关于切实维护劳动者合法权益进一步发展和谐劳动关系的若干意见》、《关于深入发展和谐劳动关系的意见》等文件。2011 年初，省委、省政府召开全省深入发展和谐劳动关系工作会议，对进一步做好我省构建和谐劳动关系工作进行全面部署。省市县三级都建立由党政分管领导任组长的创建劳动关系和谐企业活动领导小组，以及协调劳动关系三方机制。同时，我们高度重视加强非公有制企业党群组织建设，省委设立新经济与新社会组织工作委员会，市县设立社会工委或“两新”工委，力求把党的工作覆盖到每一个企业。

二是法制保障体系。在全面贯彻执行国家有关法律法规的同时，结合我省实际，先后出台《浙江省集体合同条例》、《浙江省企业民主管理条例》等 10 多个地方性法规。

三是目标考核体系。我们把构建和谐劳动关系有关工作纳入社会治安综合治理目标管理，作为建设“平安浙江”考核的重要内容，与党政领导干部政绩考核挂钩。2011 年初，我省又推出劳动关系和谐指数评价体系，把劳动关系细化为 23 项具体指标进行综合评价，通过每年第一季度向社会发布各市劳动关系和谐指数，推动构建和谐劳动关系工作深入开展。

二、坚持职工利益和企业利益双维护，充分调动劳动关系双方的积极性和主动性

在当代中国，职工群众和企业经营者，都为中国特色社会主义事业贡献着智慧和力量。我们所构建的和谐劳动关系，应当是建立在劳动关系双方共建共享、互利双赢基础之上的劳动关系。我们从实践中感到，只有职工群众和企业经营者的积极性都得到充分发挥，构建和谐劳动关系才会有源源不断的动力。

对广大职工，我们按照“让广大职工工作更体面、生活有尊严”的要求，从解决他们最关心、最直接、最现实的问题入手，切实维护他们的合法权益。

一是着力解决欠薪问题，维护好职工的经济权益。省政府每年召开会议专题部署，省市县三级政府层层签订“防范和处置企业拖欠工资工作责任书”，积极推动创建“无欠薪城市”。为确保职工能按时、足额拿到工资，我省在全国率先建立工资支付保证金、欠薪应急周转金、农民工记工考勤卡“两金一卡”制度。这项制度已覆盖所有市县，一些地方还向乡镇（街道）、村延伸。目前全省共筹集工资支付保证金35亿元、欠薪应急周转金5.6亿元，发放记工考勤卡340万张。

二是着力解决安全生产问题，维护好职工的健康权益。针对一些民营企业安全生产隐患较多的状况，加大执法检查力度，落实整改措施，全省已连续7年实现劳动安全生产事故起数、死亡人数和直接经济损失“三个零增长”。

三是着力解决民主管理问题，维护好职工的政治权益。坚持和完善以职代会为基本形式的企业民主管理制度，积极探索民主议事会、民主恳谈会等形式，深入推进厂务公开，落实职工的知情权、参与权、监督权。全省已建工会的民营企业职代会和厂务公开建制率分别达到78.2%和75.5%。许多外来务工人员还当选为各级人大

代表、政协委员和人民法院陪审员。

对各类企业，我们按照“让广大企业竞争更有力、发展更健康”的要求，在优化企业发展环境、增强企业核心竞争力上下功夫，努力做到在促进劳动关系和谐中推动企业科学发展，使构建和谐劳动关系成为企业的“内生需求”。

一是加大对企业扶持力度。省委、省政府先后出台推动民营经济新飞跃、推进经济转型升级等文件，推进企业持续健康发展。在应对国际金融危机中，连续3年实施“五缓五减三补贴两协商”政策，对部分困难企业实行缓缴5项社会保险费的优惠政策，适度降低养老保险缴费比例，共减轻企业负担107亿元，惠及全省近30万家企业和150万名工商个体参保人员。

二是加强企业经营者队伍建设。省委、省政府出台加强高层次企业经营者管理人才队伍建设等文件，全面实施企业家素质提升工程，“十一五”期间全省共举办各个层次和规模的企业经营管理人员培训班7万多期，培训92.6万人次。

三是促使企业与职工形成命运共同体。积极引导和鼓励广大企业坚持以人为本，注重通过促进职工全面发展推动企业持续健康发展。特别是在应对国际金融危机冲击中，通过广泛开展“共同约定行动”，普遍实现了企业与职工凝心聚力保增长、同舟共济促和谐。目前，职工是企业最宝贵的资源、企业只有全心全意依靠职工才能持续发展等已成为我省广大企业经营者的共识，构建和谐劳动关系已成为越来越多企业的自觉行动。

三、坚持行政手段和市场手段双调节，把构建和谐劳动关系纳入制度化、规范化轨道

构建和谐劳动关系，既要运用“有形之手”，加强政府的调控和指导；又要运用“无形之手”，注重发挥市场对劳动力资源配置

的基础性作用。

在行政调节方面：一是发挥好政策调控作用。主要是充分运用最低工资标准、工资指导线、劳动力市场工资指导价位等政策手段，指导和推动企业建立合理的薪酬分配制度，促进职工工资稳定增长。二是发挥好劳动监察作用。大力推进劳动保障监察“网格化、网络化”建设，加快实现劳动保障监察从事后查办向更加注重源头预防转变。省人力资源和社会保障厅连续10年开展以整治拖欠工资、非法职业中介、非法用工为主要内容的“春雷”、“春苗”、“春雨”专项行动。三是发挥好劳动争议调解仲裁作用。总结推广义乌、北仑、余杭等地的社会化大调解经验，建立健全劳动关系矛盾预防、预警和化解机制，实现劳动争议调处关口前移、重心下移，努力将劳动争议矛盾化解在源头和基层。全省所有市县均建立劳动仲裁院，75%的乡镇建立劳动关系协调委员会。

在市场调节方面：一是以市场机制来促进人力资源合理配置。在全国率先建立城乡统一的人力资源市场，免费提供就业信息、就业指导、就业咨询、就业培训等系列服务。全省所有市县都有一定规模的人力资源市场，90%以上的乡镇（街道）有劳动力信息服务平台。二是以合同方式来规范劳动关系。至2011年6月，全省规模以上企业劳动合同签订率达到96.6%，小企业劳动合同签订率达到84%，分别比2007年提高4.5个百分点和41个百分点。三是以协商形式来达成共识。广泛开展企业工资集体协商，初步形成“企业协商谈增长、行业协商谈标准、区域协商谈底线”的工资协商模式，涌现出温岭等一批工资集体协商先进经验。2010年，全省70%以上已建工会企业实行工资集体协商，签订工资协议7.9万份，覆盖企业15.5万家，惠及职工852.8万人。

四、坚持物质关怀和精神关怀双落实，促进广大职工身心健康和全面发展

随着经济发展和社会进步，职工需求发生着深刻变化，特别是新

生代产业工人中的大批“80后”、“90后”，文化程度相对较高，他们不仅期待物质待遇的改善，也渴望精神生活的丰富和发展空间的拓展，这对构建和谐劳动关系提出了新课题。我们从这一实际出发，坚持物质关怀和精神关怀“两手抓”，促进广大职工全面发展。

在物质关怀方面：一是努力提高职工特别是一线职工薪酬待遇。我省从1994年以来，已13次提高最低工资标准，2011年新定的最低工资标准最高档为每月1310元，比2010年增长19.1%，明显高于职工平均收入增长幅度，也高于全省GDP增长速度。近10年来，我省全社会在岗职工平均工资年均增长9.23%，2010年达到30650元。二是不断完善社保体系。至2011年6月，全省参加城镇基本养老保险、基本医疗保险、失业保险、工伤保险和生育保险人数，与2007年底相比分别增加57.8%、66.3%、56.9%、51.7%和81.3%。同时，不断提高养老金待遇，目前我省企业退休人员基本养老金人均每月达到1595元，居全国前列。三是延伸公共服务。大力推进公共服务向外来务工人员延伸，通过把农民工子女纳入义务教育范围和落实“同城待遇”等举措，让广大“新居民”共享改革发展成果。我省各地大力兴建保障性住房，多渠道多形式建设农民工公寓，一大批企业建立住房公积金制度，给职工免费提供宿舍或分配公寓房，让职工住有其所，能够安居乐业。

在精神关怀方面：一抓素质提升。持续开展大规模职工技能培训，广泛开展各种劳动竞赛，不断提升职工素质。近5年来，全省组织350万名职工进行职业技能培训，帮助20多万名职工实现技术晋级。二抓文化建设。大力推进文化大省建设，加强企业文化和职工文化建设，组织开展“文化共享工程进企业”活动，使职工群众能共享当代优秀文化成果。全省已建成全国示范职工书屋135家、省级示范职工书屋1500家、文化共享工程进企业示范服务点和职工电子书屋6000家。三抓帮扶活动。广泛开展扶贫帮困送温暖、金秋助学等活动，帮助困难职工解决实际问题。我省工会组织开展“关爱职工心理健康专项行动”，建立100多条心理疏导热线；每年年底省总工会还组织开展平安返乡活动，包专车、专列甚至专机让外来务工人员温馨顺利返乡。许多企业建立爱心基金、情感交流站、谈心室等，帮助职工解决困难，疏导心理情绪，促进劳动关系和谐。

五、坚持企业创建和区域创建双推进，形成全社会共建和谐劳动关系格局

我省坚持把创建劳动关系和谐企业作为构建和谐劳动关系的有效载体和重要抓手，不断拓展创建范围，丰富创建内容，完善考评机制，实行动态管理，形成了省、市、县（市、区）、乡镇（街道）、村（社区）、企业六级联动的工作网络和创建格局。我们还将和谐企业创建考评与针对企业的各类评选表彰活动结合起来，形成有效的激励鞭策机制，推动创建活动深入开展。在创建活动中，涌现出一大批构建和谐劳动关系先进典型。现在，广大企业视“劳动关系和谐企业”称号为“金字招牌”，参加创建活动的积极性很高。

在推进和谐企业创建同时，我们广泛开展劳动关系和谐开发区（工业园区）创建活动，积极探索开展劳动关系和谐乡镇（街道）、劳动关系和谐城市等创建工作，力争把社会各方面力量都动员组织到和谐劳动关系的构建之中，形成点面结合、条块联动、整体推进的良好局面。目前，全省共有14.8万家企业、237个工业园区开展创建活动，其中1.4万家企业被评为劳动关系和谐企业。

（本文作者系中共浙江省委书记）

大力发展和谐劳动关系
让改革发展成果更多地惠及职工群众

梅克保

湖南是人口大省、农民工大省，中小企业多，劳动关系复杂多样。近年来，我省坚持把发展和谐劳动关系作为加强和创新社会管理的重要内容、构建和谐湖南的重要基础，让改革发展成果更多地惠及广大职工群众。和谐稳定的劳动关系已成为湖南吸引外资的闪亮名片、凝心聚力的重要推手，有力地促进了全省经济社会又好又快发展。目前，入驻湖南的世界500强企业已达110家，对接央企68家；“十一五”期间，我省经济总量年均增长14%以上，2008年突破万亿元大关，自此连续三年位列全国十强，谱写了科学发展、富民强省的新篇章。

一、注重保障和改善职工民生，以共建共享促进劳动关系和谐

劳动关系是最基本的社会关系。劳动关系是否和谐既取决于经济发展水平，更取决于劳动者对改革发展成果的共享程度。近年来，湖南在加快经济社会发展、努力把“蛋糕”做大的同时，千方百计分好“蛋糕”，实现企业与职工同步发展、共享成果。一方面，坚持把新型工业化作为富民强省的第一推动力，大力实施“双百工

程”、“四千工程”，促进工业加速、提质、转型、增效，为构建和谐劳动关系打下了较好的物质基础。另一方面，大力加强以保障和改善民生为主要内容的社会建设，连续7年坚持为民办实事，使职工群众普受惠、长受惠、多受惠。

把实现就业作为民生之本。通过加强就业培训、就业指导、就业援助、创业扶持等措施促进就业和再就业。从2009年起，每年设立5000万元大学生创业专项扶持资金，全省高校毕业生年度就业率稳定在75%以上；出台一系列优惠政策，吸引30万农民工返乡创业，吸纳110万人就业。“十一五”期间，全省累计实现城镇新增就业335万人，失业人员再就业172万人。

把社会保障作为民生之福。大力推进社保扩面征缴，将更多的农民工、灵活就业人员、非公有制企业从业人员、城镇居民纳入社会保障范围；着力提高社会保险待遇水平，多次提高企业退休人员基本养老金，全省参加“五险”人数比“十五”期末大幅增长。

把增加职工收入作为民生之要。着眼于让城乡居民收入增幅与人均GDP增幅基本保持同步，2010年大幅提高最低工资标准，增幅达27.8%，位居全国前列。为实现改善民生工作长效化、机制化，2011年又在全国率先出台了《保障和改善民生实施纲要》，其中重点安排了保障和改善民生的八大工程，不断增进人民福祉，促进社会和谐。

二、加强劳动法制建设，以“法治湖南”建设促进劳动关系和谐

完善的政策法规是发展和谐劳动关系的根本保障。近年来，我省以加快“法治湖南”建设为契机，着力落实有关法律政策，不断建立健全劳动关系政策法规体系，有效提高了调整劳动关系、维护职工权益的规范化、法制化水平。

加大劳动保障监察执法力度。为确保《劳动合同法》、《工会法》等有关法律得到执行，我省经常组织联合执法检查，如定期开

展农民工工资支付情况专项执法检查等，受到群众好评。同时，大力开展整治非法用工、打击违法犯罪专项行动，依法规范劳动力市场秩序、维护劳动者合法权益。劳动合同短期化现象得到有效遏制，劳动合同签订率普遍提高，2010年全省规模以上企业劳动合同签订率达99.5%。

*加强劳动关系领域的地方立法。*先后出台了《湖南省实施〈工会法〉办法》、《湖南省职工代表大会条例》、《湖南省集体合同规定》、《湖南省实施〈就业促进法〉办法》等一批地方性法规。特别是为妥善解决职工群众反映强烈的收入分配不公、差距过大等问题，省人大将原本作为立法调研的《湖南省企业工资集体协商条例》列入2011年重点立法计划，加快立法进程。

*完善发展和谐劳动关系的政策体系和工作机制。*发展和谐劳动关系不仅需要法律保障，也需要政策支撑。为此，我省先后就工资、就业、社保、劳动安全等方面出台了一系列政策，并注意与有关法律法规衔接配合，从宏观政策层面规范劳资行为。同时，在省市县普遍建立了政府与工会联席会议、劳动关系三方协商、劳动争议调解等工作机制，有效预警、预防和处置了各种劳动关系矛盾。

三、构建"双联"帮扶长效机制，以服务企业和职工群众促进劳动关系和谐

湖南自1999年起组织开展"党政机关联系困难企业，机关干部联系困难职工"活动，简称"双联"活动。这是我省推动企业科学发展的重要载体、保障和改善民生的重要平台、转变机关干部作风的重要抓手。后根据形势发展需要，又将服务范围延伸到非公企业，并与帮扶工作相结合，实施项目化运作，形成了社会化维权帮扶工作格局，着力化解各种矛盾、困难和问题，有效促进了劳动关系和谐。

帮助困难企业化解矛盾求发展。我省把服务企业发展作为“双联”和帮扶工作的首要职责，每年组织1万多个机关单位、近20万名干部开展“双联”活动，深入困难企业，实行分类指导，一企一策帮扶。帮助企业完善发展战略，调整优化结构，转变发展方式；引导企业加快技术创新，加强科学管理，积极开拓市场；妥善处理企业内部的劳动纠纷，化解不稳定因素，等等。通过“双联”和帮扶，一大批困难企业走出困境，重新焕发生机。

帮助困难职工排忧解难促和谐。我省把服务困难职工作为“双联”和帮扶工作的重中之重，将其纳入为民办实事和领导干部绩效考核内容，不断加大推进力度。一方面，多方筹措帮扶资金。省财政每年安排中央专项配套资金、送温暖资金、劳模困难补助资金等共5000万元；并通过举办募捐文艺晚会、开展“干部工资一日捐”活动等形式广辟筹资渠道，引导社会各界参与、支持帮扶工作。另一方面，着力完善帮扶网络。全省所有市州和县市区都建立了困难职工帮扶中心，并大力向基层普及，现已建立乡镇（街道）、社区帮扶站3985个、企业帮扶站（点）2622个，为职工提供生活救助、就业培训、法律援助等一站式、一条龙服务。

推行项目化运作增实效。按照资源与信息共享、责任共担、资金共筹、活动共办的原则，整合和优化配置“双联”帮扶成员单位资源，推行“双联”帮扶项目化运作，增强了工作实效。2010年，全省重点实施困难职工和农民工就业创业援助、低保救助等九大帮扶项目，共帮助52189名困难职工实现就业，推动71399名困难职工纳入“低保”，提供法律援助4048人次，帮助2314名困难职工和农民工白内障患者实施免费复明手术。

四、赋予工会更多资源和手段，充分发挥工会作用促进劳动关系和谐

实践表明，工会作为我们党联系职工群众的桥梁和纽带，在发

展和谐劳动关系方面具有天然优势和不可替代的作用。省委、省政府始终高度重视和大力支持工会工作，在推动工会工作创新发展中促进劳动关系和谐。

坚持党建带工建，推动企业普遍建会。只有组织起来，才能切实维权。湖南高度重视党建带工建工作，将其列入党建工作重要内容。2010 年，省委组织部和省总工会联合下发了《关于加强党建带工建工作的意见》，把工会组建纳入党的建设工作规划和考核体系，结合“创先争优”活动扎实推进。各级工会认真落实“广普查、深组建、全覆盖”要求，稳步推进“双措并举、二次覆盖”工作，依托党组织向非公有制企业派遣的党建联络员、党建指导员，采取单建、联合、挂靠等形式，推动工会组建工作。截至 2010 年底，全省已建立基层工会 9 万余家，涵盖单位 13 万余个，吸收会员 1035 万人（含农民工会员 335 万人），建会率和职工入会率分别达到 51% 和 86% 。

大力推进工资集体协商，促进劳资双方合作共赢。劳资协商是化解劳资矛盾的有效途径。我省把推行工资集体协商作为建立公平合理的收入分配秩序、化解劳资纠纷、寻求双方互利共赢的重要抓手，出台了“经协商的工资税前列支”等措施；省人力资源和社会保障厅、省工商联、省企业联合会等单位会同省总工会加大推进力度，特别是通过开展“百日要约行动”、“春季要约行动”等，扩大了协商面。目前，全省共有 1.3 万多家企业签订工资集体协议，覆盖职工 185 万人。

支持工会开展工作，促进职工实现体面劳动。体面劳动是确保职工安居乐业、构建和谐社会的重要元素。我省大力支持工会参与社会管理和公共服务，促进职工实现体面劳动。成立了省厂务公开领导小组、省劳动竞赛委员会和省职工素质提升工程领导小组等机构，从物质层面、精神层面、政治层面满足职工需求，保障职工合法权益。特别是支持工会牵头开展和谐劳动关系模范企业和示范工业园区创建等活动，督促企业规范用工，不断改善职工劳动环境和条件；支持工会开展“湖南省职工科技创新奖”评选等活动，加强职工文化建设和人本关怀，让职工工作得更加愉快、生活得更有尊严，增强了他们对企业、对社会的归属感。

（本文作者系中共湖南省委副书记）

妥善处理停工事件　构建和谐劳动关系

肖志恒

广东是全国经济大省、就业大省，又是改革开放的前沿阵地和市场经济发达地区，在劳动关系领域遇到的问题也更早、更新。2010 年自深圳富士康、南海本田事件发生之后，我省又相继发生了 90 多起企业职工停工要求加薪事件，引起社会各界广泛关注。这些事件发生地域主要集中在珠三角地区，涉及行业主要集中在汽配、电子行业，企业类型主要集中在外资或合资企业，参与群体主要集中在生产一线职工和新生代农民工，职工诉求主要集中在提高工资水平、改善福利待遇方面。事件既有突发性，又有传导性；既有很强的组织性，又有很强的隐蔽性；绝大部分是自发性事件，但也有个别受到外部势力的诱导和推波助澜；绝大部分事件是理性的，但也有个别事件出现非理性行为。

对于事件的发生，党中央、国务院和广东省委、省政府高度重视，汪洋书记、时任黄华华省长多次主持召开会议研究部署，深刻指出这是传统发展模式“重物轻人”的必然结果，具体体现在“四个不相适应”：一是收入分配机制与职工共享发展成果诉求不相适应，二是企业管理模式与新生代农民工群体特点不相适应，三是资本的强势地位与劳动者合法权益维护要求不相适应，四是现行法律法规与调处新型劳资纠纷要求不相适应。根据这些新情况、新特点，我省妥善处置了相关事件，总结了一些行之有效的做法，也初步积累一些经验体会。

第一，坚持准确定性，适时适度介入，防止事态激化

从停工事件的起因和诉求等方面来看，停工事件本质上属于人民内部矛盾，可以通过双方协商解决。但是由于集体协商制度还有待完善，加上劳动者用停工方式表达诉求容易给敌对势力和别有用心的人带来可乘之机，放任自流容易导致事态蔓延和变质。经过探索，我们总结出了新形势下政府调处停工事件的三条原则：一是既高度重视维护稳定，又不能够简单地将停工作为维稳事件来处置。二是既适时介入居中调处，又防止滥用行政权力。三是既坚定有力强化执法监察，又讲究有情操作提高实效。

我们在调处“南海本田”等事件中，做到内紧外松。党政领导高度重视，但都没有率队直接介入；公安人员到场监控，但没有直接进入厂区。一旦发现违法行为，也不是简单地发一份整改通知书、下一个强制指令了事，而是实事求是地指出存在的问题，与企业、与职工共同研究改进的办法。这一系列举措最终推动事件及时妥善解决，得到各方高度评价。

第二，坚持依法办事，切实保障劳资双方合法权益

停工事件往往由于“资强劳弱”引发，依法维护劳动者权益成为解决劳资矛盾工作的着力点。我们督促企业全面签订劳动合同，按时足额支付工资，全员参加社会保险，严格执行工时管理、休息休假、女职工未成年工特殊劳动保护和安全生产制度，努力改善用工环境，切实保障职工合法权益。

与此同时，我们也注意到，如果忽略企业合法权益，最终可能导致职工利益和国家利益受到影响。在应对停工事件中，我省始终坚持向企业和职工广泛宣传《劳动合同法》、《公司法》、《治安管理处罚法》等法律法规，坚持依法协调解决双方诉求，坚持依法果断处置企业单方解除劳动关系、职工堵路堵厂门等违法行为，确保纠纷局限在厂区范围、诉求局限在经济待遇，既维护了职工的合法权益，也保障了企业的合法经营，更保持了社会大局的和谐稳定。

为加强依法行政、依法管理，目前我省正抓紧制订工资集体协商和企业民主管理的有关规定，进一步建立健全妥善解决劳动纠纷的法律法规。

第三，坚持三方协调，通过平等协商妥善解决职工诉求

通过协调劳动关系三方机制研究解决劳动关系的重大问题，是完善社会主义市场经济体制的必然要求。在处置停工事件中，我省政府有关部门居中协调；当地工会组织和企业工会及时收集职工诉求，代表职工与企业平等协商，并达成一致意见；一些企业代表组织积极发挥公信力，如广州萝岗区汽车行业协会收集并公布区内企业工资指导价位，为停工企业集体协商提供了具有说服力且双方认同的参照标准。

在引导劳动关系双方开展集体协商过程中，我们特别注重把握三个关键环节。一是找准利益平衡点。各地以行业平均工资作为加薪参照标准，引导双方通过理性协商达成“企业能承受、职工能接受”的加薪方案。二是提升双方认同度。做好劳动关系双方思想工作，把企业的经营状况向职工代表公布，使双方明白企业与职工的互利共赢关系。在广州南沙电装事件中，政府和有关部门一方面宣传同类行业的工资水平，另一方面引导职工权衡得失，调整诉求，最终使职工加薪诉求从1000元降至550元。三是营造劳动关系矛盾处置冷静期。推广“先复工、边生产、边协调”的做法，为劳动关

系双方创造冷静思考的空间，消除对抗情绪和不理性行为。如广汽集团总结出“三天工作法”，第一天开展复工说服工作，争取职工至少先行复工三天，让企业有时间评估自身的薪酬水平，让职工冷静思考并最终明白只有企业发展才能增加报酬收入，从而为第二天收集职工诉求意见，第三天集体协商打下良好的基础。

第四，坚持凝心聚力，多方配合提高处置效率

部分发生停工事件企业的经营管理者与职工对立情绪严重，在这个关键节点，除了政府有关部门做好调处工作以外，让对企业和职工有影响的第三方介入，往往能有效打破僵局。一是发挥人大代表等权威人士的影响力。如“南海本田”事件处置一度陷入僵局，但在全国人大代表、广汽集团总经理曾庆洪同志介入协调后，企业很快就同意将职工月薪再增加 200 元，职工非常满意。二是发挥龙头企业的号召力。如广汽丰田、广汽本田先后分别召集全国数百家供应商总经理参加劳动关系改善说明会，要求各供应商及时掌握职工动态，主动提高薪酬水平，避免停工事态蔓延。三是发挥情感因素的感召力。如联系职工户籍所在地政府部门、实习生就读学校向职工发公开信，动员职工家属进行劝说，提醒职工不要受唆使发生过激行为，劝导职工返回工作岗位，再由职工代表与企业开展协商。

第五，坚持加强人文关怀，夯实建设和谐劳动关系的根基

预防和调处停工事件，归根结底要靠经济发展方式的转变，当务之急是要更加突出以职工为本，适应职工实现体面劳动的要求。为此，我省及时出台加强人文关怀改善用工环境的 29 条意见，把加强对职工的人文关怀贯穿于劳动用工管理的全过程；积极推动农民工积分制入户城镇；连续两年较大幅度提高最低工资标准；大力开展大型户外咨询和优秀企业巡回宣讲等宣传活动，书记省长亲自接见百家和谐劳动关系先进企业代表。这些举措的相继推出，使加强对职工的人文关怀成为全省上下普遍共识。调查表明，超过七成的企业认识到与其停工遭受损失，不如增加薪酬福利，来调动职工积极性，争取更多利润；不少企业还通过转型升级、生产技术改造等，加快从依靠低薪加班向人力资源创新驱动的转变，更好实现企业与职工的双赢。

和谐劳动关系是稳定之基、发展之基、幸福之基。我们要认真贯彻全国构建和谐劳动关系先进表彰暨经验交流会精神，把“加快转型升级、建设幸福广东”作为核心任务和主攻方向，加快劳动关系立法进程，建立完善企业职工工资集体协商机制、正常增长机制、支付保障机制，提升预防调处劳动纠纷能力，发挥工会组织和企业代表组织沟通协调作用，促进劳动关系进一步和谐稳定，努力为发展社会主义和谐劳动关系作出新的贡献。

（本文作者系广东省人民政府副省长）

以创建和谐企业为平台 大力发展和谐劳动关系

唐国忠

劳动关系是最重要、最基本的社会关系之一，直接关系群众利益、经济发展、社会和谐。随着我国经济转型、社会转轨进入加速期，发展和谐劳动关系，越来越成为加快推进以改善民生为重点的社会建设的重要任务，成为改进和创新社会管理的重要内容；探索建立符合社会主义市场经济体制要求的劳动关系协调机制，越来越成为推动经济发展的重大课题，成为促进社会和谐的重大问题。

一、把握创建和谐企业与发展和谐劳动关系的内在联系

发展之道，和谐为本。形成“规范有序、公正合理、互利共赢、和谐稳定”的社会主义新型劳动关系，是实现共谋经济发展、共促社会和谐、共享改革成果、共创美好生活的重要基石和有力保障。党的十七大对“规范和协调劳动关系”提出明确要求；党的十七届五中全会对“构建和谐劳动关系”作出具体部署；胡锦涛总书记在省部级主要领导干部社会管理及其创新专题研讨班开班式上突出强调，要“牢牢把握最大限度激发社会活力、最大限度增加和谐因素、最大限度减少不和谐因素的总要求”。这一系列决策部署，

对发展和谐劳动关系提出了新课题、新要求、新期待。

企业是社会的基层组织、国民经济的细胞，创建和谐企业是发展和谐劳动关系、和谐环境关系、和谐社会关系“三位一体”的有机融合。因此，创建和谐企业与发展和谐劳动关系有着紧密的内在联系。

发展和谐劳动关系是创建和谐企业的核心和基础。劳动关系是劳动者与劳动使用者在劳动过程中形成的社会关系，是企业赖以生存和发展的重要基础。没有和谐的劳动关系，企业就不可能有稳定的生产秩序和强大的内生动力，也就谈不上履行环境责任和社会责任。创建和谐企业必须牢牢把握发展和谐劳动关系这个核心，最大限度地调整好劳资双方的利益关系，最大限度地消除劳资双方的矛盾问题，促进形成劳资双方各尽所能、各得其所而又和谐相处的良好局面。

创建和谐企业是发展和谐劳动关系的抓手和平台。创建和谐企业的过程既是推动企业加快节能降耗、实现生产与环境相协调的过程，也是引导企业自觉承担社会责任、实现企业与社会和谐共处的过程，更是有效协调劳动关系、实现劳资双方合作共赢的过程。发展和谐劳动关系，必须不断深化和谐企业创建工作，引导企业在加强环境保护、承担社会责任中提升形象、增强竞争力，在又好又快发展中更好地维护职工合法权益、实现职工全面发展。

二、福建省在创建和谐企业中发展和谐劳动关系取得显著成效

福建省委、省政府高度重视发展和谐劳动关系。2006 年，我省协调劳动关系三方会议在全省部署开展创建劳动关系和谐企业活动。全总慈溪会议后，我省把创建劳动关系和谐企业活动拓展为以发展和谐劳动关系为核心、强化企业社会责任、处理好企业与环境关系“三位一体”的创建和谐企业活动，成立了创建工作领导小

组，并在泉州、漳州、龙岩等地开展试点工作。2009年，我省召开了和谐企业创建试点工作现场会，推广试点经验，在全省全面推开创建工作。两年来，和谐企业创建工作呈现良好发展态势，参与企业已达2万多家。创建工作有效促进了劳动关系的和谐，成为改善劳资关系的“润滑剂”。据统计，全省82.3%的建会企业建立了工资集体协商制度，2010年全省职工集体上访和信访次数分别比上年同期减少了33.7%和18.9%。主要做法有：

坚持党委领导、政府推动。省、设区市和大部分县（市、区）都成立了和谐企业创建工作领导小组，完善了创建内容和工作机制，各级党委、政府把和谐企业创建工作纳入当地经济社会发展全局，统一部署、统筹推进，逐步形成了“党委领导、政府推动、工会牵头、部门配合、企业主体、职工参与”的工作格局。

坚持服务企业、激活主体。指导企业成立创建工作领导小组，制订活动方案，改善生产经营环境，解决职工切身利益问题。特别是着力推动解决企业发展协调性与整体素质等方面存在的突出问题，把党和政府的优惠政策落实到位，有力增强了企业参与创建活动的积极性和主动性。

坚持把握重点、整体推进。确定每年3月份为全省工资集体协商要约行动月，推动企业依法建立集体合同和工资集体协商制度，扎实推进“两个普遍”，不断提高职工特别是生产一线职工和农民工的工资水平，促进劳动报酬与劳动生产率同步增长，在维护职工劳动经济权益中促进劳动关系的和谐稳定。

坚持量化标准、强化考核。紧紧围绕依法经营诚实守信、科学决策民主决策、维护职工合法权益、产品质量服务水平、节约资源保护环境、参与社会公益事业六个方面，建立集劳动、环境和社会关系为一体，重激励、硬约束，量化具体、考评严格的新的企业评价体系，形成标准清晰、责任明确、流程科学的操作规范，推动了创建工作顺利开展。

*坚持宣传引导、典型引路。*大力宣传创建工作的目的意义、目标要求，深入报道创建工作的好做法、好经验，对创建工作成效显著的企业加强服务、注重培育、扩大影响，使和谐企业真正成为信誉高、影响大的“金字招牌”。

三、提升和谐企业创建水平，进一步推动和谐劳动关系发展

当前，福建发展正处于大有可为的重要战略机遇期，处于全力推动科学发展、跨越发展的关键阶段。我们将总结经验、把握规律，改进创新、真抓实干，推动和谐企业创建工作再上新水平，促进和谐劳动关系发展取得新成效。

*要更加突出以促进和谐为核心。*围绕发展和谐劳动关系，进一步加强对企业经营者和职工的教育引导，树立企业和职工利益共同体的理念，引导企业自觉守法用法，健全完善民主管理、厂务公开制度和集体合同、工资集体协商制度，深入实施节能降耗，扎实推进清洁生产，主动履行社会责任，实现企业与职工、环境、社会的良性互动、互利共赢。

*要更加突出以科学发展为主题。*牢牢抓住发展第一要务，推动创建工作与企业转型升级相结合，引导企业增强自主创新能力和节能环保水平，增强整体素质和竞争能力，不断提高企业发展的质量和效益；推动创建工作与企业文化建设相结合，把和谐发展理念融入企业生产建设的各方面、根植于企业经营管理的全过程，形成企业和职工认同的先进企业文化，不断增强企业发展的活力和后劲。

*要更加突出以职工利益为根本。*引导企业坚持以人为本，认真解决职工最关心、最直接、最现实的利益问题，健全完善利益协调、诉求表达、矛盾调处、权益保障机制和工资共决、增长、支付保障机制，真正做到发展为了职工、发展依靠职工、发展成果由职工共享。

要更加突出以改革创新为动力。着力创新有效机制，引导企业经营者增强责任意识，主动履行在维护劳动者权益、保护生态环境、提高就业水平、参与公益事业、促进社会稳定等方面的责任，守法经营、诚信经营、人性化经营。积极探索将可调控资源配置向和谐企业倾斜的方式方法，继续探索非公有制企业创建工作的有效形式和载体，不断扩大覆盖面、提高参与度。

要更加突出以加强领导为保障。推动各级党委、政府贯彻落实好省委工会工作会议精神和省委《关于加强和改进新形势下党对工会工作领导的意见》，把和谐企业创建工作纳入地方经济社会发展全局，完善工作制度，加强督促检查，推动工作落实，务求取得新的成效。

（本文作者系中共福建省委原常委、宣传部长）

参与社会管理和建设 发挥工会组织积极作用

邢明军

当前，中央和天津市委就加强和创新社会管理作出重要部署。在加强和创新社会管理工作体系中，各级工会组织肩负着重要责任。准确把握代表广大职工参与社会管理的切入点和着力点，按照最大限度激发社会活力、最大限度增加和谐因素、最大限度减少不和谐因素的总要求，真抓实干，大有作为，为健全完善社会管理格局、提高社会管理水平做出积极贡献，是当前各级工会面临的重要课题。

一、深刻认识工会参与社会管理的现实意义

党中央、国务院和各级党委、政府始终高度重视社会建设和社会管理创新工作，出台了一系列重要政策措施，不断提升了社会管理科学化、系统化、信息化、法制化水平，使广大人民群众及时分享和深切感受到经济社会发展的显著成果。工会组织作为最大的群众团体，承担着党联系职工群众的桥梁纽带和国家政权重要社会支柱的职责。我们要在党的领导下，全面履行社会职能，积极参与社会建设和管理，牢牢把握改革契机，以实现工会工作的创新发展，推进社会建设不断达到更高水平。

参与社会管理是履行工会社会职责的迫切需要。职工群众是社会群体的主体组成部分，既是社会管理服务的重要目标和对象，又是社会管理服务的基本评判者。工会作为职工群众自己的组织，是社会建设的重要一方。各级党委高度重视工会工作，为工会发挥作用、履行职能创造了良好环境，提供了必要条件。随着经济社会发展的向前推进，工会组织受到越来越多的关注和重视，不论是经济建设的主战场，还是社会和谐的关键点，社会各界都期待工会有声音、有主张、有作为。各级工会干部要准确把握新形势下职工群众工作的新情况新特点，积极探索加强和改进职工群众工作的新途径新办法，努力拓宽工会参与社会管理的新思路新渠道，与时俱进地做好组织职工、引导职工、服务职工和维护职工合法权益的各项工作。

参与社会管理是提高工会维权能力和维权实效的必然要求。当前，职工队伍的基本构成、思想意识、价值取向、道德观念多元多样多变，现实需求和利益诉求错综复杂、涉及广泛，对工会组织的维权愿望日益强烈。工会参与社会管理，就是要适应职工群众多层次、多样性的需求，在全市改革发展稳定的大局中，主动为党政分忧，为职工解难。必须努力提高协调处理人民内部矛盾的能力，以行之有效的办法举措化解复杂问题和对抗性矛盾，促进职工队伍稳定、企业和谐、社会和谐，实现到位参与、深度参与、有效参与，成为社会管理系统中不可或缺的重要一环。

参与社会管理是扩大工会影响力的重要途径。在中央强调的社会管理格局和重点任务布局中，多处直接涉及工会工作。在保障改善民生制度体系中，工会帮扶要构筑一道重要防线，工资集体协商要成为职工增收的重要机制；在社会矛盾排查体系中，工会劳动争议调处要发挥积极作用；在基层管理服务体系中，工会基层组织网络建设要进一步加强；在社会组织发展监管体系中，工会要配合党政对以分化职工队伍为目的的所谓“维权”组织坚决取缔；在社会思想道德建设中，工会要大力弘扬工人阶级伟大品格和劳模精神，以工人阶级先进性引领社会风尚，等等。工会组织要在这些领域充分发挥作用，提高工会组织影响力、扩大工会工作覆盖面，为巩固党的执政地位、维护国家长治久安提供基础保证。

二、准确定位，积极作为，切实增强责任感和紧迫感

社会管理是一项十分庞大繁杂的系统工程，各个方面要积极协同配合，做到守土有责，守土尽责。

*要强化积极协同、有所作为的意识。*首先要明确工会组织在参与社会管理中的工作定位，坚持围绕中心，服务大局。在各级党委的领导下，多做服务职工、凝聚人心的工作；配合政府有关部门推进社会公共服务体系建设，提高公共服务水平；发挥工会基层组织凝聚服务职工、反映职工诉求、化解社会矛盾的积极作用，成为基层社会管理综合平台的重要板块；动员组织职工群众依法理性有序参与社会管理和公共服务，引导职工群众实现自我管理、自我服务、自我发展。

*要强化发展为要、服务为先的意识。*提高社会管理水平，离不开经济发展的基础保证。只有实现经济又好又快发展，才能更好解决社会管理中的诸多矛盾和问题。要深入贯彻落实党的全心全意依靠工人阶级的根本方针，充分发挥工人阶级主力军作用，全面激发职工群众的创造活力，组织动员职工群众广泛开展“五比一创”劳动竞赛，促进经济发展方式加快转变，促进大项目好项目加快实施，为加快推进滨海新区开发开放、实现天津科学发展和谐发展率先发展贡献聪明才智。要在服务经济建设中努力实现职工队伍的全面发展，充分发挥工会大学校作用，搭建职工自我发展的广阔平台。搞好职工技术培训和技能大赛，提高工会职工培训基地和农民工业校的管理教育水平，建设一支适应高端化、高质化、高新化发展需求的产业大军。坚持用马克思主义中国化的最新成果武装头

脑，大力弘扬工人阶级伟大品格和劳模精神，巩固广大职工群众团结奋斗的思想基础。要重视对新生代职工、困难职工和工作压力较大职工群体的心理疏导，提供专业心理咨询，组织开展健康向上的职工文化活动，把工会建设成职工群众的温馨之家、和谐之家。

要强化发挥优势、“瞻前顾后”的意识。充分发挥工会组织产生于职工、植根于职工、密切联系职工的天然优势，切实用好各级党政赋予的资源手段，不断巩固横向到边、纵向到底的工会基层组织网络，完善预警预报、快捷反应、即时调解的劳动争议处置体系。“瞻前”，就是要把工会维权的关口前移，由事后维权向事前维权延伸。积极开展源头参与，围绕涉及职工切身利益的社会政策制定开展调查研究，扩大社会政策的透明度，提高社会政策的有效性。要把职工最关心最直接最现实的利益问题作为参与重点，充分了解、收集、综合来自基层一线职工、农民工的呼声和意愿，提出工会的建议主张，提高政府行政的科学性和决策的代表性。主动配合有关部门推动公共政策、民生政策的执行落实，代表职工实施群众性社会监督，将职工的零散呼声聚集为团体诉求，成为政府、企业及社会公共部门开展工作的重要参考。“顾后”，就是要切实承担起市委赋予的第三道保障防线的职责，健全困难职工长效帮扶机制。规范各级困难职工帮扶中心建设，发挥物质帮扶、精神帮扶、医疗帮扶、助学帮扶、岗位帮扶、法律帮扶等六大帮扶平台的作用，不断扩大帮扶范围，丰富帮扶内容，提高帮扶水平，多为困难职工办好事、办实事，把党和政府的温暖送到职工群众的心坎上，不断增加职工群众的幸福指数。

要强化善于协商、敢于维权的意识。工会在参与利益关系协调中，关键要做好劳动关系的协调。劳动关系作为最基本的社会关系，已经成为反映社会和谐程度的“晴雨表”。要逐步提高与企业经营者、社会有关方面沟通协商的技巧、能力和水平，以非对抗性的形式和最小的成本消除双方的分歧。重点要推进劳动合同、集体合同、职工工资和社会保险、职工安全生产、企事业单位民主管理等方面职工合法权益的实现状况，特别要着重做好依法推进工资集体协商工作，主动要约，据实协商，促进职工共享企业发展成果，推动建立职工工资协商共决机制、正常增长机制和支付保障机制。在协商中，工会要坚持站在职工群众的立场上，从有利于全局和有利于发展的角度，妥善解决和处理劳动关系矛盾，督促企业履行社会责任，促进企业与职工的和谐发展。同时，作为职工群众合法权益的代表者和维护者，工会干部要系统掌握我市《企业职工民主管理条例》、《企业工资集体协商条例》和我国《工会法》、《劳动法》、《劳动合同法》、《劳动争议调解仲裁法》、《工伤保险条例》等劳动法律法规。一旦遇有严重违反国家法律政策、侵害职工合法权益的现象发生，要敢于挺身而出，据理力争，必要时要敢于拿起法律武器，打击违法侵权行为。

三、深化工会六大创新发展工程，在社会管理格局中发挥工会组织的重要作用

天津市委就加强和创新社会管理明确提出了当前和今后一个时期要着重抓好的八项重点工作，我市各级工会应积极参与社会管理法律、体制、能力建设，维护职工合法权益，促进社会公平正义，保持社会良好秩序，完善中国特色社会主义社会管理体系。为此，我们要以“促发展、保稳定、上水平”为主旨，以发展和谐稳定的劳动关系为主线，以维护职工合法权益和维护职工队伍稳定为重点，深化六大创新发展工程，开展六大主题活动，充分调动广大职工群众的积极性和创造性，推动我市形成既充满活力又和谐稳定的良好社会局面。

深化职工劳动竞赛创新发展工程。广泛开展以“调结构、增活力、上水平”为主题的劳动竞赛活动，在拓展竞赛领域和丰富竞赛

内涵上实现新突破。发挥劳动竞赛在加快转变经济发展方式中的积极作用，抓住全市大项目好项目、滨海新区建设项目、八大优势支柱产业、现代服务业、中小科技企业等重点领域，实现劳动竞赛在已建会单位重点工程项目全覆盖。

深化职工素质建设创新发展工程。广泛开展以“建功‘十二五’、共创新辉煌”为主题的职工教育活动，在覆盖职工总量和提升素质层次上实现新突破。引导职工提高职业道德意识、陶冶职业道德情操、实践职业道德规范。强化对青年职工特别是新生代农民工的心理疏导和人文关怀，提高职工思想政治工作的亲和力、感染力。针对不同行业、不同经济组织、不同职工群体、不同岗位的差异性需求，开展富有特色的“大学习、大培训、大提高”活动，确保在国有企业和非公企业覆盖率分别达到90%和70%。

深化和谐劳动关系创新发展工程。广泛开展以“共建共享、互利双赢”为主题的劳动关系和谐企业创建活动，在推进工资集体协商和落实职工民主管理上实现新突破。推动企业依法普遍开展工资集体协商。指导各级工会及时提出工资集体协商要约，以劳动定额、工时工价为重点，切实提高企业一线职工的工资收入。进一步扩大区域性、行业性工资集体协商覆盖面。加强工资集体协商指导员队伍建设，建立健全工资集体协商指导员学习培训机制、目标管理机制、评选聘用机制和激励约束机制。推动全市正常生产经营的建会企业开展工资集体协商、签订工资集体协议，在中小企业集中的地方广泛建立区域性、行业性职代会。推动职工董事、职工监事制度的规范化。健全完善协调劳动关系三方机制，合力推动劳动关系和谐企业创建活动向实现全域覆盖发展。

深化职工权益保障创新发展工程。广泛开展以“助民生、促稳定”为主题的职工权益保障活动，在健全矛盾预警调处机制和困难职工帮扶中心建设上实现新突破。坚持以职工为本，主动依法科学维权，把维权和维稳紧密结合起来，切实提高职工群体性突发事件的协调处置能力。推动构建社会化的劳动人事争议大调解格局，充分发挥市总工会、市司法局、市人力资源和社会保障局、市高级人民法院的“劳动人事争议纠纷调解四方联动机制”的作用，建立重大情况通报制度、舆情会商分析制度、复杂案件评审制度。坚持建会与建立劳动人事争议调解组织同步，加强区域性、行业性劳动人事争议调解组织建设，逐步建立基层为主、区域协调、全域覆盖、快捷高效、网络化的劳动人事争议调解工作体系。加大工会法律援助工作力度，充分发挥区县工会法律援助工作站、工会律师团、签约律师事务所作用，提高法律服务质量。建立畅通的信息报告制度，加强对网上舆情的监察、分析、引导，做好排查和化解工作。发挥群众性安全生产监督检查作用，以高危行业、中小非公企业、重点项目工程等为重点，开展职工安全事故和职业危害隐患排查治理活动。实现困难职工帮扶中心对全市乡镇街道的全覆盖。

深化工会组织建设创新发展工程。广泛开展以“强基础、增活力”为主题的企业工会建设活动，在提高工会组建率和发挥基层工会作用上实现新突破。在核实各类法人单位底数的基础上，实行信息化管理，建立市、区县、乡镇街道三级动态管理网络，实现基层工会组织建设管理信息的动态化、经常化和规范化。大力推动企业依法普遍建立工会，以非公有制企业、25 人以上企业、规模以上企业和中小型科技企业为重点区域，抓好行业性和区域性工会联合会建设。制定基层工会工作流程和活力标准，充分发挥企业工会作用。

深化工会企事业创新发展工程。广泛开展以“增实力、强服务”为主题的工会企事业建设活动，在打造服务精品和增强发展实力上实现新突破。统筹各级工会企事业协调发展，积极调整结构布局，优化整合资源配置，提高资产的使用效率，建立合理有效的工会资产管理体系，推进工会资产网络化管理工作，实现资产的保值增值，进一步提高工会企事业发展的质量和效益。坚持改革创新，增强市场适应能力，建设效益良好、管理规范、服务优良的职工活动阵地。

（本文作者系天津市人大常委会副主任、市总工会主席）

促进小微企业发展　维护职工合法权益

历志海

小微企业是浙江经济社会发展的基石，其企业数量占总数的97%，提供的劳动就业岗位达1178万个，创造的税收占地方财政收入的73.9%，为浙江经济发展与社会稳定作出了巨大贡献。由于受国际金融危机的影响，我省小微企业的生存与发展遇到了严峻的挑战，这给我们工会如何服务企业、维护职工权益提出了新的课题。近几年，我省工会牢固确立“服务企业促发展、服务职工促和谐”的工作理念，主动为小微企业发展、为职工维权提供服务，取得了较好效果。

一、深入调研了解实情，争取工作主动权

深入企业开展调研。省总组织了万名工会干部进万家企业调研活动，通过深入一线蹲点调查、干部职工座谈调查、走企入户访谈调查、随机抽样问卷调查，全面了解受金融危机冲击企业生产经营情况、关停企业职工安置情况、经营困难企业职工工资情况、业主逃逸企业职工稳定情况，较为详尽地掌握了企业和职工的第一手资料。2012年初以来，省总组成11个调研组与市县工会100余个调研组联动，重点了解小微企业困难情况，共走访企业4320多家，同时

对500家企业5000名职工开展问卷调查，与1.5万余名职工、2000余位企业主进行座谈交流，进一步深化对企业生产经营情况的了解和把握。

建立制度分析形势。我们确立“蹲在点上、谋在面上”的思路，会同省政法委、省发改委、省人社厅、省信访局等建立了工作协调制度，共同分析经济发展趋势和职工队伍稳定情况，强化维权维稳工作的联动和配合。同时，省总每季召开11个市总维稳情况通报会和省总部门稳定工作分析会，重点分析小微企业经营情况和职工权益保障等重大问题，研究提出工作思路和举措。省总还建立了39个劳动关系直报点，各市县工会普遍设立了企业测报点，加强对劳动关系的预测、预警和预报，建立企业突发事件的应急反应机制，对小微企业情况做到了发展趋势清、困难问题清。

畅通信息上情下达。全省各级工会认真履行“第一报告人”职责，及时向党政组织报告企业和职工队伍稳定情况，反映职工就业、收入、安全卫生等方面的要求。省总工会先后向全总和省委省政府提出了《浙江省中小企业发展面临的新情况及对职工队伍稳定的影响》、《小微企业劳动关系调查》等报告，得到了全总和省委省政府主要领导的重要批示。按照全总和省领导的指示精神，我们进一步加大维权维稳工作力度，先后制定下发了《关于做好促进企业发展、维护职工队伍稳定工作的通知》等4个文件，要求各级工会切实履行企业和职工情况“第一知情人”、“第一报告人”的职责，争取工作的主动权。

二、发挥优势排忧解难，努力稳发展促和谐

发挥立功竞赛优势，助推企业转型发展。根据小微企业的特点，组织开展了“三类”竞赛，即开展破解难题攻关竞赛，全省组织500余支职工技术服务队、千名能工巧匠开展多层次、多类型的

技术攻关、技术帮扶、技术培训和技术协作，帮助企业攻克技术“瓶颈”；开展自主创新立功竞赛，每两年举行一届全省性的职工科技周，展示交流职工科技成果，促进技术合作，提升企业核心竞争力；开展合理化建议献计竞赛，广泛组织“我为企业发展献一策”、“我为节能减排献一计”合理化建议活动。近3年来，各级工会为小微企业解决技术难题5000余个，提出合理化建议12万条，推广职工技术创新成果（先进操作法）2300余个，有92个职工创新团队和个人获得当地政府专项资金扶持。

*发挥素质工程优势，培育企业急需人才。*为帮助小微企业解决技术工人缺乏、职工素质偏低问题，省总工会构建了千场技能比武、千个职工技能培训基地、千支职工技术服务队、千家高技能人才工作室等“四个一千”职工素质提升平台。2008年以来，全省建立职工培训基地400余个，培训职工100万人次，近20万名职工晋升了技能等级。

*发挥和谐创建优势，促进企业协调发展。*我们充分利用劳动关系和谐企业创建活动这个平台，规定了劳动关系、环境关系、社会关系和企业社会责任等4大类创建内容，制定了多行业、多层次的创建标准和评价体系。同时，在小微企业集聚地区开展区域联建、在代表性行业开展行业统建、在基础较好企业开展和谐深建，分层分类、规范有序地推进和谐创建。目前全省有16.9万家企业和294个工业园区参与创建活动，涌现出一批全国模范劳动关系和谐企业。我们按照“两个普遍”的要求，在小微企业大力开展工资集体协商，着力在区域特色明显、行业集中度高的乡镇、工业园区推进区域性、行业性工资集体协商，在规模以上的小微企业完善工资协商的程序和履约责任。截至2011年，全省签订工资集体协议9.27万份、覆盖企业18.63万家，其中区域性行业性工资协议334份，覆盖企业1.6万家，涉及职工84.3万人。宁波北仑区工会牵头的劳动争议社会化调处机制得到了王兆国同志的充分肯定，我们认真学

习贯彻王兆国同志指示精神，及时召开现场经验交流会进行推广，全省建立起市、县、乡镇、村四级劳动争议联合调解中心，就地就近化解劳动矛盾，实现了劳动争议小矛盾不出企业、大矛盾不出县区。

发挥职工文化优势，凝聚企业向上力量。我们大力实施职工核心价值教育、职工文化共建共享、工会文化事业发展“三大工程”，以学习宣传“平民英雄”吴斌事迹为契机，在广大职工中大力弘扬忠诚敬业的职业道德，大力倡导积极向上的职工文化。我们深入开展了“农民工文化家园”创设和“文化共享工程进企业示范服务点”创建活动，推进职工文化“八个有”建设。目前，全省建有“农民工文化家园”100 余个，“文化共享工程进企业示范服务点”1 万余个，省级以上“职工书屋”、“电子书屋”1.1 万余家，丰富了企业职工文化生活。

三、突出重点维权帮扶，服务职工凝聚人心

加大小微企业工会组建力度。通过创建区域工会、行业工会、园区工会、市场工会、项目工会、租住地工会等形式，扩大工会组织对小微企业的覆盖面；通过创新流动务工人员源头入会、乡镇（街道）窗口入会、网上直接入会等方式，提高小微企业职工的入会率。到 2011 年底，全省有基层工会组织 13.7 万家，工会组建率 71％，工会会员达到 1669 万名，其中农民工会员 916 万名。预计 2012 年全省基层工会总数可达 16 万家，工会会员可达 1900 万名。

加大工会就业援助力度。各级工会努力为失业职工提供政策咨询、职业指导、转岗培训等服务，帮助实现创业和再就业。特别针对一些小微企业职工，我们开设了特殊时期就业援助绿色通道，创建职工创业就业基地，开展“千万农民工就业援助行动”，

实施“创业扶一把工程”，为小微企业职工就业再就业搭建平台，并对职工自主创业给予资金、物资和贷款贴息等方面的扶持。近两年，全省工会组织就业培训36.5万人次，成功介绍13万人实现就业。

加大困难帮扶力度。全省11个市、90个县全部建有工会维权帮扶中心，1265个乡镇（街道）和4896个村（社区）建立了工会维权帮扶站点，初步形成了“救助、维权、服务”三位一体“大帮扶”格局。2011年以来，工会维权帮扶中心加强了对小微企业裁员、工资发放的监督，加大了生活困难职工的经济救助力度，扩大了包括农民工在内的利益受损职工的维权保障。目前，全省工会有专项困难帮扶应急保障资金7000多万元，主要用于倒闭企业职工的生活救助、欠薪职工的生活补助和再就业职工的技能培训。我省宁波、杭州、舟山、嘉兴等地探索建立了职工大病医疗互助互济制度，为职工构筑因病致贫的“第二道防线”，已成为工会的一项品牌和当地城镇职工基本医疗保障的重要补充。

加大法律援助力度。近年来，我们不断加强职工法律援助机构、队伍和机制建设，依托职工维权帮扶中心开设法律援助窗口、设立法律援助专线、派出法律援助人员，实行公开挂牌、亮明职能、“一站式”服务。同时，大力组建工会法律援助志愿服务队，聘请专业律师、法律专家等为职工提供法律咨询、争议调解、免费诉讼。全省县以上工会设立劳动争议仲裁派出庭30余个，专兼职仲裁员400余人，工会公职律师20余人，为企业特别是小微企业提供法律服务。

（本文作者系浙江省人大常委会副主任、省总工会主席）

妥善处理职工群体性事件
努力发展和谐劳动关系

邓 维 龙

近年来，广东省委、省政府以深入贯彻落实科学发展观为动力，把构建和谐劳动关系提到重要议事日程，高度关注民生，加强人文关怀，改善用工环境，取得了明显成效。深圳富士康和南海本田事件后，全省上下对进一步发展和谐劳动关系，构建和谐企业的重要性、必要性有了更加深刻的认识，维护职工合法权益的政策措施不断出台，尊重、关爱、善待职工的良好氛围逐渐形成。当然，我们也清醒地看到，我省部分企业仍然存在着劳动时间过长、劳动工资偏低、劳动条件较差和人文关怀缺失等问题，由此引发的职工群体性事件时有发生，劳动纠纷纷繁复杂，劳动关系矛盾已经成为影响我省职工队伍稳定的重要因素。因此，妥善处理职工群体性事件，努力发展和谐劳动关系，既是现实需要，也是迫切任务。

一、我省劳动关系总体和谐稳定，但新的矛盾时有凸显

随着社会主义市场经济深入发展和改革开放不断深化，我省劳动关系市场化基本完成，以资本雇佣劳动为特征的劳资关系已经形成。据2009年统计数据，我省在非公经济组织中就业的劳动力人数

占当年全部从业人员的76.5%，也就是说，现阶段我省以资本雇佣劳动为特征的劳资关系所占比重超过3/4。如果把我省劳资关系现状放到经济社会发展的过程中来理解，放到全国同期时代背景下来把握，我省劳资关系与全国情况相比，总体上还是相对稳定、相对和谐的。与此同时，随着经济结构调整力度加大，就业形式更加多样化，利益主体更加多元化，利益格局更加复杂化，利益机制更加市场化，各类劳资关系和矛盾相互交织的状况也越来越复杂，劳动纠纷日益增多是必然现象，而且呈现出由简单性向复杂性、隐蔽性向公开性、偶发性向多发性转变的态势。

当前，广东正处在经济转轨、社会转型的特定历史阶段，劳资矛盾凸显，既有深刻的经济社会背景，也有结构、制度上的现实原因。从直接原因分析，主要是强资本、弱劳工格局下，劳资双方利益失调、力量失衡的结果；从根本上看，反映了我省传统发展方式已走到极限，重经济轻社会、重资本轻劳动、重物轻人等倾向亟待改变。一是社会建设滞后于经济建设，社会结构与经济结构不协调。特别是收入结构不合理，劳动报酬在初次分配中的比重过低，广大职工难以分享经济增长和企业发展的成果。二是产业结构整体仍处于中低端，经济增长难以摆脱“重物轻人”路径依赖。此外，在全球化背景下，国际资本流动、技术扩散和业务外包等趋势悄然重塑国际劳资关系格局，使得资本的话语权越来越大。三是传统发展模式与新生代农民工群体的摩擦加剧。当前新生代农民工的观念、意识、偏好、生活方式等日趋新潮，利益诉求提高，维权意识增强，许多人不再愿意成为工业化庞大机器上的物化“零件”，传统发展模式已与职工队伍主体的诉求明显不适应。四是制度法规不够健全，政府缺位、错位、越位状况依然存在。特别是一些地方政府片面追求GDP增长，利用低廉劳动力价格优势吸引投资，忽视保护职工合法权益，加剧劳资失衡格局。

二、在党委领导下，政府、企业、职工和社会多方形成合力，是发展和谐劳动关系的重要前提

发展和谐劳动关系是一项复杂的社会工程，涉及到各个方面，需要统筹协调、相互支持。我们认为，按照建立健全党政主导的职工权益维护机制的要求，构建和谐劳动关系，要从四个层面着手：一是政府层面，重点要为劳资博弈制定规则、搭建平台、提供保障，并对劳资矛盾激化甚至脱轨失控进行及时防范和处置。在实践中，应对职工群体性事件时，政府部门始终要把自己放在协调者的位置，既高度重视维护稳定，又不简单将停工等职工群体性事件作为维稳事件来处置；既适时介入居中调处，又防止滥用行政权力；既理直气壮加大执法监察力度，又讲究有情操作提高实效。二是企业层面，要强化社会责任意识，遵守各项法律法规，树立“人本管理”的经营理念。抓好生产安全、劳动保护与环境卫生等标准的落实，不断改善职工生产生活环境。积极推行人性化管理、民主管理，重视人文关怀，提高职工福利，关注职工心身健康，增强职工对企业的认同感与归属感。三是职工层面，要加强科学文化知识和业务技能的学习培训，不断提高综合素质，增强参与劳资博弈的能力。同时，自觉学习劳动法律法规，增强自觉依法维权意识。正确理解维护职工权益的系列法规政策，正确运用法律赋予的各项权利，通过合理合法的渠道和方式，理性表达诉求，保护自身权益。四是社会层面，应进一步营造尊重、关爱、善待劳动者的氛围，以构建和谐劳动关系的社会基础。各级工会要摆正自己的位置，切实把维护职工合法权益作为基本职责，进一步落实“两个普遍”，着力提高基层工会覆盖率和职工的入会率，增强基层工会谈判与协商能力，切实解决好“不敢谈、不会谈”的问题。要探索创新社区与企业协同管理新模式，将基

层社区的公共服务延伸到企业内部，促进企业与社区融合。加强行业协会（商会）等社会组织建设，推进社工、义工进企业，重视发挥社会组织在构建和谐劳动关系中的积极作用。新闻媒体要突出宣传劳动关系和谐企业的先进经验和做法，依法曝光严重侵害职工权益的典型案件，在全社会营造关注和谐劳动关系建设、关心职工权益、关爱职工幸福的良好氛围。

三、建立常态化的职工群体性事件处置工作机制，是发展和谐劳动关系的制度保障

职工群体性事件的多发、频发，给工会化解劳资矛盾、构建和谐劳动关系提出了新任务新课题。2010 年以来，广东省各级工会在党委的领导与政府的主导下，积极参与处理多起停工事件，通过建立健全有关工作制度与机制，着重抓好以下方面的工作，努力防止事态扩大化，为工会组织处理职工群体性事件积累了有益经验。一是建立健全紧急信息报告制度，第一时间知悉情况，及时向党政部门与上级工会汇报。广东工会通过对一系列职工群体性事件的处理，深刻认识到信息报告工作的重要性，进一步加强和改进紧急信息报告工作，完善了工会重要信息报告制度。在重点区域和企业，设立工会紧急信息联络员，在第一时间了解职工诉求，代表职工向企业反映意见要求，向上级工会报告倾向性、苗头性问题，从而争取了工作的主动。二是建立健全快速反应机制，全过程参与，促成企业与职工通过协商谈判解决问题。职工群体性事件发生后，工会第一时间赶赴现场，及早介入，工作前移，了解事件的发展动态，启动应急处置预案，掌握事件处理的主动权，及时化解矛盾，把劳动纠纷解决在萌芽状态，解决在基层。三是建立健全利益诉求表达机制，表明支持职工争取合法权益的立场，引导职工理性合法维权。当发现企业违反劳动法律法

规、侵犯职工合法权益时，工会要代表职工与企业交涉，依法依规地为职工争取合法权益；当职工提出集体诉求时，企业工会和上级工会组织要代表职工的利益，引导职工理性表达正当诉求。四是建立健全联动调处机制，要推动建立党政主导、有关部门和企业协调配合的联动机制，形成应急反应和处置工作合力，加强工作上的沟通联系和相互配合，争取有力的指导和支持，及时互通情报信息，按照工会的职责分工，采取有效的应对措施，协助党政有关部门妥善解决职工群体性事件。广东工会着力组建万名劳资矛盾调解员队伍，主要承担劳资纠纷调解，为职工提供法律援助，定期分析、监控本区域劳动人事关系状况，努力做到"协商不出厂、调解不出村、仲裁不出镇"。五是建立健全与新闻媒体沟通联系机制，掌握科学的应对方法技巧，引导社会舆论。在全省范围内建立一支由各级工会干部和工会积极分子组成的万人工会网络宣传员队伍，通过网络进一步宣传工会工作，扩大工会的影响力，搭建职工表达利益诉求的网络平台。工会掌握好应对新闻媒体的科学态度和方法之后，不但能防止舆论过分渲染和错误宣传的情况发生，防止职工群体性事件的负面示范和连锁反应，更能为工会工作争取到更多的舆论支持，有利于工会正面形象的树立和工会工作的顺利开展。

四、坚持通过集体协商谈判等方式处理职工群体性事件，是发展和谐劳动关系的基本手段

我国是社会主义国家，工人阶级是国家的领导阶级，劳动者和建设者都是国家的主人，尽管具体利益有差异，但根本利益是一致的，劳动关系矛盾属于人民内部矛盾，不具有根本的对抗性。因此，应当也完全可以通过协商、协调、沟通的办法来解决劳动关系矛盾，这是我们党和国家性质所决定的，也是中国工会的职责和优

势。在省委和全总的正确领导下，广东各级工会在参与处理停工事件的过程中，坚持深入职工收集、听取意见，努力引导他们选出代表，与企业开展协商谈判，达到双赢的目的。工会务实有效、坚定有力的作为，也使党委、政府和企业进一步认识到，处理停工等职工群体性事件，集体协商谈判是最佳途径，工会的作用不可替代。一是必须切实代表职工的合法权益。各级工会在调处职工群体性事件时，要站稳立场，始终坚定地站在职工一边，帮助和指导职工争取合理的利益，真正成为职工利益的代表者和代言人。要组建、培训一支工资集体协商指导员和劳资矛盾调解员队伍，推动企业普遍建立工资集体协商制度，努力化解劳动纠纷，为构建和谐劳动关系，服务职工群众提供有力支撑。二是必须民主选出职工信赖的协商代表。选举集体协商的职工代表要确保代表性和广泛性，公开公平地选举产生，而不能仅以带头停工的职工为代表。三是必须广泛征求职工意见。集体协商的根本目的是维护和争取职工利益，集体协商的诉求必须来自职工。工会对职工的诉求要有全面、准确地掌握，并分清主次缓急。四是协商准备工作必须依靠职工。开展集体协商，必须通过多种渠道掌握企业生产经营和行业相关数据，尤其要重视通过职工获取有关信息，为职工确定协商条件和协商策略提供不可或缺的支撑。五是协商谈判必须有理有利有节。在集体协商过程中，工会既要充分考虑职工的利益诉求，也要兼顾企业方面的利益诉求，优先解决主要问题，对于一时难以解决的诉求，与企业约定择机再谈。对于企业可能坚持的利益和可能做出的让步进行分析，制定让步策略；在协商陷入困境时，采取必要的办法，化解紧张气氛，争取重新统一思想的时机。六是必须营造友好平和的谈判氛围。工会干部在引导职工和推动企业开展集体谈判的时候，要以对话等方式耐心劝导职工边复工边协商，缓和对立情绪；在谈判进行的过程中，努力向职工传达合作双赢的理念，防止做出过激行为。

五、结合新生代农民工的特点，有针对性地做好职工思想政治工作，是发展和谐劳动关系的重要条件

当前，新生代农民工已占我省农民工的75%，他们在思想观念、利益诉求、价值追求等方面与第一代农民工有显著差别，追求体面劳动和生活尊严已经成为他们的价值取向和集体意识。在与资本结合过程中，他们无法获得所期待的劳动力价格和社会地位，这种现实与预期的巨大落差容易导致心理失衡、行为失范。因此，必须要正视新生代农民工的思想、利益诉求和行为等方面的特点，有针对性地做好职工的思想政治工作。一是必须适应社会多元化思想影响下新生代农民工的思想特点，增强职工思想政治工作的生动性。中国改革开放的大环境，中国社会多元化思想及意识形态的格局，成就了年轻一代职工的独立、自信、张扬、直率，不随波逐流，不人云亦云，不忍辱负重，不甘于人后的思想特点，因此，做好职工思想政治工作，必须与时俱进，在思维、语言上，都要与年轻一代的职工相适应相融合。要加强企业文化、职工文化建设，创新文化活动载体，更多地采取生动活泼、喜闻乐见的方式方法，建立和谐、文明、活泼、向上的人文环境，这样才能更好地引导职工和服务职工。二是必须适应社会多元利益关系调整下新生代农民工的利益诉求特点，增强职工思想政治工作的针对性。近年来的职工群体性事件90%以上是由工资收入问题引起，以追求经济权益为主。工资收入问题将是未来一段时间劳资博弈的焦点，增加工资收入会成为新生代农民工的主要诉求。因此，做好职工思想政治工作，必须增强针对性和实效性，直面他们最关心、最直接、最现实的利益问题，努力为他们争取应得的合法权益，推动共建共享，实现体面劳动。三是必须适应网络多元发展下新生代农民工的行为特点，增强职工思想政治工作的创新性。新生代农民工是伴随着网络这一当今

世界发展最迅速的事物而成长起来的。新生代农民工离不开网络，我们的思想政治工作，工会组织对他们的影响力和凝聚力，也离不开网络。做好职工思想政治工作，要把网络作为与新生代农民工交流沟通、交朋友的桥梁和平台，开放地、坦率地进行相互交流，凝聚并影响他们。结合年轻职工的思想实际，在网络上开展各种生动活泼的专题教育，把思想政治工作与全新宣传教育平台有机地结合起来，增强思想政治工作的实效。

（本文作者系广东省人大常委会副主任、省总工会主席）

维护职工切身利益　做好工会维权帮扶工作

李登菊

在全国总工会和四川省委、省政府的高度重视和大力支持下，经过近年来四川各级工会组织和广大工会干部的深入探索和积极实践，初步形成了四川工会维权帮扶工作特色。

一、党政重视，注重发挥工会作用，赋予维权帮扶工作资源

党政高度重视，这是四川工会组织维权帮扶工作最大的资源。近年来，四川各级党政高度重视和大力支持工会维权帮扶工作，在职工所盼、工会所能的方面赋予了工会组织更多的资源和手段，为工会组织提供了服务大局、服务职工的广阔舞台和营造了工作的良好环境。省委、省政府出台了《关于加强和改进新时期工会、共青团、妇联工作的意见》、《关于进一步推进全省惠民帮扶中心工作的意见》、《关于进一步加强县（市、区）工会工作的意见》、《关于发挥工会在参与社会建设和管理中重要作用的意见》等文件；把工会组织参与社会建设和管理、参与民生改善等内容纳入了四川省“十二五”规划；把工会困难职工帮扶和促进就业工作纳入了全省年度民生工程工作目标；把省协调劳动关系三方机制升格为协调劳动关系工作委员会，委员会主任由省领导担任，工作经费列入了财

政预算，并明确把构建和谐劳动关系纳入地方党政和相关部门绩效考核、目标考核的重要内容。2011 年省委常委会 3 次专题听取工会工作汇报，研究部署构建和谐劳动关系、深化创新厂务公开民主管理等有关工作；省政府就支持工会工作进行了 3 次专题研究。2011 年换届实现了县以上总工会主席全部由同级党委常委担（兼）任。2012 年省政府拨款 2.3 亿多元，将在成都、自贡、攀枝花、达州建立 4 家职业病防治医院；财政还拨款 1.8 亿元，对全省环卫工人、困难职工开展健康体检。

二、整合资源，注重形成工作合力，搭建维权帮扶工作平台

我们始终坚持把凝聚各方力量、壮大维权帮扶实力作为新时期工会维权帮扶工作的重要抓手，着力拓展维权工作领域，延伸维权工作手臂，形成维权工作合力，最大限度地维护职工群众合法权益。

一是大力整合工青妇等群团组织的资源。工会牵头与共青团、妇联、残联等联合打造的惠民帮扶中心，目前已成为党委的民意中心、政府的维权帮扶平台、工会维权帮扶工作的重要阵地和窗口。截至目前，全省 21 个市（州）全部建立了惠民帮扶中心、181 个县（市、区）有 159 个建立了县级惠民帮扶中心、934 个乡镇（街道）建立了惠民帮扶工作站、1675 个社区（村）建立了惠民帮扶工作点，形成了不断向下延伸的维权帮扶网络。近 5 年来，全省各级惠民帮扶中心累计接待群众 1456 万人（次），救助困难群众 525.2 万人（次），救助金额达 16.5 亿元。2012 年省总与团省委、省妇联、省残联 4 家群团组织共同发起“情暖彝乡、关爱未来”行动，首期面向社会募集的 2000 万元专项资金用于帮扶凉山州特殊困难儿童。

二是努力整合相关机关和部门的资源。省人大、省政协每年都专门听取群团组织反映群众的意见和呼声，注重发挥各级人大中的职工代表和政协工会界别委员的作用，支持工会依法提出的关于维

护职工群众合法权益的建议和提案。省委组织部专门出台了《加强和改进新时期工青妇工作的意见》，要求各级组织部门把工会等群团干部的培养、交流、使用和管理纳入党政干部管理序列统筹安排。特别是加强与司法、劳动保障、安全卫生等部门的联系和合作，共同维护职工合法权益和解决职工群众遇到的困难与问题。省总工会与省司法厅联合制定《关于建立协作机制加强劳动争议调解的指导意见》；联合省高院、省人社厅、省工商局等制发了关于维护劳动关系稳定、推进“两个普遍”等10多个文件。

三是尽最大可能利用社会各方资源。近些年来，工会加大外延型整合，着重于横向的扩大和对广义资源的采纳、融合，最大限度地利用社会各方资源。工会与律师事务所合作，全省21个市（州）实现了工会律师团全覆盖。过去两年，省总工会协调有关金融机构开展就业创业小额贷款，累计发放小额贷款超亿元。“5·12”汶川特大地震发生后，全省各级工会最大限度募集款物支持灾区，共筹集各类资金10亿元，救灾物资价值近2亿元，建设灾区职工公益性项目近100个。

三、健全制度，注重强化工作保障，提高维权帮扶工作实效

制度是根本，更是保障。近年来，四川工会维权帮扶工作一个重要的突破，就是建立和完善了工会维权帮扶工作制度，切实实现了维权帮扶工作的长效化和规范化。

一是源头推动维权帮扶工作法规政策完善。省总积极介入和参与《劳动合同法》、《社会保险法》、《职业技能培训和鉴定条例》等法律法规的制定和修改。认真开展职工工资收入情况调查，参与劳动定额、工资标准等的科学制定，促进企业建立合理的工资共决和增长机制，2011年全省最低工资标准上调幅度平均为23.4%。大力推动《行业（区域）性集体合同工作管理办法（试行）》等政策

法规的研究制定。加强劳务派遣用工情况的调查研究，推进有关法律法规的制定完善，切实维护职工的合法权益。

二是健全职工利益诉求快速反应机制。省总开通了“阳光政务——职工维权直通车”，开设了12351职工维权热线、职工维权举报投诉信箱和电子邮箱等，建立起了职工利益诉求快速反应机制，得到了广大职工群众特别是农民工的欢迎。

三是健全困难职工档案动态化管理机制。省总对全省困难职工进行了拉网式排查摸底，建立健全了全省困难职工基本情况档案，做到了一人一档、一户一卡。随时跟踪困难职工家庭状况，做到随时变化、随时调整、随时脱困随时注销。目前，全省建立了48万余个困难职工动态管理档案。

四是完善维权帮扶工作规范服务机制。健全完善了惠民帮扶中心工作制度、信访接待制度、生活救助办法、就业援助办法等各项工作制度，有章可循、依章办事已成为工作常态。

四、打造品牌，注重凸显工作特色，扩大维权帮扶工作影响

打造维权帮扶工作品牌能够带动形成一套工作机制，能够体现工会特色，得到职工和企业认可，在社会上产生较大影响力。

一是着力打造工会维权品牌，切实维护职工合法权益。工会在全国工会系统首家开通工会法律援助微博，参与并成功处理了川籍农民工云南欠薪等案件，在全国32358家政务微博年度影响力排名中名列88位。与23个省、54个市和38个县工会建立省际（城际）间农民工联动维权机制，覆盖870多万出川农民工和所有入川农民工，成为全国工会联动维权成员最多、覆盖最广的跨区域工会维权网络，仅2011年处理省内外跨区域联动维权案件258件，追讨工资及工伤赔偿金3988.3万元。

二是着力打造工会帮扶品牌，切实帮扶困难职工。坚持开展

“春送岗位、夏送清凉、秋送助学、冬送温暖”的“四季送”活动，着力叫响“四季送”品牌。近5年来，省总工会筹集金秋助学资金近3亿元，资助8.8万名困难职工子女就学；筹集送温暖资金9.14亿元，走访慰问企业3.25万家、困难职工181.58万户。加大灾区帮扶，深入开展“情暖灾区、共建家园”暖冬大行动，累计筹集资金近4.4亿元，走访慰问受灾企业1.5万户（次）、受灾职工69万人（次），实现了对受灾困难职工送温暖帮扶“全覆盖，不遗漏”的目标。2012年，全省各级工会联合相关部门举办多场“春送岗位”就业招聘活动，为2.03万人提供了职业介绍，帮助1.21万名下岗失业人员和3.22万名农村劳动力实现了就业再就业。每年省总工会组织开展“三个两百万”（200万职工技术培训，200万职工技术练兵，200万职工技能比赛）活动，仅2011年开展培训1.4万期，培训职工226.3万人（次），工会帮扶品牌影响力逐渐增大，工会维权帮扶工作取得了实实在在的效果。

（本文作者系中共四川省委常委、省总工会主席）

提高劳动报酬比重　构建和谐劳动关系

宋晓梧

改革开放以来，随着经济的高速发展，社会财富大量增加，城乡居民生活水平总体上有很大提高，2011 年我国 GDP 达到世界第二位，继奥运会之后又举办了世博会、亚运会，国际影响力日益增强，这些成绩不容否定。但是，也要正视在发展过程中积累了许多问题，如经济结构扭曲，劳动关系紧张等。近年来出现了许多大规模企业职工群体性事件，在一些地方劳资矛盾相当尖锐，其中绝大多数与收入分配问题相关。

中共中央关于制定“十二五”规划的建议中强调了扩大内需的必要性，而扩大内需就要提升居民消费能力，我国居民消费占 GDP 的比重现在不到40%，在全世界是相当低的。因此，收入分配制度改革在经济发展方式转变中占有了重要地位。调整经济结构，例如投资与消费的结构、内需与外需的结构、城镇与农村的结构等，这些都涉及收入分配制度改革，最终使不同群体能够更合理分享经济发展成果，达到共同富裕。这是比较一致的意见，但是，也有一些不同看法。一是有人提出我国劳动报酬占比不低，收入分配和经济发展是相适应的，那么当前我们讨论收入分配改革的大前提基本不存在。二是一些人认为，深化收入分配制度改革，政府只能在二次分配上做文章，初次分配应交给市场配置，那么提高劳动报酬在初次分配中的比重就近乎一个“伪命题”。三是一些人认为工资水平只与劳动力市场的供求密切相关，与工资集体协商机制无关，在中国推行集体谈判是“奢谈”，那么中国的劳动力市场就应当永远停留在原始积累阶段，仅仅是单个工人对个别雇主的契约关系。

对收入分配问题有不同意见很正常，有争论是好事，有助于我们把研究引向深入。

一、我国目前的劳动报酬占比低

根据省际收入法 GDP 构成数据，我国劳动者报酬占 GDP 的比重 1990 年为 53.4%，1995 年为 52.8%，2000 年为 51.4%，2006 年为 40.61%，2007 年为 39.74%。2000 年到 2007 年，劳动报酬占比下降了 11.66 个百分点，其中，2004 年，国家统计局把个体经济业主的收入从劳动报酬转为营业利润，然而，这并未改变 2004 年之前劳动报酬比重不断下降，2004 年之后劳动报酬比重仍下降的总体趋势。劳动报酬中，工资总额占 GDP 的比重从 1980 年的 17% 逐年下降到近年来的 11%。

我国各地区收入法国内生产总值构成

年份	占 GDP 比重（%）			
	劳动报酬	固定资产折旧	生产税净额	营业余额
1990	53.4	11.7	13.1	21.9
1992	50.1	12.9	13.4	23.7
1994	51.2	11.9	13.6	23.3
1996	53.4	12.8	12.6	21.2
1998	53.1	14.4	13.3	19.0
2001	51.5	15.7	14.1	18.8
2003	49.6	15.9	14.3	20.2
2005	41.4	14.9	14.1	29.6
2007	39.7	14.8	14.2	31.3

资料来源：国家统计局相关统计年鉴

不能说世界上还有不少国家劳动报酬比中国低，所以中国的劳动报酬就没问题了。2007 年，我国包括农业主收入在内的劳动报酬占比 39. 74%，同期美国劳动报酬占比为 55. 81%，英国为 54. 5%，瑞士为 62. 4%，德国为 48. 8%，南非为 68. 25%。2006 年，韩国劳动报酬占比为 45. 4%，俄罗斯为 44. 55%，巴西为 40. 91%，印度为 28. 07%。在与其他国家进行比较时，要看到大多数国家的情况，我们是社会主义市场经济，理应比其他市场经济国家在共同富裕方面做得更好一些，理应更好地兼顾广大劳动者利益。

还要看到，劳动报酬总量占 GDP 的比重下降，并不足以说明普通职工收入的变动状况。劳动报酬中包括了垄断行业职工的收入、公务员和事业单位相对高收入者的收入、企业高管的收入，高管们上百万、上千万的收入也都统计在劳动报酬里面。从普通劳动者的角度看分配，与 20 世纪 90 年代初期比，要考虑工资的结构性变化：

一是 20 世纪 90 年代初机关事业单位与企业工资差别不大，1998 年以来机关事业单位多次增长工资，企业职工收入与公务员的实际收入扩大了；

二是 20 世纪 90 年代初企业经营者与普通职工工资差别不大，而现在企业高管和一般职工的收入差距普遍扩大到 20 倍以上；

三是 20 世纪 90 年代初企业职工基本不缴纳社会保障费，现在企业职工工资总额中还包括要缴纳约 10% 基本工资的养老、医疗、失业保险费；

四是 20 世纪 90 年代中后期以来国有行政性垄断行业职工工资增长过快，行业平均工资差距从不到 2 倍扩大到 6 倍左右。

由此可以进一步推断，20 多年来，除去行政性垄断行业外，企业普通职工的实际收入占 GDP 的比重大幅度下降了。全国总工会的一项调查也显示，61% 的职工认为普通劳动者收入过低是当前最大的社会不公平。

二、构建和谐劳动关系首先要解决初次分配问题

不少学者写文章，说政府不应干预初次分配。不错，成熟市场经济国家政府一般情况下不干预初次分配，但我国的人力资源市场还处在转型过程中，不能把一次分配市场化程度估计得太高了。我国人力资源市场发育并不完善，把初次分配完全交给市场，但市场本身并不健全，而培育健全的市场，政府是有责任的，因为我们是在政府主导下的渐进转型。解决初次分配存在的问题，政府至少在四个方面要负责。

第一，农民工工资在初次分配中被过分压低了。

如果按照国际上通行的一国公民平等就业的原则，农民工的工资现在这么低是没有道理的。从事同样的工作，城市职工比农民工工资高一倍甚至两倍。2008 年广州、深圳、杭州、南京、东莞、上海、无锡、苏州、宁波等长三角、珠三角九个城市，出口加工企业中农民工平均工资与当地城市职工平均工资相比，很少超过 40% 的，差别最大的东莞，城镇职工平均工资每月 3293 元，农民工是 971 元，不到城镇职工的 30%。最低工资标准国际上一般是社会平均工资的 40% ~60%，这意味着东莞等地农民工工资连最低标准都达不到，难怪他们要用脚投票，发生用工荒。

2009 年、2010 年，农民工工资大幅度提高，这个所谓大幅度提高是和过去压得过低的情况相比的。农业部抽样调查显示，到 2009 年底，外出农民工月平均收入也只有 1417 块钱，仅增长了 5.7%。其中：东部地区农民工月均收入 1422 元，比上年增加 70 元，增长 5.2%；中部地区农民工月均收入 1350 元，比上年增加 75 元，增长 5.9%；西部地区农民工月均收入 1378 元，比上年增加 105 元，增长 8.3%。这个增长幅度还没有城镇居民可支配收入增长高，更赶不上 GDP 的增长幅度。因此农业部的结论是，目前农民工的工资水

平总体还比较低，增长速度较慢，与农民工的贡献不相称。多项研究成果显示，如果按现代劳动力市场规律办事，反对就业歧视，实行同工同酬，上亿农民工每年至少可多得约3千亿至5千亿元，大大高于免除农业税、家电下乡补贴等惠农措施。多年累积下来，仅农民工工资欠账这一块，对扩大消费、缩小城乡差距的影响就极其巨大。

现在农业劳动力转移远没完成，农业部、人力资源和社会保障部的统计调查数据都说明农业富余劳动力未来至少还可以转移1.5亿到2亿，部分城市闹民工荒，相当程度上是农民工的劳动报酬被压得过低了。是什么造成这种现象的呢？恰恰是我们城乡分割的户籍手段，以及与户籍密切关联的社会保障等公共服务体系的城乡分割，长期割裂了劳动力市场。显然，改革户籍制度以及建立城乡统筹的基本公共服务体系是政府的责任。

第二，初次分配中行业收入差距过大。

根据2010年统计局公布的数据，我国证券业的工资水平比职工平均工资高6倍左右，收入最高和最低行业的差距达11倍。人力资源和社会保障部工资研究所发布的最新数据，这一差距又扩大到15倍。如果把证券业归到金融业一并计算，行业差距也高达6倍。

我国行业收入差距扩大是不是计划经济转向市场经济的必然现象？对比其他市场经济国家的行业收入差距可以得到启发。根据人力资源和社会保障部国际劳工保障研究所提供的资料，2006—2007年最高和最低行业工资差距，日本、英国、法国约为1.6—2倍，德国、加拿大、美国、韩国在2.3—3倍之间。日本在经济起飞的后期，上世纪80年代，金融行业平均工资水平只是制造业的1.38倍。这些国家金融行业的高工资并不是由其行业的特殊性造成的，而是由于金融行业对知识的要求比较高，从业者受教育年限较长，付出成本较高，因而要求的回报也相应较高。在比较成熟的市场经济国家，劳动力自由、合理流动，行业工资差距其实是各个行业从业人员平均受教育程度的差距。从目前的资料看，我国行业收入差距显然过高。如此巨大的行业收入差距很大程度上是由于市场准入方面的行政限制带来的。国家发改委就业和收入分配司编辑出版的《中国居民收入分配年度报告（2008）》分析认为，行政性垄断行业的收入有三分之一是靠各类特许经营权获得的，其中包括土地及矿产资源的优惠使用等。深化行政性垄断行业改革当然是政府的责任。

第三，初次分配过程中集体协商机制不健全。

供大于求的条件下，一般劳动力价格会被压低，工资水平相对较低有其部分合理性。但是，现代人力资源市场中的工资水平不仅受到供求关系的影响，还要受到劳资集体谈判的影响。自1949年国际劳工组织通过集体谈判公约后，集体谈判已经成为市场经济国家调整企业工资福利的通行规则。但我国至今尚未形成完善、有效的集体谈判机制。正如2010年全国人大常委会执法检查组关于检查《工会法》实施情况的报告所指出的，企业工会干部大多数是企业的中高层管理人员，这种情况造成工会干部很难真正代表职工的利益。可以说，工会组织为劳动者维权的作用尚未充分发挥，是我国劳动报酬比重低于一般市场经济国家的重要原因。由于缺乏有序、有效的集体谈判机制，我国企业内的劳资纠纷多以无序方式展开，其中集体争议案件大幅度上升，已成为影响社会稳定的重大因素。

此外，我国企业组织的作用也远没有到位。劳动力是跨企业、跨行业流动的，如果集体谈判仅局限于单个企业中的职工与企业经营者之间进行，很难避免攀比效应，多数情况下会推动工资福利的过多增长。要协调行业的工资福利水平，并进而协调不同行业的工资福利水平，就要建立跨行业、跨地区的处理劳工关系的企业组织。集体谈判并不仅仅有为工人增加工资的作用，它实际是现代劳动力市场上劳动力供求双方集体讨价还价的机制，企业经营者们组织起来还有抑制工资上涨的作用。

第四，规范初次分配的劳动法律法规没有得到很好贯彻。

例如在最低工资、最低劳动条件确定等方面，政府虽然有相关规定，却疏于执行和监管。多份调查材料显示，强制超时加班、泛用学生工、非法使用童工、私了工伤事故、无视劳动保护条件等违法违规的事情经常发生，许多已有的劳动法律法规及有关规定得不到落实。拖欠工资，特别是拖欠农民工工资至今时有所闻。

一些地方政府领导为追求任期内的 GDP 增长，过分强调招商引资，对严重违犯劳动法律法规的现象疏于监管，也压低了一次分配中的劳动报酬。在中央明确提出要提高劳动报酬在初次分配中的比重之后，沿海某省给省人力资源和社会保障厅下辖的人力资源公司下达指令，必须以低于全国平均工资的水平保证为某外商企业招农民工，完不成任务吊销人力资源公司执照；某省规定一些职业学校的学生必须到某台资企业劳动实习，不实习算没完成学业。由此可见，不少地方政府正在干预初次分配，而且是过多偏袒资方。从这方面的实际问题出发，进一步完善收入分配、劳动保护方面的法律法规并严格执行，完善劳动仲裁和法律援助机制，为劳动者获得合法收入提供法律保障，更是政府不可推卸的责任。

这四个方面说明，提高劳动报酬在一次分配中的比重，政府可以有所作为，而且必须有所作为，但主要不是依靠层层落实行政指令的方式去作为，而是要在完善社会主义市场经济体系上下功夫，加快城乡统一劳动力市场的建设，加大行政性垄断行业的改革，健全集体协商机制，健全劳动法律法规并严格执行，充分发挥市场配置劳动力资源的基础性作用。

另一种倾向也值得注意。因为普通劳动者工资过低，一些人提出用行政手段来提高工资，但是国有行政性垄断企业工资已经过高了，民营企业又千差万别，企业经济效益好了是应该用来买先进设备扩大再生产，还是应该搞新产品开发？建立社会主义市场经济，必须赋予企业用人自主权，其中包括在劳动法律法规框架内确定内部职工工资的权限，因此，建立正常的集体谈判机制远比政府制定工资增长指标好。

三、人力资源市场的特殊性与集体协商机制

一些经济学者在谈二资问题时，认为靠供求关系来确定就万事大吉了，集体谈判没有用，再谈也改变不了客观的供求数量关系。但劳动力不是商品，不能只简单用供求关系来分析。劳动力是人的体力和脑力的总和，它是附着在劳动者身上的。其他商品，包括其他生产要素，其供求双方的关系主要发生在市场交换的过程中，交换之后，所有权与使用权就发生转移了。例如一台机床卖给企业，市场交换后，机床完全由企业自行支配，不再与机床的原所有者发生关系。但是企业雇佣职工后，无法直接指挥他的脑力、体力，还是要通过劳动力的所有者，工人或技术人员自身来支配他的劳动力。这一点决定了劳动力供求双方的关系，也就是劳动关系不仅发生在市场交换过程，还一直延续到企业的生产过程。因此“要发展社会主义市场经济，应当考虑政、企、工三分离。企业与政府分离之后，作为用人主体，并不是各个孤立、互不影响的，需要有一个企业家组织来代表并协调；职工作为劳动力所有者，也不应当是孤立的个人，需要一个利益主体明确的完全代表职工的工会。劳动力市场上的组织行为建立起来了，大量的劳动力供求关系才能得到及时妥善处理，政府才能真正摆脱原来那种劳动行政管理事务，按市场经济的要求转变职能”。

再有，由于劳动力这种生产要素是附着于劳动者的，而劳动者不仅仅是经济人，还是社会人，作为社会人要有尊严，有社会和政治诉求，所以不能够仅仅把劳动力的供求关系作为确定职工工资的唯一尺度，当然它要受供求关系的极大影响。在劳动力供大于求的条件下，如果长期过分压低某一群体的工资，也会导致激烈反抗以

致社会动荡，这是发达国家历史反复验证过的。即便是劳动者退出人力资源市场了，例如退休、病退等，这时社会对他的劳动力需求量为零，也要保证他有基本体面的生活。

和谐劳动关系能否建立，对于中国的可持续发展影响深远。现在研究可持续发展更多关注能源不足、资源枯竭、环境污染等，其实，某一文明繁荣的中断，在历史上主要是社会矛盾造成的。陷入中等收入陷阱的国家中，如南美的巴西，能源资源环境好得很。苏联解体是资源短缺吗？都是社会矛盾激化所致。如果把劳动力作为商品看待，这无疑是复制原始积累阶段，会造成剧烈的劳资冲突。有些人单纯从工资角度来评论集体谈判，没有把本质问题抓到，实际上集体谈判是职工权益的体现，是市场经济条件下不同利益群体之间建立自协调机制的基础构架。缺少这样的协调机制，政府不得不直接干预企业内部的劳动关系，面对千百万企业，行政手段一刀切，难免不是损及劳动者权益就是损及经营者权益。

（本文作者系中国经济体制改革研究会会长）

我国小企业劳动关系问题研究

苏 海 南

迄今为止，对于小企业及其劳动关系情况，由于各种各样的原因，研究得仍不够深入细致，特别是对其不同于大中型企业劳动关系的特殊性把握不足。本报告拟分析我国小企业劳动关系存在的问题及其原因，并在研究小企业劳动关系特殊性的基础上，提出相应的思路及具体对策建议。

一、小企业劳动关系现状概述

我国小企业具有数量大、分布广、生命周期较短、平均产出不高，但对经济社会综合贡献较大等特点。我国小型企业从业人员 2 亿左右，占全国全部用人单位从业人员总数的 64%，已成为我国劳动关系的主要组成部分。

当前，我国小企业劳动关系处于初级发展变动阶段。小企业主要采用短期劳动合同或口头合同等形式确定劳动关系双方权利和义务；市场化用工在小企业表现较为充分，季节工、短期工、非全日制工等用工形式在小企业较为普遍；劳动关系双方表现出明显的维护各自利益倾向，劳动关系双方整体上处于相互碰撞磨合过程之中。近些年来，特别是《劳动合同法》颁布实施以来，小企业劳动关系规范化程度逐渐提高，职工维权意识也日益增强，我国小企业劳动关系开始逐步走上市场化、规范化、法律化的发展轨道。整体上看，目前我国小企业劳动关系基本稳定。

二、小企业劳动关系存在问题及其原因分析

（一）存在问题。

相比较大中型企业而言，小企业劳动关系问题在以下八个方面表现得更加突出：

1. 劳动关系变动性大。主要表现为小企业劳动关系持续时间更短，职工流动性很大。在很多小企业，相当部分职工是“流水式”职工。我们调研的湖北省鄂州市778连锁酒店，每个月的职工流动率即达到40%左右；问卷调查数据显示，在小企业工作两年及以上的职工仅占职工总数的55%左右。

2. 用工形式和劳动关系更为复杂。主要表现为小企业用工形式和就业人员来源更为多样。小企业用工形式既包括全日制职工，也包括季节工、小时工等，就业人员还包括相当部分实习学生、学徒、下岗再就业人员、退休返聘人员等。总体来看，既有属于《劳动法》、《劳动合同法》规范的劳动关系，也有其他雇佣关系，一旦发生劳动纠纷，处理起来难度更大。

3. 劳动关系建立普遍不规范。主要表现为小企业劳动合同签订率仍不高，体现出较为明显的分层化特征和行业特征。调研中普遍反映，相当部分小企业只与少数管理技术人员签订劳动合同，建筑等部分行业，农民工等人群因各种原因劳动合同签订率仍然较低。与此同时，劳动合同、集体合同内容不规范，履行较差。

4. 劳动报酬水平明显偏低。主要表现为小企业职工工资收入相比大中型企业职工工资普遍偏低，增速不快，缺少正常增长机制。以多数都是小企业的私营企业为例，2009年全国城镇私营单位从业

人员平均工资为18199元，只相当于全国城镇在岗职工平均工资的55.6%；2009年，城镇在岗职工平均工资相比2008年增长了12%，私营单位就业人员仅增长6.6%。就我们调研访谈来看，相当部分小企业职工工资收入的固定部分均在当地最低工资标准附近徘徊。同时，小企业职工工资缺少正常增长机制，职工纷纷辞职时，小企业主才被动增加工资。

5. 工作和休息时间不明确且执行比较随意。主要表现为小企业工作时间灵活，按照现有法律法规标准来看，职工超时劳动已经司空见惯。相当部分小企业职工每月休息四天或两天，已成为行业惯例。一些小作坊式服务型企业经营方式灵活，其职工的工作时间和休息时间界限比较模糊，甚至24小时处于“待命”状态。

6. 劳动条件和劳动保护普遍较差。主要表现为小企业职工所处的安全生产和生活环境总体较差。如一些小企业工厂、仓库、宿舍三处合一，在同一楼内，职工们长年在有毒、有害和极不安全的环境下劳动和生活。同时，劳动保护特别是女职工特殊保护规定落实差。相当部分小企业没有为女职工缴纳生育保险，小企业女职工因孕期、产期、哺乳期被解除合同也较为常见，“要工作还是要孩子”成为一些小企业女职工不得不面对的两难选择。

7. 社会保障不健全问题突出。主要表现为小企业社会保险覆盖面较小，针对不同人群和险种，区别对待。我们调研的湖南省汨罗市，除工伤保险外，90%以上小企业未参加养老、医疗、失业保险，这一数据在全国小企业中具有一定的代表性。调研中了解到，即使在缴纳社会保险的小型企业，也只是为其核心管理和技术人员等缴纳社会保险；另一方面，针对不同的社会保险项目，小企业首先缴纳政府监督检查力度较大、企业费用较低的社会保险项目，如工伤保险等。

8. 劳动关系的冲突更为直接。主要表现为小企业劳动关系双方的“老板”和“打工者”意识更为强烈，发生矛盾缺少缓冲。小企业相比大中型企业来说，普通职工与资方之间缺少各级管理机构和工会等组织的缓冲，小企业职工归属感不强，没有传统“单位人”意识的作用，小企业职工与经营者之间的冲突表现得更为直接。

（二）原因分析。

从直接原因来看，主要有以下方面：一是小企业劳动关系双方主体都不够成熟，依照法律确定权利义务的意识均较为欠缺。劳动关系双方主体基本素质的欠缺，是引发小企业劳动关系诸多问题的主观原因和思想认识根源。二是小企业的劳动管理制度特别是劳动关系双方沟通协调制度很不健全。许多小企业实行人治，经常由经营者直接指挥管理职工。同时，如果劳动关系双方出现矛盾，一般采取一事一议、一人一议方式处理，没有相应规则和程序规范。以上这种状况，成为引发小企业劳动关系诸多问题的管理制度根源。三是小企业劳动关系双方的组织建设很不完善，影响了劳动关系的协调。一方面，小企业大多没有建立工会组织；另一方面，小企业主参加各地工商联和企业家联合会的也很少。小企业劳动关系双方组织建设的这种状况，成为小企业缺乏平等协商机制的组织根源。四是政府协调小企业劳动关系的工作力度不够。从主观上看，在目前的财税体制和政绩考核引导下，某些地方政府忽视甚至牺牲小企业职工的基本权益。此外，一些地方的劳动保障部门对小企业不够熟悉或忽视，也影响了对小企业劳动关系的协调。从客观上看，劳动保障工作队伍仍显薄弱，主要表现在“两网化”基础工作平台和劳动保障监察机构设置、人员编制等相对于小企业数量多、分布广、劳动者权益受损情况较多、监管不易这一状况而言明显薄弱。

从间接原因来看，主要受小企业经济效益较差和劳动者供过于求两方面的影响和制约，这是小企业劳动关系存在上述问题的深层次原因。一是小企业生产力水平低，经营环境差、生产经营的不确定性大，使保障劳动者合法权益、协调劳动关系的经济基础薄弱，从根本上制约了小企业劳动关系的和谐稳定。据统计，以人均利润水平看，大型企业人均利润为5.3万元左右，中型企业为4.1万元左右，纳入统计范围的规模以上小型企业仅为3.1万元左右，如全面计算未纳入统计范围的小企业，则人均利润水平更低，与大中型企业差别较大。同时，小企业社会负担较重。上述状况是引发小企业劳动者权益水平低等诸多问题的经济根源。二是小企业所处的人力资源市场供求关系极不利于劳动者，低端劳动力供过于求，资强劳弱，也从根本上制约着小企业劳动关系的和谐稳定。

三、协调小企业劳动关系的基本思路

（一）小企业劳动关系的共性与特殊性分析。

小企业劳动关系与大中型企业劳动关系既有共性的一面，又有其特殊性的一面。从共性看，不论大中小型企业，其劳动关系都涉及到主体、客体内容、形式及其协调的途径、手段、程序、方法等。从特殊性看，小企业劳动关系是不够标准或非标准的劳动关系，小企业明显不同于大中型企业的生产力、生产关系基础，决定了其劳动关系必然具有不同于大中型企业的如下特点：

一是劳动关系主体构成及其相互关系相对特殊。小企业的所有者和管理者一般都是合一的，且经营管理者的文化程度、个人素质、经营管理水平相对较低；小企业职工的素质相对于大中型企业职工来说也普遍偏低，同时，小企业职工自组织愿望和能力较弱，工会等组织形式欠缺，因而使得小企业劳动关系主体间地位相比大中型企业而言具有特殊性。

二是劳动关系客体内容的规范程度和权益保障水平相对特殊。一方面，受小企业生产经营的不稳定性、变动性和人员流动性等因素的制约，其劳动合同的签订、变更、解除和终止，工作时间及工作班次的安排，工作环境和条件等，相比大中型企业的方式和程序等不规范。另一方面，受小企业生产力水平低、经营利润薄、经济实力弱等因素的限制，其劳动者工资报酬水平的提高、社会保险缴费额度的增加、休息休假的安排、劳动保护条件的改善等权益保障水平，也不如大中型企业职工的权益保障水平。

三是劳动关系的维持和心理认可程度相对特殊。小企业劳动关系具有更加明显的动态化、短期化特征。与此同时，小企业管理者“老板”意识更强，认为小企业职工就是为其“打工”，对于劳动关系相关内容的决定更为直接；小企业劳动者的归属感不强，对劳动关系规范化的期望值也普遍低于大中型企业的职工。

（二）基本思路。

协调我国小企业劳动关系的基本思路是：从我国经济社会结构的大背景实际出发，以维护小企业劳动者合法权益和促进小企业健康发展为目的，牢牢把握协调小企业劳动关系的重要性和特殊性这两个特征，针对影响小企业劳动关系和谐稳定的相关因素，构建分层次、有弹性、求平衡、稳过渡，切合实际的小企业劳动关系协调机制，维护广大劳动者合法权益，促进小企业健康可持续发展，形成劳动关系双方互利双赢格局。其中，“分层次”是指区别大中型企业，对小企业实行有针对性的劳动标准和综合扶持政策；“有弹性”是指小企业劳动关系协调政策要能够符合小企业弹性用工、弹性工时和生产经营不确定性较大等特征，采取协商一致等弹性手段；“求平衡”是指要平衡劳动关系双方权益，在维护劳动者权益和保障小企业可持续发展之间把握平衡点，以利于促进小企业劳动关系双方的互利双赢；“稳过渡”是指努力使小企业不够标准或非标准的劳动关系逐步过渡为标准的劳动关系，在经济发展和社会进步的基础上，逐步使小企业劳动权益保障水平向更高标准靠拢，以确保小企业劳动者实现体面劳动，与其他劳动者共享经济发展和社会进步成果。

四、具体对策建议

根据上述基本思路，现针对小企业劳动关系存在问题及其直接原因和间接原因，提出以下具体对策建议。

（一）引导小企业建立健全切实可行的劳动管理制度和劳动关系协调制度。

一是加大宣传工作力度，提升小企业劳动关系双方依法规范权利义务的意识。根据小企业特点进行有针对性的解释，大力宣传劳动法律法规确定的劳动关系双方的基本权利和义务。二是探索对小企业经营管理人员和职工开展劳动管理等免费培训。建议国家拨付适量资金，支持各级人力资源社会保障、企业组织、工会等部门，对小企业经营管理人员和职工开展人力资源管理方面有针对性的免费培训，提升其制订相关管理制度的能力。三是以公共产品的形式提供适用于小企业特点的劳动管理制度样本。由人力资源社会保障部门牵头，在小企业较为集中的有关行业，编制适用于小企业的劳动合同样本，小企业劳动关系管理办法、薪酬管理办法、工时休假办法、绩效考核管理办法等内部规章制度样本，以公共产品的形式提供给小企业，引导小企业加强内部劳动管理等制度建设，逐步走上制度化、规范化、法制化轨道。

（二）为小企业协调劳动关系提供更具针对性的政策和标准依据。

一方面，研究小企业如何适用劳动法律法规和政策有关条款问题。一是小企业如何缴纳社会保险费问题。建议采取费率一致，由政府补贴部分社保缴费的方式，扶持小企业依法缴纳社保费。二是小企业如何适用特殊工时问题。建议适当放松对小企业的特殊工时制度的审批管理。

另一方面，要进一步细化有关劳动法律法规、政策及标准，提升其操作性。一是针对小企业人员流动性大的特点，制定简易劳动合同并引导劳资双方依法签订。二是各地可结合实际细化有关法律法规，增强其具体操作性，改变目前由于可行性差、执行者少的“法不责众”的状况。

（三）以劳动报酬权益为核心，促进劳动密集型小企业普通职工工资正常增长。

一是合理安排最低工资标准的调整幅度，建立最低工资标准评估制度，逐步提高最低工资标准。安排最低工资标准提高幅度适当高于当地社会平均工资增长幅度，明确要求企业不得把最低工资标准作为执行标准，以发挥最低工资标准作为“提低”重要抓手的作用。同时，建立最低工资标准国家层面的评估制度，促进最低工资标准的科学性和可行性。二是探索小企业税费减免与普通职工工资增长的联动机制。探索如何将对小企业的税费减免真正转化为小企业普通职工的工资增长。三是通过社保补贴，减轻小企业及职工的负担，促进将小企业职工纳入社保制度，间接增加职工收入。目前，五项保险费用合计占职工个人工资收入的40%左右，对小企业和小企业职工来说负担较重。建议国家对困难小企业社保缴费给予补贴，以此促进小企业参保覆盖面的扩大，同时间接增加职工的收入。

（四）搭建用工信息平台，“柔性”引导小企业和职工重视自身信用。

针对小企业用工流动性大，许多小型企业用工不规范，部分小企业职工滥用辞职权，双方法规意识较为淡薄的问题，建议借鉴国家金融信息征信系统的有益经验，尝试建立全国性的用工信息征信查询系统，实现终生可记录、终生可查询，较为“柔性”地引导小企业和职工重视自身用工和从业信用，为协调小企业劳动关系提供有关信息依据。

（五）加强小企业劳动关系双方组织建设，培育集体协商主体。

一方面，建议尝试采取政府购买公益岗位作为区域性、行业性小企业工会专职工作人员职业化的途径，同时在规模以上小企业建立工会，帮助小企业培育劳方集体协商主体。

另一方面，要加强企业组织建设，各级工商联和企业联合会要积极吸纳和引导小企业主加入企业组织，加强有关信息沟通，为开展行业性、区域性集体协商提供资方组织保证。

（六）将协调小企业劳动关系工作摆上更加重要位置，加大对小企业劳动保障监察执法和劳动争议法律援助工作力度。

首先，要将协调小企业劳动关系工作摆上更加重要的位置。人力资源社会保障、工会等部门要将更多精力、更多人员投入到小企业劳动关系协调工作之中去，逐步摸清小企业劳动关系的运行规则，判断发展趋势，探索建立健全适应小企业特点的劳动关系协调机制。

其次，进一步加大对小企业的劳动保障监察执法力度。由于小企业点多面广，较为分散，不能仅仅按照大中型企业就业人员相同比例配置劳动保障监察执法人员，要按照公共服务均等化的要求，在小企业更为集中的基层要大力充实人员队伍。要有针对性地开展小企业劳动关系的监察执法工作，重点关注工资支付、合同签订等方面情况，切实纠正拖欠、克扣工资，不签合同等问题。要畅通小企业职工举报投诉渠道，加大力度及时处理涉及小企业职工权益的举报投诉。

再次，进一步加大对小企业劳动者劳动争议的法律援助力度，进一步简化程序和手续，切实维护其合法权益。

（七）统筹研究解决小企业劳动关系问题与农民工，特别是新生代农民工问题。

解决小企业劳动关系问题应与解决新生代农民工问题和逐步改变人力资源市场供求格局统筹考虑。一方面，要统筹兼顾解决好小企业劳动关系问题与新生代农民工问题。当前，新生代农民工已经成为小企业劳动者的主要组成部分，他们要“生存”更要“生活”，要“钱途”更要“前途”，要“暂住”更要“常住”。为此，不仅要着力解决小企业劳动者工资收入低等重大问题，还要着眼于满足新生代农民工多方面物质文化的需要，提高其综合待遇水平。同时，要努力保证其享受均等化的公共服务。另一方面，要大力加强小企业劳动者的全方位培训，提升其职业技能水平和个人素质，逐步改变低端人力资源市场供过于求的状况，为扭转资强劳弱格局创造条件，从根本上促进小企业劳动关系的协调平衡与和谐稳定。

（八）通过综合扶持、产业转型等措施，促进小企业健康发展。

促进小企业健康发展，是协调其劳动关系的经济基础，是治本措施。鉴于小企业生产力水平低、经营环境差等状况的改变涉及诸多方面，因此，需要采取综合扶持政策。除了上述税费减免和增加社保补贴等政策外，在财政支出和金融政策等方面要加大对其转型升级的支持力度。

为保证综合扶持政策奏效，建议缩小小企业的范围或细划小企业类别，以便于更有针对性地实施政策扶持。

（本文作者系中国劳动学会副会长）

构建企业和谐劳动关系的方法与艺术

韩 岫 岚

党和政府多次提出要构建社会主义和谐社会与和谐企业，并提出应建立和谐的劳动关系。和谐企业是和谐社会的基础，而和谐的劳动关系，则是构建和谐企业的重要内容。因为企业是由成千上万职工组成的有机体，职工是企业的主体，劳动关系是职工在生产、工作和生活中所发生的各种相互交往和联系，实质上是人和人的关系。人们常说，国家人和国家强，企业人和企业兴。企业劳动关系的好坏，直接关系到企业的凝聚力和活力的强弱，也关系到社会的安定与和谐 。因此，构建和谐的劳动关系可以激发职工的积极性和创造性，使企业成为一个没有血缘关系的大家庭。经营成功的企业都是建立在和谐劳动关系基础之上的。

一、构建和谐劳动关系是一项长期艰巨的任务

和谐的劳动关系是职工在劳动过程中处于一种和谐融洽的良好状态。在我国企业里，说劳动关系的和谐或不和谐，都是相对比较而言。劳动关系绝对的和谐或者不和谐的状况，都不是普遍存在的，而比较普遍的现象是，劳动关系经常处于理解与不理解、协调与不协调、紧张与不紧张的状态之中，有时关系比较和谐，有时比

较紧张。当前由于我国在改革开放进程中出现的物价上涨、分配不公、城乡差距大、社会保障制度体系不完善、贪污腐化等以及企业内部各种因素，都会影响到企业的劳动关系，因此，急需构建和谐劳动关系。即使在这些问题基本解决以后，还会出现新的矛盾，今后还是社会和企业一项长期的管理任务。

在现阶段，由于社会主义市场经济体制的逐步建立，影响企业劳动关系的因素是复杂的，又是多变的。这里有经济的与非经济的因素，可控的与非可控的因素，敏感性与非敏感性因素等。有企业内部因素，也有企业外部因素。其中，就企业内部因素而言，劳动关系的契约化，职工思维方式的多元化，职工价值观念的复杂化，职工收入的差异化，信息沟通的多样化，职工素质能力的差别化，劳动环境的优劣化等，都会直接和间接地影响企业的劳动关系。而且这些都与企业外部政治、经济、文化、社会环境的变化密切相关。

在改革开放以前，职工都是由国家统一分配的，又是一次分配定终身。现在都是自主择业，直接与企业订立劳动合同。合同是否合理与严格执行，是现今劳动关系发生摩擦的因由之一。

过去，职工思维多限于国内和企业内部，现在国内外、企内外交流广泛，尤其是经济全球化加速了与各民族文化的碰撞，以及国外低俗文化的侵入，引起了职工对于自身工作、生活、收入对比的视觉多、考虑多，突破了单一的思维方式，处于不同地区、单位、岗位的职工思维方式的多样化、价值观念和个人追求的不同较为普遍存在。由于思维方式的多元化必然引起行为方式的差别。往往对于同一件事情不同职工的认识和态度可能完全不同，甚至发生不必要的碰撞。

职工的收入分配直接关系到职工的切身利益，是他们最关心、最敏感的问题，也是经常影响劳动关系的突出因素。追求物质财富和物质利益的增长是社会经济发展的动力，可是这种追求得不到满足，再加上工资集体协商制度的不健全，收入差距不合理地拉大，利益格局的多元化往往引起各种冲突，导致人们关系的不和谐。

特别是信息技术的发展，对经济、政治、文化、社会发生了深刻的影响，容易模糊职工对社会和企业核心价值观的认同，从而引起职工的焦虑和不安，有时会成为劳动关系不和谐的潜在危机。

由于以上各种原因，当前企业和社会劳动关系不稳定和不和谐的情况时有凸显，尽管党和政府制定了多种法规与政策，有些问题和矛盾正在逐步解决中，但随着科学技术的进步，社会经济结构的变化，各项改革政策的深化，新的问题和矛盾还会不断出现，因此，构建和谐劳动关系以及和谐企业，是从劳动关系不和谐到和谐，再到新的不和谐到和谐的动态过程，是一个波浪式起伏、螺旋式上升的过程。

二、构建和谐劳动关系，必须坚持党的领导，政府、工会、企业和职工等各方面协同配合、共同推进

既然形成企业劳动关系摩擦、冲突和不协调的原因是多方面的，就不是某个单方面努力所能完全奏效的，需要各方自觉的共同努力。其有效的共同方法和措施是：

文化建设引导。优秀的文化是以人为本为理论基础，是国家强盛和民族繁荣的灵魂。发扬中华民族优秀的传统文化，弘扬以社会主义核心价值体系为基础的文化价值观，实施“文化立国”的战略，是构建和谐劳动关系的基本前提。企业文化是社会文化的重要组成部分，是企业所创造的物质文化和精神文化的总和，它内涵的企业价值观念、经营宗旨和道德行为准则等是经过绝大多数职工认同信守的，是一种群体的意识和行为规范。为此，在国家“十二五”规划中提出把文化作为国民经济发展的支柱产业，要充分发挥文化引导社会、教育人民、推动经济发展的功能。为何许多企业都

把建设和谐文化当作协调劳动关系的切入点，因为价值观念的趋同、经营宗旨的一致，道德行为准则的认可，就可能把不同的职工团结在一个共同的目标之下，减少不必要的摩擦和冲突。

法规制度规范。无论是社会和企业都是人们共同劳动、生活的场所，没有法规制度人们就会无约束、打乱仗，劳动纠纷丛生。大到国家的《合同法》、《劳动法》，以及各种有关劳动关系的建立、运行、监督和调处的政策条例，具体到企业权责利相结合的经济责任制、公正公平的收入分配制度、公开透明的选拔晋升制度等，只要各方都能严格自觉执行，就能把各种矛盾减少到最低限度。

职工民主参与。文化建设和法规制度的建立都应当征求职工的意见，反映他们的愿望和心声，变成广大职工自觉的意识和行为。这样，他们就会知道为何需要这样做，为何必须严格遵守，否则对自己、企业和社会有何害处。职工自己认同制定的规程制度就会使他们认识到劳动不是为他人干而变成是为自己干，以减少不必要的冲突和矛盾。

信息交流畅通。再好的文化和法规都不可能是十全十美和无所不包的，同时在执行中还会出现新情况和新问题。只有上情能及时下达，下情能及时上报，使执行中出现的不协调和冲突能及时得到协商解决，就可以使劳动关系正常健康地发展。

内外环境优化。职工劳动场所整洁有序、自觉按规程制度操作、企业各项劳动条件和环护办法到位，职工在劳动过程中就有安全感；厂区绿化美化，社区人际关系融洽，社会秩序稳定，职工不只劳动八小时之内，就是八小时之外也会心情舒畅，无后顾之忧。

以上协调和维护劳动关系的方法，其具体内容在不同时期也会有所不同，但基本的一点是，每个企业和每个职工都需要从我做起，自觉维护，这样企业的和谐和社会的和谐才有保证。

三、构建和谐的劳动关系既是一项管理任务，更是一项管理艺术

构建和谐劳动关系的主要任务是要及时地发现不和谐的萌芽，分析影响不和谐的因素，采取协调的解决办法，不要使矛盾激烈化、对抗化。因此，各方面的领导者与管理者不但要具备管理学的知识，也有必要掌握一些经济学、社会学、心理学等方面的知识。有人说，协调人际关系，实际上是领导者在各项生产经营管理活动中创造性地运用多种知识去解决人与人之间心理与行为方面矛盾的艺术。在这方面有些成功企业的经验，值得我们学习借鉴。

（一）注重心理冲突调适，避免职工发生长期的心理失衡。

尽管国家规划、企业远景、法规制度对协调劳动关系有重要作用，但职工之间的心理冲突对劳动关系的影响往往是看不见，摸不着，潜在性强，又不易很快消除。例如，企业内部职工工作之间的竞争，有利于激励他们努力工作，奋发进取，同时又会给他们产生心理压力，难免与他人对比，出现心理上的不平衡。如果出现不正当的竞争行为，就可能使原来关系和谐的职工之间会发生心理冲突，出现劳动关系的不协调。这就要求企业需要创造一种平等的竞争环境，使职工之间有一种良好的心理氛围。从每个职工来说，应当培养自己具有良好的心理调适本领，力求使自己的行为与他人、与环境能保持平衡状态；在与他人发生对立情绪时，要善于和解、容忍、理解，甚至暂时的妥协，避免自己受心理的折磨；如果自己难以自我调适，也可以请教领导或其他职工帮助，以缓解心中的不平。

（二）注意情绪变化协调，避免引起职工的一些行为失调。

职工情绪是他们以特殊方式表现出来的心理状态。它往往表现为缓和与激动、轻微与强烈、轻松与紧张种种状态。大量的实践证

明，职工情绪不只影响个人的认知和行为，往往会给良好的劳动关系带来裂痕。为了通过平抑情绪协调劳动关系，管理当局应当十分关心企业职工情绪心境的变化，以便及时做好疏导工作。同时也要提倡职工经常进行情感交流，友好互助。有企业的成功经验是，当职工情绪正面难以疏通时，就不妨适时适地运用“逆向思维”，进行“换位”思考，或者运用“微调法”，在保证大局稳定的情况下作局部或某些环节的协调，以稳定职工情绪，以避免发生大范围内职工情绪和行为的激化，影响企业和社会的和谐。

（三）正确利用隐性组织的润滑作用，以补法规制度的不足。

在企业里，职工由于理念、情趣、喜好、态度等的趋同，或者因为是同学、乡亲、朋友、亲情的关系，容易形成某些没有明确组织目标的隐性组织。对于这些隐性组织我们是不提倡的，但也要有会利用它的艺术。因为在这些隐性组织里，职工由于感情的接近，易于敞开心怀，交流看法，不受约束，具有一定的吸引力和凝聚力。例如，有些企业通过这些隐性组织的成员去了解职工中一些深层次的思想问题；通过他们中某些有威望的核心人物，贯彻企业的经营目标和要求；并使他们去做某些职工的思想政治工作，疏通职工之间的隔阂和矛盾，协调劳动关系中的问题，使得靠正式组织一时难以协调和法规制度不到之处引起的矛盾得以解决。

协调劳动关系的艺术，还要化繁为简，抓主要矛盾，应把复杂的问题简单化，绝不要把简单的问题复杂化，否则还可能好心引发出不好的结果。

总之，构建和完善企业的劳动关系，是党、政府、企业和职工共同的任务，特别是我国的各级工会组织作为党领导的工人阶级的群众组织，是党联系职工群众的桥梁和纽带，是国家政权的重要社会支柱，是职工利益的代表，在构建和完善社会主义劳动关系方面更负有特殊的使命。工会在劳动关系上所提出的“建立规范有序、公平合理、互利共赢、和谐稳定的社会主义新型劳动关系”等指导方针，已经从理论和实践的结合上取得了明显的成效。我们相信，在“十二五”时期，工会将会发挥更大的作用。

（本文作者系中国社会科学院工业经济研究所研究员）

试论市场型社会主义劳动关系

文　魁

分析一个特定社会的劳动关系，不可能离开特定劳动关系所依附的经济制度，也不可能离开劳动关系实现的经济体制。资本主义社会，资本与劳动对立的劳动关系发生于资本主义制度，并反映资本主义的本质；社会主义的劳动关系也必然植根于社会主义制度，反映社会主义的本质。同时，劳动关系在不同的经济体制也有不同的实现机制。同样的经济体制，不同经济制度下不同性质的劳动关系也会有其运行层次的相通之处。分析当代中国的劳动关系，既离不开对社会主义经济关系本质的认识，也离不开市场经济条件下经济关系的表现形式。中国特色社会主义，虽然强调了“中国特色”，但“中国特色”只是概念的种差，其社会制度的属性是社会主义；社会主义初级阶段，虽然是从超越生产力水平的生产关系实践的历史教训中对中国所处历史阶段的新定位，但新中国的经济制度毕竟发生了根本性质的变化；市场经济，是中国经济的新体制，但社会主义市场经济，是以社会主义为制度基础的，社会主义概念的种差，区别于资本主义市场经济，而且改革的出发点是：商品经济不是资本主义的专利，社会主义也可以搞商品经济。中国当代的劳动关系一定是社会主义劳动关系，同时，又是在市场经济条件下的劳动关系，因此，我们将其定义为市场型社会主义劳动关系。马克思主义认为，人类历史上各种社会结构和经济关系都同生产方式有着内在联系，要对市场型社会主义劳动关系进行分析并作出深层而不是表面的说明，必须以马克思主义生产方式的原理作为理论基础。

一、市场型社会主义劳动关系的实现方式

（一）改革开放对生产方式的调整。

新中国社会主义经济制度的建立，形成了崭新的社会主义劳动关系，实现了没有剥削、没有压迫，劳动者之间平等互助、团结协作的经济关系。但由于新的生产方式超越了中国生产力水平和二元经济的现实，高度集中的计划体制，使经济失去了应有的活力。依附计划经济生产方式的劳动关系，虽然在劳动者经济地位和社会公平上取得了巨大的历史进步，但其效率的低下却阻碍了生产力的发展。中国的改革开放，其实质是对计划经济的生产方式进行调整，寻找与社会主义初级阶段生产力水平相适应的生产方式。中国的改革开放是在坚持社会主义基本经济制度的前提下，将计划经济转换到市场经济，经济制度性质不变，劳动关系的性质也不会变；经济体制的改革、运行机制的转换，必然影响到劳动关系的实现方式。

（二）市场经济对社会主义劳动关系的影响。

市场经济是通过市场机制来配置稀缺资源的经济，通过价格机制来协调各个独立经济体的分散决策。计划经济生产方式形成的劳动关系在体制转换过程中，必然受到重要影响。

其一，随着企业成为独立的商品生产者和经营者，过去作为国家职工的劳动者，现在成为企业职工，国家与劳动者的劳动关系逐步演变为国家、企业与劳动者的劳动关系。

其二，随着企业劳动合同制的推行，劳动者与企业成为契约关系。

其三，随着企业用工自主权的强化和劳动者自由流动，工资不

仅是劳动报酬，而且具备了劳动力资源配置的信号功能。

其四，随着改革开放事业的展开，民营企业与三资企业蓬勃发展，成为市场经济的重要组成部分，其劳动关系在微观上具有资本雇佣劳动的性质。

其五，随着资本形态的出现和发展，国民收入的初次分配，工资与利润的关系，劳动收入在国民收入的占比成为整体劳动关系的重要标志。

（三）市场经济对社会主义劳动关系的挑战。

新中国成立后，随着生产资料所有制的社会主义改造完成，劳动关系的社会主义性质在计划经济体制下表现得直观、显性；但进入市场经济体制后，经济关系的实质隐藏于现象之后，通过交换关系如何实现劳动关系的社会主义性质遇到了理论和实践的空前挑战。

挑战之一，在劳动者与生产资料不是直接结合的情况下，如何实现劳动者是生产的主人、社会的主人，如何保证多种经济成分在各自运行和共同发展中，有效实现劳动者整体利益和个体利益、现实利益和长远利益的统一？

挑战之二，市场经济运行以企业为独立的利益主体，如何实现全社会同工同酬的劳动平等？如何在市场经济平均化运动中实现劳动者收入不断地由一部分人先富起来走向共同富裕，而不是贫富悬殊、两极分化？如何有效消除城乡差距、工农差距、地区差距？

挑战之三，在强资本、弱劳动的环境中，劳动者利益受到侵害几乎难以避免，如何抑制资本，在劳动条件、劳动环境、劳动报酬、劳动保障上给劳动者以制度保证？如何建立并逐步完善与市场经济相适应的劳动者组织和第三方机构以确保劳动者的基本权益？

挑战之四，在开放条件下，国际资本进入国内，在充分发挥国内外资本对经济发展推动的积极作用的同时，如何避免、抑止和消除其消极影响，保证在宏观上劳动者整体利益对国民经济的主导，而不是资本利益特别是国际资本利益对国民经济的主导？

挑战之五，在公有经济也采取资本形态的条件下，公有资本如何既能有效发挥其不断增值的内在功能，又能切实发挥其确保国家整体劳动关系社会主义性质的不可替代的作用？

（四）市场经济与社会主义的契合。

市场经济是让独立的经济体拥有生产要素的支配权并自主决策，通过价格机制来协调分散的决策，以使资源得到均衡有效的配置。市场经济以一定的经济制度为基础，同时需要各种不同于市场的社会组织作补充。中国特色社会主义所要搞的市场经济是以既定基本制度为前提，在现代市场经济的基础上重塑市场主体。现代市场型公有制，比传统公有制和私有制有更高的制度效率，市场经济与社会主义高度契合。

社会主义市场经济是在社会主义基本经济制度基础上的市场经济，以全体人民共同富裕为导向，服务于社会主义的目标。世界上的社会主义形形色色，但绝大多数社会主义流派都追求以集体利益来保障每个社会成员都平等地享有社会财富。因此，集体主义曾经是社会主义的代名词。社会主义者都致力于：引导一切经济活动有益于整个社会；保障所有人的基本生活；人人都有自由发展的平等机会，有劳动能力的人都能就业。社会主义者在不同的经济制度中，曾尝试通过各种实验，追求上述理想。在市场经济条件下，为了达到社会主义的目标，必须在基本经济制度的基础上按照社会主义原则来构建市场经济的体制框架和培育相应的社会组织，这样的制度安排构成了社会主义市场经济的基本特征：

1. 以生产资料公有制为主体，多种生产资料所有制并存。生产资料公有制采取与市场经济相适应的实现形式。生产资料公有制的主体地位主要不是体现在数量上，而是体现在公有制经济在国民经济占主导地位上，体现在公有制经济对整个国民经济有着决定性影响上。

2. 国民收入分配市场化，分配对象是经过市场实现了的价值，分配以市场为中介，分配的主要支配权和控制权属于劳动人民，公有制经济实行按劳分配原则，非公有制经济依据要素所有权及其贡献分配，所有企业都要接受国家的宏观调控，国家代表总体劳动者按照正确处理国家、集体、企业和个人之间利益关系原则，通过制定经济政策和法律法规，运用经济杠杆，控制调节国民收入分配关系。

3. 集体性经济行为在市场经济中起着重要的作用。政府对宏观经济的干预和调节范围广、力度强、作用大；涉及长远利益（如环境、生态问题）受到特别的关注；企业职工的集体性行为突出；政党、工会等社会组织在经济活动中的作用较大。

4. 社会主义的思想意识和道德规范约束人们的经济行为。社会主义市场经济的社会环境中，社会主义的思想意识和道德规范占统治地位。这些思想意识和道德规范约束以至支配着人们的经济行为，从而影响着市场经济的运行。

我国的社会主义市场经济是不断自我完善的经济体制，正在探索各方面的制度框架和运行机制，并不断将其规范化、制度化，为整个经济运行提供法制化的基础，由此而逐步建成完整的社会主义市场经济体制。

（五）社会主义劳动关系的内生性。

现代企业，必须有一个集中、统一指挥的权威，企业内部的机制，不同于企业外部市场，替代市场机制的是一个权威，权威指挥生产，这个权威被科斯称之为企业家。但是，这个企业家必须受到企业所有者的监督，确保企业所有者获得利益。公有制企业的所有者是全体劳动人民，企业的“资方”，实质是人民资产的集合体，人民是真正的“雇主”。而公有经济的劳动者，既是所有者，又是劳动者，形成了劳动收入最大化和资产增值最大化有机统一的内生动力。

社会主义市场经济的内生动力生成于社会主义基本制度与市场经济有机结合而形成的一种崭新结构。这种结构，使社会主义基本制度的优越性和市场经济的优越性都能得以充分发挥，这种有机结合中实现了功能互补和优势互补，既可以使社会主义经济充满活力，又可以使各种消极作用和负面效应得以有效抑制。

马克思认为，社会主义发展的最终目的是人的自由全面发展。消灭剥削、消除两极分化、实现共同富裕的实质，就是要为人的自由全面发展创造条件。社会主义市场经济在实现这一目标上，具有新的特点：一方面，市场经济的商品价值关系有利于冲破人的依附关系，使个人参与社会分工，为人的全面自由发展解放束缚；另一方面，社会主义基本生产关系和相应的上层建筑会限制市场经济的负面效应，为人的全面自由发展提供制度保证。

二、市场型社会主义劳动关系的新特点

（一）社会主义两层次新型劳动关系的形成。

所有制是劳动者与生产资料相结合的社会形式，是由特定的结合方式所形成的人与人之间的基本经济关系。

一种所有制形式的产生一定有其特定的历史前提和客观条件。现代社会化生产不仅造成了社会主义产生的历史必然性，而且它所提供的客观物质前提还对劳动者与生产资料的新结合方式起着直接作用。

资本主义生产的社会化发展使生产资料所有权与支配管理权的分离成为一种必然。随着生产社会化程度的提高和科学技术的发展，管理职能日益科学化和复杂化，逐渐成为一个相对独立的职能，这反过来又加剧了支配管理权同所有权的分离。[①] 这种分离，使劳动者与生产资料结合的劳动关系分为两个层次：直接层次和间接层次。首先，

---

① 毛立言：《改革的核心与难点：探寻公有制的现实形态——公有制改革两大问题与公有制现实形态内涵特征试析》，载《经济中国》第三辑，中央民族大学出版社 2007 年 4 月版。

与劳动者直接结合的不是生产资料的所有者，而是资本所有者委托的管理者，简称为劳管关系；其次，是资本所有者与管理者的关系，简称为资管关系。这样，在劳动和资本之间插进一个代理的中介。管理者一方面与劳动者形成劳动提供和劳动使用的关系，另一方面与资本所有者形成委托代理关系，管理者也是资本的雇员，如果把管理视为一种劳动，那么这种意义上的关系，也可以视为一种劳动关系。

社会主义条件下，生产资料的所有权与支配权仍然在一定程度上存在着分离。全体劳动者作为一个整体拥有生产资料的所有权，而支配权还只能由一部分人相对固定地掌握和行使，在全体劳动者对生产资料的关系上还存在着支配管理权的差别，直接生产者与生产资料的结合还要通过管理这个中介来实现，因而还是一种不完全的直接结合。这种特定结合方式就形成了领导管理者与直接生产者这种基本的人与人之间的关系。

（二）领导管理者与直接生产者关系的特点。

现代资本主义两层次劳动关系的形成，为我们探索市场型社会主义劳动关系提供了重要的启示。

经理阶层的产生是市场经济和社会化大生产的必然产物，无论是资本主义市场经济还是社会主义市场经济都不可避免，但是，不同性质的经济制度，使其性质和地位有着根本的不同。一方面，作为市场经济发展必然产物的经理和企业家阶层，他们的活动和发展应该遵循市场经济的规则；另一方面，作为社会主义的经理阶层必须遵循社会主义的原则，要对公有资产背后的人民利益负责。

社会主义经济的两权分离是公有制所有权与管理权的分离，分离出来的经营管理权要受制于劳动者的公共所有权。这种公共所有权并没有完全退出生产经营过程，而要切实体现在生产经营和收入分配过程中。劳动者是经济活动的主体，是生产资料的主人，这一经济基础决定了掌握经营权的经理只能是劳动者的代表，受劳动者的委托而进行经营管理。

三、市场型社会主义劳动关系体系的多元性

我国现阶段实行的是以公有制为主体、多种所有制经济共同发展的基本经济制度和以按劳分配为主体、多种分配方式并存的分配制度，所以，在劳动关系上必然是以社会主义劳动关系为主体的多元劳动关系体系。公有制经济的主体地位和按劳分配的主要分配方式，决定了国家整体劳动关系的性质是社会主义的。但从微观层面看，却呈现出纷繁复杂的劳动关系格局。

在现实的市场型劳动关系体系中，其多元性表现在：就大的分类看，既有与市场经济已经逐步融合在一起的公有制劳动关系，也有与市场经济本身就有天然联系的非公有制劳动关系；就具体的形式看，每一类以及两类之间又呈现出无数色层。改革开放的实践证明，形式上和部分实质上的雇佣劳动关系，与市场经济相适应，资本推动是中国高速经济增长的重要动力之一；但其带来的副作用，也非常明确地警示我们，在市场型社会主义劳动关系体系中，在释放资本积极作用的同时，必须保持主体劳动关系对资本的节制、引导、平衡和控制。体系之所以成为体系，一定有一个核心力量能将各个部分有机地凝聚在一起。我们必须清醒地认清市场型社会主义劳动关系体系的结构。

（一）国家整体劳动关系的社会主义性质。

执政的中国共产党，代表中国先进生产力的发展要求，代表中国先进文化的前进方向，代表中国最广大人民的根本利益，在经济上掌握和控制着国家的经济命脉。人民政权通过制定法律法规、经济政策、宏观调控、意识形态和其他方式方法把控着劳动人民当家作主的整体劳动关系，因此，同资本主义国家整体资本家阶级与整体工人阶级的劳资关系有着根本不同的性质。尽管在微观企业层面呈现纷繁复杂的劳动关系，但国家整体劳动关系不存在资产阶级和

工人阶级的雇佣劳动关系，其整体劳动关系的性质是社会主义的。这一劳动关系，是国家社会主义性质的基础和底线。

（二）国有经济劳动关系及其示范和制约作用。

作为国民经济主体的国有经济，其所有制的性质和按劳分配原则决定了其劳动关系必然是社会主义的。虽然市场经济使国有经济内部的用工也采取劳动合同制，但其性质与资本主义的雇佣劳动有着根本的不同。国有经济的社会主义劳动关系对其他经济的劳动关系有着重要的示范作用、引导作用和制约作用。

（三）股份合作经济的新型劳动关系。

我国农村集体经济在生产关系调整的探索中，逐步形成了股份合作经济的新型劳动关系，在不改变土地集体所有性质的前提下，为适应市场经济、盘活集体资产，集体经济在劳动联合的基础上，又辅之以资产联合，集体的劳动者不仅可以获得以按劳分配为主体的劳动所得，而且还可以获得一份财产性收入。股份合作经济是劳动雇佣资本，与资本雇佣劳动有着根本不同的性质，是有着广泛发展前景的社会主义新型劳动关系。

（四）非公经济劳动关系的中国特色。

非公经济的劳动关系就其微观层面来说，显然不是社会主义性质的。虽然非公经济是国家经济发展不可或缺的组成部分，为国民经济发展作出重大贡献，特别是在解决就业问题上更是功不可没，但这种高效率的雇佣劳动关系，也容易使劳动者的利益受到侵害。因此，我们在大力发展非公经济时，还必须同时建立和完善对非公经济劳动者利益保护的制度安排。非公经济在整体国民经济框架内生存发展，在社会主义整体劳动关系的笼罩下，其劳动关系是社会主义劳动关系的重要组成部分，形成非公经济劳动关系特有的中国特色。

（本文作者系首都经济贸易大学教授）

企业和谐劳动关系：制度创新与人本管理

邓荣霖

企业和谐劳动关系是社会主义和谐劳动关系的起始点和落脚点。因为企业是社会进步和经济发展的基本点。企业和谐是社会和谐的基础。企业和谐劳动关系，有利于经济的稳健发展和社会的稳定繁荣。在社会主义市场经济条件下，制度创新与人本管理，是构建企业和谐劳动关系和发展社会主义和谐劳动关系的基本保证。

现阶段的中国企业制度创新目标是建立与完善现代企业制度。现代企业制度是国有企业改制和民营企业建制的共同方向。无论是国有企业的改制，还是民营企业的建制，虽然有着各自的途径和方式，但殊途同归，其共同点是建立规范的现代公司制度。现代公司制度是现代企业制度的具体表现形式。现代企业制度是由现代企业产权制度、现代企业组织制度、现代企业管理制度三个部分构成的。因此，必须从产权制度、组织制度、管理制度三个方面入手，形成各类企业（主要是各类公司）的制度保障体系。这三个部分的企业制度创新内容，是相互联系、相互补充、缺一不可、统一整体的关系，其中产权是前提，组织是保证，管理是基础。产权涉及到企业的财产及利益问题，组织涉及到利益前提下的职责与权限划分问题，管理涉及到企业的战略制定及其实施过程中的各项基础性工作和精细化操作业务问题。

企业管理制度是为了使企业内部各项管理工作形成制度化。我国企业的科学管理最重要体现在：第一，制度管理；第二，有序管理。要改变企业管理工作中的随意性做法，做到管理制度化就是摆在我们面前的首要任务。所谓科学，就是针对各类企业的制度化管理。精细化管理的成败在于制度化管理。管理的精髓就是系统思考和化繁为简。

我国推行质量管理就是一个明显的例子。我国从上世纪80年代起就讲质量，强调全面质量管理，但目前我国的三大质量——产品质量、工程质量、服务质量——都不能令人满意。按照市场竞争的要求，差距还很大。我国推广质量管理的方法是任何一个国家都比不了的，这样做虽然有一点效果，但并没有解决我国质量的根本制度问题。尽管强调质量管理很重要，也可以推广一些管理办法，但具体到某个企业，关键是企业要有自己的质量管理制度。

各项管理工作、管理方法要改进，但最重要的是各项管理工作要从无序状态转为有序状态。

我国企业管理制度的建设要解决以下几个问题：

我国企业管理制度的建设要与企业形态结合起来。企业形态可以分成三大类：一是小企业；二是大企业，以大公司为代表；三是大企业的变形体。大企业的第一个变形体在我国叫企业集团，在国外叫跨国公司。我国的企业集团应该瞄准跨国公司。跨国公司管理与小企业管理不同，这是差别很大的不同企业。大企业的第二个变形体是企业联盟，是在跨国公司基础上的联盟。它竞争中有合作，合作中有竞争。小企业发展到跨国公司之后，其管理就要讲究合作，否则就是都受损失。管理制度的确立，应与各类企业形态相适应。

我国企业管理制度的建设要与市场结合起来。我国企业管理制度的建设，最重要的是要解决面向市场的问题。我们要建立面向市场的企业管理制度，包括销售管理、生产管理、人力资源管理、财务管理、科技开发管理等等，一切都要面向市场。

我国企业管理制度的建设要与产权制度建设联系起来。现在我们产权制度建设最大的问题就是国有股一股独占——国有独资公司。企业改成了国有独资公司之后管理跟不上去，改成了上市公司，管理还是跟不上，为什么？因为一股独占或一股独大。所以产权要多元化或分散化。产权要多元化最主要的方向是要增加经营者持股和必要的职工持股，使公司形成一个利益主体。还要解决上市公司的股权分置改革问题。我们现在企业管理本身目标不明确，不是一个利益主体，不知为谁而管理。因此产权制度与管理制度紧密联系，而且产权制度是前提。当然，管理是很重要的，管理是永恒的主题，管理是生产力，管理就是效益，但是，产权问题不解决，管理是没有前提的。它没有动力，不知为谁而管理。

我国企业管理制度的建设要与组织制度相联系。组织和管理这两个概念是相互联系的，过去把组织作为管理的一个职能，是管理四大职能（即计划、组织、指挥、控制）之一。而现代企业的组织越来越重要，因为有什么样的组织制度，就有什么样的管理制度。它们两者的关系是：组织是保证。因为企业管理再好，如果没有组织来保证，这个管理是不行的。一些企业现在最大的问题是组织混乱，责任不明确。组织制度现在重要的是要解决两个问题：第一，企业组织结构合理化。这与企业形态有关。小企业、大公司、企业集团中的母子公司、跨国公司、企业联盟都要解决组织结构合理化及其相关的管理问题，它们之间是有区别的。第二，公司法人治理结构规范化。公司法人治理结构，涉及到内外各种人的利益关系。外部四种人有客户、债权人、政府、社会公众；内部四种人有股东、董事、经理、职工。公司是内外八种人的利益共同体。管理的实质就是协调这内外八种人的利益关系，保持一种利益的平衡，这样企业管理才能稳固下去。侵害任何一种人的利益，企业管理都是不成功的。构建企业和谐劳动关系，就是要从制度上处理好企业内外八种人的利益关系。

国内外成功企业在战略制定与执行过程中，坚持以人为本的管理，处理好人本管理与管理制度的关系。

以人为本的管理，以人为核心的管理，有个前提条件，即在解决了企业制度（包括产权制度、组织制度、管理制度）之后来发挥人的作用。如果企业制度不规范，越讲发挥人的作用，管理工作就越混乱。有些企业的制度缺乏连续性，换一个厂长或经理，做法就全变了。所以，以人为本不能局限在就是强调人的重要性，忽略制度是不行的。另外，也不能认为人本管理就是调动人的积极性。人本管理要回归到它本来的含义，不是不要以人为本，关键是它的含义是什么？

人本管理的含义，要强调以下三点：

首先，人本管理的核心是要提高人的素质。这里讲的人的素质是指市场经济条件下人的素质。那么，市场经济条件下人的素质是什么？最重要有这么几点：第一，是诚信。人要有诚信，包括诚实、不欺骗、要忠诚老实。但是许多情况下往往是老实人吃亏，守规矩的人吃亏，搞歪门邪道的人占了便宜。埋怨没有用，应从自身做起。第二，是敬重。敬重最主要是尊重别人，容忍差异，用比较缓和的方式来解决管理中的争议，不要动不动就上纲上线。在管理问题上要宽以待人，严于律己，取人之长，补己之短。什么叫管理？管理就是通过别人来做好工作的过程，不是把自己看作高人一等。第三，是责任。管理要强调每个人做好本职工作，包括领导者。领导者要带头，要强调自控自律，要谨慎可靠。管理不能离开责任。什么叫管理者？管理者就是对别人工作负责的人。推脱责任的人不是好领导者。管理者把功劳归自己，把利益归自己，责任归别人，管理工作中通常的这种风气是不行的。第四，是公平。管理要照章办事，不存偏见，不推诿过失，要倾听别人的意见。第五，是关怀。包括善良、热情、宽容、助人。第六，是公德。公德强调要参与，要尊重年长的人，要遵纪守法，保护环境。管理实际上涉及到具体的每一个人的举止行为问题，不是讲大道理，不是讲抽象的原则。管理就是行动，管理就是实干，管理就是具体，管理就是细节。

总的来说，管理应讲究对每个人的素质培养，使其自立、自重、自尊、自强、自律。自立，就是要有自主意识，自己动手。自重，就是要强调有自信心，要有确定目标的能力，要有承担风险的能力。自尊，就是要有责任心。自强，就是要有创新意识、开拓精神，表现能力。自律，就是要讲信誉、信用，具有自我控制的能力。以人为本的管理就是要强调个人，要尊重人性，尊重个性。

其次，要强调团队精神、企业文化。一个企业中所有的人最高的目标应该是企业利益，不是个人利益。这里讲的团队是建立在尊重个人利益的基础上，承认个人利益的基础上，但是个人利益要服从企业利益、团队利益。那么，这个团队精神靠什么？靠企业文化。现在某些企业文化有扭曲的地方，最主要的有两个偏向：一是把社会上的一些口号拿来变成企业文化，内容雷同，这样企业文化就走了样。二是把它庸俗化了，但只是形式，不是实质。企业文化最实质性的内容是什么？就是为了实现企业目标而具有凝聚力的全体职工认同的价值观。企业必须要有企业文化，管理没有企业文化是不行的。企业制度与企业文化是企业发展的两大支柱，是构建企业和谐劳动关系的基本条件。

再次，人本管理要处理好人和制度的关系。人和制度的关系是：制度要由人来制订，制度是死的，人是活的。有了好制度，还是靠人来执行，所以人是很重要的。但是这个人是具备以下两个要素的人：第一，个人素质要好；第二，要有团队精神。我们不能离开这两个前提来讲人的作用，否则，这个人是扭曲的。

制度与人的关系还体现在：人是暂时的，制度是延续的，制度寓于企业管理的每一项工作之中。比如说质量，它不单纯是质量管理方法问题，关键是质量制度。海尔的质量管理，是制度性的管理，是维护一种质量管理制度。人不是机器，是有头脑的，要有一种制度来规范其言行。所以人是暂时的，制度是永恒的、延续的。我国有一些企业，老总在位时赫赫有名，但是一旦这位老总离开了，这家企业管理就急剧滑坡，说明他没有留下制度，这种做法不值得提倡。应该倡导的是，老总虽然离开了，但企业的管理制度还能延续下去，为什么？因为个人没有凌驾于制度之上。任何有才能的人，都要把他的精力，把他的才能放在研究建设一个好的企业制度，使其延续下去。企业管理要靠几代人来解决，靠制度来延续。而且，制度安排是一个决定性的安排。制度设计非常重要，一个企业管理如果制度不完善、不规范、混乱，那么我们就不能相信这个企业管理是好的。管理工作好是暂时的，管理制度好是永恒的。制度好，坏人难以得逞，歪门邪道难以得逞；制度差，坏人会钻空子，好人甚至会变成坏人。因此，制度和人的关系寓于每项管理工作当中。所以每项企业管理工作都应该既有制度，又要发挥人的作用，这是中国企业管理必须解决的一个难题。这个问题不能回避。

发展社会主义和谐劳动关系，构建和谐企业、和谐社会，就是要坚持以人为本的基本原则，真正体现以人为本的基本含义，处理好制度创新与人本管理的基本关系。

（本文作者系中国人民大学商学院教授）

战略劳动关系管理：内容、挑战及展望

曾湘泉　唐　鑛

胡锦涛总书记2011年2月19日在中央党校举行的省部级主要领导干部社会管理及其创新专题研讨班开班式上强调，扎扎实实提高社会管理科学化水平，建设中国特色社会主义社会管理体系。社会管理涉及方方面面，其中，战略劳动关系管理就是社会管理及其创新的一个重要组成部分。建立和创新中国特色的战略劳动关系管理体系，就是要加强和完善党委领导、政府负责、社会协同、公众参与的劳动关系管理格局，确保我国的劳动关系既充满活力又和谐稳定。

一、劳动关系管理需要从战略层面进行思考

劳动关系是劳资双方在劳动过程中构成的一种社会关系，它包括权利关系和利益关系两个方面，劳动争议中涉及的劳动关系是权力和利益兼有的关系。劳动关系管理不是一个简单的法律问题、管理问题和经济问题，劳资冲突管理中的预防、协商、调解、仲裁和诉讼均需要从多个学科领域进行战略性思考。

劳动关系包括三个范畴，即学术建设、解决实际问题、道德规范。在学术建设方面，劳动关系作为社会科学的分支，尝试通过严

谨高质的研究去理解雇佣关系。在解决实际问题方面，劳动关系尝试通过宏观的制度与政策设计和微观的管理实践来使雇佣关系运行更加良好。劳动关系的一个典型特征就是具有强烈的问题导向，定位于能够解决实际问题，这就要求其拒绝唯市场论对劳动问题自由放任的解决方法和激进主义阶级斗争的方案。在道德规范方面，劳动关系对于职工行为和雇佣关系有较强的规范原则，特别是反对劳动力的商品化、强调职工“人”的属性和工人人权、强调劳资双方的依存关系、强调劳资双方的相互尊重、强调劳动关系管理的终极目标是实现职工与组织的共同发展。

虽然劳动关系首先是一种私的关系，劳资自治应是劳动关系平衡的基础，但是劳动关系必须有国家的介入，并需要通过这种公的关系来进一步规范私的关系。因此，劳动关系管理应包括宏观的国家劳动关系管理和微观的工作场所劳动关系管理两个方面。战略劳动关系管理就是为能够实现战略目标所采取的一系列有计划、具有战略性意义的劳动关系部署和管理行为。战略劳动关系管理研究的核心问题是如何通过对劳动关系的有效管理，提高组织绩效，构建和谐劳动关系。战略劳动关系管理具有两大核心价值观念，一是强调劳资双方的互为依存是劳资关系的客观存在，另一个就是强调劳资双方相互尊重是劳资关系和谐的基本前提。

战略劳动关系管理包括“合法”、“合情”、“合理”三个层面的内容。“合法”主要是指劳动关系管理要遵守现行的以《劳动法》、《劳动合同法》和《劳动争议调解仲裁法》为代表的各种劳动法律法规，尽管企业担负社会责任的内容、方式以及所指向的对象不尽相同，但企业首先必须要合法地获取利润，自觉承担起对企业职工的责任，特别是对职工工资报酬的责任和义务。一方面，它能够让职工获得与其贡献相匹配的经济收入，从而保障职工自身的生存与发展，维护职工的正当权益；另一方面也能够让职工体面地、有尊严地继续从事生产活动，从根本上改善劳动关系，实现劳动关系的和谐发展。“合情”主要是指劳动关系管理实践要在劳资双方相互依存和相互尊重的基础上，以人为本，把职工视为企业的利益相关者，进行动态的人性化管理，其目的是确保企业用工过程的平滑性和可预见性，实现劳动关系的健康和谐，化解劳动争议，避免劳动冲突。企业只有通过劳动关系管理的最优实践，把劳动关系管理的政策、实践、方法、手段等构成一种控制系统，并将该系统纳入组织的发展战略，才能最终实现企业和职工的共同发展。“合理”主要是指通过科学的劳动关系管理，提高企业的经济运行效率，获取竞争优势，实现组织的可持续发展。战略劳动关系管理尤其强调可持续发展的两大基础，即可持续发展的伦理基础和可持续发展的经济基础两个方面的共同发展。

二、我国战略劳动关系管理面临的新挑战和新要求

（一）我国劳动关系格局出现新变化，农民工和非公企业成为我国劳动关系处理主体。

从劳动关系的劳动者一方主体来看，农民工在数量上已超过城镇劳动者，成为我国劳动关系的主体因素。如何平等地处理农民工的劳动关系，已经成为劳动关系调整的重心，也是我国经济持续发展和劳动关系和谐发展的关键。2008 年末，全国建立各种劳动关系的劳动者为 44404 万人，其中，纳入农民工统计的为 22542 万人，农民工占整个建立劳动关系的劳动者的 50.8%。另外，纳入城镇就业人员统计其他项的就业人员（主要是灵活就业人员、无固定岗位的农民工和统计在城镇范围内的农村从业人员）9284 万人，其构成主要是农民工。因此，即使最保守的推算，农民工的数量占整个建立劳动关系的劳动者的比例也超过 60%。

从劳动关系的用人单位一方来看，非公企业已经成为最重要的用工主体。尤其是中小企业，不仅已经成为我国经济发展最具活力

的实体，更重要的是，中小企业吸纳了90%以上的就业人口。

虽然我国经济结构和就业结构已经发生了很大变化，但我们的劳动关系管理和政策制定往往仍关注于各类大型企业中的全日制劳动合同制职工，而对已绝对成为我国劳动关系主体力量的中小型企业农民工关注不够，以至于我们制定的劳动法律法规以及劳动用工标准都难以充分反映整个社会的真实需求，这也是当前我国劳动关系管理中出现政策法规执行走样以及法不责众的一个重要原因。因此，如何处理和平衡保护劳动者的权益与促进中小企业发展之间的关系，出台适合我国国情的中小企业劳动关系政策，是我们工会和劳动行政部门义不容辞的责任。

（二）非标准化劳动关系在我国劳动关系中占的比重越来越大，劳务派遣成为一种成规模就业形式。

企业为降低人工成本和用工风险，在用工方式的选择上非标准化劳动关系在我国劳动关系中占的比重越来越大。企业非全日制用工、劳务派遣工、承包用工、劳务外包用工等不断增加，劳动关系出现多样化趋势。以劳务派遣为例，据上海人才服务行业协会估计，上海劳务派遣每年以20%以上的速度在增长。

我国的劳务派遣基本上涉及到我国国民经济各个行业，全国各行各业使用派遣工情况非常普遍，统计分类的20个行业和七类所有制单位都或多或少使用派遣工。派遣用工大户主要是国有企业和外资企业。派遣员工分布于各种职位，派遣岗位大部分属于长期性固定岗位。派遣员工数量增长快，特别是《劳动合同法》实施前后呈现爆发性增长。由于我国没有劳务派遣的正式统计，目前，有关劳务派遣用工规模，众说纷纭。全国人大、全国总工会等都采用2500万人这一数据。尽管这个数据并不是很精确，但还是比2008年我国国有企业的全部就业人数多出180多万。

既然我国的劳务派遣到现在已经成为一种成规模的就业形式，因此我们的立法原则应当是宜疏不宜堵，不能将这种形式堵死。对这种劳动关系中的新现象、新问题如何进行规范，我们一定要慎重，要在促进社会经济发展与更好地保护劳动者合法权益之间找到一个平衡点。

（三）劳动标准作用日趋重要，完善劳动标准已成为处理劳动关系的紧迫任务。

劳动标准是指为了保障劳动者最起码的劳动报酬、劳动条件而规定的最低限度的保障措施和要求，主要包括工时制度、休假制度、劳动安全卫生制度、工资保障制度、女工未成年工保护等方面。

劳动标准法律制度是调整劳动关系最主要的法律制度，涉及范围相当广泛，其中最为基本的两类标准是最低工资标准和最高工时标准。

我国在确定和调整最低工资标准时综合考虑的因素包括劳动者本人及平均赡养人口的最低生活费用、社会平均工资水平、劳动生产力、就业状况和地区之间的经济差异。按照这五个因素计算的最低工资，应当高于当地的社会救济金和失业保险金标准，低于平均工资。显然，我们并未将一般企业的承受力作为法定最低工资的考虑因素。同时，对于与确定最低工资最密切的劳动定额，我们既没有规定具体的确定原则，也没有国家标准，行业标准也很少。这种企业自行确定定额标准的情况既不利于保护劳动者的合法权益，也不利于企业公平竞争，还容易引发劳动争议。

在工时标准方面，我国是按照《国务院关于职工工作时间的规定》确定的。按照这个工时制度，企业已很少再有伸缩的余地。虽然我国规定了较高的工时标准，但实际情况是超时劳动成为普遍现象；虽然法律规定了较高的加班费标准，许多劳动者根本领不到加班费。另外，多数农民工没有养老保险和医疗保险，劳动安全卫生情况堪忧。

（四）劳动关系调整经常化，集体劳动争议明显上升，劳资双方利益共融日益重要。

由于市场不确定性增强，企业不得不经常调整用工规模，减少和中断劳动频次，改变原来约定的职工权益水平，从而导致企业劳动关系出现经常化的调整，劳动争议案件数量大幅增加，集体劳动争议明显上升。集体争议涉及人数多，问题复杂、对抗性强、处理难度大，处理不当极易引发连锁性的群体性事件。集体争议中劳动者的诉求由争取基本劳动条件逐渐向要求分享企业发展成果转变，由以劳动报酬为主向包括劳动报酬、年终绩效分配、社会保险、解除或终止劳动合同的经济补偿、赔偿金、休息休假等多维诉求转变。我们认为由于各种问题纠缠在一起，群体性劳动关系事件会大量增加，矛盾集中爆发的现象随时都可能发生。我们要充分认识到问题的严重性和紧迫性，加强监测，及早预防和排除隐患。

在劳资矛盾冲突性增强的同时，劳资双方意识到利益共融性的存在且日益重要，企业劳动关系中对抗与妥协并存的趋势也越发明显。一方面，劳资双方的互为依存是劳资关系的客观存在，劳资双方基于维护自身权益造成劳资矛盾冲突大量增加，其结果往往是两败俱伤；另一方面，越来越多的地方、行业、企业劳资双方互谅互让，在促进企业发展的同时也维护好职工权益，努力维护劳动关系的基本稳定。

（五）调整和完善劳动关系三方协调机制，是解决劳资冲突的有效手段。

当前我国在以非公经济劳动关系为主体的劳动关系中，多种矛盾交织在一起，形成了劳资冲突的多发期，劳动关系群体性事件急剧增加。建立和创新中国特色的社会主义国家劳动关系三方协调机制，可能是解决劳资矛盾，缓和劳资冲突的有效手段之一。

目前，我国工会的状况可以用一个倒三角形来描述，越往上，工会的力量和影响越大，越往下则越弱。现在工会组织到了街道里面一般也就一两个人，而有的地方一个街道里面就有上百家企业，基层工会工作人员很难做到面面兼顾。与之相反，资方则是一个正三角形的状况，越往高端他们往往越没有发言权，越往低走，进入企业层内部，资方的控制力越大。在这种劳资双方力量结构不对称的情况下，如何让集体协商落到实处，我们认为这就需要加强工会力量，夯实工会基层组织。

同时，政府劳动部门也要改变劳动监察、行政监察的工作范围和工作内容。政府不能把劳动监察仅仅落实到看是否备案，签没签劳动合同、集体合同，工资是不是及时发放的层面，还应该监察企业职工代表大会运作情况、职代会的效率、约束力度如何，厂务公开、劳动合同、职工参与执行情况，职工董事、监事会建设等等。

三、我国战略劳动关系管理展望

中国特色社会主义战略劳动关系管理就是要通过国家和企业两个层面的劳动关系管理，建立和创新规范有序、公正合理、互利共赢、和谐稳定的社会主义新型劳动关系。

在国家劳动关系管理的宏观层面，我们要调整工作重心，首先就需要做到观念上的三个转变：转变重劳动争议的事后处理，轻三方协调机制作用的观念；转变重标准劳动关系，轻非标准劳动关系的观念；转变重调整公有劳动关系，轻其他劳动关系的观念。具体说来我们要做好以下三个方面的战略部署：第一，充分发挥政府在劳动关系协调工作中的主导作用，将政府能力建设作为劳动关系协调工作的核心，进一步推进劳动关系协调机构建设和人员能力建设。第二，要梳理评估现有劳动标准，增强劳动标准弹性和适应性，完善劳动标准立法，夯实劳动关系协调的法律基础。第三，要重点关注中小企业的劳动保障问题，探索适合中小企业的劳动关系协调机制和劳动监察模式。要重点关注建筑、餐饮、劳动密集型加工制造等特定行业的劳动关系问题，建立重点行业的劳动关系预警监测体系，推动区域性集体协商，建立行业调解组织以及应对行业突发性事件的应急处理机制。要重点关注低端就业群体，尤其是农民工和大学毕业生中的低端就业人群的劳动权益保障问题，进一步完善劳务派遣、非全日制用工的相关规定，处理好就业灵活性与稳定性的关系。

在劳动关系管理的微观层面，当前我国劳动争议主要呈现以下三个特点：一是劳资矛盾不可避免性。二是劳动争议阶段多发性。三是劳动争议复杂性。目前我国企业法人单位大约有500万个，拥有从业人员3亿多人。其中99%以上的企业为中小企业，而且中小企业面临的困难最多，劳动争议量最大。从总体趋势看，每5家企业就会产生一起劳动争议，每300名职工就会有一名职工申请劳动争议仲裁。我国现阶段企业发生的劳动争议大量是正常经营企业用工不规范、加班制度违法和工资水平偏低引起的。劳资双方一旦发生劳动争议，争议管理与争议解决中的诉讼化倾向十分严重。因此，我们的劳动关系管理应该从处处以资方利益最大化为目的的人力资源管理转向以劳资共赢和企业可持续发展为基础的战略劳动关系管理。劳动争议解决方式从传统的诉讼解决方式（DR）转向以协商和调解为主的非诉讼解决方式（ADR），直至包括预防、协商、调解、仲裁、诉讼的冲突综合管理系统。

总之，我国的劳动关系管理要迈上一个新台阶，我们必须着眼于劳动关系的建立、运行、监督、调节等环节，抓住劳动合同、集体合同和职代会三个关键环节；必须着眼于推进工资集体协商，完善基层劳动关系协调机制；必须着眼于推动工会组织领导下的维权机制建设，形成党和政府主导，工会运作的社会化维权格局；必须着眼于充分发挥工会和政府联席会议制度、协调劳动关系三方机制的作用，加强协调劳动关系和社会利益关系；必须着眼于通过健全劳资双方科学有效的利益协调机制、诉求表达机制、矛盾调处机制、权益保障机制，努力为建立和创新中国特色社会主义劳动关系管理体系提供制度保障。

（本文作者分别系中国人民大学劳动人事学院院长、中国人民大学劳动人事学院教授）

用理性和双赢发展社会主义和谐劳动关系

程 延 园

一、转型时期劳动关系的发展更加多元和复杂

随着市场经济改革的深入，以及融入全球经济一体化进程的加快，我国劳动关系正在经历深刻转变。在计划经济体制下，绝大多数单位都是国有性质，实行以固定工为主的终生就业方式，用人单位与劳动者之间发生纠纷，多用行政化手段加以解决。而在市场经济体制下，企业和劳动者成为独立的劳动主体，双方出现利益分化，市场机制对劳动关系的运行逐渐起到支配作用，劳动关系也朝着适应市场经济要求的运行方向变革，呈现双方利益主体明晰，劳动关系形成契约化、运行市场化、规范法制化的总体趋势。但毕竟从计划体制转向市场体制是一个漫长的过程，转型时期所呈现的劳动关系更加多元和复杂。

2008 年实施的《劳动合同法》，对于规范用人单位和劳动者双方的权利义务，保护劳动者合法权益，构建和发展和谐稳定的劳动关系发挥了重要作用。劳动合同短期化在一定程度上得到遏制，不签书面合同现象大大降低。但同时，劳动争议案件数量激增，部分地区甚至呈现“井喷”态势，出现了一些前所未有的新的争议案件

的类型，如要求签订无固定期限劳动合同、超过一个月没签书面合同要求支付二倍工资、违法解除终止合同要求支付二倍经济赔偿、劳务派遣用工不减反增等，劳动关系矛盾也更加错综复杂。一些劳动者因为仲裁免费而采用了“过度维权”、“非理性维权”的方式，也有个别劳动者为获得双倍工资而故意拒签劳动合同。法院、劳动争议仲裁委员会、企业和劳动者对《劳动合同法》有关规定理解上的分歧，也使新法的施行遇到了新的矛盾和问题，各地执法尺度不一现象不在少数。

2010 年 5 月，本田汽车位于广东佛山的零部件工厂工人罢工，向资方施压要求加薪，该举措引领了 2010 年工人通过集体停工要求加薪的风潮。2010 年 5 月 26 日，日资上海夏普公司工人集体停工，要求增加工资。从 6 月初到 8 月 6 日，大连 59 家日资公司发生了工人消极怠工、集体停工事件，一些企业完全陷入停产状态。至此，从南部发起的要求加薪的集体停工潮已经蔓延至东北地区，类似的集体停工或抗议事件多发生在外资企业，国有企业和民营企业也出现了一些。这些集体劳动争议涉及的面比较广泛，影响也比较大、比较敏感。研究当前劳动关系的特点和原因，对于构建和谐劳动关系，建立和完善劳动关系调整机制具有重要意义。

二、我国实行集体协商制度亟待破解的难点

集体协商是市场经济条件下劳资双方制度化的沟通管道，是协调劳动关系的长效机制，也是现代西方国家规范和调整劳动关系十分奏效的基本手段和主要方法。制度化的沟通协商制度，可以使劳动者个人意志通过劳动者团体表现出来，由团体代表劳动者个人交涉劳动过程中的事宜，这有助于促使劳资冲突的规范化，降低诸如怠工、集体停工、集体辞职等无序“集体行动”。我国劳动法律法规对集体协商和集体合同制度作了原则性规定，2000 年发布了《工

资集体协商试行办法》。但是，包括工资在内的集体协商制度推行的效果并不理想。工会干部“不敢谈”、“不会谈”，企业“不愿谈”是目前对集体协商制度的经典描述。我国集体协商制度难以有效推行的难点在于：

集体协商机制有效运作的前提是劳资双方彼此独立，协商主体具有独立性和代表性，具有法定权利和组织能力来代表从企业级别到行业级别的公司和特定劳动者。工会的代表性，主要解决工会与劳动者在集体协商中的关系和地位问题；工会的独立性则主要指工会与管理方之间的关系问题。工会是劳动者权益的代表者，是为了维护劳动者权益而与企业进行交涉的谈判者，处于与管理方相对立的地位。我国企业通常只组建一家工会。这样就出现管理者、研发人员、普通劳动者等不同群体职工作为会员同属一个工会的情况。工会要代表包括管理者在内所有劳动者的利益，而不仅仅是某个特定群体的利益。而且，与中央级别的工会组织的强势地位形成鲜明对照的，是企业工会特别是非公企业工会的维权作用发挥不明显。许多企业工会工作人员都是兼职，兼任党委和行政职务，这种实际存在的“角色混淆”、“定位不明”状况，使工会难以保持其应有的代表性和独立性，也使工会难以承担其维护职工合法权益的职责。解决工会的代表性和独立性问题，是推行集体协商制度的关键所在。

针对非公企业缺乏强制措施。非公企业工会组建率很低，即使有工会通常也只是敷衍了事。工会手中没有谈判“筹码”，谈判陷入僵局时没有压力机制。现行法律对推行集体谈判的规定比较模糊，没有筹码的谈判不是真正的谈判。非公企业工资协商缺乏强制手段，也使得许多非公企业“不愿谈”，对集体谈判积极性不高。

谈判机制缺失，部分集体合同流于形式。截至 2010 年 3 月，全国共有 1300 万家企业，其中超过 1000 万家的中、小企业（将近 80%）还没有建立工资集体协商制度。总体上讲，这种制度化的协商机制还没有发挥应有的作用，集体谈判机制还没有真正形成。集体谈判有名无实，一些企业往往为了完成任务而签订集体合同，在签订过程中并没有真正的充分协商和谈判，劳动关系中的矛盾和问题并没有得到解决。集体协商只是走形式、走过场，经协商达成的集体合同内容也比较原则，针对性和实效性不强。许多时候，集体合同内容常常是法律条文的照搬照抄。

工人参与度低。工会是劳动者权益的代表者，工会的谈判权利由劳动者授予，谈判活动要向劳动者负责。工会有义务对谈判中的重大问题向劳动者报告，劳动者享有投票决定的权利。工会谈判所形成的协议要经过劳动者批准后才能生效，才对全体劳动者产生约束力。然而，工资集体协商中职工参与度很低，常常只是企业工会与企业行政方的谈判，没有真正代表职工的意愿，许多工人对于这一制度并不知情更谈不上参与。工资集体协商内容事关工人的切身利益，工人应当积极地参与到协商中去，通过行使表决权维护自己的正当利益，而不是被动地等。

三、理性思考、科学研究《劳动合同法》实施中的问题

由于集体协商机制的作用有限，我国对劳动关系的调整重点放在了对个别劳动关系的规范上。1994 年制定的《劳动法》主要规定了劳动合同制度和基本劳动标准。10 多年来，企业全面实行了劳动合同制度，个别劳动关系的调整纳入了法律轨道。2008 年实施的《劳动合同法》在坚持《劳动法》制度框架的基础上，进一步细化规定了劳动者和企业之间劳动合同的订立、履行、变更、解除、终止和续订，由于特定劳动者和企业所面对的市场稀缺程度、竞争能力差异很大，数亿的劳动者和千万个企业适用同一套规则，势必造成不同劳动者、不同企业对法律具体规定的激烈争论，褒贬不一，甚至困惑和不满。劳动合同立法应注意：

（一）不能忽视劳动关系内在特点和规律。

劳动关系既包含了企业与劳动者之间形成的法律上的劳动权利义务关系，也包括了在社会层面双方彼此间的人际、情感甚至道义等关系，劳动关系双方之间有着不成文的传统、文化、习惯及默契等伦理关系。这些不成文的心理契约的内容是不可能全部写在纸上，就像夫妻之间不可能将全部权利义务通过成文的契约约定一样。由于工作内容很难全部明晰，工作产出有时难于测量，劳动合同不可能订得非常详细周全、事无巨细，且考虑不确定的变化因素。实际上，从全球劳动力市场看，个人劳动合同并不普遍，合同条款和内容不可能包罗万象，格式也不可能统一，甚至没有书面的正式合同。劳动关系的一些内容，比如对工作的预期和理解等并不完全是用书面形式进行约定的，有时它是建立在一种“心理契约”的基础之上，即建立在双方对“工资与努力程度之间的动态博弈”结果之上。实际的心理契约很复杂，它包括了企业的全部工作规则，如劳动者对工作保障、晋升机会、工作任务分配的预期，企业对劳动者忠诚和认同感的预期等，而这些内容是难以用书面合同约定的。这意味着，劳动法律不是万能的，那种试图期望或要求将双方权利义务全部写出来的想法是不符合劳动关系自身规律的。和谐劳动关系是建立在双方心理契约，而不仅仅是书面合同的基础之上，只有劳动者与企业彼此间取得了真正认知和认同，劳动关系才会和谐。

（二）如何认识劳动法律的价值追求与具体实现方式。

劳动立法的目的是保护劳动者权益，但这一立法目标要依靠科学、理性的技术手段来实现。《劳动合同法》要保护劳动者权益，但要具体分析，目前到底什么是劳动者权益，是无固定期限劳动合同，还是就业？应当采用什么方式去保护？保护到什么程度？现在的方式能否保护劳动者，尤其是弱势劳动者权益？事实上，劳动者权益是具体的，而不是抽象的，不同层次劳动者的具体利益也不同。劳动者最大、首要的利益是就业，是拥有工作机会。我国有8亿多劳动者，简单将所有劳动者都放在一个立法层面进行保护，无论法律如何规定，都会出现一部分人可能受到“过度保护”，而另一部分人却受到“伤害”的情形，当8亿劳动者与千万个用人单位之间的每一个劳动合同都受到同一刚性规则约束时，势必出现用人单位在与弱势劳动者之间的博弈中处于强者地位，而在与强势劳动者间的博弈中又处于弱势地位，其结果是，在人力资源市场上处于强势地位的劳动者群体会得到利益最大化，而对弱势群体和多数中小企业都难以从中受益。

（三）科学研究就业保护与人力资源市场规律的关系。

《劳动合同法》是有关人力资源市场“雇用和解雇”的管理规则，尤其是关于解除合同的情形、经济性裁员、解除终止合同经济补偿、预先通知期、解除合同的限制和行政申报、与工会的事先磋商等的管理制度，它是政府规范人力资源市场变化的制度性安排，对企业人力成本、用工灵活性以至国家经济发展都会产生极大的影响。这种影响既有短期的，更有长远的。西方国家关于就业保护立法对劳动力市场影响的研究显示，就业保护法对解雇活动的严格管制增加了解雇工人的成本，使得企业不愿意雇佣新工人；就业保护法使劳动力的灵活性降低，使得企业在面临技术和产品需求的快速变革时更加难以作出快速反应；就业保护法还降低了劳动力向新兴高科技企业和行业的流动；而且，解雇保护还会降低工人工作的努力程度，因为其面临的解雇风险降低。但另一方面，解雇管制为工人提供了额外的工作保障，延长其工作任期，使得企业和工人更愿意进行与企业或工作特殊技能相关的人力资本投资。通常，就业保护法对人力资源市场不同群体的影响是不同的。严格的就业保护法规符合已就业的劳动者利益，但对于准备进入劳动力市场的失业人群和年轻人来说，可能意味着寻找工作的难度加大。

因而，研究就业保护法规与其他人力资源市场政策之间的替代关系是十分必要的。就业保护法可以帮助减轻与失业有关的收入不确定性，因而在某种程度上与失业保险福利具有替代关系。比如，与欧洲平均水平相比较，地中海地区国家拥有更严格的就业保护法和较低失业保险福利，而斯堪的纳维亚地区则拥有相对宽松的就业保护法和较高的失业保险福利。Arpala 和 Mourre 将这种制度设计上的替代关系扩展到其他收入保障和再分配措施领域，并指出，一个国家在收入保障和再分配方面的措施越无力，其就业保护法就越严格。

（四）研究就业保护立法与经济发展水平的关系。

“法律是经济的记载和宣布”，任何脱离社会现实、超越经济发展阶段和水平的法律，最终都是难以执行或执行成本很高，最终也将导致立法追求目标落空。我国劳动标准是偏高还是偏低？目前我国劳动关系领域存在的问题，主要不在于没有法律规定，而在于原有法律实际没有得到切实执行。劳动法律要处理好促进经济发展与劳动者权益保护的关系，理性平衡双方的利益，不能单纯强调公平或者单纯强调效率，这不是一个非此即彼的选择，单纯强调某一方面的结果都是矫枉过正，最后走向企业和劳动者“双输”的局面，劳动关系调整的目标应该达到效率、公平和劳动者呼声的平衡。

（本文作者系中国人民大学劳动人事学院教授）

建立社会主义和谐劳动关系需要观念转变

佟　新

胡锦涛同志在2010年全国劳动模范和先进工作者表彰大会上的讲话中指出："要切实发展和谐劳动关系，建立健全劳动关系协调机制，完善劳动保护机制，让广大劳动群众实现体面劳动。要切实健全党和政府主导的维护群众权益机制，统筹协调各方面利益关系，想问题、作决策、定政策要充分考虑广大劳动群众利益和承受能力，认真解决广大劳动群众反映的热点难点问题。"

如何能够做到"考虑广大劳动群众的利益和承受能力"呢？那就要知道什么是广大劳动群众的利益，即：首先要了解当前全球范围内劳动和工作世界发生的重大变化以及这些变化的原因。第二，要了解我国劳动领域发生的变化和出现的新问题。第三，要在新形势下确立我国社会主义和谐劳动关系的理念，倡导互惠型的劳动关系，互惠型劳动关系的建立要依赖工会的民主建设，由此才能使劳动双方的力量均衡，并使广大劳动群体的利益得以实现。

一

在全球范围内，劳动和工作世界正在发生重大变化。最主要的变化在于人们的就业方式、劳动者群体的构成和劳动关系发生了一些实质性的改变。

首先，劳动用工形式正从工业社会时代的稳定就业转变为不稳定就业，不稳定的、临时性的或非正规的工作已经成为主流和常态。从事正规工作和非正规工作间如一个谱系构成连续的链条，从事正规工作的人越来越少。“全球化下女性非正规就业和组织化研究小组”（Women in Informal Employment Globalizing and Organizing，简称为WIEGO）以贫困风险和平均收入总结了6种工作类型。（见图1）

图1　WIEGO归纳的6种由性别分割的工作类型

在金字塔的就业结构中，贫困风险自上而下的增加，平均收入亦自上而下的减少，正式就业更多地被男性垄断；各类非正规就业由各色男女承担；而家政工和无报酬的家务劳动等主要由女性承担（WIEGO，2012）。

第二，与不稳定工作相联系的是劳动者群体出现明显分化，劳动者不再以职业来划分，而是以工作的稳定与否来划分，区分出具有稳定工作的核心劳动者和从事不稳定工作的边缘劳动者，前者的工作稳定、有保障、有较高的社会保障；而后一种则易于被替代。传统的中间层的群体下移至边缘群体，核心劳动力所占比例很少。

第三，在资本和劳动的关系中，劳动控制因工作的不稳定而变得易于控制；同时非正规就业的普遍化使工人组织衰落，以至于工人毫无谈判能力。正是这种不稳定性使传统的工会组织力量衰弱。劳动者的组织化程度降低。全球工会力量式微，劳动者越来越碎片化，有学者称其为“组织化资本主义的终结”。

这种非正规就业的普遍化在发展中国家表现得更为明显。2012 年 4 月，在美国加州大学劳工研究中心举办的国际研讨会上，霍普金斯大学社会学系的 RINA 教授指出，在印度的 4 亿劳动力中，有 93% 的人从事非正规就业，在全部正规工作中，只有 22% 的人是工会会员，8% 的非正规就业的劳动力是有组织的。在全球范围内传统工业资本主义所形成的资本与工人之间的阶级关系发生了深刻变化，劳动者的碎片化和非正规化使抗御资本主义的力量弱化，大量的劳动力作为劳动者和消费者的价值被耗尽，在社会中处于被排斥和被抛弃的地位，劳动者缺失了有组织的、群体性的劳动经验。寻找新的与资本抗衡的力量和团结成为了全球性的知识难题。

二

资本的强势似乎变得难以改变。全球工作世界的变化是由资本的全球化、资本借助技术的发展不断替代劳动、信息技术的发展和消费社会的流行等多元因素构成。

资本的全球化实现了资本在跨时间和跨空间的流动。资本的流动性导致了对弹性劳动力的需要，从而创生出全球范围内时而得到工作和时而失去工作的劳动者，劳动者工作在得失之间的本质是资本在全球范围内自由地寻找最廉价、最匹配劳动力的结果。

资本的强大和其对更高、更快回报的追求，使其充满着对技术进步的追求，透过技术来替代劳动大大节省了生产成本，反过来则弱化了资本对具体劳动的需求。

信息技术和互联网技术加剧了全球资本的流动和技术进步与推广，实现了资本在全球的劳动分工，劳动力蓄水池亦成为全球性的，而作为劳动力蓄水池之底的发展中国家，为实现竞争而不断压低劳动力价格。其结果是，全球劳动力的价格随着发展中国家的低端低价竞争，而产生了不同国家劳动力之间的矛盾。

与此同时，消费社会改变了社会运作的面相，社会结构不再是以生产为核心，而是以消费为核心。消费者（客户）导向的生产方式，使产业结构不断升级，服务业快速发展。因此更长的工时、更具弹性的劳动和工作组织似乎更能满足消费社会的生产需求。在满足消费者需求的名义下，劳动用工的弹性化、非正规化和不稳定成为必然。阶级结构和阶级关系反映为消费产品能力的差异，这种差异是文化性的、攀比性的；反抗形式多是个体化的，是个人对消费品的追求与唾弃。在全球范围内，消费者运动成为透过抵制某类消费品来反抗其背后的生产方式和血汗工厂的控制方式，但其力量是柔性的，依然服从于消费社会的逻辑，难伤全球资本主义的筋骨。

三

毫无疑问，在全球资本主义背景下，我国的劳动力具有世界竞争力。在这一意义上我国劳动世界的变化深刻地嵌入在全球资本运作的力量之下。

我国劳动力具有多元化特点，既有为全国乃至世界提供粮食、蔬菜和农产品的农业劳动者；亦有在世界工厂的流水线上日夜工作的产业工人；同时，还有各类在服务行业工作的劳动者。这些劳动者的工作类型越来越弹性化和市场化，出现的用工形式多样，包括：劳务派遣工、转包工、临时工、家政工、学生工等名目繁多的半正规或非正规用工。

在我国市场化的过程中，出台了《劳动法》和《劳动合同法》，力求以法律的形式规范人力资源市场。但是人力资源市场的法制化并没有阻止弹性用工的扩大，反而使非正规用工合法化和普及化。特别是从2008年《劳动合同法》实施以来，出现了广泛的“劳务派遣”用工。我进行调查的某汽车有限公司，自2008年以来入厂的一线工人，全部都是劳务派遣工，占了全部用工的80%。北京市2007年劳务派遣工不足8万人，到2011年已经激增为60万人，4年增加了6.5倍。特别是产业工人，包括大型国有企业亦在大规模地使用劳务派遣工。同时，劳务派遣工正向传统正规用工较多的事业单位扩大，如某市电视台劳务派遣用工达56%，某大医院劳务派遣用工达25%。

弹性用工的社会结果是需要警醒的，它导致了社会结构上的两极分化，劳动者队伍分化为有稳定工作和社会保障的劳动者和没有稳定工作和缺少社会保障的劳动者之别；分化为能够看到未来、从事着核心工作的劳动者和没有未来、从事可替代性工作的劳动者之差。核心劳动力是社会中的少数，他们借助其自身的人力资源优势或社会资源优势拥有了稳定工作和有保障的未来，成为了有工作的“贵族”。而没有稳定工作或从事弹性工作人是社会结构中的多数，他们并非处于失业状况，而是处于“不稳定”或因无法预知未来而处于心理上的不稳定状态。同时，在核心劳动力和边缘劳动力之间缺少中间层，亦缺少了劳动力发展和变化的弹性空间或缓冲地带。

更为重要的是，因为弹性用工，使人们在工作场域中难以形成社会关系。工会虽然一直强调要以维护劳动者权益为首要责任，但许多边缘劳动力处于无组织化状态。边缘劳动力多通过弹性工作获得最基本的生存保障，而无法通过工作组织获得基本的心理安全和社会关系。

在国家主导的快速经济增长战略中，劳动者的工作状况被嵌入进这一发展模式中，国家主导着劳动关系的状况，它既要保护国家具有竞争力和持续的增长，又要有稳定的社会。在后一点上，国家努力通过积极的社会政策来实现和谐的劳动关系。

四

如何实现劳动关系的和谐发展呢？从劳动社会学的角度看，首先要转变观念，不应再将劳动力视为个体化的人力资源，而是将其视为需要保护和凭借自身团结实现自我保护的社会群体；只有在劳动力成为群体的状况下，劳资双方的关系才有可能匹配。

在市场化的过程中，我国劳动力的使用和管理形成了一整套以美国经验为主的人力资源管理模式，以强调效率和个体间竞争为主。对此，我们应当扬其长，避其短。我国是工人阶级和劳动群众当家作主的社会主义国家，劳动管理应当带来的是劳动者权益得到保护，使更多的劳动者获得有保障的工作。因此，建立社会主义和谐劳动关系的核心是使边缘劳动力的权益得到实现，其方法就是实现半正规的和非正规的劳动力的组织化。社会主义的理念是将社会作为一个整体，由社会拥有和控制产品、资本、土地、资产等，其管理和分配基于公众利益。从这一意义上，社会主义和谐劳动关系的前提是要由集体来维护职工权益，以人为本的和谐劳动关系的基础是以职工参与和劳动者集体合同方式实现的权利。

建立劳动者的组织可以有多种做法。首先，工会组织要发挥其自身的作用，特别是要将劳务派遣工纳入到工会组织中。《工会法》等保障工人参与组织的权利，劳动者只有通过有组织的活动来改善工作条件和劳动收入。工会的基本职责是维权，其重要的手段是通过集体谈判达成集体合同。工会组织功能的发挥重要的是实现自下而上的组织建设，每位职工都能够参与到工会的民主建设中。其次，对于非正规就业的劳动力来说，可以通过其工作的社区来加入工会组织，使劳动者之间能够保持内在的社会联系。

我们并不缺乏劳动立法，但缺乏严格执行的劳动法，因此严格执法是关键。总之，我国现有的劳动法律制度是建立和谐劳动关系的基础，使更多的劳动者加入到工会之中，是实现和谐劳动关系的关键所在。

（本文作者系北京大学社会学系教授）

和谐管理　科学发展　建设和谐社会

张　德

一、和谐管理与中国特色

在管理上，西方追求卓越，东方追求和谐。

（一）和谐管理是中国古代传统管理思想之一。

古往今来，中国许多思想家，特别是儒家代表人物都把社会和谐作为一种理想去追求。

和谐的基础是爱。儒家思想认为：爱亲之谓仁，仁者爱人。“仁”的实施原则是推己及人，由近及远。“夫仁者，己欲立而立人，己欲达而达人。”“仁”的实施原则还有另一方面，即“己所不欲，勿施于人”。仁的基本精神是重视人、关爱人。

就社会不同的阶层而言，要取得和谐，还必须对上下尊卑有共同的认识，这就是“礼”。礼节、礼制，是建立和谐人际关系的杠杆。所谓“道之以德，齐之以礼，有耻且格”，就是主张把道德感化和礼制约束相结合，实现知耻有序的社会和谐。

孔子还从管理国家的角度，提出了“和无寡”的主张，认为一个国家的稳定与发展，并不取决于财富、人口等的多少，而取决于分配是否公平，人心是否安定，人与人之间是否和睦相处。在《论语·学而》中，儒家提出了“和为贵”的命题，把和谐视为天底下最珍贵的价值，人世间最美好的状态。孟子则把这一命题发展为“天时不如地利，地利不如人和”，在诸多条件中，“人和”是处理人间万事之要件，具有最高的价值。

儒家思想是中国古代的主流思想，其“和为贵”的指导思想充分体现了和谐管理的理念。此外，古代思想家还提出了“天人合一”的观念，强调人与自然界的和谐统一，这是在更高层面上的和谐管理理念。总而言之，和谐管理是中国古代特色的管理思想之一。

（二）和谐管理，科学发展，是中国建立和谐社会的唯一正确选择。

从社会管理角度来看，和谐管理最适合中国国情。

30多年来，我国经济快速发展，但也存在不少问题。我国经济总量虽然发展了，但人与自然、人与社会、人与人之间的矛盾却逐渐突出：能源消耗过大，环境污染严重；社会发展滞后，工人、农民生活质量不高；分配不均导致两极分化，社会矛盾尖锐。这些不和谐的因素不解决，共同富裕无法实现，还可能导致社会不稳定，影响经济的持续、快速、健康发展。因此，社会发展需要和谐管理。

以胡锦涛同志为总书记的党中央，不失时机地提出了科学发展观。科学发展观的科学内涵：第一要义是发展，核心是以人为本，基本要求是全面协调可持续，根本方法是统筹兼顾。不难看出，科学发展观落实在管理上就是和谐管理。全面协调可持续发展，亦即和谐发展；统筹兼顾，亦即化解矛盾，做好平衡。

综上所述，和谐管理，科学发展，是我国建立和谐社会的唯一正确选择。

（三）和谐管理是中国企业可持续发展的必然要求。

众所周知，一家企业若想可持续发展，必须恰当处理与客户、职工、供应商、股东、媒体、政府之间的关系，求得与一切利益相关者之间的和谐，为企业拓展更大的发展空间。

从组织管理角度分析，通过和谐管理，对内产生一种尊重人、关心人、培养人的良好氛围，产生一种精神振奋、朝气蓬勃、开拓进取的良好风气，激发组织成员的创造热情，从而形成一种和谐的劳动关系、激励环境和激励机制。这种环境和机制胜过任何行政指挥和命令，它可以使组织行政指挥及命令成为一个组织过程，从而将被动行为转化为自觉行为，化外部压力为内部动力，有效提高组织绩效。通过和谐管理，对外树立诚实守信、和谐共赢的形象，从而获得良好的口碑、忠诚的客户和供应商以及日积月累的品牌形象，为企业的持久繁荣打下牢固的基础。

和谐管理是我国企业软实力的集中表现，也是我国企业可持续发展的必然要求。

二、和谐管理的理论探析

（一）和谐管理的内涵。

和谐是什么?《现代汉语大词典》的解释是“配合得适当和匀称”。和谐管理理论从组织发展目标入手，注重追求最有效的系统和谐机制的形成及组织向和谐态的演化过程。和谐管理可以理解为通过对各要素之间关系的协调和功能的优化，形成一致的合力，出色地实现组织目标。和谐管理既是一种以和谐求效率的管理方法，又是一种以和谐为价值取向的管理模式。

和谐管理包括领导班子和谐、上级与下级和谐、职工之间和谐、与外部利益相关者和谐、与政府和谐、与社会公众和谐、与自然环境和谐等。

（二）和谐管理的物质基础——公平分配。

每个人都有自身不同层次的需求，无论何种层次的需求都不能脱离相应的物质基础。如果忽视物质基础，希冀满足人的各种需求则犹如沙滩上筑高楼。在人们生活水平不断提高的今天，物质分配不仅仅关注数量上的多寡，最关键的是分配的公平性。分配不公，和谐管理也就变成纸上谈兵。

各级政府都应该坚决贯彻中央有关调整薪酬关系的政策，把消除贫富两极分化，实现分配公平，当作依法行政的大事来抓。

对于企事业单位而言，分配公平分为内部公平和外部公平。以薪点为基础的岗位技能工资制能很好地解决内部公平问题。这种工资制度将薪酬和职工的岗位、技能以及职工的业绩挂钩，较好地解决薪酬公平问题。外部公平要求公司职工的薪酬应与人力资源市场接轨，薪酬应参照当地的水准来制定。

（三）和谐管理的驱动机制——和谐竞争。

竞争与和谐存在辩证关系。没有竞争，缺乏活力；过度竞争，破坏凝聚力。因此，竞争要有序、适度。所谓和谐竞争，就是在合作中竞争，在竞争中合作，这是一种良性竞争。我们从内部关系和外部关系两方面论述和谐竞争机制。

企业的外部关系，包括企业与竞争对手以及除竞争对手以外的外部环境的关系。企业与竞争对手主要是竞争关系，但与竞争对手的竞争要依法竞争，而不是你死我活、不择手段的恶性竞争。随着经济的发展，与竞争对手在合作基础上进行竞争的实例越来越多，比如为解决行业共同面对的技术难题而组成科研团队、虚拟企业，与次要竞争对手组成战略联盟等方式进行合作，在合作的过程中提高自己的竞争实力。

企业的内部关系包括企业内部子公司与子公司之间、部门与部门之间以及个人与个人之间的关系。在企业内部，应“和争相济，以和为主”。这是因为，在企业内部，相互之间不存在对抗性的利益冲突，所有单位和个人都要服从于企业的共同目标，只有这样，才能实现全体成员整体利益的最大化。竞争作为一种激励手段，应该建立在和谐的基础上，形成良性竞争、合作性的竞争。总之，在企业内部，应该大力倡导和谐，建立密切协作的工作氛围，营造融洽团结的人际关系；对于竞争，则需要控制一定的“度”，特别是要防止过度竞争，因为它将带来内耗、相互掣肘、破坏和谐等不良后果。

（四）和谐管理的哲学前提——性善论和“致中和”。

和谐管理的哲学前提之一是性善论，儒家“性善论”认为人的本性具有先天的善性。《孟子·告子上》：“恻隐之心，人皆有之；羞恶之心，人皆有之；恭敬之心，人皆有之；是非之心，人皆有之。恻隐之心，仁也；羞恶之心，义也；恭敬之心，礼也；是非之心，智也。仁义礼智，非由外铄我也，我固有之也。”人都有善良的一面，因此，每个人身上具有可向高尚道德发展的潜在因素，有利于理想人格的培养和人与人之间的和谐关系的产生。

和谐管理的另一个前提是“致中和”。《中庸》说：“致中和，天地位焉，万物育焉”，“万物并育而不相害，道并齐而不相悖”。达到中和，天地各司其职，万物能共同生长共同繁荣，实现天地物的和谐、“天人合一”。中，即“不偏不倚，无过不及”；和，即和谐。“中”就是平衡，兼顾各组成要素，在相互矛盾中找到平衡点。“和”就是化对立为统一，强调对异质因素的包容，求大同，存小异。这不仅是处理人与自然关系的法宝，也是处理人际关系、民族关系和社会关系的传统原则。在中国历史上，在处理文臣武将关系中的“将相和”，在处理民族关系中的“和亲”。各级领导者应遵循“和为贵”的原则，用求大同、存小异的办法，协调社会各部分人的利益和要求，达到整体的协调、和睦。

（五）和谐管理的价值基础——以人为本。

和谐管理的题中应有之义是以人为本，把人看作管理的目标和归宿，要尊重人、关心人、培养人，这是和谐管理的价值基础。

“民惟邦本，本固邦宁。”《尚书》中的这个名句，指导了中国历史上众多有作为的政治家。《贞观政要》中记载了魏征与唐太宗的共识："君，舟也；人，水也。水能载舟，亦能覆舟。"从现代管理学的角度看，这是"以人为本"的最好诠释。

那么，怎样通过"以人为本"实现社会和谐呢？"爱民如身"（东汉·荀悦《申鉴》），"仁者爱人"。爱你的百姓，爱你的部下。有了这份感情，其他的事都会迎刃而解。

三、和谐管理，科学发展，建设和谐社会

（一）成绩喜人，任重道远。

改革开放30多年，我们取得了令世人瞩目的伟大成就，也积累了一些社会矛盾，有些矛盾还是很尖锐的。我们清醒地认识到，我国发展中不平衡、不协调、不可持续的问题依然突出。主要是：经济增长的资源环境约束强化，投资与消费关系失衡，收入分配差距较大，科技创新能力不强，产业结构不合理，农业基础仍然薄弱，城乡区域发展不协调，就业总量压力和结构性矛盾并存，制约科学发展的体制机制障碍依然较多；服务业增加值和就业比重、研究与试验发展经费支出占国内生产总值比重没有完成"十一五"规划目标。这都是建设和谐社会必须解决的重要问题。

特别是一些群众反映强烈的问题没有根本解决，主要是：优质教育、医疗资源总量不足、分布不均；物价上涨压力加大，部分城市房价涨幅过高；违法征地拆迁等引发的社会矛盾增多；食品安全问题比较突出；一些领域腐败现象严重。解决这些问题，是十分艰巨的任务。

（二）以人为本，本固国兴。

和谐管理、科学发展的共同价值基础是以人为本，以人为本也是在党领导下治理国家的根本。全心全意为人民服务是党的根本宗旨，党的一切奋斗和工作都是为了造福人民。要始终把实现好、维护好、发展好最广大人民的根本利益作为党和国家一切工作的出发

点和落脚点，尊重人民主体地位，发挥人民首创精神，保障人民各项权益，走共同富裕道路，促进人的全面发展，做到发展为了人民、发展依靠人民、发展成果由人民共享。各级党委和政府都要用以人为本的核心价值观武装党员、干部，积极探索用社会主义核心价值体系引领社会思潮的有效途径，主动做好意识形态工作，既尊重差异、包容多样，又有力抵制各种错误和腐朽思想的影响。

以人为本不是一句空话，而应该化为尊重人、关心人、培养人的实际行动。

要尊重人，特别是尊重弱势群体的人格和权利，尊重他们的劳动权、培训权、知情权、参与权、自由择业权、休息权。要关心人，通过对群众体贴、关爱，得到他们对领导者的理解、信任和支持，也就是我们俗语所讲的“人心换人心”。要培养人，使群众能够在岗位上成才，同时领导者还要通过培训、教育、职业生涯规划等方法，帮助每一个部下发展。

领导者不仅要尊重、关心和培养下属，还要会攻心。在武侯祠有一副脍炙人口的名联：“能攻心，即反侧自消，自古之兵非好战；不审势，则宽严皆误，后人治蜀要三思。”（清人赵藩撰题）上联强调“攻心为上”，不要盲目迷信强权和暴力；下联则强调“审时度势”，不要造成宽严皆误的被动局面。刚与柔、宽与严、德与刑、硬与软，是对立统一的辩证关系，如何将二者结合好，关键看当时的内外环境，要“度势”，这也是实现和谐管理的前提。

（三）统筹兼顾，科学发展。

我国是一个大国，又是一个快速发展中的国家，各方面的矛盾错综复杂，必须坚持统筹兼顾，在矛盾中寻求平衡。要正确认识和妥善处理中国特色社会主义事业发展中的重大关系，统筹城乡发展、区域发展、经济社会发展、人与自然和谐发展、国内发展和对外开放，统筹中央和地方关系，统筹个人利益和集体利益、局部利益和整体利益、当前利益和长远利益，充分调动各方面积极性。统筹国内国际两个大局，树立世界眼光，加强战略思维，善于从国际形势发展变化中把握发展机遇、应对风险挑战，营造良好国际环境。既要总揽全局、统筹规划，又要抓住牵动全局的主要工作、事关群众利益的突出问题，着力推进、重点突破。

当前，要坚持把改善人民生活作为正确处理改革发展稳定关系的结合点，把改革的力度、发展的速度和社会可承受的程度统一起来，以改革促进和谐稳定，确保人民安居乐业、社会安宁有序、国家长治久安。同时应抓住民生问题，统筹劳方与资方、经理层与普通职工、垄断性行业与一般行业、城市与农村、沿海与内地，深化分配领域改革，加快解决贫富两极分化的问题，使广大工人农民也能享受到改革开放的成果。这样才会逐步解决比较尖锐的城乡矛盾、劳资矛盾，让人民可以有尊严地劳动，过上比较富裕的生活。

各级政府应尽快改变"只看 GDP"、见物不见人的思维定式，统筹兼顾经济增长与社会发展、物质富足与人民幸福，真正走上科学发展的康庄大道。

（四）以文化人，社会和谐。

我国的社会矛盾十分复杂，许多事件令人震惊。"富士康职工十三连跳"，大连开发区二十几家日资企业工人停工，劳动纠纷愈演愈烈，杀人、绑架、诈骗等恶性犯罪日渐增多，受贿贪污大案层出不穷……这些事件从表面上看，属劳动纠纷、刑事案件，其深层原因则是文化问题，我们的社会文化、机关文化和企业文化出了问题。

在改革开放的大潮中，中国的传统价值观经历了历史的洗礼，一个价值观多元化的时代来临了。市场经济锤炼了人们的商业头脑，点燃了人们的创业激情，坚定了人们的奋斗意志，却也掀起了拜金主义狂潮，助长了一夜暴富的浮躁情绪以及日益扩张的仇富心理。与此同时，享乐主义、实用主义、极端个人主义在腐蚀着人们的灵魂，滋生着贪污、受贿、买官、卖官、欺骗、敲诈等丑恶行为，使社会文化、机关文化和企业文化受到了许多严重污染，成为实现科学发展、建设和谐社会的文化障碍。

为了解决上述问题，我们必须旗帜鲜明地推进文化创新。正如胡锦涛同志在党的十七大报告中所说："要坚持社会主义先进文化前进方向，兴起社会主义文化建设新高潮，激发全民族文化创造活力，提高国家文化软实力，使人民基本文化权益得到更好保障，使社会文化生活更加丰富多彩，使人民精神风貌更加昂扬向上。"这就是建设社会主义市场经济下的和谐文化。这一文化包括以人为本、科学发展、诚实守信、勤劳节俭、和谐共赢、廉洁自律、勤政爱民、集体主义、爱国主义等要素，构成一个完整的价值体系。

在这个文化创新大潮的洗礼下，我们才会打造出一支又一支"立党为公、勤政为民"的党政干部队伍，一代又一代爱国敬业、诚信正直的中国公民，一群又一群勤俭创业、关爱职工的企业家，一批又一批诚信经营、和谐共赢的中国企业……只有这样，我们才能真正实现和谐管理、科学发展，建设一个国强民富、其乐融融的和谐社会，亦即一个诚信友爱、充满活力、安定有序，人们有尊严地劳动、快乐幸福地生活，人与自然和谐相处的美好社会，实现13亿中国人的共同理想。

（本文作者系清华大学经济管理学院教授）

保障劳动者权益　构建和谐劳动关系

杨燕绥

劳动关系源于工业化，狭义体现资本和劳动的关系，雇主和雇员的关系；广义体现政党、政府、用人单位、劳动者的关系。

一、社会生产力发展不同阶段的劳动关系特征

伴随社会生产力的发展阶段，劳动组织的外部环境发生变化，导致劳动组织内部的劳动关系呈现出不同的阶段特征，且从相互对抗关系发展到相互依赖关系。甚至，劳工收入状况决定国家发展模式，决定经济能否平稳较快的持续发展。

（一）工业化早期的劳动关系。

在工业化早期和卖方市场时代，劳动以体力为主，资本家追求绝对剩余价值，资本主义世界普遍存在“强资本、弱劳工”的现象，劳资关系呈现对抗性特征，甚至出现“工人罢工—雇主关厂”的斗争模式，即雇主利润和雇员福利的矛盾。劳动立法仅保护最低工资。马克思在其《资本论》中揭示了劳动创造剩余价值的真理，并预言伴随社会生产力高速发展，一旦进入买方市场，如果继续劳资对抗，资本主义将走向灭亡。

（二）工业化中期的劳动关系。

伴随工业化进入成熟期和后工业化的出现，社会生产力快速发展并进入买方市场时代，企业生存定理从 1 =1 +1 进而附加 1 +1 +1 +1 =1，人力资本投入效应开始大于物质资本投入，企业外部竞争压力与内部劳资矛盾并行，劳资关系的对抗性相对降低，各国开始依法限制罢工和禁止雇主关闭工厂。

公式一：1（公司）=1（股东章程）+1（劳动合同）。

在卖方市场的条件下，只要有股东投资和劳动合同，即有公司，曾有通用公司100 年现象，企业竞争不够激烈，企业对员工忠诚度和生产能力的依赖性不够强烈。

公式二：在原有两个 1 的条件基础上，再加 4 个 1，公司才得以生存，即 1（第一研发）+1（第一生产）+1（第一销售）+1（第一服务）=1（公司）。

在如今买方市场的条件下，企业竞争日趋激烈，六个 1 是公司生存的基本条件，智能型员工是公司的核心财富，企业对员工的忠诚度和生产能力的依赖性不断加强，和谐劳动关系成为企业生存发展的必要条件。

体力劳动者和技能劳动者的薪酬待遇出现了水平差异。劳动立法涉及最低工资（保护体力工人）与社会平均工资（保护技术工人）两个范畴。

（三）信息时代的劳动关系。

伴随社会进入信息化时代，社会进入了全球化竞争时代，企业外部竞争压力逐渐大于内部劳资矛盾，劳资关系的对抗性趋低，人力资本投入是企业竞争力的决定因素，企业对优质员工的依赖性达到了高峰。

劳动者分为体力型、技能型和智能型（高管人员和研发人员），三者之间的薪酬待遇出现了水平（1—10 倍）和结构（当期和延期比例 10：90 ~50：50）的差异。劳动立法涉及最低工资、社会平均工资和年薪制度及其限薪规则。

总之，社会生产力越发达，企业的外部竞争越激烈，企业和员工的相互依赖性越强，劳资关系的对抗性趋低。

二、国外协调劳资关系的典型案例

本文典型案例反映西方国家在企业第一次分配、国家税收让利和公共服务均等化方面作出的努力，清晰具体地揭示了资产阶级执政者改革分配政策和法律，鼓励员工参与决策，提供公共政策和公共服务保护员工利益，从而协调劳资关系的发展路径。

（一）德国案例：社会保险和职工监事。

1. 社会保险。

19世纪80年代，德国以国家资本主义发展模式进军世界强国，工人的劳动强度极大、工资很低，这激起工人运动浪潮，俾斯麦政府曾以暴力镇压，导致更加激烈的工人运动。俾斯麦曾经反思，工人组织没有财政和枪杆子，何以动员工人运动，最后他发现社会主义组织的口号是“福利”，这导致俾斯麦改变了执政策略。他对政府说：“当民众知道政府也关心他们的福利时，社会主义分子就可以退出了。”此后，1883—1889年间，德国俾斯麦政府颁布实施了《雇员工伤保险法》、《雇员医疗保险法》和《雇员养老保险法》等一系列法令，要求雇主为其雇员缴纳保险费，政府提供补贴。这项措施的重大意义如下：（1）创立了社会保险计划和发展模式；（2）改变了企业的人工成本，包括了劳动力的折旧费（养老金）和折损费（工伤和医疗费用）；（3）改变了企业分配方式，在当期工资基础上加入了延期福利分配。总之，俾斯麦的改革方案改善了雇主和雇员的关系，也改善了政府和劳动者的关系，有效促进了第一次分配的公平性，这被西方国家称为是挽救“资本主义走向灭亡”命运的“奶酪”。

2. 职工监事。

二战结束后，德国人民在废墟上建立了劳资共建家园和利益共赢的治理规则，包括职工监事制，凡是涉及职工利益的事项，职工监事具有一票否决权。

1976 年，联邦德国议会《共同决定法》规定，2000 人以上的企业的最高权力机构（监事会）里必须有 50% 的员工代表。员工代表来自劳动理事会。德国雇主协会上诉到宪法法院，认为《共同决定法》严重破坏了股东的财产权。但德国宪法法院判定，根据《德国基本法》第 14 章第 1 节第 2 款规定，财产权的“内容和限度将由法律决定”，这意味着德国议会通过的《共同决定法》是在界定财产权的内容和限度，并不违宪。此外，董事会成员的薪酬由监事会决定，这项权力在《股份制法》和《参与权法》中有所规定。其他高级管理人员的薪酬由董事会下设的薪酬委员会决定。基于德国的共同决定机制，劳动理事会以独特方式运行，维护员工参与企业决策和维护自身利益的权利，这被称为协调劳资关系的德国双赢模式。

（二）美国案例：雇主养老金计划。

美国社会保障是老年、遗属、伤残群体的福利，雇员保障主要来自他们的雇主。因此，大多数美国员工均有 401（k）个人养老金计划。即根据美国《国内税收法》第 401（k）条款规定，自愿建立的私营公司养老金计划，始于 1981 年。主要特点：（1）雇主缴纳基本费，职工自愿决定供款额，雇主按一定比例配款（要通过非歧视待遇年检），全部计入职工个人账户；（2）雇主/雇员供款均从应税收入中扣除，在 2006 年，计入成本的免税额度是 15000 美元，利润分享限额是 44000 美元，或者是个人年薪的 25%；投资收益免征利息税；（3）59. 5 岁以前提款需补缴个人所得税和罚金税 10%，可以依法自我贷款和付息还款（教育投资）和紧急提款（因疾病和灾难提款不用还款）。

例题：分析 Adam401（k）计划供款的政府动机和雇员利益。

员工 Adam 在 2002 年的总供款额为 11000 美元，雇主和个人各自承担 50%，在 2003 年 4 月 15 日申报 2002 年所得税时，这 11000 美元不计入应税收入；否则，根据累进税法，这 11000 美元供款额处于高税率区，要缴纳联邦税 41% 和州税 10%。

解：（1）减税额 11000 ×（0.41 +0.10）=5610 美元

（2）税后额 11000 - 5610 =5390 美元

可见，在本年度里，Adam401（k）计划供款中获得政府减税让利额为 5610 美元，雇主为其供款额为 2695 美元，个人供款额为 2695 美元。

本案显示：政府运用税收让利的激励工具，带动雇主为其雇员存养老金，美国人称这类养老金计划为“个人、雇主与政府合作的公司”，劳资关系和政群关系由此变得密切，这被称为协调劳资关系的美国雇主福利模式。至今，美国储存 16 万亿美元养老金，占全球养老基金总额的 60%，用以应对人口老龄化。

（三）英国案例：职工养老金公共服务系统。

英国颁布了《养老金法案 2008》，自 2012 年开始，在英国签订劳动合同的 22—65 岁的人均可以参加个人养老金计划。（1）养老金缴费率 8%，雇主缴 3%，雇员缴 4%，国家以返税形式缴 1%，全部计入个人账户。（2）在国会下面设立“个人账户养老金管理委员会”（IAPC），其账户管理、基金投资运作和信息咨询服务以及《年度报告》等工作实行外包，是政府主导的开放型管理体制（见图 1）。（3）个人账户运行的管理费为养老基金净值的 0.3%。（4）英国政府接受了 JP Morgan 集团公司的建议：对有投资组合愿望和能力的人给予自主配置资产的机会，对于没有自主配置资产愿望的人建立缺省基金（default fund），由投资专家委员会制定投资策略。（5）为确保老年人在退休后享有稳定的收入，构成养老金产品由受益人决定的开放式市场购买机制（open-market option）。劳动和养老金部将和海关税务总署密切合作研究合格的养老金产品开发问题。个人可以先选择养老金类型，然后选择提供商。

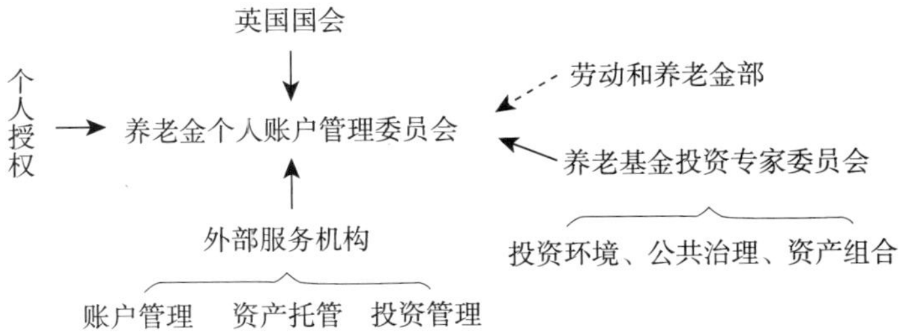

图1　个人账户管理体系的宏观组织结构

本案例显示：一个置于国会监督下的个人账户养老金公共服务体系，以员工需求为导向，提供终生服务。由此协调劳资关系和政群关系。

三、构建和谐劳动关系的核心问题

人类社会的两个基本问题是“物归谁有”和“话归谁说”，即利益分配和决策民主问题。根据马克思的预言，导致资本主义行将灭亡的根本原因即“强资本、弱劳工”，而挽救资本主义命运的德国社会保险（改革第一次分配）、美国政府税收让利（改革第二次分配）、英国的养老金公共服务，在一定程度上化解了劳资矛盾。工业化时期的发展要素是土地、资本和劳工，信息时代增加了储蓄、投资和创新三个要素，两个时代的接口是劳工和储蓄，拥有储蓄能力的劳工才具有选择投资对象和推动企业创新的能力，社会经济才得以平稳较快的发展，这是劳资博弈和社会进步的结果，其中不乏合理成分，可以作为我国构建社会主义和谐劳动关系的借鉴。

我国要在短期内实现工业化、信息化、城镇化，必须跨越式发展，由此出现利益矛盾凸显是不可避免的。由此导致我国劳动关系存在以下问题：（1）在市场激烈竞争的条件下，提高生产率与落后的生产工具和管理模式的矛盾，特别是在矿山和加工业这类问题十分突出。（2）在粗放的发展模式下，往往忽略利益分配的公共治理，忽略职工利益变化的细节问题，职工权益和利益的诉求不能及时解决；导致本应和谐的劳动关系因遇到负外部性问题，处于不和谐状态。（3）国有企业和私营企业的发展环境差异很大，二者劳动关系呈现不同特征；前者职工福利状况较好，后者较差，矛盾突出，加剧了劳动关系的不和谐程度。（4）工会地位、作用和能力有待提高，许多职工表达诉求、参与切身利益的决策，缺乏组织渠道。

我国发展社会主义和谐劳动关系，亟待解决如下问题：（1）以职工为本，妥善处理发展生产、改善工作条件和生产环境的关系，将建设就业和社会保障公共服务体系作为社会建设的突破点，抑制趋利的政府行为和急功近利的企业行为，改变现有“五龙治水”和“信息孤岛”局面。（2）坚持社会主义原则，规范企业分配制度，建立健全薪酬管理制度和指导线，缩小高低收入的差距；建立健全社会保障体系，从企业到国家两个层面保护职工的就业权和基本生活保障权；实现国家GDP增长与国民福利增长的正相关性。（3）降低企业发展成本，特别是对私营企业而言，如降低社会保障费率（目前已经达到工资总额的40%～90%），延期征税等；为和谐劳动关系创造正外部性的社会环境。（4）培育社会法文化，制定国家《社会法立法纲要》，为工会在社会法范畴内发展创造条件，政府、企业组织和群众团体可以在平等地位上对话、协商和决策社会问题，不涉及政治冲突，由此建立良好的公共治理和社会建设平台。（5）创新工会工作模式。考虑到在中小私营企业建立工会、发挥工会作用的实际困难，可建立适应各类企业和职工的、具有适应性和弹性的运行机制，在加强组建企事业单位工会的同时，通过加强区域性工会、行业性工会建设，使中小私营企业工会难以发挥的维权作用得以发挥。突出集体协商和集体合同的内容和实效，加强工会专家的作用，代表职工利益要落在实处，建立合格薪酬比、合格职业养老金计划等和谐劳动关系的考核指标，而不是追求纸面上的覆盖率。

（本文作者系清华大学公共管理学院教授）

企业劳动关系和谐度评价研究

杨河清　何　勤

党的十六届四中全会以来，党中央适时提出了构建社会主义和谐社会这一全新的理念和伟大目标，把和谐社会建设放到同经济建设、政治建设、文化建设并列的突出位置，强调坚持全心全意依靠工人阶级的方针，明确要求发展和谐劳动关系，最广泛最充分地调动一切积极因素。

近年来，随着劳动关系和谐企业的创建，企业劳动关系和谐度评价问题逐步成为研究热点，但国内外的劳动关系评价研究大都是从理论和实践角度开展，缺乏对评价工具、技术的开发。本研究主要从企业劳动关系和谐度评价的技术角度研究企业劳动关系和谐度评价问题，旨在为政府从宏观层面准确判断企业劳动关系的现状、特点及趋势，以及为微观层面的企业掌握自身的劳动关系状况，提供便利的评价工具。

一、树立“均衡、合作、共享”的评价理念

劳动关系的评价应该有明确的价值判断和理念。同时，研究者对劳动关系评价主体地位的不同价值取向和劳动关系假设，将对劳动关系评价过程和评价结果产生重要的影响。本研究提出

“均衡、合作和共享”的评价价值理念。劳动关系均衡，其核心是劳动关系双方的利益均衡。实现利益均衡的关键是双方权利相对平等和力量相对平衡，这需要建立相应的制度以及劳动关系协调机制作为保障，促进形成不断改善的劳动关系均衡。劳动关系双方合作的基本动力是劳动关系双方利益的帕累托改进，资方或管理方在劳动关系协调和运行中应充分考虑劳方的合作偏好和意愿，建立合理的利益平衡机制，有效保证职工的利益，这将有利于培养合作型的劳动关系，从长远看，将促进双方利益的持续改进。企业劳动关系的核心是人力资本产权与物质资本产权的利益关系，要使企业劳动关系得到改善，最根本的出路是要放弃传统的物质资本所有者独享剩余的做法，在契约自由的条件下，劳动者所拥有的人力资本应该获得与物质资本同等的剩余索取权，两种资本共享企业所有权，实现互利共赢。

评价劳动关系的目的，是要把对现状的判断和对改进现状的判断贯通起来，用劳动关系的评价结果和对评价结果的分析来指导和推动企业劳动关系的开展和改进。因此，上述价值理念贯穿于企业劳动关系和谐度评价研究中，为劳动关系评价提供价值判断，并指导企业劳动关系的改善和提高。

二、企业劳动关系和谐度评价指标体系构建

2.1 理论指标体系设计。

本研究将桑德沃模型作为和谐度评价的理论框架，根据该模型，企业劳动关系评价应包括工作场所因素和职工个人因素两大维度以及劳动环境、劳动争议、民主参与、企业管理、企业绩效、职工权益实现、职工发展 7 个方面。企业劳动关系和谐度评价指标体系由以下部分构成（图 1）。

通过理论分析，本研究构建了企业劳动关系和谐度评价理论指

标体系，该评价指标体系包含2项一级指标、7项二级指标和31项三级指标（表1）。

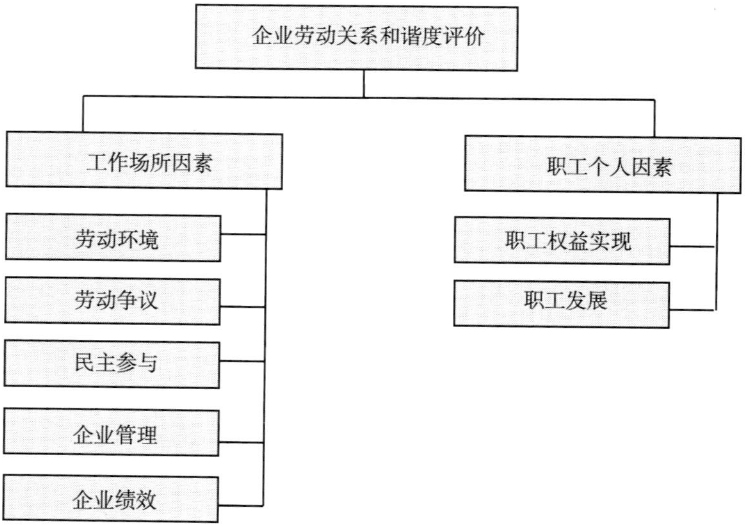

图1 企业劳动关系和谐度评价理论标准

表1 初始理论指标体系

一级指标	二级指标	三级指标	编号	含义及计算公式	单位
工作场所	劳动环境	劳动安全措施享有率	L1	享受企业提供的劳防用品（措施）的职工人数/企业职工总数	%
		工伤事故率	L2	年发生工伤事故的人数/职工总数	%
	劳动争议	劳动争议发生率	L3	年发生劳动争议的职工数/职工总数	%
		劳动争议调解委员会的设立	L4	企业劳动争议调解委员会的设立及其在劳动争议中发挥作用情况	—

续表

一级指标	二级指标	三级指标	编号	含义及计算公式	单位
工作场所	民主参与	工会组织的设立	L5	企业是否建立健全工会组织	—
		工会对职工权益的维护程度	L6	工会在维护职工合法权益中发挥作用情况	—
		职工代表大会的建立	L7	是否建立职工代表大会以及职工代表大会行使权利的情况	—
		职工合理化建议采纳率	L8	职工建议被采纳数量/职工提出的建议总数	%
	企业管理	职工流失率	L9	年职工离职数量/职工总数	%
		职工对管理方式的满意度	L10	职工对企业管理层所采取的管理方式的满意程度	—
		职工对企业文化的认同度	L11	企业文化被职工所接受的程度	—
		规章制度制定程序的民主程度	L12	企业规章制度制定过程中职工参与的程度	—
		规章制度内容的合法性	L13	企业制定的规章制度是否符合法律规定	—
	企业绩效	企业业务收入增长率	L14	企业业务收入增长额/企业收入总额	%
		企业净利润增长率	L15	企业净利润增长额/企业总利润	%

续表

一级指标	二级指标	三级指标	编号	含义及计算公式	单位
职工个人需求	职工权益实现	劳动合同签订率	L16	与企业签订劳动合同的职工数/职工总数	%
		短期合同分布率	L17	与企业签订一年以下劳动合同的职工数/与企业签订劳动合同的职工总数	%
		无固定期限劳动合同分布率	L18	与企业签订无固定期限劳动合同的职工数/与企业签订劳动合同的职工总数	%
		劳动合同签约规范性	L19	签订劳动合同时，职工是被动接受还是与企业平等协商，有无鉴证环节	—
		劳务派遣率	L20	劳务派遣职工/企业职工总数	%
		工资增长率	L21	工资增长数/工资总数	%
		职工最高最低收入比	L22	企业中职工最高收入/企业中职工最低收入	—
		加班工资支付情况	L23	是否按劳动法律规定的加班费标准支付加班费	—
		职工日均加班小时数	L24	企业职工每日加班小时数	小时
		养老保险参保率	L25	实际缴纳养老保险人数/企业职工总数	%
		医疗保险参保率	L26	实际缴纳医疗保险人数/企业职工总数	%
		失业保险参保率	L27	实际缴纳失业保险人数/企业职工总数	%
		工伤保险参保率	L28	实际缴纳工伤保险人数/企业职工总数	%

续表

一级指标	二级指标	三级指标	编号	含义及计算公式	单位
职工个人需求	职工发展	职工培训率	L29	接受过培训的职工数/企业职工总数	%
		职工人均培训时数	L30	培训总时数/企业职工总数	%
		对目前工作岗位稳定性的乐观程度	L31	职工对目前从事的工作岗位的乐观程度	—

2.2 评价指标筛选。

本研究在构建和筛选指标时，力求克服和弥补前人研究的缺陷与不足，按照全面性和系统性、代表性、独立性、鉴别性、可获得性的原则进行指标筛选。

2.2.1 指标筛选过程及结果分析。

本研究在理论指标体系构建的基础上，依据指标筛选原则，首先采用德尔菲法对理论指标体系进行修正并对修正后的理论指标体系进行主观选择，其次通过数理统计中的隶属度分析法对评价指标进行客观筛选。

2.2.1.1 主观法——德尔菲法。

（1）专家组的构成。

本研究选择的专家小组人数为16人。专家成员具有广泛的代表性，由四部分组成，即企业人力资源或劳动关系高级管理人员，来自工会的专家，来自政府劳动关系主管部门的专家以及来自高校的学者。专家队伍的组成保证了专家成员在既定研究主题上具备专门知识、技能及经验。

（2）第一轮调查结果分析。

通过非结构化访谈进行第一轮问卷调查，在第一轮调查后对初始理论指标体系进行修正和补充。修正后的理论指标体系见表2。

表 2 修正后的理论指标体系

一级指标	二级指标	三级指标	编号	含义及计算公式	单位
工作场所	劳动环境	劳动安全措施享有率	L1	享受企业提供的劳防用品（措施）的职工人数/企业职工总数	%
		职业病发生率	L2	年职业病发生人数/企业职工总数	%
		工伤事故率	L3	年发生工伤事故的人数/职工总数	%
	劳动争议	劳动争议发生率	L4	年发生劳动争议的职工数/职工总数	%
		劳动争议调解委员会的设立	L5	是否设立企业劳动争议调解委员会	—
	民主参与	工会组织的设立	L6	企业是否建立健全工会组织	—
		工会对职工权益的维护程度	L7	工会在维护职工合法权益中发挥作用情况	—
		职工代表大会的建立（或全体职工会）	L8	100 人以上的企业是否建立职工代表大会以及职工代表大会行使权利的情况/100 人以下的企业是否召开全体职工会行使相关权利	—
		职工诉求的表达程度	L9	职工权益诉求沟通渠道是否畅通	—
		职工合理化建议采纳率	L10	职工建议被采纳数量/职工提出的建议总数	%

续表

一级指标	二级指标	三级指标	编号	含义及计算公式	单位
工作场所	企业管理	职工流失率	L11	年职工离职数量/职工总数	%
		职工对管理方式的满意度	L12	职工对企业管理层所采取的管理方式的满意程度	——
		企业对职工的满意度	L13	企业对职工工作态度、工作绩效的满意程度	——
		职工对企业文化的认同度	L14	企业文化被职工所接受的程度	——
		规章制度制定程序的民主程度	L15	企业规章制度制定过程中职工参与的程度	——
		规章制度内容的合法性	L16	企业制定的规章制度是否符合法律规定	——
	企业绩效	企业业务收入增长率	L17	2009年企业营业税—2008年企业营业税/2009年企业营业税	%
		企业净利润增长率	L18	2009年企业所得税—2008年企业所得税/2009年企业所得税	%
职工个人需求	职工权益实现	劳动合同签订率	L19	与企业签订劳动合同的职工数/职工总数	%
		短期合同分布率	L20	与企业签订一年以下劳动合同的职工数/与企业签订劳动合同的职工总数	%
		无固定期限劳动合同分布率	L21	与企业签订无固定期限劳动合同的职工数/与企业签订劳动合同的职工总数	%
		劳动合同签约规范性	L22	签订劳动合同时，职工是被动接受还是与企业平等协商，有无鉴证环节	——

续表

一级指标	二级指标	三级指标	编号	含义及计算公式	单位
职工个人需求	职工权益实现	劳务派遣率	L23	劳务派遣员工/企业职工总数	%
		工资增长率	L24	工资增长数/工资总数（工资指税前工资）	%
		职工最高最低收入比	L25	企业中职工最高收入/企业中职工最低收入	——
		加班工资支付情况	L26	是否按劳动法律规定的加班费标准支付加班费	——
		职工日均加班小时数	L27	企业职工每日加班小时数	小时
		社会保险达标率	L28	按国家相关规定达到缴纳标准的社会保险参保人数/企业职工总数	%
	职工发展	职工培训率	L29	接受过培训的职工数/企业职工总数	%
		职工人均培训时数	L30	培训总时数/企业职工总数	%
		对目前工作岗位稳定性的乐观程度	L31	职工对目前从事的工作岗位的乐观程度	——
		职工对未来生活保障及自身发展的乐观程度	L32	职工对自己未来职业发展和未来生活保障的乐观程度	——
		职工对所在企业发展前景的信心	L33	职工对所在企业未来发展前景的信心	——

2.2.1.2 客观法——隶属度分析法。

第二轮调查使用的结构化问卷采用修正后的理论指标体系（表2），共有2项一级指标、7项二级指标和33项三级指标供专家选择和判断，要求他们根据自身的专业知识和经验，从33项指标中选择自己认为最重要的评价指标。

通过对16份有效问卷的统计分析，得到34个评价指标的隶属度。

表3 各评价指标隶属度表

指标（Li）	被选择次数（Ni）	隶属度（Ri）	保留或删除
L1	3	0.188	删除
L2	16	1.000	保留
L3	13	0.813	保留
L4	13	0.813	保留
L5	12	0.750	保留
L6	15	0.938	保留
L7	2	0.125	删除
L8	13	0.813	保留
L9	15	0.938	保留
L10	11	0.688	保留
L11	16	1.000	保留
L12	13	0.813	保留
L13	16	1.000	保留
L14	3	0.188	删除
L15	15	0.938	保留
L16	14	0.875	保留
L17	11	0.688	保留
L18	14	0.875	保留

续表

指标（Li）	被选择次数（Ni）	隶属度（Ri）	保留或删除
L19	14	0.875	保留
L20	1	0.063	删除
L21	14	0.875	保留
L22	2	0.125	删除
L23	16	1.000	保留
L24	15	0.938	保留
L25	12	0.750	保留
L26	16	1.000	保留
L27	14	0.875	保留
L28	16	1.000	保留
L29	15	0.938	保留
L30	12	0.750	保留
L31	12	0.750	保留
L32	16	1.000	保留
L33	16	1.000	保留

通过上述隶属度分析，删除隶属度小于0.20的评价指标。通过主观德尔菲法和客观的隶属度分析法，形成了反映企业劳动关系特点并具有可操作性的“操作指标体系”（见表4），修订后的操作指标体系包括2项一级指标、7项二级指标、28项三级指标，保持了初始理论指标体系中70%的指标不变，修正了30%的指标。

表4 操作指标体系

一级指标	二级指标	三级指标	编号	含义及计算公式	单位
工作场所	劳动环境	职业病发生率	L1	年职业病发生人数/企业职工总数	%
		工伤事故率	L2	年发生工伤事故的人数/职工总数	%
	劳动争议	劳动争议发生率	L3	年发生劳动争议的职工数/职工总数	%
		劳动争议调解委员会的设立	L4	是否设立企业劳动争议调解委员会	—
	民主参与	工会组织的设立	L5	企业是否建立健全工会组织	—
		职工代表（全体职工）大会的建立	L6	100人以上的企业是否建立职工代表大会以及职工代表大会行使权利的情况/100人以下的企业是否召开全体职工会行使相关权利	—
		职工诉求的表达程度	L7	职工权益诉求沟通渠道是否畅通	—
		职工合理化建议采纳率	L8	职工建议被采纳数量/职工提出的建议总数	%
	企业管理	职工流失率	L9	年职工离职数量/职工总数	%
		职工对管理方式的满意度	L10	职工对企业管理层所采取的管理方式的满意程度	—
		企业对职工的满意度	L11	企业对职工工作态度、工作绩效的满意程度	—
		规章制度制定程序的民主程度	L12	企业规章制度制定过程中职工参与的程度	—
		规章制度内容的合法性	L13	企业制定的规章制度是否符合法律规定	—

续表

一级指标	二级指标	三级指标	编号	含义及计算公式	单位
工作场所	企业绩效	企业业务收入增长率	L14	2009年企业营业税—2008年企业营业税/2009年企业营业税	%
		企业净利润增长率	L15	2009年企业所得税—2008年企业所得税/2009年企业所得税	%
职工个人需求	职工权益实现	劳动合同签订率	L16	与企业签订劳动合同的职工数/职工总数	%
		无固定期限劳动合同分布率	L17	与企业签订无固定期限劳动合同的职工数/与企业签订劳动合同的职工总数	%
		劳务派遣率	L18	劳务派遣职工/企业职工总数	%
		工资增长率	L19	工资增长数/工资总数（工资指税前工资）	%
		职工最高最低收入比	L20	企业中职工最高收入/企业中职工最低收入	—
		加班工资支付情况	L21	是否按劳动法律规定的加班费标准支付加班费	—
		职工日均加班小时数	L22	企业职工每日加班小时数	小时
		社会保险达标率	L23	按国家相关规定达到缴纳标准的社会保险参保人数/企业职工总数	%
	职工发展	职工培训率	L24	接受过培训的职工数/企业职工总数	%
		职工人均培训时数	L25	培训总时数/企业职工总数	%
		对目前工作岗位稳定性的乐观程度	L26	职工对目前从事的工作岗位的乐观程度	—
		职工对未来生活保障及自身发展的乐观程度	L27	职工对自己未来职业发展和未来生活保障的乐观程度	—
		职工对所在企业发展前景的信心	L28	职工对所在企业未来发展前景的信心	—

2.3 评价指标体系权重确定。

本研究采用层次分析法（Analytic Hierarchy Process，简称 AHP 法）确定各指标的权重，计算过程由 MATLAB 6.5 软件完成。根据层次单排序结果，计算出指标体系中各指标权重（表5）。

表5　评价指标体系权重表

一级指标	权重	二级指标	权重	三级指标	权重
工作场所	0.434	劳动环境	0.210	职业病发生率	0.043
				工伤事故率	0.048
		劳动争议	0.110	劳动争议发生率	0.035
				劳动争议调解委员会的设立	0.013
		民主参与	0.130	工会组织的设立	0.020
				职工代表（全体职工）大会的建立	0.014
				职工诉求的表达程度	0.017
				职工合理化建议采纳率	0.0006
		企业管理	0.260	职工流失率	0.023
				职工对管理方式的满意度	0.021
				企业对职工的满意度	0.015
				规章制度制定程序的民主程度	0.026
				规章制度内容的合法性	0.029
		企业绩效	0.290	企业业务收入增长率	0.059
				企业净利润增长率	0.067

续表

一级指标	权重	二级指标	权重	三级指标	权重
职工个人需求	0.566	职工权益实现	0.630	劳动合同签订率	0.038
				无固定期限劳动合同分布率	0.013
				劳务派遣率	0.022
				工资增长率	0.048
				职工最高最低收入比	0.030
				加班工资支付情况	0.033
				职工日均加班小时数	0.026
				社会保险达标率	0.147
		职工发展	0.370	职工培训率	0.032
				职工人均培训时数	0.032
				对目前工作岗位稳定性的乐观程度	0.048
				职工对未来生活保障及自身发展的乐观程度	0.048
				职工对所在企业发展前景的信心	0.048

2.4 评价指标体系验证。

本研究采用统计学方法对指标进行验证，其目的是保证建立的指标体系本身不会影响指标体系的评价结果。

2.4.1 独立性检验。

本研究采用相关分析法对评价指标体系进行独立性检验，使用SPSS16.0软件对原始变量进行分析，得出原始变量相关系数矩阵与双尾检验表。

相关系数的绝对值越接近于1，表示两个变量之间的关系越密切，绝对值越接近0，表示两个变量之间的关系越不密切。从各指标变量的相关系数来看，除个别数据外，基本都低于0.5，并且在0.01水平显著，说明各指标之间具有很好的独立性，保留的指标具有较好的代表性，既保留了指标反映的内容，又避免了重复评价，说明本研究建立的指标体系具有较好的独立性和代表性。

2.4.2 鉴别力检验。

本研究采用变异系数法对评价指标体系的鉴别力进行检验。评价指标的鉴别力是指，指标区分评价对象差异的能力。企业劳动关系评价指标的鉴别力是区分不同企业劳动关系状况的能力。变异系数越大，表明评价指标的鉴别力越强，相反，指标的鉴别力越弱。计算结果见表6，本研究最后选取的指标的变异系数均大于0.2，说明该指标体系有较好的鉴别力，筛选出的指标体系满足差异性、代表性的要求。

表6　变异系数计算结果

指标名称	均值 (L)	标准差 (S_i)	变异系数 (CV_i)
职业病发生率	81.1	13.5	0.2
工伤事故率	73.4	17.9	0.2
劳动争议发生率	81.6	15.9	0.2
劳动争议调解委员会的设立	24.9	23.5	0.9
工会组织的设立	15.0	24.9	1.7
职工权益诉求的表达	48.7	22.9	0.5
职工（代表）大会的建立	14.3	25.1	1.8
职工合理化建议采纳率	63.4	19.1	0.3
职工流失率	73.0	14.9	0.2

续表

指标名称	均值（L）	标准差（S_i）	变异系数（CV_i）
职工对管理方式的满意度	57.1	19.2	0.3
企业对职工的满意度	63.6	22.6	0.4
规章制度制定程序的民主程度	61.0	17.8	0.3
规章制度内容的合法性	88.4	14.5	0.2
企业业务收入增长率	18.6	13.1	0.7
企业净利润增长率	20.2	12.4	0.6
劳动合同签订率	75.6	18.8	0.2
无固定期限劳动合同分布率	8.6	21.7	2.5
劳务派遣率	78.9	18.5	0.2
工资增长率	29.3	13.9	0.5
职工最高最低收入比	68.8	15.7	0.2
加班工资支付情况	73.3	20.6	0.3
职工日均加班小时数	96.4	23.2	0.2
社会保险达标率	46.4	19.5	0.4
职工培训率	37.7	14.0	0.4
职工人均培训时数	18.1	21.7	1.2
对目前工作岗位稳定性的乐观程度	59.8	14.2	0.2
职工对未来生活保障及自身发展的乐观程度	57.2	16.9	0.3
职工对所在企业发展前景的信心	58.9	14.6	0.2

以上两种方法的验证结果表明，本研究建立的指标体系具有较好的独立性、代表性以及鉴别力，同时能较全面和系统地反映评价

对象的劳动关系状况，符合设计和筛选原则，是评价企业劳动关系的可靠工具。

三、企业劳动关系和谐度评价指标体系运用的实证研究

评价指标体系通过理论分析、主客观法指标筛选、权重确定和统计学方法验证后，就可以作为企业劳动关系和谐度评价的工具，运用在企业劳动关系和谐度评价中。为检验本研究建立的指标体系的有效性，本研究进行了实证研究，共调查 245 家企业、837 位职工。采用模糊综合评价法，对企业劳动关系和谐度进行综合评价。

3.1 制定评分标准。

要对一个事物进行评价，有了评价工具还不够，还需要制定评分标准，本研究根据理论研究、文献分析，并结合北京市中小企业的现实情况，制定了企业劳动关系和谐度量化评分标准。

3.2 指标标准化。

3.2.1 指标标准化方法。

由于评价指标都有其具体的量纲，不具有可比性，因而不同量纲的指标值无法进行相互比较。对指标进行标准化处理其目的是消除各指标数值单位的影响，使不同特性、不同单位的指标之间可以进行直接比较，同时还能够消减量纲和指标值波动范围对综合评价结果的影响，将信息损失减少到最小。

通常对指标数据进行标准化的方法有三类，曲线型无量纲化方法、折线型无量纲化方法以及直线型无量纲化方法。本研究选用极值法对指标数据进行标准化。计算公式如下：

$$L = (L - Lmin)/(Lmax - Lmin) \times 100$$

Lmin 表示各指标的最小值，Lmax 表示各指标的最大值。

3.2.2 指标标准化结果。

表 7 各项指标对应的标准化值

企业编号	L1	L2	L3	L4	L5	L6	L7	L8	…	L24	L25	L26	L27	L28
1	74. 3	54. 3	100. 0	0. 0	0. 0	62. 5	0. 0	71. 3	…	49. 1	16. 7	51. 3	73. 3	85. 0
2	78. 6	77. 8	100. 0	85. 5	0. 0	75. 0	0. 0	27. 5	…	22. 1	8. 3	61. 3	33. 3	56. 3
3	65. 7	50. 0	66. 7	0. 0	0. 0	67. 5	0. 0	54. 5	…	14. 8	47. 9	25. 0	33. 3	47. 5
4	91. 4	38. 5	45. 8	70. 5	55. 0	52. 5	83. 3	37. 5	…	38. 5	0. 5	30. 0	33. 3	67. 5
5	78. 6	61. 6	91. 7	67. 0	92. 5	75. 0	70. 0	68. 8	…	43. 1	6. 7	63. 8	66. 7	48. 8
6	78. 6	64. 1	70. 8	9. 0	65. 0	45. 0	26. 7	23. 8	…	34. 3	12. 5	57. 5	40. 0	57. 5
7	78. 6	50. 0	100. 0	0. 0	0. 0	75. 0	0. 0	52. 5	…	29. 8	10. 0	42. 5	33. 3	37. 5
8	78. 6	63. 5	56. 3	82. 5	62. 5	50. 0	83. 3	80. 3	…	83. 3	2. 8	42. 5	33. 3	62. 5
9	78. 6	77. 8	100. 0	0. 0	0. 0	45. 0	33. 3	68. 8	…	46. 5	18. 8	51. 3	66. 7	73. 8
10	57. 1	50. 0	58. 3	0. 0	37. 5	50. 0	16. 7	12. 5	…	18. 3	4. 2	40. 0	66. 7	28. 8
…	…	…	…	…	…	…	…	…	…	…	…	…	…	…
238	85. 7	68. 5	79. 2	0. 0	0. 0	50. 0	0. 0	60. 0	…	33. 5	29. 2	36. 3	22. 2	6. 2
239	85. 7	77. 8	100. 0	30. 0	0. 0	50. 0	0. 0	90. 0	…	65. 8	66. 7	77. 5	66. 7	35. 0
240	85. 7	77. 8	86. 1	30. 0	0. 0	50. 0	0. 0	42. 5	…	30. 2	1. 3	48. 8	55. 6	45. 0
241	64. 3	66. 5	65. 3	10. 0	0. 0	12. 5	0. 0	58. 8	…	22. 2	0. 0	58. 8	33. 3	52. 5
242	71. 4	68. 5	72. 2	57. 5	0. 0	50. 0	0. 0	52. 5	…	37. 0	29. 2	71. 3	77. 8	53. 8
243	53. 6	68. 5	79. 2	10. 0	0. 0	37. 5	0. 0	68. 8	…	26. 5	41. 7	58. 8	66. 7	47. 5
244	92. 9	84. 0	97. 9	25. 0	83. 3	83. 3	94. 4	100. 0	…	65. 8	50. 0	80. 0	88. 9	100. 0
245	100. 0	77. 8	72. 2	0. 0	37. 5	50. 0	0. 0	88. 8	…	49. 1	16. 0	87. 5	66. 7	70. 0

3. 3 模糊综合评判法评价企业劳动关系过程。

模糊综合评判法是将模糊数学的思想和方法引入到对事物进行评价的方法。由于企业劳动关系需要由多个指标进行综合量化评价，模糊综合评价就成为一种有效的方法。本研究采用模糊综合评判法评价企业劳动关系的步骤如下：

3.3.1 确定因素集。

建立评价指标集合

$$U = \{U_1, U_2, U_3, \cdots, U_m\} \quad (1)$$

在本研究中是指由评价指标 L1 - L28 构成的集合，按照劳动关系的影响方面分成 2 个子因素集 U_1、U_2，其中 U_1 为一级指标的集合，U_2 为二级指标的集合。

$$U_i = U_{i1}, U_{i2}, \cdots, U_{in} \quad (2)$$

其中 $i = 1, 2, \cdots, s$，$U_1, U_2, \cdots, U_n$ 和 $U_{i1}, U_{i2}, \cdots, U_{in}$ 称为评价指标，这些评价指标能综合地反映出评价对象的质量。

3.3.2 确定评判集。

$$V = \{v_1, v_2, \cdots, v_m\} \quad (3)$$

(3) 式中，V_m 为事先确定的各种可供选择的评语，适用于 (1) 和 (2) 式中的各评判因素。本研究确定的评判集如全文评分标准部分所述，为五等级，即：

$V = \{$远高于、高于、持平、低于、远低于$\}$

3.3.3 建立权重集。

$$W = \{\mu_1, \mu_2, \mu_3, \cdots \mu_m\}$$

权重反映各评价指标在综合评价中的重要性程度，且 $\sum \mu_m = 1$ 通过层次分析法得到的各指标的权重组成的集合，即为本研究建立的权重集。

$$W = \{0.043, 0.048, 0.035, \cdots 0.048\}$$

3.3.4 确定评价矩阵 R。

本研究中评价矩阵 R 中 R_{ij} 为各指标在企业样本上的得分，是按前文提出的评分标准打分、计算，并经过标准化后得到的分值，由这些评价值组成本研究的评价矩阵。

$$R=\begin{pmatrix} 74.3 & 54.3 & \cdots & 51.3 & 73.3 & 85.0 \\ 78.6 & 77.8 & \cdots & 61.3 & 33.3 & 56.3 \\ 65.7 & 50.0 & \cdots & 25.0 & 33.3 & 47.5 \\ \cdots & \cdots & \cdots & \cdots & \cdots & \cdots \\ 53.6 & 68.5 & \cdots & 58.8 & 66.7 & 47.5 \\ 92.9 & 84.0 & \cdots & 80.0 & 88.9 & 100.0 \\ 100 & 77.8 & \cdots & 87.5 & 66.7 & 70.0 \end{pmatrix}$$

3.3.5 模糊综合评价。

通过权重矩阵 W 与评价矩阵 R 的模糊变换得到模糊评判集 S

$$S=W*R=\{\mu_1,\ \mu_{2,}\mu_3,\ \cdots\mu_m\}\ *\begin{pmatrix} r_{11} & r_{12}\cdots & r_{1m} \\ r_{21} & r_{212}\cdots & r_{2m} \\ \cdots & \cdots & \cdots \\ R_{n1} & r_{n2}\cdots & r_{nm} \end{pmatrix}$$

把建立的权重矩阵集 W 与评价矩阵 R 的值代入模糊综合评判矩阵式，就有

$$\{0.043,\ 0.048,0.035,\ \cdots 0.048\}\ *$$

$$\begin{pmatrix} 74.3 & 54.3 & \cdots & 51.3 & 73.3 & 85.0 \\ 78.6 & 77.8 & \cdots & 61.3 & 33.3 & 56.3 \\ 65.7 & 50.0 & \cdots & 25.0 & 33.3 & 47.5 \\ \cdots & \cdots & \cdots & \cdots & \cdots & \cdots \\ 53.6 & 68.5 & \cdots & 58.8 & 66.7 & 47.5 \\ 92.9 & 84.0 & \cdots & 80.0 & 88.9 & 100.0 \\ 100 & 77.8 & \cdots & 87.5 & 66.7 & 70.0 \end{pmatrix}$$

3.4 综合评价结果及分析。

企业劳动关系评价指标体系的评价结果，即评价值，是企业劳动关系状态的体现。运用模糊综合评价法进行综合评价后，得出 245 家企业的劳动关系状况的评价值，见表 8。

表 8 企业劳动关系和谐度评价值统计表

企业编号	评价值	企业编号	评价值	企业编号	评价值	企业编号	评价值	企业编号	评价值
1	60.48	50	54.42	99	58.97	148	46.21	197	59.63
2	52.85	51	57.66	100	48.97	149	52.86	198	44.13
3	50.49	52	50.55	101	50.27	150	54.78	199	50.97
4	52.13	53	51.65	102	52.00	151	56.34	200	45.64
5	58.27	54	37.87	103	52.47	152	46.66	201	52.15
6	49.49	55	58.53	104	50.39	153	50.55	202	53.34
7	50.78	56	48.35	105	57.80	154	50.39	203	46.26
8	55.84	57	47.90	106	42.78	155	63.73	204	52.44
9	57.05	58	52.58	107	47.92	156	55.03	205	47.64
10	41.35	59	49.12	108	50.21	157	48.20	206	53.79
11	54.88	60	41.73	109	47.03	158	58.22	207	52.10
12	42.54	61	57.16	110	44.91	159	43.98	208	60.11
13	59.02	62	53.20	111	60.19	160	48.45	209	54.27
14	64.42	63	59.13	112	40.10	161	58.42	210	51.25
15	67.80	64	64.75	113	55.16	162	49.10	211	43.99
16	62.32	65	55.66	114	48.97	163	52.55	212	42.24
17	51.49	66	51.98	115	37.21	164	47.82	213	42.05
18	50.87	67	60.82	116	54.84	165	61.98	214	44.51
19	62.26	68	50.83	117	45.16	166	56.59	215	54.04
20	57.42	69	58.52	118	54.58	167	54.28	216	57.46
21	52.46	70	56.61	119	46.87	168	43.41	217	58.78
22	52.12	71	51.99	120	55.79	169	45.90	218	56.09
23	49.19	72	47.49	121	47.16	170	50.30	219	57.04

续表

企业编号	评价值	企业编号	评价值	企业编号	评价值	企业编号	评价值	企业编号	评价值
24	55.96	73	48.67	122	59.62	171	53.21	220	44.81
25	53.06	74	42.90	123	45.36	172	48.76	221	49.19
26	53.86	75	59.85	124	49.98	173	54.00	222	63.88
27	47.74	76	55.46	125	51.32	174	47.57	223	54.66
28	56.89	77	58.31	126	49.71	175	40.12	224	63.62
29	58.77	78	48.19	127	51.17	176	45.89	225	49.36
30	56.13	79	60.12	128	38.71	177	41.37	226	53.93
31	61.30	80	56.96	129	59.40	178	61.92	227	61.69
32	49.70	81	58.15	130	48.40	179	60.98	228	50.88
33	54.73	82	57.09	131	53.07	180	47.32	229	51.92
34	57.84	83	51.87	132	50.14	181	46.18	230	52.97
35	49.90	84	49.08	133	58.86	182	55.26	231	48.57
36	59.32	85	52.22	134	49.33	183	57.29	232	49.78
37	52.14	86	54.39	135	49.54	184	48.42	233	53.18
38	55.46	87	44.47	136	43.49	185	59.38	234	56.39
39	59.06	88	53.49	137	55.38	186	58.13	235	51.77
40	41.56	89	36.07	138	54.29	187	60.45	236	58.57
41	51.23	90	49.03	139	58.75	188	56.49	237	40.02
42	38.33	91	52.89	140	42.19	189	58.78	238	46.08
43	57.25	92	50.03	141	50.04	190	50.22	239	61.05

续表

企业编号	评价值	企业编号	评价值	企业编号	评价值	企业编号	评价值	企业编号	评价值
44	67. 56	93	46. 80	142	46. 58	191	57. 46	240	46. 51
45	58. 53	94	52. 26	143	36. 01	192	57. 97	241	44. 33
46	50. 93	95	63. 47	144	65. 83	193	52. 26	242	52. 59
47	44. 05	96	57. 86	145	59. 10	194	51. 40	243	50. 54
48	40. 31	97	61. 74	146	49. 82	195	60. 21	244	66. 69
49	55. 54	98	42. 27	147	52. 29	196	49. 17	245	61. 67
平均值：52. 40									

本研究将评价值进行不同评价等级的划分，采用四等级评语，评价值在 60 分以上为良好，51—60 分为一般，41—50 分为较差，40 分以下为差。企业评价值分布见表 9。

表 9 企业评价值分布表

评价等级	对应的评价值	企业数量	所占比例（%）
劳动关系良好	60 分以上	21	8. 57
劳动关系一般	51—60 分	120	48. 98
劳动关系较差	41—50 分	97	39. 59
劳动关系差	40 分以下	7	2. 86

从整体评价值来看，评价值最大 67. 80，最小为 38. 33，平均值为 52. 40。从分布状况来看，处于“劳动关系良好”状况的企业有 19 家，占 7. 76%；劳动关系一般状况的企业有 126 家，占 51. 43%；劳动关系较差状况的企业有 93 家，占 37. 96%；处于劳动关系差的企业有 7 家，占 2. 86%，上述数据表明，“劳动关系一般”的企业数量占企业总数的一半以上，处于“劳动关系较差”和“劳动关系

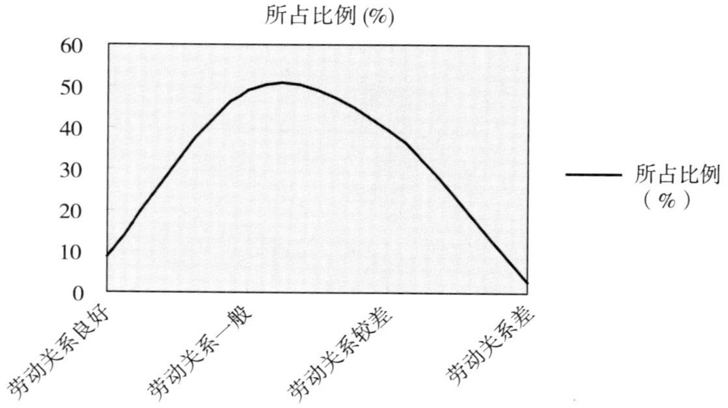

图 2 企业劳动关系和谐度评价值分布

差”等级的企业比“劳动关系良好”的企业多。从调查企业劳动关系评价值分布图（图 2）可看出，企业劳动关系评价值基本呈正态分布，处于劳动关系状况良好和差的企业较少，处于一般和较差状况的企业占主体，这从一定程度上说明，大多企业劳动关系亟待改善。

（本文作者分别系首都经贸大学劳动经济学院教授、博士生）

充分认识劳动关系协调的战略意义 不断完善协调机制

郑 东 亮

我国经济社会发展正处在重要战略机遇期，同时也是社会矛盾凸显期。我们面临工业化、城镇化、就业方式多样化、经济全球化以及经济结构调整等方面的变化，乃至于急剧变化。劳动关系作为基本的社会关系，其和谐稳定问题日益显示其重要性，应该从建设社会主义和谐社会的高度予以关注。

一、劳动关系协调在现代经济社会发展中具有基础性、战略性的意义

在我国广泛使用的“劳动关系”一词是从英文“Labor Relations”翻译而来。它是指劳动者与用人单位之间以实现劳动过程为目的，一方提供劳动力，另一方使用劳动力与其生产资料结合并提供报酬而形成的社会关系。劳动关系又分为个别劳动关系和集体劳动关系。个别劳动关系是劳动者与用人单位的权利与义务关系，集体劳动关系则是劳动力与劳动力使用者相关的社会组织之间的社会关系，包括工会作用、集体谈判、集体合同等内容。需要说明的是：第一，劳动关系虽然是利益关系，但由于其所特有的人身属

性，即它关系到活生生的人，因此使它具有特殊的不同于其他社会关系的基本特性。第二，建立劳动关系的目的是为了实现劳动过程，作为一种交易关系也是围绕劳动过程进行，但是，劳动过程的前后因素，小到劳动力市场，大到政党政治与之都有着相互的作用和关系。它具有着影响广泛性的特点。

劳动关系影响广泛性还表现在，它作为劳动和报酬的交易关系，是一种经济利益关系，它与劳动者及其家庭的切身利益密切相关，直接而且广泛涉及人民群众的生活问题。我国当前仅城镇就有近 3 亿工薪劳动者，他们及其家庭是活动在劳动关系之中和受其影响的。

劳动关系不是一般的交易关系，而是涉及劳动者的人身权益，因此，它超越了一般经济关系范畴，而构成了社会关系，调整劳动关系及其附属关系的劳动法也被纳入社会法范畴。

劳动关系包含：双方的自由平等协商；劳动者的基本人权和民主监督、民主管理权利；双方代表组织的相对独立和自愿结合；双方代表组织与政府的平等对话；双方代表组织对重大经济社会政策决策的参与与基本立场等等，① 因此劳动关系还是政治关系问题。

劳动关系作为基础的社会经济关系，其状况深刻影响着企业乃至国家的经济发展，关系国家利益，在当今全球化深化的情况下，劳动关系领域也成为敏感的、国际斗争的重要领域。正因为劳动关系涉及广泛，影响深刻，有学者认为，劳动关系是一种经济的、法律的、社会的、心理的以及政治的关系。②

世界各国都把保持物价稳定、充分就业、经济增长和国际收支平衡作为经济社会发展的四大目标。近年来，一些西方学者提出，

---

① 李德齐：《建立劳动关系的三方协调机制》，中国经济出版社 1999 年版，第 7 页。

② ［英］菲利普·李维斯等：《雇员关系：解析雇佣关系》，东北财经大学出版社 2005 年版，第 5 页。

政府的战略目标要更侧重于社会方面，提出了就业水平、劳资关系和经济收益分配的三大战略目标。[①] 这是更加综合性的目标。实际上，西方各国政府一直把协调和解决好劳资双方的利益矛盾，作为处理社会利益矛盾方面的主要任务。随着社会主义市场经济在我国的确立，正确处理和协调劳动关系，也必将成为我们在处理和协调各种经济社会矛盾中的一项长期的中心内容，成为协调社会经济发展重要方面，成为建设和谐社会的基础工作。

二、当前劳动关系协调中的突出问题

改革开放以来，随着社会经济发展，我国在劳动保障制度改革的同时逐步加强劳动保障法制建设。特别是《劳动法》颁布实施以后的十年来，我国在劳动保障立法、监察执法、劳动争议处理以及机构建设等方面都取得进展，初步建立起劳动关系法律调整体系框架。

一般认为，劳动关系法律调整有三个层次。[②] 宏观层次，以劳动基准法调整全部劳动关系，规定最低限度的标准，以保护全体社会弱者的社会利益；中观层次，以集体协商和集体合同调整集体劳动关系，在劳动基准法的基础上，通过协商对一定范围内的劳动者的权利义务进行整体调整；微观层次，以劳动合同调整个别劳动关系，在劳动基准法和集体合同的基础上，通过协商对个别劳动关系的内容进行约定。履行个别劳动合同中产生的劳动争议，通过劳动争议处理体制解决。上述各层次的劳动关系调整制度框架基本都确立起来了，但三个层次都有不同的问题，都还不够完善。非法律调

---

① ［英］菲利普·李维斯等：《雇员关系：解析雇佣关系》，东北财经大学出版社 2005 年版，第 138 页。

② 董保华：《劳动关系调整的法律机制》，上海交通大学出版社 2000 年版，第 128—129 页。

整的机制，如企业内的劳动关系协调，还比较薄弱。

当前，劳动关系协调面临的突出问题表现在以下几个方面。

（一）劳动标准法律体系尚不健全，亟待完善。

一是部分劳动标准已不适应经济社会发展变化，在实践中难以适用。二是劳动标准缺乏弹性。我国的劳动标准立法主要以国有企业中的标准就业形式为参照，缺乏适合小企业、灵活用工以及劳动关系相对模糊的用工的劳动标准。三是劳动标准的覆盖面窄。劳动标准的适用以劳动关系存续为前提，家政服务人员、大学生和退休人员等被排除在劳动法律保护之外。四是一些劳动标准缺乏细化规定，操作性不强。长期依靠地方立法、部门规章以及规范性文件来解决经济发展过程中出现的新问题，造成规范不统一、执行力度不足。

（二）集体劳动关系协调机制尚未充分发挥作用，劳动者权益保护问题突出。

在集体劳动关系协调方面，一是关于集体协商的法律尚不完善，缺乏关于区域性、行业性集体协商，以及集体协商过程中争议处理的细化规定；二是非公有制企业工会组建率低，开展集体协商难度大；三是已经开展的集体协商，协商不充分，集体合同的内容照抄法律条文，或者过于原则，缺乏可操作的细化量化标准，导致合同内容难以得到有效实施和监督检查，尚不能充分发挥集体合同协调集体劳动关系的作用。集体协商、签订集体合同制度贯彻中普遍存在的问题是不敢谈、不能谈和谈不了的问题，反映出我们的制度基础、人员准备等方面的不足，还需要有一个培育过程。

（三）劳动人事争议案件和侵权违法案件高发，利益争议增加，政府的劳动关系协调能力建设仍然滞后。

前几年劳动人事争议案件发生曾经经历了井喷式的增长，这两年虽然是下降的趋势，但仍然处于高位。2010 年立案处理的争议案件达到 60 多万件，涉及劳动者 81 万多人。反映用人单位侵权违法情况的劳动保障监察立案数量也在高位，2009 年有近 44 万件。

2010年在南海本田汽车零部件制造有限公司职工集体停工要求增加工资事件发生以后，在集中时间里连续发生集体停工要求增加工资的事件。这是改革开放以来，我国首次集中发生停工涨薪事件，意味着利益争议处理问题开始突出，意味着在劳动人事争议、侵权违法案件高发的同时，又面临着利益争议增加的局面。

与此同时，我们对于利益争议还没有建立常规化、制度化的调处机制，劳动保障监察、劳动争议调解和仲裁处理能力不足，存在手段缺乏、人员短缺、经费保障不足、基层体系不健全，职业能力有待提高等问题，难以满足劳动关系调整和维护劳动者权益的需要，制约了政府协调劳动关系的效能，亟待加强。

（四）企业普遍缺乏内部劳动关系协调机制和民主管理体系，造成劳动关系矛盾长期积累和矛盾的社会化。

企业普遍缺乏劳动关系协调机制和民主管理体系，造成劳动关系矛盾的长期积累，到一定时候就可能出现大问题。比如东航罢飞事件之所以发生，就是因为企业缺乏协调机制，劳动者的诉求难以表达，一些问题长期得不到解决，最后积累成为大事件。

企业缺乏劳动关系协调机制还造成企业内劳动纠纷难以在企业内化解，往往演变成劳动争议，需要仲裁和法院解决，对企业和劳动者都造成损害。

企业缺乏劳动关系协调机制有很多原因，其中没有有效地引导是重要的原因。西方国家，如法国、日本、荷兰、比利时、卢森堡等国在上世纪四十年代后期开始，曾先后由法律明确规定一定规模以上的企业须设立劳资合作机构，名称不一，如劳动关系委员会，如企业委员会，但委员会组成和职责基本相同，都由劳资双方同等人数组成，负有开展劳资沟通、咨询，讨论劳资间问题，提出建议的职责。劳资合作机构在这些国家的企业中相当普遍的建立，对于协调劳动关系起到重要作用，值得我们借鉴。

三、对策建议

基于上述问题，当前，应当在坚持政府主导、发挥社会各方面的作用的基础上，推动建立和完善多层次、多渠道的协调机制，通过实践逐步探索出中国特色的劳动关系协调的路子。

（一）完善劳动标准体系，夯实协调劳动关系的基础。

一是在对现有劳动标准进行梳理评估基础上，针对性地调整和修订现有劳动标准，适当提高立法层次、增强可操作性、废止不适应形势发展的劳动标准。二是解决特殊就业群体的劳动标准适用问题，例如出租车司机、保险营销人员以及大学生和退休人员等群体，适当扩大劳动保障法律的适用范围，最大程度地将各类劳动者的基本权益纳入劳动法的保护。三是根据用工单位分层化的特点，研究探索劳动标准对于小企业的差异化适用问题。

（二）完善集体协商制度，建立利益争议调处机制。

一是构建多层次的集体协商制度。在进一步推动企业层面集体协商的同时，力求区域性、行业性集体协商在重点行业和区域有所突破。二是完善关于集体协商的法律规范，明确企业信息公开、企业诚信协商的义务和不当劳动行为的法律后果。三是加强对协商代表的培训工作，提高双方的法律知识水平、政策水平和协商能力。四是建立利益争议调处制度。明确利益争议的调处程序，建立三方机制的实体机构，将调处利益争议作为三方机制实体机构的主要职能。

（三）进一步加强劳动保障监察和劳动人事调解仲裁。

一是继续加强劳动保障监察和劳动人事调解仲裁的力量，特别是基层的力量，更及时有效地保护劳动者的权益。二是充分发挥劳动保障监察机构和劳动人事调解仲裁机构对企业的咨询指导作用，预防争议和违法案件的发生。三是尽快启动《劳动保障监察法》的制定，进一步完善制度，强化监察手段，更有力地保护劳动者的合法权益。

（四）积极引导建立企业内劳动关系协调机制，推动建立企业民主管理制度。

一是政府、工会和企业组织共同努力，鼓励和引导企业建立各类形式劳动关系协调机制，如信息公开（厂务公开）、劳动关系双方沟通议事、职工不满申述处理机制，既推动劳动关系双方沟通合作，也是培育平等协商、签订集体合同的基础。二是尽快启动制定《企业民主管理条例》，推动职工参与管理，落实职工的民主管理权益。

（本文作者系人力资源和社会保障部劳动科学研究所所长）

基于不同学科和国际比较视角看我国劳务派遣制度的完善

石美遐

劳务派遣的称谓进入我国已有十多年的时间，无论是在实际领域，还是在学界或者是在立法领域，该术语已经很常见。由于翻译或是他国法律传统用语的原因，即使是中文中表达“劳务派遣”意思的具体用语也有区别，但我国《劳动合同法》之后，该意思的表达趋于统一，即较多文献都开始使用“劳务派遣”一词。关于劳务派遣的讨论在国内外的劳动法和劳动关系领域一直比较多，直到今天亦是如此。虽然对于劳务派遣这一用工形式的褒贬不一、评价不一，但有一点是肯定的，即劳务派遣已经发展成为很多国家重要的就业形式之一，它已经取得了合法的地位，要想逆转这一趋势是不可能的。对于中国而言，还有一点也是明确的，即法律关于劳务派遣的规制还是不够的，急需出台进一步的法规或政策，否则，劳务派遣这种用工形式有可能成为劳动关系不和谐的因素。以下从不同学科和国际比较的视角谈些个人看法。

一、不同学科角度的劳务派遣

（一）从经济学看劳务派遣。

翻阅大量国内外已有的涉及劳务派遣的文献，可以说，从逻辑脉络上看，劳务派遣的经济学理论依据是新自由主义，特别是伦敦学派的新自由主义，其代表人物为弗里德里希·冯·哈耶克。新自由主义极力主张经济自由主义、自由竞争，反对国家干预，在劳动关系调整领域中则体现为去规制化。自由竞争意味着资本可以打破国界自由流动。在此思想的作用下，经济全球化以前所未有的速度和规模席卷全世界。经济全球化使得各国企业的竞争对手从国内扩展到全球。为应对巨大的压力，非正规就业成为企业降低人工成本的普遍形式，而其中劳务派遣是比较典型的形式。

传统经济学中的一个重要基本假设条件是“完全信息假设”，即认为通过市场的自由竞争，可以实现资源的优化配置。但在现实中却并非如此，如造成失业的原因之一就是信息不对称或不完全信息。获2001年诺贝尔经济学奖的美国学者思彭斯曾论证过劳动力市场信号利润问题。他认为，在劳动力市场中，雇主和寻找工作的人之间信息分布的不对称，使得雇主很难雇用到合适的人，这就需要一些非市场制度，将信息传递给雇主。劳务派遣就是这样一种充当非市场制度的用工形式。劳务派遣单位作为专业的机构，可以获得劳动力市场上各个层次的供求信息，通过运作达到人力资源的优化配置。

从政府的立场看，劳务派遣对于促进就业具有积极意义。劳务派遣这一资源配置方式可以帮助政府调控人力资源市场，使得人力资源市场对劳动力的吸纳能力增强。随着用工形式的多样化发展，劳务派遣对于促进就业的潜力还将进一步显现。

（二）从微观人力资源管理看劳务派遣。

劳务派遣这一用工形式一经出现，就在很多国家受到雇主的大力推崇。我国的劳务派遣虽然较一些国家要晚，但一经传入便迅速扩展。《劳动合同法》中对于劳务派遣首次进行了高位阶的立法规制，规制的宗旨体现了对劳务派遣的一定限制。然而，劳务派遣用工不但没有因实施《劳动合同法》而减少，反而大大增加。对此，很值得深思。

虽然，国内外文献的具体表述有所不同，但归结起来，用人单位愿意使用被派遣劳动者代替传统意义上的正规就业劳动者的主要原因，或者说从人力资源管理的角度看，促成劳务派遣快速发展的因素大致是相同的。在我国，用人单位使用被派遣劳动者的主要原因包括三个方面。第一，降低成本。用人单位可以以人力资源市场价格制定工资标准，运用劳务派遣的方式接受求职者，可以使工资刚性减弱，如在一些垄断行业的低端或通用性工作岗位。显然，采用劳务派遣的支出成本比使用正式在编职工的支出大大降低。第二，用人灵活。用人单位可以根据生产、工作的需要录用人员，单位用人进出灵活，不受编制限制。第三，避免了作为劳动关系当事人之一可能遇到的劳动争议处理之累。根据很多国家的立法，包括中国，一般地讲，派遣机构与被派遣者之间是劳动关系，而派遣机构与接受派遣人员的单位之间为劳务关系。我国的《劳动合同法》将派遣机构定性为“用人单位”，对被派遣人员履行劳动关系框架下的义务。据此，用工单位就可以避免了与被派遣人员之间直接发生的劳动（人事）纠纷。这样一则可以避免因卷入诉讼案件的大量投入，二则可以避免因诉讼给企业带来的不必要的负面影响。

（三）从劳动法看劳务派遣。

从劳动法的视角看，很自然地要从劳动者的维度观察、分析和评价劳务派遣。基于劳务派遣给劳动者带来的诸多问题，我国劳动法学界的观点也是比较明确的。有学者在劳务派遣在国内初露端倪时就疾呼，劳务派遣是将劳动者作为商品进行的买卖，最好对此予以禁止！还有人指出，劳务派遣是企业逃避法律责任的一种手段，它很容易使劳动者的权益受到损害。本文认为，包括劳务派遣在内的非正规就业之所以在世界范围内变得越来越普遍，就其本质而言，是因为它可以在许多方面规避传统劳动法律的调整。

不否认，在有些情况下，通过劳务派遣的形式就业是个人的自愿选择。例如，在一些欧盟国家，已婚家庭主妇为了兼顾家庭和增加家庭收入而通过劳务派遣的途径从事非全时工作，还有一些大学生利用假期当派遣工的机会赚得一些临时性收入等。在我国，也有一些类似的情况。例如，一些高学历、高就业能力的求职者出于不断丰富自身阅历而不满足于固定在一个正式单位中工作，或者是偏好于弹性工作安排等，而劳务派遣就可以满足这类需求。但是，有一点是明确的，在任何国家，包括中国，这类自身需要的劳务派遣式的从业方式不是派遣从业人员的主流，也就是说，这类人只占劳务派遣人员的少数，大多数劳务派遣人员是迫不得已接受派遣这种形式的。令人忧虑的情况是，劳务派遣领域中劳动者权益受损的问题日益突出。这样的例子举不胜举，包括劳务派遣发展较早的国家和中国。产生这些问题的根本原因在于，由于劳务派遣人员在理论上与用工单位之间不具有直接劳动关系当事人的身份，因此，所有的合法劳动权益的实现要么打折扣，要么处于缺位状态，问题的焦点表现为劳务派遣人员与同单位、同岗位人员的平等权利问题。

本文的观点是，对于劳务派遣的正面作用要充分认可，要承认劳务派遣的发展在中外已经成为一种趋势；但对于通过劳务派遣而就业的人所面临的问题不仅要正视，还要通过规制和引导等渠道积极予以解决。对于劳务派遣的发展要进行具体的规范，在某些方面甚至应进行一定的限制。劳务派遣不应发展成为我国的主流从业形式。

二、基于国际比较的对策建议

我国的劳务派遣本已发展较快，继《劳动合同法》之后其规模和涉及的区域又进入了新一轮的快速增加。这些发展中有些是正常的，有些则不太正常；有些是合理的，有些则是不合理的。快速增长的劳务派遣现状急需立法或是政策的规制，否则，有可能出现积重难返的情况。在进一步的规制中，应当注重解决以下三方面的问题。

（一）明确对劳务派遣规制的基本价值取向。

虽然劳务派遣对于宏观搞活人力资源市场、促进就业，对于微观用人单位的人力资源管理均有积极的意义，但就整个社会而言，本着人本管理及和谐社会构建的原则，对劳务派遣的规制取向应当是，对其运作方式给予法律上的认可，但对有关方面予以具体严格规范。有关方面有必要对劳务派遣从业现有的发展总规模进行数量上调查，同时，对于社会允许发展的劳务派遣规模有预期性的研究，也就是说，就业方式中劳务派遣可以占多大比例？是否应当确定，用人单位直接的聘用方式应当持续地成为劳动关系建立的主流方式？是否应当明确，在我国，以劳务派遣为代表形式的非正规就业只能作为正规就业的补充，而不能成为一种普遍的从业形式？再者，就是在允许的劳务派遣领域，要禁止哪些不规范行为，如“劳动转派遣”行为等？所有这些均有必要进行深入的研究。

从欧盟一些国家和日本的情况看，对于劳务派遣的规制经历了从最初的禁止到放开部分行业或工种再到加大立法规范的过程。在这些国家中，有的禁止建筑行业使用被派遣劳动者，有的禁止在医生岗位上使用被派遣劳动者，虽然对被禁止的行业和工种有所放开，但仍有一些工作禁止使用被派遣劳动者。如法国直到现在仍然禁止在特别危险的岗位上使用被派遣劳动者。[①] 而我国在立法上，没有经历这些国家的类似的过程，而是一开始就给予劳务派遣以合法地位。根据中国的国情，这一模式也无可厚非，但鉴于其他国家的情况，面对劳务派遣领域出现的诸多问题，规制的节奏要加快，否则，直接危及劳动关系的有序和稳定发展，影响劳务派遣行业的

① 郑爱青：《法国劳动合同法概要》，光明日报出版社2010年版，第71页。

有序发展。

（二）对“三性”劳务派遣岗位进行具体限定。

根据《劳动合同法》第六十六条的规定，劳务派遣一般在临时性、辅助性或者替代性的工作岗位上实施。从该法实施的情况看，这里的“一般”意味着特殊情况下可以不遵循“三性”原则。而对于“三性”的具体标准，法律中也没有具体界定。因此，用人单位完全可以在不违法的情况下，大量使用劳务派遣工。正是这种太过原则的规定使得劳务派遣的发展已经大大超出了立法者的初衷，劳务派遣领域夹杂了一些不正常的表象。从地区看，劳务派遣已经扩展到东部和其他地区。从劳务派遣涉及的行业看，也已经十分广泛，包括电信、银行、饭店、医院、邮政、家政、电力、铁路运输等服务性行业，以及建筑业和制造业的一些部门。[①] 从劳务工的人员范围看，包括许多行业的城市外来劳动者、大中专院校毕业生、企业下岗分流人员和各类专业人才等。这些状况足以说明，劳务派遣在现实中早已经不是什么“临时性、辅助性或者替代性的工作”了。照此速度发展，劳务派遣有可能在一些地区演变为主流的从业形式。从现有文献反映的情况看，使用劳务派遣的行业和工作岗位有扩大化趋势，现在没有使用劳务派遣的工作岗位倒是不多了。

我国立法中对于劳务派遣工作岗位的“三性规定”对于规范来说，开了一个好头。但还远远不够，急需对于“三性”的具体标准和界定予以法律规定。欧盟国家的相关立法中有很多值得我们深入研究和借鉴。

（三）强化“共同雇主”的理念。

由于我国的《劳动合同法》将派遣单位称为“用人单位”，似乎接受派遣人员的单位就可以脱离劳动关系的调整框架。实际上，

---

① 参见《劳动派遣的中国之路：过去、现状和将来》，2009－9－28，http://www.goldentalent.com/doc.html? DocIE＝4035.

这种看法并没有全面理解法律条款。很多国家的劳务派遣法律关系中，派遣机构和用工单位共同构成劳动关系的雇主，中国在劳务派遣的规制中也接受了这种“共同雇主”或称“双重雇主”的理念。虽然《劳动合同法》第六十二条对于用工单位的义务予以了规定，但从总体上看，现有法律对于“共同雇主”的规范还有缺憾之处。例如，在发生工伤的情况下，“共同雇主”应如何区分其各自的责任，包括赔偿责任等。

其他国家关于“共同雇主”的法律规范还有不少值得我们借鉴之处。例如，根据美国的法律，一旦双重雇用关系被确定，则两名雇主对违反《公平劳动标准法》的行为都要承担责任。还有资料显示，美劳工部负责工资和工时问题的部门认为，临时雇用机构（劳务派遣机构）中被派往各个商业营业场所工作的雇员属于这一机构和该营业场所的共同雇员。同时，在美国，工作场所的雇主往往是首要的或者是唯一的被要求遵守《职业安全和健康法案》的一方。例如，派遣工人使用单位的雇主被要求保留被派遣雇员的疾病和工伤记录。工作场所的雇主还必须向派遣雇员讲明工作地点的危险因素等。此外，根据美国1997年12月发布的关于非正规就业人员的一项政策指南，美国平等就业机会委员会要求用工单位应以非歧视的方式对待派遣雇员。如果当一项歧视诉求是由非正规从业人员提出并被证明后，该委员会倾向于判定派遣机构和用工单位共同对该歧视行为负责等等。可以看出，即使在十分推崇新自由主义的国家，法律上对于劳务派遣的规范，特别是容易出现问题的双重雇主责任问题上均有较为具体的规定。这一点很值得我们借鉴。

劳务派遣法律关系中，用工单位不是只简单地使用劳动者，而不需履行劳动关系的义务。也许正是由于对法律的立意理解不够，在《劳动合同法》之后，很多职业介绍机构纷纷成为劳务派遣组织。虽然职业介绍机构与劳务派遣机构的职能有些交叉，但要明确的是，从劳动关系角度看，二者具有本质区别。职业介绍机构不是劳动关系的一方主体，它不能只享有用人单位的权利而不履行用人单位的义务。

本文最后还想建议的是，作为用人单位，有时也需要权衡一下使用劳务派遣人员而带来的管理成本和其他机会成本。劳务派遣中并不是只存在简单的双方劳动关系，而是存在着涉及到三方的劳动关系。而这种涉及到三方的劳动关系远比直接建立起两方的劳动关系要复杂得多！应提倡在最适合的岗位上使用派遣人员，而在其他基本和多数的岗位上还是直接聘用劳动者为宜。

（本文作者系北京交通大学经济管理学院教授）

灵活和“不规范”用工方式下的工会工作探讨

赵 炜

改革开放以来，建筑业一直发挥着对国民经济的支柱产业作用。2009年，建筑业占国内生产总值的6.56%。建筑业的发展还带动了从业人数的增加。全国具有资质等级的总承包和专业承包企业拥有从业人员3597.35万人。目前，从事一线生产的工人基本为农民工。江苏、河南建筑业从业人员中85%以上来自农村[①]。在北京建筑行业工作的农民工约有40万人，占建筑施工现场一线施工人员的90%以上[②]。

自20世纪90年代末起，在建筑业，拖欠农民工工资、工人恶劣的劳动条件、严重的工伤和职业病问题等就多次被政府关注和被媒体诟病，但问题一直未能得到很好解决。一些研究认为，分包制度的存在导致了建筑行业劳动关系的特殊性和非正规性；建筑行业本身生产运作的特点造成了用工的灵活性；政策失效导致的“不规范”用工；大量农民工聚集更加加剧了劳动关系的不稳定性和多样

① 住房城乡建设部市场监管司、政策研究中心：《中国建筑业改革与发展研究报告》，中国建筑工业出版社2010年版。

② 白莹：《提升建会入会率是当务之急》，《劳动午报》2010年11月22日。

性。相对于其他产业，建筑业的劳动关系显现出更加复杂的特点。

本文基于对2010年北京市4家建筑工地310名农民工的问卷调查和对20名农民工的半结构访谈，简要描述建筑业农民工的基本工作状况；分析造成目前建筑业劳动关系现状的管理和运行体制；提出建筑业行业的劳动关系的特点，并在总结其特点的基础上提出工会工作的对策。

一、对建筑业劳动关系的现有研究

近年来，对于建筑业农民工工作条件的调查和研究并不少见。比较著名的有2005年清华大学社会学系的全国5000名建筑业农民工调查[①]、2008年新世界中国地产公司工地调查[②]、北京市总建筑工会2010年对北京市3000名农民工的调查[③]。这些调查从不同的角度获得了基本相似的结论：建筑工地农民工工作条件恶劣，劳动时间超长并没有获得足额加班工资；农民工社会保险参保率极低；工会组织有一定发展，但未能起到代表和维护工人利益的作用。

现有的文献基本都将建筑业农民工工作状况和分包制结合在一起。例如，沈原用“关系霸权”来解释“包工头”在整个建筑业社会网络的作用。他提出，建筑业的劳动关系、工人团结等都建立在“关系霸权”的基础上。蔡禾等人[④]则从对包工头工资分配过程的分析，提出了建筑行业中“关系”的不确定性以及在工资发放过程中对“关系”的利用。包工头和（核心）工人之间的“关系”不再

---

① 沈原：《“关系霸权”：对建筑工劳动过程的一项研究》，《市场、阶级与社会》，社会科学文献出版社2007年版。

② 潘毅（香港）/卢晖临：《“新世界中国”地产公司工地调查》，《领导者》2009年4月号。

③ 同前页注释②

④ 蔡禾、贾文娟：《路桥建设业中包工头工资发放的“逆差序格局”》，《社会》2009年第5期。

是单纯的市场关系，也不再是单纯的社会关系，而是二者的叠加。潘毅[①]等则明确地提出，造成目前建筑业农民工恶劣工作状况的罪魁是“层层分包的用工体制”。他们强调，分包劳动体制的存在，使得今天的建筑工人在事实上进入到一个资本主义生产关系的同时，他们的劳动关系却被一层一层地遮蔽，最终陷入到劳动关系缺失的困境中。无论是市场关系和社会关系的“叠加”，还是劳动关系的“遮蔽”和“缺失”，我们都可以看到，与其他产业相比，建筑业的用工方式“非正规性”导致了劳动关系的复杂性。

在全球化的影响下，与其他行业资本流动、发达国家大量制造业在发展中国家异地重建的趋势不同，大量使用非本地的移民工人，实现灵活用工，是世界主要国家建筑业劳动用工的主要方式。以美国为例，到2006年，建筑工人中非美国出生的工人占24%，在佛罗里达，移民工人比例为34.7%[②]。大多数移民工人都从事低技术的“日工”。在英国，建筑工人中非英国籍工人占近10%[③]。以“项目制”为特点的建筑业鼓励了短期和临时用工的大量使用。在这样的用工方式下，欧美国家建筑业劳动关系的特点和工会以及工人组织的应对，也成为学者关注的问题。近年来的英文文献中，越来越多地注意到建筑业中分包（Sub - contract）和短期用工对工人，特别是移民工人职业健康和安全的影响、外来移民工人的培训以及工会和劳工NGO组织在建筑业的发展。

结合已有的文献，下面将对本次调查的数据进行梳理，通过描述建筑业农民工的社会结构、工作条件和工会组织状况，分析造成

① 同前页注释①

② Bruce Nissen, Alejandro Angee, Marc Weinstein, 2008, Immigrant Construction Workers and Health and Safety The South Florida Experience, Labour Studies Journal, Vol 33, No. 1, pp 48—62.

③ Linda Clarke, 2010, Enabling & Disabling Labour Market Sectors: Migrants, Health and Safety and Disability in the British and Dutch Construction Sectors.

建筑业劳动关系特征的因素。

二、对建筑业农民工基本情况的描述

从被调查建筑工人的社会结构来看，男性比例极大，92.9%为男性；工人年龄偏大，平均年龄近40岁，其中年龄最小者15岁，25岁以下工人的比例为20.8%，46岁以上占1/4；工人文化程度偏低，初中以下文化程度占78.3%。流动频率大，近7成的工人都换过工作，平均流动频率为5.23次。多数工人的流动没有离开建筑业。

在签订劳动合同、工资、工时和基本劳动条件等问题上，本次的调查显示：只有22.3%的工人签订了劳动合同。工资发放依然采用每月发生活费，其他工资采用年终结算的方式。工资拖欠现象依然存在，51.9%的工人曾遇到过工资拖欠的情况。社会保险覆盖率低，在被调查工人中，一项社会保险都没有的占58.7%，只有14.5%的工人有工伤保险，8.1%的工人有医疗保险，有养老保险的不到1%。工人不得不忍受极长的劳动时间，除每天10小时以上的工作时间外，几乎没有周末和公共假期。

在参加工会和权益维护问题上，只有2.7%的工人知道自己是工会会员，其余都表示“不是”或“不知道是不是会员”；在解决拖欠工资或工伤赔偿的问题上，工人多选择找“包工头”或“私了”。

建筑业灵活化和“非正规”的用工方式直接造成了农民工恶劣的工作条件。同样，也给农民工自身、政府和工会改善其工作条件带来极大的困难。具体表现在：

第一，严重的职业健康和安全问题和恶劣的工作条件。长时间的重体力和加班工作，造成大多数工人长期有疲劳感。有41.6%的工人觉得每天都疲劳，13.9%的人觉得大多数时候都疲劳。这种疲劳感如果长时间存在，就会造成身体的不适，如有57.3%的工人出现一半时间以上都觉得肌肉酸痛的情况。在工作过程中的劳动保护方面，建筑工地要求工人佩戴必要的安全防护用具。但工人反映，像手套、口罩等易磨损的用具，公司很少提供，工人只好自己在工地附近购买。为了省钱，他们往往会买最便宜的防护用具，这些用具实际达不到防护要求。工人们反映最强烈的问题还有：夏季高温季节从未按照国家规定缩短工作时间，相反，夏季的工作时间通常在12小时以上。被访谈的工人都未得到过国家规定的防暑降温费。在所有工地都存在饮用水供应不足问题。用工人的话说："工地上的水从来没有烧开过，水温都可以洗手。"

调查显示，工人对于职业健康的概念不了解或了解很少。在他们看来，只有工伤事故才算得上问题。只有31.3%的工人表示他们接受过安全培训。但即使如此低比例的培训，其实际效果也无法保证。农民工接受的培训，基本上仅仅是入职前的集中培训。一位工人说，他参加的安全培训就是把很多人集中在一起，有一个人在前面说，但具体说的是什么，也没有听清楚。除了职前安全培训以外，基本上没有平时的安全教育。有的农民工表示，时间一长，就松懈了。

第二，工人几乎无法从"正规"途径维护自身权益，个人化的"私了"和集体性的"堵路"等方式成为其自身维权的基本做法。一般来说，在出现工伤等比较个人化的问题时，基本是通过找"包工头私了"。而遇到拖欠工资等集体维权的问题，工人越来越多地选择"堵路"等可以在短时间奏效的集体行为来维护自己的权益。

工人之所以做出如此选择，是基于工人多次在"正规"途径面前"碰壁"后的选择。就解决工伤问题来说，出了工伤事故后，10.9%的工人表示能按照工伤保险解决。工人说，除了包工头，我们也不认识谁，只能找他解决。就解决工资拖欠问题来说，工人也找过劳动局、法院。但这些机构都要求工人先提供劳动合同才能考虑解决，这又是建筑工人很少能够提供的。于是，他们转向了以聚众堵路等为主要方式的集体行动，这样做其权益往往很快得到实现。这样的“维权”之道已经得到工人的认同。

第三，建筑业农民工维权意识有所提高，但集体维权意识并不明显。尽管劳动合同的签订率低，一些企业工会组织基本上没有作为，但工人要求签订劳动合同，希望通过法律维权的意愿明显增加。86.5%的农民工认为签订劳动合同很重要，61.6%的工人希望得到法律知识的培训。相对来说，工人集体维权的意识还不十分突出。即使在讨薪过程中需要“集体”时，他们首先想到的是找自己的老乡。工人对“工会应该有什么样的作用”这些基本问题都不清楚。在谈到对工会的愿望时，大多数工人将工会视为一个可以帮助自己的“外力”，而未将工会视为“工人群众的集体组织”。

第四，政府和工会自上而下推进的维护工人权益的法律和政策，在建筑业几乎都执行不到位。不可否认，进入新世纪以来，各级政府颁布了多项法律法规和政策文件，以期建立更加稳定的劳动关系，其中很多是直接针对建筑业的。北京市建筑工会归纳的建筑业农民工权益保障的文件近700页，涉及从劳动合同到工资保障的方方面面[①]。但从实际效果看，这些法律和政策都未得到有效实施。就解决拖欠农民工工资的问题，从国务院、最高法院到人力资源和社会保障部、全国总工会多次下发“办法”和“通知”，问题虽有缓和，却并未得到解决。除此以外，工会和政府部门推行的一些“工程”，也同样效果不佳。如旨在保障高风险行业农民工安全权益的“平安计划”，从2006年起，原劳动和社会保障部已经推行两期。从调查的情况看，农民工工伤保险的覆盖率依然很低。北京市建委2007年开始推行的建筑业工人“实名卡”制，至今不了了之。

---

① 韩子荣等主编：《建筑业农民工权益保障法律法规政策文件汇编》（上下），2010，北京市建筑工会。

从工会工作的角度，尽管组建了北京建筑业产业工会，但未见其在基层工会有显著效果。为了追求组建工会的数量，上级工会一般都采用在项目工地上组建工会的方式，这样的做法简单、快捷，但效果有限。

三、对建筑业劳动关系状况的基本分析

上述问题与建筑业用工方式直接联系。在不断市场化的过程中，建筑业本身的行业特征显现出来。

首先，行业的“不确定性”使建筑行业对灵活用工的要求非常强烈。建筑业受到国家宏观经济形势、政府政策调控、固定资产投资等多方面因素的影响。政府对于建筑业用工灵活化的推动作用是巨大的。1984 年国务院《关于改革建筑业和基本建设管理体制若干问题的暂行规定》中明确提出，国有企业除必需的技术骨干外，原则上不再招收固定职工。1987 年召开的全国施工工作会议上，进一步提出要学习“鲁布革工程管理经验”，全面运用项目法施工。1988 年《建筑法》的出台，从法律上明确了管理层和劳务层分开，建筑施工企业将劳务层剥离出去。此过程中，建筑企业固定职工的比例下降很快。到上世纪 90 年代末，建筑业基本完成了临时工替代固定工，农民工替代城市工人的过程。

其次，由于政府政策的推动，建筑业的管理与劳务分离的过程非常之短，劳务分包的巨大市场在短期内被不规范的“包工头”占据，直接带来的是用工“不规范”。在用工制度快速变化的进程中，被视为不规范的“分包制”和“包工头”出现。分包制一经出现，就不受鼓励。2005 年 5 月，建设部召开了全国建立建筑劳务分包制度现场会，并颁布了《关于建立和完善劳务分包制度发展建筑劳务企业的意见》，要求从 2005 年 7 月 1 日开始，用三年的时间在全国基本建立建筑劳务分包制度，要求农民工基本被劳务企业或其他用

工企业直接吸收。包工头承揽分包业务基本被禁止。但时至今日，这个部级的“意见”并未对分包制形成实质性的影响。现在的情况是：分包既没有被禁止，也没有相应的法律加以规范，以至于建筑业存在的很多看似难以解决的劳动关系问题，都与分包制有关。

第三，建筑工程在施工过程中涉及近20个工种，除了挖掘、吊装、浇灌等使用大型机械之外，大多数工种基本由技术要求不高的手工劳动完成。而且，不同于制造业，整个劳动过程对于工人技术水平、协作性、连续性的要求较低，适于文化程度较低的男性就业。这些特点使得建筑业很快成为灵活化用工程度高、分包不规范、农民工比例最高的行业。

建筑业的行业特点给工人造成的直接影响是多方面的。第一，分包制直接造成职业安全状况问题的加剧。由于分包的多层次，降低了对安全设施的投入；建筑项目的短期化，使得雇主忽视安全防护和安全培训。用工灵活化和短期化使工人难以建立完整的职业安全意识。这个特点不仅存在于中国，在一些发达国家同样存在。在美国，西葡语系外来工人的工伤率就高于美国本土工人①。在英国，雇主用于培训外籍工人职业安全的投入低于本国工人。第二，层层分包的用工体制，对农民工影响最大的是正规劳动合同的缺失。这也是与之连带的欠薪、社会保险覆盖率低等问题不能从根本上解决的原因所在。政府出台的一系列政策实施不力，在很大程度上也是因为政府政策多是在“假设”劳动关系已经建立的基础之上。以原劳动和社会保障部2006年开始推进的危险行业农民工参加工伤保险的“平安工程”为例，该工程在推行了两期以后，将目标确定为“实现有劳动关系的农民工工伤保险全覆盖”，工程效果大打折扣。政策执行不利的后果，或是工

① Bruce Nissen, Alejandro Angee, Marc Weinstein, 2008, Immigrant Construction Workers and Health and Safety The South Florida Experience, Labour Studies Journal, Vol 33, No. 1, pp 48—62.

人权益受损或是工人选择“非正规”方式自行维权。

从目前建筑业的行业特点和用工模式上看，在很长一段时间内，灵活化、短期化将占重要位置；农民工是一线工人的主体。尽管政府将进一步规范分包制度，但短期内将分包制度以及“不规范”用工完全取缔是不现实的。在这样的背景下，工会应该如何去做，是值得思考的问题。

四、对建筑业工会工作的探讨

当农民工成为建筑业生产工人主体以后，工会工作的内容和工作方式也发生了变化。不可否认，近年来，工会在组织农民工入会、源头参与等方面做了大量工作，但就调查的情况看，工作还远远不够。关于建筑业工会工作的经验研究已经很多。在此，结合建筑业用工方式的特点，就几个基本问题进行阐述。

首先，关于建筑业基层工会的组建方式。目前的情况是，上级工会组织完善，但基层工会组织不健全。很多地区在市区一级都成立了建筑业行业工会，一些大城市还在建筑工会下成立外埠项目部工会，以指导基层工作。这说明工会领导机构看到了建筑业的特殊性。

在基层，结合建筑业特点选择了在项目部基础之上组建“项目部工会”。这种方式依然是“自上而下”的、运动式的。这种方式组建容易，快捷，但效果有限。

一些统计说明，有大量的农民工入会。例如，在北京的40万农民工中，有33万人入会[①]。但实际的情况是，农民工对工会组织的了解程度很低。“项目部工会”是否真正有效，是否应该建立更适应建筑业用工方式的工会组建方式，值得进一步探讨。

其次，关于工会的具体工作。由于建筑业用工方式的灵活性和

---

① 白莹：《提升建会入会率是当务之急》，《劳动午报》2010年11月22日。

不规范性，直接导致了工会组建工作的不落实和建筑业农民工多项基本工作条件尚达不到法律规定的基本水平，如按月发放工资、支付加班工资等。因此，在建筑劳务企业开展工资集体谈判等应该是工会推行的重点工作，突出劳动保护、维护建筑业农民工的安全健康权等也应该是工会大力促进的工作。另外，由欧美建筑业的经验来看，工会的力量是否强大，在很大程度上决定着建筑业工人的职业安全状况的好坏。所以，基层工会和行业工会能在此项工作上有所突破，将非常有意义。

再次，要重视履行工会的教育职能。建筑业职工的一个显著特点是文化程度低、技术水平低且单一。这不但影响他们在人力资源市场上的竞争力，也影响建筑施工质量，因此，对他们的文化和技术培训尤为重要。已经有多个省份在建筑工地兴办农民工夜校，但效果有限。工会如何在这方面进一步发挥作用，整合职业教育资源，提高投入产出比，推进职业教育现代化水平，亟待加强研究。欧美工会，如德国、英国、美国等，都注重向移民工人提供技术培训，并传播工会基本理念，组建工会，获得良好效果。尤其要看到，建筑业劳动关系比较复杂，工会组织率低，工人流动性大，但工地多集中在大城市、工人居住密集等特点，使建筑业劳资矛盾易于爆发。从“二战”结束到70年代，建筑业是美国罢工发生最频繁的行业，全国性罢工的20%都发生在建筑业①。因此，加强对建筑业职工的技术技能培训以及法律和工会知识方面的培训，不仅对于建筑业劳动关系的稳定，也对社会主义和谐社会的构建具有重要意义。

（本文作者系北京师范大学哲学与社会学学院副教授）

① David B. Lipsky and Henry S. Farber, 1976, “The Composition of Strike Activity in the Construction Industry”, Industrial and Labor Relations Review, Vol. 29, No. 3, pp. 388—404.

论我国构建社会主义和谐劳动关系的目标、原则和行动体系

关信平

自工业化社会以来，劳动关系问题一直是现代社会所面对的重要问题之一。当代社会中，随着工业化的发展、产业结构的转变、政治民主化、社会结构变迁以及社会流动的增大，劳动关系问题也逐渐从过去的劳资双方之间的问题演变为全社会性的问题；并且从过去较为简单的经济问题发展为经济——政治——社会的综合性问题。因此，它不仅需要劳资双方的共同努力，而且还需要全社会的参与，在全社会的范围内建构相关的制度体系。从全世界范围看，尽管当代各国在劳动关系方面都面临着类似的问题，但由于各国国情的不同，其劳动关系的基本制度框架也有所不同。各国的体制差异不仅仅是其策略上的考虑，而更多的是受各国基本的政治体制、经济发展状况和社会条件的影响，并且受到来自各种不同倾向的意识形态的影响。当前我国构建社会主义和谐劳动关系，不仅仅是要解决眼前面临急迫的问题，而且更重要的是要为未来长期的发展建立基本的制度框架。为此，我们应该首先把握好劳动关系长期发展的方向，以便使将来少走弯路。要把握我国社会主义和谐劳动关系的正确方向，首先要明确其目标和基本的原则。尤其是在当前我国经济与社会发展处于新的转型期背景下，在劳动关系方面面临的问

题比过去更加复杂，各种不同的思想观点对劳动关系模式产生着不同的影响。因此，构建社会主义和谐劳动关系的问题就更需要有明确的目标和合理的原则。为此，本文拟从我国转变经济发展方式和构建社会主义和谐社会的大背景出发，提出当前构建社会主义和谐劳动关系的基本目标和基本原则。

一、我国建构社会主义和谐劳动关系的基本目标

所谓社会主义和谐劳动关系，应该是指在我国社会主义的经济和政治制度体系下，在构建社会主义和谐社会的大背景下，为了推动社会的发展和稳定，并最终维护个人、集体和企业的根本利益，在参与劳动就业领域各方之间，以及在其相关的社会环境中实现的和谐共赢的经济、政治和社会关系。

相比之下，过去的劳动关系的目标模式比较集中于寻求“对抗——平衡”的模式，或者是简单的“权利保护——利益协调”模式。应该说，这种传统的模式在一定的条件下和一定的时期中也可以发挥作用，但从根本上看，它们都是预先从理论上将各方的“对抗”、“冲突”接受为既定事实，然后在此基础上寻求“对抗中的保护”、“冲突中的协调”的途径。其结果，一般只能达成暂时性的平衡，而难以获得可持续性和谐的基础。并且，它们大都以事后解决为主、“治标”为主的目标，而难以发挥社会主义制度的优越性，难以使劳动关系立足于更为坚实的社会基础之上，因而是不稳定和难以持续的目标模式。

社会主义和谐劳动关系，首先要超越资本主义制度基础上构建劳动关系体系的目标。我们应该借鉴资本主义社会劳动关系中的许多制度优点，以及他们多年来解决劳资冲突的经验教训，但从根本上看，我们应该立足于我国的社会主义的制度基础，在社会主义原则下确立我国的劳动关系的主导模式。更具体讲，应该超越以“对

抗”和“冲突”为基础的体制建构思路，建立以“和谐”为基础的劳动关系体制。按照这样的理解，并结合现阶段我国政治经济和社会发展的大目标的要求，我国现阶段构建社会主义和谐劳动关系的基本目标应该被概括为构建一个有关各方“双赢”和全体社会都“共赢”的目标，即不是简单地去寻求在对各方对抗性力量的平衡和对各方冲突性利益的合理分配，而是要探索有效的体制和机制，以及采取合理有效的政策去尽最大可能寻求各方力量的结合和各方利益的共同点。

所谓“双赢”或“共赢”，其基本点就是，一方的所得不以其他方的所失为代价，即一个没有“输家”的均衡过程。从微观上看，这一目标体现在企业层次上的劳资共赢，即劳资双方不再是一方强一方弱的不平衡关系，也不是简单地使双方为了争得自身利益的最大化而相互冲突或博弈，而是能够找到双方共同的目标和共同的利益，并以此而成为发展和谐劳动关系的支点。从中观层次上看，“双赢——共赢”的目标模式强调在行业、地区等层次上建立共生合作的关系，通过共同的发展来实现本行业、本地区的利益最大化。在宏观层次上，“双赢——共赢”目标模式要同时指向稳定、发展和社会进步的共赢，即建立社会主义的和谐劳动关系的基本目标不仅仅是为了维护社会稳定和政治稳定，而且还要有助于推动经济与社会发展。

这种“双赢——共赢”的基础在于：首先，劳资双方和其他有关各方在劳动活动中具有不可分割的关系，其次，双方和有关各方之间客观存在着共同的利益。因此，双方和有关各方不仅从其自身利益，而且还可以从各方共同的利益出发去寻求“双赢——共赢”的最佳途径。这种目标模式不同于过去的“对抗——平衡”模式，也不同于简单的“权利保护——利益协调”模式，而是一种更高层次的目标模式。它更能够符合我国社会主义制度的要求和基本目标，更能发挥综合性的经济、政治和社会效益，更能够体现以人为本、人和社会共同进步的要求，并且从其运行的角度看，也更具有长期可持续发展的潜力。

二、我国构建社会主义和谐劳动关系的基本原则

简单概括而言，我国构建社会主义和谐劳动关系的基本原则就是我国长期信奉的社会主义原则体系。这一原则可概括为以下几个方面。

首先，保护各方基本权利和公平正义的原则。权利保护是社会主义和谐劳动关系的法律基础，它要求所有有关劳动关系的规则、协商、协议，以及参与劳动关系的行为等都必须保证遵守我国宪法和法律所规定的保护劳动者、经营者和投资者的基本权利。而公平正义原则是构建和谐劳动关系的道德基石，其基本要求是在贡献的基础上承认各方利益平衡，分享企业生产和发展的收益。

第二，利益共同体原则。与“对抗——妥协”不同，“利益共同体原则”不是强调在冲突的目标中通过力量制衡而达成简单的利益平衡，而是首先强调参与劳动关系的有关各方认识和把握其共同的目标和利益相关性和共同点，并在此基础上寻求其共同利益的最大化。实现利益共同体原则的基础在于，劳动关系各方都应该主动地站在更高的层次上，将劳工——管理（资方）——政府都看成是一个利益共同体（而不是对立的各方），在此基础上在企业、行业、地区和国家等各个不同层次去寻求其共同的利益。也就是说，有关各方都应该将其他方看成是实现自己利益的“伙伴”和“合作者”，而不是争夺利益的“对手”。为此，企业投资者和经营者应该注重培育和尊重职工的主人翁地位，将维护职工的权利和利益纳入其基本目标之中；而职工也应该有更高的主人翁责任感，将维护企业利益、促进企业发展作为自己的目标。而从更广泛的社会层面看，企业和职工都应该将国家的发展、稳定的目标与全社会的利益放到重

要的位置上。在行动层次上，利益共同体的原则要求劳动关系有关各方应该更多地强调各方之间合作，而不是将对抗和监督放到首要的位置。

第三，国家法律体系下的劳资自主和社会协商原则。维护和调节劳动关系的根本原则应该是国家的法律。在国家法律之下，应该由劳资双方自主地建立劳动关系。劳资自主可以在企业、行业、地区和全国等多个层次上开展。在企业层次上是基层的劳资自主，在社会层次上是高层次的社会协商。而政府行政部门应该扮演制定行政法规、监督和协调、提供各种社会服务，以及代表国家和全社会的利益而规范或引导劳资双方行为的角色，而不应该太多地直接干预劳资双方在法定自主范围内的事务。即使劳资双方发生纠纷而无法自主解决，也应该主要依照法律程序解决，而不应该事事都由政府行政部门去扮演“仲裁人”或“消防队”的作用。要做到劳资自主和社会协商的原则，首先要有更加健全的法制体系，其次是劳资双方都应该有比较成熟的组织体系，并且培养在法律框架下自主协商的能力，使其能够担当起自主协商的任务。

第四，促进社会参与和消除社会排斥的原则。社会主义和谐劳动关系必须建立在有关各方广泛而深入的社会参与的基础上。无论是在制定规范还是实施规范的过程中，如果任何一方受到长期性的排斥，不仅受排斥的一方可能利益受损，而且他们从心理上也难以认同和主动支持并遵守没有他们参与制定的规范，从长期看，也就难以建立起真正稳定的和谐劳动关系。在计划经济时期，我国企业中的职工参与已经达到较高水平，而实行市场经济以后一些企业的职工参与有明显的退步，普通职工在企业管理规范的制定和具体的管理中在不同程度上受到排斥，成为了单纯的被管理的对象，而不是管理的积极主体之一，这很不利于建立社会主义和谐劳动关系。社会参与应该在各个层次上加以推进，在微观层次上应该强调企业内部管理中的职工参与，在宏观层次上应该更多地强调职工和企业对国家、地区和行业公共事务的参与，以及对国家经济与社会发展的参与。

第五，发展型的劳动关系原则。社会主义和谐劳动关系的最主要的要求之一，是它既要维护劳动关系各方的权利和利益，又要能够促进个人和企业发展，以及在社会层面上促进全社会的经济和社会发展。因此，构建社会主义和谐劳动关系时，始终要将“促进发展”作为重要的原则。过去几十年世界各国的经验证明，损害发展的劳动关系最终是不可持续的。对于我国来说，发展就更是重要。所谓“发展型劳动关系”，简单说就是使劳动关系能够促进职工和企业的共同发展，并以此来促进经济与社会经济发展。对个人来说，能够使其在企业中得到个人职业生涯的发展是至关重要的，对企业来说，能够在市场经济中获得企业的发展更是其关键性的目标。这一原则应该体现在劳动关系的具体规则和实施行动中，在微观层面上使劳动关系能够更好地促进职工的素质提高、晋升和职业发展，更好地调动劳资双方在投资、管理和生产中的积极性，避免对任何一方积极性的损害；在宏观层面上使劳动关系能够与国家的宏观经济政策与社会政策等相配合，以便能够保持和不断增大我国的国际竞争力。

第六，积极的劳动关系行动原则。我国社会主义和谐劳动关系的建立应该是一种更加积极的行动，它不应该仅仅是对当前问题的被动反应，而应该是我国构建社会主义和谐社会的长期性行动体系的一个重要组成部分。因此，构建社会主义和谐劳动关系首先是一项战略性的任务，而不应该仅仅被当成解决眼前问题的策略（尽管策略还是需要的）；其次，构建社会主义和谐劳动关系需要有前瞻性的视野，应该能够看到至少未来几十年我国劳动关系的发展前景（当然这需要对我国未来经济、政治与社会总体发展远景有清楚的把握）；再有，应该强调以预防性为主，通过合理的法制建设和体制机制建设而构建起具有很强事先预防的劳动关系体系，以减少劳资纠纷的发生；最后是应该着力建立增能——促进型的劳动关系，而不是保护型的劳动关系。保护型劳动关系片面强调对弱势一方的保护，而事实上单纯的保护可能使被保护对象越来越弱，越来越依赖保护。相反，如果能够建立起增能——促进型的劳动关系则可避免这一缺陷，使劳动关系更具积极的意义。增能——促进型是指以增大弱势一方的能力，促进其发展、融入和参与为主导的劳动关系行动。它包括提升劳动关系各方的社会权利意识、法制意识、社会责任感、组织动员和社会控制能力、自主协商能力等。

三、我国建构社会主义和谐劳动关系的行动体系

（一）制度建设行动。

构建社会主义和谐劳动关系，首先，要完善基本的制度体系。其中最主要的是应该完善法律体系。应该在劳动法律体系和企业法律体系的基础上，制定《劳动关系法》，规定我国劳动关系的基本法制框架。其次，应该在国家法律和地方法规的基础上，在行业层面上制定适用于本行业的劳动关系指导原则和技术规范。

（二）组织体系建设行动。

一套健全的劳动关系涉及到各方的行动者，而各方的行动者都应该是有组织的。劳动者的社会融入和社会参与、集体协商以及劳动者的增能等行动都需要建立在劳工组织化的基础上。在劳动关系的组织体制方面，应该根据我国的实际情况和我国社会主义和谐劳动关系的目标、原则而进行体制创新。西方国家劳动关系的组织体系比较强调建立劳资双方各自的组织体系，或者劳资双方与政府共同构成的三方体制。但这种体制难以避免“对抗——妥协”模式的劳资关系。尽管许多国家采用不同的组织集中化程度去调节劳资关系的对抗性，但也很难跳出劳动关系的对抗性与劳工群体的弱势性之间的两难困境。我国一些研究者比较强调通过增加工会的独立性

来解决问题。但这种思路也只是看到了问题的一个方面。在缺乏协调性和广泛社会支持的情况下，独立的工会可能也难以发挥作用，或者是以更大的社会冲突为代价地发挥作用。

对此问题，我们应该更多地思考能够超越过去传统模式，建立更具社会性、包容性和和谐性的新的组织创新模式。首先，在企业层次可能的方式有，一是在各个层次上（尤其是在基层）建立“劳资联合委员会”，二是建立交叉渗透的组织体系，即工人选举的代表参加管理层，管理者的代表也参加工会领导层，使在各方的核心层中都有对方的代表和声音，以促进相互了解和理解，并增强信息公开，有助于避免和化解冲突，尤其是避免因相互之间缺乏了解而产生的冲突。其次，可以将劳动关系组织的重心建立在地区和行业层次，也即建立“中层集中化”的劳动关系组织模式，既避免过度集中可能导致的集中化对抗和效率低下，也避免组织体系过度分散而带来的劳动关系碎片化。再有，在地区层面上建立劳动关系组织体系的时候，除了传统的“劳——资”双方和“劳——资——政府”三方以外，还可以考虑将有关的社会力量结合进来，如社区、社会组织、专家学者等，组成更具代表性的社会化组织体系，以分散冲突、增强协调力量和加强社会引导。最后，在（广义的）政府方面，除了政府劳动关系主管部门以外，还应该让劳动司法部门更多地和更积极地介入劳动关系，而且应该更多的是事前介入，在劳动关系法制宣传教育和预防方面发挥更多的作用，而不仅仅是发生纠纷以后才去做仲裁性介入。

（三）当前需要加强的实施行动体系。

首先，是需要加强劳动关系有关各方的沟通与协商机制。广泛深入的沟通协商是增进了解和理解，预防和化解矛盾冲突的有效途径。应该鼓励企业主和管理者多深入到职工中，了解职工的劳动、生活和心理状况，以及他们的各种困难和要求；同时建立比较畅通的职工向管理层反映情况的渠道，使职工有了困难能够在工会组织之外再多一个渠道直接向管理层反映。

其次，是加强教育、学习和宣传的机制。不断地学习对劳资双方都是非常必要的。对于资方（管理方）来说，应该不断地学习领会国家的法规与政策，使其管理和企业发展能够符合我国社会主义和谐社会的发展方向，而不是想方设法地钻法律的空子。同时还应该更多地学习现代管理知识和方法，以便形成更加符合社会主义和谐劳动关系的，更具社会化和人性化的管理方式；对于职工方面，应该通过不断的学习，不仅增强技术知识和技能，而且增强法制意识和依法维权的能力，同时还应该通过不断的学习，把握国家经济与社会发展的方向，培养宏观意识，以便能够更好地促进其在劳动关系中积极参与（而不是被动的和短视性的应对）。对于政府来说，除了自身也需要不断学习之外，还需要更好地组织起有效的宣传，包括劳动关系法规精神的宣传和对具体政策的讲解，也包括对更广泛的宏观经济社会发展形势、国家的经济政策与社会政策等方面的宣传教育。

再有，应该进一步加强、完善和优化社会政策体系，尤其是与劳动关系有关的社会政策体系，包括社会保障的体系、就业促进和就业保护的政策体系、医疗卫生政策体系、教育培训的政策体系、住房政策体系以及针对老年人、儿童、妇女和残疾人等专门人群的社会政策体系，以便从政府层面上构建一个更为完善的社会福利和社会服务网络，既解决职工的许多后顾之忧，降低他们的生活成本，同时也为企业服务，并帮助企业降低劳资关系中的各种压力。

此外，应该加强对职工和企业的社会化服务体系建设。构建社会主义和谐劳动关系，不仅仅是在企业内部，而且是需要更广泛的社会参与。尤其是需要企业所在的社区、相关的社会组织、专家学者、新闻媒体等各个方面的参与。各方的社会参与都应该本着以促进和谐为目标、以服务为主的原则，积极为职工和企业服务，形成为职工和企业服务的社会化网络，帮助职工和企业解决各种实际问题，并最终形成和谐劳动关系的社会服务基础。

最后，应该建立专业化的企业社会工作体系。实践证明，专业化的企业社会工作体系能够在调解企业内部各种矛盾，促进社会融入和社会参与，解决职工生活、就业和心理等方面存在的各种困难和问题，化解个人和群体危机事件等各个方面发挥重要的作用。

（本文作者系南开大学社会工作与社会政策系教授）

合作与共赢：构建和谐劳动关系的必由之路

丁 为 民

构建社会主义和谐社会，是我国长期的重大战略任务，而劳动关系的和谐则是社会和谐的重要基础和具体体现。改革开放以来，我国劳动关系发生了重大变化。据有关资料，截止到2007年3月，我国在城镇非公企业从业的人员已占到城镇从业总人数的65.8%[①]；2010年，新生代农民工在非公有制企业中的集聚度更是高达84.3%[②]。这说明，劳资关系已成为我国企业劳动关系的重要组成部分。处理好劳资关系，对构建和谐劳动关系，促进社会和谐，有重要意义。

一、劳资关系与合作的劳资关系

公有制为主体、多种所有制经济共同发展，是我国现阶段的基本经济制度，也是实现我国经济长期可持续发展的重要条件和基本

① 根据《瞭望》新闻周刊2007年第40期的有关资料统计。这里所说的非公企业是指私营企业、外资企业和港澳台资企业。

② 见中华全国总工会新生代农民工问题课题组：《2010年企业新生代农民工状况调查及对策建议》。

经验。我国劳动关系的重大变化和劳资关系的逐渐凸显，就是这种所有制结构变动的必然结果和在经济关系上的具体表现。我们承认这种所有制结构及其变动趋势，就应该肯定企业劳动关系的重大变化，看到劳资关系已成为我国现阶段整个经济社会关系框架中一个非常重要的环节，并在这一认识的基础上做好构建和谐劳动关系的工作。

王兆国同志在全总十四届十一次主席团（扩大）会议上的讲话中指出，在社会主义市场经济条件下，我国劳动关系矛盾本质上是非对抗的，属于人民内部矛盾，矛盾双方是对立统一体和利益共同体，具有根本利益的高度一致性和具体利益的相对差异性。这是对我国现阶段劳动关系性质和状况的准确概括。

劳资之间的矛盾是对立统一关系，这是马克思主义的基本观点，也是国内外劳资关系状况的真实写照。但是，历史和现实表明，在认识和处理这种对立统一关系时，仍有一个强调和突出哪一方面的问题。多位西方左派学者的研究表明，即使在资本主义国家，企业劳动关系的本质是劳资关系，也存在有着较大差别的两类劳动关系。前者有着相对较长的员工岗位任期、较少的劳动监督和较小的收入差别，因而较多带有合作的性质，可以称之为合作的劳动关系；后者则有着较短的岗位任期、较多的监督和较大的收入差别，因而有着较少的合作性质，可以称之为非合作的劳动关系[①]。从历史维度看，一些资本主义国家也存在着较多带有合作性质的劳资关系与较少带有合作性质的劳资关系的交替[②]。在调研中，我们

① 参见 Robert Buchele and Jens Chritiansen, Labor Relations and Productivity Growth in Advanced Capitalist Economies, Review of Radical Political Economics, 1999, 31 (1): 87—110. David M. Gordon, Fat and Mean, The Free Press, 1996, p. 148. 丁为民：企业劳动关系与经济绩效变动，《福建论坛》2004 年第 3 期。

② Kotz, D. M. (2003), Neoliberalism and the Social Structure of Accurmulation Theory of Long-Run Capital Accumulation, Review of Radical Political Economics 35 (3): 263—270.

看到，我国也存在着合作的劳资关系企业与非合作的劳资关系企业之别。在那些劳资较为合作的企业，劳资双方能够做到真诚相待，企业注意提升职工对企业文化的认知，鼓励职工自主参与管理，在相互关心中实现共同发展[①]；而在那些非合作的企业，数年不给一线职工涨工资，劳动条件恶劣，劳资双方缺乏正常沟通渠道，职工得不到应有的关心和尊重，有的甚至上厕所还需要“移动证”，往往成为劳资纠纷的发源地。这些资料表明，从认识论和方法论的角度看，有一个如何认识和处理劳资之间的对立统一关系的问题。在人类历史的现阶段，在我国这种国情下，在看到劳资关系的存在具有必然性的情况下，更加强调劳资双方的统一性，积极创造条件，在加强这种统一性的过程中缓和、化解二者的矛盾，实现二者的共同发展，是处理二者矛盾的正确指导思想，也是贯彻落实科学发展观的重要体现。

新世纪初，法国左派学者托尼·安德烈阿尼在总结分析我国改革开放前后对待所有制结构和阶级关系的政策变化后指出，根据处理对立统一关系的态度，可把辩证法分为否定辩证法和肯定辩证法两类，“文革”和“文革”前的中国实行了否定的辩证法，改革开放以来实行了肯定的辩证法，即“矛盾的双方在相互作用下各自得到加强，从而使各自都得到充分发展”的辩证法[②]。这一观点，很值得深思。

---

① 参见天津保税区工会：《和衷共济，共同凝练以关爱生命为中心的企业文化——加铝（天津）铝合金产品有限公司多方营造企业文化侧记》，《工会通讯》2010 年第 3 期。梁晓文：《是帮手，不是对手——访天津富士通天电子有限公司总经理音羽良二》，《和谐与跨越》（下卷），天津人民出版社 2006 年版，第 565 页。

② ［法］托尼·安德烈阿尼：《作为肯定辩证法的社会主义》，《国外理论动态》2003 年第 2 期。

二、合作的劳资关系与经济绩效和劳资共赢

较多的研究表明，合作的劳资关系不仅有利于社会和谐稳定，而且对以生产率为主要标志的经济绩效有积极影响，从而有利于实现劳资共赢和劳动关系的和谐。

在西方主流经济学中，生产率的变动主要是由技术和资本集约度的变动决定的；此外，员工的劳动努力对生产率的变动也有影响。其中，员工劳动努力程度又与劳动监督的程度、就业安全的状况和失业成本的大小直接相关。劳动监督的加强会减少员工偷懒的机会，可以增加员工的劳动努力；就业安全指员工是否具备稳定、有保障的工作，如果缺乏这种保障，员工在工作中就会小心翼翼，增加劳动努力，以保住自己的饭碗；失业成本则是指员工失业后的实际经济损失①，它与员工的劳动努力成正相关关系。由此，在西方主流经济学看来，如果抽掉技术变动和资本集约程度因素，生产率与劳动监督的程度和失业成本的大小成同一方向变动，而与就业安全成反方向变动；或者说，相对不合作的劳资关系更有利于经济绩效的提高。在现实经济活动中，一些企业的不合作的劳资关系，很大程度上就是在这个理论的指导下形成的。

然而，一些西方左派学者通过对15个发达资本主义国家在20世纪70年代末到90年代中期的劳动关系与生产率增长关系的调研，却得出了相反的结论。他们发现，那些带有较多合作性质劳动关系的国家，从总体（平均）上看，要比那些带有较少合作性质劳动关系的国家，有着较高的生产率增长（见附表1）。另一研究表明，企

---

① 失业成本（CJL）取决于工人的现岗收入（I）、预期失业时间（T）和失业后得到的救济金（B）及其他形式的收入（S），等于工人在失业期间的实际经济损失，即 CJL = I · T - （B + S）。

业劳动关系状况，不仅对劳动生产率，而且对资本生产率、滞胀和就业等宏观经济状况都有重要影响。研究发现，在生产率增长、资本生产率增长、投资绩效、滞胀、就业等方面，较多带有合作性质劳动关系的国家要比带有非合作性质劳动关系的国家更好（见附表2）。我国的一些合作型劳资关系企业的经营状况，以及全国工会在应对国际金融危机冲击期间组织开展的“共同约定行动”，也证明，相对合作的劳动关系对经济绩效有着积极的影响。究其原因，主要有：

合作的劳资关系不仅可以增加职工的劳动努力，而且可以使之得到更适当的组织和协调，成为“有效的努力”。在团队生产的条件下，企业劳动过程是由两个有机环节构成的。一是将职工的劳动能力转化为实际的劳动努力。二是经过合理的组织和协调，将工人的劳动努力转化为有效的劳动努力。如果缺少这一环节，工人的劳动努力就不会形成一种有效的合力，其中的一部分劳动努力就会成为“虚费”，不会形成产品或价值。在技术密集和知识密集为特征的现代劳动过程中，这一环节更重要，作用更突出了；企业要在竞争中取得优势，对劳动有效性的依赖更加强化了。显然，与非合作的劳动关系相比，合作的劳动关系更有利于劳动过程的组织和协调，从而更有利于有效劳动努力的形成和价值创造。

合作的劳资关系使职工与技术创新有积极的利害关系，从而更有利于推动技术创新。生产过程中的技术创新可分为两类：一类是与过程结果有关的创新，即人们所说的产品创新；另一类是有关过程的条件的创新，即人们所说的工艺创新。在非公企业中，这两类创新主要是由投资引发并由资本主导的。但它们也要受到企业劳动关系状况影响。这是因为，技术创新不仅是通过职工的努力完成的，而且对职工的利益有重要影响。前者有利于维护和扩大企业的市场份额，增加企业销售额，它为扩大职工就业、增加职工收入提供了可能，对职工利益的影响是积极的。后者有利于提高企业单位时间内的产出，通过减少劳动耗费降低单位产品的成本，这就使一部分职工失业成为可能，因而它对职工利益的影响往往是消极的。所以，只有当职工与技术创新和生产率的变动有更直接的、积极的利害关系时，他们才会主动地参与上述创新。显然，合作的劳动关系有利于鼓励职工参与这一过程。反之，当职工缺乏工作保障或与技术创新没有积极的利益关系时，他们就会意识到单位时间内产出的提高有可能增加他们失业的机会，或者看到创新不会给自己带来任何好处。在这种情况下，职工是不会积极主动参与技术创新的。

合作的劳资关系对增加企业内部骨干职工的劳动努力更为重要。由于骨干职工在企业中的特殊作用和企业对他们的依赖，企业对这些人的管理面临着一个重大课题，即如何在调动他们的主动性去进行技术和管理创新的同时，又使他们最大限度地尊重企业权威。解决这一课题的途径，只能是为他们提供更多的薪酬、就业保障和升迁机会，从而形成合作的劳动关系。

合作的劳资关系有利于增强企业的凝聚力和竞争力。在社会主义市场经济条件下，非公企业中资方和劳方是一个利益共同体。资方有可能由于经营失败而破产；职工则既有可能由于违反劳动纪律而受到解雇处罚，又有可能因企业竞争失败而被裁员。但是，职工所面临的这两种压力对企业的影响是不同的。资方可以利用第一种压力迫使职工紧张劳动，从而形成非合作的劳资关系；也可以利用第二种压力凝聚人心，形成合作的劳资关系。但分析表明，更多地利用第二种压力、形成合作劳资关系是明智的。这是因为，第一，在日常的企业管理中，由于职工违反劳动纪律而被解雇的案例是很少发生的，对于关键岗位的骨干职工更是如此；第二，相对于骨干职工，非关键岗位的职工会承受更大的违纪下岗威胁，但由于他们工资较低，失业成本也较低，根据失业成本与劳动努力从而生产率成正相关关系的观点，这种威胁对职工劳动态度的影响并不大。因此，“工人，特别是核心工人，更害怕经历由于经营失败、企业缩减规模、企业从外部获得资源而不再自己组织生产以及工厂关闭等集体威胁所造成的就业机会减少。”[①] 这就为强调企业整体利益，建立合作性质的劳动关系提供了基础。形成合作的劳资关系，对于增强企业凝聚力，提高企业生产经营水平，有重要意义。

合作的劳动关系对宏观经济的健康运行也有积极作用。首先，非合作的劳动关系具有降低实际工资与公众消费的倾向，因此，从长期看，它将导致总需求不足的问题。第二，非合作的劳动关系具有加剧阶级矛盾的倾向，这将潜在地降低投资者的投资欲望。第三，非合作的劳资关系所导致的激烈竞争，使得公司的职业经理人更倾向于注重短期效益的策略，这将不利于长期投资。研究表明，近年来发生的波及全球的国际金融危机，就是新自由主义体制造成的劳资关系恶化的结果。[②]

三、实现劳资合作与共赢的主要途径

从总体看，我国目前的劳动关系状况是较好的。但是，也存在潜在问题。近年来劳动收入占国民收入比重的持续下降和非公企业劳动纠纷的增长就是证明。通过劳资合作和劳资共赢，最终构建和谐的劳动关系，还需做大量工作。

切实加强宣传、教育，使劳动关系的有关各方真正认识通过劳资合作，实现互利共赢和劳动关系和谐的必然性和重大意义。历史表明，在

① Robert Buchele and Jens Chritiansen, Labor Relations and Productivity Growth in Advanced Capitalist Economies, Review of Radical Political Economics, 1999, 31 (1): 87—110.

② 参见 Kotz, D. M. (2006), Contradictions of Economic Growth in the Neoliberal Era: Accumulation and Crisis in the Contemporary U. S. Economy. 该文中文版版权交《国外理论动态》，由丁为民等摘译，以“新自由主义进入危机和终结阶段”为题发表于该刊 2007 年第 12 期。丁为民：《新自由主义体制下经济增长的矛盾与危机》，《经济学动态》2009 年第 3 期。

一部分资本主义国家和资本主义企业之所以能够形成相对合作的劳资关系，首先是工人长期斗争的结果。这种斗争使投资方及其代理人认识到："用强制的方法阻止（劳动）运动只是暂时的，从长期看这些方法会刺激和加强这些运动……导致劳动大军的力量逐渐增加这一成本。"① 因此，重视和调整劳资关系，给予劳动者一定的权利，就成为一些资本主义企业出资者的理性选择。在我们社会主义国家，在科学发展观的指导下，完全没有必要重复资本主义国家曾经走过的老路，完全可以避免它们曾经经历的痛苦和损失。宣传和教育，逐渐形成各方合作、协商、妥协、共赢的理念和传统，就是重要途径。

在调研中我们发现，在实施劳资合作和协商的过程中，有一个谁主动的问题。有的资方说劳方首先要提高效率，我才能提工资；而劳方则说工资太低，我没法有效率。如解决不了这一分歧，就会形成僵局。我们认为，工资与效率可能是互为函数的。为了打破僵局，走进工资与效率的正反馈通道，双方都要做工作。如工会应该把组织劳动竞赛与保住劳动岗位、提高职工收入水平紧密结合起来。但由于其处于优势地位，资方应首先做出承诺，迈出第一步，再通过双方后续的长期努力和呵护，发展和巩固这一合作关系。

从实际出发，大力推进工资集体协商工作。积极推进以工资集体协商为主要内容的收入分配制度改革，是"十二五"期间调整和理顺劳资关系的重要途径，已经得到各方面的广泛拥护和好评。为了更好地推动这一工作，我们一定要把它放在构建合作和和谐劳动关系的框架中进行。一方面，要看到我国的一线企业职工的收入水平确实较低（这是主要方面）；另一方面，也要看到我国的众多中小企业的经营也存在诸多困难，他们往往受到国内垄断企业特别是国际资本的挤压。因此，在收入调整的过程中，我们不求一步到位，贵在从实际出发和长期推进。只要长期坚持，就一定会积小胜

① Slicher, Sumner H. The Turnover of Factory Labor. New York: D. Appleton, 1919.

为大胜，取得更好的、劳资双方都满意的效果。

在劳资合作的框架内处理和解决集体劳动争议问题。近年来，我国企业劳动争议迅速增加。根据人力资源和社会保障部公布的资料统计，自1992年以来，全国各级劳动争议仲裁委员会受理的劳动争议立案数和涉及的劳动者人数、集体劳动争议立案数和涉及劳动者人数的年均增长都在20%以上；各级工会、政府部门和司法机构积极化解矛盾，通过调解、仲裁、诉讼等环节和预警、调处等机制，使我国劳动争议的结案率保持在较高水平（见附表3）[①]。但资料也表明，结案率有下降的态势；与此同时，劳动关系群体事件却明显增加（见附表4）。如何认识和处理以停工、怠工等方式表达的集体劳动纠纷问题已突出地摆在我们面前。我们建议加强对此类问题的作用、处理方式、后果的研究，在综合配套改革试验区探索研究制定处理劳动纠纷群体事件（如停工）的条例，使有关当事人行为规范化、法制化，确保在合法停工期间企业生产资料、产品、半成品不受损失，职工的合法利益（工资和岗位）不受影响，在合作的框架内处理和解决劳资争议问题。

积极利用行政和司法手段促进劳资合作与劳资共赢。行政和司法手段是影响劳动关系的重要外部条件。历史表明，某些资本主义国家每次劳资关系的重大调整，都与政府的作用有着或大或小的联系[②]。因此，我国的各级政府职能部门肩负着构建劳资合作关系的重任。我们不仅要热心维护投资环境，而且要积极推动改进就业环境和劳动条件；不仅要着力服务企业，而且要切实提高劳动行政执法力度；不仅要加强有关宣传、教育，而且要及时坚决制止影响劳资合作的各种行为。在“十二五”期间，要特别把做好后者的工作放在重要地位，彻底转变“维稳维权、势必两难，劳资对立、天经

---

① 参见丁为民、漆志平：《中国企业劳动关系：转型，紧张，迈向和谐》，《当代世界与社会主义》2008年第1期。

② 参见 Gordon, David M. and Richard Edwards and Michael Reich. Segmented Work, Divided Workers. Cambridge University Press, 1988.

地义”的片面认识，努力开创构建和谐劳动关系的新局面。

附表1 生产率增长、资本/劳动比率和劳动关系

国 家	每小时产出变化（%/年）	单位工人资本变化（%/年）	岗位任期中位数（年）	监督者与生产工人的比例	最高收入与最低收入的比例
芬 兰	3.85	2.87	5.2	0.060	2.14
法 国	2.99	2.21	7.5	0.056	3.27
德 国	2.45	1.57	7.5	0.044	2.30
日 本	2.95	5.44	8.2	0.063	2.74
奥地利	2.93	3.19	—	0.078	2.70
比利时	3.09	1.97	—	0.055	1.92
丹 麦	2.52	1.59	—	0.063	2.20
意大利	2.26	2.51	—	0.037	2.08
荷 兰	2.47	1.44	3.1	0.045	2.13
澳大利亚	1.49	1.82	3.5	0.100	2.15
加拿大	1.45	3.66	4.1	0.126	3.8
挪 威	1.97	1.00	6.5	0.085	2.16
瑞 典	1.64	2.88	—	0.040	2.05
英 国	2.35	2.58	4.4	0.154	3.05
美 国	0.66	2.22	3.0	0.176	5.65
平 均	2.34	2.46	5.3	0.079	2.69

资料来源：Robert Buchele and Jens Chritiansen, Labor Relations and Productivity Growth in Advanced Capitalist Economies, Review of Radical Political Economics, 1999, 31 (1): 87—110. 其中，每小时产出变化为1979—1994年的平均值，单位工人资本变化为1979—1992年的平均值。

附表2 劳动关系状况对经济绩效的影响 单位：%

	合作	非合作
生产率增长（1973—1989年平均）		
商业	1.9	1.1
制造业	3.4	2.2
资本生产率增长（1966—1989年平均）	0.49	0.28
投资情况（1973—1989年平均）		
人均固定资本增长	3.3	2.2
固定投资占GDP份额	14.2	10.8
滞胀（1973—1989年平均）		
通货膨胀率	5.8	8.0
失业率	3.7	7.6
失业率（1980—1994年平均）		
1980—1989 4.7	8.8	
1990—1994	5.0	8.6
1980—1994	4.8	8.8

资料来源：David M. Gordon, Fat and Mean, The Free Press, 1996, p.148, 150, 159, 163, 170.

附表3　我国劳动争议案件受理和审理结案情况（1992—2009）

年份\项目	立案数量（万件）	增长率（%）	涉及人数（万人）	增长率（%）	结案率（%）	劳动者申诉案件所占比率（%）	劳动者胜诉或部分胜诉率（%）
1992	0.82	n. a.	1.74	n. a.	96.8	n. a.	n. a.
1993	1.24	51.2	3.48	99.8	n. a.	n. a.	n. a.
1994	1.91	54.5	7.78	123.5	94.0	n. a.	n. a.
1995	3.30	72.8	12.25	57.5	95.1	n. a.	n. a.
1996	4.81	45.0	18.91	54.4	97.1	86.7	79.7
1997	7.20	49.7	22.1	16.9	98.9	95.5	83.8
1998	9.40	30.6	35.9	62.4	98.5	90.2	92.8
1999	12.00	27.7	47.4	32.0	97.7	95.1	86.5
2000	13.5	12.5	42.3	-10.8	92.3	88.9	88.7
2001	15.5	14.8	55.6	31.4	92.0	94.7	79.0
2002	18.4	19.1	60.8	9.4	91.0	93.6	81.6
2003	22.6	22.8	80.1	31.7	92.0	95.4	84.7
2004	26.0	15.2	76.5	-4.5	93.2	95.7	83.4
2005	31.4	20.8	74.0	-3.3	92.3	n. a.	n. a.
2006	31.7	0.9	68.0	-8.1	91.6	n. a.	n. a.
2007	35.0	10.4	65.0	-4.4	92.3	n. a.	n. a.
2008	69.3	98.0	121.4	86.8	86.0	n. a.	n. a.
2009	68.4	-1.3	101.7	-16.3	88.3	n. a.	n. a.

附表4　我国受理的劳动争议案件中集体劳动争议案件变动情况（1992—2009）

年份\项目	集体劳动争议案件数（万件）	增长率（%）	涉及人数（万人）	增长率（%）	占涉及总人数比率（%）	平均每次案件涉及人数（人）
1992	0.054	n. a.	0.91	n. a.	52.3	16.9
1993	0.068	24.8	1.95	113.9	56.0	28.7
1994	n. a.	n. a.	n. a.	n. a.	n. a.	n. a.
1995	0.26	n. a.	7.73	n. a.	63.1	29.7
1996	0.315	22.2	9.22	19.3	48.8	29.3
1997	0.410	30.2	13.26	43.8	60.0	32.3

续表

项目 年份	集体劳动争议案件数（万件）	增长率（%）	涉及人数（万人）	增长率（%）	占涉及总人数比率（%）	平均每次案件涉及人数（人）
1998	0.677	65.1	25.1	89.3	69.9	37.1
1999	0.904	33.5	31.9	27.1	67.3	35.3
2000	0.825	-8.7	25.9	-18.8	61.2	31.4
2001	0.985	19.4	28.7	10.8	51.6	29.1
2002	1.102	11.9	37.5	30.2	61.7	34.0
2003	1.082	-0.18	51.5	37.3	64.3	47.6
2004	1.92	72.7	47.8	-7.2	62.5	24.9
2005	1.9	0.0	41.0	-14.2	55.4	21.6
2006	1.4	-26.3	35.0	-14.6	51.5	25.0
2007	1.3	-7.1	27.0	-22.9	41.5	20.8
2008	2.2	69.2	50.3	86.3	41.4	22.9
2009	1.4	-36.4	30.0	-40.4	29.5	21.4

注：1. 上述多数数据可能不仅包括企业，还包括行政事业单位中的劳动纠纷。但由于中国行政事业单位劳动关系相对较稳定，因此，这些数据基本能够反映企业劳动关系状况。

2. n.a. 为资料不详。

资料来源：根据人力资源和社会保障部网站（http：//www.molss.gov.cn）1992—2009年的资料整理和推断。

（本文作者系天津师范大学经济学院教授）

劳动关系的重大转变与和谐劳动关系的构建

王 中 保

一、社会主义市场经济条件下劳动关系的五个重大转变

（一）劳动者身份从企业主人翁向主体地位转变。

在20世纪90年代初期以前，国有企业不论从数量上还是产值上，都是我国国民经济的绝对主体。在国有企业改制和改革前，它们实质上由全民的代理人即县级及县级以上政府所有和掌管，企业的盈亏也最终由政府负责。国有企业的工人不仅在意识形态上被宣称为企业的主人，而且被宣扬为国家的主人，拥有很高的政治地位。在企业内部，鼓励职工积极参与企业管理和建言献策。作为职工参与的组织，工会和职代会都完整地组建和发挥沟通职工的作用，虽然工会主席大多并非由职工选举产生而由政府任命，但是一些重要事项还在形式上由职代会表决通过。虽然职工的工资水平较低，但是职工却享有从生到死的全程的国家福利保障，从提供住房到医疗报销，从幼儿入托到职工培训，无所不包。国企职工普遍具有主人翁意识。集体所有制企业就是城市或农村的乡镇企业或村办企业，也大多实质是由乡镇政府或村级组织所有和掌控，一些情况与国有企业类似，曾被称为“小国企”。

伴随20世纪90年代中后期的国有企业和乡镇企业的改制和改革，大多数的国有企业和乡镇企业转化为了私营企业。当时，“下岗分流、减员增效”成了社会“最响亮”的口号，更多数量的职工转向在私营企业就业。根据国家统计局资料，2008年在国有及国有控股企业就业人数是4268.2万人，在私营企业就业人数则达到7904.0万人。与此同时，市场竞争者中的国有企业的“利润最大化”目标凸显，股权多元化和现代企业治理结构要求企业管理更依赖于自上而下的监管，企业管理者的权威被不断强化，国有企业职工的民主参与和民主管理逐渐被淡化。在私有制企业，所有者利益或者股东利益追求至高无上，劳动者作为生产要素之一，视为与机器设备客体性要素对应的主体性要素。

（二）蓝领工人结构从城市工人为主向农民工为主转变。

可以从两个视角来观察农民加入工人队伍。一是，从我国自身工业化和城镇化的视角。改革开放以来，我国在加速推进工业化和城镇化，新企业的开工建设和生产经营，以及城镇的迅速扩张所进行的大规模基建都需要大批劳动力。城市劳动力数量和结构都无法满足其对劳动力的需求。这也是所有在进行工业化和城镇化的国家都伴随的现象，大批农民流入城市当工人。这本身是工业化和城镇化进程中对农民的吸纳，是农民进城务工的引力因素。西方国家的工业化进程都伴随了农民数量的大幅减少。当然，还应当看到，在工业化和城镇化迅速推进的过程中，大量占用了农民赖以生存的土地，无地农民被迫加入城市务工的行列，而这却是对农民进城务工的推力因素。二是，从经济全球化的视角。要从我国作为发展中国家参与经济全球化所扮演的角色来研究农民工问题。自20世纪80年代以来，经济全球化深入发展，借助科学技术的巨大进步，发达资本主义国家的跨国公司依赖雄厚的资本，通过对外直接投资和国际贸易，把生产工序布局到世界各地，以便最大程度地降低生产成本，达到资本利润的最大化。这时，对于发达资本主义国家来说，一般商品的制造已经是成熟技术或者标准化技术，产品竞争力主要来自劳动力成本的节约。但是，发展中国家廉价劳动力向欧美等发达国家转移并不像资本一样顺畅地转移，而是受到发达国家移民政策的阻隔。我国作为发展中国家对外资普遍实行了税收优惠，以及出口补贴等政策，表明了我们对发展的渴望，而且我国作为农村人口居多且受到较好教育的人口大国能够提供丰富和廉价的劳动力资源，正好与发达资本主义国家制造业对外转移对廉价劳动力的需求相对接。这种转移不仅仅是外资在中国开办工厂，还更多体现在“三来一补”这种模式所依赖的私营企业的大量开办和对外贸易的突飞猛进上。农民工更多的是在这种从事加工贸易的所谓“世界工厂”中就业。根据国家统计局2010年统计公报，2010年农民工总量达到2.4223亿，占城镇就业人口的75%。其中，外出农民工达到1.5335万人，本地农民工为0.8888亿人。2008年已经有6600多万农民工加入工会组织。

（三）劳动者权益要求从经济权益向社会、文化、政治和环境权益转变。

劳动者的权益要求必然伴随我国经济发展状况，以及劳动力市场供求矛盾和结构性矛盾的变化而变化。我国大量国有企业和乡镇企业进行改革和改制的前期，城市不仅存在大量“下岗工人”等待就业，而且在我国城乡二元的经济结构中，农村在相当长的时期可以源源不断地向城市工业输送的大量廉价劳动力。作为劳动力资源丰富的国家，即使是较高素质的劳动力市场上也出现大学生“毕业即失业”的情况。在自由市场经济条件下，劳动力作为一种生产要素，出现了供过于求和绝对过剩的情况，劳动者为争夺有限就业机会而展开了激烈的竞争。为得到工作机会，劳动者竞相降低工资和工作条件的要求，甚至要求“零工资”就业。在劳动者遭受企业不公正的待遇，甚至人身伤害时也忍气吞声，得过且过。企业也不会重视提高劳动者的福利和对职工劳动条件的改善。而且，在资本相对于劳动力成为稀缺资源时，一些地方政府为追求 GDP 的增长，也较少考虑劳动者权益，甚至以牺牲劳动者利益的方法来满足投资者的利益。但是，21 世纪初，劳动力市场供求和结构性矛盾，以及劳动力市场分层悄然发生变化。特别是2003 年以后国家普遍实行了农业税费的减免，逐步推出农业种植补贴、农机具购置补贴等一系列惠农政策，农民的农业收入得到提高和改善，与此同时，逐渐进入劳动力行列的新生代农民工数量在减少，这些新生代农民工虽然相对前一代农民工整体素质在提高，但是大多却缺乏从事农业生产的技能，而渴求融入城市生活中去。这些新生代农民工需要在城市里拥有稳定的就业环境、一定的居住条件、有保障的医疗养老，甚至再教育的机会。新一代农民工相对富裕的家庭条件也为与企业博弈提供有利支撑，更有能力选择能提供有竞争力的工资、良好工作环境和文化氛围的企业就业。而那些仅仅能提供劳动力简单再生产工资的企业被劳动者选择“用脚投票”的方式离开，东南沿海“用工荒”现象开始显现。大城市“疯狂”的房价等带来的高昂生活成本把大多数具有高等学历的劳动者排挤到相对舒适的二、三线城市就业。而勉强生存在大城市的劳动者对安居、医疗、养老、教育的诉求更加强烈。因此，总体上看，劳动者的权益诉求已经不仅仅表现在工薪等经济方面，更多方面体现在社会、文化、政治和环境等各个方面。

（四）劳动者权益实现从依赖于企业向依赖于社会转变。

在前期公有制企业占主体的国民经济中，企业的实际掌管者和劳动法律法规的实际制定实施主体具有同一性，即都是政府，因此，劳动法律法规的执行和劳动保护很容易顺畅地实施。比如职工每天 8 小时工作制、劳动安全卫生的国家标准、劳保用品的足额发放、职业病的防治、女职工特殊权益保护等等，都得到切实的执行。并且，政府掌管的公有制企业追求并不仅仅是经济利润最大化，常常兼顾社会公益目标，比如解决就业、维护社会公平等。伴随国有企业和集体企业的改革和改制，大量劳动者从公有制企业转移到私营企业等非公有制企业就业，在数量上占多数的私营企业取代国有企业成为劳动者就业的主体。一方面，私营企业主追求的目标单一化，即企业利润最大化。这时，资本的利益凸显。通过弱化劳动者权益，如随意延长工作时间、降低生产安全卫生标准、压低职工工资等，来达到降低生产成本提高企业利润的目的。同时，随着资本集团利益的形成，资本对法律、制度框架和社会文化的影响日益显现，主流知识分子的话语体系也被资本的利益所左右。例如，过分地强调我国廉价劳动力的所谓劳动力成本"竞争优势"，对职工的生存现状进行有意的忽视，有意抬高资本的主权和利益；即使是没有改变公有制性质的国有企业，由于政企分开，政府不再直接管理和负责企业经营和盈亏，市场竞争中的国有企业作为独立的经济主体不断地向追求利润最大化的单一目标转化，压低劳动者工资水平和降低劳动者福利等也成为提高企业效益的手段，把国有企业原先承担的住房、医疗和教育等社会性负担剥离出来，由社会来承担。这样劳动者权益的实现更依赖于社会保障体系的建立和完善，以及整个社会强制性劳动法律法规的制定和实施。

（五）工会建立从"自上而下"向"自上而下"和"自下而上"互动转变。

我国《工会法》虽然规定，"工会是职工自愿结合的工人阶级的群众组织"，但是一直以来，我国大多数工会组织是由党委或上级工会组织以"自上而下"的方式组建起来的。虽然这种组建方式同样在职工维权方面发挥积极作用，但是这也同时导致工会组织天然缺乏独立性，职工的参与意识和工会的维权意识都不是很强烈。同时应当看到，在以公有制为主体的计划经济体制下，劳动者权益在企业内部的制度框架下已经得到了较好的保护，劳动者权益的实现并不更多依赖通过工会组织来实现。企业工会的主要功能也更多体现在组织职工开展联谊和文体活动，“吃喝弹拉唱，跳舞带照相”，工会组织作为劳动者集体权益的表达者和维护者并没有表现出来。

随着我国非公企业的迅速发展和在非公企业就业人数的急剧增加，以及劳动者权益的侵害情况增多和劳动者权益意识的增强，我国以“自下而上”的方式组建工会开始出现。以这种方式组建的工会，劳动者参与的积极性高，可以与企业保持距离，能够比较有效代表职工与企业就职工工资、福利和生产条件等方面进行谈判，签订集体合同，可以对企业执行国家劳动法律、法规和政策情况进行监督，并且可以代表职工参与劳动争议的调解和仲裁。已经存在的工会组织的职能重心开始由文体活动型向集体谈判型和职工维权型转变。针对劳动者的权益诉求，各级工会组织响亮提出“组织起来、切实维权”的工作方针，不仅加大工会的组建力度，例如突出非公有制企业工会的组建，开展农民工入会，推动外资企业工会的建立，而且组织集体谈判，提供劳动咨询，畅通劳动诉求等方面努力保障和维护职工权益，工会和会员在数量上明显增加，工会的独立意识、自身角色意识和维护职工权益意识明显增强。2008 年，中国工会已经拥有 2 亿多会员，中华全国总工会成为了世界上最大的工会组织。

二、劳动关系的重大转变给和谐劳动关系构建带来的新要求

（一）平衡劳资权益。

在市场经济条件下，可以看到劳资有合作、利益攸关的一面，劳资合作才能创造更大的可供劳资分享的收益，从这个角度讲，劳资博弈是一种正和博弈。但是，还应看到，在既定收益的前提下，劳资之间的利益分配是一种得与失的零和博弈。无论是在劳动力市场上，还是劳动者进入企业的劳动过程中，资方在劳资博弈中更具

有信息优势、话语权和风险承受能力，处于强势。而社会主义和谐劳动关系的构建要求建构平衡的分享式的劳资关系。因此，作为市场经济监管者的政府必须考虑增强劳动者的谈判能力，尤其是作为代表人民根本利益的社会主义国家政府更应采取多种手段增强劳动者的博弈力量，来平衡劳资权益。当然，劳动者自身通过组建工会，借助集体的力量等方式来增强博弈能力也是平衡劳资权益的有效方式。

（二）推动农民工向城镇居民身份的转变。

前文论及农民工已经成为蓝领工人的主力军，而逐渐加入工人行列的新生代农民工已经不再具备从事农业生产的能力，而且我国工业化、城镇化推进的过程中大量失地的农民工更无法回到进行农业生产的土地上。同样是在城镇打工，但是新老一代农民工的感受和要求已经大不一样。老一代农民工进城打工，虽然从事的可能是“脏、苦、差”工作，但是相对于他们从事农业生产的生活状况和收入水平具有显著的改善，他们并没有强烈的要求完全融入到城市的生活中去。但是，新生代农民工和失地农民工更多地从小生活在城市的环境中，无法或不愿回到农村生活，更渴求融入到城市生活中去。因此，政府应该为农民工融入城市提供通道和上升的空间。当然，农民数量的减少和比例下降也正是我国建设现代化国家的客观要求和工业化、城镇化程度的重要指标之一。

（三）推进统筹所有劳动者的社会建设。

在社会主义市场经济条件下，劳动者的就业单位千差万别，不同所有制、不同行业、不同经营状况的企业劳动者权益的实现程度就随之差别很大。劳动者的就业形式多样，正式工、合同工、派遣工、临时工等正规就业与非正规就业的劳动者权益实现水平存在很大差异。市场竞争带来劳动者流动性的加大，不同地区、城镇和主管部门，以及不同户籍的劳动者权益保障层次各不相同。这种劳动者权益状况的新格局需要政府进行统筹考虑，推进满足劳动者就业、教育、医疗、养老、居住全方位权益诉求，涵盖所有劳动者的社会建设，进一步推动劳动者权益的实现从依赖于企业向依赖于社会转变。

（四）监察企业的社会责任。

在我国市场经济建立的初始阶段，企业的社会责任意识不强，企业片面追求短期利润最大化，忽视长期利润最大化。企业习惯于通过降低劳动条件和劳动标准，忽视职工的安全卫生，压低劳动的工资水平，延长工作日，来达到企业利润的最大化。而没有认识到低薪酬和低劳动力成本，总是与低技能劳动力相对应，低技能职工必然塑造低竞争力的企业。这样的循环不仅影响了企业的持续的发展能力和产业结构的提升，而且当企业把职工的工资水平压低到劳动力自身简单再生产的水平时，职工自身的教育、医疗匮乏，导致劳动力只能依赖自己的“青春”来糊口，劳动者的文化素质和身体素质没有得到加强和改善，尤其是私营企业依赖不断地雇用农村源源不断地输出的青壮年劳动力来生存，一旦农村劳动力输出中断，企业也就面临生存的危机。提高全民族的整体素质和增强“中国制造”的持久竞争力，都需要企业共同强化责任意识和政府对企业社会责任的有力监察。

（五）畅通劳动者权益诉求的渠道。

我国最近几年劳动争议案件快速增长，这一方面说明我国的企业职工权益的保障问题凸显，另一方面也说明我国企业职工的主动维权权益意识开始增强。2005 年我国各级劳动争议仲裁委员会受理的劳动争议案件达到 31.4 万件，比 2004 年增长了 20.5%。2006 年我国各级劳动争议仲裁委员会受理劳动争议案件 44.7 万件，又比 2005 年增长 9.9%。其中，案前调解 13 万件，立案受理劳动争议案件 31.7 万件，涉及劳动者 68 万人。立案受理的劳动争议案件中，集体劳动争议案件 1.4 万件，涉及劳动者 35 万人。劳动争议案件中劳动者合法权益受到侵害的情形占更大的比例，2005 年我国劳动争议案件结案数为306027件，其中劳动者胜诉数为145352件，占47.5%；用人单位胜诉数为39401件，占12.9%；双方部分胜诉数为121274件，占39.6%。降低劳动者权益维护的成本，畅通劳动者权益诉求的各种渠道，对于缓解社会矛盾、构建和谐劳动关系具有重要意义。

三、构建和谐劳动关系应对劳动关系重大转变的政策建议

（一）尽快构建全国统一的就业网络信息体系。

具有劳动能力的人最重要、最迫切的权利就是劳动权。虽然在市场经济条件下，劳动就业岗位的提供是由市场完成的，但是政府要在促进劳动就业岗位的提供以及劳动力市场供求的有效对接上发挥积极、重要的作用。当前，企业大量存在虚位的就业岗位，而社会上又大量存在正在求职的劳动力，虽然这里存在着不能完全对接的结构性矛盾问题，但更多的是供求双方的信息不对称。因此，政府促进就业的手段之一，就是建立全国统一的劳动力市场体系。构建由政府主导的全国统一的就业网络信息系统就是方法之一，就业网络信息系统可以涵盖劳动力的情况和求职需求、企业的信息和岗位提供，并与劳动者的身份信息、学历信息、社会保障信息和企业的工商登记信息、纳税信息等联网，为供求双方提供对接的平台，也为政府监管劳动力市场提供平台，同样为政府促进就业提供决策支持平台。

（二）加快推进全国统一的社会保障体系建设。

加快推进全国完整和统一的社会保险（涵盖医疗、养老、失业等）、社会救济和社会优抚构成的社会保障体系，可以为劳动力提供最低的生活和权益保障，从而增强劳方与资方的博弈能力，有利于职工权益的保护。例如职工有足够的失业保障，那么职工就不会因为失业的恐惧，而容许企业对自己合法权益的侵犯。在市场经济

条件下，劳动力作为生产的要素之一，其合理配置依赖于劳动力的流动，而全国完整、统一的社会保障体系有利于劳动力的优化配置，从而能够增进全民族的劳动力资源的利用效益，加快国民财富的创造，推进高水平小康社会的建设。

（三）制定执行劳动法律法规的实施细则。

我国相继出台了一系列劳动法律法规，如《劳动法》、《就业促进法》、《劳动合同法》、《劳动争议调解仲裁法》、《工会法》和《安全生产法》等，初步构建了调整和构建和谐劳动关系的法律体系。《劳动法》明确规定“劳动者享有平等就业和选择职业的权利、取得劳动报酬的权利、休息休假的权利、获得劳动安全卫生保护的权利、接受职业技能培训的权利、享受社会保险和福利的权利、提请劳动争议处理的权利以及法律规定的其他劳动权利”，《劳动合同法》第一条就明确指出，“保护劳动者的合法权益”是此法立法的目的之一。《就业促进法》明确了保障职工的就业权是政府的重要职责。但是，这些法律法规的实施，还需要实施细则的制定、执行和劳动监察的切实加强。

（本文作者系中国社会科学院马克思主义研究院副研究员）

和谐劳动关系与企业民主管理

郭　军

一个时期以来，在美国，占领华尔街、占领华盛顿、占领奥克兰等各种占领运动从金融界到政府、从政府到实体经济此起彼伏，占领学校、占领教育的现象也见诸报端。哈佛大学的学生罢了曼昆教授的课，一些大学开展了“占领教育全国行动日”。这些现象是对绝对的自由市场资本主义理论，绝对的资本至上理念的一种反动，也是一种理性的反思。这对于坚持走中国特色社会主义道路的中国，对于努力构建和谐劳动关系、和谐社会的中国，具有非常重要的启示和警示作用。国际金融风暴和近期西方国家出现的各种占领运动给了我们一次很好的反思机会，一个很好的警示和启发。在我们的社会生活中，金钱至上、资本万能、市场决定成为一些人的行为圭臬，甚至是以科学经典的名义进行着，美国是怎样的、美国企业是怎么做的、美国的教授是怎么说的，似乎这就是真理了，我们只要亦步亦趋地老老实实学习、克隆就可以了。然而，实践是检验真理的唯一标准，一度盛行的能人治厂、精英治国理论不但没有解决我们的发展问题，反而带来了更多的问题，撕裂了社会的公平、和谐。认为股东大会、董事会、监事会可以替代党委会、职代会、工会的“新三会”可以替代“老三会”等说法曾经甚嚣尘上，这原本就是一个彻头彻脑的伪命题，试问“新三会”的哪个机构能够代替共产党的领导，哪个机构能够取代工会，而“新三会”所代表的资本利益与职代会所要反映劳方利益平衡劳资关系的作用，也是难以相互取代的，但是这样的理论却被一些人欣然接受，并且编入一本本教材，制作成一份份文件。

各种各样的占领运动背后，都有就业、薪酬、社会保障等问题，而这些问题都涉及劳动关系，直指公开公平公正的问题。而绝对的自由市场教旨主义是解决不了这样的问题的，民主已然沦为了资本者的游戏，所以西方发达国家才有了对1%的富豪占有了99%财富的抗议。中国应该何去何从，这的确是个问题。我们有过否定公平公正、否定共同富裕、否定民主管理的思潮和阶段，效益优先、兼顾公平，资本万能、劳动无用，一长负责、工人雇佣等等说法做法并不鲜见。一些优良的传统遭到了嘲笑和贬斥，这一切甚至以所谓改革、科学的名义进行着。而实践一而再、再而三地警示着我们，这样做是有问题的，这样做在中国是行不通的，君不见引起社会高度关注的一些极端事件均与这些问题有关。富士康职工的十几连跳、南海本田职工的集体停工、通钢事件等，无不与不公开、不公平、不公正、不民主直接相关。若要解决这些问题，仅仅靠涨工资是远远不够的，而必须要解决管理的理念是否科学、管理的制度是否合理、管理的作风是否优良，公开、公平、公正、民主是核心。

中国企业改革改制过程中，凡是公开、公平、公正、民主做得好的，都是比较平稳顺利进行的，凡是做得不好的往往会引发尖锐的矛盾甚至是激烈的冲突。企业的经营管理也是同样，凡是公开、公平、公正、民主做得好的企业，其劳动关系就十分和谐，劳动者的积极性、创造性就得到极大的调动和发挥，企业的效益利润也相应增加。其核心就是把职工作为企业生产发展不可或缺的合作者，是企业生产经营的主体，而不是当作购买来的商品，总感觉是亏了，因此工作时间越长越好、工资越低越好，管理的事情与职工无关。概括起来就是要尊重职工，依靠职工办企业。国有企业的青岛港是这样做得成功了，民营企业浙江传化也是这样做的，同样成功了。正因为如此，效益优先、兼顾公平的政策逐渐调整为五统筹、科学发展、以人为本、和谐社会、公平公正。党的十七大明确提出，“全心全意依靠工人阶级，完善以职工代表大会为基本形式的企事业单位民主管理制度，推进厂务公开，支持职工参与管理，维护职工合法权益。”这一要求明确：在社会主义市场经济条件下，企业事业单位都要实行民主管理，不是要不要、而是必须要完善；实行民主管理的不仅仅是公有制企业和事业单位，而是所有的企业事业单位不分所有制都要实行；所有的企业事业单位实行民主管理，推进厂务公开，都必须以职工代表大会为基本形式，没有其他替代的基本形式。

国际金融风暴和各种占领运动对中国产生了巨大的冲击和影响，同时也带来了重建经济发展模式，调整产业结构，改变企业经营管理理念的重大契机。中国经济发展取得了举世瞩目的成就，在应对国际金融危机方面也成效显著。但同时也要看到，中国经济存在着低工资、低成本、低效益等不可持续发展的问题，特别是偏重资本和对资本的保护，导致劳动关系极度不平衡，各类劳动争议大幅攀升。在国际经济环境不确定性因素增多的背景下，无论是从扩大内需，促进经济发展，维护社会稳定的角度出发，还是从增强市场竞争力，提高企业经济效益，维护劳动关系和谐稳定的角度来看，都需要全社会共同努力来改变一些长期存在并被严重扭曲了的观念，即企业是投资者的私人财产，谁投资谁所有谁说了算；劳动者是被购买的劳动力，是企业的经营成本和负担等等，这是落实科学发展观必须直面的艰巨任务。在市场经济条件下，只有形成企业的两大要素——资本与劳动相互信任和尊重，建立和完善企业民主管理制度，才能构建高效、和谐的劳动关系，这也是经济发展、社会和谐的重要保证。

一、构建和谐劳动关系必须以人为本，尊重劳动

“劳动光荣、知识崇高、人才宝贵、创造伟大”，这样的认知在市场经济的冲击下发生过扭曲，“能人治厂、精英治国”，职工都是“0”，没有经营管理者的“1”，“0”是没有意义的，老板养活了工人，“谁投资谁所有谁说了算”，职工无权参与企业管理等等“轻劳动、重资本”的观念、思潮至今还并没有完全消退。党和国家高调弘扬劳模精神，就是对劳动者、对工人阶级地位和作用的肯定，这关系到对劳动关系的认识和导引，是事关社会价值观以及社会和谐度的重大问题。

在具体的劳动关系中，劳动者绝不是简单的、被购买的商品，绝不是被动的被管理、被支配的对象。在市场经济条件下，劳动者到企业工作，首先是以劳动力这一特殊商品的使用价值进行平等的等价交换，因此企业必须支付工资，保障劳动者的合法权益；其次，劳动者是以劳动力的使用价值进行投资，与以货币或者财产投资的投资人一样都是企业成立和运营的重要投资者，其有权对涉及自己切身利益的事项知情参与，因此企业应当实行民主管理，最大限度地协调平衡好劳资关系；最后，劳动者拥有的劳动力还是可无限开发的资源，是企业在市场竞争中生存发展的依托和保障，因此企业应当最大限度地调动其积极性和创造性，形成良好的企业文化，发展好企业和劳动者两个方面的长远利益，确保企业健康可持续发展，反之亦然。传化集团与富士康等正反两方面经验证明了这一点。

二、构建和谐劳动关系必须劳资两利，共建共享

劳动关系是最基本的社会关系，劳动关系的和谐直接影响社会

的和谐。劳动关系的和谐不可能依靠“单边主义”来实现，尊重劳动、保护劳动者是正确的前提和保障。国际金融风暴使我们看到资本原来不是万能的，投资者更不是上帝。政府用纳税人的钱救助的AIG高管们依然可以要巨额“奖金”，真正端着纸箱子回家为稻粱谋的则是被冷酷裁减的普通职工，资本的本质属性没有改变，资本家也不会从此有了良知，社会大同没有出现。这是否证明了企业是私人财产，资本家养活了工人，还是且慢下结论。如果企业是投资者的私人财产，为何国际金融风暴时一些老板弃厂而逃，如此的私人财产就此不要了。在中国，老板养活了工人，“谁投资谁所有谁说了算”，职工无权参与企业管理，工人只需好好干活的观点十分流行。是谁养活了资本家，企业、劳动关系究竟是什么，应该怎样对待，的确值得反思。

其实，现代企业早已不是投资者的私人财产，投资者拥有的只是对投资额的所有权，甚至没有了经营管理权。企业是由资本和劳动两大要素组成的，生产经营性的社会化大生产的经济组织。的确，没人投资就没有企业，但用工荒真切地告诉我们，企业要运营、要赢利就必须招工，没有劳动者的加盟同样没有企业，更不会有效益利润可言，订单接得越多赔得也会越多。劳动者到企业工作，实际上是在以自身劳动力的价值进行投资，与资本方的投资只有量的差别而没有质的不同，企业是两者共同投资成立的，企业的效益是两者共同创造的，差异只是投资形态和额度的不同。隆平高科成长为上市公司是因为有作为劳动者的袁隆平的加盟，是因为袁隆平拥有的劳动力资本的投入。建立劳动关系不是企业恩赐给了职工一个饭碗，职工不是企业的附属品，而是企业建立和运行的不可或缺的投资方、参与者，所以涉及职工切身利益的重要决定和规章制度都应当民主参与、民主协商、民主决策、民主监督。富士康之所以加薪却不能杜绝极端事件的频频发生，原因也在这里。

劳动关系不是单一型的社会关系，而是民事关系和行政关系的复合型社会关系，既有财产属性又有人身属性，既有交换关系又有管理关系，因此既需要权威也需要民主；劳动关系不是平衡性的社会关系，而是“强资本、弱劳动”型的倾斜性社会关系，因此既需要法律约束又需要集体协商。“效益优先兼顾公平”下对资本的过度保护，对西方管理理念的迷信，使得劳动关系走向绝对市场化，劳动者被边缘化及合法权益屡遭侵害的现象一度十分严重，导致劳动关系极度不和谐。是该进行矫正的时候了，公平公正、和谐共赢应该不再有争议了，党的十七大、“十二五”规划明确了这一点。资本不应该再继续“撒娇”了，赢利时都是资本的功劳，是管理者的本事，所以可以利润通吃，拿天价的年薪，亏损了则都是市场的责任、都是劳动力成本上升的过错，所以应降息、减税，应裁员、减薪，责任由政府和劳动者来承担，而且最好《劳动法》、《劳动合同法》、《工会法》等统统废止，最低工资、最高工时都统统取消……惟独不见资本方面的一丝担当，更不要说什么企业社会责任的担当了。

和谐的劳动关系应当是劳资双赢的关系，只有劳动关系和谐，企业才能健康可持续发展。这要求劳动关系必须在合法的前提下努力做到合理。“五一”国际劳动节，作为全世界劳动者的共同节日，就是为了纪念1886年5月1日美国芝加哥城工人以流血的代价争取到八小时工作制的胜利。西方资本主义国家意识到，劳动关系不能够绝对市场化，需要通过立法来干预，确定最低劳动标准条件，劳动关系在合法的前提下，还要合理，所以劳资谈判、职工参与管理逐步盛行。市场经济条件下，中国企业也必须解决劳动关系合法基础上的合理问题，这并不难，国有企业的青岛港集团、民营企业的浙江传化集团劳动关系高度和谐的成功经验就是尊重职工、依靠职工，经营者有了这样的认识，和谐劳动关系就是可以期待的。

在市场经济条件下，科学发展观要求经济发展与社会发展并重，强调公平公正，企业必须解决劳动关系和谐问题。是资本继续独断专行，以损害弱势劳动者权益为代价，追逐无止境的暴利，还是尊重劳动，善待职工，实行民主管理，承担社会责任，使劳动关系的资本与劳动这两大要素同舟共济、共渡时艰、共享成果、共谋发展，答案是很显然的。企业就是一条船，投资经营者、经营者、劳动者是在一条船上的利益共同体、命运共同体，应当相互尊重、相互支持、相互合作，实现共赢。努力实现劳资两利、共谋发展才是应对企业发展中所遇到问题的最佳之道，谋求劳动关系合法合理基础上的和谐稳定才是企业长远发展的理想之路。所有的企业都应全面、正确地解读包括《劳动合同法》在内的法律法规立法的初衷，以积极的心态加以贯彻执行，强化民主管理的意识，主动承担社会责任，实现劳动关系双赢，保持劳动关系和谐稳定。

三、构建和谐劳动关系必须公开民主，群策群力

应对发展中所遇到的问题，构建和谐劳动关系，企业应当实行厂务公开民主管理，把存在的问题和出现的困难及原因讲清楚，让职工知情。这样，职工对企业即使是裁员、减薪等举措也会以正确、理性的心态来面对。同时，可以使职工明确目标，坚定信心，发挥积极性、创造性，开展合理化建议活动，群策群力共渡难关、共创未来。

企业的生产经营活动具有组织生产力与协调生产关系两重功能，决定着企业管理具有两重性。一方面是自然属性，即为有效实现目标，要对人、财、物等资源合理配置，对产供销及其他职能活动进行协调，以实现生产力的科学组织。另一方面是社会属性，即为维护生产资料所有者利益，需要调整包括劳动者与资本所有人在内的人们之间的利益分配，协调人与人之间的关系。

资本主义企业管理并不排斥公平，尤其是现代企业，但以资本为中心的股东至上、资本至上的理念是不变的。早期资本主义国家

企业管理把劳动者作为购买来的商品、机器的附属品来看待，企业管理成为资本家榨取工人创造的剩余价值的手段，泰勒制、福特制无不如此。喜剧大师卓别林所排演的《摩登时代》，就是对此进行的辛辣讽刺与批判。这样的理念下的管理，必然带来工人阶级的强烈抗争，因此引发了西方企业、学者和政府的深刻反思，各种新的企业管理方式和理论也应运而生，职工参与企业管理成为重点。一定时期内，西方国家企业劳资关系相对和谐稳定与其吸纳职工参与企业管理不无关系。西方国家的职工参与管理并没有所谓的国际惯例，各有千秋，只是以资为本、以利润为中心仍然成为鲜明特色并高度一致。

社会主义企业管理并不排斥对效率和效益的追求，但倡导公平公正、和谐发展，核心是以人为本。因此，经济形势再困难，不裁员、不减薪，少裁员、少减薪一直是政府所倡导的，并要求国有企业带头做表率的，这就是中国特色。我国的企业民主管理制度，是从社会主义国家人民当家作主的大背景出发，着眼于增强职工的主人翁意识，激励职工立足本职、奋发有为，旨在调动劳资两个积极性，促进经济发展、劳动关系和谐、社会稳定。

企业民主管理是企业管理的有机组成，而不是要替代企业管理，企业管理自然属性部分依然是经营管理者的权利，有民主意识听取职工的意见当然更好，但不是强制要求，相反职工应当服从企业合理合法的管理，尊重管理者的权威。在企业管理的社会属性部分，特别是涉及劳动者切身利益的问题，企业则必须实行民主管理。现代企业实行民主管理已成潮流，是企业科学管理的内在需要，是企业文化建设的有机组成部分。社会化大生产和现代企业制度的发展，要求企业尊重劳动者的贡献和尊严，需要调动劳动者的积极性和创造性，从而使专业管理更加科学高效、公平合理。由于科技革命加速推进和经济全球化深入发展，劳动的智力因素不断增加，对分工协作的要求越来越高，企业生产经营依赖企业领导人个人的直觉、经验和知识来进行决策，其缺陷和弊端是显而易见的。通过职工参与企业管理，既可以缓解劳动关系矛盾，又可以增强职工的责任心，调动其积极性，这成为企业生存和发展的必然选择。正因为如此，党的十七大报告明确要求：完善以职工代表大会为基本形式的企事业单位民主管理制度，并作为基层民主政治建设的基础性工程加以推进。这表明，企业不是要不要实行民主管理，而是必须坚持和完善民主管理，所有的企业不分所有制都要实行民主管理，都要以职工代表大会为基本形式实行民主管理。

国际金融风暴时期，劳动关系出现了许多乱象，吉林通钢事件、广东富士康事件、南海本田事件、新疆黑工事件等，国有、民营、外资、港台资等各类企业都粉墨登场了，这些事件属极端个例，但都是长期以来企业低端发展模式和劳动关系极度失衡，企业漠视劳动者、缺乏法制和民主意识的必然反映。当前，劳动关系的和谐问题在非公有制企业表现得尤为紧迫，亟待解决。重点举措是依法普遍建立工会组织、普遍开展工资集体协商，而这同时要求必须加强民主管理。企业建立工会旨在代表和维护职工的合法权益，而这需要通过职工代表大会制度形成真正的、合法的大多数职工的意志和利益共识，集体合同草案必须经职工代表大会审议通过才有效，其意义仍然是要求草案真正反映大多数职工的意志和利益诉求，两个普遍都需要以职工代表大会为基本形式的企业民主管理制度做基础、为依托。只有企业的经营管理者、劳动者都能相互尊重、民主协商，都有劳资两利、共谋发展、和谐共赢的认知和自觉，“两个普遍”、和谐劳动关系才有望实现。

如前所述，非公企业同样也是由资本与劳动两大要素组成的经济组织，企业所有者、经营者和劳动者是利益共同体。因此，涉及劳动者切身利益的事项也不应当单方决定，企业要实现决策的科学化、民主化，形成激励与约束相结合的企业经营管理机制，就必须实行民主管理。这是发展和完善中国特色企业管理制度的需要，是发展和谐劳动关系的需要。目前，非公有制企业建立职工代表大会制度的数量大大超过公有制企业就证明企业实行民主管理是有现实需要的。其实，无论企业性质如何、规模大小、结构怎样，都可以也应当建立职工代表大会制度实行民主管理，并将其有机地融入企业管理制度之中。

职工代表大会制度是伴随我国企业管理制度的变化发生发展的，并成为我国企业民主管理的基本形式，既是中国特色企业管理制度的鲜明标志，也是市场经济条件下劳动关系和谐稳定的基本保证。职工代表大会制度在我国许多重要时期，特别是由计划经济体制向社会主义市场经济体制转变的过程中，在深化国有企业改革时期发挥了重要作用，并呈现出更加旺盛的生命力。职工代表大会制度在不同时期的立法中，如《宪法》、《劳动法》、《工会法》、《公司法》、《劳动合同法》等，都有着明确的规定。

职工代表大会具有广泛的民意代表性、完善的制度规范性、确定的法律权威性，在构建和谐劳动关系方面，具有不可替代的独特优势。职工代表大会是企业内开放的、公共的民主平台，职工代表是由企业包括经营管理者在内全体职工民主选举产生的，代表在这一平台上可以平等地充分发表意见，进行民主讨论。这里不存在截然分明的劳资两条阵线，也不存在相互保密的谈判底线，职工之间可能会有分歧，而经营管理者与职工可能意见一致。无论意见分歧多么严重，最终通过职工代表大会按照少数服从多数的民主原则表决就能够做出符合大多数人意见的决定，而不会出现僵持不下的局面。这为和平解决劳动关系的矛盾提供了制度性平台。

职工代表大会的主要职权也是与时俱进、不断发展的。这包括听取企业经营发展情况报告等知情权；对涉及职工切身利益的劳动规章制度审议等建议权；对集体合同草案审议通过等决定权；推选职工董事监事等选举权；对企业依法经营管理、执行职工代表大会决议情况等监督权。不同性质的企业这些职权的具体内容可能有所不同，但都可以、也应当紧紧围绕和谐劳动关系的需要展开，成为构建和谐劳动关系制度性保障。

以职工代表大会为基本形式的企业民主管理制度具有鲜明的中国特色，符合科学发展观的要求，顺应现代企业制度的发展趋势，应当推进所有的企业建立健全以职代会为基本形式的企事业单位民主管理制度，实行厂务公开，并不断地发展和完善。

和谐劳动关系是一项复杂的系统工程，关键有以下几点：一是单个职工必须组织起来建工会，工会必须切实维护职工权益，争取劳动关系相对平衡；二是市场化的劳动关系必须健全法制，通过立法划底线定规则，并严格执行，确保劳动关系合法有序；三是充分运用市场机制，通过劳动合同、集体合同制度争取职工利益最大化，努力实现劳动关系合理稳定；四是充分公开、广泛民主，形成企业尊重职工人格和劳动贡献、保证职工合法权益和合理利益，职工尊重企业管理权威和管理制度、关注企业经营状况和持续发展的良好企业文化，真正做到劳资两利共谋发展。企业必须有民主与法制的意识，有社会责任的担当，这样的企业劳动关系才能够和谐，前途也一定会光明。为此，必须认真研究社会主义市场经济条件下劳动关系和企业管理制度的变化，探索建立新的协调、规范劳动关系制度的理论，企业民主管理的理论，并不断丰富内容、创新形式、规范程序、推动立法、注重实效，为促进企业劳动关系和谐、社会和谐创造新业绩、作出新贡献。

（本文作者系中华全国总工会民主管理部部长）

国外市场经济国家劳动关系的调节机制和手段

中华全国总工会国际联络部课题组

世界上大多数市场经济国家劳动关系的调节机制和手段是在第二次世界大战之后逐步形成的，主要是劳动立法和劳动监察、三方性机制、集体谈判、工人参与及劳动争议处理。

一、劳动立法和劳动监察

为调解劳资关系和促进社会稳定，大部分市场经济国家都通过劳动立法来调节劳动关系。首先是在宪法中对劳动问题都作了不同程度的规定。同时，不少国家对工会权利单独立法，就劳动关系双方的基本权利和义务作出法律规定，使宪法上规定的原则具有法律的可操作性。如一些国家颁布了集体合同法、职工委员会法、共决法等劳动法律法规，不仅明确了工会的权利与责任，同时也为权利的实现作出具体规定，使工会在行使自己权利时有法可依。法律规定一方面使工会的权利受到法律的权威保护，为工会权利受到侵犯时提供救助；另一方面使工会工作纳入法制化程序，从而促使工会维权工作法制化、规范化。无论是集体谈判还是职工参与决定，都是在法律轨道上进行的。劳动立法对维护劳动者的正当权益起了重要作用。但劳动立法对于劳动者来说，既有保护的一面，也有限制的一面，比如有些法律法规对工会活动、工人参与、罢工权利使用等就有限制和干预。劳资双方按照法律程序办事，避免了矛盾激化，维护了社会安定。

国外市场经济国家普遍重视劳动监察工作。劳动监察的职责主要有三项。一是监督劳动法律法规的执行，也包括监督具有法律效力并且可以由劳动监察员责令执行的仲裁裁决和集体合同。二是向雇主和工人双方就遵照执行法令的最有效方法提供技术性的信息和建议。三是向主管机关报告劳动法律法规执行的情况，以及现行法令没有明显触及的缺点和弊端。劳动监察的实施有利于预防劳动争议的发生，从而促进劳动关系的稳定协调发展。

二、三方协商、合作机制

三方协商、合作机制是国外市场经济国家调节劳动关系的一项基本制度，是政府、雇主和工会就与劳动关系相关的社会经济政策和劳动立法以及劳动争议等问题进行协商、谈判和合作的机制。

西方发达资本主义国家是最早并且比较普遍建立三方机制的国家。欧洲国家一般建立的是经济社会委员会（或理事会），如法国的经济社会委员会由200名代表组成，其中工会和雇主代表各45人，其余为政府代表以及其他社会团体代表和经济社会问题专家。奥地利是建立三方机构较早的国家之一，它于1957年建立了有三方代表参加的工资和物价协调委员会。日本于1970年建立了全国一级的三方协商机构——“产业劳动恳谈会”，作为劳动大臣的咨询机构，每月就经济增长率、就业、物价、工资、税收、工时、老龄化等问题交换意见。美国在1993年建立了一个三方委员会，以研究和改进劳动关系中具有争议的问题。

三方机制在亚洲国家也得到发展。如新加坡设有旨在提高劳动生产率的三方“全国生产率与质量委员会”和旨在建立合理、透明工资的全国工资理事会。韩国、印尼、印度、马来西亚、菲律宾也于上世纪90年代建立了三方委员会。

在三方机制的框架下，工会代表工人作为各种三方机构的成员，就劳动立法和社会经济政策等问题反映工人意见，提出立法和政策性建议，维护工人权益。三方机制使工会改变了传统的做法，由以往与政府和企业主对抗斗争转变为更多地与雇主和政府对话协商，在代表雇员利益的同时，也维护国家的整体利益。

三、集体谈判制度

集体谈判制度是国外市场经济国家调节劳动关系的基本手段和重要机制。集体谈判工作是工会争取和维护职工权益的基本手段，是工会工作的重中之重。

在发达国家，通常由产业工会根据经济发展和物价上涨等情况，每年同相应的雇主协会协商、谈判，并通过谈判调整各产业、行业的职工工资水平。近年来，面对劳动力市场日益机动化、灵活化这一新情况，各国采取不同应对措施，将集体谈判的重心转向企业，代表某个企业直接与雇主进行谈判。

集体谈判制度自二战后在全世界广泛推行以来，发挥了重要作用。一是集体谈判制度使工人获得了分配领域的参与权，成为工会维护工人权益的有力手段。过去很长一段时间，包括分配问题在内的企业经营管理权一直是资本家的特权。集体谈判制度的建立，使劳动者拥有了就工资和劳动条件与雇主进行谈判的权利，劳动者的工资不再由雇主单独决定，而是由雇主和劳动者的代表共同商定。二是集体谈判制度成为协调和稳定劳动关系的重要机制。通过集体谈判，劳资双方坐下来商谈涉及双方利益的工资和劳动条件等问题，达成协议后，双方在集体合同有效期内要履行产业和平义务，不得进行罢工、关厂等激烈行为。因而集体谈判这一机制在一定程度上缓解了劳资矛盾，有利于维护社会稳定。在现实生活中，集体谈判开展得好的国家，罢工、关厂等激烈冲突相对要少。三是集体谈判制度促进了劳动立法的健全和发展。集体谈判和劳动立法一样，其内容都是涉及劳动者的就业条件和劳动条件以及劳资之间关系的问题，两者可以相互促进。劳动立法推动了集体谈判的开展，而集体谈判达成的协议又往往会根据新的情况突破劳动立法规定的某些具体标准，或者提出某些新内容，从而推动劳动立法的修改、充实和发展。如法国在上世纪60—70年代劳资双方达成的有关就业、职业安全与卫生、职业培训、维持失业收入等协议，后来都相继被纳入国家有关劳动法律。

四、职工参与管理制度

国外市场经济国家较为普遍地在企业里实行了职工参与管理制度，各国采取的具体形式和职工代表参与管理的程度与权利大小不尽相同。但大体上有以下三种：

1. 咨询监督性质的参与。这种性质的参与主要有劳资协议会和企业委员会。劳资协议会主要在日本、美国等国实行，由劳资双方代表组成。企业委员会是欧洲国家普遍采用的形式，从组织结构来说分两种，一种是资方代表和职工代表对等组成；另一种是只由职工代表组成，开会时资方代表参加。这种咨询监督性质的参与，尽管形式不一，一般来说享有三项权利：一是知情权，二是咨询和建议权，三是监督权。在欧洲一些国家，企业委员会除上述权利外，还在某些问题上有一定程度的共同决定权。

2. 共同决定性质的参与。在欧洲许多国家，公司的董事会和监事会中设工人代表。董事会和监事会享有广泛权利，工人通过其在董事会和监事会中的代表，对企业的生产经营管理享有发言权和一定程度的共同决定权，这是一种更高形式的参与。目前实行这种参与制度的国家，多数是工人在董事会、监事会中占有1/3的席位。德国的煤钢企业和2000人以上的企业，则有同资方同等数量的席位，这种形式被称为“对等共决”。

3. 自治管理性质的参与。这种性质的参与是指生产班组工人直接参与生产经营管理的一种形式。凡是小组的成员，都参加小组的管理工作，自行安排小组计划，决定完成生产任务的方式方法，并且从事技术改革和质量改进等工作，有的还有权决定小组内部的收入分配。

多年实践表明，工人参与制度具有积极作用。一方面，职工的愿望和要求能得到表达，并在一定程度上得到满足，一些不利于工人的决定得到修改和抵制，工人无须再采取激烈的斗争手段。另一方面，由于劳资关系比较稳定，工人利益得到一定程度的保护，因而调动了工人的生产积极性，有助于提高企业生产效益。

五、劳动争议的处理机制

劳动争议的处理机制是国外市场经济国家劳动政策和劳动关系调节体系中不可缺少的重要组成部分，正确发挥其作用是一个国家经济发展和社会稳定的重要条件。在国外，劳动争议的处理通常采取两步走的机制。第一步是预防和劳资双方协商自行解决。劳动争议的产生有一个形成过程，往往是从抱怨、不满开始，然后形成争议和纠纷，工人参与和集体谈判等制度就是预防和劳资双方协商自行解决争议和纠纷的方法。第二步是第三方参与解决。在劳资双方无法自行解决争议和纠纷的情况下，只能请求第三者介入帮助解决。国家和社会上设立的劳动争议调解、仲裁机构和法院（或者劳动法院）就是这种第三方的机构，通过调解、仲裁和司法审判加以解决。

劳动争议仲裁是市场经济国家处理劳动争议普遍运用的一种方式，在调解劳动关系中发挥着重要的作用。它是劳动争议仲裁机构依法对争议双方当事人的争议案件进行居中公断的一种执法行为。当劳动争议双方当事人在案件调解过程中达不成协议时，争议双方为寻求更有效的解决途径，避免争议久拖不决，可以把争议提交劳动争议仲裁机构，寻求通过仲裁得到及时解决。

对劳动争议执行仲裁有三种情况：一是争议双方都一致同意通过仲裁方式解决争议，经向仲裁机构申请后即可进入仲裁程序；二是争议一方要求仲裁，而不管另一方是否同意，也可进入仲裁程序；三是当某些劳动争议对经济、社会有较大的影响，政府当局可以主动将争议交付仲裁机构，而不管争议双方的意愿如何。

与其他劳动关系调解方式不同，仲裁具有以下特点：一是仲裁申请可由任何一方当事人提出，而不必由双方当事人共同提出，或不必在双方当事人首肯的情况下由一方提出申请；二是仲裁机构在调解不成的情况下，必须做出裁决；三是仲裁机构的裁决具有强制执行的法律效力，不像调解协议那样依靠自觉执行。

国外市场经济国家为了及时处理劳动争议，一般都设有劳动争议仲裁机构。大体上有两类：一是政府组织的三方性仲裁机构，仲裁委员会由政府、工会、雇主协会三方代表组成。二是独立的中立机构，这种机构由独立于政府劳工部门之外的熟悉劳动关系状况的中立人士组成，同雇主或工会没有关系。尽管劳动争议仲裁具有灵活简便和高效的特点，但许多国家仍把法院作为处理劳动争议的最终机构。

劳动争议处理的原则是尽可能预防和劳资协商自行解决，不得已时才由第三方介入。第三方参与处理需掌握以下五项原则。

一是三方性原则。劳动争议的处理要实行三方性原则，即在处理过程中必须有劳资双方的代表和中立的第三方代表。劳资双方代表由工会和雇主协会推荐或委派，中立代表一般由政府委派或来自独立的公益机构代表。三方性的好处是：给争议人以公平感，有利于赢得其信任；三方成员都具有劳资关系方面的专业知识，有利于争议的公正、及时解决。

二是自行选择的原则。当事人在需要第三方参与解决争议时可以自行选择处理办法，处理办法有自愿原则和强制原则两种。按照自愿原则，双方当事人通过协商共同提出调解或仲裁的申请，可以选择调解或仲裁的办法来解决争议，可以自行选择调解员、仲裁员和仲裁程序。按照强制原则，双方当事人中的任何一方可以自行请求仲裁，仲裁员和仲裁程序由仲裁机构指定和制订，政府也可以使用调解和仲裁；双方当事人中的任何一方也可直接向法院提出诉讼，法院按法定程序处理。自愿和强制这两者，尽可能以自愿原则为主、强制原则为辅。

三是调解的原则。调解原则是指这种手段要贯穿于第三方参与劳动争议的全过程，不只是在采取调解程序时是这样，即便在仲裁和法院审理的过程中，也要先行调解，调解不成时，才行使裁决或判决。同时对裁决和判决也要以调解的态度去强制执行。

四是公正的原则。公正原则就是在处理争议案件时要以法律为准绳，严格按照国家有关劳动法规的规定，按照处理劳动争议程序的规定，公正地进行处理。公正原则也是指在处理争议案件过程中，应当公正、平等地对待双方当事人，每一方都受到法律的平等保护，不得有超越法律和有关规定的特权。

五是及时处理原则。及时处理原则就是指应该在尽可能短的时间内及时处理劳动争议，以免影响劳资双方，影响经济发展和社会稳定。有关法规都应对调解、仲裁和诉讼规定时限，要求在规定的时间内处理完毕，调解和仲裁机构应严格按照规定的时限办理。

（课题组长：朱斌　课题组成员：林承恩　赵政巍）

构建和谐劳动关系
发挥工会在社会建设中的积极作用

李德齐

改革开放30多年来，我国经济社会始终保持着平稳、较快、健康的发展步伐，其根本原因是在党的领导下，我们始终坚持和牢牢把握中国特色社会主义道路的前进方向。进入21世纪，伴随经济全球化和市场化改革进程，我国经济社会发展态势继续向好，民生不断改善，综合国力不断增强，国际影响力愈益深远，但与此同时，我国社会关系日趋复杂化，社会矛盾凸显攀升，社会发展依然面临诸多风险考验，其中劳动关系成为引人关注的领域。为此，遵循科学发展观要求，着力构建和谐劳动关系，推动实现我国社会管理和社会建设平稳有序和创新发展，就成为当代中国工会肩负的一项重要使命。

一、我国劳动关系的变化及特征

（一）市场化。

我国劳动关系的市场化特征主要反映在，一方面政府对劳动关系具体事务的管理，已由传统的行政包揽的直接管理方式，转变为主要通过立法规范、政策引导、居中协调、执法监督、冲突监控的间接治理方式，并着力通过培育和完善劳动力市场机制以期实现对资本与劳动资源的有效配置。另一方面，劳动关系领域中有关涉及劳动就业、劳动报酬、劳动用工、劳动标准、劳动合同与集体合同的订立、职业安全卫生、社会保险与福利等事项，在国家社会政策和劳动力市场供求机制的导向下，主要通过劳动关系双方及其代表组织依法依规自主协商加以解决。

（二）多样化。

与众多工业化市场经济国家劳动关系的单一结构类型不同，我国现实劳动关系适应公有制经济和各类非公有制经济的竞相发展，呈现出“千姿百态”的特征，大致可分为五种类型，即：国有企业的劳动关系、外商投资企业的劳动关系、民营企业及个体经济组织的劳动关系、非正规就业（以灵活就业形态为特征）领域的劳动关系、社会公共部门的劳动关系。伴随劳动关系的多样化，职工队伍结构也呈现出许多新的特征，仅从劳动用工角度看，职工队伍构成不仅包括“编制内”在职职工、劳动合同工，也包括劳务派遣工、农民工、短期协议工、学生工以及自主创业或自谋职业的劳动者。由于劳动关系的多样化以及职工队伍构成的新变化，使得不同劳动者群体利益关系的协调与规制，成为我国社会管理和社会建设的一项繁重任务。

（三）社会化。

劳动关系的社会化表明在我国劳动年龄人口中，劳动关系覆盖从业人员的总量规模及地域在不断扩展。资料显示，在目前我国7.8亿劳动年龄人口中，劳动关系覆盖城镇及乡村各类用人单位从业人员总量已逾4亿，其中四分之三为普通劳动者。并且，伴随我国城镇化进程，“十二五”期间农村富余劳动力仍将持续向城镇转移，其总量规模预计约4000万人，这预示着我国劳动关系覆盖从业人员总量仍将持续扩大。由此可见，劳动关系已成为反映我国社会关系的基本方面，成为社会管理和社会建设的基本面向，成为构建社会主义和谐社会的重要基础。

（四）层次化。

劳动关系的层次化表现在：一是在基层企事业，由劳动者与用人单位结成的个人劳动关系已趋明晰。特别是随着劳动合同制度的实施和扩面，个人劳动关系已由事实劳动关系向劳动法律关系全面转型。二是个人劳动关系的交往行为逐渐趋于有组织的行为，即由劳动关系双方的代表组织（工会和经营者组织）在产业、行业或地方区域形成集体劳动关系，进而形成对个人劳动关系调整的有益补充和导向作用。三是伴随个人劳动关系和集体劳动关系的发展，与之相关的立法、劳动法律制度、社会政策以及政府监管等宏观治理问题提上日程，以至促使劳动关系在社会层面形成由政府、工会、经营者组织之间的三方关系。可见，我国劳动关系的发展呈现出个人劳动关系、集体劳动关系、三方关系层次分明和彼此关联的特征。

（五）复杂化。

多年来，我国市场化改革之所以能够持续深入地向前推进，一个不可忽视原因是劳动关系的整体发展基本平稳、可控。但随着改革的不断深入，劳动关系领域内的各类矛盾日渐凸显，企业改革和发展中涉及职工权益保障的深层次问题愈益复杂化，突出表现在一些企业由于劳动法制观念淡漠、劳动用工制度和劳动合同制度不尽规范、劳动报酬及保险福利待遇有失公允、对职工管理缺乏应有的人文关怀、工会组建缺位等等，致使漠视和侵犯职工合法权益的现象及由此引发的劳动纠纷或群体性突发事件时有发生，从而给职工队伍稳定、企业发展和社会管理造成负面影响。现实表明，目前我国劳动关系领域内各类矛盾纠纷已进入到一个多发期和凸显期。

（六）国际化。

在经济全球化趋势下，国际贸易交往和资本跨国流动使各国及各经济体之间的市场依存度不断提升，进而使全球范围内各国劳动关系之间的相互影响不断加深。由于我国经济社会始终坚持对外开放的发展战略，因此在立足国情和应对经济全球化挑战中，我们应本着“不照搬、可借鉴”的理性原则和开阔视野，积极关注和把握我国劳动关系发展呈现出的一些国际化特征，主要反映在：（1）近年来国际社会多边组织有关全球治理的诸多重大议题，已直接或间接地影响到我国劳动关系的可持续发展；（2）国际劳工立法中的有关劳工标准、相关内容（如体面劳动）和保障性措施，事实上对我国劳动关系调整和劳动立法的影响不仅已难回避，而且一些方面值得关注和吸收借鉴；（3）随着外国资本、技术及产业链向我国延伸和转移，以及在消除关税壁垒、倾销与反倾销等贸易纷争中，我国劳动关系调整面临解决的问题难度加大，并同相关国家劳工组织的不同诉求复杂交织在一起；（4）在我国外商投资企业和境外中资企业中，涉外劳动关系的调整、工会建设和职工权益保障等方面也面临许多亟待解决的新问题。

综上六个方面，面对我国社会主义市场经济条件下劳动关系领域前所未有的新变化，努力构建和发展和谐劳动关系，推动社会管理和社会建设全面进步，无疑为工会作用的发挥提供了契机。从我国国情出发，中国特色社会主义新型劳动关系和谐机制的构建应具有如下特征：（1）实现目标：规范有序、公正合理、互利共赢、和谐发展；（2）外部条件：党政主导、企业配合、制度保障、社会合力；（3）发展主线：大局为先、职工为本、权益保障、共建共享；（4）运行方式：特色多样、层次衔接、强化基层、协商一致；（5）矛盾化解：诉求通畅、调解为先、监管到位、人文理念。

二、发挥工会在社会建设中的应有作用

社会建设重在社会管理。加强和创新社会管理是中国特色社

会主义事业的重要组成部分。胡锦涛总书记指出："加强和创新社会管理，根本目的是维护社会秩序、促进社会和谐、保障人民安居乐业，为党和国家事业发展营造良好社会环境。社会管理的基本任务包括协调社会关系、规范社会行为、解决社会问题、化解社会矛盾、促进社会公正、应对社会风险、保持社会稳定等方面。"中国工会作为党领导下的职工自愿结合的工人阶级群众组织，遵循中国特色社会主义工会发展道路的方向，不仅在参与社会管理中具有独特优势，而且作为具有广泛会员基础的社会团体也能够有所作为。

（一）工会参与社会管理的制度优势。

面对我国劳动关系前所未有的深刻变革，中国特色社会管理的制度优势为工会作用的发挥提供了有利条件，集中反映在我国社会管理初步形成党委领导、政府负责、社会协同、公众参与的发展格局。置身于这一发展格局中，工会能否在社会管理中发挥应有作用，一方面要求工会在融入社会管理大格局中应乘势而上，把握契机，有所作为；另一方面也要求我国社会管理的制度优势，能够通过自身体制机制的不断完善创新得以充分发挥。

首先，在党委领导方面。党的各级组织能够按照科学发展观要求，以全新视野审视和把握我国劳动关系发展变革的新情况、新特点、新规律，以卓有成效的创新领导方式，引领、协调和支持工会依法独立自主开展工作。

其次，在政府负责方面。为推动构建和发展和谐劳动关系，有效化解劳动关系矛盾，一方面政府在推进劳动法律制度建设、制定和实施重大社会经济与劳动政策时，要密切关注广大劳动者的意愿和要求，为工会有效服务职工提供更多的资源和手段；另一方面政府应以互利共赢的理念引导和协调劳动关系双方自主交往行为，切实担负起执法监督和有效预防、化解各类社会矛盾的职责。

第三，在社会协同方面。劳动关系和谐机制的建立需要凭借社会各方面的力量，诸如立法、司法、行政、文化教育、各类经济组织、社会团体、网络舆情等各个方面，能够在民主与法制轨道上形成社会合力。从这个意义上讲，有效的社会协同不仅是加强和创新社会管理的必要条件，也是发展和谐劳动关系进而推动实现和谐社会的优势所在。

第四，在公众参与方面。社会管理的有序运行需要全体社会成员来共同维系。同样，发展和谐劳动关系也需要劳动关系双方及其双方代表组织的自主参与和协同努力。为此，一方面应进一步加强和完善党政主导的规范社会关系的利益协调机制、诉求表达机制、矛盾调处机制和权益保障机制；另一方面也应进一步扩大、开通和创新社会管理的实现途径，引导和支持广大劳动者与经营者充分发挥其在参与社会主义和谐社会建设中的主体作用。

（二）工会参与社会管理的积极作用。

在社会管理的整体格局中，工会工作的着力点在于，致力于推动构建和谐劳动关系。实践表明，按照中国特色社会主义工会发展道路的基本定位和目标取向，工会参与社会管理有着独特优势。

首先，中国工会是党领导的拥有逾2.4亿会员的我国最大的、组织统一的社会团体，是构建和谐劳动关系的有力促进者。中国工会不仅组织广泛，而且其工作领域覆盖我国经济、政治、文化、社会及生态文明建设各个方面，并以其自身组织优势和富有特色的活动方式，成为推动落实我国“十二五”规划目标、实现科学发展和确保党提出的加强与创新社会管理战略任务的重要社会力量。

其次，秉承中国特色社会主义工会维权观及基本原则，遵循“组织起来、切实维权”的工会工作方针和围绕现阶段工会推进“两个普遍”重点工作的开展，我国劳动关系的和谐与稳定和职工群众合法权益的维护，无疑将通过工会的不懈努力呈现出积极态势。不仅如此，我国工会在继承中国工运优良传统和工会工作成功经验的基础上，仍将继续通过大力开展经济技术创新工程、民主管理与民主参与、职工队伍素质教育等各项工作的开展，为我国社会管理创新发展注入活力。

第三，着眼于社会和谐稳定的大局，工会在协调和规范劳动关系行为、帮扶解决劳动者切身利益问题、预防和化解劳动关系各类矛盾及突发事件、实现体面劳动、促进社会公平与正义、应对社会风险和保持社会稳定等方面蕴藏着巨大潜力。就社会和谐稳定而言，现实中社会管理中存在的诸多社会矛盾和不稳定因素，多源于经济管理和企业生产过程中的劳动关系问题。因此在经济建设和物质生产领域中，充分发挥工会依法履行维护职责，积极参与劳动争议调解处理，与企事业行政合力推进各项劳动法律制度建设，能够从源头上为社会管理有序运行奠定基础。

第四，社会和谐与稳定的标志，不仅反映在社会管理的体制机制能够有效应对、化解和治理各类社会矛盾，形成安定有序的社会环境和社会氛围，更重要的还应体现在通过文化建设，促进社会管理立足于社会文明与进步以及良好社会风尚的基础之上。在这方面，工会的独特优势在于，通过大力弘扬中国工人阶级伟大品格和劳模精神，使体面劳动、勤奋劳动、诚实劳动、创新劳动成为市场经济条件下社会倡导的价值理念、社会崇尚的行为规范、社会应有的精神风貌，使劳动光荣、劳动伟大、劳动神圣成为我国社会管理创新发展和先进文化传承发扬的重要内涵。

第五，在经济全球化背景下，我国社会管理和社会建设始终会受到国际政治与经济发展变化和复杂格局的深刻影响，尤其是当今国际社会共同关注的有关全球治理诸如国际贸易、气候变化、能源利用、生态环境、公共安全、民生保障以及可持续发展等重大问题，无一不对各民族国家的劳动关系和社会治理产生直接或间接影响。针对这些问题，中国工会的优势体现在，一方面在国际劳工事务交往中，积极配合和服务于国家整体外交方略，既立足国内劳动关系的整体发展，又着眼各国劳动者基本权益关切，以增进相互包容、相互合作的建设性民间外交方式，努力推动形成公正合理的国际工运新秩序；另一方面积极应对经济全球化对我国劳动关系、职工权益和社会管理带来的直接影响与风险，协助党和政府稳步推进我国社会管理和社会建设健康发展。

（本文作者系中国劳动关系学院院长）

构建和谐劳动关系　推动企业科学发展

李 庆 奎

劳动关系是现代经济社会中最基本、最重要的社会关系。构建和谐劳动关系，是保证企业科学发展、促进社会和谐稳定的必然要求。2011 年 2 月 19 日，胡锦涛总书记在省部级主要领导干部社会管理及其创新专题研讨班上，再次重申“最大限度激发社会活力、最大限度增加和谐因素、最大限度减少不和谐因素”的要求，为和谐劳动关系建设进一步指明了前进方向。作为中央企业，必须以科学发展观为指导，坚持党的全心全意依靠工人阶级的根本方针，大力发展社会主义和谐劳动关系，更好地履行经济、政治、社会三大责任，努力实现企业发展与职工发展相协调。

一、中央企业在劳动关系转型中面临新趋势、新矛盾

党的十一届三中全会以后，我国进入计划经济体制向社会主义市场经济体制过渡的转型期。期间，经济所有制结构调整、劳动用工制度改革、工资分配制度改革三大体制性因素，对劳动关系的变化产生了重要影响。劳动关系逐步由行政化向市场化、法制化转变，处理劳动关系事务的主体，由政府转化成为企业和劳动者两个相对独立的利益主体；劳动关系的运行机制逐步由政府为主体的行

政管理方式转变为以企业为主体的市场机制调节；人力资源配置方式由过去单一的政府统筹转变为以市场化为导向、企业自主用人与劳动者自主就业的双向选择；分配制度实行以按劳分配为主体、多种分配方式并存，逐步建立起“市场机制决定、企业自主分配、职工民主参与、国家监控指导”的新体系。

进入二十一世纪，随着改革开放的不断深化，中央企业既面临难得的历史机遇，也面对诸多可以预见和难以预见的风险挑战。劳动关系转型受到国际化、社会化、市场化的影响，在总体稳定的同时面临一些新趋势、新矛盾。从国际上看，国际金融危机给世界经济造成深度冲击，世界经济增速减缓，世界经济中心正在转移，经济结构正在发生重大调整、科技发展正在酝酿重大突破、文化思潮互相激荡，热点问题此起彼伏，中东、北非局势震荡并呈蔓延趋势。从国内看，经济体制深刻变革、社会结构深刻变动、利益格局深刻调整、思想观念深刻变化，人们思想多元、多样、多变特征更加明显。企业职工利益诉求出现新变化，企业组织形式、用工方式、利益关系和分配方式日益多样化，经济关系和劳动关系日益复杂化，人们价值取向、行为方式日趋多元化。这些新情况、新问题，给劳动关系转型提出了新挑战、新要求。

中央企业在劳动关系转型中，有几个方面的矛盾应引起关注：一是随着劳动关系市场化程度的进一步提高，人员流动性日益增强与职工队伍稳定的矛盾突出。劳动关系市场化的不断深入发展，必然会使人员流动呈加速趋势，发电企业不再是人们眼中的“铁饭碗”，劳动关系中不同劳动者群体差异凸显。技术技能强的职工流动性强，长期留用难度加大；技术技能一般的职工整体稳定，但劳动争议隐患较多；技术技能差的职工对企业依赖性强，容易发生劳动争议。二是随着劳动关系法制化程度的进一步提高，相关利益主体明晰化与密切人企关系的矛盾突出。新时期的职工特别是“80后”、“90后”新生代职工价值取向更加务实，法律意识和维权意识日益增强。企业追求利润最大化，而职工则更加关注工作岗位的稳定和劳动报酬的提高，因此企业利润与职工报酬在很大程度上成为此消彼长的“负相关”关系，致使劳动关系双方的利益差别呈扩大趋势。三是随着劳动关系全球化趋势的进一步发展，协调劳动关系的国际与国内标准依据的矛盾显现。在经济全球化的背景下，中央企业劳动关系在主体、劳动标准、调整方式等方面直接或间接地受到国际经贸规则和国际劳工标准的影响，加之境内外劳动法律法规的差异和境内外职工收入、观念等方面的差异，进一步增加了劳动关系的协调难度。

二、把握趋势、化解矛盾，推进劳动关系顺利转型

中东、北非局势动荡的教训警示我们，在经济、社会和政治矛盾不断累积的情况下，任何小的事件都可能引发社会动荡。针对劳动关系发展的新趋势、新矛盾，企业应当从构建和谐劳动关系入手，创新人力资源管理，统筹协调各方面利益关系，加强对相关制度形式的比较借鉴，推动劳动关系顺利转型，保障企业乃至社会和谐发展。

一是创新人力资源管理，增强企业的凝聚力和向心力。对于干部队伍，深入探索党管干部原则与市场化选聘经营管理者相结合的实现形式，在加强“职业经理人”队伍建设的同时，完善综合考评体系，把建设和谐企业作为评价干部业绩的重要标准，防止片面追求经济效益。对于人才队伍，完善激励机制，大幅度提高专家型高技能职工的待遇，使其能够安心在工作岗位上发挥聪明才智。对于普通职工队伍，积极拓展职业发展通道，力争使每一名职工只要努力都有上升空间。同时，注重促进“人的全面发展”，维护职工合法权益，保障职工知情、参与、表达、监督权利，不断以先进文化引领和整合多元化思想观念，筑牢共同价值观。

二是统筹协调各方面利益关系，促进企业内部不同群体和谐发展。坚持“和而不同”的和谐观，正视劳动关系客观存在的矛盾，承认劳动关系不同主体的利益诉求差异，积极寻求调处矛盾的新方法、新渠道，着力健全一整套正确处理劳动关系矛盾的规范化机制，努力实现“不同而和”。研究解决收入分配的突出问题，关注职工平均收入较低企业的薪酬分配状况，研究对边远地区、艰苦环境、困难企业职工收入的特殊补偿政策。关注企业内部弱势群体，在强化对其基本保障的同时，着力提高其技能素质，增强他们的竞争力和对改革的适应能力。

三是关注劳动关系国际化影响，加强对相关制度形式的比较借鉴。重点是结合外籍职工管理等方面遇到的新情况新问题，在协调劳动关系的手段和方法上，吸收和借鉴国际上一些有益经验和反面教训，深入进行工会组建、集体谈判制度、劳动争议处理制度及法规依据、协调劳动关系三方机制等方面的比较鉴别，并对伴随经济全球化产生的一些新的制度和形式进行观察和比较，提高处理劳动关系国际化复杂问题的能力。建立健全劳动关系风险预防预警机制和应急处置机制，并将其纳入企业全面风险管理，有效提高对改革发展中各种利益矛盾的预判和调处能力。

三、夯实构建基础，在共建共享中发展和谐劳动关系

党的十六届六中全会通过的《中共中央关于构建社会主义和谐社会若干重大问题的决定》，将“发展和谐劳动关系”作为构建和谐社会的一项重要战略任务。和谐劳动关系具有利益关系的一致性与合作性，在尊重和承认利益差别的前提下，劳动关系双方完全可以结成利益共同体，实现共建共享共赢。

近年来，中国华电集团公司坚持把构建和谐劳动关系纳入企业发展战略管理，结合公司进入加快战略转型、创造可持续价值新阶

段的实际，通过理念引领、制度规范、素质提升和资源整合，全面夯实构建基础，实现企业与职工协调发展。

（一）强化理念引领，夯实构建和谐劳动关系的思想基础。

首先，着力培育共同精神文化理念。在学习实践科学发展观活动中，公司引导广大职工“跳出电力看电力”，“跳出华电看华电”，共同为企业改革发展和经营管理中存在的矛盾问题会诊把脉，建立了以“创造可持续价值”为核心的“华电宪章”文化体系，企业与职工形成了“建设以电为主的一流能源集团”共识。公司注重用形成共识的发展愿景凝聚职工，用不断前进的宏伟事业激励职工，用科学发展的现实成果团结职工，用充满温情的人文关怀感召职工。通过自上而下的文化宣贯与践行，使“诚信、求真、和谐、创新”的核心价值观和“自强求变、厚德求进”的公司精神扎根职工思想深处，“创造可持续价值”成为干部职工建设美好华电的共同精神文化理念。在这一理念引领下，以“转方式、调结构、推创新、提效益”为工作主线，以提升执企能力和盈利能力为抓手，推动公司由规模带动型向质量效益型转变，有力地促进了企业又好又快发展。截至2010年底，公司发电装机达到9019万千瓦，年发电量达到3589亿千瓦时。公司电源结构不断优化，水电、天然气、风电等清洁能源占总装机的比重超过四分之一，处于国内五大发电集团公司较高水平。

其次，要保证全体职工共享企业发展成果。在贯彻科学发展观“以人为本”的核心要求上，坚持“人本实质论”，反对“人本工具论”，在企业发展中关注和保障公司每一名职工的劳动权利和发展权利，以规范有序为前提、以公正合理为准绳、以互利共赢为目的、以和谐稳定为核心，齐心协力把“蛋糕”做大，统筹兼顾把“蛋糕”分好，实现全体职工与企业共建共享改革发展成果。“十一五”期间，公司积极贯彻国家转方式、调结构战略部署和节能减排政策，在“上大压小”中先后关停小火电机组618.5万千瓦，提前两年完成关停任务。小机组关停共涉及3万多名职工失去原有工作岗位，其中近一半人原有专业技能不适应公司转型发展的新要求。公司没有把这部分人简单地推向社会，而是在岗位匹配度评估的基础上，通过自愿报名、转岗培训后，实施“老厂转新厂”、“小机组转大机组”、“火电转水电”等措施，先后妥善安置职工12900人，其中跨省安置3500人，成功实现了职工生存发展与企业价值创造各得其所。

（二）加强制度建设，夯实构建和谐劳动关系的制度基础。

加强基本保障制度建设。公司自觉把构建和谐劳动关系放在构建和谐社会这一时代背景下，不断深化对其规律性的认识和把握，根据劳动关系发展中出现的新趋势、新矛盾，把制度建设贯穿于经营管理和改革发展的始终，通过制度体系建设实现用制度管权、用制度管人、用制度管事。在全面深入地调研分析所属企业劳动关系状况的基础上，及时研究制定和实施《深化劳动用工制度改革指导意见》、《上大压小人员安置分流指导意见》、《境外企业劳动用工指导意见》，保证了新形势下的依法规范用工。建立健全并认真落实以职代会为基本形式的民主管理厂务公开制度。坚持以法律法规为依据，全面建立劳动合同制度、平等协商和集体合同制度，做到依法确立劳动关系。不断加强监督体系建设，通过合同履约情况报告、民主评议、职工代表巡视、公示等多种形式对制度执行情况进行监督检查。通过依法建立和规范劳动关系，明确和落实职工与企业双方责、权、利，破除制约构建和谐劳动关系的体制性束缚，极大地增强了企业生机和活力，有力地提高了公司在激烈的市场竞争中抢抓机遇、应对挑战的能力。

着力拓宽职工职业发展通道。制定实施《进一步拓宽职工职业发展通道的意见》，在基层企业探索设立首席工程师、首席技师等专业技术职务，给予他们和同级管理职务相匹配的待遇，有效解决了专业技术人员、技能操作人员职业发展通道狭窄问题。坚持促进技能成才和促进管理成才两措并举，设计推出《专家选拔办法》和《优秀青年人才遴选管理办法》等20多项制度，为优秀人才脱颖而出创造条件。健全完善人才“培养开发、选拔使用、市场化配置、考核评价、激励约束”五大机制，积极引进企业人才测评、工作分析、等级评定、行为绩效评估、薪酬管理、激励计划等现代人力资源管理方法，为职工职业生涯发展创造条件。为满足职工学技术、提素质的需要，公司建立并投用了11个人才培训基地和9个技能鉴定站，并每年选拔推荐部分优秀青年职工到大专院校系统培训，有力地促进了职工素质提升。截至目前，公司基本人才资源总量达到5.7万人，与成立之初相比，具有中、高级专业技术职称的人员分别增加了13%、52%，具有技师、高级技师职业资格的人员分别增加了152%、220%，先后有22人获得国务院政府特殊津贴、1人入选国家百千万人才工程、14人获得全国技术能手、9人获得中央企业技术能手、21人获得全国电力职工教育培训新星奖。

（三）坚持齐抓共管，夯实构建和谐劳动关系的体制基础。

紧密结合公司实际，逐步建立健全了“党委领导、行政支持、工会运作、部门协同、职工广泛参与”的领导体制，形成了齐抓共管的构建和谐劳动关系工作格局。集团公司党组作为构建和谐劳动关系的领导者，明确了“抓班子、带队伍、推发展、促和谐”的党建工作总体要求，深入开展“创先争优、科学发展”活动，着力加强各级党组织自身建设，不断强化促和谐、保稳定的领导和组织保证；完善领导班子综合考核评价机制，把企业和谐、队伍稳定作为评价班子绩效的重要尺度，对和谐稳定方面发生问题造成严重影响的实行“一票否决”；坚持“总揽全局、协调各方”，将和谐劳动关系构建纳入公司系统党、政、工、团及各部门责任制；对企业发展重大决策和涉及职工切身利益的规章制度、重大事项，定期进行统一研究和集体“会诊”，对影响和谐稳定的热点、难点问题及时进行梳理，制定实施预防和处置措施。面对煤价上涨带来的火电企业大面积亏损，在深入挖潜、降低成本，努力扭亏增盈的同时，对亏损企业只降低中层及以上领导人员的薪酬，力保职工收入不降。

加强工会组织建设，维护职工合法权益。公司系统各级工会组织认真落实全总工作要求，不断加强建会工作。2010 年以来，在集团总部独立设置了工会工作机构，系统 155 家基层企业除 8 家新建单位外，全部建立了工会组织。在成立时间短、尚不具备建会条件的基层单位，全部成立了工会工作委员会。注重发挥各级工会组织的作用，把职代会作为加强民主管理、维护职工利益的主渠道，坚持企业生产经营重大事项听取职工代表意见，涉及职工切身利益的重大事项交由职工代表审议通过。以“安康杯”竞赛为平台，不断健全劳动保护监督网络，加强监督检查，组织安全规章制度和安全知识学习，提高职工安全生产技能，改善工作环境，维护了职工的生命权和健康权，公司系统有 16 家单位先后获得“全国安康杯竞赛优胜企业”称号。

和谐劳动关系的建设与发展，有效调动了干部职工立足岗位、干事创业的积极性，增强了企业的凝聚力和向心力，极大地促进了企业的健康快速发展。“十一五”期间，公司资产总额从 1467 亿元增长到 4423 亿元，增长了 2 倍；风电装机和控股煤炭产能从无到有，分别增长到 232 万千瓦和 1315 万吨；水电装机从 685 万千瓦增长到 1538 万千瓦，增长了 1. 25 倍；供电煤耗下降了 34. 9 克/千瓦时，圆满完成了公司“十一五”各项奋斗目标。

“十二五”时期是我国全面建设小康社会的关键时期，是深化改革、加快转变经济发展方式的攻坚时期。我们要紧紧抓住这一战略机遇期，适应加快转方式、调结构的新要求，强化对发展和谐劳动关系的战略性、系统性谋划与实践，确保企业既充满活力又长治久安，为国家改革发展与社会和谐稳定作出新的更大贡献。

（本文作者系中国华电集团公司党组书记、副总经理）

调整适应　改革创新
促进首都职工队伍和劳动关系和谐稳定

北京市总工会

劳动关系是最基本的社会关系，劳动关系的和谐稳定是社会和谐稳定的基础，协调劳动关系是社会建设的重要内容，工会在协调劳动关系中具有不可替代的作用。近年来，针对经济结构深刻调整、非公企业大量增加，劳动关系日益复杂、劳动关系矛盾日益突出，职工队伍日益发展壮大、职工利益诉求日益多元化的新形势，北京市总工会坚持维权与服务并举，切实维护职工合法权益，努力促进职工队伍和劳动关系和谐稳定。

一、劳动关系的新形势

经济结构深刻调整。近年来，随着社会主义市场经济的快速发展，民营、外资和港澳台资企业等非公有制企业大量增加，众多中小非公企业遍布社会经济的各个领域，特别是随着产业结构的优化升级，新兴产业和行业不断涌现。经济结构的变化，要求构建和谐劳动关系工作必须向非公有制企业和新兴行业延伸，工会必须改变传统的工作格局，实现组织和工作领域由公有制企业向非公有制企业延伸，组织和工作状态由封闭的体制内循环向开放的社会化转变。

职工队伍深刻变化。非公企业的大量增加，非公企业职工队伍不断壮大，加上用工形式更加多样，灵活就业人员不断增多，职工队伍结构日益复杂，职工需求日益多元化。工会作为党联系职工群众的桥梁和纽带，一方面必须吸引广大职工加入工会组织，在职工合法权益受到侵害时能依法为职工维权，另一方面要最大限度利用各类资源和手段，为职工提供力所能及的生产生活服务，满足职工的多元化需求，维护职工队伍稳定和劳动关系和谐。

劳动关系日益复杂。近年来，一些企业不规范用工、侵害职工合法权益的行为大量涌现，加上职工的法制意识、维权意识日益增强，劳动关系矛盾处于多发态势。工会是职工合法权益的代表者和维护者，维护职工合法权益是工会的基本职责。劳动关系矛盾的新特点，对工会工作提出了新的挑战和要求，工会在处理劳动关系矛盾中的地位和作用更加突出。

二、构建和谐劳动关系的主要做法

针对新的工作形势，北京市总工会按照中共北京市委《关于加强和改进工会工作的意见》，制定了工会6项重点工作实施方案，与市委《意见》一起组成了“1+6”文件，系统梳理了工会工作的目标、任务、方法、措施，明确提出按照调整适应、改革创新的工作方针，全力打造服务型工会。近年来，全市各级工会坚定不移地推进“1+6”文件的贯彻落实，努力实现新时期工会工作理念创新、体制机制创新、方式方法创新。2011年，市总工会推动市委市政府出台了《关于促进劳动关系和谐稳定的意见》，并按照中央要求，参与组织召开了全市构建和谐劳动关系大会。在实施“十二五”规划的开局之年，市总工会会同市发展改革委，制定了《北京市“十二五”时期职工发展规划》，以关注职工发展为崭新视角，把职工就业权、收入权、安全权、保障权、参与权和职业发展权的实现作为衡量职工权益发展状况的重要指标，提出了今后五年北京市职工发展的思路、目标和任务。该规划是全市“十二五”规划的重要组成部分，是对“1＋6”文件的进一步拓展和延伸、继承和创新，为工会参与构建和谐劳动关系、做好职工群众工作营造了良好的外部环境，搭建了更高的工作平台。

北京市工会构建和谐劳动关系的主要做法是：

推动企业普遍建立工会组织，构建全覆盖工作格局。制定实施了《北京市2011—2013年推动企业普遍建立工会组织工作规划》。进一步完善党建带工建、党工共建工作机制。加强产业工会建设，促进带有群体性特征和行业性共性问题的解决，相继成立了工业、交通运输、建筑、金融、服务工会等8大产业工会，并推动产业工会工作领域、对象向非公经济领域延伸；在各街道乡镇成立总工会，街乡总工会根据区域企业状况，推动成立区域、行业工会联合会和联合工会，实现对中小非公企业的全覆盖；重点针对企业集中的园区和商务楼宇、外资企业、中小非公企业推进建会；根据职工队伍发展情况，及时开展世界500强企业建会、劳务派遣工入会等专项建会入会行动；以工会经费税务代收为手段促进建会工作，不断实现工会组织全覆盖。

创建三级服务体系，构建服务型工会。为使工会工作面向社会、服务职工，把工作触角直接延伸到职工群众中，实现工会组织和工会工作的全覆盖，我们在市、区两级建立职工服务中心，在所有街道乡镇建立工会服务站，在社区楼宇以“三站合一、五站合一”（党建服务站、工会服务站、团建服务站、妇女服务站、社会服务站）的形式开展工会工作，形成工会三级服务体系。目前已建工会服务站344个，已有专职工会社会工作者1468人，基本实现了对全市街道乡镇的全覆盖。三级服务体系直接为职工提供信访接待、互助保障、帮扶救助、职业介绍、劳动争议调解、法律援助、法律咨询等各项服务。对会员实行实名制管理，采集会员信息364

万人；为会员办理京卡·互助服务卡，已办卡195万张，提供各类免费、优惠服务。建立12351职工服务网和12351服务热线，24小时服务，从2009年8月至今，共接到职工来电14.9万余个，日均来电300多个，单日最高达6000余个。

建立六方联动机制，构建社会化大调解格局。针对近年来劳动争议案件大幅攀升，许多案件不能得到及时处理的状况，为将劳动争议化解在基层和萌芽状态，市总工会牵头建立了由工会、人力社保、司法、信访、法院、企联共同参与的劳动争议调解六方联动机制，形成政府指导、工会牵头、各方联动、重在调解、促进和谐的社会化大调解工作格局。工会建立了市、区两级劳动争议调解中心、街道乡镇劳动争议调解室，健全企业调解组织，形成了完善的劳动争议调解网络。建立专业化调解队伍，聘请25家律师事务所和450名律师志愿者进行劳动争议调解工作。2009年6月以来，通过12351职工服务热线、各级服务窗口受理案件65173件，结案59128件，调解成功43848件，成功率74.2%，涉及金额3.62亿元。

积极推进工资集体协商，构建劳资双方协商对话平台。收入分配问题是社会关注的焦点，也是职工最关心、最直接、最现实的利益问题。为维护职工合法权益，促进企业健康发展，2010年，市总工会提出“行业谈标准、区域谈水平、企业谈增长”的方针，在区县、开发区开展了55个区域性、行业性工资集体协商试点工作，形成了一批能仿效、可复制、好规范的成功经验。在试点经验基础上，制定了《北京市工会深入推进工资集体协商三年行动计划（2011—2013年)》，明确提出了“全面建立机制、重点解决问题”的工作要求。2011年重点针对工资较低、增长较慢、职工工资明显低于地区行业平均工资水平、劳动争议多发、职工反映强烈的五类企业开展工资集体协商。2012年重点针对百人以上企业开展协商，并在中小非公企业积极推进区域、行业协商。建立工资集体协商指导员队伍，为工资集体协商提供指导，推动工作开展。将企业民主管理工作与工资集体协商的开展相结合，要求工资集体协商必须履行民主程序，推动企业建立健全以职代会为基本形式的民主管理制度。

深入开展素质建设工程，构建职工发展平台。打造一支高素质的职工队伍，既是加快转变经济发展方式的要求，也是维护职工合法权益、促进职工成长成才的重要任务。市总工会充分发挥“大学校”的作用，深入实施首都职工素质建设工程，形成了职工素质教育、技能人才培养、创新成果转化三位一体的工作体系。职工素质教育已形成通用能力培训、企业岗位培训、主题教育活动、重点群体培训、职工文化素养和学分银行计划六大模块。完善以技能大赛为载体，以选拔培训、职业资格认证为主要内容的技能人才培养工作体系，每年举办不少于30个行业和工种的职业技能大赛。建立职工创新工作室，使劳模选树和作用发挥相结合，技术人才与技能人才相结合，技术研发与群众性创新活动相结合，引领职工开展技术攻关、技术革新、技术推广活动。通过职工创新成果展示、创新成果推介会等，推进创新成果转化应用。通过举办公益大讲堂，建立职工书屋，开展五月的鲜花群众歌咏活动、职工文化艺术节、职工体育运动会等形式在职工中开展主题教育和丰富多彩的文体活动，活跃了职工的业余生活。

深化实施送温暖工程，构建职工生活保障第二道防线。为缓解困难职工的生活压力，市总工会围绕就业、就医、子女就学实行社会化运作、项目制帮扶，设立9大类20余项帮扶项目。把“北京市职工送温暖基金会”更名为“北京市温暖基金会”，主要按三种方式运作：一是建立社会慈善基金，如“淦清助学基金”、“京汉单亲母亲爱心基金”；二是建立系统互助基金，如“首农爱心专项基金”、“朝阳助困专项基金”、“首都教职工爱心基金”；三是建立特殊群体专项基金，如“时传祥环卫工人专项温暖基金”、“暖·的士基金”。近一年多来，募集款物折合资金1.4亿元，增强了工会帮扶的实力，提高了帮扶工作的水平。

三、构建和谐劳动关系的体会

几年来，按照调整适应、改革创新的工作方针，北京市工会工作发生了明显变化，工会在构建和谐劳动关系方面取得了显著成绩。主要有以下几点体会：

要建设服务型工会。从广义上讲，服务既是维护的体现，又是更广意义上的维护；维护包含于广义的服务之中，是最基本的维护。从狭义上讲，维护是被动的，是特惠的，对象是权益受到侵害的职工；服务是主动的，是普惠的，对象是全体职工。只有树立大服务的理念，坚持维权与服务并举，既在维护职工合法权益上下功夫，又着眼于职工生产生活的多元化需求的有效满足，才能吸引职工、凝聚职工，给职工名副其实的“职工之家”的感觉。

要建立全覆盖工作体系。全覆盖，既要求工会组织延伸到各类性质企业，也要求工会工作覆盖到最广大职工群体。中国工会既有党联系职工群众的桥梁和纽带、国家政权重要社会支柱的政治属性，也有工人阶级群众组织的社会属性，全覆盖是党对工会的要求，也是时代赋予工会的任务。工会是最大的社会群众组织，系统最完备、组织最完善，只有适应形势的发展，发挥组织优势，强化地方功能，参与社会建设，实现组织、工作全覆盖，才能更好地服务大局、服务企业、服务职工。

要实行实名制会员管理。全面准确掌握组织成员的信息，及时了解组织成员基本状况和需求，是对工会作为一个社会组织最基本的要求，是提高工会的组织化程度和运行效率，增强组织动员能力和更好履行职能的最基础的工作。开展会员信息采集，对会员实行实名制管理，建立了动态的会员信息数据库，使工会比较及时全面准确地掌握了职工队伍的各方面情况，为党政做好职工群众工作提

供了决策依据，为工会掌握职工和企业情况、有针对性地开展工作提供了信息支持，为工会组织动员社会力量为职工群众服务提供了重要资源。

要提供普惠制服务。普惠制服务着眼于不特定的服务对象，主要是根据职工生产生活中的一些共性需求，开展面向所有职工的服务，使最广大的职工都能享受到加入工会组织带来的实惠。普惠制服务是在做好不同需求的职工群体个性化特惠制服务的基础上，主动开展的服务。工会只有不断地开展更多的普惠制服务，才能吸引最广大的职工加入工会组织，增强组织的吸引力、凝聚力和影响力，团结广大职工紧紧依靠在党的周围，增强党的阶级基础、巩固党的执政基础，更好履行工会的政治使命。

要实行项目制工作方式。项目制工作方式，就是将工作内容、任务转化为工作项目，合理配置人财物，全方位监控、全过程管理，调动各方积极性，把工作做深、做细、做实，落到实处。工会工作的本质是群众工作，重点和重心在深入企业、在贴近职工，关键在于落到实处、见到实效、职工群众得到实惠。只有实行项目制工作方式，才能有效解决半截子工会、半拉子工作的问题，提高工作的针对性和实效性。

要构建社会化工作格局。工会工作形势的变化，要求工会必须改变原有的封闭的体制内循环的工作状态，把工会工作放在改革发展稳定大局中来审视，主动加强与党政及有关方面的沟通联系，善于借势借力，找准相互之间工作的结合点和工会组织的切入点，实现资源整合，形成工作合力，推动工会工作的开放运行。只有建立工会的社会化工作格局，工会工作才能找准位置，实现工会工作是党政所需、职工所盼、工会所能，才能提高工作实力、放大工作效能、增强工作实效。

四、构建和谐劳动关系面临的问题

劳动关系工作法律支撑有待进一步加强。法律的主要功能是调整社会关系，劳动关系是最基本的社会关系，构建和谐劳动关系最主要是坚持依法原则。随着劳动关系形势的发展，一些涉及劳动关系的法律法规还不完善，有些法律法规规定滞后。一些法律法规在实施过程中，还缺乏明确的可操作性，还需要进一步细化和完善。一些法律法规在实施过程中，对违反法律法规规定行为的惩戒措施力度还不够，例如，关于工会组建和工会经费收缴工作，关于开展工资集体协商工作，关于劳务派遣用工问题等。这些都影响了工会工作和构建和谐劳动关系工作的开展。

工会的一些基层基础工作还相对薄弱。近年来，各级工会组织积极主动适应工作形势变化，努力调整适应、改革创新，取得了明显成效。工会工作的重心在基层、在企业，一些企业工会由于受制于企业行政等原因，工作方式转变还没有到位，工作力度还不够，在促进劳动关系和谐中的作用还不明显。工会在新形势下的地位和作用不可替代，面对日益庞大的职工队伍，工会工作在开展过程中明显感觉到人力物力不足，资源和手段缺乏。

社会对劳动关系工作的认识需要进一步提高。在市场经济条件下，工会在促进企业发展、维护职工队伍和劳动关系和谐稳定，进而维护社会和谐稳定方面的重要性日益凸显。而一些企业经营管理者，认为工会工作无足轻重，不支持或阻挠工会工作开展，工会工作无法推进，职工权益得不到及时有效维护，工会作用得不到有效发挥。因此，应进一步提高社会各方面对工会工作重要性的认识，为工会工作营造良好社会环境，提高工会工作的社会影响力。

五、今后工会构建和谐劳动关系的着力点

以推进工资集体协商工作为重点，全力维护首都职工队伍和劳动关系和谐稳定。一是积极稳妥推进工资集体协商，重点推动百人以上规模的企业独立开展工资集体协商，继续加大区域性、行业性工资集体协商力度，普遍建立机制，扩大覆盖范围；二是深化厂务公开民主管理工作，大力开展厂务公开、职工代表大会建制专项行动，规范国有企事业单位的改革改制，推进具有一定规模的非公企业建立民主管理制度。三是深入做好劳动争议调解工作。继续加强劳动争议调解联动机制建设，扎实推进企业调解组织建设，全面细化、规范调解制度和工作流程，提高调解工作质量和信息化程度，完善劳动关系预警机制。

面对面、心贴心、实打实地开展职工群众工作，提高服务职工的能力和水平。一是按照全国总工会部署，深入开展“面对面、心贴心、实打实服务职工在基层”活动，建立工会干部定点联系企业、街乡、工会服务站、职工的制度，面对面了解职工诉求，心贴心做职工思想工作，实打实为职工和企业服务。二是进一步提高三级服务体系工作水平，继续完善三级服务体系网络建设，实现12351职工服务信息平台热线、网络、短信三位一体全天候服务职工，完善服务站工作制度，积极推动产业服务体系与区域服务体系的有效衔接，真正实现服务体系的全覆盖。三是全力打造京卡·互助服务卡工会服务名片，充分发挥京卡·互助服务卡的载体作用，不断丰富服务内容，提高卡的使用率。四是突出做好职工互助保障工作，进一步健全住院医疗、重大疾病、意外伤害“三位一体”的互助保障机制，推出“在职职工医疗互助保障计划”，通过这种职工互助保险的方式使职工在享有国家基本医疗保险的基础上获得补充性的互助保障。

不断满足职工精神文化需求，推动首都职工文化大发展大繁荣。一是践行社会主义核心价值观和北京精神，大力弘扬工人阶级伟大品格和劳模精神，倡导勤奋劳动、诚实劳动、创新劳动，引导职工关心企业、热爱企业，自觉做推动企业发展的主人，引导职工群众以坚定的信念和旺盛的热情投身首都现代化建设的伟大实践。二是深入推进职工素质建设工程，继续组织好职工职业技能大赛，集中开展职工创新月活动，不断扩大职工创新工作室的覆盖面，全年新建100个职工创新工作室。三是开展丰富多彩的职工文化体育活动，以劳动创造幸福为核心，广泛开展赞美劳动、歌颂劳动的职工文化活动；加强职工文化阵地建设，加强工会文化服务品牌建设，提升工会为全市职工文化建设服务的能力和水平。

坚持走中国特色社会主义工会发展道路，加强工会组织自身建设。一是深入扎实做好工会组建和发展会员工作，继续贯彻落实工会组建三年规划，完善党工共建工作体制机制，扎实推进普遍建立工会组织重点工作。二是深入学习、广泛宣传、积极实践中国特色社会主义工会发展道路，把学习宣传实践活动作为全会一项重要政治任务列入议事日程，加强对活动的组织和领导。三是加强工会干部队伍建设，进一步配强各级工会领导班子，加大工会干部协管力度，完善社会化专职工会干部的聘用管理，努力提升各级工会干部的能力和水平。

当前劳动关系工作面临的形势及对策措施

北京市人力资源和社会保障局劳动关系处

党的十七届五中全会第一次将“促进就业”和“构建和谐劳动关系”放在同等重要位置，突出强调要“加强劳动执法，完善劳动争议处理机制，改善劳动条件，保障劳动者权益”。这对劳动关系工作提出了更高的新要求。

近年来，我市劳动关系总体稳定，但随着经济结构战略性调整，城镇化、市场化深入发展，就业方式日益多样化，协调劳动关系工作面临新的形势，劳动争议和劳动违法案件数量在保持高位运行的同时，呈现出“一主、二变、三新”的特点。

“一主”，即劳动关系矛盾以经济利益类争议为主要表现形式

2011 年前三季度，全市因劳动报酬、经济补偿和赔偿金发生的劳动争议案件 3.8 万件，占仲裁案件总量的 85.3%；全市因克扣拖欠工资、加班工资支付和最低工资支付发生的劳动违法案件 5494 件，占各类违法案件总量的 56%。

“二变”，即劳动关系双方主体结构发生转变，劳动关系矛盾的诱因发生转变

劳动关系双方主体结构发生转变。劳动力构成方面，我市劳动力结构发生了新的变化，新生代劳动力已经成为了产业工人的重要力量。从全市参保情况看，1970 年后出生的劳动力占 69.05%，涉及职工 704.6 万人。这些新生代劳动力与父辈相比，文化素质较高，信息渠道更广，平等意识和维权意识明显增强，权利诉求已从单纯要求实现基本劳动权益向追求体面劳动转变，更加注重劳动报酬的合理性、工作条件的改善、发展机会和空间，用法律手段维护自身权益的能力明显提高。2011 年1—10 月，涉及“70 后”劳动者的劳动争议案件占到案件总数的 74.2%。企业构成方面，非公企业不仅成为重要的用工主体，而且劳动争议和违法案件占比高。从全市就业情况看，在非公企业就业的劳动者占到 64.7%。同时，企业人员规模小型化特征明显，30 人以下的用工单位占 68.3%。非公企业特别是小企业劳动用工管理普遍薄弱，劳动争议案件占比居高。2011 年前三季度，非公企业发生的劳动争议案件占总量的 92.8%，查处的非公企业劳动违法案件数量占到总量的 95.48%。

劳动关系矛盾的诱因发生转变。劳动者权益诉求由争取基本工资保障向主动要求企业提高收入和改善待遇转变，甚至出现采取集体停工的激烈方式表达诉求。如北京星宇车科技有限公司 1000 名职工要求增长工资的集体停工事件，乐天（中国）食品有限公司 215 名生产线工人要求提高薪酬待遇并集体停工。职工收入差距大，普通职工特别是一线职工收入低和同工不同酬是诱发这些事件的主要原因。从全市情况看，区域间、行业间、岗位间职工收入差距大的问题依然突出，2009 年调查显示，我市各区县职工高低收入差距达到 3.25 倍，行业间职工高低收入差距达到 8.12 倍，岗位间职工收

入高低收入差距达到6.24倍。而且低收入劳动者占比偏高，如参保人员中月工资在2022元以下的达到53.48%，2022元至4037元的达到22.8%。

“三新”，即经济发展方式转变带来的新考验，法律法规调整带来的新问题，劳动关系工作扩展的新领域

经济发展方式转变带来的新考验。“十二五”规划明确提出要“把建设资源节约型、环境友好型社会作为加快转变经济发展方式的重要着力点”。我市在淘汰落后产能工作中，将对高污染、高耗能、高耗水企业予以限制，2010年9月底已关停11户水泥生产企业，预计还将关停124家石灰生产企业，未来2年将继续引导一批“三高”企业退出。如2010年房山区对安吉煤矿等18家煤矿企业予以关闭，涉及从业人员5300余人，门头沟区关闭煤矿6家，涉及从业人员900余人，由于经济补偿金、未签劳动合同双倍工资、加班工资、补缴社会保险和职业病认定等问题，引发群访群诉。首钢实施北京地区停产搬迁2.2万名职工面临分流安置问题。同时，为繁荣发展文化事业和文化产业，按照中央文化体制改革的要求，160余家中央在京出版事业单位将转制为企业，职工由实行事业单位人事管理制度转变为实行劳动合同制度，用人单位和职工都有一个适应的过程。

法律法规调整带来的新问题。《劳动合同法》、《职工带薪年休假条例》的出台，为协调劳动关系工作从法律层面奠定了坚实的基础，更有利于保护劳动者合法权益，但随着这些法规的深入实施，一些需要关注解决的新问题也随之产生。一是劳务派遣用工问题。我市劳务派遣企业从3年前的658户增加到目前1200余户，劳务派遣人员从33万人增加到70余万人，同工不同酬问题突显，有时还引发群体性事件，如2011年资生堂丽源化妆品有限公司86名劳务

派遣女工要求与“正式职工”同工同酬的集体停工事件。二是出租汽车行业劳动用工矛盾显现。2011年围绕出租汽车司机解除合同的经济补偿金标准、社保缴费基数等问题，劳动仲裁机构和法院已经受理140余件争议。有关带薪年休假、无固定期限劳动合同等争议也将显现。三是目前各区县均不同程度使用了政府出资购买岗位人员，如护林员、护水员、城市管理协管员和交通协管员等。这部分人员与用人单位是否适用《劳动合同法》、是否属于劳动关系仍不明确，加班费和经济补偿也未列入财政预算，极易产生群体性争议。同时，规范劳动标准的另一项重要法律《社会保险法》，于2011年7月1日开始实施。适应国家法律法规调整，做好新老政策制度的衔接，是对劳动关系工作的新要求。

劳动关系工作扩展的新领域。伴随着人力社保局的组建，执法监察、仲裁和信访的工作领域也相应扩展。主要表现在，由过去侧重于对企业的执法维权扩大到对所有用人单位的执法维权；由过去侧重于对劳动力市场的执法维权扩大到对人力资源市场的全方位执法维权；由过去侧重于对城镇用人单位进行执法维权扩大到对城乡所有地区用人单位的执法维权，把工作触角延伸到了农村地区的用人单位。维权领域的扩大对我市劳动关系工作提出了更高的要求。

面对新形势，我市劳动关系工作的指导思想是：以十七届五中全会精神和“十二五”规划为指导，深入贯彻落实科学发展观，适应加快经济发展方式转变和经济结构调整对协调劳动关系工作的新要求，牢固树立大维权观念，坚持统筹处理好促进企业发展和维护职工合法权益的关系、统筹处理好保护职工利益长远目标与现阶段目标的关系，以扩大劳动合同覆盖面、加强职工收入分配调控、全面落实社会保险制度为重点，进一步加大维权力度，进一步推进体制机制创新，努力构建规范有序、公正合理、互利共赢、和谐稳定的新型劳动关系，为建设“人文北京、科技北京、绿色北京”和世界城市营造良好的社会氛围。要着力抓好以下工作：

（一）着力推进企业收入分配宏观调控和监管工作。

收入分配是劳动关系的核心。按照“十二五”规划提出的“两同步一明显”（即：努力实现居民收入增长和经济发展同步、劳动报酬增长和劳动生产率提高同步，低收入者收入明显增加）的目标要求，积极引导企业提高职工特别是一线职工工资水平。

较大幅度提高最低工资标准。根据我市职工平均工资增长水平、城镇居民消费水平和经济发展等情况，使最低工资标准保持较快增幅，力争在“十二五”末，全市最低工资标准由现在的960元/月提高到1920元/月，年平均增幅为20%左右。

完善工资分配宏观调控机制。根据国家有关法规，研究制订我市工资分配宏观指导意见。继续落实并完善工资指导线、劳动力市场价位和人工成本信息指导制度，扩大调查范围，改进调查指标，增加行业指导线、工资指导价位和人工成本信息的发布数量，引导企业合理进行工资分配。

探索完善企业职工工资正常增长机制。将工资集体协商作为促进职工工资正常增长的重要制度保障，规范工资集体协商程序，支持、配合工会组织开展集体协商工作，努力形成企业与职工利益共享的长效机制。

完善工资支付保障机制。继续以建筑行业、农民工为重点，完善“劳务费专用账户”、“农民工工资专用账户”和“农民工工资保证金专用账户”为核心的企业工资支付保障制度，并向批发零售业、住宿餐饮业、制造加工业、居民服务业等行业延伸。联合住建委、公安、法院、工会、信访等有关部门，加大执法力度，保障职工劳有所得，实现“无拖欠工资”。

（二）着力推进劳动关系政策法规体系建设。

制度问题更带有根本性、全局性、长期性、稳定性，通过推进地方立法健全劳动合同基本法律规范，是发展和谐劳动关系的治本之策。

加快出台《劳动合同法》、《劳动争议调解仲裁法》地方配套法规。加强与市政府有关部门的协调沟通，研究制订和及时出台《北京市实施劳动合同若干规定》、《北京市劳动人事争议处理办法》，进一步建立健全我市劳动关系基础法规体系。

加强对重点领域、重要行业、重要矛盾方面的劳动关系政策研究和法规建设工作。根据全市劳动关系的发展变化和国家人社部的要求，加强对出租汽车、劳务派遣等易发争议行业的劳动用工管理问题，大学生村官、协管员等特殊群体如何适用《劳动合同法》问题，极端天气下加强劳动保护等方面问题的研究，及时出台政策措施，化解社会风险和矛盾。

积极加强劳动标准研究和管理工作。完善特殊工时制度，进一步明确实行特殊工时制度的条件，规范简化审批程序，研究解决企事业单位劳动合同制人员实施特殊工时制度的衔接问题。运用特殊工时制度，支持高新技术产业、服务外包产业的发展，推动首都产业结构调整和优化升级。针对当前劳动定额标准缺失易引起纠纷的问题，推动建立劳动定额定员标准化技术组织，制订并审核行业劳动定额标准，积极指导企业依照法定程序确定劳动定额、计件单价，促进企业提升劳动管理水平。

（三）着力推进劳动合同与集体合同制度的全覆盖。

发挥劳动合同在规范劳动关系双方权利义务和解决劳动争议中的基础作用，进一步扩大劳动合同和集体合同的覆盖范围。

进一步加强劳动法律法规的宣传和普及工作。以《社会保险法》颁布为契机，进一步加大《劳动法》、《劳动合同法》、《劳动争议调解仲裁法》、《社会保险法》等劳动法律规章的宣传力度，全方位、多层面普及劳动关系政策法规。制定“十二五”劳动法律宣传计划，着重加强对企业法人代表特别是小型非公企业主及其劳动管理员的培训。

组织开展小企业劳动合同制度实施专项行动。积极创新工作载体和活动载体，继续开展劳动用工“双百双规范”达标活动和“劳动关系和谐单位、工业园区”创建活动及“劳动用工规范一条街”活动，扩大创建活动的影响。力争用三年左右时间基本实现各类中小型企业与劳动者普遍依法签订劳动合同。

推行“彩虹计划”，扩大集体合同覆盖范围。以非公有制企业为重点对象，通过集体协商签订集体合同，加强对区域、行业集体合同签订工作的指导，力争2012年在已建立工会组织的企业普遍实行集体合同制度。

（四）着力推进劳动人事争议调解体系建设。

深入贯彻落实市委、市政府《关于进一步加强劳动争议调解仲裁工作的意见》，坚持预防为主、基层为主、调解为主，充分发挥调解便捷、灵活、低成本的优势，将劳动争议化解在企业、化解在街道社区、化解在萌芽状态。

加快构建多渠道、广覆盖、社会化的调解体系。推动大型企业集团建立劳动争议调解中心，指导出租汽车、餐饮服务、建筑等劳动密集型行业建立行业性调解组织，积极推进区域性劳动争议调解组织建设，力争用3年在全市形成包括用人单位调解、行业调解及区域性调解、社会调解的工作网络。

进一步探索和创新劳动人事争议调解处理机制。继续发挥劳动争议调解“五方联动机制”作用，指导和推动乡镇、街道、社区基层组织，各级工会的劳动争议调解中心或劳动保障工作机构以及基层人民调解组织做好劳动争议调解工作。探索建立政府主导的重大集体争议应急调解处置机制，对涉及30人以上的集体争议案件，及时加强调解和仲裁处理，防止人数多、影响大的集体劳动争议案件演变成群体性事件。

加强调解仲裁能力建设。完善兼职仲裁员管理办法。加大对调解员、仲裁员培训力度。力争全市仲裁结案率保持95%，调解率达到40%。

（五）着力推进劳动关系工作体制机制创新。

进一步健全协调劳动关系三方机制。建立三方的信息沟通与定期会商制度，充分发挥协调劳动关系三方的作用，共同研究解决劳动关系的重大问题。优化协调劳动关系三方结构，按照中央和市委要求，吸纳工商联等企业方面代表参与三方机制。市级协调劳动关系三方建立薪酬分配专业委员会，围绕收入分配开展政策研究、理论探索。继续推进三方机制向街道乡镇、社区村与产业行业延伸，形成自上而下覆盖全市的协调劳动关系组织体系。

深入推进仲裁机构实体化建设。坚持高标准、高起点建设的原则，指导朝阳、海淀、顺义区做好建设仲裁院试点的有关工作，完成仲裁机构实体化试点验收。在全市分步推行实体化建设工作。

推行劳动监察“两网化”建设。按照“划定管辖范围、实行定人定岗、明确管理责任、加强监督考核”的基本要求，在全市各街乡普遍建立起“责任网格化、运行网络化”的“两网化”管理新模式，实现劳动监察“两网化”管理工作全覆盖。

健全政府部门主导、工会参与、企业配合的应急联动处置机制，完善应急预案，明确分级响应、处置程序和处置措施，建立日常监控预警工作机制，形成快速反应和处置工作合力。

（六）着力加强基层基础工作。

加强劳动关系基础工作信息化建设，研究建立劳动关系宏观决策统计信息系统。充分利用现有资源，整合相关数据，建立劳动用工和企业信息库，加强对劳动关系工作情况的监控和数据预测分析。完善12333热线管理体制，研究将电话咨询服务管理体制改为咨询服务外包、后台综合管理方式。实现工作重心下移，加强基层工作人员和协管人员培训，提高业务工作能力。

发挥和谐文化引领作用
构建国有企业新型劳动关系

天津达仁堂京万红药业有限公司

劳动关系是现代经济社会生活中最基本、最重要的社会关系。和谐劳动关系，是劳动者与用人单位之间，从共同利益出发，建立起的一种平等、融洽的合作关系。党的十七届五中全会提出了要“构建和谐劳动关系，确保劳动者的权益得到保障，确保企业的正常运行与发展壮大，确保社会的和谐与稳定”。可见，劳动关系的和谐稳定，不但可以带来职工队伍的稳定、企业的稳定和社会的稳定，还可以促进社会生产力的发展。

和谐劳动关系是和谐社会的晴雨表、风向标，也是企业可持续发展的关键所在。在新形势下，企业必须积极践行科学发展观，以构建和谐企业为方向，坚持以人为本，努力建设“规范有序、公正合理、互利共赢、和谐稳定”的社会主义新型劳动关系，实现企业与职工、与社会的全面、协调、可持续发展。

一、健全文化引领机制，构建以人为本的劳动关系

思想是行动的先导，行为的和谐首先来源于思想的和谐。以科学发展观为指导，体现“以人为本”的思想，是发展社会主义和谐

劳动关系的前提。目前，天津达仁堂京万红药业有限公司（以下简称为“京万红药业”）与北京同仁堂“乐家老铺”同祖同宗，是集科研、生产、经营为一体的中药生产企业。长久以来，企业恪守“炮制虽繁必不敢省人工，品味虽贵必不敢减物力”的祖训，以“和谐京万红”为发展主题，以“诚信文化”为引领，积极建设以人为本的劳动关系。2009 年，公司被评为天津市“AAA 级”劳动关系和谐企业。

（一）和谐理念是企业和谐文化的精神支柱。

和谐理念是一种价值观。从哲学上讲，和谐原本就是一种文化。和谐文化既体现在社会制度、社会生活、社会关系中，也体现在社会的精神道德思想观念中。通过和谐理念的培育，可以为和谐企业文化建设提供精神和道德的支撑。医药是关系国计民生的特殊产业，是保障人民身体健康，提高生活质量和自身素质，促进社会发展的重要保障。京万红药业按照中央十七大和胡锦涛总书记提出的“发展为了人民，发展依靠人民，发展成果由人民共享”重要指示精神，形成了“以人为本，共赢共荣，企业与职工、社会和谐发展”的经营理念，坚持对全体职工负责，对患者和社会负责，把科学发展与和谐发展、共同建设和共同享有贯穿于“和谐京万红”的全过程，为建设和谐企业明确方向。

（二）诚信文化可以引领企业管理。

建设诚信文化，是创建和谐社会的客观需要。要把诚信文化作为企业文化建设的重要内涵，着力营建企业融洽、协调的内外发展环境。要高度重视诚信文化建设，倡导责任意识，强化诚信宣传，营造诚信氛围，建立诚信机制，构建企业诚信体系，做到企业与职工互相诚信、彼此负责，营造企业关爱职工、职工忠诚企业、职工之间相互信任、相互关爱的和谐氛围。京万红药业将诚信理念和责任意识融入各项工作，对内倡导以人为本的理念，对外秉承诚实敬业的药德，为建设和谐企业奠定思想基础。

二、着力建设和谐文化，积极营造内部和谐氛围

（一）健全法制保障机制，构建规范有序的劳动关系。

自觉增强法制意识，认真贯彻劳动法规，保障职工合法权益，是现代企业应尽的责任。京万红药业以劳动法规为准绳，以规范劳动合同管理为核心，落实法制保障机制，积极构建规范有序的劳动关系。

全面推行劳动合同制度。严格遵守《劳动合同法》和有关规定，制定完善企业的《劳动合同管理办法》，严格劳动合同签订程序、细化劳动合同内容，实行全员劳动合同制，依法和350名职工（包括农民工）签订了《劳动合同》，签订率达到100%。并且，按照《天津市企业工资集体协商条例》，建立平等协商、签订集体合同制度。企业工会每三年和行政部门签订一次《集体合同》，进一步把职工劳动合同的运转情况和合同监督检查、争议处理、违约责任等内容纳入集体合同，每年对集体合同履行情况和劳动保护工作进行检查。

实行社会保险制度。按照国家规定，统一为全员（包括农民工）办理了养老、失业、医疗、生育、工伤保险和住房公积金，并按时足额缴纳社会保险。除此之外，每年还为职工缴纳补充养老保险和女工安康保险，保障全体职工的社会保险权益。

关注职工合法权益。一是签订《平等协商工资协议》。在天津市《关于构建和谐劳动关系的若干意见》和《天津市企业工资集体协商条例》的指导下，京万红药业协议签订率和兑现率达到了100%，保证了职工工资增长幅度高于本市当年工资指导线基准线。2008年、2009年、2010年连续3年人均增资超过15%，保障了职工的工资收入权益。二是完善综合计算工时工作制，大幅度减少配套成本，实现了企业提出的职工不加班、不延时、过周末的目标

（每周五下班前一小时职工活动），保证了职工休息休假的权利。三是完善安全生产机制，不断提高企业安全生产管理水平，改善劳动保护条件和劳动保护设施。采取张贴安全警示语、警示牌等形式，长期坚持对职工进行有针对性的安全教育，不断增强职工安全意识，打牢安全生产基础，杜绝安全隐患。每年安全隐患整改率为100%。近几年来企业未发生安全生产事故，保障了职工职业安全健康。

（二）健全民主管理机制，构建公正合理的劳动关系。

实行民主管理，是加强企业民主政治建设的重要途径。我们坚持突出职工的主体地位，以落实职工代表大会制度和企务公开制度为主线，在决策上重视民意，在管理上集纳民智，在协商中追求平等，在公开中尊重民心，在监督上实行民主，不断健全企业民主管理机制，积极构建公正合理的劳动关系。

坚持职工代表大会制度。落实职工在企业管理中的知情权、参与权、监督权。坚持每年召开两次职工代表大会，将公司经营方针、发展战略、年度生产经营情况、签订年度工资协议书等重大事项进行通报，落实职工代表的知情权。

不断深化企务公开制度。企务公开是企业民主管理的重要形式，是职工代表大会制度的延伸和发展。拓宽企务公开渠道，注重源头参与、过程监督和结果公开，坚持召开“两会”落实民主管理。一是坚持每天召开部门班前会，上情下达。各职能部门将企业各项决议精神传达到每名职工，落实到每项工作。二是坚持定期召开领导与职工代表对话会，下情上传。职工代表把对生产、生活、工资福利、企业发展等方面的建议和想法反馈给企业高层领导，密切了干群的关系。

构建劳动争议预防机制。成立劳动纠纷调解委员会，积极搭建沟通平台，进一步畅通了职工诉求渠道，化解矛盾。工会与劳动部门成立了劳动保护监督检查委员会和劳动纪律监督组织，规范用工行为，维护职工合法权益。

建立企业民主管理体系。鼓励职工行使民主权力，参与企业管理。每年为提升工作质量，了解民情民意，在全体职工中进行职工满意的十件事情和十件待改进工作的问卷调查，进一步明确了工作差距，将职工的注意力吸引到关注企业的发展上来，从而使职工的主人翁责任感进一步增强。通过制定企业《合理化建议实施办法》，对在合理化建议活动中涌现的优秀岗位创新能手给予表彰。在职工中进一步树立“想干事、爱干事”的敬业精神，强化“干成事、干好事”的履职能力。

（三）健全职工成长机制，构建互利共赢的劳动关系。

职工是企业发展之本。关注职工职业生涯发展，建立职工与企业共生共荣的管理机制，是建设和谐劳动关系的“催化剂”。要大力实施“人才强企”战略，将职工的愿望融入公司发展战略，推进职工与企业共同成长，构建起职工与企业互利共赢的劳动关系。

建立具有竞争性的薪酬体系，吸引留住人才。人才资源是企业第一资源。要始终把人力资源管理作为经营管理的第一要务，为职工职业生涯建立多条发展通道，使其不断实现自我价值提升。制订人才引进的特殊政策，设计符合企业发展的人才工资体系，将某一领域的顶尖人才，如高级蓝领、高级研发人员的工资融入新的工资体系，激发人才创新活力。

开展多种形式培训，提升职工能力，实施素质提升计划。提升职工素质是企业集约发展的强大动力，是建设和谐劳动关系的“助推剂”。倡导企业和职工共同成长的理念，努力为职工搭建成长平台，将培训作为职工的最大福利。根据职工个人学习需求，因材施教，采取送出去和公司内部培训两种方式。内部培训中根据职能部门的专业要求，安排不同内容的培训。多年来，坚持做到每周安排半天对中层以上领导干部的培训，不断充实新知识，开拓眼界，提升能力。

（四）健全职工关怀机制，构建和谐稳定的劳动关系。

职工是企业最宝贵的财富。在企业的发展过程中，关注职工身心健康，帮助职工渡过难关，多角度为职工创造良好的心理感受，是构建和谐劳动关系的“稳定剂”。要积极建立健全职工关怀、帮扶机制，让职工有“家”的温暖，筑牢和谐稳定的劳动关系。

第一，用心关爱职工。倡导“职工的事情企业负责，企业的事情职工负责”的理念，在企业发展的同时，给予职工更多的关爱，想方设法满足职工需求，让职工心情愉快地工作，使职工能够充分享受到企业发展带来的益处，从而以更加饱满的热情，更大的创造性和积极性投入到企业各项工作之中，使职工的情感和企业的发展和谐统一。

一是进一步增加职工当期收入。坚持“企业增效，职工增收”的原则。从 2008 年以来，每年为职工长两次工资，2010 年为职工月增资 250 元至 480 元，2011 年初又为每位职工月增资 300 元，保证了职工的生活质量。

二是进一步提高职工生活标准。加大投入改造食堂，改善就餐环境，中午以自助餐的形式免费提供三菜一汤及餐后水果，同时提高就餐伙食标准，保证职工身体健康。

三是进一步改善职工生活硬件。为了进一步方便职工上下班，缩短职工的候车时间，2009 年在原有班车的基础上，又购置了新班车，增设了新的班车路线。

四是进一步促进职工身心健康。改造了浴室，新建了职工俱乐部和职工健身房，美化了厂区环境。

五是进一步丰富职工业余文化生活。通过建立职工周末活动制度，每周末给予职工一小时文体活动时间，组建太极拳、足球、篮球、摄影、十字绣等八个职工兴趣小组，使职工舒缓工作压力，愉悦身心。同时组建京万红军乐队。由三十名职工组成的京万红军乐队，在中医中药中国行天津站开幕式和天津医药集团庆祝建国六十周年等活动中的演出展示了企业风采，并且成为天津市球迷协会指定的唯一职业比赛军乐助威队。并且定期开展读书交流活动。与天津图书馆合作，每月流动图书车入厂为职工提供借阅图书服务。同时组建职工读书俱乐部，每季为职工推荐一本好书，定期组织读书交流演讲，促进职工与企业共同成长。

第二，实施温暖帮扶工程。在职工困难危急时给予关怀和帮助，是和谐劳动关系的生动体现。建立职工长效困补机制，对于职工本人一年内住院个人担负医药费 1 万元以上的视家庭困难程度给予 500—1000 元的困难补助，逐级递增。还成立了解困基金会，每逢“五一”、“十一”、“春节”等节日，对困难职工发放一次性困难补助。每年拨专款用于大病、特困员工的补助。

第三，建立职工关爱机制。关心关怀职工，贵在持久深入。每月为过生日的职工发放生日贺卡、生日蛋糕。对子女考上正规大学的职工，奖励 1000 元。每年末还为职工订阅《今晚报》，为退休职工订阅《老年时报》等，提高职工的综合素质，将企业的关怀深入到职工的心灵角落。

三、大力弘扬和谐文化，努力创造外部和谐环境

企业外部环境是指企业的生存和发展需要处理好与社会各方面的关系，包括消费者关系、商贸关系、社区关系、政府关系、新闻媒体关系等。要积极承担社会责任，做到企业发展不忘回馈社会。要不断满足社会发展的需求，为人民服务，为社会做善事，促进企业与社会的和谐，企业才能保持持续、健康、稳定的发展局面。

热心关注公益事业，服务社会弱势群体。与天津市养老院、天津市困难职工帮扶中心、中国天津 SOS 儿童村、天津市儿童福利院签订常年捐助协议，捐赠药品，促进了企业与社会的和谐，更好地体现了企业社会价值的最大化。

关注社会文化事业，倡导企业和社会同发展、同进步。2008年，与天津市文联联办了第四届中国（天津）书法艺术节，并举办了“中外百名艺术家走近京万红主题活动”，成为天津市文学艺术家生活创作基地。2010年以来，一直关注和支持天津《今晚报》“身边好人365”报道，为弘扬正气做出企业的努力。并于2010年8月份，邀请“身边好人365”优秀人物到企业参观座谈，使好人们感受社会大家庭对他们的厚爱和关注。为弘扬优秀民族文化，积极支持天津民营剧团的发展，2010年9月，成为天津市首家民营剧团艺术实践基地，为促进民营剧团发展、社会文化进步践行自己的社会责任。

抗震救灾体现企业精神。在四川汶川地震和青海玉树地震中，作为国家中医药专家指导组成员，赴灾区对伤口感染、不愈合的伤员进行救治，共捐赠了价值近40万元的“京万红软膏”和“橡皮生肌膏”，救治了一大批重度感染、创面不愈合的伤员，使许多伤员免去了截肢的厄运，得到了医生和患者及家属的一致认可。企业心系灾区的爱心行动也受到了天津电视台、《今晚报》等社会媒体的关注，并在《今晚报》进行了连续报道。

直面国际金融危机，勇担社会责任。在应对2009年国际金融危机冲击中，面对各行业不景气的局面，做到不减员、不减薪、保民生，为维护社会和谐稳定做出了积极贡献，也因此获得了天津市委市政府给予企业的10万元奖励。

打造发展和谐劳动关系平台 深入开展和谐企业创建活动

河北省总工会

劳动关系是最基本、最核心、最重要的社会关系，劳动关系的和谐直接关系着社会的和谐稳定，是和谐社会的重要基础和具体体现。从2005年开始，在全总和河北省委的领导下，我们紧紧围绕中央构建和谐社会的大局，积极探索实践，率先在全省范围内开展劳动关系和谐企业创建活动。目前，这项活动已覆盖全省绝大多数公有制企业和70%以上的非公有制企业，近万家企业先后获得省、市、县三级劳动关系和谐企业称号。我省的创建活动产生了广泛的社会影响，在促进企业健康发展、保障职工合法权益、促进劳动关系与社会和谐方面发挥了积极作用，取得了多方共赢的实际效果。

一、深化认识、深刻理解开展劳动关系和谐企业创建活动在构建和谐社会中的重要作用

第一，创建劳动关系和谐企业，是构建和谐社会的重要基础。和谐社会的建设是一项复杂的系统工程，构建和谐社会，要求社会中各个系统、各种要素之间相互兼容、相互协调、相互促进。河北

省委明确要求，创建和谐社会，要从基层单元做起。劳动关系的和谐，不仅是经济发展的前提，也是和谐社会的重要基石。一个劳动关系失衡、职工利益得不到基本保障的企业乃至社会是不可能和谐的。在改革发展的关键时期，我们必须紧紧抓住影响我省社会和谐的主要矛盾和矛盾的主要方面，从群众最关心的问题入手，从社会基础单元抓起，妥善协调各方面利益关系，积极建立起和谐稳定的劳动关系，大力促进社会和谐。

第二，创建劳动关系和谐企业，是协调现阶段劳动关系的迫切需要。中国特色社会主义新型劳动关系应该建立在规范有序、公正合理、互利共赢、和谐稳定基础之上。我们建立的社会主义新型劳动关系，实质上是社会主义的生产者和经营者、劳动者和建设者，在根本利益一致基础上相互依存、互惠共赢的关系。伴随着经济关系和社会关系的巨大变化，我国的劳动关系发生了深刻的变化，劳动关系趋于多元化、复杂化和契约化。当前，我国劳动关系在整体和谐稳定的情况下，存在局部不平衡、不协调的因素。由于改革力度加大，社会转型加快，法制不够完备等因素，在一些地方，劳动关系不和谐稳定的现象仍然存在，诸如，职工工资增长缓慢，收入偏低；劳动力供大于求，就业不充分问题比较突出；企业用工不规范，劳动合同短期化现象严重；社会保障不健全，缴纳社会保险费率较低；劳动安全卫生状况差，职工的职业健康得不到有力保障。这些侵犯职工合法权益的行为，不但影响了企业的和谐，酿成群体性劳动争议事件逐年上升，也对社会的稳定和谐造成不利影响。和谐社会不是无矛盾社会，劳动关系矛盾始终存在。劳动关系双方各自追求利益的最大化是市场经济的必然，关键是利益双方通过一定的机制，通过有序的利益竞争与抗衡，实现利益的协调。在我国社会主义市场经济条件下，解决这种矛盾的最好方式是通过协商的形式，形成互利双赢的新型劳动关系。因此，和谐企业是企业与职工双方利益博弈、合作双赢的结果。

第三，创建劳动关系和谐企业，是推进企业与经济社会又好又快发展的重要保障。企业是国民经济发展的微观基础，广大职工是推动生产力发展的骨干力量，要想推进全省经济社会又好又快地发展，就要切实保障广大职工的合法利益，激发广大职工的劳动热情，充分调动他们的积极性和创造性。加快河北改革建设各项事业的发展，需要形成稳定协调的劳动关系，需要健全完善的协调劳动关系制度，有这样一个好的机制和环境，才能在企业中形成稳定的劳动关系，企业经营者与广大职工两个积极性才能得到充分发挥，企业才能持续健康发展。构建和谐社会对企业是机遇也是挑战，企业的成功，必然是内部和谐、外部和谐的统一体。实践证明，企业劳动关系不和谐，劳动者与企业间矛盾重重，甚至产生对立情绪，企业就有可能失去基本的生存条件，更谈不上在激烈的市场竞争中发展壮大。开展劳动关系和谐企业创建活动，有利于化解矛盾，把各方面的积极性充分调动起来，使生产要素的聚合效应充分发挥出来，有效地促进企业健康快速发展。

二、加大力度，强化措施，劳动关系和谐企业创建活动取得扎实效果

（一）争取党政重视，建立社会化创建工作格局。

通过积极争取省委、省政府的领导和支持，我省创建活动形成了“党政主导、三方推动、多方配合、企业争创、职工参与”的工作格局。

党政重视支持，提供政治保证。省委、省政府把创建活动作为构建“和谐河北”的重要内容，切实摆上重要日程，专题召开会议研究部署，省委书记张庆黎及其他省领导多次对创建活动作出批示。2011 年 2 月，省委、省政府专门召开全省构建和谐劳动关系先进表彰暨经验交流会议，省委书记张庆黎出席会议，省长张庆伟作

主题讲话，各市、县（市、区）主要领导参加会议。几年来，省委、省政府先后六次召开创建劳动关系和谐企业工作会议，多次召开调度会，表彰先进，交流经验，协调解决创建工作中的问题。省委、省政府专门下发了《关于大力发展和谐劳动关系的意见》，着力解决影响劳动关系和谐的突出问题。同时，以省委、省政府“两办”名义下发文件，明确开展创建活动的指导思想、主要原则、具体标准、评审程序和激励约束机制。11个设区市和172个县（市、区）全部成立了由主管书记任组长、相关部门为成员的创建活动领导小组，许多市将创建活动纳入党委考核目标，为推进创建活动提供了强有力的保证。

整合各方资源，形成工作合力。省领导小组各成员单位在推进创建活动中结合工作职能，密切配合。领导小组每年定期召开会议，研究部署创建活动，每年10月，省领导小组对各市创建活动情况进行督导检查。几年来，省和各市推进创建活动逐步形成制度化，建立健全了例会制度、联系点制度、督查制度及奖惩制度。省总工会依托三方，作为创建活动的牵头组织者，主动承担协调、组织等具体职责，协力推进创建活动的开展。

完善工作机制，保障健康发展。我省在推进创建活动中，建立健全相关机制，推进创建活动走向制度化、规范化。一是建章立制，提供法律保障。省总积极推动省人大先后颁布了《集体合同条例》、《厂务公开条例》、《职工代表大会条例》、《河北省企业职工工资集体协商条例》、《实施〈工会法〉办法》、《河北省公司制企业职工董事职工监事条例》等六部地方法规，基本形成了健全的协调劳动关系法规体系。二是严格评审，确保创建活动质量。按照标准和程序认真筛选，不降格以求，不追求数量，真正做到名副其实。对已命名的劳动关系和谐企业，实行动态管理，定期进行复查，凡工作出现滑坡的取消其称号。三是强化激励，增强创建活动的吸引力。将“劳动关系和谐企业”作为评选省“五一奖状”、“五一奖章”的先决条件，实行一票否决，增强企业建立和谐劳动关系的主动性和积极性。四是加大宣传，营造创建活动浓厚氛围。在报刊开设“和谐企业大家谈”专栏，出版“和谐共赢”系列书籍，向企业经营者、职工及社会各界广泛宣传劳动关系和谐企业的意义、内容及成效，使创建活动成为企业和广大职工的自觉行动。

（二）突出工作重点，力求创建活动取得成效。

我们把解决实际问题，维护职工利益，作为开展创建活动的重要内容和检验活动的重要标准，从职工最关心、最直接、最现实的问题入手，从影响劳动关系和谐的突出问题入手，抓住重点，突破难点，使创建活动取得切实成效。

大力推进工资集体协商制度，推动解决职工工资收入问题。近年来，积极推动省政府连续制定了三个“关于保障企业职工报酬权益促进工资收入增长”的文件，省政府办公厅还专门制定了《关于推进工资集体协商工作的意见》，将工资集体协商建制率和企业职工工资增长纳入各级政府目标考核体系。全省把推进工资集体协商作为重中之重的任务，每年全省统一开展工资集体协商“百日行动”，创新工资协商要约形式，积极推行区域性行业性工资集体协商，建立起一支专职的省级工资协商指导员队伍，指导企业协商行为，推动各类企业加快建立工资共决机制和工资正常增长机制，实现职工工资与劳动生产率与经济发展同步。目前，全省建立工资集体协商制度企业7.9万家，覆盖职工730万人。

提高劳动合同签订率，抓好协调劳动关系的源头。省总始终把加强劳动合同制度建设作为主要工作，坚持与集体合同工作同步推进。特别是结合宣传、贯彻《劳动合同法》的有利契机，督促、指导各类企业及时修订、完善劳动用工管理制度，使劳动法律法规在各类企业逐步落实。目前，全省入统企业劳动合同签订率达96%。

推动解决劳动安全问题，关注职工健康权益。省总联合省安监局等五部门积极推行劳动安全卫生专项集体合同制度，全总在我省唐山召开了劳动安全卫生协议经验现场会，从协调劳动关系机制建设上保障职工劳动安全健康权益。在省政府与省总工会的联席会议上，通过了《关于支持工会在安全生产中切实发挥作用的意见》，省政府每年投入100万元资金，由省总工会负责专门用于加强职工安全生产知识培训，几年来已培训职工210万人次。

积极维护农民工权益，推动实现社会公平正义。省总联合省直十部门连续开展了“河北省十大杰出农民工”评选活动，对当选农民工授予“省五一劳动奖章”，并给予一定的物质奖励。推广吸纳农民工当选职工代表的做法，畅通农民工诉求渠道，开展帮扶农民工专项活动，就农民工就业、工资、进城安居情况组织全省大调研，提交省政府与省总工会联席会议进行研究，保障农民工的经济权益和民主权利。

（三）抓拓展促延伸，不断推进创建活动的创新发展。

我省在推进创建活动中，坚持与时俱进、常建常新，随着企业与社会的发展不断丰富内容、拓展范围，使创建活动焕发新的生机与活力。

加强和谐企业文化建设，丰富创建活动内涵。企业文化是发展和谐劳动关系的精神支撑。我们在推进创建活动中，坚持用和谐的企业文化凝聚职工、引导职工，把建设企业文化与构建劳动关系和谐企业有机结合，提升企业的和谐内涵，增强企业的向心力和凝聚力。省委宣传部、省总工会等六部门制定了《关于加强企业文化建设的实施意见》，把企业文化建设作为和谐企业的重要条件，使二者相互融合、相得益彰，为创建活动奠定更牢固的思想基础。

扩大创建活动范围，延伸创建活动领域。着眼于更多的企业参与，我们开展了劳动关系和谐行业、和谐乡镇创建活动，推动创建活动向事业单位、园区扩展，向车间、班组延伸，拓展了创建活动的广度和深度。在事业单位开展和谐医院、和谐校园活动。许多企业制定了“劳动关系和谐车间、和谐部室、和谐班组的标准与评分细则”，吸引每个职工都参与到创建活动之中。

完善创建活动机制，融入企业管理制度。在推进创建活动中，我们将创建内容与企业发展相结合，使创建活动成为一个自我调整、自我发展的过程。根据企业发展和新形势需要，我们对创建标准不断进行完善，省三方制定了《劳动关系和谐企业创建活动三年规划》、《劳动关系和谐医院、和谐校园标准》等文件，不断提高创建活动的水平与层次。各地和企业按照不断完善、逐年提升的思路，制定创建活动年度计划和长期规划，循序渐进、不断深化。

三、把握契机，凝聚合力，推进和谐企业创建活动进一步深化发展

开展劳动关系和谐企业创建活动，既是一项贯彻落实科学发展观、推动经济社会又好又快发展、共建和谐社会的系统工程，又是工会围绕中心服务大局、发展和谐劳动关系的一项长期的战略性任务。中央、全总领导对构建和谐劳动关系的深刻论述，为推进劳动关系和谐企业创建活动提供了动力。如何以科学发展观为指导，贯彻中央领导有关讲话精神，使创建活动更具活力、生命力、影响力，这就需要进一步解放思想，统一认识，创新机制，强化措施，丰富活动内涵，激发企业动力，推动创建活动不断向纵深发展。

（一）理清思路，深化创建活动的科学理念。

开展劳动关系和谐企业创建活动，必须以科学发展观为指导，落实“以职工为本，主动依法科学维权”的工会维权观，解放思想，理清思路，求真务实。一是必须坚持“以职工为本”这一核心理念。把维护职工合法权益作为根本出发点，创建依靠职工，创建成果惠及职工。二是坚持“两个结合”原则，促进双赢。把维护职工合法权益与促进企业发展结合起来，把引导督促企业落实职工权益、全面履行社会责任与组织动员职工为企业发展献计出力结合起来，推动劳资共建，实现劳资共赢。三是必须突出重点，以劳动合

同、平等协商集体合同、厂务公开民主管理制度建设为重点，促进解决职工群众最关心、最直接、最现实的利益问题和影响企业发展稳定的突出问题，使创建活动成为“企业欢迎、职工满意、社会受益”的德政工程。四是注重创新，突出“四性”。突出创建活动的广泛性，增强活动对广大中小企业的吸引力，扩大活动覆盖面；突出创建活动的群众性，动员职工人人参与创建，推动职工人人共享创建成果；突出创建活动的持久性，建立健全创建活动长效机制，促进创建活动常建常新；突出创建活动实效性，通过创建活动真正解决问题，促进企业发展、职工受惠、社会受益。

（二）进一步推动形成党政主导、各方配合的创建格局。

创建活动是一项全局性、系统性很强的工程。在推进创建活动中，要积极推动形成“党委领导、政府主导、各方配合、工会主动、企业争创、职工参与”的工作格局，为创建活动提供坚强的政治保证，营造有利的社会环境。一是要积极争取各级党委、政府的重视与支持，切实摆上重要议事日程。各地都要成立由党委领导任组长，人大、政府、政协领导任副组长，各有关部门领导为成员的创建活动领导小组，将创建活动提升为党政行为，加大创建活动的推进力度。同时，努力争取将创建活动纳入地方经济社会发展全局，列入党政考核目标责任体系。二是要充分发挥创建活动领导小组成员单位的作用，明确各成员单位分工，落实各部门职责。各成员单位要结合拥有的法律、行政、经济手段来推动创建活动，调动、激发企业参加创建活动的积极性，要建立健全领导小组成员单位联系点制度和责任体系等工作制度，形成各司其职、齐抓共管的工作合力。三是各级三方作为创建活动的牵头组织者，要积极主动承担起创建活动的日常工作，掌握进展情况，加强沟通协调，及时向党委、政府请示汇报，主动做好各部门间的组织、协调以及对基层的指导、服务工作，共同推动创建活动的顺利发展。

（三）扩大创建活动范围，丰富创建活动内涵。

一是积极引导鼓励广大中小企业踊跃参与创建。目前，相对于国有企业而言，我省中小型非公企业数量大，从业人员多，劳动关系方面的矛盾和问题也比较多，是深入推进创建活动的难点和重点。因此，需要加强对企业特别是小型非公企业的分类指导，进一步完善创建活动实施方案和标准，体现层次性和特殊性。探索制定中小企业参与创建活动的标准体系和奖励办法。对于暂时不能达到和谐企业标准的，降低参与门槛，引导督促这些企业参加到创建活动中，持续改进，不断提高，逐步进入更高层次的和谐企业行列，让企业真正参与其中。二是积极扩大创建范围，横向拓展，纵向延伸，由创建劳动关系和谐企业向工业园区、学校、医院等单位创建延伸。三是不断丰富创建活动的内涵。将企业诚实守信、节能减排等应该承担的社会责任纳入创建内容，由单一的劳动关系向以劳动关系和谐为核心、企业全面履行社会责任的全面和谐转变；将职工经济技术创新、节约降耗、劳动竞赛等纳入创建活动内容，把鼓励企业维护职工合法权益和调动职工与企业共谋发展、共渡难关结合起来；将提高职工素质作为创建的重要内容，把提高企业竞争力和实现职工的全面发展结合起来，使创建活动成为企业欢迎、职工受益、社会满意的“多赢工程”；将和谐企业文化建设作为深化创建活动的重要内容，以先进的企业文化促进和谐企业建设，以企业的和谐孕育更先进的企业文化。

（四）突出工作重点，在健全协调劳动关系机制、解决实际问题上下功夫。

创建活动要经久不衰，深入人心，必须要重质量求实效。各地在创建活动中要抓住重点，把建机制与办实事有机结合起来。一方面，要抓住三项制度的落实。要把不断健全协调劳动关系机制作为创建活动的主要任务，紧紧围绕企业劳动关系的建立、运行、监督和调处等环节，健全完善劳动合同、集体合同、工资集体协商、职代会、厂务公开等制度，建立健全利益协调机制、诉求表达机制、矛盾调处机制、权益保障机制，为发展和谐劳动关系提供制度保障。另一方面，注重解决职工群众的“三最”问题。围绕企业的发展和职工的愿望，每年抓住一两个企业关心、职工关注的热点问题，作为深入开展创建活动的重点，集中全力解决，切实增强创建活动的实效性和生命力。当前和今后一个时期，尤其要以解决职工关心的劳动就业、收入分配、社会保险、劳动安全等突出问题为重点和着力点。要紧紧抓住解决职工收入分配这一劳动关系的核心问题不动摇，充分认识并牢牢把握中央、省委高度重视企业职工工资收入分配的良好契机，深入贯彻落实《河北省企业职工工资集体协商条例》，扎实开展工资集体协商百日行动，积极开展工资协商要约行动，推动企业建立健全职工参与的工资共决机制、科学合理的工资增长机制和工资支付保障机制，维护劳动关系和谐稳定，促进企业健康发展。特别是要抓住转变经济发展方式、提高收入、刺激内需的时机，认真贯彻落实“两个同步”、“两个普遍”要求，通过平等协商这一沟通平台，促进劳资双方通过平等“对话”、平等协商，促进职工收入提高，同时，让职工了解企业状况，达成劳资共识，形成劳资合力，共建共享。

（五）完善长效机制，在增强创建活动生命力上下功夫。

保持创建活动持久活力，关键在于完善相关制度和机制，夯实工作基础，激发内在需求，形成确保创建活动生机与活力的长效机制。一是建立健全台账制度。省、市、县各级要建立创建活动工作台账，掌握情况和底数，以此制定创建活动规划，完善措施，明确各阶段的任务目标，使创建活动常建常新。企业要建立创建活动档案，每年根据企业关注、职工关心的问题制订年度创建活动计划，使创建活动融入到企业经营管理、企业文化建设、企业规章制度等各个层面，融入企业运行的“血液”里。二是健全激励约束机制。要完善命名表彰制度，逐步提升表彰规格，健全激励机制，规范办法，明确待遇。各地要结合实际情况，协调各方制定劳动关系和谐企业优惠政策，激励企业踊跃参加创建活动，变“要我创建”为“我要创建”，实现创建活动的可持续发展。三是健全动态管理机制。对荣获“劳动关系和谐”称号的单位，实行动态管理，不搞终身制，采取定期检查、不定期抽查的方式加强监管，对不能保持荣誉的限期整改，严重的取消称号并在新闻媒体公示。四是健全监督评价体制。建立职工群众对所在企业和谐程度评价制度，赋予职工对和谐企业评价的话语权，把职工是否认可、是否满意作为评判劳动关系和谐的重要标准。

当前我国劳动关系问题及对策浅析

刘建军　张英杰

伴随着我国市场经济体制的逐步完善，劳动关系由原来计划经济体制下的单一性、计划性、行政性等特点向多元化、复杂化、市场化转变，在这一特定的历史时期，劳动关系出现了以下几个方面的问题。

一、劳动立法还存在很多盲点和不足

自《劳动法》实施以来，相应的法律法规也陆续出台，如《劳动合同法》、《劳动争议调解仲裁法》等，初步形成了劳动立法体系。但总的来讲，劳动法制的进程仍然滞后于形势的发展，这表现在：

劳动立法还存在诸多空白，如《工资支付法》、《工伤事故赔偿法》等法律还没有出台，没有形成一套完备的法律法规体系。而且目前正在实施的一些部颁规章层次偏低，一些实际问题难以得到解决。

一些劳动法律法规的规定过于抽象、笼统，可操作性不强。如《劳动合同法》实施之后，配套的司法解释没能及时出台，一些省在执行法律过程中，也没有出台相应的实施细则，使法律执行过程中出现了诸多具体问题。

执法监管乏力，违法现象得不到及时有效追究，尤其是劳动关系双方的法律意识不强，有法不依的现象十分严重。一些地方政府在以 GDP 为中心的政绩观背景下，为了引进或留住投资，发展地方经济，对劳动部门监察工作进行干预，使有法不依的现象得以纵容。可以说，法律的贯彻落实问题，已成为我国劳动法律领域存在的主要问题。

二、协调劳动关系三方机制已经初步建立，但没有发挥出应有的作用

劳动关系三方机制是市场经济国家为促进劳动关系协调发展而普遍采取的。早在 1990 年我国人大常委会就批准了国际劳工组织第 144 号公约《三方协商促进履行国际劳工标准公约》，2001 年原劳动和社会保障部、中华全国总工会、中国企业联合会/中国企业家协会共同召开第一次国家协调劳动关系三方会议，标志着我国正式建立起协调劳动关系三方机制。到 2002 年末，全国已有 30 个省（区、市）建立起协调劳动关系三方机制，并逐步向市县一级延伸，初步形成了多层次的三方协商机制网络。但从目前的情况来看，我国的三方机制建设还存在着以下问题。

各地协调劳动关系三方机制发展不平衡，组织体系不完善。目前国家和省市一级三方机制组织机构比较健全，但在县区及行业还没有形成完善的组织体系。有些省份三方机制工作开展得有声有色，但有的地方流于形式，甚至有的地方根本就没有建立三方机制。三方主体也并不明确，三方机制的有效运行需要三方主体都必须具有独立的身份，这对雇主组织和工会组织来讲更为重要。目前，劳动行政部门作为政府方代表地位不容置疑，雇主组织存在着身份不明确的问题，企业联合会、企业家协会作为雇主组织的代表

身份没有从法律形式上得到确认，基层三方机制当中雇主一方代表更是五花八门，有的地方是企业联合会/企业家协会，有的地方是工商联，还有的地方是工业促进局，等等。工会组织的作用问题也一直受到多方的关注，尤其是在非公企业和外资企业当中，工会的作用并没有得到充分的发挥。

三方协商的内容不充分。我国三方机制工作已有十年的历史。但是在一些地方，三方并没有就企业和职工最关心的问题进行协商，如涉及职工的劳动条件、安全卫生、工资水平等问题并没有进行充分的协商，一些法规和政策的制定也没有经过三方协商，没有发挥出三方机制在协调劳动关系中的作用。

协调劳动关系三方机制影响力不够。目前三方机制在我国开展时间还很短，政府、企业、职工和社会各界对三方机制认识程度不高，造成三方机制社会影响力较弱。尤其是政府部门对三方机制认识程度不够，造成本应由三方协商解决的问题变成政府独自去面对，使三方机制的作用弱化。

三、平等协商、工资集体协商等机制还存在协商不充分、形式化等问题

平等协商和集体合同制度是市场经济条件下劳动关系调整的基本形式，它处于劳动立法和劳动合同两者之间，通过劳动者团体与企业方就劳动条件和劳动标准进行平等协商，订立集体合同，调整劳动群体与企业方的相互关系。充分发挥平等协商和工资集体协商的作用，是维护企业和职工双方合法权益，促进企业劳动关系稳定的重要手段。我国的平等协商和工资集体协商工作虽然没有专门的立法，但在《劳动合同法》以及部颁条例中都作了明确的规定，很多省份也出台了《集体合同条例》和《工资集体协商条例》，为这一工作奠定了法律基础。在

实际工作中，平等协商工作也面临着以下问题。

协商双方信息不对称。在平等协商工作中，企业方代表对企业发展状况、各项经济指标、社会平均工资等信息有着天然的优势，企业方代表中人力资源管理部门更是专门从事劳动管理工作，对各项指标和法律法规掌握充分，在谈判中掌握信息最全。而职工方代表并不专门从事劳动工作，在信息掌握程度和专业技能水平等方面都处于弱势地位，使得谈判达不到预期效果。

职工方协商代表还存在不敢谈和不会谈的问题。目前，职工方代表在谈判过程中面对雇主的强势地位，怕谈了自己的观点得罪老板，怕受打击报复，该谈的问题也不敢提出来。一些职工方代表受专业所限，也不知道该如何去把握谈判的尺度和技巧。

协商不充分，该谈的问题没谈，没有充分发挥其维护企业和职工双方合法权益方面的作用。从目前各地各企业开展平等协商和工资集体协商的总体情况看，企业谈判内容过于简单，没有把职工群众最关心的问题纳入谈判范围之内，谈判流于形式的现象较多。企业集体合同没有体现出本企业的特点，各企业的集体合同文本雷同，没有发挥出应有的作用。

四、工会组织维权工作还有待加强

我国《工会法》明确了工会在国家政治、经济和社会生活中的地位，确定工会的权利与义务。近年来，工会组织的作用不断加强，维护职工权益的作用有效发挥。但是在实际工作中还存在着一些基层企业工会组织不健全，职工有困难不找工会组织的问题。一些企业还想方设法阻挠成立工会，或用各种方式控制工会，阻挠工会作用的发挥，甚至一些地方政府也以不组建工会作为招商引资的优惠政策。

五、企业人力资源管理水平参差不齐，企业的劳动管理制度不规范

人力资源管理作为劳动关系调整的方法之一，其具体的方法和措施非常多。随着劳动关系问题不断出现，人力资源管理方法也在不断创新。目前企业对人力资源管理认识程度差别非常大。国有和大型企业集团对人力资源管理工作重视程度相对较高，人力资源管理工作基础扎实。一些私营企业尤其是中小企业普遍存在着对人力资源管理认识不够的问题，没有发挥出人力资源部门在企业中的作用。企业内的各项基础制度如企业规章制度、劳动合同制度等不完善，甚至有些制度存在明显的不合法、不合理的地方，造成了一些不必要的劳动纠纷，影响了企业劳动关系的和谐稳定和企业的发展。

六、对策建议

为适应不断变化的劳动关系的形势，针对目前劳动关系领域存在的问题，需要着力于做好以下工作。

（一）进一步加快劳动立法的进程，建立起以《劳动法》为基础的社会主义劳动立法体系，并加强执法和监督力度。

当前我国的劳动法律虽然初步形成了以《劳动法》为核心的劳动法律体系，但是还有一系列的劳动法律法规需要出台，尤其是涉及职工切身利益的《工资支付法》、《工伤事故赔偿法》等需要及早出台。政府应该在加强法律建设的同时，加强执法力度，真正形成有法可依、执法必严、违法必究的良好氛围。同时政府还要加强对企业和职工的法律意识的培养，使企业和职工都能知法、懂法、守法。目前一些中小企业对劳动法律法规了解不够，往往纠纷发生败诉后才知道自己在用工管理方面还存在很多问题，一些可以避免的劳资矛盾由于处理不当往往变成重大劳资纠纷，引发了一系列的社

会问题。职工要学法、知法、懂法，在自身权益受到侵害时拿起法律武器保护自己。

（二）加强协调劳动关系三方机制在维护企业劳动关系和谐稳定构建社会主义和谐社会中的作用。

通过三方协商来协调和处理劳动关系，已被世界大多数国家所认可，这种现象表明了三方协商是当代世界经济和社会发展的客观趋势，是市场经济条件下协调劳动关系的一种有效形式和机制。纵观各国情况来看，三方机制又都有各自的特点。目前，我国三方机制建设发展到今天时间还很短，还需要不断探索出一条具有中国特色的三方机制道路。

政府要重视三方机制建设工作，引导和推动各级三方机制建设。要进一步明确三方机制中各方的主体地位，三方协商机制表现为三方权力制衡和利益求同的博弈组织，三方独立的身份和力量的平衡尤为重要，如果三方中一方的力量绝对超过其他方，那三方机制也很难形成和发挥出应有的效力。因此，在三方主体当中，政府要调整自己的姿态，转变思路由主导型向参与型发展。工会组织要进行自身改革，消除行政化倾向，提高工会工作人员素质水平，培养敬业精神，增强工会对职工的凝聚力。雇主组织应不断强化自身建设，提高业务水平和自身能力，增强自身代表性。三方应经常就劳动关系的新变化和新情况进行协商，对涉及企业和职工最关心的一些问题展开充分协商，使政策和法规的出台真正起到保护企业和职工双方合法权益的作用。

要推动三方机制立法工作。《劳动法》、《工会法》、《劳动合同法》等法律法规虽然就三方机制作了相应的规定，但面对日益复杂化的劳动关系问题，三方机制在运行中还面临很多问题难以得到解决，因此，制定三方机制的专门法律对促进三方机制建设有着积极的作用。

加大三方机制向基层和行业延伸力度。目前，我国国家和省市一级三方机制相对健全，而县区和行业三方机制建设还存在很多盲点，很多地方和行业都没有建立三方协商机制，或是机制虽然建立但并没有发挥作用。

增强三方协商机制的社会影响力，要加强宣传力度，让企业和职工尤其是政府部门真正了解到三方机制在促进企业劳动关系和谐稳定、构建和谐社会中的作用。

（三）推动企业建立健全平等协商、工资集体协商等各项机制建设。

平等协商、工资集体协商等制度是维护企业和职工双方合法权益构建企业和谐劳动关系的重要手段。国家应尽快出台《集体合同法》，通过立法规范平等协商行为，推动平等协商和工资集体协商制度的建立健全。企业家（雇主）要提高对平等协商和工资集体协商认识水平，积极支持平等协商工作。职工代表也要不断提高自身素质，做到敢谈、会谈，另外职工一方还可以借助外脑，请专家参与到谈判中，充分发挥第三方在协商中的作用，在协商工作中充分表达职工的利益诉求。

（四）加强和完善工会组织建设，增强工会对职工的凝聚力。

工会组织应借鉴成熟市场经济国家经验，结合我国实际，不断完善自身建设，改变工作思路，真正代表广大职工的利益，使职工有自己的利益表达机制和渠道。加强工会基层组织建设，充分发挥基层工会在协调劳动关系工作中的作用。

（五）充分发挥各级调解组织尤其是企业劳动争议调解委员会在化解劳动纠纷中的作用。

面对目前不断上升的劳动纠纷，充分发挥各级调解组织尤其是企业劳动争议调解委员会的作用，将劳动纠纷化解在基层，是促进企业劳动关系和谐、维护社会稳定的重要手段。虽然目前企业劳动争议调解委员会还存在诸如影响力不够，调解员素质有待提高等问题，但不可否认的是，其在化解企业劳资矛盾中有着无可替代的优势。要发挥调解委员会作用，力争大量化解劳资矛盾，避免劳资冲突的加剧。要进一步加强劳动争议调解组织网络建设，重视劳动争议预警机制、劳动争议调解执行反馈机制等制度建设，加强劳动争议专兼职仲裁员队伍建设，通过培训、研讨等多种手段不断提高专兼职仲裁员素质，注重总结分析企业改革发展过程中影响和谐劳动关系建设的各类劳动纠纷，增强劳动争议调解的权威性，为有效维护职工合法权益，保障企业良性发展，实现劳企双赢发挥积极作用。

（本文作者分别系河北省企业家协会秘书长、河北省企业家协会雇主工作部部长）

坚持以人为本　加强机制建设
积极发展和谐劳动关系

冀中能源峰峰集团有限公司

冀中能源峰峰集团是国有特大型煤炭企业。近年来，我们按照构建和谐企业的要求，紧密联系企业实际，坚持以人为本，加强机制建设，构建和发展了规范有序、公正合理、互利共赢、和谐稳定的新型劳动关系，2012年被河北省委、省政府联合授予河北省模范劳动关系和谐企业，被全国总工会授予全国五一劳动奖状等荣誉称号。我们的主要做法和体会是：

一、坚持以人为本，提高思想认识，树立发展和谐劳动关系的理念

峰峰集团作为一个建企60多年国有老煤炭企业，现有职工3.7万人。由于诸多历史原因和劳动关系矛盾的复杂多变，企业也曾一度发生部分职工因报酬上访、因就业诉求、因困难而哭闹的问题，严重影响了企业的和谐发展。总结历史经验，着眼企业科学发展、和谐发展的美好未来，我们深刻地认识到，职工是企业的主体。企业的发展兴旺，最根本的要靠激发全体职工的积极性和创造性。企业要适应时代发展要求，逐步实现由利润最大化的传统价值观向与社会化互利共赢的现代企业价值观转变，真正做到坚持以人为本，

关心关爱职工群众，切实维护广大职工的合法权益，在努力把企业做大做强，创造更多社会财富的同时，不忘企业的社会责任。集团公司结合企业实际，以构建和谐企业，发展和谐劳动关系为目标，牢固树立发展依靠职工、发展成果惠及职工的理念，将“奉献绿色能源、创造幸福生活”作为企业的使命，坚持“生命高于一切”的安全观，把“一心一意谋发展、全心全意为职工”作为工作原则，坚持“千方百计、温馨满意”的服务宗旨，先后制定印发了《关于贯彻〈劳动合同法〉，规范用工管理的规定》、《关于扶贫帮困构建和谐企业的意见》等文件，将和谐创建全面纳入企业总体发展目标，坚持定期研究，建立了目标责任制。广大职工以企业发展为己任，激情似火、拼搏奉献在岗位；工会发挥优势，多措并举促和谐，形成了“党委领导，制度保证，行政主导，职工参与，工会推动”的良好局面。

二、坚持依法治企，健全完善机制，保证和谐劳动关系健康发展

发展和谐劳动关系，依法治企是关键，健全机制是保证。近年来，根据企业特点和劳动关系现状，我们重点建立并实施了以下十项机制保障措施：一是领导机制。我们成立了以董事长、党委书记为组长，总经理、党委副书记、工会主席为副组长，劳动工资部、党政办公室、工会、社保、宣传部、财务部、企管部等部门主要负责人为成员的发展和谐劳动关系领导机构，具体办事机构设在工会，坚持每年召开一次工作会，每月研究一次工作并纳入目标责任考核。二是劳动合同动态管理机制。我们先后依法制定了《劳动合同管理实施办法》等11大类293项管理制度，对劳动合同依法实施动态管理，职工劳动合同签订率达100%。切实维护农民工合法权益，把他们当主人、当财富，做到了“五个100%”：让农民工100%入会进“家门”；让《劳动合同》、《集体合同》100%惠及农民工；让农民工在政治上100%当主人，各项待遇一视同仁；让农

民工 100% 受培训，能力素质有提高；让农民工 100% 享受阳光般的温暖，会员一切福利全都有。关爱农民工五个 100% 的经验做法在全总召开的会议上作了介绍。三是安全管控机制。我们坚持以人为本抓安全，保证安全促和谐。一手加大培训力度提素质，每年全员培训不动摇；一手加大投入改进工艺装备创造安全条件，2011 年投入安全资金 6 亿元，矿井装备水平明显提升。百余项由职工创造的“保安全工作法”得到推广应用，“24 小时安全双掌控工作法”得到中央和省领导的高度评价，张德江副总理批示在全国推广。四是工资集体协商机制。我们将其作为发展和谐劳动关系重中之重的工作来抓，每年由工会代表职工与企业行政进行一次平等协商，集体合同草案经职代会通过后签订。在工资协议中每年都明确了职工工资收入的增长幅度不低于 10% 的规定。2009 年为应对国际金融危机冲击，保证职工收入不减，公司领导兑现承诺，主动减薪 20%，管理费、招待费压缩了 50%，赢得了职工赞誉。2009 年以来，职工实际收入平均涨幅两位数以上。五是“四金”保障机制。我们依法为包括农民工在内的全体职工缴纳工伤、医疗、养老、失业保险金，每年达 9 亿多元。依照规定提取职工住房公积金，有效维护了企业职工的合法权益。六是民主管理机制。我们把职工民主管理作为企业贯彻落实科学发展观、实施科学管理的重要机制保障，坚持和完善职代会制度，从集团到各二级单位全部建立健全了职代会制度，全面落实职代会各项职权，创造了“金牌职工代表联系群众，提案一卡通畅通渠道，民主恳谈会平等对话，职代会共商共决”的职工民主管理工作新链条，荣获河北省民主管理创新一等奖。引入 ISO9000 质量标准，建立了矿务公开质量管理体系，实施了具有峰峰煤矿特色的“4+1”矿务公开控制程序，深化公开工作，建立了领导干部权力运行监控机制，清理登记权力 3117 项，找出廉洁风险点 6843 个，权控运行效果良好。省委常委、纪委书记臧胜业批示在全省学习推广峰峰经验。七是干群联系联保机制。集团及矿处级领导全部明确了联系联保对象。每人联系联保一个基层单位或区队（班组），联系联保两个困难职工家庭，每月写一篇不少于1500字的调研或工作小结，帮助单位解决一项工作中的难题。矿处级以上领导每人每月要走访所联系联保的困难职工不少于2次，并将其纳入半年一次的业绩考核并通报。同时还建立了领导干部定期接访制度。八是扶贫帮困机制。集团公司建立了以职工扶贫基金会、职工安全互助补充保险基金会、职工大病互助帮扶基金会、职工互助储金会和领导干部爱心帮扶基金为内容的“四会一金”职工互助互济组织，筹措资金2200多万元，形成了全方位、广覆盖的体系网络，起到了对职工资助、救助、帮助、互助的重要作用。九是劳动争议调处及法律咨询服务机制。集团公司建立了法律事务中心，36个工会组织全部建有职工维权法律服务站，工会机关设有维权部，为职工提供免费咨询和法律服务。构建了集团公司、矿厂、车间三级劳动争议调解网络体系，制订了《实施细则》和工作制度，有效服务和处理了各种矛盾纠纷。近年来未出现劳动争议信访案件，荣获河北省劳动争议调解先进单位。十是竞赛激励机制。我们把创建劳动关系和谐企业纳入党委目标、行政绩效和工会建家考核，与年度评先和月度收入分配挂钩，重点对管理人员构建和谐、落实责任、履行承诺等情况进行考核考评，并在单位间分赛区开展竞赛，每季讲评一次，使创建活动走上经常化、制度化轨道。

三、办实事、做好事，真诚服务职工，把发展和谐劳动关系的各项措施要求落到实处

在职工最关心、最直接、最需要的事情上下功夫、做文章、抓落实。我们大力实施了一系列“民心工程”，为职工办实事做好事。我们筹集资金80多亿元，抓棚户区改造，力争用3年的时间让峰峰职工家属全部告别棚户区，住进新楼房。2010年已有460多户职工

当年拆迁，并做到了当年入住，中央电视台新闻联播予以报道。截至目前，已有5000多户搬入新居，赢得社会广泛好评。我们还一次性投入5000多万元，使煤矿井下职工全部入住安装了空调配齐了电视的公寓。我们为了让职工吃好，每年投入上亿元资金，为职工入井配发班中餐，升井吃上免费营养餐。矿处级以上领导每人捐款1万元—3万元，筹集1380余万元建立了“峰峰集团爱心帮扶基金”，使大病职工、孤寡老人、孤儿及困难家庭子女上学等有了保障。我们还千方百计为1068户零就业家庭提供岗位，上项目创造安置职工子女技校毕业生980名。我们采取有效措施，协助解决了历史遗留的7003名“五七”家属工的养老保险待遇问题。2009年以来，企业和工会先后拿出2800多万元用于奖励先进人物和劳动模范；我们建造文化广场21处，文化活动中心3处，增加绿化面积8万平方米。我们所做的这些实事好事，职工看在眼里、暖在心里，峰峰集团已成为一个同心同德谋发展促发展的“和谐大家庭”。

和谐创建促进了企业科学发展，跨越发展。2011年原煤产量、精煤产量、营业收入等多项经济技术指标创出历史新水平，上缴利税47.6亿多元，居邯郸市首位，为河北省经济社会又好又快发展作出了新的贡献。

健全机制　夯实基石
以劳动关系和谐促企业和谐社会和谐

河北钢铁集团宣钢公司工会

和谐企业是和谐社会的重要支撑，构建和谐劳动关系是建立和谐企业的根本因素。多年来，宣钢工会认真落实科学发展观，全面履行工会各项职能，在推进发展和谐劳动关系过程中，建立机制，搭建平台，用协商、协调、沟通的办法解决劳动关系矛盾，围绕企业劳动关系的建立、运行、监督和调处等环节，建立健全科学有效的经济技术活动机制、利益协调机制、诉求表达机制、矛盾调处机制、权益保障机制等五项机制，促进企业建立新型劳动关系，使劳动关系双方实现共建、共创、共谋、共享，以企业的小和谐促进了社会的大和谐。企业先后荣获全国模范劳动关系和谐企业、全国厂务公开民主管理先进单位等称号。企业所属20个二级单位荣获市级劳动关系和谐企业，6个二级单位荣获省级劳动关系和谐企业称号。

一、深化经济技术活动机制是发展企业和谐劳动关系的根本

构建企业和谐劳动关系最深厚的物质基础是企业的发展、职工物质生活水平的提高和生活质量的改进。没有企业的发展，构建和

谐企业就是无源之水、无本之木。企业工会参与和谐企业的构建，就是要充分发挥其职能，紧紧融入企业生产经营工作中心及发展过程中的重点难点问题，牢牢把握科学发展这个主题，积极探索和创新群众性经济技术工作的新途径、新办法。通过广泛开展经济技术创新、劳动竞赛、合理化建议和技能培训活动等，把职工群众潜在的智慧和活力充分激发出来，把蕴藏在职工群众中的积极性、创造性充分调动起来，把职工群众最大范围地动员组织起来，在全面建设和谐企业的实践中发挥主力军作用。

宣钢工会始终坚持贴近生产经营实际，根据不同时期生产经营和建设发展的重点、难点，确定生产竞赛、技术比武的方向，调整岗位练兵的重心，创新各种竞赛活动的形式，大力推进和开展生产劳动竞赛、岗位练兵和职工技术比武活动，做到选树典型、表彰先进、引导带动、促进生产、激励职工的目的；坚持推广“每周一题”学习活动，积极推行“精一门、会两门、懂三门”的职工学习活动，注重发挥广大职工在技术改造、技术进步和挖潜增效方面的积极性和主动性；坚持开展职工提合理化建议活动，并纳入企业年度科技大会表彰序列；坚持在一次性物质奖励的同时，各二级单位还把在两级技术比赛的成绩和名次作为内聘技师和发放技术津贴的必要条件，以激励广大职工爱岗敬业、励志成才，争做新时期知识型、技能型产业工人。建立起“职工读书角”，不仅拥有自己的独特标识，还具有电脑、书柜、实体书籍、电子书籍、视频教学光盘和电子阅读卡为一体的现代化设施。同时，开通了“宣钢工会网上职工书屋”，职工只要登录“宣钢工会网”，链接“宣钢工会网上职工书屋”，便可在线阅读内网的钢铁冶金、班组管理、企业管理、文化生活、健康知识五大类的2.6万册电子图书和外网的210万种中文图书、期刊和报纸。

二、深化利益协调机制是发展企业和谐劳动关系的基础

实现好、维护好、发展好职工群众的根本利益，是构建企业和谐劳动关系的本质要求。在全面履行各项职能的同时，突出维护职工合法权益的基本职能，建立平等协商机制、签订集体合同，形成由劳动关系双方依法平等协商、自主协调劳动关系的有效调节机制，通过法律契约的形式把《劳动法》等法律法规加以具体化、规范化，是从整体上实现对职工根本利益的维护，是党和职工群众对工会的要求，也是构建劳动关系和谐企业的迫切需要。自《宣钢集体合同管理办法》实施以来，宣钢坚持每三年续签新一轮集体合同。在每轮集体合同的续签中，坚持“签约重在协商”的原则，在确保广大职工政治权利的同时，加大对职工经济利益、安全健康和具体利益的协商力度，凡涉及企业劳动关系的问题，通过工会代表职工与企业行政双方反复协商解决，以规范企业行为，依法维护职工的合法权益。同时，还进一步加大对集体合同履行情况的监督检查力度，以避免劳动争议的发生。目前为第五轮《集体合同》履约期。第五轮《集体合同》较第四轮《集体合同》修改25条，新增2条，共11章77条，尤其从劳动合同管理、劳动安全卫生、企业合理安排工资总额及职工工资水平，依法向职工支付加班加点工资或给予同等时间补休，依法实行带薪年休假及法定节假日制度、女职工权益保障等涉及职工切身利益的条款进行了细化，更具实效性和可操作性，激发了职工的积极性和创造性，增强了企业职工的向心力和凝聚力。

工资集体协商是发展和谐稳定劳动关系的有效途径。宣钢工会健全组织、掌握政策，抓住主要矛盾，有的放矢地进行工资集体协商。2007年11月下旬，宣钢工会牵头深入到4个主体生产单位的9个车间，与一线职工进行座谈，广泛征求普通职工对工资、奖金分配的意见，其突出问题是部分一线职工认为科级干部、班组长奖金

与职工平均奖金的差距较大。针对这些问题，工资集体协商领导小组于12月初分别召开了职工代表、班组长、一线职工参加的三个座谈会，征求不同层次、不同岗位职工对工资、奖金分配的意见及建议，形成《座谈会纪要》及时报送公司领导，并提出工资集体协商的主要内容。为摸清实情，于12月中旬再次选择了炼铁厂、炼钢厂、运输部三个主要生产单位，职工总体收入处在本单位中、上线的六个车间、25个岗位、54名一线职工的收入情况进行针对性调研，分析《宣钢职工收入情况调查表》，了解“科级干部、班组长奖金与一线职工奖金差距较大”的原因，形成专题报告提交公司领导。在2008年职工工资集体协商会议上，双方均选派有影响、有地位、有责任心的代表参加，以充分调动职工的积极性为原则，以缩小职工收入差距为目标，最终实现了协商目标：即通过设立阶段性奖励、调整基础性工资津贴以缩小收入差距。2008年上下半年公司各增发阶段性奖励每人2000元，增调职工基础岗位津贴每人每月200元；维检修职工取消4、5档岗效工资设置，推向高档3档；提高职工中班、夜班费。这次工资集体协商，缩小了干部、职工间收入的差距。2009年、2010年协商的重点仍然是向一线职工倾斜，充分调动了职工的积极性和创造性。

2009年初，宣钢参加了张家口市“共同约定行动”启动仪式，并代表17家主体单位在“共同约定行动”倡议确认书上郑重签字承诺。钢盛建安公司等8个改制单位的企业代表与职工代表，也在《响应“共同约定行动”倡议确认书》上签字。面对国际金融危机冲击给企业和职工带来的负面冲击，宣钢公司全力推进“共同约定行动”，在困难时期不减员、不减薪，不拿职工的工资做筹码。宣钢工会还主动调研、积极运作，指导下属单位企业总公司针对经营项目广、人员多、用工性质复杂、各小单位效益状况参差不齐，晚发、缓发、欠发工资现象时有发生的状况，制定了《中层干部考核及动态管理办法》，明确规定：“凡是连续两个月不能按时给职工发放工资的，单位领导班子集体辞职”。另外，出台了《职工工资保证金暂行管理办法》，规定：“各单位中层干部必须缴纳职工工资保证金用于支付因企业亏损拖欠的职工全额工资，凡在规定时间内没有足额缴纳的，视同自动辞职，辞职后不再享受相应待遇。”71 名基层单位副科级以上干部，共交纳 756 万元保证金，有效地杜绝了拖欠工资问题。这一做法既保证了职工在企业出现亏损时的工资按时足额发放，维护了职工的合法权益，又增强了各下属单位中层干部的责任感和使命感，为推动企业和谐、有序、健康发展注入了强大动力。企业总公司每年还对工资保证金的管理进行考评、考核、补缴及奖罚兑现，对《职工工资保证金暂行管理办法》进行补充完善。在 2009 年度的考核中有 17 个单位领导因工资发放及时得到评优，并获得保证金 10% 的奖励，有 4 个单位由于缓发工资，给予了相应的扣罚。两年来，企业总公司职工的工资呈现递增势态。这一做法，在《工人日报》、《河北工人报》进行了报道。

三、深化诉求表达机制是发展企业和谐劳动关系的前提

构建企业和谐劳动关系，必须要真正建立、健全企业民主决策、民主管理、民主监督的制度，要让职工话有地方说、理有地方讲、事有地方办。工会组织要重视源头参与，通过政策出台前的前期参与，力争使工会和职工意见、要求在政策中体现出来，同时通过职代会对企业的重大事项行使审议建议权和审议决定权来维护职工的合法权益。要大力推进厂务公开、对话会、联席会等制度，把企业工作中的重点、难点、热点问题原原本本、明明白白地告诉职工，形成上下群策群力、同心同德的氛围。要建立民主评议制度，使领导干部乃至班组长都置身于职工群众监督之中。

宣钢工会根据《河北省企业职代会条例》，结合自身实际，制定了《宣钢职代会实施细则》及与之配套的八项制度，各项方针政

策、战略目标、收入分配办法等涉及职工切身利益的重大事项、重大决策，都要广泛听取和反复征求职工代表的意见，提交职工代表大会讨论审议通过，使职工充分行使民主管理、民主监督权利。2007年起，每年邀请500多名普通职工列席参加职代会，充分行使表达权。特别广泛组织开展了“最佳提案”征集活动，进一步激发了职工代表研究新问题、提出新建议的潜能。近几年征集提案330件，提案落实率达100%，有效地调动了职工群众参政议政的积极性。

宣钢制定和完善了《深化厂务公开民主管理实施意见》和《厂务公开工作责任追究暂行规定》，坚持和完善了党委统一领导、党政共同负责、有关方面齐抓共管、职工群众全员参与的领导体制和工作机制，并强化监督检查与落实，形成了按制度办事、以制度管人、用制度规范的公开工作运行机制，确保了厂务公开的主体到位、责任到位、工作到位，提高了厂务公开、民主管理工作的质量。每年厂务公开领导小组都会深入到炼铁、炼钢、焦化等26个单位的50多个车间、100多个班组与来自基层生产一线的400多名职工进行面对面的座谈交流，通过“听”、“看”、“问”、“谈”等措施，强化对基层厂务公开、民主管理工作的检查监督和推动落实。2009年，宣钢厂务公开领导小组对宣龙公司四个生产班组存在的班组长克扣职工奖金情况调查确认后，在全公司进行了通报批评，取消了事件责任人当年的评先资格。此举在全公司引起强烈反响。

建立了职工代表与公司党政领导交流对话制度，对话会上，总经理向来自生产一线的职工代表通报生产经营情况、公司的形势任务，就职工关注的热点、难点问题，意见和建议，面对面地真诚对话和交流，能现场答复的均予以答复。对于牵扯面较广，需要协调解决、不能现场答复的问题，会后由宣钢工会牵头督促有关领导和部门进一步落实，并通过公开栏、OA网等形式，及时向职工代表反馈落实和处理结果。宣钢五次党政领导与职工代表交流对话会，职工代表共提出各类建议、意见239条，总经理现场解答169条，其余70条均按职工代表提案的处理程序予以落实。对话会既拓宽了民主管理渠道，搭建了职工诉求平台，又为领导倾听民声、了解民意、顺应民心开辟了新的渠道，营造了和谐的党群、干群关系，增强了企业的向心力、凝聚力和战斗力。建立了《公司行政班子与工会联席会制度》，促成职工岗效工资“三五”规定变为同岗位工作两年以上可晋“中岗”；职工办理内退时采取“岗效工资先加权平均、再就近上靠”的办法，内退职工生活费待遇、养老保险缴费、失业保险缴费等方面均得到提高。

宣钢每年对科级以上领导干部进行民主评议，各单位、车间被职工评议为末位的领导干部降职、减薪。2009年，针对个别班组存在民主管理氛围不浓、奖金分配缺乏必要的民主程序，个别班组存在“奖金打卡返还现金”的“暗箱操作”现象，班组长管理方法简单粗暴等问题，宣钢在千名班组长中开展了“双评双创双提升”活动，即组织动员万余名职工民主评议班组长、评选优秀班组长、创优秀班组、创明星班组、提升班组长综合素质、提升班组管理水平。活动中，班组长以“思想作风、工作业绩、管理能力、民主作风”为主要内容进行全面述职；班组职工根据班组长的述职情况，以无记名打分的办法，对班组长按照“优秀、称职、基本称职、不称职”四个档次进行综合评议，评选出“宣钢百名优秀班组长”，并通过再投票从中评出“十佳班组长”。“十佳班组长”可直接当选本年度公司劳动模范；连续两年以上被评为“十佳班组长”、“优秀班组长”所在的班组，宣钢工会发放“明星班组”、“优秀班组”牌匾，给予物质奖励，激励班组长及其班组职工积极性；对民主评议为“基本称职”的班组长，加强教育与指导；对民主评议为“不称职”的班组长，建议行政撤销了其职务并取消年度评先资格。2009年，宣钢12843名职工对8个主体806个班组871名班组长进行了民主评议；2010年，宣钢13776名职工对8个主体厂的704个班组

759名班组长进行了民主评议；2011年，宣钢12875名职工对9个主体厂的669个班组725名班组长进行了民主评议。由于“双评”的全过程是由四级工会组织负责，班组长的优劣让职工去考核评价，从而开通了职工敢说真话、敢说实话的渠道，给予了职工免去“不称职班组长”的权利。活动开展以来，广大班组长在日常工作中努力做到既坚持教育、约束、规范职工，又尊重、理解、关心、帮助职工，“工与长”的关系密切了，企业“细胞”和谐稳定了，企业和谐稳定的生产环境得到了保障。这次活动的经验做法，被河北省省委宣传部评为《思想政治工作50例》特等奖，并被收录为中国思想政治工作研究会和中宣部组织编写的《群众思想工作案例选编》之中，是河北省钢铁企业当中唯一的一家。

四、深化权益保障机制是发展企业和谐劳动关系的关键

随着社会的进步、企业的发展，人民群众生活得到了根本改善，企业职工收入明显增多，已经不存在贫困职工。但因患大病、子女入学等原因，企业仍有部分特困职工存在，更有些困难职工集多种困难原因于一身，具有并发症的特点，成为企业的弱势群体，在企业发展的大环境里是个极不和谐的音符，这就需要积极加以解决，给企业创造一个和谐稳定的发展环境。作为企业困难群体的第一知情人和报告人，关注弱势群体、扶助弱势群体，是企业工会组织的神圣职责。只有使帮扶活动经常化、制度化，并建立完善与之匹配的权益保障机制，才能真正维护弱势群体的切身利益，才能构建企业和谐劳动关系。

宣钢工会从关心职工的生存需求出发，在坚持送温暖活动经常化、制度化的基础上，从扶贫帮困运行机制上求突破，积极探索和研究企业扶贫帮困的长效机制。2006年，成立了扶贫帮困基金会，制定了对特困职工实施救助的暂行办法和实施细则。通过行政拨

款、工会出资、职工捐款的筹措方式，确保扶贫帮困基金会的正常有序运作。近几年我们对694名特困职工与助学对象发放救助基金462万元，两节期间共慰问劳模、伤病残等职工5486人，发放慰问金150万元。同时对国家、省、市级困难劳模发放了困难补贴。宣钢已形成车间、厂矿单位、公司三级扶贫帮困工作网络，做到了“节日有慰问、金秋有助学、特殊困难及时救助”。同时，积极拓展职工互助互济途径，广泛开展了职工重大疾病医疗互助活动，制定了符合宣钢实际的“职工重大疾病医疗互助活动补充办法”，成立了市职工重大疾病互助活动宣钢办事处，专线接通了宣钢医疗保险信息系统；针对申请补助程序总结了“四证四票”的办理程序，为实施职工重大疾病医疗互助救助奠定了基础。通过积极宣传发动，职工参加率达96.6%，缴费达99万余元。自2008年4月份以来，对782名患大病职工兑付了重大疾病医疗互助金126.8万元。

五、深化矛盾调处机制是发展企业和谐劳动关系的保障

建立矛盾调处机制，就是要发挥工会在处理劳动争议中的“第一道防线”作用，及时公正地处理劳动关系方面的矛盾，把各类矛盾化解在基层、化解在当地、化解在萌芽状态。这就要求工会组织增强政治敏锐性，密切关注劳动关系的新动向，认真研究新情况、新问题，增强工作预见性，采取有力措施，有针对性地加以解决，切实维护职工和企业的合法权益，促进公平正义的实现，最终实现和谐共享目标。

近年来，宣钢两级劳动争议调解委员会对职工个人及群体争议案件进行了调处，如公司对原实业公司下属单位由于企业亏损未给职工缴纳养老保险和发放最低工资、最低生活费等方面存在的问题，进行了调查，认为职工反映的情况属实，责令该公司按有关规定为这一部分职工补缴了养老保险和补发了生活费。公司调解委员

会 2011 年共接待职工群众来访 150 起，另外对职工个人申请认定工伤、落实工伤待遇的案件等进行了调解。公司劳动争议调解委员会多年来坚持依法依规调处劳动争议案件，既维护了职工的合法权益，又维护了企业的利益，促进了企业和谐稳定发展。

2011 年 3 月，在本级工会和各基层工会建立了 25 个职工群众工作室，工会主席任工作室主任。同时，要求各基层单位工会在职工群众工作室显著位置加挂标识标牌，建立工作制度，明确工作职责，规范工作流程，自觉接受职工群众监督。并建立健全了工作档案、日志和台账，及时反映热点、焦点问题，并将党政意见反馈给广大职工，切实为职工提供便捷、规范、高效的服务。

加强劳动关系调处体系建设
促进劳动关系长期和谐稳定

山西省人力资源和社会保障厅劳动关系处

近年来，我省各级人社部门立足服务经济社会发展大局，紧紧围绕创建和保持和谐劳动关系的主题，采取法律的、行政的、经济的和社会的各种措施，做了大量工作，全省的劳动关系从总体上保持了和谐稳定。随着改革的不断深入，企业的发展方式、用工要求等发生重大变化，劳动力市场结构不断优化，广大职工的维权意识明显增强，劳动关系矛盾已进入多发期、易发期，原有的企业改制、破产政策落实不到位、机关事业单位与企业用工不统一等劳动关系问题，与现有的少数用人单位不签订劳动合同、拖欠职工工资、工资偏低等问题没有得到彻底解决，新老矛盾交织在一起，影响着劳动关系的和谐稳定，劳动关系在变中求稳的难度进一步加大。

为适应形势发展需要，人社部门必须审时度势，积极应对，应以科学发展观为指导，以发展和谐劳动关系为主线，以提升劳动关系调处能力为核心，在积极优化内部资源的同时，凝聚协调各方力量，有机融合人力、制度、机制等各项因素，努力构建“机构健全、制度完备、机制科学”的劳动关系调处体系，用体系的力量管理服务全省所有用人单位，全过程规范劳动关系建立、运行、监督、争议处理等各个环节，促进企业发展和职工权益的互利共赢。

一、加强劳动关系调处组织体系建设

发展和谐劳动关系，政府担负着管理、指导、服务和监督职能，起着主导作用。加强政府部门自身劳动关系组织体系建设，便成为发展和谐劳动关系的题中应有之义。根据多年实践并适应形势需要，应做好以下四方面的工作。

要优化设置劳动关系调处组织机构。在新一轮政府机构改革中，我省的省市两级人社部门改革基本到位。县级人社部门机构改革处于收官之时。在改革过程中，我们抓住有利时机，优化加强了劳动关系调处力量。比如，在劳动关系行政处室的设置上，原劳动保障厅设有“劳动工资处、信访仲裁处、劳动监察处”，改革之后增变为“劳动关系处、信访接待处、调解仲裁处、劳动监察局”。市县级人力资源和社会保障行政部门也健全优化了劳动关系管理、劳动争议处理、劳动保障监察等工作机构，充实了工作力量。在即将开始的省人社部门事业单位改革中，我们将积极争取编办、财政等部门支持，研究增设承担劳动关系协调工作职能的事业单位，同时指导市县设置对口事业机构，进一步整合内部资源，形成工作合力。

要加强劳动争议调解仲裁队伍建设。要着眼劳动争议案件快速上升的趋势，按照《劳动争议调解仲裁法》要求，在地级市和争议案件较多的县（市、区），普遍建立实体性的仲裁办案机构。坚持“预防为主、基层为主、调解为主”的工作方针，逐步建立和完善企业调解、乡镇街道调解、行业调解、人民调解、行政调解等多渠道的争议调解体系，推动和促进具有调解职能的其他社会组织及律师、专家、学者等开展调解工作，最大限度地将劳动争议通过调解快捷平稳地化解。要加强仲裁员队伍的培训和管理，提高劳动争议仲裁能力，实现办案上水平，管理上台阶。

要加强劳动保障监察队伍建设。为充实加强劳动保障监察机构，山西省政府出台了《关于加强劳动保障监察工作的意见》，省编办印发了《关于进一步加强完善劳动保障监察机构的通知》，从政策和编制两个层面给予了重要支持。在充实市、县、乡劳动保障监察执法机构的同时，应加强对劳动保障监察员的任职培训、考核、管理和监督，不断提高劳动保障监察队伍的执法能力。加强监察队伍作风建设，树立文明执法、规范执法的良好形象。

要加强劳动关系基层平台建设。鉴于大量的劳动关系问题发生在基层，加强劳动关系基层平台建设，已成为我省人社部门的共识。在目前绝大部分乡镇（街道）已有的劳动就业和社会保障公共服务平台基础上，加载劳动关系调处职能，是发挥基层部门作用、创新社会管理形式的重要途径。为加快基层平台建设步伐，我省初步规划，2012 年底前在全省 1196 个乡镇、198 个街办和 80% 以上的行政村，基本建立健全基层公共服务平台，社会保障“一卡通”全面实施。

二、健全落实劳动关系调处制度规范

制度最有保障力，制度才能管长远。发展和谐劳动关系，必须高度重视制度建设。既要认真落实现行各项行之有效的制度，又要积极探索建立新的制度规范，从根本上夯实和谐劳动关系的基础。

要深入推行劳动合同制度。劳动合同制度是调整个别劳动关系的基本制度，是劳动关系调整机制的基础。推进实施劳动合同制度，重要的是贯彻好《劳动合同法》、《劳动合同法实施条例》和《山西省劳动合同条例》，加强对用人单位和劳动者的普法宣传和业务培训，普及劳动合同签约履约的基本常识，使广大企业形成用工就要签订劳动合同的法制观念，提高广大职工对签订劳动合同重要性的认识，增强契约意识和依法维权的意识。督导用人单位依法与

劳动者签订书面劳动合同，明确双方的权利和义务，从源头上规范劳动关系。在巩固大中型企业劳动合同签订率的基础上，积极开展农民工劳动合同签订“春暖行动”和小企业劳动合同签订专项行动。通过实地检查、培训咨询、发布劳动用工指南等多种方式，加大对企业劳动用工的指导、监督和服务力度，规范用工秩序。

要全面实施集体合同制度。集体合同制度是市场经济条件下企业方和以工会为代表的职工方自主调整劳动关系的重要制度，是平衡双方利益的有效手段。我省的劳动合同条例，将企业建立集体合同制度规定为企业的法定义务，为全面推行集体合同制度奠定了重要的法制基础。因此，要依靠法制的力量，按照国家的部署，积极实施集体合同签订“彩虹行动”，进一步提高集体合同制度覆盖面，力争在各类有工会的企业签订集体合同，未建工会的企业签订区域性、行业性集体合同。同时要在提高集体合同实效性上下功夫，加强对集体合同的审查管理和履约监督，督促企业向职代会或全体职工通报集体合同履行情况，接受职工监督。

要全面实施劳动用工备案制度。实践已经证明，劳动用工备案制度是市场经济条件下，对用人单位签订、解除、终止以及履行劳动合同情况进行监管的重要手段。2009 年我省在劳动合同条例地方立法时，在总结已有经验的基础上，将“劳动用工备案”写进法律，增强了操作刚性，条例明确规定“用人单位与劳动者建立、解除或者终止劳动关系的，应当按照国家有关规定报县级以上人民政府人力资源和社会保障部门备案”。需要继续将劳动用工备案列入劳动保障年审及专项执法检查内容，进一步提高劳动用工备案率。同时依托金保工程，推进劳动用工备案信息进程，建立基本的劳动用工备案数据库，实现对用人单位签订、解除或者终止劳动合同的动态监管。

要建立健全企业工资监管制度。收入分配是劳动关系的核心。“十二五”时期，山西将实施“工资倍增计划”，实施这一计划，应按照中央关于收入分配“两个同步”的要求，加强对企业工资的宏观调控。需要改进和加强的工作是，依据山西省劳动合同条例，指导企业做好工资指导线实施方案的制订、落实和确认工作，进一步做实企业工资指导线。在各类企业全面推进工资集体协商制度，增加职工在工资分配方面的话语权，努力形成收入分配劳资共决机制，建立职工工资正常增长机制，使广大职工共享企业发展成果。适时调整最低工资标准，加大执行力度，提高低收入群体的收入水平。进一步健全完善工资保证金、欠薪应急周转金等制度，下大力解决建筑领域拖欠工资顽症，建立防欠长效机制，保障工资支付。

要全面落实劳动保障监察“两网化”管理制度。劳动保障监察是政府发挥监管职能的重要手段，对于督促用人单位遵守劳动保障法律法规，起着极为重要执法约束作用。“黑砖窑”事件以来，山西按照“城乡并重、不留空白”的原则，逐步建立了劳动保障监察“两网化”管理体制，将行政区域内全部用人单位纳入监察范围。还需要进一步创新执法机制，使劳动保障监察由被动执法向主动执法转变，由突击检查向经常性检查转变，由事后查办向事先预警转变。加强对用人单位的日常巡查、书面审查和专项执法检查，严肃查处违法行为，促进本地区劳动关系的和谐稳定。

要建立劳动关系守法诚信制度。劳动关系守法诚信制度是我省近年来尝试建立的一种新制度，其实质是发挥社会监督和舆论监督作用。在用人单位及其负责人评先评优时，我省对劳动关系失信单位实行“一票否决”。随着社会发展和劳动者维权意识的强化，需要将更多的劳动关系信息，如参加社会保险、劳动安全卫生、集体合同、劳动定额、劳动争议的发生及处理等纳入劳动关系守法诚信监控范围，建立更加完善的劳动关系守法诚信档案。对用工失信单位依法曝光，要分析原因危害，但重在指出改进途径。同时应大力宣扬表彰守法诚信单位，引导用人单位自觉守法，承担法定义务。

要加强劳动关系信息统计分析制度。加强劳动关系信息的统计分析，有利于摸清底数，有的放矢。多年来劳动关系信息统计工作基础薄弱，亟需加强。要加强金保工程建设，按规定加强劳动关系信息的统计，改进统计方法，提高统计质量。要通过相关数据，分析研究本地区劳动关系运行的状况、特点、趋势及存在问题，及时确立劳动关系的工作重点，制定劳动关系调处政策，解决存在的主要问题。要高度重视劳动争议调解、仲裁案件相关信息，按季度统计信访接待、调解仲裁数量，认真分析争议的原因、类型、特点等，及时对重点问题、倾向性问题和突出问题进行梳理分析，提出对策，努力维护劳动关系双方的合法权益，维护社会稳定。

三、改革创新劳动关系调处共谋机制

发展和谐劳动关系，是一项复杂的系统工程，需要调动政府各部门、社会团体、广大企业及职工群众的共同参与。要通过建立机制，凝聚共识，形成合力，共建和谐劳动关系。

要健全政府目标考核机制。多年来山西一直将劳动关系工作的重要指标，如劳动合同签订率、劳动用工备案率、企业在岗职工工资增长率、劳动人事争议调解仲裁结案率、劳动保障监察举报投诉结案率、信访案件有效处置率等列入政府年度工作目标责任制，并分解到各市，由分管人社工作的副省长与各市分管市长签订目标责任状，每半年通报一次工作进展情况，推动各项工作落实。在坚持目标责任制的同时，应进一步健全表彰激励机制。深入开展“创建劳动关系和谐企业与工业园区”活动，至少每两年组织一次评比表彰，不断扩大先进单位的示范影响作用。应面向企业和基层开展评选表彰“人力资源管理先进个人”活动，及时交流总结他们在劳动关系调处等方面的先进理念和有效做法，充分调动各级工作的积极性和创造性，推动劳动关系调处工作向纵深发展。

要建立健全劳动关系三方协调机制。应进一步加强省、市、县三级劳动关系三方协调机制建设，逐步做实三方协调办事机构。推动劳动关系三方协调机制向乡镇、社区、工业园区延伸，做好与基层劳动保障平台的相互衔接，形成工作合力。以深入开展创建和谐劳动关系企业和工业园区活动为抓手，提高三方机制的影响力。要积极引导企业重视发展和谐劳动关系，努力实现企业的良性发展和劳动者的全面发展。教育职工正确处理权利与义务的关系，增强对企业发展的认同感和关注度，合理反映诉求，做到共建和谐劳动关系，共谋企业发展，共享发展成果。

要建立健全人社部门内部协调机制。要进一步做好劳动用工、工资分配、劳动争议处理、劳动保障监察、信访维稳、统计信息等部门的协同配合，建立畅通的信息交流和反馈机制。要加强劳动关系调处工作与就业服务、社会保障工作之间的协调配合，努力克服劳动关系调处的“短板”效应，合力推动人力资源和社会保障事业的科学发展。

要建立健全与相关部门的配合机制。应进一步加强与公安、工商、建设、煤炭、安监、国土资源、法院、工会、妇联、共青团、工商联等部门或组织的沟通合作，通过联席会议、联合执法、互通情况等形式，共同分析劳动关系运行的形势和重大问题，研究制定和落实相关政策措施，形成齐抓共管的工作合力，共同维护劳动关系的和谐稳定。

当前劳动关系面临的形势及对策措施

陈跃清　崔春岩

构建社会主义和谐社会是我国社会发展的重要目标，而建立和谐稳定的劳动关系是构建社会主义和谐社会的重要基础和基本内容。当前，党和政府始终高度重视劳动关系和谐稳定，这就要求我们要深入研究和正确把握当前劳动关系，妥善处理各种矛盾，消除不和谐因素，积极构建和谐稳定的中国特色社会主义新型劳动关系。

一、当前劳动关系的基本形势

党的十六届六中全会提出“发展和谐劳动关系”，党的十七大报告又提出“规范和协调劳动关系”的总体要求，这为我们构建和谐劳动关系提供了有力的政治保证。近年来，《劳动合同法》、《劳动合同法实施条例》等法律、法规相继颁布实施，人力资源和社会保障部、全国总工会、中国企业家联合会/中国企业家协会、全国工商联共同建立协调劳动关系三方机制，调整劳动关系的手段、措施和机制逐步完善，使劳动关系矛盾纠纷调处进入制度化轨道。劳动关系制度改革和协调机制的形成，促进了劳动关系协调工作法制化、规范化建设，为保持劳动关系的总体和谐稳定，促进经济社会健康发展发挥了重要作用。

随着社会主义市场经济的深入发展，我国劳动关系发生了深刻变化，尤其是以公有制为主体、多种所有制经济共同发展格局的形成和国有企业改革的不断深入，劳动关系日益呈现多样化、复杂化趋势，用人单位主体多元化，用工和就业主体多样化，劳动关系柔性化、多样化、复杂化、动态化、分层化日趋明显，劳动就业、社会保障、收入分配等方面关系劳动者切身利益的问题比较突出，协调劳动关系、劳动保障监察、劳动争议调解仲裁等体制、机制仍不健全，劳动关系工作队伍力量薄弱，这些问题亟待研究解决。目前，世界经济进入后国际金融危机时期，我国要保持经济平稳较快发展，关键是要加快经济发展方式转变和经济结构调整，促进经济增长由主要依靠投资和出口拉动转到依靠消费、投资、出口协调拉动上来，努力改善民生，增加劳动者收入，进一步保障劳动者权益。形势发展变化，带来了劳动者利益诉求的新变化，劳动关系工作的主要任务由“三保”转向“三提”，即从保岗位、保工资、保基本权益转向提高就业质量、提高工资收入、提高保障水平上来。因此，当前及今后一个时期，劳动关系工作主要面临以下矛盾和挑战：

*劳动者要求实现稳定就业与企业不依法与劳动者签订劳动合同的矛盾日益加剧。*随着经济形势的逐步好转，越来越多的企业生产经营进入正常发展，企业用工需求逐步增加，劳动者的就业环境逐步宽松。另外，我国正在转变经济发展方式，实施新一轮经济结构调整，许多职工担心下岗失业的心情比较沉重，在这种情况下，劳动者的就业诉求也随之发生了变化，要求依法签订较为长期的劳动合同，稳定就业的愿望明显增强。但部分企业特别是劳动密集型小企业、民营企业和个体工商户的劳动法律意识不强，劳动合同签订率不高，劳动合同短期化的现象仍然比较严重，侵害职工合法权益的现象时有发生。以吉林省为例，2011 年全省通过劳动监察执法先后责令用人单位为 4.7 万劳动者补签了劳动合同，查处克扣、拖欠

工资案件1963件，涉及劳动者5.1万人。

劳动者要求提高工资水平与企业缺少增资自觉性的矛盾日益尖锐。目前，收入分配已经成为影响我国社会和谐发展的一大热点和难点问题。党中央、国务院要求调整收入分配格局，提高劳动报酬在国民收入初次分配中的比重。以吉林省为例，为贯彻落实党中央、国务院指示，省委、省政府提出实施“富民工程”，推动城乡居民收入水平的提高。为此，吉林省提出了18条具体措施，出台了《吉林省企业工资集体协商暂行办法》，对开展工资集体协商的企业给予鼓励和优惠政策，并大幅度提高了最低工资标准（2011年平均增长达22%），企业工资指导线普遍上调（上、中、下线分别为20%、15%、8%），新建了企业高温津贴，全省受益人数达29.2万人，月人均增加118元。但是，吉林省职工工资水平仍明显偏低，2011年吉林省人均GDP在全国列第11位，但职工平均工资却列第27位（吉林省2011年职工平均工资为34197元，比全国平均水平42452元低8255元），工资水平与经济发展水平形成极大反差。在这种形势下，广大职工特别是低收入职工要求提高工资水平，分享改革发展成果的呼声不断加大，强烈呼吁政府多出台增资惠民政策。目前，政府对企业工资分配调控手段比较薄弱，企业普遍未建立工资正常增长机制，缺乏给职工增加工资的愿望和动力，个别企业甚至还认为政府对最低工资标准调整过高，这与职工群众对提高工资收入水平，缩小收入差距的强烈期盼形成明显反差。

劳动者要求实现体面劳动的愿望不断增强与企业不愿改善劳动条件的矛盾日益凸显。随着劳动者素质的不断提高，劳动者对改善劳动条件、实现体面劳动的诉求越来越强，特别是新生代农民工与上一代农民工相比，他们受教育程度更高、眼界更宽、维权意识更强，进入企业不仅是为了实现就业获得工资报酬，而且对企业劳动环境、休息休假等劳动条件提出了更高要求，迫切希望通过有尊严的、体面的劳动来实现自身的发展。但目前一些中小企业，特别是民营企业对执行国家劳动标准、改善劳动条件的意识不强，劳动保护投入明显不足。据统计测算，吉林省企业劳动保护费用占人工成本的比重仅为1.62%，有的企业甚至是零投入，个别企业劳动条件比较恶劣。另外，一些驻吉林省中直大中型国有企业劳务派遣用工不规范，劳务派遣工与直接用工同工不同酬、社会保险权益不落实等问题也比较突出。这些问题的存在必将引发劳动关系双方的矛盾和冲突。

*劳动关系工作体系建设滞后与劳动关系协调工作难度加大的矛盾日益突出。*劳动关系面临的矛盾和挑战日益突出，难度越来越大，任务越来越重，但我国劳动关系工作体系建设严重滞后，组织机构不健全，队伍力量不足，专项经费无保障，难以承担复杂繁重的工作任务。2007年以来，吉林省抓住原劳动和社会保障部推进劳动关系协调工作进社区试点的契机，在全省2352个街镇乡、社区建立了劳动关系协调工作平台，配备了3038名劳动关系专职协调员和3538名劳动保障监察兼职员队伍，初步建立了省、市（州）、县（市、区）、街镇乡、社区五级劳动关系工作体系。但现有机构队伍仍难以适应工作需要。据统计，目前吉林省人力资源和社会保障部门劳动关系专职行政工作人员不足150人，有的县（市、区）没有设立劳动关系科，甚至没有专职工作人员；劳动关系工作中劳动用工备案、企业工资指导线、人力资源市场工资指导价位、行业人工成本等统计调查工作，任务十分繁重，但却没有专门的经办机构来承担；基层劳动关系协调员主要是通过政府购买公益性岗位的方式解决的，人员素质、工资水平问题较多，队伍极不稳定；基层劳动关系协调工作平台缺少必要的工作经费。这些现实问题严重影响和制约着相关职能作用有效发挥，致使劳动关系协调工作难以从根本上落实到位。

二、亟待解决和落实的几个问题

切实强化政府工资宏观调控手段。针对政府职能弱化的问题，尽快出台《工资条例》，就政府对企业工资分配宏观调控职能、工资集体协商、最低工资保障制度、国企负责人工资收入监管、建立工资支付保障机制等重大问题，在法律法规层面上作出明确具体的规定，为政府实施宏观调控提供法律保障。

切实加强劳动关系工作体系建设。针对劳动关系协调工作体系建设滞后等问题，在各级人力资源和社会保障部门设立劳动关系协调中心，承担劳动用工备案、企业薪酬统计调查等经办业务；进一步建立健全省、市、县（市、区）、街镇乡、社区五级劳动关系协调工作组织体系，理顺体制、健全机构、配齐人员，完善队伍。参照组织部门实施的“大学生村官计划”，在基层各街镇乡、社区配备劳动关系专职协调员，加强队伍建设。

切实加大协调劳动关系经费投入。针对当前全国各地协调劳动关系工作没有专项工作经费的实际情况，从国家层面设立包括基层劳动关系协调工作平台在内的劳动关系协调工作专项经费，并列入各级财政预算，保证经费及时足额拨付到位，专款专用，为各级人力资源和社会保障部门构建和谐劳动关系提供保证。

三、协调劳动关系工作的对策措施

构建和谐劳动关系是一项庞大的社会工程，必须坚持以人为本、科学发展、改革创新、民主法制的原则，实行标本兼治，多措并举，充分发挥社会各方面的力量，从法律规范、政策完善、体制改革和观念更新上下功夫，大力加强劳动关系工作体系建设，抓住机遇，科学决策，统筹发展，逐步建立健全劳动关系协调工作组织领导体系、法律法规体系、管理服务体系、目标责任体系和三方协调机制，推动发展和谐稳定的劳动关系。

要从思想上高度重视劳动关系方面问题。劳动关系是生产关系的重要组成部分，是一种最基本的社会关系。社会和谐首先是社会关系的和谐，和谐社会必定是劳动关系和谐稳定的社会，劳动关系不和谐也必然影响到全社会的和谐。因此，和谐劳动关系是和谐社会的重要基础，社会和谐又是劳动关系和谐的最终体现与保证。党的十六届三中全会提出树立科学发展观；党的十六届四中全会提出把提高构建社会主义和谐社会能力作为我党执政能力的重要组成部分，并把和谐社会建设放到同经济建设、政治建设、文化建设并列的突出位置；党的十七大进一步提出发展和谐劳动关系的总体要求，这充分说明党在发展理念上，对于人的问题、对于劳动者的问题、对于劳动关系与和谐社会建设问题的高度重视。各级常委、政府要高度重视当前劳动关系方面存在的突出问题，进一步统一思想，转变观念，提高认识，认真学习领会并全面贯彻落实党的决策和部署，积极采取有效措施，为加强劳动关系协调工作创造有利条件，并凝聚好社会各方面的力量，共同推进劳动关系协调工作，为社会和谐稳定奠定坚实基础。

要切实提高协调劳动关系能力和水平。发展和谐劳动关系是各级党委、政府义不容辞的责任。近年来，劳动保障工作中的就业、劳动关系、社会保障三大板块，劳动关系板块职能相对弱化的问题比较突出，没有形成一套自上而下、自下而上的顺畅的管理服务体系，严重影响了协调劳动关系的能力水平。各级党委、政府应当站在构建和谐劳动关系，促进经济社会持续、健康、稳定发展的高度，进一步增强服务意识，理顺劳动关系协调工作体制，提高服务民生的能力。加强相关部门和单位的协调配合，共同研究发展和谐劳动关系的新情况、新问题，统筹做好发展和谐劳动关系各项工作，努力使政府从劳动关系矛盾和纠纷的旋涡中解脱出来，建立起

顺畅、高效的发展和谐劳动关系协调机制，将工作重心转移到加快发展经济，增加新的就业岗位，不断满足人民日益增长的物质文化需要，促进统筹城乡和区域发展上来，形成以政府为主导、市场为纽带、企业为主体、项目为载体的互利互惠机制。尤其是要深化改革，大力组织实施劳动关系工作体系建设工程，消除劳动关系领域存在的体制性障碍，加强劳动关系协调工作机构和队伍建设，提高工作人员与服务对象的比例；推行劳动用工备案等劳动用工信息化管理手段，加强对劳动用工及就业的指导和管理，引导并建立起统一、公开、平等、竞争、有序的劳动力市场机制，做到劳动用工情况明、底数清，为各级党委政府正确决策提供依据；破除地方保护主义思想，杜绝一味片面强调发展地方经济，进而为企业非法违规用工提供“宁静日”、“保护伞”等错误行为，切实维护好劳动者的合法权益；破除身份、行业等非公平因素对就业的影响，为广大职工群众营造和优化良好的就业环境。

*要加强劳动关系工作法律法规体系建设。*构建和谐劳动关系，必须走法治之路。近年来，我国《劳动合同法》、《就业促进法》、《劳动争议调解仲裁法》、《社会保险法》、《劳动合同法实施条例》等法律法规相继颁布实施，各地也积极协调立法部门，加快劳动关系工作地方立法进程，这为构建和发展和谐劳动关系提供了良好的法治条件。但是，我国劳动关系方面立法仍然相对滞后，尤其是针对《劳动法》、《劳动合同法》等法律法规贯彻实施过程中存在的一些突出问题，还需及时制定出台相关配套政策规定，如《企业工资条例》、《劳务派遣管理办法》等相关法规仍在制定过程中，劳动标准、工作时间、劳动保护等方面的政策规定仍是空白，协调劳动关系以及劳动用工监管等工作无法可依的情况还比较突出。因此，应当大力加强劳动关系工作法律法规体系建设，尤其是加强配套法规建设，形成一整套完备的劳动关系协调工作法律法规体系，为构建和谐劳动关系提供保证。加大执法检查工作力度，加强对企业落实

各项劳动保障法律法规执行情况的监督检查，依法查处侵害职工合法权益行为。在劳动纠纷调处工作中，既要当好政策制定者，又要当好劳动关系双方的“裁判员”，公正、公平、合法地处理劳动争议案件。

*要积极引导劳动关系双方履行责任和义务。*充分发挥报刊、杂志、广播、电视等各类新闻媒体的舆论导向作用，通过开展专项活动，组织宣传培训工作等方式，努力营造政府依法监管，企业依法履行责任，劳动者依法维权，社会舆论监督，共同推动发展和谐劳动关系的良好局面。充分依托各街镇乡、社区劳动关系协调工作平台，组织基层劳动关系协调员和劳动保障兼职监察员，深入辖区内各类用人单位，面对面地督促指导企业依法与劳动者签订劳动合同，宣传劳动用工有关法律法规和政策规定，引导企业经营管理者树立正确的用工理念，即：企业和职工是共生、共赢和共长的关系，企业对职工负责，职工才会对企业负责。企业通过采取各种激励手段来调动和发挥职工的积极性和创造性，保护职工的就业稳定，使其享受合理的薪酬和福利待遇，为其提供增长才干的机会，帮助和促进职工实现个人发展。同时，引导劳动者树立利益共同体观念，企业的利益就是自己的利益，强化责任感，与企业共荣辱，努力提高自身素质，学法、懂法、守法，提高职业素养，恪守职业道德，依法维护自身权益。

劳动关系的和谐稳定是建设社会主义和谐社会的基础，构建社会主义和谐社会，必须构建和谐的劳动关系。吉林省利用原劳动保障部开展的推进劳动关系协调工作进社区试点，将劳动关系协调工作下沉到基层，延伸到社区，在各街镇乡成立了劳动关系协调委员会，在社区成立了劳动关系协调小组，建立了五级劳动关系协调工作管理服务体系，并联合人大、发改委等17个部门和单位，通过开展劳动关系促和谐14项系列活动，形成了政府主导、部门联合、上下联动、全社会共同发展和谐劳动关系的新局面。实践告诉我们，构建和发展和谐劳动关系，不仅仅是哪个单一部门和单位的事情，是全社会的共同责任，需要发挥社会各界的力量，共同推动劳动关系的协调发展。

（本文作者分别系吉林省人力资源和社会保障厅调研员、主任科员）

关于开展集体劳动争议和群体性事件处理工作大力发展社会主义和谐劳动关系的研究报告

黑龙江省总工会

集体劳动争议和职工群体性事件涉及面广，处理难度大，极易对劳动关系的和谐和社会稳定带来不利影响。积极有效预防和及时妥善处理集体劳动争议和职工群体事件，切实维护争议当事人的合法权益，是各级工会组织当前及今后一个时期的一项重要而艰巨的工作。

一、我省集体劳动争议和职工群体性事件产生原因及现状

随着经济发展、社会转型，全省集体劳动争议和职工群体性事件的特征发生一定变化，涉及当前经济和社会焦点问题的争议与上访比重有所增加。调查显示，主要有以下四类集体劳动争议和职工群体性事件：一是有些企业改制过程不够规范，遗留了很多问题，涉及职工切身权益的重大事项没有充分听取职工的意见，这些问题就会以集体劳动争议或群体性事件方式显现出来，比如职工安置、养老、医疗保险问题等。二是由于历史原因，某些老国有企业不能适应竞争激烈的市场经济环境，企业效益连年下滑，导致无力承担职工的全部工资待遇和福利引发争议。三是有些企业违反《劳动合

同法》，不签订劳动合同、违法解除劳动合同等行为造成集体劳动争议突发。四是企业关停引发群体性劳动纠纷，部分企业主外逃引起劳动者上访、索要工资与经济补偿等群体性纠纷。

当前我省集体劳动争议和职工群体性事件表现为以下特点：一是数量总体不大，但呈递增趋势。2009 年至 2011 年期间，我省集体劳动争议数量分别为 52 件、71 件、187 件。二是组织性强、冲突性强、对抗性强，隐患大。三是遗留问题多，处理难度大。一些历史遗留问题，由于时间长，情况复杂，处理难度大。四是群体性争议的分布具有明显的行业特征。这类争议主要集中在加工制造、建筑、服务等劳动密集型产业、出租汽车行业等。五是适用法律难、执行难。集体劳动争议案件既涉及民法、劳动法，又涉及众多的行政法规、地方规章等，有时对同一问题的有些规定不一致，如何适用不好把握。

二、全省工会参与集体劳动争议和职工群体性事件处理工作的主要做法

劳动关系的稳定是社会和谐稳定的重要前提，工会作为职工合法权益的维护者，维护劳动者的合法权益，维护劳动关系的稳定义不容辞。针对集体劳动争议和职工群体性事件，我省工会都采取了积极有效的处理方式，从而保证了社会的稳定。

（一）领导重视，落实责任。

省总工会主管领导高度重视维稳工作，制定了职工群体性事件和突发事件应急预案。各市（地）总工会党组把工会信访和劳动争议处理工作列入重要议事日程，有的每季度召开专题例会分析全市工会信访和劳动争议的形势，加大组织协调和工作指导的力度，责成相关职能部门及时处理和报结。有的建立工会主席接待日制度，市总工会领导接待来访，快速处理问题，把调处工作责任落到实处。

（二）超前介入，提前化解。

面对一些企业经营困难引起的劳动关系矛盾，全省各级工会组织积极主动，及时掌握相关信息，抓住苗头性、倾向性问题，提早介入，有效化解了矛盾。2009年3月份大庆市大型商业企业毅腾商都报告企业需裁员70人，市协调劳动关系三方迅速深入企业了解裁员的原因是由于经营不善，企业严重亏损，毅腾商都想改变经营方式，由联营式经营改为租赁式经营，这样职工人数就超编了。在改制过程中，企业严格按照法律程序进行，并给职工发放了补偿金。市工会要求企业一定认真做好职工的稳定工作，并在企业好转的情况下优先招聘被裁人员，对于在三期内的女职工不能解除劳动合同。哈尔滨市百安居家居广场要撤销在哈尔滨的经营，这就面临着职工的安置问题，在哈尔滨市总工会的监督和指导下，百安居高于法律规定的标准安置了职工，顺利地完成了在哈市场的撤销。

（三）加强督导，形成联动。

各市（地）工会定期派员深入县、区、企业进行督导，与县、区总工会和基层工会的同志一道，深入到各个企业，直接向职工和进城务工人员进行宣讲，引导广大职工和进城务工人员要做促进和谐稳定的模范，为推动社会经济发展出力。农垦各级工会成立了由党委领导、工会牵头、行政支持、社会各部门紧密配合的社会化“大维权”工作机制，建立健全了职工法律维权工作委员会和职工法律维权站，建立健全了联络机制、协调机制和服务机制，在全局形成纵向到底、横向到边的社会化“大维权”工作网络。各级职工法律维权工作委员会每年例会至少一次；各级职工法律维权工作站每半年至少例会一次；各农（牧）场社会化维权成员单位每半年进行劳动法律联合检查监督至少一次以上；各分局社会化维权成员单位每年开展劳动法律联合检查监督至少一次以上；各农（牧）场举办“法律广场”或“法律大集”活动每半年至少一次。对于职工群众的维权诉求，社会化维权组织的各成员单位都落实了“首问责任制”，对于不属于本单位业务范围的维权诉求，主动积极协调相关单位办理。对于牵动性大、涉及广泛的维权诉求，联络多部门联合办案。牡丹江市总工会加强同市信访局、劳动和社会保障局等相关部门的紧密联系和合作，共同解决群体性争议问题。原牡丹江水泥集团职工遗属多人到市总工会上访，反映由社保局支付的该单位退休遗属费已经停止发放，原因不明，希望市总工会给予协调解决。经市总工会多方面调查，在各方面的共同努力下，妥善解决了这个问题。

（四）完善机制，预警预报。

各市（地）总工会建立健全县（市、区）、系统（局）、企事业单位三级劳动关系预警报告制，做到信息灵通，行动快捷，处置果断，把矛盾防范在未发、化解在源头。农垦各级工会把企业改制重组、减员增效、破产关闭以及推进《劳动合同法》实施等影响劳动关系重大变化的问题作为预警的重点，从源头上维护大多数职工的切身利益，指导企业建立和完善劳动关系预警机制，健全了自下而上的劳动争议调解员网络，通过落实预测、预报和预防等措施，有效排查劳动争议隐患，及时化解纠纷苗头。如完达山股份有限公司随公司产业化布局的逐步实现，原有的一批设备落后的小奶粉厂要淘汰关停，农垦工会得知这件事后，先后三次与完达山工会研究了如何召开职工大会讨论安置方案，亲自指导、帮助完达山工会组织召开好职工大会，使职工安置方案经全体职工充分讨论并顺利通过，切实维护了职工的合法权益，避免了劳动纠纷的产生。

三、工会参与集体劳动争议和群体性事件处理工作的对策建议

全省工会在参与处理集体劳动争议和职工群体性事件中做了许多工作，并取得了明显的成效，为建设“平安龙江”作出了贡献。但因各地的经济发展水平，工会干部掌握政策、法律的水平参差不

齐，各级工会在参与处理集体劳动争议和职工群体性事件中作用发挥的还不够平衡。为了更好地做好集体劳动争议和职工群体性事件的处理工作，我们应当抓好以下几项工作：

（一）预防集体劳动争议和职工群体性事件要充分发挥工会的作用。

工会是党领导下的人民团体，是党联系职工群众的桥梁与纽带。职工的某些问题得不到及时有效的解决，就会在思想上对改革产生误解，对政策产生怀疑，以致情绪低落、牢骚满腹。如果忽视了这部分职工群体，忽视了他们的困难和问题，在诉求渠道不畅的情况下，极易酿成集体上访和群体性事件，危害社会稳定。在这方面，工会组织有着密切联系职工群众的优势，要主动担当起维护稳定的第一责任，引导带领职工在“共建中共享，共享中共建”，为企业发展和稳定贡献力量。要加强工会组织建设，选派能够做到“亲职工、爱职工、为职工”，对职工有感情的人充实到工会组织中来。要主动做好职工的思想工作，做职工矛盾的化解人、诉求的代言人、困难的帮助人、合法权益的维护人，明确地向职工承诺，职工遇到问题需要解决的，工会组织要主动帮助职工解决。要发挥组织协调监督作用，完善帮扶措施，建立长效机制，切实解决职工困难，让更多的困难职工及时得到救助。

（二）化解集体劳动争议和职工群体性事件工会要提前介入，防微杜渐。

事实证明，工会提前介入，对于化解集体劳动争议和职工群体性事件是非常有效的，可以防止矛盾激化升级。所以要继续强化工会劳动争议预防预警工作。一是要健全劳动争议预防制度，推动企业完善普法宣传教育、工会劳动法律监督、劳动合同、平等协商和集体合同、职工民主管理等制度，充分发挥这些制度整体预防劳动争议的功能，形成有效预防劳动争议的环境氛围。二是深入推进劳动关系和谐企业创建活动，督促企业依法规范用工，引导职工依法理性维权，努力从源头上减少劳动争议纠纷的发生。三是要建立劳动关系预警机制，会同劳动保障部门、企业代表组织，完善企业劳动关系信息员制度、劳动争议信息收集和分析评估制度，进一步建立健全自下而上的劳动关系预警机制，积极开展劳动纠纷排查工作，随时了解和掌握各类劳动争议纠纷苗头，采取积极有效措施，超前防范可能出现的突发性集体劳动争议。四是要增强各级工会组织的联防功能。各级工会组织要积极主动参与区域性、行业性劳动争议调解、劳动法律监督等组织，要及时沟通信息，排查争议隐患，切实做到对各种影响社会稳定的矛盾问题早发现、早控制、早解决。各级工会信访部门要健全信访情况定期分析制度，善于从职工来信来访中发现带有苗头性、倾向性、普遍性的问题，通过分析研究，为领导机关决策提供有价值的信息。企事业单位工会要承担起第一责任人的重要职责，发现重大劳动争议隐患，及时处置，防止事态扩大，并在第一时间向党政和上级工会报告。

（三）工会要与政府有关部门建立应急反应与协调机制。

对有可能引发集体劳动争议和群体性事件的问题，工会要及时与有关各部门联系沟通，快速研究。一旦发生问题，采取有效措施，妥善协调处理，防止矛盾升级。要适应形势发展需要，加强与人民法院、人力资源和社会保障、司法行政等部门的协调配合，加强与法律援助机构、律师协会、律师事务所等协调配合，积极整合社会资源，组织专兼职法律援助工作人员、法律援助志愿者和工会公职律师等，为合法权益受到侵犯的劳动争议职工当事人，提供及时、快捷的法律援助。

（四）要进一步加强劳动争议调处工作。

1. 加强劳动争议调解组织建设。黑龙江是老工业基地，国有企业改制后，企业劳动争议调解委员会数量大幅减少，个别的名存实亡。所以基层工会要尽快根据《劳动争议调解仲裁法》进行调整。国有（控股）和集体企业要进一步巩固和完善现有的劳动争议调解组织。非公企业在建立工会组织的同时，根据企业规模、职工人数情况，依法建立劳动争议调解委员会、调解小组或者设立劳动争议调解员。要继续推进和参与区域性、行业性劳动争议调解组织建设。在小型非公企业和外商投资企业比较集中的开发区、工业园区、乡镇街道、村和社区，要会同劳动保障部门、企业代表组织，建立和完善区域性劳动争议调解组织，主动开展工作，努力将劳动争议化解在本区域内。在有条件的产业和行业，工会要与行业协会等组织共同建立行业性劳动争议调解组织，充分发挥其行业优势，及时把各类矛盾纠纷解决在行业内。要积极探索市县工会劳动争议调解工作的组织体制，要会同劳动保障部门、企业代表组织，健全协调劳动关系三方机制，妥善处理各类劳动争议。在调解组织上，要构建多元化、多层次的调解机构体系，不但要发挥企业的劳动争议调解委员会作用，还要充分发挥社区的人民调解员和劳动行政部门等的作用来解决劳动争议案件。

2. 改善和加强劳动争议调解制度，切实推进工会劳动争议调解工作的制度化、规范化。工会组织要认真贯彻落实《劳动争议调解仲裁法》，建立和完善参与调解的工作制度、工作标准和工作办法，明确工作职责，规范调解程序，确保劳动争议调解工作依法有序进行。

3. 加强劳动争议调解员队伍建设。要建立正常的劳动争议调解仲裁员培训制度，加强业务知识培训，全面提高劳动争议调解仲裁员的业务素质和工作能力。

当前我国劳动关系的问题及对策

郭 长 义

社会和谐是中国特色社会主义的本质属性，和谐企业是和谐社会的重要保证。劳动关系是企业内部的基本关系，是当前影响企业和谐发展的主要因素。我国正处在经济转型期，随着国有企业改革的深入进行，中小企业的蓬勃发展，外资企业的大量进入，劳动关系出现一些影响和谐的现象。

一、当前影响企业劳动关系和谐稳定的主要因素

职工、用人单位以及政府、工会组织、雇主组织等方面，共同构成了影响劳动关系的基本因素，这些因素相互作用、相互制约，决定着劳动关系的具体存在形式和运行方式。由于当前处于体制转轨、社会转型、企业转制时期，影响劳动关系的主要因素总体上存在力量失衡、作用缺位等问题。

（一）资本在劳动关系格局中处于强势，发挥着主导作用。

改革和经济发展加剧了资本的短缺，强化了资本的主导地位。一些经营者为追求企业利益最大化，无视国家劳动法规政策和企业的社会责任，把职工当作廉价劳动力。企业的资本短缺，使公众对资方侵犯职工权益的现象采取了默认态度，加之劳动关系协调、劳

动争议调处和劳动保障监督机制还不够健全，劳动关系矛盾日益激化，劳动争议案件呈现上升趋势。

（二）职工在劳动关系格局中处于弱势，难以体现主体地位。

由于职工在劳动关系中处于被动、从属地位，使资方缺乏协调劳动关系的社会压力，构建企业和谐稳定劳动关系的内在动力严重不足。不少企业经营管理者的法律意识淡薄，管理手段陈旧，片面强调企业的权利及利益，忽视职工的合法权益。部分职工劳动技能单一，只能从事技术含量低、收入水平低的工作，就业领域狭窄，在资方与劳方的关系中处于下风。一些职工法律意识和自我维权意识淡薄，为保住岗位，对企业侵权行为采取无奈、隐忍、弃权的态度。资方的利益驱动和劳方的被动退让，加剧了劳动关系主体双方的地位失衡。

劳动力市场供大于求的状况，进一步增加了协调企业劳动关系的难度。劳动力市场在总量上供大于求的状况没有改变，并呈现发展势头，劳动力结构性矛盾日益突出，多重就业压力交织，这是影响企业劳动关系状况不容忽视的宏观因素。在这种劳动力供求格局下，相当部分技术水平较低、年龄偏大的劳动者往往把谋取就业岗位作为第一选择，把工资收入、社会保障、劳动安全卫生、休息休假等正当权益放在从属地位，接受显失公平的劳动条件及报酬待遇，对企业的侵权行为，被迫妥协退让，客观上助长了企业的侵权行为。

（三）政府作为企业劳动关系的干预力量，影响力有待强化。

政府对劳动关系的干预力和影响力，主要通过行政、经济和法律手段来实现。从现实情况看，政府有关部门在思想观念、矛盾调处、执法监督等方面还存在一些不适应。一些地方政府部门重视地区经济发展，忽视职工权益维护，对劳动权益受侵害问题反应迟钝、态度冷漠。一些地方政府片面强调招商引资，甚至将维持劳动力的低廉成本作为招商引资的主要条件。有的地方规定执法部门不得进入企业进行劳动监察，遇到职工举报，必须经相关部门同意才能开展劳动监察。劳动仲裁效能低下、劳动监察缺乏威慑力。目前仲裁作为处理劳动争议的必经程序，而市县劳动仲裁工作人员一般只有2至4人，且工作经费不足，使一个劳动争议案件完成调解、仲裁、诉讼等环节，一般需要较长时间，职工承受着很大的经济和精神压力。由于仲裁机构无权采取强制措施，致使一些仲裁裁决书成了一纸空文。有的职工官司打赢了，人也拖垮了，裁决书或判决书就是不能执行。同时，劳动监察力量十分薄弱。劳动执法人员难以及时解决大量的职工投诉案件，而且处罚力度不够，对企业侵权行为难以形成有效威慑，使少数企业陷入屡罚屡犯的怪圈。

（四）工会组织作为企业劳动关系的协调者，积极作用有待充分发挥。

工会组织在参与协调企业劳动关系的过程中遇到了一些突出问题，主要表现在：一是工会组织不够健全，非公企业不建工会、改制企业撤并工会、工会职能弱化问题突出，工会维权工作缺乏组织依托。二是劳动争议调解机制不够完善，一些基层劳动争议调解委员会在企业改制后未及时调整补充，造成劳动争议调解队伍萎缩，一些新建企业特别是小型非公企业的劳动争议调解组织难以建立，一些劳动争议调解员政策水平不高，加之相当部分调解委员会主任由行政领导兼任，身份不清、角色错位，难以有效开展调解工作。三是工会劳动法律监督乏力，基层工会劳动法律监督员队伍不健全，工会参与劳动监督的职能、手段、程序、效力还没有明确的法规依据，特别是缺乏有效的手段和载体，使工会劳动监督仅仅停留在协助政府或行政进行劳动检查上，尚未形成工会劳动监督的长效机制。

（五）在我国劳动立法制度建设方面，还没有形成一个完善的劳动法律体系。

改革开放以来，我国劳动立法进入了一个新的发展时期，1994

年7月5日《劳动法》的颁布，标志着我国已初步建立了以《劳动法》和其他法律为主体，行政法规、部门规章、地方性法规和地方政府规章、司法解释和国际公约等为辅助的劳动法律制度。近年来我国加快了劳动立法，为劳动保障监察工作提供了日趋完善的法律依据。但在我国劳动立法制度建设方面，还没有形成一个完善的劳动法律体系。一方面，虽然我国颁布了一系列劳动法律法规，但是一些重要的调整劳动关系急需的法律，如《集体合同法》、《工资法》等还没有出台。由于缺乏法律的统一规范，使得在这些领域出现的一些问题无法可依，而劳动者在劳动关系中的弱者地位决定了在无法律明确规定的情况下其往往成为权利的被侵害者；另一方面，如工资协商、集体合同等一些领域虽然有法律规定，但或者法律规定得比较原则，缺少刚性规定，或者立法的层次不高，强制力较弱，有些法律还出现对同一问题规定的不甚一致，导致在实际运用中认识不统一而影响了法律的贯彻实施。

二、对策与建议

（一）加强宣传，树立用人单位法制观念。

随着世界经济一体化和我国社会主义市场经济体制的建立和不断发展，一些企业在经济利益的驱动下，不顾国家有关劳动保障的法律法规和政策规定，违法违规，诸如歧视女工、非法使用童工、拖欠农民工工资、用人不签订劳动合同、签订了劳动合同而不按合同办事、随便收取劳动保证金、不缴纳社会保险费问题屡有发生。出现上述违反劳动保障法律法规和相关政策的原因我们这里不能一概而论，有的人是明知自己的行为是违法的，而偏偏要明知故犯；而大多数人则是由于缺乏学习，对劳动保障法律法规和相关政策规定了解不多所致。这就要求对用人单位的相关负责人员进行劳动保障法律法规的相关政策规定的宣传、教育，使其牢固树立法制观念，并在单位用人等行为中充分体现以人为本、依法办事的要求，把企业的正当利益取得与职工的切身利益兼顾起来，做到企业要发展，职工生活要改善。

（二）加强培训，提高劳动者素质和维权意识。

由于受教育少、文化水平低，一些劳动者求职十分困难，加上一些企业用人的高门槛，使得一些劳动者很难介入。由于法制水平低、维权意识差，尽管一些企业在用工方面违背了劳动保障的法律法规和政策规定的条款，劳动者为了保住饭碗、维持生活，而放弃自身应有的合法权益，不注重收集、出具证据材料或出具虚假的证据材料，给劳动保障监察执法人员制造了执法障碍。这就要求各级政府有关部门一方面应加强对劳动者的技能及业务培训，并对参与培训的劳动者提供必要的资金支持，使其学业有成、有机会步入企业大门；另一方面要在劳动者中开展法律宣传及培训，提高劳动者的法律意识和维权能力，使其能够运用法律武器保障自身权益。

（三）推动工会创新发展，突出维权职能。

在组织结构上，探索工会干部职业化道路，由上级工会向企业工会选派专职工会干部，经全体职工认可，编制独立于企业之外，工资由工会经费提供。尝试推进工会干部直选制度，在党组织领导下由全体职工或工会委员会直选工会干部。工会干部向全体职工负责，由工会委员会聘用。企业不得干预工会工作，并为工会提供办公场所。强化区域性、行业性工会建设，在人员编制、经费等关键方面不隶属于企业。

在维权机制上，修改《工会法》等相关法律，制定违反《工会法》的相关制裁措施，明确执行机构、监督机构。积极参与劳动法律制度建设，参与劳动法律法规和规章、政策的起草和制定工作，代表和反映职工的意愿，使劳动立法实现维护劳动者权益的价值取向。大力推动企业普遍开展工资集体协商，签订集体合同。充分发挥政府、工会和企业的作用，努力形成企业和职工利益共享机制，使得职工的收入水平与企业经济效益和劳动生产率水平同步提高。健全劳动争议调处机制。工会要建立健全劳动关系矛盾预警和疏导机制，配合党政妥善处理职工群体性事件，及时高效地处理劳动争议案件，将劳动争议解决在基层、消除在萌芽状态，维护企业和社会稳定。进一步完善职工法律援助工作机制。进一步加强工会劳动法律援助接待服务窗口建设，完善各项工作制度建设，充分发挥职工维权律师在参与劳动争议调处中的专业优势，加强与区法律援助中心、律师协会的联系，提高职工法律援助工作实效。

（四）健全劳动法律法规，增强其强制力。

为了昭显法律的强制力和刚性，法律责任条款尤其不可缺失。针对我国劳动保障监察行政执法缺少强制性措施的情况，在加强法制建设过程中，应当赋予劳动监察执法以相应职权。应以《行政法》、《劳动保障监察条例》为依据，修改相关条例法规，结合劳动保障监察难、执法难的实际情况，按《行政处罚法》的有关规定，缩短劳动处罚执行时间，以使逃避责任的用工单位受到及时处罚。同时，赋予劳动保障监察部门以查封、扣押、冻结账户、没收违法所得等职权，改变劳动保障监察执法弱、执法难的问题，切实维护劳动者合法权益和劳动关系的和谐稳定。

（五）加强执法力度，增强监察实效。

加强组织机构建设，建立一支过硬的劳动保障监察执法队伍。进一步建立健全劳动保障监察执法组织机构，从劳动保障监察工作实际出发，积极向当地党委和政府汇报工作，取得支持，增加人员编制、经费和执法装备，使劳动保障监察工作经常化、常规化。同时，在领导体制上，应当实行属地管理，或者授权属地管辖，以避免交叉执法、重复执法。

实施综合治理，突出主题监察。劳动保障监察任务千头万绪，各种劳动纠纷层出不穷，有效的劳动保障监察必须突出重点，要采取强有力的措施，针对特殊行业、特殊群体、特殊问题，有重点、有计划、有组织地开展女职工权益保护、非法使用童工、农民工工资支付、劳动合同签订、社会保险缴纳等“维权主题监察”。

加强部门之间协调，促进监察工作顺畅开展。劳动保障监察工作涉及面广，复杂多变，仅靠劳动保障监察部门的力量，不可能取得好效果，要加强和完善协调劳动关系三方机制，同时取得相关执法部门的支持，在工会、劳动部门、企联三方通力合作的基础上，加强与法院、公安、安检、妇联、工商、税务、卫生、城建等部门的协调，建立完善联席会议制度，坚持多沟通，使各部门在工作中增加理解，相互配合，充分发挥专、兼职劳动保障监察员的工作积极性，采取监察机构与社保机构、培训机构、就业机构之间联合检查等形式，上下联动，条块结合，积极开展工作，确保执法工作取得实效。

（本文作者系黑龙江省总工会副主席）

以构建和谐劳动关系为主线 充分发挥工会在社会建设中的重要作用

上海市总工会

胡锦涛总书记关于加强和创新社会管理，建设中国特色社会主义社会管理体系的重要讲话，对当前和今后一个时期工会组织大力发展和谐劳动关系，充分发挥工会在社会建设中的积极作用，加快推进构建社会主义和谐社会进一步指明了方向，提出了更高要求。作为党联系职工群众的桥梁和纽带，工会必须认真学习、深刻领会胡锦涛总书记的重要讲话精神，坚定不移地走中国特色社会主义工会发展道路，不断深化工会对参与社会建设工作的规律性认识，全面履行工会各项社会职能，以加强工会组织建设为基础，以构建和谐劳动关系为核心，以服务广大职工为重点，以加强能力建设为保障，促进社会和谐发展，为开创中国特色社会主义事业新局面作贡献。

一、切实加强工会组织建设，促进社会管理组织网络的健全完善

围绕实现全面建设小康社会的宏伟目标，进一步加强和完善与我国国情和社会主义制度相适应的社会管理格局，党迫切需要工会加强组织建设，更好地发挥职工群众参与社会管理的基础作用。工

会应把加强组织建设作为参与社会建设的一项重要而紧迫的政治任务，主动适应加强和完善社会管理格局的新任务新要求，坚持“党建带动工建、工建服务党建”，努力形成党委领导、政府支持、工会为主、各方联动、全面推进工会组建工作的良好格局，不断提高职工群众的组织化程度，促进社会组织管理网络的健全完善，为构建社会主义和谐社会凝聚力量。

探索创新工会组织体制，以扩大工会工作覆盖面服务党建工作。工会组织体制的探索创新，是确保工会参与社会建设工作的组织基础，也是推进社会管理网络健全完善的基本要求。上海工会要根据产业结构升级、政府机构改革的实际，依托国有企业集团、政府行政管理部门和行业协会等，创新工会组织体制，实现工会对各种所有制企业职工的组织覆盖。适应城市管理重心的下移和大量非公企业向街道（乡镇）集聚的实际，在街道（乡镇）全部建立总工会的基础上，推动街道（乡镇）总工会加大辖区内企业工会组建力度，在街道（乡镇）层面实现工会对各类中小非公经济组织和“两新”组织职工的组织覆盖。“十二五”时期，在加快转变经济发展方式的进程中，产业结构、所有制结构、城市空间布局结构和职工队伍的结构、分布以及流向等方面都将发生新的巨大变化，工会要超前研究组织建设面临的新情况新问题，更加重视工会组织体制的创新完善，及时调整完善工会组织格局，促进条块结合、行业联动，进一步形成体制开放、布局合理、制度规范、运行高效的上海工会组织体系。

探索创新建会途径方法，最大限度地把职工组织到党领导的工会中来。上海工会要紧跟全市“创新驱动、转型发展”工作进程，突出建会的重点和难点领域，围绕现代服务业、高新技术产业、“两新”组织和世界500强等跨国公司以及小型非公企业，持续开展工会组建集中行动，最大限度地消除工会组建的空白点和盲区。适应市场经济条件下企业变动性增强、职工流动性增大以及企业用工形式变化等特点，进一步创新发展组建新形式，把大量分散就业、灵活就业、非在编职工等组织起来，以联合工会的形式实现组织覆盖。针对职工人数较少、规模较小的非公企业，以及外来建筑施工单位流动性增大、农民工较多的特点，探索“网格化管理”、“委托管理”、“挂靠管理”等基层工会组织管理办法和“流动会员”、“团体会员”、“会员登记”等职工入会办法，最大限度地把不同类型、不同就业方式的职工组织到工会中来，有效扩大工会的组织覆盖和工作覆盖，巩固扩大党执政的阶级基础和群众基础。

增强基层工会活力，发挥参与社会管理的基础性作用。基层工会承担着组织引导职工群众发挥参与社会管理基础性作用的重要责任。为此，必须不断提高基层工会的规范化、民主化水平，确保基层工会“建起来、转起来、活起来”，更好地激发活力。要坚持“促进企业发展、维护职工权益”的企业工作原则，建立健全职代会、集体协商等基础工作制度，将基层工会规范化建设与广泛开展创建劳动关系和谐企业等活动有机结合，与各类评比表彰直接挂钩，推动基层工会在促进地区和企事业单位和谐稳定中积极发挥作用。尊重工会会员在工会组织建设中的主体地位，不断增强基层工会主席产生机制的民主性和群众性，促进工会干部更好地联系和服务职工群众。推进工会会务公开，推广基层工会代表大会代表常任制、工会委员会定期向同级工会代表大会报告工作、工会代表民主评议工会领导干部、工会代表联系工会会员、工会代表提交议案等制度，切实把工会建设成为职工信赖的“职工之家”，为工会发挥桥梁纽带作用打下坚实的组织基础。

二、切实加强工会维权工作，以劳动关系和谐促进社会和谐稳定

劳动关系和谐是社会和谐的重要基础和具体体现。随着改革开放的深入、市场经济的发展和社会开放度的提高，社会利益关系将

变得更加复杂，职工诉求的利益取向和行为方式将变得更加多种多样。工会要坚持中国特色社会主义工会维权观，把工会维权工作融入到党和政府主导的维护群众权益机制中去，切实提高维权工作的针对性和实效性。

依法推动企业普遍开展集体协商工作，促进收入分配公平正义。工资收入是职工群众最关心的利益问题，也是当前导致劳动关系矛盾多发高发的最主要因素。开展集体协商工作，是工会协调社会利益关系、化解劳动关系矛盾、维护职工合法权益的有效载体和重要手段。上海市委、市政府高度重视集体协商工作，2010 年以“两办”名义转发了市劳动关系三方制定的《关于全面推进集体协商机制建设的指导意见》，并明确要求将积极推动集体协商工作纳入各地区、各系统“十二五”发展规划，纳入党政工作考核目标。工会要抓住机遇，全面推进集体协商机制建设，依法规范协商程序，不断提高协商质量。坚持以工资协商为主要内容，积极探索不同规模、不同所有制、不同经营状况企业开展集体协商的方式方法，督促企业建立健全职工工资协商共决机制、正常增长机制和支付保障机制。督促国有企业带头开展建制工作，加强对外资、民营等非公有制企业的分类指导和有序推进，着力推进行业性区域性工资集体协商，在推动提高普通一线职工工资收入水平上取得更大进展，切实提高劳动报酬在初次分配中的比重。

全面推进厂务公开民主管理工作，保障职工民主政治权益。推动企事业单位建立以职代会制度为基本形式的民主管理制度，是我国强化基层自治和服务功能、推进基层民主建设、落实职工参与企事业单位管理权利的制度安排。工会要切实把职代会建制工作作为一项长期的基础性工作来抓，全面推进各类企事业单位建立健全职代会制度，落实职代会各项职权，营造企事业单位共建共赢、合作和谐的良好氛围。会同市劳动关系三方，积极推动实施《上海市职工代表大会条例》及其实施细则。制定《关于坚持和完善民主管理制度保障事业单位改革顺利推进的指导意见》，有序推进事业单位改革。突出建制的重点难点领域，依法推进非公有制企业、世界500强在沪企业建立职代会制度，加大区域性、行业性职代会探索力度，依法规范企事业单位职代会制度运作，不断提高职代会运行质量。着力督促国资国企改革依法、规范，严格履行职代会民主程序，引导职工群众参与企业民主决策，行使民主管理和民主监督，切实保障广大职工的知情权、参与权、表达权和监督权。

强化劳动争议预警和调处机制建设，进一步发挥工会化解劳动关系矛盾的作用。积极协助党政妥善处置各类劳动关系矛盾，是工会组织在新形势下参与社会建设、应对社会风险、促进社会稳定的基本要求。面对劳动关系领域的新情况新问题，我们要进一步落实好职工队伍稳定情况定期研判制度、重大事件跟踪调处制度等，加强对劳动关系领域倾向性、苗头性、趋势性问题的预测研判，切实做到早发现、早报告、早控制、早解决。切实做好参与职工群体性事件处置专项应急预案工作，形成条块结合、以块为主的处置机制。建立健全劳动争议预警监测网络，推动街道、乡镇、工业园区等劳动争议调解组织实体化建设，重视发展与法院、司法等部门的协调合作，充分发挥基层调解组织的“第一道防线”作用。按照“主动呼应、及时反映、有序表达、积极协商、依法维护”的总体要求，深入开展劳动关系矛盾调处，旗帜鲜明地为职工说话办事。深化劳动关系和谐企业（园区）创建活动，着重扩大非公有制企业的参与面，督促企业自觉遵守法律法规、履行社会责任，引导职工有序表达诉求、共谋企业发展。

三、切实加强工会服务职工工作，保障职工群众共享改革发展成果

加强服务职工工作，是工会组织积极参与促进社会事业全面发展、确保改革发展成果惠及更多职工群众的内在要求。我们要围绕

职工最关心最直接最现实的利益问题，积极协助党政做好顺民意、解民忧、惠民生的实事，不断深化工会服务职工的各项工作。

源头参与立法工作和民生保障政策的研究制定，促进社会管理法律政策的健全完善。随着社会主义市场经济体制改革不断深化，社会、企业和职工各方的利益关系日益清晰，工会作为职工利益代表者和维护者的身份更加明确，工会必须更好地代表职工参与研究制定国家和地方的劳动保障法律法规和政策措施，在更高的层面和更大的范围参与协调劳动关系。准确把握新时期职工维权维稳工作的阶段性特点，以落实职工劳动就业、收入分配、社会保障、劳动安全卫生和民主管理权利等为重点，不断推进法律法规体系建设，切实将职工权益维护纳入法制化轨道。进一步完善工会与政府联席会议制度，就政府重要政策的出台提出工会的建议和主张，为保障职工权益提供政策支持。通过人大代表议案、政协委员提案等形式，主动反映职工利益诉求，重点就提高一线职工收入、规范用工行为、改善劳动环境等问题建言献策，做好从源头上服务职工的工作。

坚持不懈地推进职工素质工程，促进职工全面发展。坚持把提高职工素质作为一项长期的战略任务来抓，紧紧围绕上海创新驱动、转型发展，以制定实施职工素质工程“十二五”规划为抓手，努力构建党委领导、行政支持、工会运作、职工参与的组织领导格局，形成职工素质工程社会化推进的良好态势。要充分发挥工会“大学校”作用，广泛开展理想信念教育、职业素养教育、文明礼仪培训，开辟更多便捷、灵活、新颖的教育培训平台和学习交流渠道，促进职工全面协调发展。掌握运用网络等社会化媒体和信息技术手段，密切关注互联网舆情对职工队伍稳定的影响，注重研究职工“网民”群体发展趋势和特点，引导社会舆论，疏导公众情绪，增进社会共识。统筹推进就业培训、转岗培训、技能培训、终身教育培训项目，进一步健全职工技能提升发展机制和创新人才培养机制，帮助职工增强岗位适应性和竞争力。加强职工文化建设，促进职工文化建设与企业文化建设紧密结合，提供更多更新的文化产品和文化服务，更好地满足职工群众日益增长的精神文化需求。

加强工会帮扶救助工作，切实解决职工群众的急难愁忧问题。在推进社会保险、社会救助与慈善事业相衔接的社会保障体系建设的进程中，工会组织承担着重要职责。工会要主动适应社会保障制度改革发展的新要求，进一步健全完善帮困送温暖长效机制建设，深入开展就业援助、生活救助、金秋助学、医疗帮困等各项帮扶救助活动，切实解决困难职工在生产生活中遇到的实际问题。进一步发展壮大职工援助服务中心、职工互助保障组织等工会福利保障事业，更好地发挥工会组织对社会保障事业的拾遗补阙的重要作用。及时全面掌握困难职工实际状况，密切关注政策调整、物价波动等对职工工作生活的影响，拓展帮扶救助的范围和内涵，切实增强工会帮扶救助工作的针对性和实效性。加大安全生产监督和专项检查力度，督促各类企业严格执行国家法律法规和行业标准，切实改善职工群众的作业环境和生产条件，维护职工群众的身心健康和生命安全。

推动社会事业和公共服务向农民工延伸和覆盖，帮助农民工更好地融入城市发展。农民工已经成为上海工人阶级的重要组成部分，在推进经济发展、促进社会进步等方面显示了强大的推动力量。工会要准确把握上海加强和完善流动人口管理服务机制的具体要求，紧紧抓住组织入会、权益维护、教育培训、服务管理、困难帮扶等关键环节，切实维护农民工合法权益。要在工作融入上下功夫，推动和落实就业帮扶和职业培训等各项政策措施向农民工的延伸和覆盖，提升农民工知识技能和综合素质，帮助他们更好地参与城市建设。要在社会保障融入上下功夫，积极参与社会保障政策的制定调整，积极推进基本公共服务均等化，使农民工共享上海社会事业发展成果。要在感情融入上下功夫，努力推动同工同酬，加强人文关怀和心理疏导，丰富农民工业余文体生活，不断增强农民工对企业、对城市的认同感和归属感。

四、切实加强工会组织能力建设，不断提高参与社会建设的工作水平

适应做好党的群众工作新要求，进一步提高工会组织和工会干部队伍的能力和素质，是工会参与社会建设的重要保证。工会要站在全面实现建设小康社会宏伟目标、实现国家长治久安的高度，切实加强能力建设，不断提高工会组织和工会干部参与和服务社会建设的本领，在推进社会建设中发挥更大作用。

自觉把工会工作融入社会建设大局。建设中国特色社会主义社会管理体系，是党中央从全面建设小康社会全局出发作出的重要战略部署。工会要自觉把工会工作放到社会建设工作的大局中去思考和部署，把接受党的领导与依照法律和工会章程独立自主创造性地开展工作结合起来，把对党负责和对职工负责结合起来，把贯彻党的主张和反映职工的愿望结合起来，把组织引导职工与服务维护职工结合起来，努力践行党中央关于新形势下加强和创新社会管理、做好群众工作的总体思路和重点任务，以工会工作的实践创新、理论创新和制度创新，推进社会建设的与时俱进。

努力提高工会参与社会管理科学化水平。深入基层、深入群众、深入实际，分析研究社会建设领域的热点难点问题，分析研究工会组织在新形势下的新任务新要求，分析研究上海职工队伍总体状况、变化特点、发展趋势，不同职工群体的利益需求特点，劳动关系发展变化及其协调机制建设状况等，更好地把握新形势下社会建设规律和群众工作规律，增强工会参与社会建设工作的原则性、系统性、预见性和创造性，提高工会干部组织动员和社会活动能力、协调劳动关系的能力、调处人民内部矛盾的能力和水平。

增强工会参与社会建设的合力。积极争取和充分运用党和政府赋予的资源和手段，推动党和政府主导的维护职工权益机制的加强和完善。切实发挥协调劳动关系三方机制的作用，共建和谐劳动关系。促进同组织、宣传、国资、民政等党政相关职能部门工作协调的制度化，加强同各社会团体、群众组织的协调合作，使工会维权和各项工作从内部小循环走向社会大循环，增强工会工作的社会影响力和效果。

参与社会建设，推动完善中国特色社会主义社会管理体系，是新形势下工会组织面临的重要任务。我们要认真学习贯彻党中央的重要指示精神，进一步找准着力点和切入点，更好地发挥党联系职工群众的桥梁纽带作用，团结动员广大职工为构建社会主义和谐社会作出更大贡献。

上海企业劳动关系现状及相关建议

上海市工商业联合会

在过去的几年中，我国企业劳动关系经历了一些影响较大的事件，例如“富士康”事件、“南海本田”事件等等，表现的形式有的非常激烈，有的比较缓和，当然劳动关系双方的博弈更多的还是以理性的沟通和谈判的方式出现。在这些沟通的过程中，劳动者和企业都在不断成长，在相互理解中迎来劳动关系的新生。从上海地区的劳动关系情况来看，随着经济形势总体呈现上升的趋势，劳动争议数量有所上升，反映出企业与职工法治意识的提高，当然企业在用工方面的风险仍然比较突出，民主管理、集体协商、立法继续向劳动者倾斜成为新的趋势。

一、上海劳动争议的总体情况

（一）劳动争议案件呈现多发势态。

根据上海市人力资源和社会保障局数据统计，2012 年 1 至 6 月，调解和仲裁机构立案受理 52987 件，同比 2011 年增长 22.23%；案件涉及劳动者人数 62168 人，同比 2011 年增长 13.75%；在所有案件中，劳动报酬案件 21034 件，同比增长 10.07%，社会保险缴费案件 10217 件，同比增长 41.78%，解除劳动合同案件 14985 件，同比增长38.1%，福利待遇案件5329件，同比增长93.43%。上海的劳动纠纷案件比重及增长率均高于全国水平。

（二）案件仲裁审限基本得到保障。

由于案件数量暴增，上海2008—2009年仲裁审理的时间均远超过45日或60日的审限，部分地区案件仲裁审理时间甚至长达一年以上。随着地方政府在人员编制、办案场地、财政经费上对仲裁部门进行了大量支持，同时进一步加强了诉前调解工作，仲裁审理时间不断大幅减少。2010年以来，仲裁案件基本可以保证在60日内结案，但同时也呈现出仲裁案件多、新人多、短期内裁决质量参差不齐的特点。

（三）劳动争议在各级法院的案件比例不断提高。

尽管通过仲裁机关的调解，争议双方的撤诉率高达68%，但由于滞留在仲裁阶段的劳动争议案件，均在法院一审、二审的审理过程中，因此案件基数仍然很大，加之法院受理劳动争议案件的费用几乎为零，导致法院受理案件的数量仍在不断增加，劳动争议案件在整个法院系统受理案件的比例也在不断加大，成为主要的案由之一。为了应对这种情况，上海法院一方面通过司法解释（三）来增大一裁终局的力度，另一方面增加了审理劳动案件的法官力量，上海的两家中级人民法院成立了劳动庭——民三庭，专门审理劳动争议案件，以促进案件更好更快地裁决。

（四）劳动争议呈现诉讼标的金额增大、诉情复杂化、群体性纠纷增加的特点。

根据上海市人力资源和社会保障局劳动关系处的统计，以发生劳动争议的用人单位的性质来看，居于前三位的分别是私营企业（约占40%），股份制企业（约占30%）和外资企业（约占25%）。以引发劳动争议的原因来区分，劳动报酬和经济补偿金争议占总量的近60%，其中仅劳动报酬争议一项就占49.7%。

由于一方面劳动争议仲裁无仲裁费用，法院仅收取10元诉讼费，劳动纠纷的标的不断扩大，导致出现劳动者尽可能都要或尽可能多要劳动报酬的趋势，另一方面一裁两审的较长处理程序也相应缓冲了劳动争议的压力。受近年来经济形势不确定因素的影响，上海的很多企业采取了过冬的政策，这些政策往往涉及到较多职工的利益，职工以集体谈判等形式未能与企业达成一致，最终形成了劳动纠纷，从而导致了群体性争议的明显上升。

二、上海劳动关系的热点问题

（一）劳动用工成本问题。

2010 年至 2011 年，企业的用工成本在 CPI 指数居高不下的情形中不断上升，企业用工成本的特点反映在三个方面：一是最低工资标准的上升，这是用工成本增长的直接强制动力；二是社保缴费增加，这是用工成本增长的深层次原因；三是用工难，这反映了用工成本增长的市场供求关系。

自 2012 年 4 月 1 日开始，上海市月最低工资标准从 1280 元调整为 1450 元，小时最低工资标准从 11 元调整为 12.5 元。对全日制就业的劳动者，在法定工作时间内提供了正常劳动的，用人单位支付的月工资不能低于月最低工资标准。劳动者个人依法缴纳的社会保险费和住房公积金，以及延长工作时间的加班费等不作为月最低工资标准的组成部分。对非全日制就业的劳动者而言，用人单位支付的工资不能低于小时最低工资标准，劳动者个人和单位依法缴纳的社会保险费，用人单位依照规定另行支付。

上海市月最低工资标准，再加上个人最低缴纳的社会保险费和住房公积金部分，同口径比较，仍为全国最高。

（二）劳动合同与集体协商问题。

着力保障个体劳动者权益的《劳动合同法》等一系列法律规定的出台，大大推动了职工权利意识的觉醒，同时国家所倡导的“和谐劳动关系”为职工表达利益诉求提供了宽松的外部环境，因此个体劳动者通过劳动合同和集体协商的方式，以争取更好的薪资和福利待遇，成为当下社会劳动用工的一种普遍形式。同时，越来越多的企业也认识到，在经济高速发展和劳动力结构发生转变的形势下，企业与职工之间只有建立有效的沟通平台和协商机制，才能较好地平衡企业发展与职工利益之间的关系。

在此，举一个区域集体协商的成功范例。自 2010 年 6 月至 2011 年初，上海杨浦区长白街道在辖区内的街面商铺中开展了“区域性工资集体协商”工作。在街道干部的协调和工会干部的参与下，耗时半年的工作和协商，最终使辖区内的 241 家小店的老板同意职工的工资在最低工资标准的基础上增加 30 元，此项协商惠及劳动者达到 1920 余人。

（三）社保问题。

社保关系与劳动关系是不同的两种关系，相互独立，理论上可以分开操作，但在实际操作中两者密不可分，通常社保关系跟着劳动关系走。《社会保险法》于 2011 年 7 月起正式实施，从该法的具体内容来看，第一，将社保覆盖范围扩大到农民工群体；第二，规定了社会保险费征收机构的强制征缴权力，并首次赋予其查账划款的权力；第三，扩大了惩罚的对象，对于违反社保规定的，惩罚对象包括用人单位、主管人员及其他直接责任人，再者，加强了惩罚的力度，规定了双罚原则，包括滞纳金和罚款等；第四，扩大了工伤保险基金报销费用的范围。社保管理的法制化，进一步促进了广大企业必须学法懂法，依照法律规定履行为劳动者缴纳社会保险的义务，特别是对民营企业的发展和管理提出了更高的要求。目前，上海的企业基本能够认真贯彻《社会保险法》，规范履行为劳动者缴纳社会保险费用的义务。

（四）企业用工风险问题。

企业用工风险贯穿着企业用工前以及用工后的全过程，这些问题通常表现在以下几个方面：

第一，劳动者诚信风险。企业用工往往较注重劳动者的工作内容、工作条件、劳动报酬等，而忽略对劳动者的基本情况的核实和调查，一旦劳动者存在提供虚假信息、欺诈用人单位的情况，用人单位则无法依据欺诈主张劳动合同无效或解除劳动合同的风险。因此，对于劳动者的背景调查是今后每个企业都要重视的问题，特别是对于那些重要岗位上的劳动者。

第二，劳务派遣和服务外包。无论是派遣用工还是劳务外包用工，都是企业为了降低劳动用工风险而采取的间接用工方式。然而派遣和外包方式在企业解雇或退回劳动者时，往往会引起劳动纠纷，而一旦处置不当，通常又会发生派遣公司或外包公司与用工企业承担连带责任的不利后果。

对于派遣这种方式而言，企业在合同履行的过程中，虽然确保了用人的灵活性，但丧失了劳动者对企业的认同感，事实上也丢失了提供给客户的最大价值，在现实中，大多数使用劳务派遣用工的单位都未把派遣工当成企业的最大资产。这种看似优越，实际却矛盾重重的用工方式，很难真正起到劳资矛盾缓冲和就业蓄水池的作用。

对于外包这种方式而言，外包职工一方面是外包公司的职工，需要遵守外包公司的制度和管理，另一方面代表外包公司为客户提供服务，也需要根据客户的要求和指令提供服务。因此，造就了外包职工管理的双重属性，这种双重属性在劳动关系的实际运用中又容易产生劳资矛盾，引发争议。

派遣和外包作为人力资源管理工具，在劳动者和企业中褒贬不一，以损害劳动者一方利益获取业务发展的模式注定不可能真正实现劳动关系的和谐稳定发展，需要企业在经营和发展的过程中探索出一条为企业同时也为劳动者创造价值的有效途径。

三、对企业劳动关系管理的有关建议

（一）要加强劳动合同的认识和管理。

第一，企业要认识到劳动合同长期化的益处。劳动合同长期化可以增加劳动者就业的稳定性，有利于提高职工的素质，进而提高企业的核心竞争力。短期化的合同，不仅使劳动者无心提高自己的能力，而且用人单位也因为要时时提防劳动者跳槽而不敢轻易投入人力、物力对劳动者进行培训，使劳动力一直在低水平徘徊。

第二，无固定期限劳动合同不等于“铁饭碗”。其实对于用人单位来说，职工只要符合法定条件，企业依然可以解除劳动合同。固定期限的劳动合同和无固定期限的合同的解除条件是一致的。如果企业加强日常管理的规范化，无固定期限劳动合同并不是打不跑的“铁饭碗”。

第三，企业要加强劳动合同终止和续签管理。特别是对于劳动合同终止时，职工主动提出要求签订无固定期限劳动合同的情形。现行劳动法律并未明确劳动合同到期终止前用人单位是否负有提前通知的义务，上海目前的司法实践也未限定用人单位必须提前通知，因此，“主动提出”成为劳动者订立无固定期限劳动合同的制胜法宝。企业应当对此有足够的准备和认识。

（二）要加强企业的规章制度的建设。

在很多劳动争议中，用人单位在处理职工因严重违纪而解除劳动关系的，经常被认定为违法解除而导致企业的损失。因此企业在规范规章制度建设方面必须狠下功夫：

第一，企业制定的规章制度要明确。不仅是普通岗位，对于特殊岗位，企业规章制度都必须设定明确。对于劳动者的行为，都必须有明确处理的措施和具体方案。

第二，企业在收集证据的管理上应更全面和具体。当发生劳动争议时，特别是企业以“严重违纪”解除劳动关系时，往往负有非常严格的举证责任。只有具备完整的证据材料，才能依法追究对劳动者的法律责任或进行管理上的处罚。其实，对于每一个劳动者来说，都是非常重视声誉和今后的职业生涯发展的，企业的规范管理更能促进职工在日常劳动行为上克己尽职，从而减少劳动纠纷的发生。

（三）要提高企业集体协商的能力。

就大多数企业，特别是劳动密集型企业来说，其大多数职工都是基层的普通劳动者，这个群体的特点是人数众多且文化水平较低，这一群体虽然对企业的管理需求很少，但该部分人群的感受又最为敏感和直接。由于基层职工数量巨大，很多管理不当会产生巨大的群体仿效，对企业风险巨大。基层劳动者的心理健康、工资待遇诉求等问题是企业管理者需要直面的问题。这就对企业在集体协商的定位和应对能力提出了很高的要求。

第一，企业应加强对职工的日常疏导，提高突发事件的应急处理能力，要平等对待职工的协商诉求，并要加强与政府部门的及时沟通。

第二，企业要进一步完善自身的薪酬机构体系，条件允许的话应该尽量聘请专业机构和专业人员提供专业的审核。一个专业、规范的薪酬体系，在企业与工会、劳动者的集体协商中，将起到平等的示范作用，促进劳资双方达成合意。

第三，企业要妥善保管职工两年以内的考勤记录及相关工作记录档案，如果试行特殊工作制的，还需要完成相关的政府报批手续并在企业内公示和批复。

综上所述，由于近年来劳动争议数量的不断上升，仲裁机关和法院案件受理量不断增加，需要各方面更加重视上海的劳动关系状况，同时要通过地方政府的不断努力，营造和谐社会的氛围，更需要广大企业不断提高管理水平和能力。在这样的大背景下，工商联作为联系政府和企业的桥梁和纽带，在劳动关系这个大课题前，要积极参与协调劳动关系三方机制，妥善处理好典型性、群体性劳动纠纷，避免劳动争议对抗形式的多样化和诉情复杂化，不断推动企业与职工的集体协商工作，进一步促进广大的民营企业做好劳动关系的管理和建设工作，才能不断巩固和保证劳动关系的和谐发展，才更有利于构建和谐劳动关系，创造和谐社会。

以发展和谐劳动关系为核心 强力推动和谐企业创建工作

上海市普陀区总工会

自2006年国家协调劳动关系三方组织开展创建劳动关系和谐企业与工业园区活动以来，这项工作已经持续开展五年多了。在这五年间，各级工会组织紧紧围绕工作大局，将创建活动作为工会工作的重要抓手，着眼于发展和谐稳定的劳动关系，坚持“促进企业发展、维护职工利益”的原则，不断加强企业各项制度和职工队伍建设，以发展促进和谐，以制度保障和谐，有力地促进了劳动关系的和谐稳定和企业的快速发展，在经济社会发展大局中作出了工会自身的贡献。

一、深入推进和谐企业创建活动的重要性

构建社会主义和谐社会，是党的十六届六中全会和十七大提出的重大战略任务。劳动关系是经济生活中最基本、最重要的社会关系，劳动关系的和谐是社会和谐的基础。企业作为社会的细胞，在建设和谐社会中承担着重要的责任。和谐的劳动关系，是企业发展的内在动力和重要保证，企业只有形成和谐融洽、安定有序的良好氛围，才能在职工中拥有强大的凝聚力和向心力，才能保证生产、

经营和发展的顺利进行，进而拥有较强的市场竞争力。开展和谐企业创建活动有助于企业建立规范有序、公正合理、互利共赢、和谐稳定的新型劳动关系，促进企业的健康发展。

工会协调劳动关系、维护职工合法权益的重点和源头都在企业。通过有效的协调工作，促进劳动关系和谐稳定，实现企业和职工互利共赢，是工会的重要职责。和谐企业创建活动是新形势下统一认识、稳定社会、促进劳动关系和谐的重要形式，是工会加强组织建设、维护职工合法权益、促进企业可持续发展、实现职工体面劳动的重要载体。因此，要将创建活动作为工会围绕中心、服务大局、推动工会工作上台阶的切入点来抓，作为推进和谐社会建设的重大举措来抓，切实提高职工群众的满意程度和劳动关系的和谐程度。

当前，创建活动在构建和谐的劳动关系方面发挥了重要的促进作用，但也存在着不容忽视的问题：对创建活动的重要性认识不足，推动力度不足；创建工作覆盖面较小，创评宣传和典型引导力度不够；创建工作缺乏创新，对企业和职工缺乏吸引力，存在“上热下凉”现象；创建工作缺乏深度，停留在表面，未能给企业和职工的生产生活带来实际的积极影响，存在“外热内冷”现象。这些问题的存在，要求工会进一步增强做好创建活动的紧迫感和使命感。

二、开展和谐企业创建活动应遵循的基本原则

*一是共谋发展、互利共赢的原则。*在开展创建劳动关系和谐企业活动中，应该始终把调动企业经营管理者和职工这两个主体的积极性作为根本动力，从而使劳动关系双方真正做到共谋企业健康发展，共享企业发展成果。

*二是多方参与、合力推进的原则。*企业经营管理者能否积极参与创建活动，对活动效果具有决定性影响；没有工会的组织协调，

这项活动难以取得实效；广大职工不仅是创建活动的参与者，也是创建活动的受益者，只有企业和职工都认识到这项活动的重要意义，积极参与，才能使这项活动开展得扎实有效。要始终把企业经营管理者、职工和工会干部的主观能动作用放在突出位置，进行积极宣传、引导和激励。

三是突出重点、讲求实效的原则。要把保障职工的劳动经济利益和民主管理权利，解决企业经营管理者和广大职工密切关注的生产经营、企业管理、劳动就业、工资分配、社会保险、生活福利、安全生产等问题作为创建活动的重点，让企业和职工从中见到实效。

四是扎实务实、循序渐进的原则。要始终坚持劳动关系和谐的总体目标，扎扎实实推进，不搞花架子，不走形式，坚持从实际出发，针对各类企业劳动关系的不同情况开展工作，使每家企业都积极参加创建活动，不断提高企业劳动关系的和谐程度。

三、开展和谐企业创建活动的推进措施

（一）抓制度建设，强化创建活动的组织领导。

和谐企业创建工作是一项全局性、综合性的工作，涉及面广，政策性强，必须加强领导，动员各方力量，发挥各方作用，齐抓共管，合力推进创建活动的各项工作。2008 年，全总成立了创建劳动关系和谐企业活动指导协调小组，各地工会组织也相继建立健全创建活动的组织领导机构，并逐步形成党政主导、工会牵头、各方配合、企业和职工广泛参与的创建格局，推动了创建活动的顺利开展。在这方面，我们积极完善科学高效的运行机制，实施强有力的领导，形成合力推进创建活动的工作格局。建立劳动关系协调委员会，分析研究和协商解决劳动关系中的突出问题；把区域性劳动关系协商“四轮联动”机制建设列入对街道、镇的工作考核序列，加大劳动关系协调机制的推进力度；完善劳动关系三方联席会议机制，定期召开工作例会，整合

资源，共同讨论协调劳动关系机制工作，积极承担起创建活动的有关组织、协调和服务等职责，推动各项创建活动的贯彻落实。

在加强组织领导的同时，要结合本地实际，建立可行的创建活动工作制度。第一，建立责任制度。明确创建领导小组成员单位工作职责，将创建工作的各项目标分解落实到相关职能部门，建立健全相关职能部门信息通报、工作联系、联合督查等工作制度，加强相互间的协作和配合，充分发挥职能作用，形成强大的工作推进机制。第二，建立跟踪培育制度。制订年度创建工作行动计划，建立跟踪档案，深入企业了解创建工作推进情况，帮助指导企业抓好创建工作的落实。第三，建立预审制度。对照创建标准和考评细则逐条核实企业申报资料，检查工作落实情况，对预审合格的企业，建议正式申报；对不合格的企业，提出意见，督促整改。第四，建立考评反馈督办制度。对考核未达标的企业，创建领导小组都要向其下达考评反馈意见书，要求企业在规定的时间内整改创建活动中的不足，切实促进企业的健康发展。

（二）抓组织创新，提高创建活动的覆盖面。

创建活动要依托工会组织体制创新，不断扩大覆盖范围。随着非公有制经济的不断发展，工会组织也逐渐深入到非公有制企业中。创建活动除了要在国有、集体及其控股企业中实现全覆盖，还要加大向非公有制企业延伸的力度，指导其结合自身实际，不断探索非公企业发展和谐劳动关系的有效途径。我们以区域性、行业性、楼宇工会等多种形式，寻求创建活动在非公企业的突破和开展路径。近年来，我们不断推进大中型非公企业独立工会的建立、工业园区工会联合会的建立、街道镇总工会的建立等一系列工会组织的体制创新，并在区域相邻、行业特征明显的地区相继成立了餐饮、纺织、建筑等 8 个行业工会，为创建活动的推进提供了组织保证。在此基础上，普陀区形成了以企事业单位为“创建点”，以区域为“创建圈”，以行业为“创建链”，以楼宇为“创建柱”的具有鲜明特色的“点——圈——链——柱”创建模式。目前，全区6个系统、8个行业、9个街道（镇）、7个经济区（工业区）全面组织开展创建活动，有效推动劳动关系和谐稳定。

（三）抓标准制订，确定创建活动的牵引点。

要制定科学合理的创建标准、考评细则和工作制度，为创建活动定位引航。在制订创建标准时，应坚持：第一，着眼于推动创建工作。依据劳动法律、法规和政策制订标准和细则，在内容上，既突出劳动合同、集体合同、职工工资、社会保险等重点问题，又兼顾职代会建设、劳动合同、安全卫生、职工培训和工会工作；在形式上，既突出劳动关系管理的制度建设，又兼顾各项工作的实际效果。第二，着眼于解决职工的切身利益问题。标准和细则要体现以职工为本的理念，着眼于解决企业职工的切身利益问题，并以职工满意作为考核验收的重要条件，职工满意率达不到一定标准，不能申报和谐企业。第三，着眼于考评的指导性和操作性。考评细则要尽量细化和量化，便于打分操作。同时考评的标准还应该公开化，使企业能够对照标准自评打分，明确努力方向。第四，着眼于推动企业承担社会责任。创建标准应把企业应承担的社会责任，如依法纳税等作为重要内容纳入考核体系，引导企业既关注企业自身的发展，又要关注社会的协调发展，既注重企业经济效益的提高，又要承担社会责任，真正做到企业与职工、企业与社会的和谐发展。

我们根据“点——圈——链——柱”创建活动工作格局，在坚持以上“四个着眼于”的基础上，因类制宜，制定了具有针对性的创建标准：一是在规模以上企业通过“335”标准，增强基层工会活力。按照《和谐企业创建标准》、《企业工会工作条例》等要求，制定了《活力335—劳动关系和谐企业创建标准体系》（详见附件），共90条，其中达标条件40条、创优条件50条，明确企业工会的组织建设做到组织机构、干部配备、组织制度“三落实”，在机制建设上突出集体合同、职代会、会员评估工会工作的“三重点”，在工作运行上坚持建功立业活动、协调劳动关系、职工素质工程、职工援助保障、自身建设的“五推进”。二是在区域层面通过“5—10”标准，做实创建活动内容。按照上海市劳动关系三方关于“劳动关系和谐工业园区”的创建标准，结合自身实际制订了创建“和谐园区5—10标准”，以创建和谐园区带动企业的创建活动。“5”是指园区建立四轮联动机制（联席会议、职代会、三方协商、劳动法律监督检查）和“上代下”指导企业开展和谐创建制度。“10”就是要求园区为职工提供具有生活、文化、援助三大功能的宿舍、浴室、食堂、培训学校、图书室、活动室、谈心室、援助中心、就医服务点、援助超市等10个场地，并在创建和谐园区过程中推进“职工法宣基地”、职工援助服务中心和社区工会教育中心建设。三是在行业层面通过“333”标准，推进维权机制建设。即：制订行业内岗位工资、劳动定额、工资增长的三个标准；实行行业集体合同、职代会、联合执法检查监督的三项制度，签订行业的综合性集体合同、工资专项协议和女职工特殊权益保护三份集体合同，在创建活动中充分发挥行业工会作用，大力推进以工资集体协商为重点，以行业联动为特点的创建活动。四是在具备条件的楼宇通过“131”标准，加强维权阵地建设。在具备条件的楼宇推行了“131”创建标准，即：建立1个“楼宇和谐劳动关系推进指导委员会”，委员会整合了楼宇所在地、楼宇内部党政工资源，发挥入驻企业方、职工的主动性，积极开展和谐劳动关系的创建，把劳资关系调整到最佳状态；委员会主推楼宇职代会、楼宇集体协商、楼宇劳动争议调处3项基本制度，签订楼宇集体合同和共同约定书；重点打造1个“职工法宣基地”，加强维权阵地建设，同时，通过“和谐劳动关系推进委员会”的运作，将有关和谐企业创建标准、维权机制建设要求向楼宇入驻企业推广。这些具有针对性的创建标准为和谐企业创建活动确立了牵引点，提供了明确的方向。

（四）抓重点环节，提高创建活动的实效性。

创建活动要把职工群众关心的热点问题、与职工群众利益密切相关的问题、企业改革发展的重大问题作为重点内容。工资是职工的核心利益，是职工最关心、最直接、最现实的问题，也是关系到职工队伍稳定、企业守法经营和健康发展的问题。工资集体协商是实现公平分配最经常、最普遍、最有效的手段。当前，全总和市总高度重视工资集体协商工作，2010 年，国家协调劳动关系三方印发《关于深入推进集体合同制度实施彩虹计划的通知》，对集体合同工作提出了要求；中共中央政治局委员、全国人大常委会副委员长、中华全国总工会主席王兆国同志在全总十五届四次执委会上也明确提出“两个普遍”的要求，即：要依法推动企业普遍建立工会组织，依法推动企业普遍开展工资集体协商。上海市委、市政府办公厅转发了上海市协调劳动关系三方共同研究制定的《关于本市全面推进集体协商机制建设的意见》，该意见对本市全面推进集体协商机制建设，构建和发展和谐稳定的劳动关系提出了要求。在和谐企业创建活动中，要以集体协商为重要环节，继续着力推进工资集体协商，签订工资专项集体合同，健全完善企业职工工资分配共决机制、正常增长机制和支付保障机制。各类企业要通过协商，完善职工基本福利项目，形成合理的企业福利制度，维护职工的合法权益。

此外，还应充分发挥工会组织的职能作用，围绕劳动关系的建立、运行、监督、调处等环节，重点抓住劳动合同、集体合同、职工代表大会三个环节，落实职工的知情权、参与权、表达权、监督权。建立并完善劳动关系预警机制和三方协商机制，畅通职工利益诉求渠道，积极协调解决涉及职工切身利益的签订劳动合同、缴纳“四金”和拖欠农民工工资等问题，化解劳资矛盾，促进劳动关系和谐稳定。

和谐劳动关系企业的创建既是一个目标，也是一个实践过程。要以企业认可、职工满意为标准来检验创建活动的质量和效果，使开展创建活动的过程转变为不断完善劳动关系协调机制、有效实现劳动关系双方互利共赢、不断增进社会和谐的过程，形成科学有效的利益协调机制、诉求表达机制、矛盾调处机制、权益保障机制，最大限度地激发企业经营管理者和广大职工群众的参与热情与创造活力，推动经济社会又好又快发展，实现共建中共享，共享中共建。

附件：

活力335—劳动关系和谐企业创建标准体系

序号	条　　件	分值
组织建设的三个落实		
（一）组织机构落实		7
1	有工会委员会	1
2	有工会社会团体法人资格	1
3	有分工会或工会小组，且组织健全	1
4	有工会经费审查组织	1
5	有工会经费审查委员会	1
6	有工会女职工组织	1
7	有工会管理的基本银行账户	1
（二）干部配备落实		11
8	有工会主席	1
9	有专职工会主席	1
10	有工会主席并按同级副职配备	1
11	是中共党员的工会主席进同级党组织领导班子	1
12	有工会经费审查委员	1
13	有工会经费审查委员会主任	1
14	有工会女职工委员或主任	1
15	有工会财务管理岗位并落实人员	1
16	有工会专职工作人员	1
17	有职业化社会化工会工作人员	1
18	有农民工会员当选为工会委员会委员	1

续表

序号	条　　件	分值
（三）组织制度落实		7
19	建立工会委员会定期例会制度（至少每季度一次）	1
20	建立重大事项集体讨论决定制度	1
21	建立重大事件向上级工会报告制度（及时报告）	1
22	建立会员代表大会制度（至少每年一次）	1
23	建立会员代表常任制度	1
24	建立经费收缴、财务管理制度	1
25	建立规范的财务核算、资产监管制度	1
机制建设的三项制度		
（一）集体合同制度		6
26	建立平等协商制度	1
27	建立集体合同制度	2
28	建立女职工专项集体合同制度	1
29	建立工资专项协议制度	1
30	建立其他专项集体合同制度	1
（二）民主管理制度		6
31	建立职工（代表）大会制度	2
32	建立其他形式的职工民主参与制度	1
33	建立厂务公开制度	1
34	建立职工民主评议干部制度	1
35	建立职工董监事制度	1
（三）会员评估制度		5
36	建立工会工作情况向会员代表大会报告制度	1
37	建立工会主席、副主席向会员代表大会述职报告制度	1
38	建立会员对工会工作满意率测评制度	2
39	建立会员民主评议工会干部制度	1

续表

序号	条　　件	分值
工作运作的五个推进		
（一）推进建功立业活动		7
40	组织开展劳动竞赛	2
41	组织开展技术比武、合理化建议等经济活动	1
42	组织开展群众性经济技术创新活动	1
43	建立职工技协，开展相关活动	1
44	发挥劳模、先进、职工优秀人才引领作用	1
45	开展女职工建功立业活动	1
（二）推进劳动关系协调		17
46	开展创建劳动关系和谐企业活动	1
47	每年至少与行政进行一次平等协商	1
48	代表职工与企业签订集体合同	1
49	集体合同、专项合同具备基本条款并有企业特点、特色	2
50	帮助和指导职工与企业签订劳动合同	1
51	依法委托企业外专业人士为平等协商职工方代表	1
52	每年至少召开一次职工代表大会（职工大会）	1
53	组织经常性职工民主参与活动	1
54	多形式组织厂务公开活动	1
55	领导收入情况公开	1
56	业务招待费情况公开	1
57	建立劳动争议调解组织，及时调解劳动争议	1
58	经常开展劳动保护监督检查	1
59	参与职工伤亡事故及职业危害的调查处理	1
60	经常开展劳动法律监督检查	1
61	开展法制宣传教育活动（职工普法活动）	1

续表

序号	条　件	分值
（三）推进职工素质工程		8
62	开展职工思想政治和职业道德教育	1
63	开展“建、创、做”活动	2
64	组织职工读书、培训活动	1
65	组织有针对性的农民工素质提升活动	1
66	开展“青工 e 坊”网上行活动	1
67	参与区职工艺术节、体育节	1
68	开展因地制宜群众性文娱体育活动	1
（四）推进职工援助保障		9
69	组织职工参加工会举办的职工互助保障活动	1
70	落实职工参加“一重病二住院”补充医疗保障计划	2
71	落实帮困送温暖措施，关心、帮扶困难职工	1
72	争取行政支持，努力为职工办实事	1
73	督促职工集体生活福利达标	1
74	督促企业落实职工各项社会保障金的缴交	1
75	组织开展女职工维权实事活动	1
76	关心退休职工生活	1
（五）推进工会自身建设		17
77	及时发展会员，职工入会率达到 90%	1
78	职工入会率达到 100%	1
79	农民工入会率达到 90%	1
80	做好劳务工入会工作，入会率达到 80%	1
81	开展创建职工之家活动	1
82	新任工会主席、副主席一年内参加上岗资格培训	1
83	组织开展工会干部教育培训工作	1
84	按规定比例收取会费和经费	1

续表

序号	条　　件	分值
85	及时、足额、按要求缴交工会经费	2
86	按规定进行工会换届选举	1
87	工会委员会、经审委员会、女职工委员会健全，及时增补缺额的委员。	2
88	工会主席直接选举产生	1
89	参加各级工会组织的活动	1
90	建立必要的工会工作台账	2

总分 100 分，机关事业单位参照执行。

夯实工会工作基础　构建和谐劳动关系

上海市奉贤区总工会

发展和谐劳动关系是加强和创新社会管理的重要内容，是构建社会主义和谐社会的重要基础。近年来，在奉贤区委、上海市总的坚强领导下，奉贤区总工会贯彻落实“组织起来、切实维权”的工作方针，牢固树立“以职工为本，主动依法科学维权”的工会维权观，坚持“促进企业发展、维护职工权益”的企业工会工作原则，深入开展“两个普遍”，不断夯实工会工作基础，把握本区劳动关系性质特点，积极构建和谐劳动关系，为奉贤区推进“三化两建设”（新型工业化、新型城市化、城乡一体化，社会建设和服务型政府建设），打造“三区一基地”（滨海产业集聚区、滨海知识创新区、滨海生态居住区，国际游艇舟港基地）的宏伟目标不断努力。

一、不断推进“两个普遍”，进一步夯实工会工作基础

（一）工会组建进展顺利。

区总工会按照中华全国总工会提出的力争用三年时间依法在企业中普遍建立工会组织的要求，积极做好工会组建工作，夯实组织基础。2011 年，积极争取党政领导重视，首次由区委副书记亲自与各镇、开发区党委分管书记签订目标责任书，将工会组建纳入到区

委对镇、开发区党委的目标责任考核中，同时在目标考核、建会方式、数据库建设等方面不断创新完善，最终新建工会 247 家，覆盖建会企业 5856 家，新增会员 29738 名，区总工会连续第八次被评为上海市工会组建工作先进单位。在此基础上，2012 年要完成新建实业型企业工会 219 个，覆盖企业 5000 家，新发展会员 20000 名的组建目标，进一步扩大工会组织覆盖面，打牢和谐劳动关系的基础。

（二）集体协商机制建设初显成效。

2011 年，先后两次以区委、区政府名义召开集体协商机制建设推进会，建立了区、镇（开发区）两级领导小组，印发《关于全面推进集体协商机制建设的实施意见》，进一步理顺党委、政府牵头，劳动关系三方共同推进集体协商的工作机制。在全区面上开展集体协商“要约行动”，要求企业开展集体协商，对未答复的企业，深入企业了解情况后，向党委、政府及有关部门通报，采取有效措施，推动企业集体协商有效建制。组建了一支工资集体协商专、兼职指导员队伍，对基层企业开展集体协商进行网格化管理，并通过加强与政府职能部门沟通、召开业务培训、建立集体协商档案、规范报送流程、制定合同样本等手段不断提高集体协商的成效和水平。2011 年超额完成市总工会下达的集体协商考核各项指标，其中，工资集体协议覆盖数增幅位居全市第一，区总工会荣获 2011 年上海工会集体协商工作先进单位。2012 年，区总工会准备完成集体协商机制建设的考核任务为覆盖企业 9062 家，覆盖职工 297271 人，同比上升 77.8%。

（三）深化以职代会为基本形式的厂务公开民主管理工作。

职工（代表）大会是企事业单位民主管理的基本形式，是协调劳动关系的重要制度，是职工行使民主管理权力的机构。区总工会抓住 2011 年《上海市职工代表大会条例》颁布实施这一契机，着力扩大职代会制度知晓率、推进职代会机制建设的建制率。到 2011 年底，全区独立建制职代会的企事业单位 1791 家，占全区工会组织数的71.78%，全区建立区域性、行业性职代会制度有136个，覆盖建会小企业3416家，在推进基层民主政治建设、构建和谐劳动关系、维护职工合法权益、促进企业健康发展等方面发挥了重要作用。2012年，区总将结合市人大对《职代会条例》进行执法调研检查的有利机遇，在考核奖励、分类指导、模式创新方面进一步加大工作力度，发挥好职代会制度在构建和谐劳动关系上的基础作用。

二、深入研判职工队伍情况，进一步健全劳动关系预防、调处、应急机制

（一）扩大劳动关系和谐企业创建活动的覆盖面。

自2007年开始，区总工会配合区人社局等有关部门先后开展了两轮区级劳动关系和谐企业创建活动，成功创建了247家区级劳动关系和谐企业。在此基础上，为了进一步扩大劳动关系和谐企业创建活动的覆盖面，增强影响力，由区总工会牵头，以区劳动关系三方的名义制定了《关于在镇、开发区（社区）、集团公司开展劳动关系和谐企业创建活动的通知》，并在全区就业保障和和谐劳动关系建设大会上印发。通知明确了由各镇、开发区（社区）、集团公司工会牵头，成立镇级劳动关系和谐企业领导小组，并在各地区开展创建活动，创建活动的结果将作为一种综合性荣誉，应用于各类表彰评选活动中，特别是作为对企业家进行政治安排的重要依据。希望以这一活动为基础，形成区、镇两级劳动关系和谐企业联创的新格局，计划每年创建300家左右，到2015年，将80%的建会规模企业覆盖进来，真正实现创建活动树标杆、企业经营上台阶、职工群众得实惠的目标。

（二）努力做好劳动关系矛盾预防和调处机制建设。

一是健全组织网络。2007年以来，区总工会不断建立健全劳动争议调解三级组织网络。至2011年，全区13个镇、开发区全部建

立劳动争议调解委员会，有1886家工会组织组建了劳动争议调解委员会，占全部工会组织的75.6%，覆盖实业型建会企业的89.5%。其中，覆盖率百人以上建会企业达到98%，50人以上建会企业达到92%。

二是注重规范化建设。做到“四个一”，即一个接待窗口、一间调解工作室、一套调解工作机制、一本调解工作台账。在各镇、开发区推行工会劳动争议首席调解员和首问责任制制度，全区建立起一支由13名熟悉法律、经验丰富的同志组成的首席调解员队伍，明确规定了首席调解员信息沟通、定期研判、培训指导、宣传教育、调处重大疑难劳资纠纷等五方面的职能，并定期开展活动；要求各级劳动争议调解组织树立起“谁首先接待受理，谁负责调处或牵头组织协调”的工作原则，形成一方受理，相关部门密切配合参与的联动调解机制。

三是创新机制。通过与“创凡人才”合作，共同组建奉贤HR俱乐部，以此为载体，通过对企业人事主管人员培训等手段，将劳动争议调处预防直接渗透到企业。每年坚持对劳动争议调解员开展法律法规及调解技巧培训，2010年，区总工会创新培训模式，成立工作室，以真实案例现场模拟劳动争议调解，不断提高基层调解员的业务能力，每年培训基层劳动争议调解员1000多名。

四是形成合力，成果共享。联合司法局、人保局开展优秀劳动争议调解组织评选活动，表彰了29个调解组织，48名调解员，形成了创先争优的良好氛围。积极参与区劳动争议联合调处中心的工作，每周定期派专职工作人员参加联合调解。各镇、开发区工会主动融入本地区劳动争议调处工作的大局中去，主动联系有关部门、主动通报争议情况、主动协调劳资关系，化解了大量的劳动争议，积极帮助党政做好维权维稳工作。

2011年，全区各级工会组织共接待职工来信来访2136人次，参与调处各类劳动争议690件，涉及职工2645人，其中群体性劳动争议9起，涉及职工1635人。我区法律维权工作先后获得全国工会职工法律援助维权示范单位、全国工会系统“五五”普法先进单位、上海市优秀人民调解委员会、上海市法制宣传先进集体等荣誉。

三、切实加强职工权益保障，进一步加大工会对一线职工的维护力度

（一）深入推进“安康杯”竞赛。

2011年，区总工会围绕提高城市运行安全质量的要求，在建会规模企业中积极广泛开展“安康杯”竞赛活动，在企业中组织“五个一”活动，在职工中开展“十个一”活动。2012年，我区参加“安康杯”竞赛活动企事业单位569个，参赛职工6.6万人。组织开展“我与安全”大讨论、“安全生产金点子”征集和隐患排查等活动，提出合理化建议1608条，采纳74条，区总评出“安全生产金点子”10个，发现事故隐患和职业危害1820起，现已全部完成整改。3月30日，区总工会联合区安监局召开2011年“安康杯”表彰暨2012年部署大会，表彰先进，部署2012年工作，提出了各级工会要以贯彻《国家职业病防治规划》、《上海市安全生产条例》为契机，把签订职业病防护集体合同列为“安康杯”竞赛的重要内容之一。积极推广工会参与职业病防治工作模式，加强与人保、安监、卫生等政府有关部门的协调联动，全方位推进职业病防治工作。

（二）深入开展市区两级职工互助保障工作，构筑职工保障第二防线。

2011年，在全面完成市职工互助保障计划的基础上，区总工会依托区职工救急济难互助会这一平台，共受理739份困难职工日常帮困救助申请，救助662人次，发放救助帮扶款100多万元，其中获得1万元最高救助额的就有19人，创历年之最。2012年，在适当调整入会费用的基础上，将进一步扩大入会人数，提高救助的标

准和金额，使更多困难职工能够感受到工会的温暖。

（三）积极为困难职工提供法律援助服务。

区总工会根据市总工会要求，拟定区总工会职工法律援助中心建设的实施方案，对职工法律援助中心的场所、人员、经费、工作职责等进行了明确，同时，积极与司法局联系，借助司法局法律援助中心的力量，横向整合、凝聚力量，现已初步确定区总工会加挂区法律援助服务站的牌子，为符合法律援助条件的困难职工提供咨询代书、劳动仲裁、诉讼代理等法律援助。

从劳动争议处理制度衍变看我国劳动关系的发展

赵雄麟

一、劳动争议处理制度对劳动关系发展产生影响

劳动争议是劳动关系当事人之间的劳动权利义务纠纷，是劳动关系失衡与矛盾冲突的具体表现。劳动争议的处理，就是指按照法律的规定，依据一定的程序，对劳动争议以预防、调解、仲裁以及审判等一系列方式予以解决的过程。

（一）劳动争议处理方式反映并制约着劳动关系的内涵和现状。

劳动争议处理的目的在于协调和稳定劳动关系。完备且有效的劳动争议处理制度，能够使劳动关系双方不可避免的矛盾或冲突得到及时化解或缓解。可以说，这是各国政府设置并发展劳动争议处理制度的基本出发点和根本目的。实际上，在劳动争议处理制度发展历史的早期阶段，其最初目的就是力求使劳资纠纷能够通过有秩序的调处和疏导进而得到理智的解决，以最终消除诱发罢工或闭厂可能带来的不良后果。历史表明，劳动关系在起步、发展过程中，始终是同劳动争议相伴随的，无数的处于自发状态的罢工或闭厂行为所造成的剧烈对抗和冲突，最终大多导致劳资双方不同程度地受到损害。因此，为使劳动关系双方和睦相处和共同受益，就需要寻

求一种积极有效的劳动争议处理制度，以阻碍罢工和闭厂现象无序蔓延。

（二）劳动争议处理制度引导并规范着劳动关系的衍变与发展。

时至今日，市场经济国家推行劳动争议处理制度的战略目标，已着眼于不断拓展整个社会的和睦空间，以便能够保持经济的持续增长，增强市场的竞争力，维系社会政局的长治久安。而要达此目标，作为明智的政府，大都把劳动争议处理制度的设置，同追求实现经济社会和睦发展的目标紧密地联系在一起，并在倡导、鼓励、支持和吸引劳资双方共同参与之下，通过对劳动争议处理制度的精心设计，致力于实现劳资关系的协调与稳定。因此，劳动争议处理制度的衍变与发展，引导并规范着劳动关系的衍变与发展。

二、实行计划经济体制时期的我国劳动争议处理制度

（一）新中国成立初期的劳动争议处理制度。

第一阶段是新中国成立到在社会主义改造前夕（1949—1952年）。这段时期内劳动争议大多表现为私营企业中的劳资纠纷。当时，资本主义工商业者对克服战后困难缺乏信心，而工人要求改善待遇希望迫切，劳资矛盾尖锐。为稳定社会秩序，人民政府根据“发展生产、繁荣经济、公私兼顾、劳资两利”的政策，设立专门的劳动争议处理机构，依靠各级工会组织和工商联及同业公会，采用调解仲裁的方法，以政府的名义进行协调与干预。行政性强的处理方式与劳资矛盾尖锐程度相适应。

第二阶段是三反、五反运动开展以后（1952—1956 年）。在这段时期内，各地区总工会及各区办事处、区政府、区公安局等机关也介入劳资争议处理。从 1952 年至 1956 年，上海地区共处理劳动争议案件 53140 起，并推动劳资双方签订集体合同、建立劳资协商会议和协调劳资关系等，促进了生产的恢复和发展，劳资矛盾也逐

渐得到缓和和解决。集体协商和集体合同的强力推进，印证了劳资争议的增加并通过集体协商得到了缓解。

第三阶段是从1956年起，国家对资本主义工商业的社会主义改造进入高潮。企业的性质和劳动关系发生了重大变化，劳资关系不复存在，这时的劳动争议逐渐减少。处理方式也由劳动部门处理逐渐转为企业行政与基层工会协商解决，解决不了的，由企业主管部门处理。1956年2月，上海市根据劳动部指示撤销了劳资争议处理机构，按照分级负责、归口处理的全国信访工作会议的方针原则，由信访部门承担起劳动争议的处理工作。

在以上三个阶段，解决劳动争议的方式有：（1）双方协商解决；（2）由争议双方的上级工会组织与上级企业主管机关协商解决；（3）私营企业由该产业工会组织和同业公会协助解决；（4）申请当地劳动行政机关调解；（5）由劳动争议仲裁委员会仲裁；（6）对裁决不服的可向人民法院提出控诉，请求判决；（7）对裁决不执行不控诉的，由劳动行政机关转送法院处理等。以上处理方式反映当时的劳资冲突是激烈和多发的，劳资关系缺乏自我协调机制，需要行政强制力的参与协调才能维持。

（二）计划经济时期的劳动争议信访解决制度。

在社会主义改造完成以后的30年，劳动争议通过信访途径处理解决。各级地方党委及组织部门、劳动行政部门、企业上级主管部门、各级工会组织等都可以是争议处理部门或参与部门；处理争议的依据有中央文件、国务院各部委的行政规章、地方政府各部门的政策性文件、会议精神、领导讲话批示等。由于缺乏统一的处理规则，处理争议的方式也呈多样性，有协调、协商、指令、批转、批示、专题会议等各种方式。

计划经济时期的我国劳动争议处理制度，带有浓厚的行政色彩，与劳动关系行政配置方式相匹配，使劳动争议处理成为社会管理的一个重要组成部分。

（三）计划经济时期劳动争议处理特点分析。

从新中国成立之初到1956年。劳动争议处理的特点呈现为：一是作为处理依据的法规、规章带有一定的针对性，虽适应了当时的经济形势需要，但处理依据的制订表现为非全面性；二是处理方式带有一定的强制性，国家意志体现得相当明显，对劳动关系双方权益的维护并不强调平等原则；三是作为特定时期的社会管理手段，具有一定的过渡性，许多政策、方式都是为解决临时性的矛盾而设。由此也可以看出，新中国成立初期，我国还是立足于稳定经济、稳定国基的角度，法制初创期间尚无法顾及劳动关系双方的自主权。

从1956年到1986年。这个时期劳动争议处理是基于这样的理论依据：通过社会主义改造后的劳动关系发生了质的变化，劳动关系双方之间的矛盾从对抗性矛盾转为非对抗性的人民内部矛盾。在此基础上，劳动争议与其他各类社会矛盾一同纳入信访处理途径，统一使用国家强制力解决纠纷；处理方式也就转变为以国家为主体的行政协调方式，就是各级政府部门、工会组织和企事业单位等以国家的名义，用协调的方式处理各类劳动纠纷。由于信访处理不具备依法处理的理念，所以这个时期的负面影响是：劳动争议会因处理部门的权威及处理人员的态度而异，受到重视的争议会得到迅速解决；而一般争议投诉无门、久拖不决、扯皮推诿的现象就时有发生，甚至出现了上访专业户和问题矛盾几十年后才得到解决的现象。

由于劳动关系表现为一种行政关系，政府行政干预成为劳动争议处理的基本方法，成为国家协调劳动关系的基本手段。对劳动关系矛盾是按行政关系调解而非按法律关系调解，也就成为计划经济下劳动关系协调的主要特点。

三、我国劳动争议处理制度的改革

（一）恢复调解、仲裁、诉讼制度推动劳动关系双方权利义务的确定。

20 世纪 80 年代中后期，随着法制建设的进展，劳动者维权的需求，劳动争议依法处理提上了议事日程。1986 年 7 月，国务院提出建立劳动争议仲裁机构。1987 年 2 月，上海市劳动争议仲裁委员会成立，恢复了中断 30 年的劳动争议仲裁工作。同年 7 月，国务院发布《国营企业劳动争议处理暂行规定》。1993 年 8 月，国务院又发布了《中华人民共和国企业劳动争议处理条例》，明确规定了处理劳动争议的组织、办案形式及程序、当事人的权利义务、法律救济办法等。运用法律手段调整劳动关系，维护企业和职工的合法权益等法制原则得到确立。

（二）新型劳动争议处理制度为劳动关系的转变提供动力。

从《劳动法》实施以来，上海市劳动争议仲裁机构受理的劳动争议案件以每年超过 30% 的幅度增长。《劳动合同法》和《劳动争议调解仲裁法》实施后，劳动争议一度呈现爆发性增长。争议焦点基本集中在劳动报酬、保险福利、经济补偿、经济赔偿等方面，劳动者胜诉比例长期居于高比例状态。以上情况从不同侧面反映了劳动关系当事人法制意识的觉醒，反映了劳动关系当事人对权利义务的重视，反映了劳动关系双方寻求自身合法权益保护方式的变更，反映了劳动争议处理制度对劳动关系双方的调节作用。劳动关系配置市场化、劳动关系双方权利义务法定化、劳动争议处理程序化等意识得以确立，为劳动关系从行政关系到法律关系的转变提供了动力。

（三）现行劳动争议处理制度有待改进。

首先，劳动争议处理程序复杂，当事人讼累仍然严重。现行法律规定的劳动争议处理制度仍然实行一调一裁二审制，一起争议走完全部程序，少则半年，多则数年，环节过多，时间过长，当事人难以承受，也不利于争议的和谐解决。虽然部分争议实行名义上的一裁终局制，但司法救济途径渠道与一裁二审制并无很大区别，当事人讼累仍然严重。

其次，仲裁程序诉讼化倾向严重，影响争议的和谐解决。现行的劳动争议处理立法中有关仲裁的程序规则大量借用诉讼程序规则，在审理原则、审理程序、审理方式等方面诉讼化倾向严重，使仲裁应有的宽松、灵活、效率等特点未得到体现和发扬。既不利于争议的和解及调解，也不利于劳动关系的和谐与稳定。

第三，缺乏有效的协商调解规则，劳动争议难以自身协商解决。现行法律关于劳动争议自行协商解决设置了基本原则，但缺乏可行的程序和机制，现行法律对劳动争议设置了调解规则，但缺乏前置效力。由于劳动争议协调调解机制存在问题，大量的劳动争议发生后直接寻求仲裁和诉讼方式解决，使许多可以协商和应该协商解决的劳动争议得不到法定的协商机会，劳动关系转而趋于紧张。

四、我国劳动争议处理制度发展展望

（一）劳动关系主体发展状态决定了劳动争议协商处理的重要性。

在社会主义初级阶段，劳动力生产和再生产费用主要是由家庭和个人承担的。劳动者通过教育、培训等途径来提高自身素质，可以看成是“人力资本投资”，由个人负担费用而产生的劳动能力，理应属于劳动者个人所有。在现阶段，按劳分配原则就是建立在劳动力个人所有基础之上的分配制度，其实质是对劳动力个人所有的肯定。劳动力个人所有理论是新的劳动制度的理论基础，承认劳动力个人所有，是对劳动者权利的确认。承认劳动者让渡劳动力使用权的自主性，是对劳动者行使权利的确认。以上两个确认，也就奠定了劳动者作为劳动力市场主体的地位。

同样，劳动力使用者的财产所有权也得到了广泛的确认。劳动力使用者需要财产增殖就要对资源进行优化配置，人力资源市场是劳动力使用者实现自身目标的一个主要场所。劳动力使用者对劳动力的需求因具体目的不同而有所变化，作为劳动力的需求一方，他应当有权根据需要来购买劳动力的使用权，从劳动力的计划配置到使用劳动力的限制逐渐放开，劳动力使用者的自主权也逐渐得到确认。

人力资源市场就是由劳动力所有者和劳动力使用者为主体的资源配置市场，劳动关系就是上述两类主体自愿结合的结果，因此，劳动关系具有明显的市场属性，劳动关系从建立、变更到解除以至发生纠纷，不能排除劳动关系当事人的自行协商和自我解决机制。

（二）劳动关系的经济属性决定了行政干预的必要性。

劳动关系双方在以市场方式进行资源配置时，劳动关系的经济特征就会充分体现出来。市场的作用就是有效率地配置稀缺性资源，有效的劳动力资源也是一种稀缺性资源，是因为其相对于高速经济发展带来的不断提高的素质需求而言总是稀缺的。于是，在劳动力市场上竞争也就不能避免。在劳动关系的构成中，处处可见竞争的过程。在这竞争过程中，其无序性将影响劳动力市场的健康发展。在这个方面，劳动关系的正常构成，有赖于政府对人力资源市场的有效管理和劳动者提高机会成本的努力，即不断提高素质以赢得市场竞争的主动权。

为追逐利润最大化，用人单位在劳动关系的构成中会选择运用替代规律，即用其他资源来替代已变得较为昂贵的资源，从而最便宜地获得必要的效用。替代效应会加剧人力资源市场的竞争，市场形式的工资率会下降而就业率并不相应提高，社会经济发展也会受到负面的影响。在这个方面，劳动关系的正常构成，又有赖于政府对人力资源市场的有效管理和劳动力使用者维护市场规则的责任。

为此，统一劳动力社会成本，设定最低工资标准等是保护劳动力再生产的必要手段，也是维护劳动关系正常构成的必要手段。

（三）建立劳动争议多层次解决机制是劳动关系多样化的必然要求。

随着市场化改革的深入发展，劳动关系的构成已日趋多样化，劳动关系的多样化，又要求劳动争议解决方式的多样化。

1. 建立劳动争议当事人自身的协商机制。

劳动争议的协商解决制度是劳动关系当事人自行解决争议的基础。纵观当今市场经济发达国家，一个突出的特点就是包括劳动争议处理在内的几乎所有劳资关系涉及事宜，大多是通过劳资双方采取自行交往的方式加以解决的，政府主要通过提供立法规范或运用积极的政策加以引导和协调。就劳动争议自身协商制度而言，虽然大多由政府首创和发起（尤其是法律程序的设置和相关职能机构的设立），但就劳动争议的预防及和解的基点，仍有赖于并立足于劳资双方自行交往能力以及对规则的成功运用与充分发挥。

建立劳动争议协商机制，要立足于发展企业一级集体协商与集体合同谈判制度，通过企业经营者代表及企业工会组织之间的平等协商，协调关系、排解纠纷，有效保护劳动关系双方的合法权益，充分调动劳动关系双方的积极性，实现劳动关系的和谐稳定。还应重视劳动争议具体当事人之间的协商机制。以制度、规范形式确立劳动关系具体当事人之间的协商范围、程序、原则等，及时解决劳动争议的萌芽，避免劳动争议的激化。

2. 完善国家对劳动争议的解决机制。

我国的劳动争议调解制度应当符合国情。首先，劳动争议双方自行调解是劳动关系双方协商机制的延续，是劳动关系双方依法保护自身利益的行为，应当予以肯定并制定规定赋予相应的法律效力，以引导双方通过自身调解解决争端。其次，国家设立的专业化的劳动争议调解组织机构制度，可以及时、灵活调解劳动争议，以调解方式协调劳动争议应是我国劳动争议处理制度的核心制度。

我国的劳动争议仲裁制度，也应当符合国情。首先，劳动争议的仲裁，是在调解失败的基础上进行的程序，为维护社会稳定，自愿性仲裁的方式并不适合我国国情，应当予以摈弃。其次，通过立法建立的强制性仲裁制度，使政府能够以合法手段借助强制性仲裁机制，对危及社会安全和公共利益的争议实施必要的干预，不仅能够保护那些缺乏组织或不能以平等身份得到雇主善待而处于弱者地位的劳动者的权益，而且从长远来看，也有助于引导劳动关系逐步走向协调发展之路。

我国的劳动争议司法制度，是将劳动争议处理归入普通法院体系内的民事审判范畴。而劳动法庭在劳动关系事务方面具有专业性、三方性、非正式程序性和相对的独立性，它在协调与稳定劳资关系，促进经济发展等方面发挥了重要的作用。为适应社会经济的发展进程，劳动法庭这种制度必将最终脱离普通法院而形成比较完善的专业法庭体系，使劳动争议处理更加公正、公平，并有助于劳动关系的和谐稳定，从而达到社会稳定。

从劳动关系的行政化管理到劳动关系的市场化管理，其衍变的过程体现了我国社会经济制度改革的衍变过程。目前，劳动关系具有的受市场经济规律制约、体现当事人意思自治原则、反映社会群体的组成形式、受国家法律特殊调整等特征。当国家以法律形式确定改革成果并规范改革方向时，一种强化劳动关系双方责任、确认劳动关系双方意思表示的调节方式必将应运而生。在国家以指导、管理、监督等方式来协调社会劳动关系的基础上，劳动关系双方自身的协商、谈判必将在劳动关系发展中起越来越重要的作用。

（本文作者系上海市人力资源和社会保障局调解仲裁处副处级调研员）

上海率先构建和谐劳动关系的政策与法律研究

刘金祥　高建东

当前，我国劳动关系日趋多元化、复杂化，劳资矛盾进一步加剧，激化的劳动关系已成为制约企业发展的主要因素之一。从全国来看，劳动争议仲裁机构受理案件的数量迅速增长，2008 年全国法院共审结劳动争议案件 286221 件，较 2007 年同比上升 93.93%；2009 年劳动争议案件增长势头不减。2010 年上半年，一些地方的劳动争议仲裁机构受理的劳动争议案件数量出现井喷趋势。而上海的劳动争议同样不容乐观，案件受理数量急剧上升。据上海市高级人民法院统计，全市各级法院 2009 年共收劳动争议案件 21975 件，比 2008 年上升 32.8%，其中群体性劳资纠纷亦时有发生。上海 2010 年劳动争议仲裁受理案件达 4.88 万件，劳动关系中劳资双方明显失衡。劳动关系问题如果处理不当，将成为影响经济发展和社会稳定的突出问题。

一、构建和谐劳动关系的重要性

劳动关系是市场经济最基本的社会关系。上海率先构建社会主义和谐社会非常重要的内容和任务之一是率先构建和谐劳动关系。

率先转变经济增长方式、率先提高自主创新能力、率先推进改革开放都与企业、劳动者紧密相连，都需要和谐劳动关系的支撑。上海率先构建和发展和谐劳动关系具有充足的理论基础和现实意义。

劳动关系的和谐是企业发展的保证，是经济发展的条件，社会和谐的基础。从微观上说，和谐劳动关系是决定上海企业竞争力的重要因素。人力资源在企业经营战略中的地位越来越重要，和谐劳动关系则为企业人力资源管理的运行提供了重要的保证。从中观上说，和谐劳动关系则是促进上海经济发展的重要条件。劳动关系的状况不仅影响上海经济发展的速度，而且影响经济发展的质量。从某种意义上说，劳动关系甚至是促进上海经济发展的关键因素。从宏观上说，着力率先构建和谐劳动关系是构建和谐社会的基石。没有劳动关系的和谐，就没有社会关系和谐，就不可能实现胡锦涛总书记和党中央要求上海做到“四个率先”的目标。劳动关系的和谐是和谐社会最基本的也是最大的和谐。

上海的经济发达，正处在加快国际经济、金融、贸易、航运中心和现代化国际大都市建设的关键时期。同时，上海又是改革开放的先行地区，企业和劳动者的综合素养较高，劳动关系整体而言相对和谐。这些因素都为上海率先构建和谐劳动关系提供了基础和条件。上海理应加大力度、加快步伐，在构建和谐劳动关系方面当好全国的排头兵。

二、构建和谐劳动关系的基本理念

上海率先构建和发展和谐劳动关系，宏观层面，法律和政策的制定应当树立共建共享和谐劳动关系的理念；中观层面，机制的保障应当注重劳动关系双方利益平衡；微观层面，路径的实现应当强化企业的社会责任。

共建共享和谐劳动关系理念。在促进上海经济健康发展，构建和谐社会进程中，切实保护劳动者的合法权益，让劳动者共建共享和谐劳动关系，用相应的制度和政策来为劳动者权益提供切实保障，这是本市应关注的一个重要民生话题。上海应当以追求互利共赢为目标，促进劳动关系和谐。明确一个目标，即让企业的发展与职工的成长相辅相成，以企业可持续发展理念来凝聚利益各方，在做大蛋糕过程中合理分享蛋糕，让劳动者共享劳动成果。

劳资双方利益平衡理念。从发展的观点看，上海的劳动立法和政策的制定既要保护劳动者的合法权益，也应当保护企业的合法权益。在资本地位不断飙升的形势下，发挥我国社会主义制度的优势，通过舆论力量和法律制度设计等方法追求劳动与资本的利益平衡，使劳动与资本和谐，达到双赢的目标，这既是历史的进步，也是现实的必然选择。劳动关系的和谐，劳动关系双方缺一不可。在目前情况下，因为劳动者相对于用人单位来说经常处于弱势地位，因此才倾向于对其进行重点保护。劳动者权利固然需要保护，也不能完全忽视用人单位的利益，更要考虑双方的利益平衡，绝不能以牺牲企业的合法权益来保护劳动者的权益。

企业社会责任理念。社会责任即一个组织考虑到其活动对社会和环境的影响而采取的负责任的行动，这些行动应当符合社会和可持续发展的利益；应当符合道德行为，同适用法律和政府间协约一致；并且同该组织正在开展的活动相结合。从长远来看，企业应当兼顾资本和劳动的长远利益，努力实现劳资两利，在追求生产效率的同时，不忘履行自己对劳动保护的责任。谋求劳动关系合法、合理基础上的和谐稳定才是劳动关系的长远之道。目前我国已经实施了第一个企业社会责任管理体系——中国纺织企业社会责任管理体系（CSC9000T），取得了良好的社会认可和国际认可。这些均可以为上海所借鉴。

三、和谐劳动关系的机制保障与路径支撑

和谐的劳动关系是构建和谐社会的最基本内容。虽然法律明确了劳动者的权利并予以保护，但是离开了相应机制和路径的保障和支撑，劳动关系的和谐将成为空谈，劳动者的权益也难以得到保障。因此，构建和谐的劳动关系，必须从机制和路径上打好基础。

（一）组织机制保障：明确工会在劳动关系中的职能和地位。

中观层面，应当注重组织机制保障。培育集体协商机制中的劳权主体，既要充分发挥产业和行业工会的作用，又要高度重视在民营中小企业及外资企业中建立起工会组织，使集体协商制度具有组织基础。

微观层面，明确工会和政府在劳动关系中的职能和地位，主要有如下三方面。

第一，培育并发展作为劳权主体的工会，强化工会的代表性和独立性。一方面，实现工会的民主化，调动劳动者加入工会的主动性，依据《工会法》和《中国工会章程》实现工会民主化的运作方式，更好地发挥劳动者在工资集体协商中的积极作用。另一方面，实现工会的群众化，应当真正落实工会干部由职工选举的要求，改变由企业党委、行政管理负责人兼职的状况。

第二，持之以恒推动工会组建，把职工最广泛地组织到工会中来。大力开展工会组建和会员发展工作。根据全总年度目标任务，以服务业、小型非公企业和农民工、劳务派遣工等为重点，加强非公企业的工会组建工作，积极开展“广普查、深组建、全覆盖”集中行动。

第三，完善关于集体协商制度的立法，推进集体协商机制的规范和完善成为当务之急。它是构建和谐劳动关系，平衡劳动关系的“利器”。大力推进集体协商和工资集体协商工作，开展“集体协商

要约行动月”活动，推动形成“工会主动要约——提出整改建议——劳动部门依法追究”的工作链；在非公企业、中小企业集聚的地区和行业，着力推动区域性、行业性集体协商；建立集体协商指导员队伍，形成一支熟悉法律、懂得政策、精通业务、善于协商的专业人才队伍。

（二）劳资制衡机制保障：改变劳动者在企业中的弱势地位。

在中观层面，应注重制衡机制的保障。劳动关系不和谐的根本原因就在于劳资关系失衡，劳资关系制衡机制欠缺，劳动权保护机制失范。因此，和谐劳动关系的基石性问题是构筑劳资关系制衡机制，其核心是构建“股东主权”与“劳动主权”的劳资关系双重法律架构。其关键在于改变公司权力单一化的状况，根本改变劳动者在企业中的弱势地位。只有公司权力双重化才能根本改变公司治理结构，从而奠定劳资关系制衡机制和保护劳动权的法理宏观基础。

在微观层面，劳资关系制衡机制的实现路径主要有以下两方面。

第一，完善职工诉求表达机制，强化劳资共决机制。要以宣传实施《上海市职工代表大会条例》及其《实施细则》为契机，大力提高非公企业职代会组建率，依法规范企事业单位职代会制度运作，落实好职代会各项职权。在此基础上，建立中国特色的劳资共决制度。企业应当建立共商共决的规章制度；制定集体协商的工资增长决定机制，强化劳资共决薪酬机制；改变企业雇主单方决定工资分配的局面，建立职工利益和企业效益联动制度；明确最低工资调整增长的规定；合理制定具体劳动基准机制。

第二，建立劳动关系监督评价制度。劳动关系监督评价制度的建立是保障劳动法律法规贯彻实施的重要手段，是劳动者维权的有力保障。根据上海市劳动关系的特点，建立企业调查员制度，组建善待劳动者协会，定期公布劳动关系“绿名单”和“黄名单”，完善劳动关系和谐企业评价制度。

（三）用工机制保障：制止劳务派遣趋势的无序扩张。

在中观层面，应注重用工机制的保障。在传统劳动关系之外，劳务派遣的用工方式遍布各行各业，大有泛滥之势。据上海市总工会的专题调研反映，2003 年劳务派遣工占企业全部用工规模 28.3%，2006 年上升至 33.8%，2007 年上升到 38.3%，2008 年初上升到 39.7%。2011 年，市总在对新生代农民工调研时发现，劳务派遣工分布最多的行业是制造业，占 43.6%；劳务派遣工分布最多的是国有企事业单位，占 47.2%。个别企业劳务派遣用工已达 90%，已严重偏离了灵活、补充的就业导向。无序的扩张给这个领域的劳动者维权带来了诸多难以协调的问题。如何规范劳务派遣，其根本思路是探索符合上海特点的劳务派遣规制模式，健全用工机制的保障作用。

在微观层面，用工机制合理化的实现路径主要有以下四方面。

第一，政府和工会联手对劳务派遣进行调研检查。为进一步促进劳务派遣的规范运作，建议政府有关部门和工会联手，定期对本市的劳务派遣用工进行跟踪调研，及时了解劳务派遣发展过程中出现的新情况和新问题以实施规范的对策。

第二，为劳务派遣用工制定相应的法律规范。建议尽快制订适合上海劳务用工现状、特点和市场发展方向的《劳务派遣用工实施办法》，明确劳务派遣的准入岗位、期限、比例、待遇以及派遣单位与用工单位的权利、义务，尤其应当对本市支柱产业限制劳务派遣的用工比例，并解决劳务派遣工加入工会“两头难”的问题。

第三，建立评估检查制度，规范劳务派遣单位的依法运作。建议政府有关部门建立对劳务派遣单位管理的科学评估制度，定期评估监督检查，规范引导劳务派遣单位依法运作，提升高价值的附加服务业务，对违反法律规定的劳务派遣单位应予以淘汰，维持劳动用工市场的秩序。

第四，将劳务费用纳入薪酬成本计算，使用工单位的党群组织覆盖劳务派遣工。为保证职工队伍的整体性和凝聚力，建议将劳务派遣工的党群关系统一纳入用工单位管理，同时为保障党群组织的工作实体运作，建议税务部门应指导企业将劳务费统一纳入工资薪酬成本计算，以保证工会作用的充分发挥。

（四）劳动争议处理机制保障：缓解劳资争议的持续上升。

在中观层面，应注重劳动争议处理机制的保障。我国近些年来的劳动争议案件逐年递增，群体性劳动争议时有发生。2010 年，深圳富士康事件、广州南海本田停工事件等引起了社会和媒体的广泛关注。上海虽未发生重大的突发性事件，但我们也要在日常工作中及时把握劳动关系领域中的不稳定、不确定因素，着力于防范劳动争议的群体化、社会化倾向，着力于源头预防，着力于机制建设，在确保劳动关系和社会稳定上发挥更大作用。

在微观层面，劳动争议处理机制的实现路径主要有以下三方面。

第一，建立劳动关系预警机制。美国等一些发达国家已经建立了完善的劳动关系预警机制。其核心在于对产业及其相关就业量变化与裁员进行预警。从上海具体情况来看，失业预警系统的建立应当考虑以下内容。首先，本市违反劳动法律法规的举报投诉量始终在高位运行，因此建立针对这些问题的劳动关系预警系统也势在必行。其次，应建立专门的预警系统运作协调与管理机构。再次，应将预警系统与劳动监察、社会保障以及征信信息系统一并考虑，及时掌握裁员、欠薪欠保等人力资源市场信息，彻底改变信息不对称的状况。

第二，加强基层调解组织的建设。基层调解组织对于化解劳动关系的争议具有重要的作用。要推进企业依法建立、健全劳动争议调解委员会，加大对企业劳动争议的预防处理力度，及时化解纠纷苗头，将矛盾化解在基层和萌芽状态。

第三，实现行政机关、司法机关和社会团体等各部门的有效衔接。构筑政府调处平台，积极推进人民调解与行政调解、行政协调相结合的调处制度；总工会与法院实现诉调对接组织网络，努力把劳动关系矛盾化解在基层；构建司法审判与劳动仲裁的有机衔接，建立常态化交流平台，确保执法尺度的统一。

（本文作者分别系华东理工大学法学院教授、研究生）

以民主管理确立职工主体地位在和谐共处中促进劳资双赢

袁　立

上海富大胶带制品有限公司创建于1992年，是一家从事输送带、输送机、环保、电控设备生产和安装的民营企业。20多年来，公司从一个小作坊式的、从事传统生产制造业的小企业，发展到年产值达7亿元、职工700人，并大踏步向高科技企业转型的团队，其间的每一点滴成功，都与企业兼顾投资者与劳动者利益，尊重职工主体地位，推动企业和职工在和谐共处中实现双赢密不可分。

一、与企业发展需求相结合，探索推进职代会制度

我有过在国企长期工作的经历，对工会与职代会有一种天然的认同感。公司创业初期便成立了工会，是上海民营企业中建会最早的一批单位。之后随着公司规模的逐步做大，企业对通过民主管理协调劳动关系，促进企业与职工共同发展的需求与渴望越来越强。回顾富大公司推进职代会制度的探索和实践，都是与解决公司实际需求，处理好公司三个关系密切相关。

为了化解企业劳资矛盾，发展企业和谐劳动关系，探索建立职

代会。民营企业在成长过程中，经常会遇到一些劳动纠纷与矛盾，这些问题如果处置不当，对企业的健康持续发展将会带来极大的负面影响。我们公司同样如此。公司创业初期，一些劳动纠纷让我感到心烦，我不想被这些事干扰，就和工会协商较早地建立了职代会，通过职代会订立协调处理劳动纠纷的规章制度，职工在民主管理过程中学会了自我管理。职代会制度为我们公司发展和谐劳动关系奠定了良好制度基础。

为了兼顾股东和职工利益，处理好投资者与劳动者关系，协商实行两会合一。在富大公司，股东与职工是两大主体，如何兼顾好投资者与劳动者的利益关系，是富大在成长发展中必须面对的问题。2005 年，公司在推行职代会制度的基础上，通过协商，探索建立了职代会与股东会两会合一的做法。两会依照各自章程和办法，每年定期召开会议，各自行使相应的民主权利。会议召开时，职工代表列席股东会，股东代表列席职代会，从而使投资者代表与劳动者代表在彼此交流沟通中兼顾各自利益，实现互利共赢。这一形式已成为公司雷打不动的惯例坚持至今。

为了保证企业决策的科学正确，处理好企业发展和职工受益关系，健全完善职代会制度。经过长期的打拼，富大面临着规模扩张、创新转型的难题，在这一过程中，怎样运用好职代会制度平台，集职工智慧、解企业难事，是富大经营班子必须认真面对的重大问题。为此，我们在两会合一的基础上，坚持将职代会打造成为公司议大事、解难事、促发展的制度平台，正是因为我们将职代会制度作为企业管理的重要组成部分，因此，富大的职代会在有效地帮助企业渡难关、把方向上起到了核心作用，推动了公司及时纠正决策中的偏差，推动企业由传统制造型企业向高科技企业迈进。公司上下都尝到了以职代会为基本形式的民主管理对促进企业和职工共同发展的甜头。

二、与解决企业重点难点问题相结合，发展创新职代会制度

坚持把好职代会对董事会重大决策的审议关，以确保企业运营的健康安全。富大公司自设立两会制度之后，公司规定，凡董事会在对企业作重大决策时，必须提交职代会和股东会讨论审议，得到两会大多数代表认可后方可实施。实践证明我们的做法是有效的。富大在前后发展过程中，曾因两次职代会的审议，改变了公司的发展命运。一次是2005年，公司董事会拟收购河南某橡胶企业，在与当地国资委洽谈形成初步意向后，提交职代会和股东会审议，结果，两会代表提出了否决意见。其中，职工代表们提出的该厂设备老化、投入资金量大，生产成本过高等意见切中问题要害，引起了我和董事们的高度警觉。我们庆幸，如果不是职代会否决这一方案，富大一旦接手，很可能陷入恶性循环的无底深渊。再一次是2008年初，我和董事们拟关闭被富大兼并的一家已严重亏损的环保公司，但方案提交两会审议时，95%以上的代表否决了董事会的方案，职工代表们提出，富大应借环保产业实现转型，并提出引进领军人才，提高技术研发能力促进环保公司扭亏为盈等建议。董事会采纳了职代会的意见，用同济大学的高科技成果，一举拿下了国内多个污水处理老大难项目，2009年实现了扭亏为盈，2010年盈利1000多万元，2011年到手的合同就有1个多亿元，预期利润2000万元，公司前景一片光明，准备在三年内上市。这两个案例充分说明，是职代会制度在关键时刻拯救了富大。

坚持把好职工参股与提高职工劳动报酬关，以职代会制度促进企业收入分配的公正合理。早在1999年，富大公司就把股份分期分批赠送给了优秀的职工与中高层干部，并通过民主管理方式与全体职工约法三章，把企业当年利润的50%，以按劳分配、多劳多得的方式分给大家。至今，富大的股东已有171人，占了公司股权的

70%，而持股职工中，一般管理层和一线优秀职工占了80%，其他持股者分别来自企业的中高层管理团队和技术精英团队。在处理好企业股份之后，如何激发没有持股的职工投入企业发展的积极性和创造性，则是公司管理层必须面对的问题。为此，我们通过职代会提案制度征集职工代表的意见和建议，并通过工资平等协商确定了职工工资每两年普加一次、福利待遇随CPI的上升同步调整的规定。目前富大已经出现了将近100名百万富翁，在这基础上，我要带领富大的全体职工实现共同富裕，这是我办厂的宗旨，也是我人生目标。

坚持把好职工的源头参与和企业的选人用人关，以民选民评方式促进企业劳资关系和干群关系的融洽和谐。富大公司很早就设立了职工董监事制度，通过职代会选举产生了两名职工董事和一名职工监事，分别参与公司的最高层领导班子。同时，公司自2002年开始便实行了高层干部民主选举制度，至今已坚持了10年。在操作中，我们坚持无记名差额选举，坚持职工代表和股东代表不认可董事会不聘任为原则，至今已进行了两次，效果很好。与此同时，我们还在每年年末，通过组织全体职工对领导干部的无记名测评并当场公布结果，测评结果作为领导干部奖金发放的主要依据等举措，以促进领导干部牢固树立真心为企业和职工服务的意识，同样取得了很好的效果，企业的劳动关系和干群关系更为融洽和谐。

三、与企业发展理念相结合，进一步巩固发展职代会制度

长期以来的职代会制度探索实践使我感触颇多，体会很深。

体会之一：企业要可持续发展，就必须尊重职工主体地位，真心视职工为平等的合作伙伴。职代会制度的实践，拉近了我与职工的关系，也让我懂得了尊重职工，视职工为平等的合作伙伴，职工就会真心地善待老板、善待企业。我只有一个女儿，她又不愿意接

我的班，企业传承问题曾深深地困惑着我，是两会制度与民主管理给了我启发，将来，当我年近花甲之时，我将把富大传承给我的职工，并通过包括职代会民主管理在内的制度激励与约束，推进企业与职工在共建共享中实现更大的发展。

体会之二：职代会要切实发挥参政议政作用，就必须推进深化代表的提案工作，以职工智慧更好地促进企业管理的科学化、民主化。职代会提案工作是职代会作用发挥的一个非常有效的手段。公司规定，作为富大的职工代表必须要作提案，通过提案企业可发现经营管理、劳动关系等方面存在的问题，并持续改进。因此，在每年公司两会召开前一个月，征集代表提案便成为富大一道亮丽的风景线；在此基础上，富大每年都要选出最佳提案做大会发言，两会代表在分组讨论半数以上通过后，这些提案便交付总办实施，来年职代会再对这些提案落实情况进行审查。刚开始时，公司提案涉及工资福利问题较大，随着这些问题的解决，现在富大职工代表的提案主要涉及企业发展、创新、研发、管理等事项，已占了总提案的80%以上。职工代表参与企业管理的真知灼见，进一步推动了企业管理水平的提高和综合实力的增强。

体会之三：民主管理要实现常态化、经常化，就必须发展和丰富职代会日常民主管理制度。在坚持每年召开一次职代会的基础上，从2008年开始，富大公司便探索成立了民主管理常委会，由党委书记、工会主席、职工代表、股东代表和行政副总裁五人组成。常委会是一个常设机构，拥有独立的办公室和成员，每天一次碰头会，通过民主方式讨论处理公司日常事务。刚开始我还参加每天的碰头会，后来逐步淡出。民主管理常委会的设立和运作，使企业民主管理实现了常态化和经常化，对于化解企业劳动关系矛盾，强化企业日常管理起到了很大的促进作用。而我则可以腾出更多时间考虑企业发展的大事、要事。

总之，富大公司职代会民主管理的实践让我们受益匪浅。我们将按照《上海市职工代表大会条例》的规定，结合企业实际，更好地运用职代会制度，发展企业和谐劳动关系，调动职工参与企业发展的积极性和主动性，推动企业和职工在共建中实现共赢共享。

（本文作者系上海富大胶带制品有限公司董事长）

劳动关系发展趋势研判与应对策略

周　英

劳动关系涉及劳动者的切身利益，是最重要、最基本的社会关系。现阶段依托劳动关系的社会群体越来越广泛，越来越庞大，劳动关系的运行状况在很大程度上已影响到社会群体特别是劳动者对体制变迁、社会变迁的认识判断和行为选择。同时，也成为判断一个地区民生保障状况、企业投资环境、政府施政能力、社会和谐程度的关键指标。正因如此，解决劳动关系矛盾，发展和谐劳动关系可谓任重而道远。

在经历了实施《劳动合同法》、应对国际金融危机以及经济回暖向好等形势任务变化的过程后，使我们对社会主义市场经济条件下劳动关系运行的特点和规律有了进一步的了解。从江苏情况看，贯彻《劳动合同法》的积极效果得到进一步体现，劳动合同签订人数平稳增加，呈现出“三升一降”的良好态势，即劳动合同签订率上升、劳动合同续签率上升、中长期合同签订比例上升和短期合同签订比例下降，企业用工和工资支付行为基本规范，职工劳动合同、工资报酬和休息休假等方面权益得到保障，劳动争议及违法案件数量呈下降趋势，劳动关系运行情况总体保持稳定和谐。在社会环境、就业形势和政策措施的推动下，劳动关系的建立、运行与监管已进入十分重要而又复杂的调整时期，发展和谐劳动关系已成为包括劳动关系双方主体在内的社会共识。今后一个时期劳动关系的基本走势可在五个方面予以描述：

第一，劳动关系运行呈多变性。随着所有制结构调整特别是国有企业产权制度改革的深入，企业投资者、经营者、劳动者各自利益取向日益清晰和独立。投资者追求收益最大化、经营者追求利润最高化、劳动者追求待遇最优化。这三者之间既有利益关联性，又有利益互挤性，但强资本弱劳力的格局，特别是供过于求的就业压力将长期存在，在总量上制约着职工权益与要求的伸张，而劳动者不合理地分担着失业、降薪等市场竞争的风险，又有违社会公平正义的原则。在这种不平衡的动态博弈关系下，劳动合同的要约及其履行始终存在着不可知的变数，处理得当是共赢，处理不慎是俱败。作为劳动关系复杂多变的直接表象，大量的劳动纠纷、劳动争议将难以避免。

第二，劳动关系主体呈多元性。就用人单位而言，劳动关系形态见诸城乡各地，遍布各类企业和不同产业，涉及事业组织、社会团体、国家机关和民办非企业单位。就劳动者而言，单位人向社会人、固定人向流动人、正规就业向非正规就业转变力度加大，人员流动速度加快、领域加宽，社区化、自雇式等灵活就业劳动者的比重日益增大。同时，还有面广量大的农村进城务工人员、保留社会保险关系的再就业者、境外就业者，等等。出于规范用人单位用工行为的需要，特别是出于维护劳动者合法权益的需要，涉及劳动关系的公共政策将朝着加强劳动合同制度的方向发展，这也将推动用人单位更加重视劳动关系的规范化、法制化建设。

第三，劳动关系形式呈多样性。近些年来，就业形式、就业组织不断发生新的变化，传统的劳动关系模式已经不能涵盖和包容，如在劳动合同内容方面：工作时间由过去每日八小时的固定工作时间转为小时工作形态或弹性工作形态；工作场所由过去的集中劳动场所转为劳动场所日趋分散，甚至出现了家内劳动方式；工资支付由过去单一的月薪制转为小时工资制、周薪制、年薪制以及各种各样的激励工资形式等等。再如在劳动合同形式方面：劳动合同中止条件下的双重劳动关系、全日制劳动关系中的兼职关系、非全日制用工中的多重劳动关系、劳务派遣形式下的劳务关系与劳动关系、兼有投资者与劳动者身份的边缘劳动关系等等。这些都突破了传统的劳动关系理论和法律框架，纵横交错跨越多个法律关系领域，准确界定并正确把握劳动关系将变得越来越困难。同时，充分就业所要求的灵活性与劳动关系所要求的稳定性之间的矛盾运动，也将使特殊用工形态下的劳动关系协调工作变得越来越困难。

*第四，劳动关系结构呈多层性。*伴随人力资源市场由原来的城乡二元结构向三个层次人力资源市场转变。所谓三个层次就是以高技能专业化人才为主的高端人力资源市场、以普通管理人员、技术人员和熟练操作人员为主体的中层人力资源市场和以低技能、体力劳动人员为主体的低端人力资源市场。劳动关系也呈现出与之相对应的分层模式：高端劳动力供不应求，基本居于优势竞争地位，按照市场化原则与用人单位沟通、协商，劳动关系相对和谐，规范化程度较高。中层劳动力供求关系大体平衡，劳动者自我维权意识和能力较强，属劳动争议易发区。低端劳动力严重供过于求，就业竞争能力和自我保护能力明显不足，在劳动关系中整体处于弱势和不利地位，极易遭受就业歧视和权益侵害。由于不同群体劳动关系各有特点，相应劳动合同的期限、内容和形式等将出现差异化，个性化的趋势。

*第五，劳动关系协调呈多边性。*依据合同“相对性”原理，合同义务人只能是合同当事人，因此，传统的劳动关系大多止于“一对一”的个别劳动关系，但随着劳动者团结意识的增强和工会组织的建立健全，集体劳动关系将得到进一步的发育，即用人单位今后在处理有关劳动用工问题时，将更多地面临“一对多”的处境（近年来集体劳动争议的迅猛增长足以说明），这对集体协商集体合同

制度，包括行业、区域集体协商集体合同制度的加快发展将起到推动作用。另一方面，劳动关系作为一种特殊的契约关系，受劳动合同权利义务“三方性”特征的决定，既体现着“意思自治、契约自由”的私法精神，又适用着“强制规范、国家干预”的公法原则，后者影响尤甚。这将促使劳动者更加关注劳动标准的建立健全，在诉求内容上，将不断整合形成更加广泛、更加一致的利益共识，在实现路径上，除了继续强调用人单位履行劳动合同义务外，会进一步转向集体的力量，转向社会的协调、转向政府的支持。由此可能推动人力资源社会保障法制化建设步伐的提速，导致劳动关系加快走向和谐。也有可能造成劳动关系矛盾的非企业化、非经济化，甚至是非国内化，对这种破坏效应的放大可能性应当引起特别重视。

不同时期、不同阶段的劳动关系都有着自身鲜明的特征，与之相应的劳动关系协调机制也应当进行必要的完善和创新，以使发展和谐劳动关系的目标任务真正落到实处。

一是突出和谐理念。在劳动关系复杂多变的时代背景下，劳动关系的失衡是以资本的日益强势化和劳动者地位的持续弱势化为主要标志的，这表明现行劳动合同制度与现实社会需求存在着很大距离。我国建立劳动合同制度的初衷是作为配套措施，为经济体制和国有企业改革服务的，就其历程，手段重于目的；就其追求，效率甚于公平，这显然与今天建设和谐社会的方向不完全一致。从一定意义说，劳动关系是现代社会是否和谐的晴雨表、风向标。劳动关系稳定是社会和谐的基础与前提，而社会和谐又是劳动关系稳定的体现与保证。因此，置身于和谐社会建设大目标下的劳动合同制度，其价值取向应当是多维的，不能仅满足于物质文明的要求，还应当体现精神文明、政治文明的要求。因为劳动关系是现代社会中最基本、最基础、最重要的社会关系之一，涉及劳动者最关心最直接最现实的利益问题（不单是劳动就业权利的内涵）。置身于和谐社会建设大目标下的劳动合同制度，其目标定位应当是和谐，不只是满足于追求稳定。因为劳动关系稳定可以是社会控制的结果，而劳动关系和谐则一定是劳动关系生态的自然良性发展的结果。在现阶段，要把发展和谐劳动关系放在更加突出的优先位置，在不断扩大劳动合同制度、集体合同制度覆盖面的同时更加注重制度运行质量，在全面维护劳动者权益的同时要更加注重各类社会群体利益关系的协调平衡，在缓解当前突出矛盾的同时要更加注重研究建立长效管理机制，借助合理的制度安排，推动劳动关系双方主体在合作基础上实现共赢。

二是调整运行规则。劳动关系与民事法律关系相比，其最大区别在于劳动关系的动态博弈和持续交易特征。这个特征决定了劳动合同制度应当注重协商原则、稳定原则、调解原则。一是协商原则。由于劳动关系的成立和运行越来越多地取决于双方当事人的合意，因此，劳动关系发展的方向应当是合作而不是斗争，单纯追求“保护弱者”，制定较高的“劳动基准”，这是我国现有的生产力水平难以承受的，同时增加了企业用工成本，限制了企业的健康发展。在劳动合同订立和履行过程中，应当将更多的空间留给当事人充分协商。二是稳定原则。劳动者的职业稳定权在现行劳动合同制度中保护不够，以致劳动关系始终存在不稳定的隐患。解决这个问题必须通过立法途径，如修改无固定期限劳动合同的签订条件，规定用人单位有签订无固定期限劳动合同的义务；对有期限的劳动合同限定最长期限，对续签劳动合同的次数进行合理限制；对劳务派遣用工形式进行严格规范，明确劳动标准的责任主体和承担方式；对非经济性规模裁员适当控制，增加用人单位的经济补偿责任等。三是调解原则。世界各国处理劳动纠纷的机制虽然各异，但总的来说，都是以自由协商、调解斡旋为主，从而尽可能促进劳动关系的和谐与安定，防止劳动纠纷演化为激烈的对抗。因此，要特别注重建立起以当事人自主协商为基础、以调解和仲裁为主导、以诉讼为辅助的多层次、多渠道的劳动争议处理体制。企业作为劳动关系冲突的发源地，在预防、化解劳动争议纠纷方面要发挥更有效的作用。譬如健全完善由劳动者代表和企业代表共同组成的劳动争议调解委员会，提高调解人员的专业水准和公信力，推动企业与劳动者的对话与沟通，鼓励企业和劳动者通过自主协商柔性解决劳动纠纷，把大量的劳动关系冲突解决在企业内部，承担起“第一道防线”的作用化解矛盾，引导双方采取协商变通的方法解决纠纷。

三是政府重抓主导。由于政府职能调整和机构改革，过去的“劳动部门——主管部门——企业——个人”的劳动用工管理模式已经发生了重大改变，政府从“一线操作”退位后留下的管理“真空”，在市场经济发达国家往往是由工会和雇主联合会等非政府组织来填补，而我国目前的条件尚不具备。当前我们既处于发展的重要战略机遇期，又处于社会矛盾凸显期。涉及到用人单位与劳动者利益关系和利益诉求的矛盾正越来越多地通过劳动关系冲突表现出来，加剧了经济社会运行中的公共风险。在这个过程中，政府的存在与发展很大程度上取决于其抵抗风险、化解冲突的能力。处理劳动关系矛盾的能力无疑是对现代政府的严峻考验。一方面，与发达市场经济国家相比，我国协调劳动关系机制的制度体系和治理水平显然还有很大差距。另一方面，在习惯于政府主导社会变革的历史传统下，在劳动关系中力量对比明显向资本倾斜和就业压力巨大的现实条件下，职工维权求助的对象还是主要依靠政府部门。因此，发展和谐劳动关系，政府面临的不是“做与不做”的选择，而是“怎样做”的问题。重要的是政府要走出“不必做、可不做”的认识误区，切实担负公共管理责任，转变工作方式方法，通过提供有效的就业调节、执法监管、社会保障和公共服务等实际举措，为劳动关系的运行创造良好的外部环境，对强资本弱劳动格局和已经失衡的劳动关系进行调节与平抑。

四是加强社会合作。以协调劳动关系三方机制为主建构社会对话与合作平台，发挥好三个方面的作用：一是利益表达作用。社会和谐首先是利益和谐。劳动关系就其本质而言是一种经济利益关系，是社会最基本、最重要的利益关系之一，其中包含着劳动者最关心最直接最现实的利益要求。但当前的实际情况是，劳动者参与利益分配、利益竞争的能力明显处于弱势，要通过三方协调机制的运作，搭建社会对话和信息反馈平台，尽可能畅通职工群众表达利益诉求的渠道，使职工在制定人力资源社会保障政策、研究人力资源社会保障标准时拥有相应的话语权，充分反映他们的意见和主张。促进公共管理部门决策的科学化和民主化，落实社会公平正义原则，更好地考虑和兼顾各方面的利益平衡。二是力量整合作用。随着经济体制改革和政府职能调整，劳动关系工作的服务对象和服务内容发生了深刻变化，工作范围涉及城乡不同地域，需要面对各种不同诉求的利益群体，单纯依靠政府的一方力量远不能适应实际需求。特别需要通过三方协调机制的制度安排，围绕建设和谐劳动关系的统一目标，以“运行实体化、资源社会化、工作长效化”为努力目标和发展方向，进一步增强三方机制的代表性和影响力，最大程度地动员全社会力量，协作配合，实现信息交流，资源共享，工作联动，构建以党委领导、政府负责、社会协同、主体参与为基本特点的新型劳动关系协调机制，解决单方组织协调劳动关系力量薄弱、手段单一的现实问题。三是矛盾调处作用。应当着重研究县（市、区）三方协调机制的运行制度和工作手段，探索乡镇、街道、社区、经济开发区和工业园区协调劳动关系的具体形式，发挥劳动关系三方组织在劳动关系协调的不同环节、不同阶段的优势，综合运用教育、引导、协商、调解等多种手段，抓苗头，抓预防，尽可能将大量的劳动纠纷化解在萌芽状态，以尽可能小的行政成本过滤劳动争议纠纷，防止矛盾扩大和激化，使劳动关系的矛盾冲突最终纳入法制化、理性化处理轨道。

五是创新工作手段。实现调解方式的行政化、区域化、摆脱企业化，是许多西方国家的经验。在劳动关系当事人申请劳动争议仲裁之前，增设权利救济渠道，用行政调解方式解决劳动纠纷，有利于应对劳动纠纷大量增多的压力，发挥“防火墙”和“过滤池”的作用；有利于政府作为具有公信力的第三方，及时主动地发挥斡旋、调停作用，创新和丰富人力资源社会保障部门协调劳动关系矛盾的手段；有利于弥合当事人的感情关系，不至于发生劳动者“赢了官司，丢了饭碗”的尴尬；有利于解决职工个体维权成本过高的问题，可以为当事人提供低成本的解决劳动关系争端的帮助。SA8000社会责任运动的重要启示之一，就是对劳动用工行为评价的标准化。因此，提高劳动合同制度运行质量，需要对劳动合同的签订、履行和管理状况进行必要的评价，评价标准应当是由若干具体的评价指标构成的完整体系和监测方法，可以起到提示加强管理路标的作用。用人单位可以通过评价标准进行自检自查，方便地找出管理工作中存在的差距，采取有针对性的管理措施，有利于建立和完善自我约束机制。职工可以将评价标准作为监督的尺子，作为就业择业的市场信号；政府和社会组织可以依照评价标准进行监督检查和示范引导。同时在劳动关系协调工作中引入风险管理理念，设定若干风险指标，定义各级风险的表现形式，对企业劳动关系状况进行风险等级评估，降低劳动关系管理风险，力求将问题在萌芽阶段得到有效控制和解决。此外，在实施常规性的用工管理和公共服务之外，应当高度重视对劳动关系突发事件的研究和处理，建立健全必要的预警预防和应急处置机制，积极采取法律、政策、教育、行政等手段和说服、协调、和解、调解等方式，面对面开展矛盾化解工作，努力将劳动关系领域中的矛盾、冲突和稳妥，置于有序、可控的范围，防止劳动用工风险转化为经济社会风险、公共管理风险，维护劳动关系和经济社会的长治久安。

（本文作者系江苏省人力资源和社会保障厅副厅长、省总工会副主席）

联合制定劳动关系和谐企业创建评价规范推进创建工作标准化

陈　苏

开展创建劳动关系和谐企业活动，是学习贯彻实践科学发展观的具体体现，是推动经济社会又好又快发展、共建和谐社会的客观要求，也是党和政府主导的维护职工合法权益、协调稳定劳动关系的有效载体。在2011年年初中央召开的省部级主要领导干部社会管理及其创新专题研讨班上，胡锦涛总书记强调，要提高社会管理科学化水平，建设中国特色社会主义社会管理体系，促进社会和谐。王兆国同志在庆祝“五一”国际劳动节大会讲话上要求，各级工会积极参与加强和创新社会管理，做促进社会和谐稳定的中流砥柱，充分发挥工会组织在加强和创新社会管理中的重要作用，形成社会管理和服务合力，最大限度激发社会活力，最大限度增加和谐因素，最大限度减少不和谐因素，切实维护职工群众合法权益。

中国工会是中国共产党领导的工人阶级群众组织，是社会主义国家政权的重要社会支柱。工会作为我国政治架构的重要组成，应当积极参与社会管理创新。而创建和谐劳动关系，是当前工会参与社会管理创新最重要的举措，通过创建和谐劳动关系，能够构建动态调整和化解机制，使社会矛盾不断得到及时解决。

怎样使创建劳动关系和谐企业适应社会管理创新要求，怎样使创建劳动关系和谐企业从一个感性、模糊的概念成为具有可操作性的创建规范，需要形成制度化、规范化的评价体系。我们借助标准化工作使劳动关系和谐企业创建工作增强“刚性”，着力建立规范有序、公正合理、互利共赢、和谐稳定的劳动关系创建评价体系。

标准化工作主要指制定标准、组织实施标准和对标准的实施进行监督检查。所谓标准，是指依据科学技术和实践经验的综合成果，在协商的基础上，对经济、技术和管理等活动中具有多样性的、相关性的重复事物，以特定的程序和形式颁发的统一规定。从标准化的发展来看，标准化规定了质量方针、目标、职责和程序，并通过建立相关体系进行过程管理、质量策划、质量控制、质量保证和质量改进。探索劳动关系和谐企业创建标准化工作，有助于全面提高劳动关系和谐企业创建水平，我们着重推进劳动关系和谐企业创建工作标准化工作的制定、组织实施和对企业认证的督促指导工作。

一、制定发布《镇江市劳动关系和谐企业创建评价规范》

我们围绕当前维护职工合法权益中存在的问题，会同市质监局联合制定了社会认可的劳动关系和谐企业创建工作评价规范。这套规范体系依托我市开展创建工作 6 年来逐步建立完善的考核体系，进一步对具体内容进行了细化，在格式上按照《中国标准化工作编写规则》要求编写，围绕劳动就业、工资分配、社会保险、安全生产、企业文化、工会建设、民主管理、争议调处、社会责任 9 个评价项目共设置 50 个评价要素，对企业劳动关系的和谐度进行评价规范。在拿出草案后征求了人社等多个部门意见，并召开多个层面座谈会修改完善，于 2011 年 2 月 25 日由市总工会与质监局联合发布了《劳动关系和谐企业创建评价规范》。创建评价规范的发布，使劳动关系和谐企业成为具有可操作性的规范标准，有利于引导全市劳动关系和谐企业创建朝着规范化、标准化的方向发展。

（一）创建评价规范主要内容。

主要由九大评价项目，50 项评价要素组成。

1. 劳动就业主要内容有：依法招用劳动者，不使用童工，建立用工登记和核查制度，依法与劳动者签订劳动合同，劳动合同签订率达 100% ，劳动合同文本内容合法，程序规范，双方依法履行合同，劳动合同解除或终止书面报人社部门备案。

2. 工资分配主要内容有：建立健全企业内部工资分配制度，工资分配遵循按劳分配的原则，实行同工同酬，健全完善企业内部工资支付制度，建立企业工资共决机制和增长机制，开展工资协商工作，确保劳动报酬增长和劳动生产率同步提高，通过工资协商，企业职工收入普遍增长。

3. 社会保险主要内容有：履行社会保险登记、申报义务，依法申报应缴纳的社会保险数额和参保职工人数，按时足额缴纳各项社会保险费。建立住房公积金制度和职工互助互济保障等补充保险。

4. 安全生产主要内容有：健全企业安全生产规章制度，生产经营场所和设备、设施符合国家有关标准和规定，有毒有害岗位劳动者进行定期健康体检，每两年对女职工普查一次妇科病，特种作业人员持证上岗，定期进行安全生产检查，开展“安康杯”、职业卫生达标竞赛活动和“1 +3”安全监控体系建设。

5. 企业文化主要内容有：开展多层次、多形式的培训教育和技能竞赛活动，开展“争当文明职工”活动，企业文明职工达 90% 以上，开展“争创五一文明班组”活动，参与面达到 80% 以上，建设职工文体活动场所，开展职工文体活动，建立职工书屋，关注职工心理健康，对职工心理健康进行疏导。

6. 工会建设主要内容有：依法建立工会组织，按期换届改选，依法组织职工加入工会，每年召开会员大会或会员代表大会，依法按时足额拨解工会经费，工会经费审查达到规范化建设标准，开展困难职工帮扶工作，及时有效地为困难职工提供救助和服务，工会会员满意度较高。

7. 民主管理主要内容有：每年召开职工代表大会，按期换届，企业制定内部劳动规章制度要与工会或者职工代表平等协商，履行职代会民主程序，建立厂务公开制度，建立平等协商、集体合同制度，按规定签订集体合同及相关专项协议，集体合同履行情况每年向职工代表大会报告。

8. 争议调处主要内容有：企业依法建立劳动争议调解委员会，建立劳动关系预警机制，做好劳动争议的预防、预测、预报、预警工作，定期组织开展劳动法律法规监督检查活动，劳动争议调解及时有效，无劳动争议企业败诉案件。

9. 社会责任主要内容有：企业合法经营，依法纳税，重视环境保护，稳定达标排放，无环保信访投诉败诉案件，积极参加慈善捐助，支持社会公益事业，开展劳动保障诚信示范企业创建工作，企业经营者在促进企业发展、维护职工权益方面主动履行职责，社会和职工认可度较高。

（二）创建评价规范体现的理念。

评价规范体现出以人为本，履行法律责任、道德责任和社会责任三者的有机统一理念。

一是强化人本管理理念，履行法律责任。法律责任是市场经济条件下企业必须履行的起码责任，其涵义是企业的各项生产经营活动必须遵守法律的规定，必须在法律允许的范围内追求经济利益的最大化。企业要和谐发展、可持续发展，必须坚持人本管理，将人力资源作为第一资源，让职工参与管理；要尊重职工人格，关注职工的生命安全和健康，不断改善工作环境；要规范劳动合同，工资标准要随着企业经济效益增长而同步增长；要依法制定企业规章制度，确保管理体系持续有效有序运行。标准的内容依据国家法律和江苏省地方法规的要求，体现出主动维权、依法维权、科学维权的原则。

二是强化诚信经营理念，履行道德责任。道德是调节人际关系的行为准则，也是企业必须遵守的行为规范。道德责任的涵义就是指企业在市场经济条件下，企业活动应当遵守社会倡导的伦理准则和道德规范。中外企业的实践证明，诚信是企业的求生之道、立足之本，是企业长盛不衰的关键要素，成功的经营者无不把诚信视为企业的生命。标准的编写体现出了企业经营者对职工坦诚，坚持职工对企业依法享有的民主管理权利的原则。

三是强化和谐发展理念，履行社会责任。建设和谐企业文化，可以内聚人气、外树形象。企业经营者应牢固树立和谐企业的理念，切实履行社会责任。对外，当企业发展壮大，有了一定的经济效益和资本积累后，应当用各种方式回报社会，用自己的财富造福社会，以自己的爱心和行为回报社会。对内，要在关爱职工上下功夫，注重对困难职工的帮扶，注重职工利益诉求和沟通平台的建设，特别是要建立一整套适合企业自身特色的关爱亲情机制，以此来提高企业凝聚力，夯实发展和谐劳动关系的人文基础。标准的编写把企业履行社会责任作为劳动关系和谐企业的一个重要标志。

（三）创建评价规范体现的特点。

一是全省全国首创。劳动关系和谐企业评价虽然各地都有考核指标或实施细则，但按照国家质量管理体系的要求上升到标准化的高度，在全省乃至全国，镇江是首创。

二是具有刚性约束。以往的劳动关系和谐企业考核验收存在定性多、定量少和柔性有余、刚性不足，相关法律法规中对和谐企业创建没有明确的条款等问题，而标准化被通俗地称为第二法律，推进劳动关系和谐企业标准化，无疑强化了刚性约束。

三是体现时代要求。推进标准化创建工作，既适应了中央关于建立“规范有序、公正合理、互利共赢、和谐稳定”的新型劳动关系的目标要求，同时也拓宽了新形势下工会参与加强和创新社会管理的新途径。

二、组织实施《劳动关系和谐企业创建评价规范》评价

在组织企业实施《镇江市劳动关系和谐企业创建评价规范》评价上，我们采取了一系列措施。

发挥党委在标准化创建中的领导作用。2011 年 10 月，我们提请镇江市委召开工会工作会议，明确会议主题为“深入贯彻市第六次党代会精神、创建和谐劳动关系推进会”，要求在全市全面推进劳动关系和谐企业创建标准化工作。建立起规范有序、公正合理、互利共赢、和谐稳定的新型劳动关系，合力推进镇江的跨越发展。

突出政府在标准化创建中的主导作用。《镇江市劳动关系和谐企业创建评价规范》发布后，我们及时提请镇江市人民政府下发了《关于推进劳动关系和谐创建标准化的实施意见》，着力于建立标准化、规范化的劳动关系宏观调整与监管服务机制，形成权威、公平的劳动关系和谐企业创建工作评价体系，提升创建工作的成效和层次，为发展和谐劳动关系，构建和谐社会提供机制保障。

体现职能部门在标准化创建中的合力作用。为发挥各相关部门在标准化创建中的合力作用，我们根据评价工作的需要，组建了创建标准化评价机构——镇江市劳动关系和谐企业评价委员会，主任由市创建劳动关系和谐企业领导小组副组长担任，副主任由市人社、质监、经信、安监、总工会分管领导担任，成员由上述部门职能处室负责人组成。负责对全市劳动关系和谐达标企业创建工作的指导、检查、验收、确认等工作。

三、加强标准化创建评价工作的督促指导和激励

在加强对企业实施评价的督促指导环节上，我们从指导、督促、激励三方面采取有效措施，确保企业认证工作的全面开展。

发挥指导作用，督促企业开展自查申报活动。组织企业开展认证自查活动，对前几年已获得劳动关系和谐企业荣誉称号的企业，对照新标准进行检查评估，对未达到要求的评价要素开展专项整改，通过自查——评估——整改，成为认证达标的劳动关系和谐企业。对正在参加创建的企业，对照标准进行自查、评估、整改，符合条件后，由市创建办组织进行检查验收，对评价达标的企业授予劳动关系和谐达标企业称号。

实施八项升级计划，确保认证重点指标落实。围绕推进劳动关系和谐企业创建所需要重点解决的问题，我们研究制定了实施八项升级计划，深化劳动关系和谐企业创建的指导意见，并由市委转发全市执行。通过实施劳动竞赛拓展升级、职工技能普及升级、企业文化植根升级、工资协商质效升级、互助互济保障升级、企业规章规范升级、矛盾化解机制升级和工会组织活力升级，确保《劳动关系和谐企业创建评价规范》实施评价达标的落实。

加大激励力度，增强企业评价达标的保障力。加大对评价达标工作的激励，调动企业、职工和工会干部推进评价达标工作的主动性和积极性。继续把创建工作纳入市委市政府对辖市区科学发展党政目标考核内容中，督促各区域、行业将规范达标工作层层分解、传递、落实到位。

四、在更大范围内推广创建工作标准化

在发布《劳动关系和谐企业创建评价规范》后，我们又承担了《劳动关系和谐企业评价规范》江苏省地方标准的主要起草任务，经过多次认证，修改完善，形成送审稿后，2012 年 2 月 5 日，由江苏省质监局牵头召开专家审查会，一致通过了审查，并于 2012 年由国家标准委发布备案公告，从 2012 年 3 月 10 日起，《劳动关系和谐企业评价规范》江苏省地方标准正式实施，使劳动关系和谐企业创

建评价规范成为全省企业自愿采用、自我约束性的标准。镇江市推进劳动关系和谐企业标准化工作做法引起省有关部门重视，镇江市被推荐到国家标准委，并被国家标准委于2012年1月11日发文，正式批准镇江市总工会的“国家级劳动关系和谐企业创建评价规范服务业标准化试点”项目。

劳动关系和谐企业创建工作是当前乃至今后一段时期工会组织服务大局、服务职工的有效载体和抓手，在深化劳动关系和谐企业创建工作中，需要我们不断地探索新途径和新方法，为使中国特色社会主义工会发展道路越走越宽广作出不懈的努力。

（本文作者系镇江市人大常委会副主任、市总工会主席）

镇江市劳动关系和谐企业创建评价规范（试行）

镇江市总工会　镇江市质量技术监督局

第一章　总　则

第一条　为全面落实科学发展观，提高劳动关系和谐企业的创建水平，探索劳动关系和谐企业创建工作的长效机制。根据《中华人民共和国劳动法》、《中华人民共和国工会法》、《中华人民共和国劳动合同法》、《中华人民共和国劳动争议调解仲裁法》、《江苏省实施〈中华人民共和国工会法〉办法》、《江苏省劳动合同条例》、《江苏省社会保险费征缴条例》、《江苏省工资支付条例》、《江苏省集体合同条例》、《江苏省安全生产条例》、《江苏省企业民主管理条例》等有关法律、法规，制定本规范。

第二条　本规范所称劳动关系和谐企业是指通过开展劳动关系和谐企业创建工作，起到有效促进企业发展，维护职工合法权益，实现劳资双赢效果的企业。

第三条　劳动关系和谐企业创建的基本要求：

一、体现社会主义和谐社会建设的要求。

二、体现促进企业发展，维护职工合法权益，实现劳资双赢要求。

三、结合劳动关系和谐企业创建的特点，勇于实践，大胆创新，特色突出，有推广价值。

第二章 劳动就业

第四条 依法招用劳动者，不使用童工，建立用工登记和核查制度。

第五条 依法与劳动者签订劳动合同，劳动合同签订率达100%。

第六条 劳动合同文本内容合法，程序规范，双方依法履行合同。

第七条 劳动合同解除或终止书面报人社部门备案。

第三章 工资分配

第八条 建立健全企业内部工资分配制度，有较为完整的工资正常增长、岗位工资、奖金、津贴、补贴分配办法等。工资分配应当遵循按劳分配的原则，实行同工同酬。

第九条 健全完善企业内部工资支付制度，工资支付遵循诚实信用原则，按时以货币形式支付，书面记录支付劳动者应发项目和数额、支付形式，支付周期和日期、依法扣除项目、领取者签名等内容。

第十条 建立企业工资共决机制和增长机制，开展工资协商工作，确保劳动报酬增长和劳动生产率同步提高。

第十一条 实行计件工资制的企业，劳动定额或计件报酬标准遵循科学合理的原则。

第十二条 企业职工平均工资水平不低于当地人社部门发布的企业职工人均工资水平或工资增长比例不低于人社部门发布的当年工资增长指导标准基准线。

第十三条 通过工资协商，企业职工收入普遍增长，职工满意度较高。

第四章 社会保险

第十四条 履行社会保险登记、申报义务，依法申报应缴纳的社会保险数额和参保职工人数。

第十五条 按照国家有关规定，按时足额缴纳各项社会保险费。

第十六条 建立住房公积金制度和职工互助互济保障等补充保险。

第十七条 具备条件的企业建立以企业年金为主要形式的补充养老保险制度。由企业与工会或职工代表通过集体协商确定，并制定企业年金方案。

第五章 安全生产

第十八条 健全企业安全生产规章制度，建立事故应急预案并演练。

第十九条 生产经营场所和设备、设施符合国家有关标准和规定，安全标志明显。

第二十条 有毒有害岗位劳动者进行定期健康体检，每两年对女职工普查一次妇科病。

第二十一条 企业负责人和安全管理人员经过安全培训，开展职工安全生产知识普及教育，特种作业人员持证上岗。

第二十二条 定期进行安全生产检查，及时整改隐患，无重大伤亡事故。

第二十三条 开展“安康杯”、职业卫生达标竞赛活动和“1 +3”安全监控体系建设。

第六章 企业文化

第二十四条 根据职工需求，开展多层次、多形式的培训教育和技能竞赛活动，提升职工文化水平和技能素质。

第二十五条 开展“争当文明职工”活动，企业文明职工达90%以上。

第二十六条 开展“争创五一文明班组”活动，参与面达到80%以上。

第二十七条 建设职工文体活动场所，开展职工文体活动，活跃职工精神生活，增强企业凝聚力和团队意识。

第二十八条 建立职工书屋，经常组织读书、讨论、辅导活动，提升职工综合素质。

第二十九条 关注职工心理健康，对职工心理健康进行疏导，清除职工心理障碍。

第七章 工会建设

第三十条 企业依法建立工会组织，同时按有关规定建立工会经费审查委员会、工会女职工委员会。按期换届改选，工会干部配备到位。

第三十一条 企业工会依法取得社会团体法人资格，依法组织职工加入工会，维护职工参加工会的权利。

第三十二条 每年召开1—2次会员大会或会员代表大会，讨论决定通过工会工作重大问题。

第三十三条 依法按时足额拨解工会经费，经确认工会财务达到规范化标准，工会经费审查达到规范化建设标准。

第三十四条 开展困难职工帮扶工作，建立困难职工帮扶档案，及时有效地为困难职工提供救助和服务。

第三十五条 工会工作成效明显，工会会员满意度较高。

第八章 民主管理

第三十六条 每年召开职工代表大会，做好职工代表大会会前会后报告工作。

第三十七条 依法选举职工代表大会代表，代表人数及比例符合有关规定，职工代表大会到期按期换届。

第三十八条 依法履行职工代表大会职权，向职工代表大会报告决议的执行情况。由职工代表大会通过的事项采取无记名投票方式。

第三十九条 制定书面的劳动规章制度，并及时修改和完善，条款内容不得与法律法规相抵触。

第四十条 企业制定内部劳动规章制度要与工会或者职工代表平等协商，履行职代会民主程序。加强对职工劳动规章制度的宣传教育，对劳动规章制度的执行情况进行检查。

第四十一条 建立厂务公开制度，有厂务公开栏或其他公开形式，职工对厂务公开满意度较高。

第四十二条 建立平等协商、集体合同制度，按规定签订集体合同及相关专项协议。

第四十三条 集体合同草案提交职工代表大会讨论通过，报人社部门审核，并向职工公示。

第四十四条 集体合同履行情况每年向职工代表大会报告，职工满意度较高。

第四十五条 建立现代企业制度的公司制企业依法建立职工董事、职工监事制度。

第九章 争议调处

第四十六条 企业依法建立劳动争议调解委员会，人员组成结构合理。

第四十七条 建立劳动关系预警机制，做好劳动争议的预防、预测、预报、预警工作，定期组织开展劳动法律法规监督检查活动。

第四十八条 劳动争议调解及时有效，无劳动争议企业败诉案件。

第十章　社会责任

第四十九条　企业合法经营、依法纳税。

第五十条　重视环境保护，稳定达标排放，无环保信访投诉败诉案件。

第五十一条　积极参加慈善捐助，支持社会公益事业。

第五十二条　开展劳动保障诚信示范企业创建工作，获得劳动保障诚信示范企业称号。

第五十三条　企业经营者在促进企业发展，维护职工权益方面主动履行职责，社会和职工认可度较高。

第十一章　评价方法

第五十四条　实施单位要建立自我评价体系，组织内部开展自我评价。

第五十五条　开展社会评价，评价内容包括：

一、开展职工满意度调查；

二、上级职能部门组织的评价；

三、广播、电视、网络及有关报纸、刊物等新闻媒体组织的评价。

第五十六条　各有关单位可参照附录进行测评，亦可结合自身实际，根据本规范制定测评细则进行测评。

第十二章　附则

第五十七条　本规范由镇江市总工会负责解释。

第五十八条　本规范自发布之日起执行。

附录：

劳动关系和谐企业评价细则

评价项目	评价要素	评价内容	分值	分项总分
1 劳动用工	依法招用员工	依法招用劳动者，不使用童工，建立用工登记和核查制度。	2.5分	10分
	签订劳动合同	依法与劳动者订立劳动合同，劳动者劳动合同签订率达100%。	2.5分	
	合同文本规范	劳动合同文本内容合法，签订程序规范，双方依法履行合同。	2.5分	
	合同上报备案	解除或终止劳动合同书面报人社部门备案。	2.5分	
2 工资分配	健全分配制度	建立健全企业内部工资分配制度，有较为完整的工资正常增长、岗位工资、奖金、津贴、补贴分配办法等。	2分	10分
	完善支付制度	健全完善企业内部工资支付制度，工资支付遵循诚实信用原则，按时以货币形式支付，书面记录支付劳动者应发项目和数额、支付形式、支付周期和日期、依法扣除项目、领取者签名等内容。	2分	
	共商共决薪酬	建立企业工资共决机制和增长机制，每年定期开展工资协商，确保劳动报酬增长和劳动生产率同步提高。	2分	
	劳动定额合理	计件制企业确定的劳动定额标准能够确保同岗位90%以上劳动者在法定工作时间内完成。	1分	
	增加职工收入	建立完善工资分配向一线技术工种、关键岗位倾斜的分配制度，企业职工平均工资水平不低于当地人社部门发布的企业职工人均工资水平或工资增长比例不低于人社部门发布的当年工资增长指导标准基准线。	2分	
	职工满意度高	通过工资协商，企业职工收入普遍增长，职工满意率较高。	1分	

续表

评价项目	评价要素	评 价 内 容	分值	分项总分
3 社会保险	参加社会保险	履行社会保险登记、申报义务，依法申报应缴纳的社会保险数额和参保职工人数，社会保险参保率达 100%。	3 分	10 分
	缴纳社保费用	按照国家有关规定，按时足额缴纳各项社会保险费，缴纳情况及时向职工公布。	3 分	
	参加补充保险	推行住房公积金制度和职工互助互济等补充保险制度。	2.5 分	
	建立企业年金	具备条件的企业建立企业年金制度。由企业与工会或职工代表通过集体协商确定，并制定企业年金方案。	1.5 分	
4 安全生产	健全安全制度	健全企业安全生产规章制度，建立事故应急预案并演练。	2 分	10 分
	完善劳动条件	生产经营场所和设备、设施符合国家有关标准和规定，安全标志明显。	1.5 分	
	注重职业卫生	有毒有害岗位劳动者进行定期健康体检，尘毒浓度指标不超过国家卫生标准。至少每两年对女职工普查一次妇科病。	1.5 分	
	开展安全培训	企业负责人和安全管理人员经过安全培训，开展职工安全生产知识普及教育，特种作业人员持证上岗。	2 分	
	实施安全检查	定期进行安全生产检查，及时整改事故隐患，无重大伤亡事故发生。	2 分	
	开展安全竞赛	开展“安康杯”、职业卫生达标竞赛活动和“1+3”安全监控体系建设。	1 分	

续表

评价项目	评价要素	评价内容	分值	分项总分
5企业文化	提升职工素质	根据职工需求，开展多层次、多形式的培训教育和技能竞赛活动，提升职工文化水平和技能素质。	2分	10分
	争当文明职工	积极开展“争当文明职工”活动，企业文明职工达90%以上。	1.5分	
	争创文明班组	组织开展“争创五一文明班组”活动，参与面达80%以上。	1.5分	
	丰富文体活动	建设职工文体活动场所，每年开展职工文体活动，活跃职工精神生活，增强企业凝聚力和团队意识。	2分	
	建立职工书屋	建立职工书屋，藏书3000册以上，经常组织读书、讨论、辅导活动，提升职工综合素质。	1.5分	
	关注心理健康	关注职工心理健康，对职工心理健康进行疏导，提高职工心理承受能力，清除职工心理障碍。	1.5分	
6工会建设	工会组织健全	企业依法建立工会组织，依法选举产生工会委员会，同时按有关规定建立工会经费审查委员会、工会女职工委员会；按期换届改选，工会干部配备到位。	2分	10分
	职工依法入会	企业工会依法取得社会团体法人资格，依法组织职工加入工会，维护职工参加工会的权利，职工（含劳务工）入会率达95%以上。	2分	
	定期召开会议	每年召开1—2次会员大会或会员代表大会，讨论决定通过工会工作重大事项。	1分	
	规范经费管理	依法按时足额拨解工会经费，配备专兼职工会财务会计，财务会计制度健全，经费收支情况向会员代表大会报告，达到工会财务规范化考核标准；经费审查工作达到规范化建设标准。	2分	
	健全帮扶机制	建立健全困难职工帮扶制度，建立困难职工档案，及时有效地为困难职工提供救助和服务。	2分	
	工会会员满意	企业工会被表彰为市级以上模范职工之家，会员满意率达到85%以上。	1分	

续表

评价项目	评价要素	评价内容	分值	分项总分
7民主管理	定期召开会议	每年至少召开一次职工代表大会，做好职工代表大会会前会后报告工作。	2分	20分
	代表结构合理	职工代表通过职工代表大会选举产生，人数和组成结构符合规定要求，职工代表大会按期换届。	1分	
	依法履行职权	依法履行职工代表大会职权，向职工代表大会报告决议的执行情况。由职工代表大会通过的事项采取无记名投票方式。	2分	
	劳动规章合法	企业依法制定书面的劳动规章制度，并及时修改和完善，条款内容不得与法律法规相抵触。	2.5分	
	制定程序规范	劳动规章制度提交职工代表大会讨论，与工会或者职工代表平等协商确定；加强对职工劳动规章制度宣传教育，对劳动规章制度的执行情况进行检查。	2.5分	
	厂务公开规范	有厂务公开栏或其他公开形式，职工代表大会、厂务公开有细则或实施办法，职工满意率达到80%。	2.5分	
	建立协商制度	建立平等协商制度，按规定签订集体合同，女职工25人以上企业签订女职工特殊保护专项协议。	2分	
	协商程序合法	集体合同文本经职工代表大会审议通过，报人社部门审核，并向职工公示。	2分	
	合同履约到位	集体合同履约情况每年至少向职代会报告一次。履约率达到100%，职工满意率达到90%以上。	1.5分	
	职工董事监事	公司制企业依法选举产生职工董事、监事，建立完善职工董事、监事联系职工制度、参与董事会重大决策前的咨询、论证制度、自身合法权益保障制度、述职、评议制度。	2分	

续表

评价项目	评价要素	评价内容	分值	分项总分
8 争议调处	建立劳调组织	建立企业劳动争议调解委员会，人员组成结构合理。	2 分	8 分
	建立预警机制	建立劳动关系预警机制，做好劳动争议的预防、预报、预警工作，定期组织开展劳动法律法规监督检查活动，无因侵犯职工合法权益导致职工集体上访事件。	3 分	
	调解劳动争议	劳动争议调解及时有效，无劳动争议企业方败诉案件。	3 分	
9 社会责任	企业合法经营	企业合法经营、依法纳税，纳税方面未被处罚过。	2 分	12 分
	重视环境保护	重视环境保护，稳定达标排放，无环保信访投诉败诉案件。	2 分	
	热心慈善公益	积极参加慈善捐助，支持社会公益事业。	2 分	
	劳动保障诚信	开展劳动保障诚信示范企业创建工作，获得当地人社部门评定的劳动保障诚信示范企业称号。	4 分	
	实现劳资共赢	企业经营者在促进企业发展，维护职工权益方面主动履行职责，社会和职工测评认可度较高。	2 分	

注：核心评价要素：

下列核心评价要素未达标的，实行一票否决：

1. 企业未依法建立工会组织；
2. 因侵犯职工合法权益导致职工集体上访事件；
3. 拖欠职工工资、社会保险、工会经费；
4. 发生重大伤亡事故和重大环保责任事故；
5. 不坚持劳动合同、集体合同制度和职工代表大会、厂务公开制度；
6. 未能达到劳动保障诚信单位标准。

对创新劳动关系协调工作的若干思考

金　鑫

劳动关系是最基本的社会关系，也是最重要的社会关系，与经济社会发展状况密切相关。特别是2008年实施的《劳动合同法》，以及突如其来的国际金融危机，对劳动关系走势产生了重大影响。从基本面上看，劳动关系运行总体情况较好。以江苏为例，劳动合同制度和集体合同制度不断推进，劳动合同签订率、劳动合同续签率、中长期劳动合同签订率和岗位稳定率四项指标趋高企稳，劳动关系运行质量明显提升；实施《劳动合同法》的积极影响不断扩大，法制化、市场化的劳动关系调整机制更加成熟，企业管理方式从随意到依法，从被动到主动，从粗放到精细，发生了明显变化；劳动关系双方共建和谐、合作双赢的利益共识不断强化，企业依法用工、规范管理的秩序基本建立，职工各项劳动权益得到较好保障，劳动纠纷总体呈下降趋势；指导服务企业人力资源管理的政策措施不断创新，以三方机制为基本形式的社会化协调劳动关系格局逐步建立健全。

尽管目前劳动关系运行基本面尚可，但必须看到，经济形势变化对劳动关系的影响有较强的关联性和一定的滞后性。特别是在以外向型经济为主的东部沿海地区，面对国际经济艰难复苏、全球市场需求增长缓慢、国内经济增速放缓的环境，企业特别是小微企业，受融资困难、成本上升、订单减少、效益下滑等多种因素的叠加冲击，就业岗位的稳定性和劳动合同的履行质量正面临严峻挑战。这些不稳定性、不确定性因素使得当前劳动关系呈现出不同于以往的新特点。主要表现在：

劳动关系的表现形式日趋多样。现阶段，随着职工工资提高，企业人工成本明显增加，使得企业尤其是劳动密集型企业盈利空间受到挤压。一些企业为了应对市场变化和经营困难，趋向于临时化、派遣性、订单式用工，而劳动者对此难以接受，这也是招工难与就业难并存的一个重要因素。当前，劳务派遣用工、非全日制用工、学生务工和劳务外包等非标准化用工所占比重越来越大，同工不同酬、选择性参保等就业歧视现象及其潜在风险不容忽视。此外，市场订单的不确定性导致生产任务不均衡，越来越多的企业对实行更加灵活的工时制度需求迫切。而现行的用工管理、劳动标准、社会保险制度等难以对这些新型用工形式进行有效覆盖，这在一定程度上增加了稳定劳动关系的难度。

劳动关系的运行态势更加复杂。由于劳动关系在开放的经济社会环境中运行，越来越多地受到各种外部条件的综合影响。一方面，经济形势的波动性、不确定性直接左右着劳动关系的运行状况；另一方面，经济社会领域的许多矛盾也往往会在劳动关系领域直接反映出来，两者的互动影响高于以往任何时候。在经济增长时期，企业规模不断扩大，就业人数持续增加，职工工资稳步增长，改善劳动条件投入增加，劳动争议相对集中在加班加点工资和休息休假等福利待遇方面。在经济下行时期，企业营运压力加大，就业岗位减少，职工面临裁员减薪风险，改善劳动条件投入降低，劳动争议相对集中在生活费和工资支付等基本权益方面。

劳动关系的矛盾调处难度加大。劳动关系双方主体各自的利益意识和自我保护意识显著增强，劳动争议纠纷快速增长，其集体性和利益性特点非常突出。大量的新生代职工已成为劳动就业的生力

军，其维权意识和共享成果诉求较为强烈，加之网络媒体、社会力量等逐步介入劳动者维权领域，使得劳动关系隐性矛盾的显性程度和对抗程度明显加大。低水平工资收入、高强度加班加点的用工现状极易诱发相同的利益诉求，致使有共同诉求的集体劳动争议增幅明显超过个人劳动争议，涉及经济利益的争议数量明显超过涉及劳动合同的争议。用工不签订劳动合同，拒绝参加社会保险等明目张胆的违法问题，在《劳动合同法》的强制规范下已大大减少，但一些缺乏明确规定的边缘性问题，如同工同酬、加班加点、带薪年休假等涉及复杂劳动法律关系，往往标的大、争议多、举证难，不易调处。

当前及今后一段时期，我国劳动关系领域，既有以往国有企业改革不规范、不到位积淀的历史问题，也有国际金融危机冲击衍生的不确定经济因素影响劳动关系稳定的新矛盾；既有“强资本、弱劳动”格局的惯性运行压力，也有社会转型导致企业组织构架和职工队伍结构变化的新形势；既有就业市场长期供大于求基本格局的制约，也有加快转变经济发展方式对人力资源支撑的新要求，在诸多因素的作用下，劳动关系运行正进入十分重要而又复杂的调整时期。

劳动关系分层化趋势明显，对增强劳动关系工作的针对性提出了新要求。在企业方面，不同行业、不同企业的劳动用工特点更具个性化。如实施《劳动合同法》的“困难户”相对集中在抗市场风险能力较弱的部分私营企业、港澳台韩资企业以及部分制造业、劳动密集型和出口加工型中小企业，这些企业普遍存在规章制度不健全、人力资源管理不规范。在劳动者方面，工作岗位（管理岗位与一线生产岗位）、用工形式（劳动合同用工与劳务派遣用工）、户口性质（城镇职工与农民工）、文化程度等指标从不同角度证实了劳动者“强者趋强、弱者趋弱”的分层现象。我们应当高度关注这一变化，通过有针对性的制度设计和立法活动，保证不同劳动者群体都有表达利益诉求的正常渠道，都有合法实现正当利益诉求的可能。

劳动关系集体化趋势明显，对增强劳动关系工作的协调性提出了新要求。目前我国的劳动关系是以个别劳动关系为基本形态的，即劳动者是以个体的身份出现在劳动关系中，但随着劳动者团结意识的增强和工会组织的建立健全，特别是由于互联网技术的发展，信息、舆论以更加低成本和便捷的方式传播，集体劳动关系将得到进一步发育。这就要求我们建立健全集体劳动关系协调机制，改变"一对一"解决劳动关系矛盾的传统做法。另一方面，随着《劳动合同法》等的相继出台，确认了由政府、工会和企业代表组织共同建构协调劳动关系三方机制的法律地位，使三方机制成为劳动关系双方进行利益博弈的重要社会平台。我们应当大力推进以平等协商和集体合同制度为主要形式、有效整合职工集体意志和利益诉求的新机制，建构多层次、多领域、多手段的劳动关系调整模式。

劳动关系规范化趋势明显，对增强劳动关系工作的主动性提出了新要求。2008 年以来，一系列新法新规的颁布实施进一步完善了劳动保障法律制度体系，劳动用工秩序基本建立。更多的企业开始接受"依法用工是最低成本，违法用工是最高成本"的法制理念，明目张胆的劳动违法行为大大减少。我们应当适应这一新变化，转变管理方式和工作职能，重心下移，关口前移，运用多种多样的公共服务手段主动满足企业依法用工的需求，减少乃至避免企业"想守法但不知法、想用法但不懂法"的现象。

劳动关系弹性化趋势明显，对增强劳动关系工作的灵活性提出了新要求。《劳动合同法》肯定了劳务派遣用工、非全日制用工等灵活用工形式的法律地位，非正规劳动关系逐步被更多的企业认识和接受。限于现行特殊工时管理的一些规定，部分企业转而采取以完成一定工作任务为期限的劳动合同、多重劳动关系、业务外包等方式调剂人力资源配置。我们应当在政策制定和劳动标准确定上更加注重包容性和灵活度，更好地适应用工就业方式和劳动关系运行方式的新变化。

面对劳动关系的新变化新特点，我们应当坚持以人为本的科学发展观，把发展和谐劳动关系放在更加突出的优先位置，全面加强劳动关系协调能力建设，在推进劳动合同、集体合同制度覆盖面的同时更加注重制度运行质量，统筹处理好贯彻实施《劳动合同法》和促进企业发展、保护职工利益的长远目标与当前目标、发挥部门职能作用与集聚社会资源推进的关系，构建规范有序、公正合理、互利共赢、和谐稳定的劳动关系。

*要加快《劳动合同法》的后续立法与政策制定步伐。*在全面贯彻《劳动合同法》的同时，对《劳动合同法》实施过程中反映出来的一些突出问题应当认真加以思考，从大的方面讲，如何处理在周期性市场经济波动下用工需求不稳定，与稳定劳动关系立法宗旨的矛盾；如何处理用人单位小型化、多样化趋势，与劳动立法规定统一性的矛盾；如何处理企业根据生产经营需要调岗、调薪、调时，与劳动标准变通性不足的矛盾；如何处理企业增本减利因素增多，与劳动者权益诉求不断提高的矛盾等。从小的方面讲，对部分企业不符合法定条件或不履行法定程序规模裁员等情形，可否认定为违法解除劳动合同；企业频繁裁员，但每次不超过20人或者不超过企业职工总数的10%，肆意架空《劳动合同法》相关规定，又如何处置；暂缓调整最低工资的措施，在何种条件、以何种程序启动或取消。再如，配套《劳动合同法》的相关劳动标准缺失，一些企业采取弹性工时、弹性工资等措施应对国际金融危机冲击，其底线如何把握等等，这些都需要作出必要的制度安排。特别是近几年我们正处于经济增长方式转型和产业结构调整的过渡时期，尤其需要加大创新力度，及时将一些行之有效的临时性、阶段性应急做法总结上升为常态化、长效化的政策规范。当务之急还需积极争取启动地方立法程序，开展立法调研，以地方规章或地方法规的形式尽快制定配套办法，提高劳动法律政策的可操作性，巩固和发展劳动关系企稳向好的势头。

要加强指导服务，提升企业人力资源管理水平。进一步开展面向基层、服务企业的普遍走访和重点联系工作，完善劳动关系运行情况监测调查制度，加强分析研判，为领导决策和实际工作提供依据。大力开展“春暖行动”和“小企业劳动合同制度实施专项行动”，加强乡镇企业、村办企业的劳动用工管理，提高小企业和农民工劳动合同签订率。进一步加大对企业依法用工的指导和服务力度，完善企业用工指导手册，推动各地围绕特色行业、主导产业，探索在公共服务平台发布企业劳动规章制度范本，帮助企业通过建制立章规范用工行为，防止管理的任意性，努力将劳动纠纷和法律风险降到最低限度。进一步完善特殊工时管理制度，在条件符合、方案可行、依法实施的前提下，将特殊工时制度的适用范围拓宽到新兴产业，着眼维护职工休息休假权益与增加企业工时制度的灵活性，指导企业因地制宜选择适合自身特点的工时制度，合理安排职工的工作和休息时间，更好地适应经济变化的新形势和劳动法律的新要求。

要推进集体合同制度，建构集体劳动关系调整机制。依托协调劳动关系三方机制，以非公有制企业为重点，继续实施集体合同“彩虹计划”，积极推动经济开发区和工业园区中小企业开展多种形式平等协商，促进平等协商工作在扩面提质方面取得新成效。引导各类企业特别是非国有企业，将工资分配、工时安排、劳动定额等事关职工切身利益的事项作为核心内容开展平等协商，签订集体合同。生产经营正常的企业，可重点就职工工资增长、劳动条件改善等进行平等协商；生产经营困难的企业，可重点就稳定工作岗位、规范裁员行为等进行平等协商；实行计件、计时工资制的企业，可重点就劳动定额等进行工资协商。对职工人数较少的企业，可开展区域、行业工资协商，订立劳动安全卫生、女职工权益保护、工资调整机制等专项集体合同加以有效覆盖；对一定区域内行业集中度高、产业特色鲜明的企业，可以开展行业平等协商，为职工理性合法表达利益诉求提供畅通的渠道和有效的途径。与此同时，要有针对性地加强对劳动定额等劳动标准的深入研究，规范数据采集和标准拟订工作，定期对相关劳动标准的科学性、合理性及其实施情况进行评价，提供具有公信力的评估结果，为劳动关系双方开展平等协商提供必要的信息支撑。

*要改进公共管理方式，提升劳动关系协调能力。*健全劳动关系工作体系和工作规范，加强基层劳动关系专职队伍建设，不断推进劳动关系协调工作进街道、乡镇和社区，把指导服务工作做到用人单位和劳动者身边。以“运行实体化、资源社会化、工作长效化”为努力方向，着力研究县（市、区）三方协调机制的运行特点和工作方式，创新乡镇、街道、社区、经济开发区和工业园区协调劳动关系的具体形式。探索在劳动关系重大决策上开展社会合作、社会对话的路径，更大程度地发挥三方机制共同协商、分工落实、合力推进的优势，避免政府对一些劳动关系矛盾的直接介入。结合相关法律规定和省情实际，建立切实可行的劳动关系和谐企业、工业园区和社区的评价标准，深入推进和谐劳动关系创建活动。普遍开展“评估改进行动”，引导各类企业由重评选、表彰向重创建过程、持续改善转变，激发企业内涵式创建的动力。

*要积极探索劳动关系突发事件预警和处理机制。*在实施常规性的用工管理和公共服务之外，高度重视对劳动关系突发事件的研究和处理。一是建立健全劳动用工备案制度。在第一时间获取信息是预防突发事件的基本保证。各地应当切实强化对劳动合同制度执行情况的监督检查，以建立健全劳动用工备案（企业与人力资源社会保障行政部门之间）制度和职工名册制度（企业与劳动者之间）为基本载体，依托金保工程、基层工作平台和信息技术手段，通过信息源、数据库管理，对用人单位的劳动合同签订、履行情况进行实时监控。二是建立健全预警评估机制。在劳动关系协调工作中引入风险管理理念，设定若干风险指标，定义各级风险的表现形式，对

企业劳动关系状况进行风险等级评估，降低劳动关系管理风险，力求将问题在萌芽阶段得到有效控制和解决。三是建立突发事件应急反应机制。进一步加强部门合作，多方掌握情况，完善应急预案，积极采取法律、政策、行政等手段和说服、调解、和解等方式，面对面开展矛盾化解工作，依法稳妥处理劳动关系领域中的矛盾和冲突，防止劳动用工风险转化为经济社会风险、公共管理风险，切实维护劳动关系和谐稳定。

（本文作者系江苏省人力资源和社会保障厅劳动关系处处长）

以人为本促和谐　和谐共进促发展

江苏恒力集团

恒力集团始建于1994年，现有总资产485亿元，职工38000多人。恒力集团下辖吴江化纤织造厂有限公司、江苏恒力化纤有限公司、恒力石化（大连）有限公司、江苏博雅达纺织有限公司 、恒力（宿迁）工业园（江苏德顺纺织有限公司、江苏德华纺织有限公司、江苏德力化纤有限公司）、苏州苏盛热电有限公司、苏州华毅机械有限公司、吴江同里湖度假村等十多家实体企业。恒力集团现已成为全球最大的织造企业、全球最大的超亮光丝和工业丝生产基地，竞争力和品牌价值均列全行业首位。

恒力集团2011年主营业务总收入520亿元，利税总额70亿元，领跑民营经济发展，名列中国500强企业排行第275位、中国民营企业500强第28位，先后被评为“中国化纤行业环境友好企业”、“全国纺织工业先进集体”、“全国企业文化建设先进单位”。

恒力集团始终坚持“以人为本”的理念，把切实维护职工权益作为企业发展的责任和义务。在企业发展过程中着力构建和谐劳动关系，履行社会责任。

第一，充分发挥民营企业工会组织作用。恒力集团2005年10月建立工会组织，并始终围绕“健全组织、切实维权、增强活力”的方针开展集团工会规范化建设。以建设“职工之家”为重点，推动企业关爱职工，引导职工热爱企业，建立起和谐劳动关系。集团工会与行政方签订了集体合同以及工资集体协商专项合同、劳动安全卫生专项集体合同、女职工特殊保护专项集体合同。多年来，集体合同履行情况良好，得到了各级领导的肯定，职工满意率达95%以上。集团设立劳动争议调解委员会，严格按照各项制度解决各种劳动纠纷；完善劳动监督检查机制，切实维护职工合法权益，保证职工自身利益；积极制定“五五”普法规划或实施意见。集团工会荣获“江苏省模范职工之家”称号。

第二，构建企业内部和谐的劳资关系。民营企业最基本的社会责任首先是经营管理好自己的企业，在遵守法律、伦理经营的前提下尽可能多地为社会创造财富，构建和谐的劳资关系。恒力集团职工5%为本地，40%来自苏北，55%来自全国各省区。集团十分强调安全生产、维护职工合法权益，充分尊重职工的民俗习惯和地域文化差异，确保一线职工月收入在2800元以上，职工每天八小时工作制，没有加班，从不拖欠工资，工资福利待遇逐年提高。和谐的劳动关系增强了企业的凝聚力和团队精神，使企业的核心竞争力得到不断增强。

第三，构建惠泽农村农民的和谐关系。恒力集团地处吴江盛泽南麻社区，在发展壮大过程中能够以公平和惠泽的态度正确对待、处理企业发展与农村和农民的关系问题，吸收当地农村劳动力就业，以维护农村农民的利益来推进新农村建设。一是以工代农。在企业发展壮大过程中，将所有征地区域的农民吸纳进企业，即时培训转变身份，安排相应工作岗位，人均年收入在3万元之上，一户农民可有8—10万元的年收入。进入企业管理岗位的，收入还要略高。二是建新社区。积极协助当地政府做好涉及征地的农村房屋拆迁，协助新农村选址规划，一期崭新的农民两层小别墅群已经建好，二期农民别墅群也正在建设之中。恒力先后向周边农村捐资修建三座大桥、将公路通到农民新区的家门口，完善包括闭路电视在内的农村生活基础设施。2007年集团还捐资150万元修建南麻卫生院，用于促进当地医疗卫生事业发展。

第四，推进企业普法工作，依法保障职工合法权益。恒力集团一直把推行企业“诚实劳动、守法经营”作为规范企业行为的第一准则。注重坚持法制宣传教育，集团培训中心将普法教育作为内部培训的重要内容；凡是新加盟到恒力集团的职工，都要请专业律师对新职工进行岗前法制教育；将《宪法》、《合同法》、《公司法》、《劳动合同法》作为法制培训的重点内容。通过加强安全生产方面法律法规的宣传教育，增强广大职工的安全生产意识，教育职工安全生产、规范操作，牢固树立“安全第一”的思想理念。按照“谁主管谁负责”的原则，加强对职工进行人力资源和社会保障、工会及民主管理方面的法制教育，开展依法治企活动，促进企业建立健全规章制度，完善和规范企业运行机制，提高企业依法经营和管理水平；完善企业民主管理制度，依法保障职工的合法权益。

第五，强化集宿管理，打造和谐生活区。在苏州总部，集团投资近5亿元建成恒力生活区。生活区里，建成22幢职工宿舍楼，2幢文化活动中心、2幢购物休闲中心，并配有专职管理人员30多名。生活区内入住超万人，阅览室、超市、话吧、网吧、卫生服务站、灯光球场、健身房、录像厅、浴室、理发店、俱乐部等职工日常生活和娱乐配套设施一应俱全，基本上做到职工不出厂门就可解决日常生活需求。恒力集团像这样设备齐全、管理完善的生活区还有很多，包括博雅达生活区、恒力（宿迁）工业园生活区、恒力石化（大连长兴岛）产业园生活区。在完善硬件建设的同时，集团实施规范管理并建立个人电子档案资料，针对职工年龄小、易冲动，公司成立生活区调解小组，请退休教师担任调解组长，做职工的“知心人”。成立楼宇团支部，由职工担任团支书并参与管理，调整修改了住宿管理规定、管理人员守则、外来人员拜访规定等一系列相关制度，使得制度更加合理化、人性化，更能体现和谐恒力的主题。充分发挥企业人事部门的作用，加强与社区警务站驻企警务室的配合，每年定期邀请民警为职工讲解治安管理条例、交通法规等法律相关知识。同时将外来人口登记办证工作与公司职工录用手续同步进行，使公司外来人口暂住证办证率达到100%。近几年来，恒力集团职工没有发生过一例刑事案件，先后多次被评为省市平安企业创建先进单位。

第六，推进企业文化建设，增强企业凝聚力。恒力集团始终以一种强烈的社会责任感来构建和谐的企业文化，集团关心职工的物质生活和精神追求，全面加强企业文化建设，创办每月3期的《恒力报》和季刊《恒力》杂志，成立集团职工俱乐部、文学社、书画社，配备专业人员，每年中秋、春节组织大型文艺晚会，平时经常性开展乒乓球赛、篮球赛、卡拉OK比赛、迎新晚会、有奖征文等形式多样的职工业余活动。昂扬向上的企业精神和丰富多彩的文化生活，不仅增强了企业的凝聚力和团队精神，也使得企业的核心竞争力得到进一步增强，在集团内部形成了欣欣向荣的和谐景象。

坚持以人为本　构建和谐劳动关系

江苏康缘药业股份有限公司

江苏康缘药业股份有限公司是一家由国企改制的民营企业，是集现代中药生产、经营、研发为一体的国家重点高新技术企业，先后荣获“国家重合同守信用企业”、“全国质量管理先进企业”、“省优秀企业”、“省文明单位”、“省思想政治工作优秀企业”等荣誉称号。公司在多年的改革创新发展的实践中，始终坚持以人为本，关爱职工，积极构建和谐劳动关系，不断营造催人奋进的发展氛围。努力激发职工的劳动积极性和创新精神，促进企业快速发展。公司各项综合经济指标连续十余年居江苏省中药企业之首，自主创新能力列国内同行业前列。

一、以创新发展为着力点，夯实和谐劳动关系基础

我们坚持以创新发展为着力点，把“振兴国药、报效祖国”作为企业奋斗的目标；坚持以推进中药现代化、国际化为努力方向，调动全体职工创新发展的积极性和创造性。通过广泛细致的思想工作，让职工明确自己每一份努力都是为实现中药现代化作贡献、为让国粹造福人类在奉献自己的才智。多年来，公司研发创新中药新产品 40 个，在研新药 50 多个，承担国家“863”项目、国家科技攻

关项目、国家星火计划、火炬计划等重大科研项目20余项，申报国际国内专利120项，是国内同行业中拥有中药新药证书最多、在研新药最多、承担国家级项目最多的企业；公司骨干产品桂枝茯苓胶囊已在美国进行II期临床研究，热毒宁注射剂是国内率先达到SFDA颁布的中药、天然药物注射液基本技术要求的品种。创新发展为企业增添了活力，也为职工提供了广阔的发展空间，广大职工对前途充满信心和希望。大家觉得有奔头，工作有成就感，愿意为公司发展贡献自己的聪明才智。公司的持续稳定成长为建立和谐劳动关系提供了坚实保障。2009年初，有关部门随机对公司职工进行了一次民意调查，统计结果表明职工对公司发展状况满意度高达98%以上。

二、以健全劳动合同制度为抓手，筑牢劳动管理体系

必须依法建立，健全劳动合同制度是建立和谐劳动关系的关键。公司严格遵守《劳动法》、《工会法》等各项国家法律法规，积极用法律的形式规范职工和企业的关系，保护广大职工的合法权益。2008年底公司实行全员劳动合同制，本着保障职工合法权益原则，公司设计了三年、五年和无固定期限三类劳动合同，以适应不同职工的需求。由于广大职工始终支持全员劳动合同制实施，使这项工作顺利推进，劳动合同职工签订率100%。劳动合同关系的确立，保障了公司和职工的权利、义务，为建立规范的劳动管理体系奠定了坚实基础。

公司还先后出台了一系列规章制度，在劳动合同的签订，试用期管理，劳动合同的变更、解除、终止、续订以及违约金支付等方面做了明确规定，从制度和操作流程等诸多方面，规范了公司日常职工管理工作，健全企业劳动争议调解、劳动法律监督和劳动保护监督检查。

三、以职工职业生涯设计为突破口，拓展职工发展通道

和谐劳动关系构建必须形成一个良性循环的机制：有位、有为、有利。即公司为职工提供舞台，职工积极发挥才干并得到应得的报酬，公司获得进一步的发展。公司认为，创造一个让职工充分施展才华的环境，最能激发职工的创造性积极性。每个职工在技能和志向上都是独一无二的个体，同时也是企业组织结构中不可或缺的一部分，必须想方设法提高职工的素质，实现职工的自身价值。

为此，公司狠抓职业平台、职业发展和职业待遇三个环节，有力地促进了和谐劳动关系的形成。

一是设计职业平台。公司对岗位进行分类管理，为职工设计不同职业发展通道，包括管理岗位系列和专业技术岗位系列，对于专业技术岗位进一步细分为研发技术系列和职能岗位系列。建立科学规范的岗位管理体系，以职工岗位任职年限、能力素质和任职期间绩效考核为依据，制定了职工职级、薪级晋升规则，形成了适应不同职工需求的职业发展路径。管理岗位根据不同序列设立了三到七级职级；专业技术岗位设立十级职级。也就是说，不是管理岗位的职工，只要其专业技能不断提高，其职级仍能不断提高，仍可以拥有与管理人员相同或甚至更高的工资，改变了职工挤“独木桥”走“官位”现象，深得职工拥护。

二是谋划职业发展。公司鼓励职工与公司共同发展，设计了专门的职工发展计划。针对职工的不同岗位、不同层次、不同阶段和不同需要，分别制订定向培训计划，并进行全程跟踪。对于个人发展空间潜力大的职工，公司会给予更多的关注，帮助他突破和提升；而对于那些发展空间小的职工，公司则帮助他维持良好的工作状态，给予更多的情感支持。公司长期坚持对职工进行以能力和业绩为导向的绩效考核，根据公司战略规划和岗位职责自上而下设置

年度工作目标，并分解到每个季度和每个月，实现对工作过程和结果的控制。保证考核机制的公正与合理，建立以目标管理和能力素质发展为核心的职工绩效评价体系。激励职工追求卓越，提高自身业务能力，促进个人和企业的共同成长。同时，公司通过有针对性的培训来提升职工的职业能力，开发职工潜能。公司鼓励科研人员读博考研，只要是学成后服务于企业，学费由公司承担。公司先后与南师大、南京中医药大学合作开设了 MBA 班和中医药学硕士班，共计培养在职研究生 57 人。2011 年 2 月中旬，公司选派 21 名优秀中层干部，到德国吉森大学进行为期 21 天的培训进修，接受先进的管理理念和方法。

三是落实职业待遇。公司始终坚持职工职业待遇与公司改革发展的成果相挂钩。公司董事长提出“企业在任何时候都不放弃职工，要时刻想到职工”。2008 年由于受世界范围金融危机的负面影响，一些企业为了生存纷纷减薪裁员，而公司党委则提出“抱团取暖、共渡难关”，公司与工会签订了“双爱双增”协议：“职工爱企业、企业爱职工，企业增效、职工增薪”。公司先后于 2008 年和 2009 年在不同系统推行了宽带薪酬改革，形成了科学合理薪酬管理体系，率先在连云港市实行企业利润增长、职工工资增长的联动机制，薪酬改革期间职工工资额平均增加 20%。2010 年职工工资又在薪改调整的基础上向上普调 10%。2011 年初由于物价上涨，为使职工过一个祥和的春节，公司给职工每人每月发放 120 元物价补贴，并纳入工资收入按月永久发放。在保障方面，公司按规定为职工办理了基本养老、基本医疗、失业、工伤、生育等五项保险，以及住房公积金等“五险一金”。

四、以企业文化建设为载体，营造和谐劳动关系的软环境

公司倡导“幸福康缘、全员创造”的理念，全力营造和谐温馨

康缘大家庭氛围。党委、工会通过阵地宣传、表彰先进、开展企业精神大讨论等形式，让每位新职工从踏入康缘第一天起，就融入康缘文化。为了增进沟通，培养创新型人才，党委举办了“我与康缘共成长”管理沙龙活动。通过与青年人对话、访谈的形式，互相交流、倾吐困惑，达到强化管理、提升素质、发现人才的目的。至2010年已成功举办五期沙龙活动，为青年职工提供了沟通渠道和一个展示自我的平台。此外，公司还建有健身基地、军训基地、科研基地、文娱宣传基地，组织公司职工开展健康向上的文体活动，至今已连续举办六届文体艺术节、元宵灯会、清明踏青、五月花海赏花会等文体活动，做到“重大节日有活动，四时八节有亮点”，为职工提供沟通交流的平台。为了让职工享受公司发展的成果，2010年公司斥资百万元，组织千名职工游世博。组织了康缘第六届艺术节活动，内容包括红歌拉唱、演讲比赛、康缘沙龙，评选重奖“康缘未来之星”、“康缘健康老人”等。职工们用心声讴歌在康缘培养教育下成长的历程，弘扬康缘先进的理念文化和优秀职工的事迹，共享企业发展的欢愉。

培育人才、激励人才、不拘一格使用人才，是公司企业文化的重要内容。“能者上、庸者下”，逢岗必竞的用人机制已经融入康缘人的思想深处。在康缘实行的岗位竞争、干部竞聘用人制度，70%的公司高管职位面向社会招聘、90%以上的中层职位在公司范围内竞聘，在康缘研究院实行项目负责人竞聘制，不受工作年限所限、不囿于学历职称，唯才是举。

为了充分调动广大职工的工作热情，公司党委坚持数年开展“共产党员首先是模范职工”主题教育活动，在生产、科研、营销、管理各个领域开展了评比“年度最佳新人”、“首席职工代表”、“优秀管理干部”、“杰出技术带头人”、“杰出营销带头人”活动，有力促进企业生产、经营、科研各项工作的开展。

2010年公司工会组织的“我为康缘发展献一策”合理化建议征

集活动，共征集职工合理化建议400多条，内容包括节能降耗、设备改造、工艺改良、管理提升等各个方面。据不完全统计，仅生产系统开展的合理化建议活动，近几年就为公司创造效益数百万元，其中有三项合理化建议还荣获了市优秀合理化建议奖。

浙江工会推动发展和谐劳动关系的探索与实践

金长征

浙江省市场取向改革较早，非公有制经济发展迅猛，对全省经济的贡献度不断加大。据统计，浙江省的民营经济创造了70%的生产总值、60%的税收和76%的出口，还提供了90%的新增就业岗位。在全省46万家企业法人中，私营企业占36.40万个，占全部企业法人的80%。与此同时，非公有制企业劳动关系的多样性、复杂性和不平衡性特点也十分明显。浙江省委高度重视构建和谐劳动关系，明确提出以富民强省、社会和谐为根本目的，把发展和谐劳动关系作为建设和谐社会的重要工作来抓。全省工会紧紧围绕省委的决策部署，坚持走中国特色社会主义工会发展道路，以发展和谐劳动关系为工作主线，充分发挥工会组织的政治优势、组织优势，努力成为促进企业健康发展的助推器、和谐劳动关系的调节阀、职工群众的“娘家人”，为实现浙江劳动关系的和谐稳定作贡献。

一、文化引导，在营造良好社会氛围上促和谐

劳动关系和谐内在地包含了历史观念、道德情感等文化因素，具有深厚的文化传承性。浙江工会高度重视从文化方面推动和谐劳

动关系构建，积极弘扬浙江重和谐的本土文化传统，全方位地倡导劳动关系双方合作互利共赢的理念，努力营造良好的社会氛围。

加强舆论宣传，引导社会各方支持参与发展和谐劳动关系。全省各级工会不断完善与党委宣传部门及主要新闻媒体的沟通协调机制，争取各类媒体的支持与合作，运用工会报刊和网络等宣传阵地，加大宣传力度，相继开展了“工人阶级和工会工作宣传月”、“劳动伟大”系列评选等活动，弘扬“工人伟大、劳动光荣”的主旋律。通过这些活动，使全社会尤其是政府、企业和劳动者都来关注工人阶级和工会工作，都来关注劳动关系和谐工作，形成强大的舆论导向，强化了发展和谐劳动关系的社会意识。

推进企业文化和职工文化建设，努力形成“企业爱职工、职工爱企业”的浓厚氛围。广泛开展送文化行动，组建了省、市、县、镇四级 174 个职工艺术团队和近百个电影放映队，每年为职工送演出在千场以上，送电影在万场以上，同时广泛为企业和职工送报纸书刊。持续推进企业文化“八个一”建设，即企业“有一个企业精神，有一首企业之歌，有一张企业报（刊），有一个企业互动内网，有一所职工业余学校，有一个职工书屋，有一支职工文艺体育队伍，有一个文体活动场所”，涵盖了职工民主管理、个人发展、精神文化需求等多个方面。目前全省规模以上企业不同程度地实现了“八个一”，涌现出了一批职工文化建设示范单位。

大力提升职工素质，增强劳动者实现体面劳动的信心和能力。浙江省总工会制定了《关于发挥工会“大学校”作用，深化职工素质工程建设的指导意见》和《职工素质工程五年规划》，深入开展“创建学习型组织、争当知识型职工”活动，组织实施职工教育培训，推进职业技能培训基地建设，完善技能培训机制，创新各级技能大赛机制，形成了校企结合、发挥企业培训基地和工会培训基地作用等开展职工技能培训的工作模式，每年培训职工近百万人次，不断提高职工的职业素养和职业技能。加强对职工特别是新生代农民工思想工作，帮助他们树立艰苦奋斗、依靠诚实劳动努力创造美好生活的理念，鼓励他们立足岗位成才，在促进企业发展中实现个人发展。

二、合作共赢，在推动经济发展中促和谐

促进企业健康发展，使劳动关系各方利益不断增长，就能保证和谐劳动关系具有强大的生命力。浙江工会始终坚持“促进企业发展、维护职工权益”的企业工会工作原则，激发职工为企业发展作贡献的积极性，在推动发展中构建和谐劳动关系。

创新劳动竞赛机制，以劳动竞赛促发展、在发展中促劳动关系和谐。针对民营企业是否能搞劳动竞赛的疑问，非公有制经济发达的台州市首先进行了非公有制企业组织劳动竞赛的试点，形成了“企业增效、职工增收”的典型经验。王兆国同志对此给予充分肯定。全总在浙江召开了现场经验交流会，省总工会在全省推广了台州做法。整个“十一五”期间，全省广大非公有制企业职工积极投入“建功十一五、和谐促发展”立功竞赛，为实现浙江经济持续健康发展作出了重大贡献。在国际金融危机冲击下，我省非公有制企业尤其是外向型企业受到很大影响，全省工会积极响应全总号召，广泛开展企业保就业、职工保发展的“共同约定行动”。在广大职工的共同努力下，全省经济很快走出了国际金融危机冲击的影响，步入回升向好、科学发展的轨道。同时，深入开展创建工人先锋号活动，大力推广以工人名字命名先进操作法活动，充分发挥劳动模范和百行百星技能状元、创新十佳、勇克时艰杰出职工等职工创新人才的示范带动作用，增强了企业自主创新能力，提高了职工的劳动报酬，实现企业与职工的互利双赢。

激发广大职工的创造活力，促进浙江经济转型升级。全省工会开展了“千万职工大行动、转型升级立新功”主题竞赛活动，把广

大职工的智慧和力量凝聚到实现企业自主创新、节能减排、科学管理、安全生产等活动上来。省总工会总结推广德清县工会“为企业服务、促转型升级”活动的经验，全省建立市、县、镇乡、企业四级工会技术帮扶网络，组建各类职工技术服务队、技术攻关队、专家讲师团等近400支，采取工会埋单、网络对接、订单服务、校企联动、企业结对等形式，为企业尤其是中小民营企业解决各类技术难题，进企业开展各类免费技术培训，促进企业依靠技术进步求发展，深受企业好评。每两年举办一届浙江省暨宁波市职工科技周活动，激发职工创业创新才能，展示全省广大职工推动经济转型升级的丰硕成果和工会工作的时代特色。

三、深化创建，在依法规范劳动关系中促和谐

劳动关系和谐的本质是劳动关系依法规范，且友好互动。浙江工会认真学习贯彻习近平同志对传化集团构建和谐劳动关系重要批示精神、王兆国同志在浙江考察调研时的重要讲话精神，深入总结传化党工共建促进劳动关系和谐的经验，广泛开展创建劳动关系和谐企业活动。

以深入开展创建劳动关系和谐企业活动为载体和抓手，促进劳动关系和谐稳定。从2006年开始，浙江工会率先在全省广泛开展创建劳动关系和谐企业活动。各级工会紧紧抓住劳动关系建立、运行、监督和调处等重要环节，把签订劳动合同、集体合同等作为创建重点，把协调劳动关系从解决个案性问题向解决制度性问题拓展，为协调劳动关系搭建互动平台。这项活动得到了党委、政府的高度重视支持，纳入了政府社会治安综合治理目标管理责任制，作为“平安浙江”建设的重要内容，有力地促进了创建活动的深入开展。创建活动形成了分级分类分层分段创建模式，扩面提质不断进展，工业园区创建取得新突破，涌现出浙江传化、杭州祐康、诸暨

海亮、温州康奈等一大批尊重职工、互利共赢的民营企业和谐劳动关系典型。目前，全省已有16.8万家企业、294个工业园区开展了创建活动，有1.2万多家企业被命名为镇以上劳动关系和谐企业。通过创建活动，以人为本的科学发展观在企业得到进一步贯彻落实，协调劳动关系机制建设不断进展，企业民主制度建设更加规范，企业劳动关系状况不断好转，企业发展和职工共享发展成果的局面逐步形成。

把推进工资集体协商作为深化劳动关系和谐企业创建活动的一个核心内容。各级工会积极配合省人大完成《浙江省集体合同条例（修订）》的地方立法工作，争取党政的重视支持，广泛开展要约行动，加强工资集体协商指导员队伍建设，坚持区域协商谈底线、行业协商谈标准、企业协商谈增长，出现了企业工资集体协商数量稳步增长、行业性工资集体协商逐步拓展、区域性工资集体协商不断发展的可喜局面。目前全省签订工资集体协议9.27万份，覆盖企业18.6万家，惠及职工1030万人。其中，区域性工资协议3590份，覆盖企业7.36万家；行业性工资协议356份，覆盖企业15.3万家。抽样调查表明，建立工资集体协商机制的企业，职工工资都能随着企业经济效益的提高而增长。

不断拓展创建活动的内涵和外延，推动创建活动向纵深发展。杭州市总工会在创建和谐劳动关系先进企业的基础上，开展了企业社会责任建设，把企业内部和谐延伸到企业与社会的外部和谐。市委、市政府制定了《杭州市企业社会责任建设意见》，在全市200家企业进行试点并初见成效。慈溪市的创建活动从单一的劳动关系，拓展为构建企业与职工、企业与环境、企业与社会之间的和谐关系，推动企业走上了科学发展的轨道，促进了劳动关系和谐与社会和谐。2008年7月，全国总工会在我省慈溪市召开了创建劳动关系和谐企业现场经验交流会，总结、推广“三位一体”的创建做法。

四、维权帮扶，在保障职工合法权益中促和谐

当前，劳动关系不和谐的集中表现是劳动关系矛盾数量增多，矛盾焦点、侵权对象集中化，一些企业职工特别是农民工的劳动经济权益被侵犯。浙江工会认真履行维护职工合法权益的基本职责，在推动解决职工最关心最直接最现实的利益问题中促进劳动关系和谐。

开创社会化协调劳动关系新思路。浙江工会解放思想、开拓创新，先后形成了义乌工会社会化维权模式和北仑社会化劳动争议调处机制经验，受到胡锦涛总书记和王兆国同志等中央领导的充分肯定。社会化协调劳动关系的主要特点是：党委、政府高度重视发挥工会组织作用，赋予工会更多的资源和手段，构建党委领导、政府重视、社会支持、职工参与、工会运作的社会化工作格局，不断提高协调劳动关系的效率，降低协调成本。省总工会积极推广义乌、北仑经验，形成了以工会职工法律维权中心、企业和区域劳动争议调解委员会、工会法律志愿者队伍等机构组成协调网络，创新劳动争议仲裁“庭前调解”、在工会设立劳动争议仲裁庭、建立跨地区联合维权等协调方式，大幅度提高工会维权能力，努力把劳动争议解决在基层，消除在萌芽状态。全省劳动纠纷案件2010年比2009年下降了11%。

把维护职工劳动经济权益作为推动发展和谐劳动关系的重要着力点。2008年7月，省总工会明确提出要重点抓好“积极促进就业”、“增加职工收入”、“加强帮扶救助”、“保障安全健康”、“繁荣职工文化”等五项工作，让广大职工真正实现在共建中共享，在共享中共建。全省工会突出重点、形成合力，持之以恒、扎实推进，取得了明显成效。比如，在促进就业方面，各地工会举办多种类型的招聘会、送工作岗位进社区等，仅2010年就举办285次专场招聘会，发放春风卡等宣传资料665121份，为1266773名求职者提供免

费服务，共吸纳483527名农村劳动者到企业就业。又如，工会通过坚持和完善协调劳动关系三方机制，推动我省适时上调最低工资标准。从1994年以来，浙江已经连续12次提高最低工资标准，今年4月1日全省还将实行新的最低工资标准，每月1310元，涨幅达到19.1%。又如，在保障职工安全健康方面，创建了工会主动参与职业安全卫生机制建设，并纳入各级政府安全生产目标责任制考核内容，全省目前开展“主动参与”企业近10万家，标准化示范企业743家，为保护职工安全健康发挥积极作用。2010年以来，全省开展“关爱职工心理健康专项行动”，各地工会开设职工心理疏导热线，及时化解职工心理问题，帮助解决生产生活中的困难，消除不稳定因素。

积极构建“帮困、维权、服务”三位一体的帮扶工作格局。认真贯彻中央和省领导关于杭州市总工会职工维权帮扶中心经验的指示精神，2010年省总工会印发《关于开展县级职工维权帮扶中心“达标”和“创优”活动的通知》，要求努力提升维权帮扶中心的规范化水平，进一步健全帮扶工作机制，完善服务内容。目前已初步形成了市、县、镇（街道）工会和企业四级工会维权帮扶网络体系，全省有58个县职工维权帮扶中心达到规范化建设标准。浙江各级工会依托帮扶中心这一平台，广泛开展扶贫帮困“送温暖”活动，为困难职工排忧解难；开展“技能培训促就业”活动，帮助就业困难人员实现稳定就业；开展大病专项救助活动，缓解职工家庭因病致贫；开展“金秋助学”活动，为困难职工子女解决入学难；开展职工互助保障活动，互助互济解职工难事、急事；开展“职工维权帮扶中心达标创优”活动，建设职工温暖之家；开展“强保障、促和谐”活动，改善职工食宿等生活条件；开展“平安返乡”活动，让外来务工人员“温馨顺利返乡”；开展一线职工体检和疗休养活动，关爱广大职工身心健康；开展法律援助情暖农民工活动，为农民工解决欠薪和工伤赔偿。

五、优化组建，在加强工会自身建设中促和谐

只有发展壮大工会组织，才能增强推动构建和谐劳动关系的力量。浙江工会坚持以改革创新精神加强自身建设，不断扩大工会工作覆盖面、增强工会组织凝聚力。

着力推进城乡统筹基层工会建设新格局。顺应浙江经济社会发展的新要求，2010年，省委组织部和省总工会联合印发《关于进一步加强基层组织党建带工建工作的意见》，明确提出要在构建城乡统筹的基层党建新格局中，更好地带领和带动工会基层组织建设。省总工会召开全省工会基层组织建设工作电视电话会议，印发《关于推进城乡统筹基层工会建设的实施意见》、《关于推进乡镇（街道）总工会建设的意见》、《关于做好务工流动人口加入工会工作的通知》等文件，组织开展“广普查、深组建、全覆盖”集中行动，大力推进依法普遍建立企业工会工作。工会组织网络进一步健全，非公有制规模企业及经济开发区、工业园区企业工会组建全面推进，以沃尔玛、麦当劳为代表的一批外商投资企业和台资企业建会难点实现突破。行业工会、社区工会、市场工会等新工会组织形式不断涌现，窗口入会、网上入会、居住地入会、流动会员制等入会和会籍管理方式，解决了农民工、流动分散人员入会难的问题。近年来，全省新增会员数持续超过100万名。目前，全省基层工会总数达到11.7万家，覆盖独立法人单位28.1万个，工会会员总数达1457万名。

把开展党工共建创先争优活动作为增强工会组织的创造力、凝聚力、战斗力的重要机遇和强大动力。在党工共建创先争优活动中，浙江工会突出“服务转型升级、服务职工群众”的主题，努力打造“建设服务型工会、争做职工贴心人”品牌。认真贯彻落实《浙江省企业民主管理条例》，进一步建立健全以职工代表大会制度

为基本形式、以工资协商为重要内容的厂务公开民主管理制度，全省已建工会的国有、集体及控股企业职代会、厂务公开建制率分别达到94.8%和92.2%；已建工会的非公有制企业中，建立职代会制度的有18万家，建制率为78.2%，实行厂务公开的有17.8万家，推行面为75.5%。进一步完善县级工会、乡镇（街道）工会、基层工会三级工会组织体系，加强乡镇（街道）、村（社区）和企业“小三级”工会建设，全省已建成乡镇总工会900多家，形成一级抓一级争创先进的工作局面。省总工会设立了工会工作创新奖，表彰、鼓励各级工会勇于变革观念，锐意创新思路，以改革创新的精神推进工会自身建设。积极探索实行基层工会主席民主直选、职工之家星级考核、乡镇工会星级达标、工会代表大会代表常任制等创新工作，推进基层工会建会、建制、建家的深入发展。积极推广会员优惠待遇制度、先进带后进“链式帮带”工作法等活动，广泛开展“建设先进职工之家、争当优秀工会工作者”活动，切实增强基层工会的活力和凝聚力。

（本文作者系浙江省总工会党组书记、常务副主席）

善待职工就是善待自己

何钢锋

由于工作关系，最近跑了一些企业，所见所闻，略有所思：为什么有的企业秩序井然、岗位满员，职工精神饱满、脸挂笑容，企业效益和职工工资逐年增长，企业越做越大，而有的企业则反之。虽有多因，但如何对待职工、构建和谐劳动关系非常重要，归结而言，善待职工就是善待自己。

企业要发展，必须要真诚友好地对待职工。职工是企业的主人，这是我国社会主义性质和有关法律所确定的。从经济学观点来看，劳动者创造价值是客观存在的。如果没有职工的辛勤劳动，企业的资本投入转化不了价值，订单转化不成产品。

人力资源是活的资源，是生产力最宝贵、最具活力的要素。它在创造价值中既可以产生正效率，也可以产生负效率。职工的积极性发挥时，本来一天生产十只产品，可能会增加到十二只，乃至更多。反之，则生产达不到目标，质量达不到要求，使企业造成损失，最终受害的还是业主。企业招收职工解决了他们的就业问题，本身已是善举，何而不能“百尺竿头、更进一步”，在工作、生活、待遇等方面善待职工呢？

企业真正善待职工，不仅能留住职工的人，而且能留住职工的心，会使职工爱企如家，真正把自己看作主人，发挥出最大的积极性，多为企业创造价值，促进企业发展。如果善待职工，其队伍也就会稳定，不会有大量“跳槽”问题发生，而且会吸引更多的优秀人才加盟，使企业职工队伍的整体素质跃升。如果企业不能善待职工，会造成“招工难”、“用工荒”，职工队伍不稳定，人在曹营心在汉，出工不出力，也会造成劳动关系紧张，甚至会出现威胁业主、算计老板、毁坏设备等负面现象。目前，许多企业，特别是劳动密集型企业“用工难”、职工流动频繁现象突出，企业老板长期为招工发愁，许多生产业务不能接收，委托加工，质量难以保证，影响了企业的效益，这也应在对待职工方面多去考虑。

善待职工，会使企业职工队伍稳定，生产正常，效益提高，企业的吸引力和凝聚力都会得到提升，最终受益的还是企业自己。那么，如何善待职工呢？

第一，规范的企业管理。当一名职工进入企业，看到管理比较规范，心里就会踏实、放心，即我们所讲的“一见钟情”，待遇低点也愿意留住。规范的管理，首先要与职工签订好劳动合同，明确企业和职工的权利义务，特别是职工最为关注的劳动时间、劳动报酬等，使职工吃下定心丸。再者要制订人性化的管理制度，规章制度要确保企业经营管理和职工的切身利益，当然也离不开纪律约束，但约束职工的厂纪厂规要经职工协商认可，使职工能理解接受。同时要注意对职工的教育培训，定期组织职工开展思想教育和业务培训，提高职工的素质，增强职工的向心力，从而使职工热爱企业、努力工作。

第二，合理的劳保待遇。职工到企业打工的主要目的就是要追求最大的利益即赚到他们所需要的钱和精神追求，因此，企业必须要有足够清醒的认识，尽最大的可能保障职工的劳保福利待遇和精神需求。要按有关规章，合理确定职工的薪酬和福利待遇，要及时发放工资，千万不要采用押金、押身份证的方法来约束职工，或者设法克扣和拖欠工资，使职工产生利益受损，心情不畅。要依法给职工缴纳养老、医疗、工伤、失业、生育等基本的社会保险，解决职工的后顾之忧，加班延时要付足职工的工资，真正体现多劳多得，要及时提高职工工资，使职工增加收入。

第三，丰富的企业文化。企业文化可以凝聚人心。走进一个文化氛围较浓的企业，让职工有一个良好的生活环境，就会使人感到舒心。工作之余，开展文体活动使他们有个展示自我、展现才华的空间，让职工增强身心健康，避免发生不文明行为，特别是外来职工较多的企业，更应在这方面努力。职工远离家乡亲友，生活本身很枯燥、单调，如果让他们业余时间有书读，有电视看，有丰富多彩的娱乐文体活动，或者有计划地组织他们学习培训、文体比赛，就不会产生离家后的空虚烦恼，增强他们对企业的归属感，使他们感到大家庭的温暖。

第四，融洽的劳动关系。建立融洽的劳动关系是调动职工积极性的最佳手段。建立融洽的劳动关系，企业应该更加注重人性化管理，以人为本，落实职工的国家主人翁地位，时刻尊重职工，关爱职工，体贴职工，虚心听取职工的合理建议，关心职工的生产生活，对职工的职业生涯安排、技术技能素质、职位升迁以及生日、生病、吃饭、睡觉、洗澡、子女入学、家庭困难、权益保护等都要考虑周到，真正让职工感受到企业是我家，是使自己施展技能，获取劳动报酬的理想场所，把自己的终身依附于企业，从而使劳动关系和谐，企业得到长足发展。

（本文作者系中共东阳市委组织部副部长、市委企业工委书记、东阳市企业家协会秘书长）

创先争优　构建和谐劳动关系

浙江传化集团有限公司

传化集团创建于 1986 年，经过 20 多年的发展，现已形成集化工、物流、农业、科技城创新园区、投资五大事业平台于一体的现代企业集团。2011 年，集团实现工业和服务业总收入 207.9 亿元，利润 6.9 亿元，上缴税金 7.6 亿元。集团位列“中国企业 500 强”、“中国民营企业 500 强”、“中国品牌 500 强”、“中国大企业集团竞争力 500 强”。先后荣获“全国五一劳动奖状”、“全国模范职工之家”、“全国模范劳动关系和谐企业”、“全国文明单位”、“全国厂务公开先进单位”等荣誉称号。集团下属 7 家企业被认定为国家高新技术企业。

传化的发展能够取得今天的成就，一靠党的改革开放政策，二靠各级政府和社会各界的关心支持，三靠全体传化人的共同努力。传化过去什么都没有，因为有了广大职工的共同创造才有了今天，为此传化始终怀着一颗感恩的心。

传化实践的社会责任感理念，首先就体现在要把职工的智慧和力量激发出来，把职工的激情和梦想焕发出来，在职工的自我实现中共同成就事业，从而把职工、企业、社会这三者之间，在价值观、目标、利益上统一起来，建设和谐的企业文化。

传化是从家庭作坊开始起步的，在创业早期“家”就是“厂”，

“厂”就是“家”。20多年来，尽管事业领域越来越宽，职工队伍越来越大，但“家文化”一直在传承并不断发展，由此形成了“企业关爱职工，职工关心企业”的浓厚氛围，构建和谐的劳动关系是传化一直在追求的。总结起来，我们主要开展了以下几个方面的工作：

一、关心职工的学习和发展

集团现有职工7400多人，其中核心企业3600多人，控股企业3800多人，主要分布在高科技产业和现代生产性服务业，以各类专业人员和产业技术工人为主，来自于全国28个省份。这些职工到传化来，不是简单地为了一份报酬来的，他们对个人的发展都有自己的需求，看重的是能否与企业一起成长，能否有好的发展机会，能否在企业中学到本事、增长才干。所以，传化很早就确立了“事业以人为本，发展以人为先”的理念，事业要发展，人必须先发展。职工的学习热情、进取心是企业所需要的，也是职工所需要的。在职工的学习和发展方面，我们主要有三大举措：

（一）开设职业发展“双通道”，给职工公平的发展机会。

我们为所有职工开辟和设计了职业发展的通道。在公司提供的几十个职业路径中，任何一个职工既可以成为业务专家，又有机会成为管理人才，每位职工都可以在这张“地图”上凭借个人专长和优势选择和实践自己的职业生涯发展路线。经过努力，生产工人可以从初级工到中级工到技师再到高级技师，技术人员可从工程师晋升为高级工程师、资深工程师，待遇随之提高。

我们为不同的岗位设计了不同的任职资格标准，让职工明确自身的发展要求。传化职工的任职资格标准明确和细化了职工在岗位甚至是岗位的不同等级上需要掌握的知识、技能，需遵循的行为规范，以及需要创造的业绩和成果，让每位职工清晰地知道每个岗位的不同要求以及自身的能力提升方向。在明确岗位任职资格的基础上，我们不断帮助职工分析差距并提供相应的培训支持，使职工通过培训来不断提升能力。

（二）为职工提供学习发展的平台支持。

建立分层分类的人才培养体系。借助职位体系与任职资格管理等人力资源管理基础平台，将职工划分为管理类、职能类、营销类、技术类、工程类、作业类六大职类和基础层、骨干层、中坚层、核心层四大职层，在此基础上建设了分层分类的培训体系，全面推进组织能力建设，持续提升组织的专业化能力。

建立支持职工自主学习的网上培训大学。为了满足职工个性化培训需求，解决培训的时空限制，也让外地职工也能随时随地参加培训，2008 年传化利用自身的信息化技术建立了传化网上大学，为全集团职工提供网上学习服务；2009 年，随着职工网上培训需求的增多，传化斥资数十万元，建立了新版 E－learning 网上学习平台，购买大量的电子培训教材，目前网上学习平台上已有上百门网络培训课程供职工学习。

提供鼓励学习发展的政策平台。在有计划、有针对性组织职工开展各类培训以外，我们还做了大量的政策设计，鼓励职工积极主动学习，不断提升自我。一方面，我们鼓励职工参加外部学历教育，由企业提供时间保障和资金支持。另一方面，我们鼓励职工参加政府组织的和企业内部组织的职业进阶培训，进阶成功增加基本工资；同时我们还出台政策鼓励职工发表研究论文和实用发明。这些政策措施对包括一线职工在内的公司职工，激励效果比较明显，职工的自我学习和发展积极性比较高。

（三）大力实施有针对性的系统培训。

为了让职工在工作中学习、在学习中发展，我们在搭建培训体系、夯实培训基础的前提下，大力实施有针对性的系统培训。仅 2010 年，我们安排了 600 多万元专门用来做职工的学习发展资金，实施5300多个培训项目，38800人次，年人均培训达38课时。

在新职工入职培训方面，传化自2003年起开始系统地、有规模地招聘并培养应届大学生。每年进入传化的大学生均有近百名，为了帮助大学生尽快适应社会和企业，成为职业化的企业职工，传化开设了启航学院，对应届生开展为期3个月的培训，其中包括军训、文化集训、基层见习、座谈交流等内容。历届大学生中，已有不少脱颖而出，成为了公司中层干部，也有不少成为了专业岗位上的骨干力量。

在生产工人培训方面，为培养打造优秀的产业工人队伍，传化于2007年成立可颁发国家级职业资格证书的“化工行业职业技能鉴定站”，技能鉴定站依据《国家职业标准》为基础，结合传化集团化工产业特色，探索出了一条具有传化集团特色的技工队伍培养与管理的创新之路——“选、培、习、考、用”五位一体的生产技工队伍培养体系，近3年共培养鉴定出数百名合格的化工生产操作工。

在后备骨干培训方面，传化每两年将选拔50—70名具备高管理潜质的青年业务骨干进行为期2年的管理技能培养，并从中挑选出色的一批骨干提拔为中层干部。

在干部培训方面，主要围绕管理者五大通用管理能力模型和四大传化经理职业角色定位入手，通过“自己读、网上学、高层讲、大家论、主管带、年终评”等干部培养六步法进行统一培养。2010年，传化投入200多万元开设了“销售经理特训营”和“中高级干部工商管理研修班”。公司还选派部分高级干部至大学商学院进行系统的经营管理和岗位业务知识的学习，仅2009年传化就外派了22名。

2008年和2009年两年间，我们共培养鉴定初级工161人，中级工170人；销售主管65名，销售经理78名，高级销售经理16名，资深销售经理2名。通过两期骨干学习班的培训，114名骨干学员已经有44人被提拔为中层干部，提拔率达到38%。

二、持续改善职工工作和生活环境

“快乐工作、无忧生活”是每一位职工的期望，也是企业努力的方向。传化的厂区基本上都处在城郊结合部，我们在改善职工的工作环境和生活环境方面，做了持续的投入，目的是为了让职工有安全感、归属感、成就感和幸福感。

在劳动管理上，我们认为职工工资的增长不应该通过加班来实现，而是通过能力与效率的改善来实现的，我们在劳动时间方面严格控制职工加班，确保职工的正常休息。

在工作环境上，一是在投资决策上给予保证。化工是传化的主业，但在化工产品的投资选择上，坚决不上高污染项目，把环保作为固定资产的投资内容，每年投入千万元以减少污染。二是在环境建设上予以保证。加大投入力度，强化车间与厂区环境的建设工作，为职工营造健康、舒适、安全的生产环境；提出了“职工生命高于一切”、“生产服从安全、效益服从安全”的基本原则，建立了项目建设的“安全一票否决制”，坚持不懈抓现场管理。三是关注职工的劳动卫生。集团和各企业工会主动参与职业安全卫生工作，成立了职业卫生工作小组，以改善劳动条件，加强劳动保护。同时，坚持每年为职工体检，组织医生到车间为职工提供健康咨询，还聘请资深专家开展健康知识培训。

在生活环境上，保障职工的吃、住、行、文娱体育活动和学习需要。为方便职工的工作就餐，在所有厂区都建立了职工餐厅，实行福利性用餐；每餐有四荤六素的品种可以选择，还配有面馆、小炒等供职工更换口味。职工有亲戚朋友来访，还有包厢供选择。为了改善职工的居住条件，集团花巨资建设了设施齐全的职工社区，解决职工的住宿与青年职工的结婚用房，建造高级人才居住的专家楼，并为职工宿舍配置空调等齐全的设施设备。为了解决职工的上下班交通问题，成立由 7 辆大巴车组成的车队，即使在周末，也要开通进城的班车，方便职工的往来。加大对文娱体育设施的投入，网球、篮球、羽毛球和乒乓球四大类球场齐全，2005 年，又投入 45 万元增建了 3 个球场，建立了业余篮球队、乒乓球队、象棋队、足球队等文体组织，以满足职工的运动健身需要。集团群团组织开展了内容丰富、形式多样的文体活动。2005 年集团工会举行了“传化发展”万米长跑接力赛、传化集团羽毛球赛、篮球赛、乒乓球赛等多场活动。团委举办了“传化十佳青年歌手比赛”、“传化青年职工集体婚礼”等。2006 年、2007 年、2009 年，集团党群组织又紧密配合经营组织的重点工作，举办了职工运动会和广泛开展“五个一”的企业文化主题活动。这些活动的开展丰富了广大职工生活，培育了职工的荣誉感、成就感。

在工作氛围上，我们创新形式，从集团高管团队到基层职工，深入开展有效的沟通交流活动，如“三好”（好上司、好下属、好同事）交流活动，“双优”（打造优秀的管理者、打造优秀的团队）交流活动。通过这些活动的开展，职工之间都感觉很通透，进一步强化了“彼此关心、相互理解、互相帮助、共同提高”的“家”的氛围。通过这些活动的开展，使整个企业更加健康、阳光，充满正气，有朝气，有活力。

三、主动谋划职工的分配保障

作为企业，我们最主要的社会责任是通过把企业办好，更多地为社会提供就业机会，更多地为国家创造税收，更多地给职工带来实惠。

从 2005—2010 年的有关统计数据看，集团直接新增就业 2200 人，通过农业及生产性服务业间接带动就业 3 万多人；纳税年均增长率为 16.15%；社会公益事业捐赠累计 1.25 亿元；六年期间利润年均增长率为12.74%。职工年人均收入（不含业务员）为从2005年的4.2万元，增长到2010年的8.49万元，年均增长率17.8%，其中一线产业工人的人均年收入从2005年的2.3万元，提升到2010年的5.49万元，平均增长率为12.92%，远远高于8.17%的五年社会平均工资增长率。即便是2008年、2009年受国际金融危机影响，我们不仅郑重承诺“不裁员、不减薪”，甚至还做了大力度的加薪。

回顾传化的职工分配保障体系，我们重点是关注了以下几个方面：

一是确保职工基本收入稳定。我们设计的分配体系，越是基层的职工，固定部分所占比例越高，确保他们平时生活开支不会拮据，这样他们可以更加安心地工作。

二是确保职工收入稳步增长。为此我们设计了工资的动态浮动机制，具体做法是：推行工资总额管理，建立工效挂钩机制，鼓励各企业做大分配蛋糕。我们既考虑了静态增长机制，也建立了动态增长机制。静态增长包含两个方面：一是建立了“三年一大动，每年一完善”的分配体系建设规则，确保工资总额基数的市场竞争力；二是参考了物价指数等变化状况，如果消费指数上升，工资总额随之提高。动态增长也包含两个方面：一是销售增长的工资总额调节机制，按销售增长率给予一定奖励；二是利润增长的工资总额调节机制，既鼓励企业利润的绝对增长（利润增加值奖），又鼓励企业持续的经济贡献（EVA）。

三是确保职工分配公平公正。企业分配中的问题很多时候不是患寡而是患不均，所以职工分配一定从人治走向法治，按制度办事。这几年我们按“按岗位定薪、以业绩定酬”的思路，建立了与职工岗位特征紧密相关的分配体系，以及以任职资格体系为基础的岗位定级评价体系，并且以制度的形式予以明确，让每一位职工都可以给自己算账。

四是不断改善职工的福利水平。1996年我们推行了内部储蓄式养老保险；2000 年在浙江率先试点推行了社会养老保险；2006 年实现“五险二金”全覆盖，并建立了困难职工帮扶基金；2008 年实行了“双休日”和带薪休假制度，全面贯彻执行新的《劳动合同法》；2010 年，全面实施基层职工收入提升计划，职工最低年收入突破 3 万元。截至目前，传化建立了一整套职工福利保障体系，不仅涵盖国家法定的保险福利，还根据自身经营业务特点、职工实际情况以及支付能力设计了多层次补充福利保障项目，目的就是要提高职工全方位的保障水平，不断提高职工的归属感与工作积极性。

构建和谐劳动关系，我们有以下几点的体会：

第一，只有紧紧依靠职工，企业才能获得持续的发展。

职工始终是企业最宝贵的资源和财富，是企业最基本的依靠力量。企业关心职工，职工就会加倍地爱护企业，企业才能拥有强大的组织凝聚力和创造力。“受尊重才有尊严，有体贴才能体面。”职工和经营者都是企业的主人，是利益共同体、事业共同体、命运共同体，要让职工在企业有“家”的感觉，有荣誉感、成就感、归属感，从而心情舒畅地投入到工作中去，“有好心情才能制造出好产品”。正是因为有了广大职工的共同创造，传化事业才有了今天的局面。从 1999 年到 2009 年，这 10 年间，集团营业收入增长了 20 倍，利润总额增长了 35 倍，税收增长了 19 倍，人均利税增长了 4 倍。

我们深刻认识到职工的价值，因此我们强调了职工、企业和社会的“三个统一”：职工的价值观、企业的价值观与社会的主流价值观三者相统一；职工个人目标与企业的发展目标、企业目标与社会的发展目标相统一；国家、社会、股东、职工的利益相统一。在此基础上，我们推进了劳动关系的“四个转变”：从落后的雇佣与被雇佣观念转变为企业职工树立利益共同体、命运共同体、事业共同体的观念；从以利益为劳动关系的连接点转变为以感情为劳动关系的连接点；从以管理约束为手段维系的劳动关系转变为以企业愿景激励为手段维系的劳动关系；从以满足职工基本需要为主转变为以满足职工的发展需要为主。通过实现“四个转变”来达到“以人为本”的劳动关系管理的新境界，致力于构建新型和谐劳动关系。

第二，坚持按政策法规办事，是构建和谐劳动关系的基础。

合法诚信是企业长久发展的基础，一直以来，我们严格按照《劳动法》、《劳动合同法》等国家有关劳动保障的法律法规，与职工签订正式劳动合同，详细明确约定双方权利和义务，劳动合同签订率达到100%，履约率100%。在日常工作中，我们十分注重劳动关系管理，一方面从企业角度做好职工关系的维护，努力把工作做到细微处，防止出现不和谐的情况；另一方面从工会角度建立内部劳动争议调解委员会，一旦需要就要做好职工权益维护工作。这些年来，传化没有发生一起职工劳动纠纷仲裁案件。

严格执行《工会法》，让职工有知情权、话语权、协商权、表决权。在知情权方面，我们实行厂务公开，建立广泛的信息沟通渠道，让职工及时了解企业的战略发展与经营决策信息；建立职工自助，与个人有关的政策制度、绩效、工资等信息。在话语权方面，我们建立民主听证制度，广泛开展合理化建议，开通职工热线和总经理接待日；职工网上论坛。在协商权方面，我们从1997年开始实施集体劳动合同与工资集体协商。在表决权方面，传化是浙江省最早建立职工代表大会制度的企业，每年召开1次，有特殊需要再临时增加会议；同时我们强化职代会作用，凡是与职工切身利益有关的制度，如《工资管理办法》，都需提交职代会审议通过才能执行。

第三，党群组织在构建和谐劳动关系中发挥了不可替代的作用。

传化是浙江省最早建立党组织、工会和共青团的民营企业之一。多年来，集团党群组织以推动企业健康发展为目标，以企业文化建设、精神文明建设和凝聚力工程建设为主要阵地，积极发挥自身的政治优势和组织优势，通过参与经营管理、引导健康行为、团结凝聚职工、协调多方关系，与经营组织形成了“目标同向，作用互补，相互监督，共同发展”的工作格局。党群组织已经成为传化组织体系中不可或缺的重要力量，党群组织所发挥的作用已经成为企业核心竞争力的重要内容。

党群组织在构建和谐劳动关系中的不可替代性在于：党组织、工会、共青团已经成为推动传化和谐文化建设的核心力量。有了党群组织在身边，经营组织才得以集中精力抓发展，并能得到强大的组织合力支持。党组织、工会、共青团已经成为联系企业和职工的桥梁纽带。有党群组织作“娘舅”，企业的战略意图和变革举措能够很好地在职工中得到贯彻，职工的心声和要求也可以很好地转化为企业的管理行为。党组织、工会、共青团已经成为传化党员、职工和青年最信赖的“家”，也是传化经营组织最得力的事业伙伴。传化职工需要党群组织，企业的发展也离不开党群组织。

2010 年，集团党委在“创先争优”工作中提出了“围绕一个目标、紧扣两个主题、坚持三项制度、开展四项活动”。一个目标，即争创全国先进基层党组织。两个主题，即党组织重抓“四个服务”（服务于企业转型发展、服务于和谐环境建设、服务于员工职业发展、服务于党员作用发挥），党员落实“三高四先”（高职业素质、高专业技能、高工作绩效）；科学管理理念与工作方法党员要先学习，先进技术与工艺装备党员要先掌握，职业操守和流程规范党员要先遵循，攻坚克难和工作外派党员要先挑担。三项制度，即党员民主听证制度、党员政治生日勉励制度、流动党员管理制度。四个活动，即党员承诺上墙活动、“读一本好书”活动、“找学习标杆”活动、“三十佳”评选活动（十佳技能标兵、十佳合理化建议、十佳师带徒榜样）。以这些活动为抓手，进一步推动企业和谐劳动关系的发展。

构建和谐劳动关系　促进企业科学发展

中国电信安徽省工会

党和国家加快全面建设小康社会步伐，加快经济发展方式转变，国民经济保持平稳较快发展，将促进电信业稳定增长。国家推动信息化与工业化深度融合，加快经济社会各领域信息化建设，构建下一代信息基础设施，为中国电信发展综合信息服务、开展全业务经营开辟广阔空间。

中国电信“十二五”期间的目标是成为智能管道的主导者、综合平台的提供者、内容和应用的参与者。企业深化转型必然带来企业内部新的结构性调整，在职工队伍中产生新的问题与矛盾。工会组织就要围绕企业战略转型，通过构建和谐劳动关系，进一步处理化解各种矛盾，理顺思想情绪，融洽企业和职工关系；进一步统一广大职工思想，激发积极性、创造性，增强企业的凝聚力和竞争力。

一、构建和谐劳动关系的主要内容

构建和谐劳动关系必须坚持以邓小平理论和“三个代表”重要思想为指导，深入贯彻落实科学发展观，围绕企业效益共创、发展成果共享这一目标，引导企业经营者更加关心职工、尊重职工，切实关心职工利益和安全健康，切实改善基层职工工作生活条件，让企业发展的成果惠及职工，共同创建规范有序、公正合理、互利共赢、和谐稳定的新型劳动关系。按照全总和上级工会要求，中国电信安徽公司、工会提出了构建和谐劳动关系的主要内容，并在实践中不断丰富和完善。

一是建立健全劳动合同制度。督促企业严格执行劳动合同制度，规范劳动用工行为。全省电信各级单位都要按照国家法律法规，和职工签订固定期限、无固定期限的劳动合同，劳动合同签订率要达到100%。

二是建立平等协商和集体合同制度。建立省、市两级平等协商和集体合同制度和女职工权益保护专项集体合同制度。每年对集体合同履行情况进行检查，针对执行中出现的有关问题进行协商，必要时对合同进行修改。集体合同履行情况向职工代表大会报告。

三是建立工资集体协商和职工工资正常增长机制。督促企业根据经营效益情况，在集团公司确定的工资总额和人工成本预算范围内，相应调整职工薪酬水平。在企业经济效益增长和劳动生产率提高的情况下，提高职工的收入水平。在工资调整过程中，一线职工的工资增长不得低于企业负责人工资增长幅度。

四是依法保障职工劳动经济权益。根据绩效考核结果，按时足额发放职工工资和各种补贴。为职工缴纳基本社会养老保险，基本医疗保险、失业保险、工伤保险和生育保险，完善住房公积金制度，健全企业年金和企业补充医疗保险制度。按照有关规定，及时为职工提供劳动安全卫生条件和必要的劳动防护用品，做到夏季防暑降温、冬季防寒保暖。

五是坚持和完善职工代表大会及其他形式的企业民主管理制度。每年定期召开省级职工代表大会，审议行政工作报告和涉及职工利益的有关办法。全省基层企业每年也要按期召开职工代表大会，听取审议行政工作报告，审议协商涉及职工切身利益的重要规章制度，听取企业领导人员述职述廉报告并进行民主评议。坚持厂务公开的民主管理制度，依法向广大职工公开企业重大决策、生产经营管理、涉及职工切身利益等方面事项。

六是尊重和维护职工精神文化权益。按照规定足额提取教育经费，并做到专款专用，其中用于一线职工的培训经费不得低于经费总额的60%。当年新进职工、转岗职工的岗前培训率达到100%，职工每年脱产学习不少于3天。广泛开展“创争”活动，提高职工队伍素质，保障职工教育权、发展权。积极开展职工喜闻乐见的文体活动，满足职工精神文化需求。

七是建立送温暖活动和帮扶工作的长效机制。把节假日的送温暖活动和平常性的送温暖活动相结合，把集中性的送温暖活动和分散性的送温暖活动相结合，形成常态化的长效机制。建立困难职工帮扶资金，为困难职工的基本生活和大病医疗费用提供帮助。

八是加大源头参与制度。工会积极参与企业改革发展重大决策和涉及职工切身利益等重大问题的研究制订并监督落实。与企业通过联席会议等形式，建立协商制度，促进协商合作。公司研究经营管理和发展重大问题要听取工会意见。召开总经理办公会议、经营分析会议，应有工会主席和专职副主席参加；召开讨论有关工资、绩效考核、保险福利、劳动安全卫生等涉及职工切身利益的会议，必须有工会代表参加。

九是建立劳动争议调处机制。建立省、市、县公司三级劳动争议调解委员会（小组），认真落实各级劳动争议调解委员会（小组）的职责，妥善协调和处理企业劳动关系的矛盾，确保劳动关系的和谐。

通过以上加强协调劳动关系的制度建设和机制建设，形成全方位、多层次、互相衔接配套的协调劳动关系工作机制，进一步保护、调动、发挥职工和企业经营者两个积极性，达到“共建和谐企业、共谋企业发展、共享发展成果”的目标。

二、构建和谐劳动关系的主要措施

（一）坚持以发展为第一要务，在凝聚职工的发展共识中构建和谐劳动关系。

企业要和谐，首先要发展。发展是企业的第一要务。作为电信企业，要全面贯彻落实科学发展观，转变发展方式，创新发展模式，提高发展质量，在保持企业持续健康发展中构建和谐劳动关系。

在构建和谐劳动关系过程中，企业工会组织要向职工广泛宣讲企业面临的形势和任务，把中国电信“十二五”时期的发展思路、重要举措和工作要求向职工讲清楚，促进各项工作部署变成广大职工的实际行动。

工会组织开展劳动竞赛活动，是促进企业科学发展的重要载体，也是帮助职工实现自身发展、体现自身价值的重要措施。近两年，中国电信安徽省工会积极组织开展“天翼”主题系列劳动竞赛和技能大赛，全省共开展劳动竞赛22次，其中专项劳动竞赛15次、技能大赛7次。全省基层开展劳动竞赛479次，职工参与6.9万多人次；开展现场技术比赛114次，参赛选手3000多人次。竞赛活动领域广泛、内容丰富、形式多样，极大地调动了职工的积极性，激发了广大职工学习技术、钻研业务、提高技能、争创一流的热情，培养造就了一批高素质、技能型的职工队伍，有效地促进了企业的生产经营工作。

（二）坚持以职工为根本，在丰富职工物质和精神需求中构建和谐劳动关系。

职工是企业发展之本。构建劳动关系和谐企业要以广大职工为根本，充分尊重职工的物质和精神需求，为职工提供施展才能的舞台，为职工创造发展的空间，使职工个人价值伴随企业的发展而不断提升。

推动职工最关心最直接最现实问题的解决。近两年，中国电信安徽省工会牵头制定了关于改善基层职工工作生活条件、建立和完善困难职工帮扶资金管理制度、健全和完善职工诉求表达机制等文件，提出了改善基层职工生产生活条件、建立困难职工帮困长效机制、建立健全职工诉求表达渠道、加大带薪年休假制度的落实等十项具体措施，在全省广大农村营业部广泛开展“四小一美”（小食堂、小浴室、小卫生间、小活动室、美化环境）职工小家建设，全省100%具备条件的农村营业部完成了建设任务，得到了基层职工的普遍欢迎和好评。从2011年开始我们由点到面推进创建“六好”农村营业部工作，进一步激发广大职工的工作热情。

认真落实“两个普遍”要求。按照全总关于依法推动企业普遍建立工会组织、普遍开展工资集体协商的要求，一是加强和规范工会组织建设，推动所有企业普遍建立工会组织，协助劳务派遣单位成立工会组织，及时吸纳劳务派遣工入会，维护劳务派遣工的合法权益。二是依法推进工资集体协商，健全平等协商集体合同制度。工会组织要从企业实际出发，在国家政策规定的范围内，积极参与企业薪酬制度改革办法、岗位绩效考核办法等制定。从企业职工最迫切需要解决的问题出发，就涉及职工切身经济利益的问题进行协调、协商，实现保障职工合法权益与促进企业健康发展的和谐统一。

大力实施职工素质提升工程。近年来，公司“创争”活动经历了理念导入、培养典型阶段，夯实基础、树立标杆阶段，以点带面、深入推进阶段，鼓励创新、持续改进阶段，已开展创建的班组（团队）1274个，创建面达100%。通过“创争”活动的深入开展，提升基层职工的学习能力和基层团队的执行力，一批班组分别被全国创争办、国务院国资委、安徽省创争办和中国电信集团公司等单位授予创建学习型班组典型，一批职工被授予知识型先进职工。

竭力做好困难职工的帮扶工作。近年来，中国电信安徽省工会明确提出了“有困难找工会”的口号，建立困难职工帮扶资金，为困难职工排忧解难。深入实施送温暖工程，认真开展“两节”送温暖工作和高温“送清凉”慰问工作，做到对职工生病、丧事、灾难必访，使广大职工感受到企业和工会组织的温暖。

不断丰富职工业余文化生活。工会组织要发挥自身优势，广泛开展融思想性、知识性、趣味性于一体的，职工喜闻乐见、参与面广的群众性文体活动，活跃广大职工的文化生活，满足职工精神文化需求，营造健康向上、团结和谐的企业氛围，增强企业的向心力和凝聚力。

（三）坚持以稳定为前提，在拓展职工诉求表达渠道中构建和谐劳动关系。

职工的稳定是企业和谐的前提。构建劳动关系和谐企业，必须保持企业的平稳、安定、有序。各级工会要坚持以稳定为前提，建立和完善职工利益协调、诉求表达、矛盾调处和权益保障机制，发展和谐劳动关系，促进企业和谐稳定。

完善职工参与企业民主管理的渠道。参与企业民主管理是表达职工意愿的主要渠道。公司充分发挥职工代表大会制度的作用，保证职工代表提案、巡视和专门工作委员会（或小组）等各项制度和民主程序落实到位；积极落实职代会民主评议企业领导人员制度。凡涉及职工的切身利益、企业招聘用人、岗位竞聘、评先评优、物资采购等都要在职代会上或利用公开栏等形式进行公开，企业重大决策让职工代表及时了解和参与，充分听取职工的意见和建议，落实职工的知情权、参与权、表达权和监督权。

完善职工与企业领导人员沟通对话渠道。通过采取直接或间接等多种方式和手段，搭建职工与企业领导人员沟通对话的平台和通道，如建立企业领导人员接待日、总经理信箱、职工论坛、定点联系、基层职工与管理层对话等渠道，听取职工的意见或建议，畅通职工表达意愿或诉求的渠道。

完善职工思想动态调查渠道。近年来，公司制定《职工思想动态分析报告制度》，坚持每半年开展一次职工思想状况调查工作，通过问卷、网上调查等方式在全省职工中开展思想动态调查，形成调查报告报省公司党组。同时，通过安徽公司职工论坛，关注职工舆情，倾听职工心声，畅通建言渠道，反映职工意愿要求，保障职工的合法权益，促进企业健康发展。完善职工信访渠道。为职工来信来访反映情况、提出意见提供便利条件。认真处理来信来访，倾听职工的诉求，接受职工的监督。

认真处理解决职工诉求。在畅通诉求表达渠道的基础上，认真整理分析和处理解决职工意愿和诉求，吸收和采纳职工的意见和建议，建立完善的职工诉求处理和反馈闭环管理制度。充分发挥劳动争议调解委员会作用，及时掌握本单位劳动争议发生和调解情况，对可能发生的劳动争议做到“早发现、早处理、早上报”，避免群体性劳动争议和纠纷发生。通过建立完善员工诉求表达机制，使广大职工有话能表达、问题有解答、难事有人帮、怨气能释放。

加强职工思想教育疏导。近年来，公司先后制定下发了《关于加强和改进企业思想政治工作的意见》、《安徽电信思想政治工作量化考核标准》、《关于加强企业重大改革过程中思想政治工作的意见》、《安徽公司思想政治工作责任制（试行）》等一系列规定。建立了党委统一领导，党政工团齐抓共管的思想政治工作管理体制、运行机制和覆盖全员的思想政治工作岗位责任制，保持企业和职工队伍的稳定，保证了各项改革的顺利进行。

（四）坚持以企业文化为保障，在建立企业与职工的共同价值追求中构建和谐劳动关系。

和谐劳动关系，有赖于统一的指导思想和共同的理想信念，有赖于熔铸于职工血脉中普遍认同的价值追求。先进的企业文化反映着企业精神，代表着企业发展方向，体现职工的根本利益，是构建和谐劳动关系的基石。

工会组织要积极建设和传播以职工为本的先进企业文化和职工

文化，把对职工的教育引导、鼓舞激励与尊重理解、关心帮助结合起来，把企业核心理念和职工自身价值统一起来，使先进的企业文化成为推动构建和谐劳动关系的强大动力。

大力营造“想干事、会干事、干成事，创一流业绩”的企业文化氛围。公司党组把“想干事、会干事、干成事”确定为公司特色文化，并提出“让想干事的有机会，会干事的有舞台，干成事的有地位”，“要有成就一番事业的决心，要有成就一番事业的能力，要创造一流的工作业绩”，为营造和谐劳动关系奠定良好的基础。

大力营造“激情工作，健康生活，同舟共济，共创价值，共享成果”的职工文化氛围。公司确定了“激情工作，健康生活，同舟共济，共创价值，共享成果”的职工文化理念，让职工在辛勤工作、享受成功喜悦的同时，深切感受到来自企业和工会组织的温暖和体贴。

大力营造“全面创新、持续创新”的企业文化氛围。中国电信将“全面创新”列为企业核心价值观之一。近年来，公司已先后开展了五届创新成果和创意评选活动，共评选优秀创新成果 285 项，创意 54 条；全省共收集优秀合理化建议 1668 条。各级企业都制定了创新成果、创意、合理化建议评选的具体办法；有的设立了优秀合理化建议和创新成果奖励基金；有的坚持开展“金点子”、“五小”创新成果评选活动，激励广大职工在工作中创出新意、做出成绩，营造了“人人崇尚创新、个个善于创新、事事成于创新”的良好企业氛围。

构建和谐劳动关系是一项十分复杂的系统工程，也是一项长期艰巨的工作。我们将继续探索和实践，在丰富新思路，探索新方法，开创创建工作新局面上下功夫，为实现科学发展、创新跨越作出新的贡献。

深入开展和谐企业创建工作
大力发展社会主义新型劳动关系

福建省总工会

努力实现企业发展和维护职工群众利益互利双赢，促进劳动关系和谐，促进社会和谐稳定，是社会主义条件下做好企业和企业工会工作的基本要求。近年来，我省大力推行以劳动关系和谐、环境关系和谐、社会关系和谐为主要内容的“三位一体”和谐企业创建工作，有力地推动了规范有序、公正合理、互利共赢、和谐稳定的社会主义新型劳动关系发展，在加快经济发展方式转变、推进社会管理和建设中较好地发挥了工会组织的重要作用。现就我省和谐企业创建工作的实践和体会作个交流。

一、创建和谐企业是我省经济社会发展的客观需要

我省是一个开放型经济程度较高的省份，非公有制经济比重不断加大，民营企业、台资企业、外资企业日益发达。在这一背景下，如何加大对劳动关系的协调力度，以企业发展推动经济发展，以企业和谐推动社会和谐，成为一个重要的课题。改革开放之初，我省率先提出给企业“松绑”、扩大企业经营权之时，我们就十分重视处理好劳动者与经营者关系问题。上世纪八十年代我省全面推行企

业民主制度建设；九十年代中期，省人大出台《福建省企业集体合同条例》，全面开展平等协商签订集体合同工作；进入新世纪，我们在各企业和工业园区全面铺开劳动关系和谐企业创建工作。在这一基础上，2009 年我们根据全总慈溪会议精神，在全省规模以上企业全面开展了和谐企业创建工作，把我省构建社会主义新型劳动关系的实践提升到一个全新的水平。

和谐企业创建工作推动了企业又好又快发展。企业发展必须要有一个和谐的内外环境。劳动关系和谐是企业和谐的核心，只有劳动关系和谐，才能保持职工队伍的稳定，才能最大限度地调动劳动者的积极性，才能充分发挥广大职工的聪明才智，推动企业发展。而企业可持续发展不仅取决于劳动关系和谐稳定，同时与环境关系、社会关系密切相关。只有在发展中积极改善企业与环境关系、推动企业积极履行社会责任，才能为和谐劳动关系发展提供强有力的保障，最终实现企业的又好又快发展。我们顺应改革开放的不断深化和经济发展步伐的不断加快，根据经济关系特别是劳动关系的深刻变化，针对一些企业忽视职工劳动权益和因此引发的群体性、突发性事件，开展了和谐企业创建工作。通过创建工作，完善了企业民主管理制度和集体协商制度，加大了职工对企业生产经营的参与力度，畅通了职工维护自身权益的渠道，进一步增进了企业利益共同体建设。通过创建工作，企业更加注重环境保护，注重节能减排，提高能源资源利用效率，进一步改善了与自然环境的关系。通过创建工作，推动企业注重产品质量，把经济效益和社会效益统一起来，塑造了现代企业良好的社会形象。据统计，到 2010 年底全省有 2 万多家企业参与创建工作。凡是开展创建工作的企业，近年来都保持了两位数的发展迅速。2010 年全省 GDP 增长 13.8%、工业增加值增长 18%。这一成绩凝聚了各创建企业的突出贡献。

和谐企业创建工作适应了加强社会管理的要求。改革的不断深化和经济社会的快速发展，在触动社会一些深层次的矛盾和问题的同时，也带来了一些新的社会问题。比如，劳动关系矛盾成为社会主要矛盾的背景下，如何构建一种社会化的劳动关系协调机制；再比如，企业自身环境建设成为发展环境友好型社会重要组成部分的前提下，如何形成对企业环保建设的有效监督机制；又比如，企业日益“人格化”、并在和谐社会建设中的基础作用日益重要的情况下，如何建立富有特色的企业社会责任体系，等等。这些问题都涉及到新形势下如何加强和创新社会管理问题。我们开展和谐企业创建工作，实行党委领导、政府推动、工会牵头、部门配合、企业主体、职工参与的社会化创建工作格局，目的是要通过企业和谐推动社会和谐，这与“党委领导、政府负责、社会协同、群众参与”的社会管理工作格局高度一致，特别是它突出了企业经营者和基层工会组织在创建和谐中的重要地位和特殊作用，成为发挥企业和企业工会参与社会管理与建设的有效载体。创建工作开展以来，所有创建企业没有发生一起群体性事件，而且尽管在后国际金融危机时期，企业面临着许多困难和问题，但整个职工队伍始终保持稳定。2010 年全省职工集体上访和信访数分别比上年同期减少 33.7% 和 18.9%。

和谐企业创建工作促进了企业工会工作原则的落实。推动企业发展、维护职工权益，是和谐企业创建工作的首要目标。我省和谐企业创建的具体标准包括了企业工会工作的各个方面。比如开展社会主义劳动竞赛，激发职工的工作激情和创造活力；发展企业文化、职工文化，不断提升劳动者的素质和水平；加强健全职代会和集体协商制度建设，落实职工民主参与、民主决策、民主监督的权益；开展困难帮扶和综合服务工作、做好生活后勤保障，为职工群众办实事、解难事；加强劳动关系协商机制建设，维护好职工的劳动经济权益，实现广大职工体面劳动，等等。这些问题，都是企业工会贯彻“促进企业发展、维护职工权益”的工作原则的具体要求。同时，和谐企业创建也为工会工作方式转变开创了新的途径。各级工会以和谐企业创建工作为重要平台和抓手，把各项重点工作融入到创建之中，充分履行工会组织职工、引导职工、服务职工和维护职工合法权益的职能，促进了工会各项工作不断创新发展。

二、创建和谐企业关键要形成齐抓共管的社会化工作格局

和谐企业创建工作是一项系统的工程，涉及面广、要求高、难度大。我们坚持发挥社会主义制度的政治优势，在创建工作中突出了党的政治核心作用、政府的执法引导作用、相关职能部门的配合协调作用、企业的组织实施作用、职工群众的积极参与作用，把和谐企业创建工作与全省经济社会发展的整体目标统筹运作，确保了创建工作的深入开展。

发挥党政主导作用，凝聚创建工作合力。在党委和政府的领导下，凝聚各方面力量推动创建工作，是社会主义条件下能集中力量办大事的优势所在。我们在创建工作中坚持做到“五个强化”：一是强化组织领导。省、市、县（区）普遍建立和谐企业创建工作领导小组，由党委领导任组长、政府领导任副组长，多个党政部门和群团组织为成员。各级工会作为领导小组办公室牵头单位，劳动、经贸、环保、安监等政府相关职能部门承担相应“硬任务”。二是强化政策保障。省人大修订出台了《福建省企业集体协商和集体合同条例》，省委办、省政府办转发了省和谐企业创建工作领导小组《关于进一步推进工资集体协商深入开展和谐企业创建工作意见》，为推进和谐企业创建工作提供重要保障。三是强化目标管理。围绕依法经营诚实守信、科学决策民主决策、维护职工合法权益、产品质量服务水平、节约资源保护环境、参与社会公益事业等六项重点，研究制定和谐企业评估细则，形成标准清晰、责任明确、流程科学的操作规范，构建了科学有效的评价体系。四是强化指导督查。围绕创建和谐企业评估细则，政府相关职能部门深入基层抓督查，以国家劳动标准、环保标准和企业应尽的社会责任来考核衡量

企业创建工作，把激励与约束统一起来，把创建和谐企业与企业资质评定、各种评审统一起来。五是强化典型带动。及时发现和总结在创建工作中涌现出的各类先进典型，通过召开经验交流会、现场观摩会等形式，向企业、职工和社会宣传创建工作取得的实实在在成效，推动和谐企业创建工作深入人心、持续发展。

发挥企业主体作用，依靠职工推动创建。把企业建设成经营者和劳动者的利益共同体、事业共同体、命运共同体，这是社会主义条件下所有企业的本质要求。在和谐企业创建中，发挥企业的主体作用，就是要发挥经营者与职工群众的推动创建的动力和本源的作用。在创建中我们以发展和谐劳动关系为主线，做到“五个结合”：一是与推动企业转型升级相结合。把和谐发展理念融入企业生产建设的各个方面，根植于企业经营管理的全过程，促进企业加快发展方式转变，切实把企业发展建立在依靠科技进步和劳动者素质提高上来，建立在与环境的友好相处和与社会的和谐共存上来。二是与加强企业的民主管理相结合。全面建立以职工代表大会为基本形式的企业民主管理制度，实行厂务公开制度和集体协商集体合同制度。在中小企业集中的地方广泛建立区域性、行业性职代会，实行职代会工作的“二次覆盖”落实职工群众的知情权、参与权、表达权、监督权。三是与发展企业文化、职工文化结合起来，坚持以人为本，突出劳动者的主体地位和尊严，加强对职工特别是新生代职工的人文关怀，奠定“共创和谐”的思想基础。要求所有创建企业按照省、市示范点的建设标准，全面建立“职工书屋”，把“职工书屋”建设作为职工文明建设的重要窗口。四是与全面开展工资集体协商结合起来，着力解决好企业不愿谈、工会不会谈、职工不敢谈问题，全面开展工资协商要约行动，推动各创建企业建立职工工资协商共决机制、正常增长机制和支付保障机制。五是与改善职工生产生活条件结合起来，全面开展“安康杯”竞赛和“一法三卡”工作，做好生产安全职业卫生，加强企业食堂、宿舍和职工文化娱乐场所等设施建设，不断改善劳动环境和职工生活后勤保障工作，实现职工的体面劳动，让职工真正感到发展为了职工、发展依靠职工、发展成果由职工共享，充分调动了职工群众参与创建和谐企业工作的积极性。

*发挥工会牵头作用，着力增强创建后劲。*创建和谐企业的目标要求与新时期企业工会工作的原则是一致的。我省创建工作为工会工作特别是企业工会工作拓展了广阔的作为空间，提供了良好的机遇。作为创建工作的牵头单位，工会努力做到“五个到位”：一是协调到位，在创建领导小组的领导下，各级工会充分发挥群众组织的优势，联络创建领导小组各成员单位定期召开协调会议，研究创建方案，解决实际问题，较好地凝聚了各方力量；二是分工到位，根据“三位一体”的要求，把创建工作的各项硬性指标落实到各成员单位，由各成员单位层层抓落实；三是部署到位，2010 年以来，以创建领导小组的名义，分别召开了三次大型现场经验交流会，在全面动员部署的同时，让创建工作先进单位现身说法，有力地推动了面上工作发展；四是指导到位，针对不同区域、不同行业、不同经济类型企业的劳动关系状况，坚持实事求是、因企制宜的原则，制定落实分类指导的工作举措，增强创建工作的针对性。把项目、品牌、创新、服务带动贯穿于创建工作的各个方面、各个环节，鼓励各地和企业积极探索、大胆创新，创造性地开展工作；五是宣传到位，充分发挥工会宣传阵地的作用，加强与各新闻媒体的联系，大力宣传创建工作的目的意义和目标要求，深入报道创建工作的好做法、好经验、好典型。特别是组织人员深入企业面对面地做好经营者工作，推动形成了共创和谐的共识，形成了良好的创建氛围。

三、和谐企业创建工作给我们的几点启示

通过创建和谐企业工作，我们深刻认识到，只有以科学发展为

主题，以加快转变、跨越发展为主线，以改善民生为着力点，才能推动企业劳动关系和谐、环境关系和谐、社会关系和谐，实现企业生产经营与社会经济的持续健康发展。在创建工作中我们要注意把握好以下几点：

第一，要坚持以职工群众参与为基础。和谐企业创建，主体在于企业，在于企业经营者和职工群众。只有始终坚持以人为本，力求贴近职工、关爱职工，让职工更多地参与企业经营管理活动，广大职工才能更加关心企业的发展，才能更好地调动广大职工的积极性和创造性。创建和谐企业工作应当大力推行以职工代表大会为基本形式的企业民主管理制度、厂务公开制度，从实际出发探索非公有制企业职工民主管理的多种形式，落实好职工群众的知情权、参与权、表达权、监督权。要以企业文化、职工文化为纽带，引导企业重视人文关怀，着力提高职工队伍的思想道德素质和科学文化技术素质，促进职工全面发展。要结合劳动竞赛、合理化建议、技术革新、发明创造等活动，不断激发职工的创造活力，增强职工对企业的认同感和归属感。只有这样，创建工作才有广泛的群众基础。

第二，要坚持以发展和谐劳动关系为核心。要紧紧抓住劳动关系这个核心问题，大力推动企业依法普遍开展工资集体协商和签订集体合同，着力破解工资集体协商中遇到的瓶颈问题和各种困难，不断提高职工特别是生产一线职工和农民工的工资水平，推动劳动报酬与劳动生产率同步增长，使广大职工群众共享改革发展成果。要维护好、发展好和实现好职工的合法权益，健全完善维权机制，解决好职工就业再就业、社会保障、生活后勤等切身利益问题，促进劳动关系和谐和职工队伍的稳定。要充分发挥国有企业和民营大中型企业的示范引领作用，继续探索非公有制企业创建工作的有效形式和载体，不断扩大创建工作覆盖面，提高参与度，推动创建工作规范有序、积极健康发展。

第三，要坚持以落实企业责任为关键。企业是国民经济的主体，在发展经济的同时，更要履行好应有的社会责任。要积极引导企业经营者把社会责任的理念和要求全面融入企业发展战略、企业生产经营和企业文化建设，勇于承担起在保护劳动者权益、保护环境、提高就业水平、热心公益事业和促进社会稳定等方面的责任。通过发展生产，为社会提供更多劳动就业岗位，为职工带来更多工资福利；通过模范遵守法律，合法经营、诚信经营、人性化经营，推动企业文化建设，进一步改善职工生产环境和提升生活质量；通过主动参与公益事业和慈善活动，更多地回报人民、回馈社会，树立企业的良好社会形象，从而使创建工作得到职工群众和社会各界的普遍好评。

第四，要坚持以推动企业健康发展为根本。创建和谐企业的目的在于推动企业科学发展。要将创建工作融入企业生产实际，推动企业实现劳动关系、环境关系、社会关系全面和谐，不断提高企业发展质量和效益，推动企业可持续发展。要把创建工作与推动企业转型升级相结合，引导企业注重提高自主创新能力、鼓励企业加快技术改造，推动产品结构优化升级，提高品牌意识、提高节能环保水平、提高整体素质和竞争能力，增强企业发展活力和后劲，使企业真正走上科学发展的轨道。

工会要努力使职工有“四好”

袁 金 根

构建社会主义和谐劳动关系，切实维护社会和谐稳定，是党中央对工会组织提出的明确要求。中共中央政治局委员、全国人大常委会副委员长、中华全国总工会主席王兆国同志在全国总工会十五届五次执委会议的讲话中强调指出，“工会组织要牢记责任、扎实工作，大力发展和谐劳动关系，进一步加大维权力度，努力推动职工群众共建共享经济社会发展成果。”

劳动关系是市场经济条件下最基本、最重要的社会关系，直接关系到职工群众最关心最直接最现实的利益问题。工会作为职工合法权益的表达者和维护者，要充分发挥在构建和谐劳动关系中的“稳定器”和“调节阀”作用，下功夫使职工有“四好”。

第一，要使职工有好心情

最大限度地消除劳动关系矛盾，努力形成劳动关系双方各尽所能、各得其所而又和谐相处的局面，工会组织对此大有可为。

开展科学疏导、心理咨询活动，让职工成为“快乐人”。我国正处在体制改革、结构调整与社会转型时期，这一时期往往又是利益关系调整导致劳动关系矛盾与社会问题的频发高发期。一些职工常常会感到工作、生活、家庭等方面带来的巨大压力，以致产生心理不适、心理障碍乃至心理疾病。心病要用心药医，这就客观要求工会组织须把解决职工心理问题纳入工作视野，开展有针对性的心理慰藉工作。首先，要围绕职工常见的心理问题，常态化地聘请心理专家授课，教会职工心理调适的基本方法。其次，要通过剖析经典案例，帮助职工认清不健康心理的危害。通过对某煤矿企业的调查研究，分析近年来发生的4起纠纷、事故后感到，部分职工中存在的失衡、盲从、报复、嫉妒等不健康心理，是引起一些事故、案件的重要原因。对此，我们通过召开案件分析会、一事一议等多种形式，重点剖析典型案例，使职工在正反对比中懂得什么是不健康心理，认清不健康心理的严重危害，学会预防、化解和消除不健康心理的方法。再次，要增强工会干部运用心理学方法做好职工思想教育工作的能力。通过开展丰富多彩的文娱体育活动，组织红色旅游、职工疗休养等，寓教于乐，丰富职工业余生活，舒缓压力，放飞心情，陶冶情操。

健全职工代表大会制度，让职工成为企业管理的“当家人”。工会要把维护广大职工的合法权益作为一切工作的出发点和落脚点，以落实职工代表大会各项职权为抓手，坚持做到凡是涉及职工切身利益方面的改革举措和重大制度，都要督促企业经职代会通过后方可实施。会前要召开职工代表“听证会”，广泛听取职工群众的意见，以取得职工的理解与支持。提案是职工代表行使民主权利的重要手段，是职工民主管理的重要环节，要对职工代表的提案做到件件有答复。对优秀提案，要给予表彰奖励，引导职工代表不断提高参政议政水平。

积极实行厂务公开，让职工成为企业民主监督的“知情人”。要建立起由党委统一领导、行政组织实施、工会考核考评、纪委检查监督、职工全员参与的厂务公开领导体制和工作运行机制。要通过公开栏、经济活动分析会、发布会等形式，定期做好厂务公开工作，真正落实职工的知情权、参与权、表达权、监督权。

第二，要使职工有好收入

由新华网发起的“你最关心的话题”调查，“收入分配”力压房价、反腐等社会热点问题高居榜首。工资收入是职工最为关注的利益。工会组织要通过多种形式平衡劳动关系双方的利益关系，实现财富在职工和企业之间公平合理地分配；采取多种途径引导职工全面提高职业技能和工作效率，从而达到“企业增效、职工增收”的双赢局面。

组织“星级”职工评比活动，使职工在提高职业技能的基础上增加收入。通过开展“岗位成才、建功立业”活动，对生产线上的重要工种、特种作业人员按工龄长短、贡献大小，从低到高分设“一星”、“二星”、“三星”、“四星”级和首席职工等五类，分别给予不等的津贴，让技能等级高的多得，技能等级低的少得，无技能等级的不得。同时，建立工作“创新奖”和管理法、操作法“命名奖”等机制，激励广大职工岗位成才、建功立业。

组织劳动竞赛活动，使职工在提高生产效率的基础上增加收入。工会组织服务企业中心工作，开展社会主义劳动竞赛，有利于增强广大职工的集体主义精神，创造和推广新的生产技术和操作方法，改善劳动组织，发挥劳动者的积极性和创造性，对于提高劳动生产效率，提高企业经济效益，有巨大的推动作用。由于劳动竞赛项目，很多都是企业的急、难、险、重任务，组织职工开展劳动竞赛活动，职工得到的是实惠，企业解决的是难题。

组织技术比武活动，使职工在职业水平比拼的基础上增加收入。工会组织要有针对性地开办职业技能培训班，设立技能比武擂台，形成“干什么、学什么，缺什么、补什么”的岗位练兵氛围，引导大家争做学习型、知识型、创新型职工，精心“锻造”各类“金牌”职工，努力建设高素质的职工队伍，保证企业在激烈的市场竞争中实现可持续发展。在职业技能比武活动中，工会组织要协调企业制定有吸引力的奖励政策，并及时兑现。

第三，要使职工有好环境

为职工营造良好的工作、生活环境，是企业改革发展成果共享的体现，也是构建和谐劳动关系的一个“硬件”。

职工的生命健康权是第一位的权益。在工作环境的创造中，工会组织要抓好以下三点。首先，忠实履行法律法规赋予工会的安全监督权。工会应当通过职代会增加安全工作报告这个重要内容，依法强化企业经营管理者的安全履职意识，监督企业在安全指标完成、安全活动开展、安全制度落实、安全隐患整改、安全投入和教育等方面的工作，促进企业不断提升生产的安全系数，为职工创造安全的生产环境。其次，以班组安全质量建设为重点，努力提高企业现场文明生产能力。工会组织要从加强班组建设入手，开展“工人先锋号”竞赛活动，把班组建设的重点放在现场安全生产、文明生产上，按照目标具体化、管理内容规范化、管理方法科学化、管理基础制度化的要求，着力把班组文明生产推向一个新水平。再次，以推进科技化为着力点，努力减轻职工的劳动强度。要按照国家有关要求，在推进企业科技化、机械化上做文章，这是增强企业竞争力、改变企业落后面貌、改善企业生产环境、减轻工人劳动强度的唯一途径。

在生活环境的改变上，要注重开展三项活动。一是开展社会主义新厂（矿）区建设活动，组织职工积极参与厂（矿）区美化、亮化工程。二是开展职工“文明楼院”、“五好家庭”创建活动，推进职工宜住工程建设。三是开展“民建公助”活动，使“厂（矿）区是我家，建设靠大家”的理念深入人心。

第四，要使职工有好“娘家”

随着经济全球化的发展和我国社会主义市场经济体制的逐步完善，工会参与协调劳动关系的责任更重大、任务更艰巨，这就要求工会组织不断改进和加强自身建设，为实现劳动者的体面劳动主动作为，为促进发展和谐劳动关系履职尽责，真正成为职工的好“娘家”。

做好维权工作，勇做职工的“娘家人”。2005年12月，全总十四届三次执委会议作出《关于加强协调劳动关系、切实维护职工合法权益、推动构建社会主义和谐社会的决定》，明确提出维护职工合法权益工作的指导思想、主要原则和基本任务，要求坚持和完善维护职工合法权益的制度与机制，积极推动维护职工合法权益工作的落实，努力提高工会维护职工合法权益的能力和水平。维护职工合法权益，从宏观上说，工会要加强源头参与、建章立制工作，将职工的合理诉求转化为法律和政策；要发挥工会与政府的联席会议制度作用，定期研究解决劳动关系方面存在的问题，就包括职工工资在内的劳动关系方面的问题提出工会的主张建议。从微观上来说，大力推进职工工资集体协商制度，使职工的收入水平与企业发展保持同步，推行平等协商和集体合同制度，通过签订集体合同，进一步规范劳动合同；要健全企业劳动争议调解制度和劳动法律督查制度。尤为重要的是，工会组织要紧密联系职工群众，搞好调查研究，特别要善于发现在企业改革改制过程中出现的矛盾苗头，认真分析研究，做好影响评估，从而制定对策，加强维权工作。

做好帮扶工作，当好职工的“娘家人”。“有困难找工会”，既是工会基本职责的诠释，也是工会工作所追求的“品牌”效应，更是工会构建和谐劳动关系的重要抓手。工会组织一定要站在“以人为本”和“群众利益无小事”的高度，切实履行职工扶贫帮困“第一知情人、第一报告人、第一帮扶人、第一监督人”的职责，解职工所忧、想职工所虑、帮职工所难、谋职工所求，全力为职工群众诚心诚意办实事，尽心竭力解难事，坚持不懈做好事，把党的温暖和企业关怀送到职工群众的心坎上。坚持做到“四必访”：一是职工有突发困难必访。职工患大、重病住院及家庭发生突发状况，工会要及时伸出援助之手。二是节假日必访。传统节日上门慰问特困、公残及孤寡职工，每逢元旦、五一、十一等对职工进行节日慰问。三是困难职工子女升学必访。采取特事特办的原则，不让一名职工子女因家庭贫困而上不起学。四是高温、寒冬季节必访。切实开展“夏送清凉，冬送温暖”活动，并监督企业把各项防暑降温及御寒措施等福利待遇落实到位。同时，利用各种社会资源，开展“结对子”互帮互助、捐助等活动，积极为职工参加工会组织的互助保险活动创造条件，对符合规定的患病职工及时做好理赔工作，为职工排忧解难。

总之，构建社会主义和谐劳动关系，从工会工作来看，是处于“党政所望、职工所盼、工会所能”的交叉点上。要从多方面多角度着手，关键的问题是更新观念，创新机制，以观念更新带动实践创新，善于处理发展中遇到的新情况、新问题。要从职工切身利益出发，尽力去帮助他们解决各种困难和问题，给职工创建一个和谐的工作、学习和生活环境，让职工有归属感，从而才有责任感，企业才会更好更快地持续向前发展！

（本文作者系江西煤业集团景德镇分公司工会副主席）

发挥政府、企业、工会作用
构建社会主义新型劳动关系

山东省总工会

当前，我国正处在经济转轨、社会转型的特殊历史时期，劳动关系总体稳定，但影响劳动关系和谐的问题仍然比较突出，劳资矛盾纠纷开始进入高发期，保持劳动关系和谐稳定比以往任何时候都显得更加重要、现实和紧迫。党的十七届五中全会强调要“发挥政府、企业、工会作用，努力形成企业和职工利益共享机制，建立和谐劳动关系。”胡锦涛总书记在省部级主要领导干部社会管理及其创新专题研讨班上，对政府、企事业、人民团体参与社会管理，完善维权机制也提出了明确的要求。实现这一目标，需要党和政府、企业和职工、工会组织及社会各界共同努力，采取综合措施，大力推动构建规范有序、公正合理、和谐稳定、互利共赢的社会主义新型劳动关系。

一、发挥党政主导作用，强化有效干预，为构建社会主义新型劳动关系创造良好的外部环境

我国现阶段劳动关系出现的一些问题，是多种因素共同作用的结果，政府在劳资关系方面的缺位、错位、不作为，有效干预明显

不足也是重要原因之一。在当前劳动关系矛盾日益凸显的新形势下，政府作为管理调控劳动关系的特殊责任主体，应该发挥主导作用，为构建社会主义新型劳动关系创造良好外部环境。

（一）切实提高认识，正确履行协调劳动关系职能。

各级政府应从构建社会主义和谐社会，确保国家长治久安的高度，深刻认识构建社会主义新型劳动关系的重要性和迫切性，全面贯彻落实科学发展观，扭转“见物不见人”的发展模式和“亲商不亲工”的发展思路，加快转变政府职能，实现政府对经济活动由直接管理向间接管理的转变，以中立的立场调控、监督和仲裁劳动关系，引导劳资双方密切合作。要建立新的政绩考核评价体系，把安全生产指标、劳动工资水平、企业参保比例、劳动纠纷数量、职工权益维护情况等纳入其中，把构建社会主义新型劳动关系摆在政府工作的应有位置，纳入经济社会发展总体规划，纳入领导班子目标责任制，推动各级政府正确履行职能，加强监管调控，统筹协调劳动关系。

（二）完善劳动法律法规，为构建新型劳动关系提供法律保障。

市场经济体制下，政府协调劳动关系主要是通过完善法律法规、制定政策规则，规范劳资双方的行为。在当前劳资博弈“强资本、弱劳动”的大格局下，有必要按照社会法体系的立法宗旨来制定调整劳动关系有关法律法规。社会法的主旨在于保护公民的社会权利，尤其是保护弱势群体的利益。在社会关系中，有天生的强势群体和弱势群体之分，而且市场经济会强化强者越强、弱者越弱的格局。如果没有公权力的介入来保护劳动者权益，必将加剧社会关系的失衡状态并最终导致严重的社会问题，通过法治途径即制定和完善社会法是改变这种失衡局面的必然选择。所以在制定协调劳动关系的法律法规时，应当向劳动者适度倾斜，力求劳资力量平衡，减少对抗与冲突，保障处于弱势地位的劳动者的合法权益。

当前应该在宣传贯彻落实有关法律的同时，积极推动修订《劳动法》，出台《集体合同法》、《工资法》等法律法规，进一步完善规范劳动关系的法律体系，注重赋予工会代表劳动者协调劳动关系的刚性权力，并从具体制度安排上真正确保工会与企业的平等地位，使工会切实成为劳动者利益的代表，在劳动关系运行中发挥制衡作用。在当前职工收入增长比较缓慢、收入差距逐步扩大的形势下，特别要推动国家层面尽快制定与工资集体协商工作相关的法律法规，提高立法层次，增强可操作性，尤其是要增加刚性规定，明确工资集体协商中的经营者责任。同时要积极推动地方立法和配套政策出台，进一步规范企业工资集体协商行为，切实维护职工的收入分配权益。

（三）建立完善协调劳动关系有关机制。

劳动关系三方协商机制是协调市场经济条件下劳动关系的最重要的机制。由于我国市场经济体制尚不完善和某些制度安排存有缺陷，这项制度尚未充分发挥作用。应通过立法明确劳动关系三方协商机制在市场经济和劳动关系协调中的法律地位、组织机构、运行程序和工作制度等。随着市场经济体制的逐步完善，政府要充分履行协调劳动关系职能，着力培育、增强企业家协会（企业家联合会、雇主协会）的代表性，提高三方的协商、谈判能力，使劳动关系三方协商机制真正成为政府、企业（雇主）、工会三方对劳动关系重大问题共同磋商决定、相互影响制衡的协调机制。同时要健全完善职工利益诉求机制，畅通职工群众利益诉求渠道，及时收集、认真研究分析职工的意见和要求，为构建和谐劳动关系打好基础。

（四）综合运用经济、法律、行政等手段，加大对劳动关系调控和干预的力度。

一要扩大就业。选择就业优先的发展模式，完善就业政策，努力扩大就业，鼓励支持劳动者自谋职业，自主创业，通过缓解就业压力改善劳动关系状况。

二要完善收入分配政策。加大工资分配制度改革力度，中央尽快出台收入分配改革方案，着力提高中低收入者工资水平，在经济发展的前提下，不断提高最低工资标准，带动低收入职工的工资水平明显增长；强化政府调控手段和措施，逐步建立健全区域性和行业性工资指导意见，完善人力资源市场薪酬价位制度，建立最低工资标准定期上调机制并加大上调幅度；加大对低利润行业企业的扶持力度，引导低端加工制造企业加快技术创新、产业升级，向产业价值链高端移动，在财税、信贷等方面给予照顾，使企业在保证职工工资增长的前提下具有一定的利润空间；督促企业建立公平合理的分配制度，政府主管部门要强化对企业分配行为的监督指导，完善对垄断行业工资总额和工资水平的双重调控政策等，加强对企业经营者年薪的管理，合理确定企业分红比例，切实改变收入分配不合理、贫富差距逐步扩大的局面。

三要加强劳动执法监察。加快健全省、市、县三级劳动保障监察机构，加强劳动力市场管理，督促企业认真履行保障职工权益、促进劳资和谐等社会责任。完善劳动关系预警体系建设，充分发挥网络等新兴媒体作用，建立信息共享制度，加强基层劳动争议调解组织建设，动态监控劳动关系运行状态，积极预防化解劳动关系矛盾。加强劳动争议仲裁机构建设，推进劳动仲裁机构实体化，及时公正地仲裁劳动争议案件。

四要积极探索创新社会管理，重视发挥工会等社团的作用。依靠、支持工会等社会团体加强社会管理，把一些社会管理职能、资源和手段赋予工会等群团组织和各类协会、行会、联合会等社团组织，发挥其联系职工群众广泛密切的优势，推动职工诉求由个别表达向集体表达转变，劳资纠纷由累积突发向日常疏导转变，减少劳资关系的对抗性冲突。重视新闻媒体的作用，通过舆论引导、典型服务、劳资课堂等形式加大宣传力度，为构建和谐劳动关系营造良好社会氛围。

二、发挥企业主体作用，强化合作共赢，为构建社会主义新型劳动关系提供原动力

在劳动关系双方这个矛盾体中，企业（雇主）居于矛盾的主要方面，在构建社会主义新型劳动关系中居于主要的、支配的地位。它的行为是否规范，对构建社会主义新型劳动关系具有决定意义。企业必须积极主动地建立与职工效益共创、利益共享的机制，以企业内生和谐促进社会和谐。

（一）践行现代企业管理理念，把构建社会主义新型劳动关系摆在更加突出的位置。

我国经济体制改革和企业改革不断深化，使企业的劳动关系呈现出复杂化、多元化趋势，企业投资者、经营者与劳动者在利益目标上的差异和博弈早已显性化，特别是非公有制企业中，这种利益格局更加明显。当前，职工已成为一个队伍最庞大的社会群体，如果劳动关系严重失衡，职工的生存权、发展权受到严重威胁，劳动关系将会陷入紧张尖锐的冲突之中，直接影响企业的生存发展。企业必须认真践行以人为本的科学发展观和现代企业管理理念，坚持发展依靠职工、成果惠及职工，始终把保障职工的合法权益摆在维护企业核心利益的位置。要把对职工强制性的管理改为引导式、自主式管理，走依靠企业和谐、技术进步和管理创新来提高企业效益的发展之路，在提高企业发展质量效益的同时，同步满足职工日益增长的物质文化生活需求，促进职工体面劳动、尊严生活，构建和谐劳动关系，带领职工与企业一道共谋发展、共享成果、共创未来。

（二）认真执行劳动法律法规，把保障职工收入分配等权益摆在更加突出的位置。

收入分配是最重要最敏感的问题。从部分省市部分企业发生的

若干重大劳资冲突看，几乎都与企业收入分配问题有直接关系。企业要严格遵守法律法规和国家、地方政府规定的劳动标准、工资政策，确保职工得到合理的劳动报酬；建立健全民主管理制度，保障职工的民主政治权利；重视安全生产和劳动保护，改善劳动条件，保障职工休息休假权益，确保职工的生命安全与健康；加强职工培训，提高职工的技术技能水平和创新素质等，改变一味靠压低劳动力成本求生存的低层次发展之路。

（三）大力发展企业文化和职工文化，把加强对职工的文化引领摆在更加突出的位置。

企业文化是企业的灵魂，对于培育现代企业经管理念、凝炼优良的企业精神、塑造良好的企业形象、建设一流的职工队伍，有十分重要的意义。著名经济学家于光远曾说："国家富强在于经济，经济繁荣在于企业，企业兴旺在于管理，管理优劣在于文化。"企业要以培养社会主义核心价值观为核心，以和谐发展为基本价值取向，以承担社会责任为崇高价值追求，坚持以职工为本，着力建设企业文化，培育诚实守信的商业道德和敬业奉献的职业道德，用文化的力量来影响、感染、引领职工，着力为企业加快转变发展方式和构建和谐稳定的劳动关系，提供强大精神动力、思想保证和智力支持。

企业领导者不仅要做企业文化建设的设计者、倡导者、组织者，更要做企业文化建设的实践者、引领者、示范者，以自身的实际行动影响带动广大职工。

还要特别强调的是，企业必须依法支持工会工作，共同引领职工构建和谐劳动关系。企业应认真贯彻《工会法》，与工会真诚合作，帮助工会建立健全各项维权机制，支持工会依法维护职工合法权益，依法拨交工会经费、提供办公设施，为工会组织履行职责创造良好条件，自觉接受工会监督，认真对待工会的意见和建议，共同研究解决企业劳动关系运行中出现的矛盾和问题。

三、发挥工会维护作用，强化根本职能，为构建社会主义新型劳动关系提供助推力

社会主义市场经济条件下的工会具有多元角色，既是经济发展的促进者，又是劳动关系的参与者、协调者；既是企业的合作者，又是职工利益的代表和维护者。随着党和国家对社会管理的不断探索创新，工会组织越来越成为协调劳动关系不可或缺的重要力量。

（一）促进企业发展。

企业的发展是职工权益实现的根本，维护职工权益是企业发展的目的。工会必须把“促进企业发展、维护职工权益”作为构建社会主义新型劳动关系的基本原则，团结动员职工支持、参与企业改革，广泛开展群众性经济技术创新活动，努力学习新知识、新技术，把积极性创造性凝聚到企业发展上来，为提高企业核心竞争力和经济效益作出贡献。

（二）健全工会协调劳动关系机制。

工会协调劳动关系必须从宏观和微观两个方面着力加强机制建设。在宏观层面，要完善立法参与制度，积极参与涉及劳动者的法律法规和政策的制定和修改，把广大职工群众的合理意见和要求上升为法律法规政策；大力推进劳动关系三方协商机制，及时研究解决劳动关系运行中的重大问题，并积极探索乡镇、街道和行业的三方机制的建立；推进完善工会与政府联席会议制度，把职工利益诉求和工会的主张体现到政府的劳动政策制定和工作部署中去；建立与政府劳动保障部门执法监督相互协调配合机制，加强劳动法律执法监督检查，建立劳动关系预警机制，及时分析、研究劳动关系发展状况，妥善处置重大的劳资纠纷事件。微观层面，以非公有制企业为重点，大力推行平等协商集体合同制度；建立完善以职代会为

基本形式的厂务公开民主管理制度；建立完善劳动争议调解、仲裁参与、诉讼代理制度，积极参与劳动争议仲裁，争取把矛盾解决在基层和萌芽状态；建立健全职工法律援助制度，积极为职工诉讼提供法律支持。

（三）突出维权重点。

工会推动构建社会主义新型劳动关系必须以解决职工最关心、最直接、最现实的利益问题为重点。首要的是，坚持不懈地依法推进企业普遍建立工会组织，不断提高职工的组织化程度，打牢工会协调劳动关系、维护职工权益的组织基础。在全面维护职工各项权益的同时，尤其要突出以下几个维权重点：

一是以落实劳动合同制度为重点，推进劳动关系的规范化。工会要监督企业全面实行劳动合同制度，加强劳动合同管理，指导帮助职工与企业签订公正规范的劳动合同，减少在劳动合同方面发生的纠纷。

二是以工资集体协商为重点，维护职工的劳动经济权益。协商的重点应由争取“法定利益”逐步向建立正常的工资协商共决、正常增长和工资支付保障机制提升，使工资切实体现劳动价值。同时不断加强工资集体协商代表的培训，建立工资集体协商专业指导队伍，加强对工资集体协议履行情况的监督，逐步提高工资集体协商的质量。

三是以提高职代会质量为重点，维护职工的民主政治权益。要通过完善职代会工作制度、运行程序、提升职工代表素质等措施，逐步提高职代会的质量，从而确保集体合同等各项维权机制的顺利实施，保障职工的知情权、参与权、管理权和监督权。

四是以劳动安全卫生为重点，维护职工的生命安全和健康权。要健全劳动法律监督组织，督促企业切实落实安全生产责任制，不断改善职工劳动安全生产卫生条件。

五是以心理健康为重点，维护职工的精神文化权益。全面把握职工队伍的发展变化，积极探索职工特别是青年职工、新生代农民工思想政治工作的特点规律，加强人文关怀和心理疏导，大力推动繁荣发展企业文化、职工文化，满足职工群众不断增长的精神文化需求。

（四）广泛深入开展劳动关系和谐企业创建活动。

劳动关系和谐企业创建活动把企业各个利益相关者有机结合起来，形成互相支持、互相促进、共同发展、共同提高的利益共同体，是推动建立社会主义新型劳动关系的有效途径。工会要在各级党政领导下，建立完善相关制度措施，规范考核标准和程序，及时总结经验，不断将创建活动引向深入。

（五）积极推进社会化维权。

要主动争取各级党委的领导和政府的重视支持，形成党政主导下的职工社会化维权机制；要借助人大、政协委员参政议政的作用，在制定法律政策时更好地反映广大职工意愿和工会主张；要积极配合政府有关职能部门，加强对劳动法律法规的监督和检查，推进劳动关系运行的规范化；要借助新闻媒体，大力宣传《劳动法》、《工会法》等法律法规，增强全社会遵守劳动法规的意识，为构建社会主义新型劳动关系创造良好社会环境。

（六）努力提高工会干部和职工的素质。

工会干部协调劳动关系的能力是影响工会推动构建社会主义新型劳动关系成效的重要因素。各级工会干部要以实现、维护和发展广大职工群众的根本利益为己任，密切关注国家宏观经济对劳动关系的影响，准确把握劳动关系发展变化趋势，努力提高自身政治和业务素质，熟悉社会主义市场经济知识和劳动就业、工资分配、社会保障、劳动保护、劳动争议处理等方面的法律法规政策及必要的企业管理知识。当前尤其要围绕实现“两个普遍”等重点工作，突出对非公企业工会干部的培训，特别是重视提高协商谈判、处置突发事件、与新闻媒体打交道、做好群众工作等方面的能力，不断提高协调劳动关系的实效。

职工是劳动关系的主体之一，没有职工的参与、配合和支持，不可能建立社会主义新型劳动关系。因此，工会必须充分发挥优势，引导、教育职工在构建社会主义新型劳动关系中发挥重要作用。一是引导职工支持企业发展。教育职工心系企业，在推动转变经济发展方式、促进企业发展中发挥主力军作用。二是大力提高职工素质。督促企业制定职工文化技术培训的长远规划和年度计划，依法提取职工教育培训经费，并利用自身的文化教育阵地，开展多种形式的文化技术培训，努力提高职工的综合素质和文化技术水平。三是增强职工的维权意识。教育职工学法、懂法，提高职工的法治意识和法律素质，认真履行法定义务，自觉按法律法规办事，引导职工以理性、合法的形式表达利益诉求，勇于善于运用法律维护自身权益。

关于潍坊市发展和谐劳动关系的实践与思考

崔建平

按照党中央、山东省委和全国总工会部署要求，从2006年开始，潍坊市在全市范围内开展了创建劳动关系和谐企业活动，进行了一些有益的探索，逐步形成了以“六位一体”为主要内容的创建和谐企业模式。

一、我市发展社会主义和谐劳动关系的基本情况

潍坊市位于山东半岛中部，辖4区、6市、2县，设有国家级高新技术产业开发区、滨海经济技术开发区、综合保税区，面积1.61万平方公里，总人口867.9万。全市现有基层工会组织1.3万余家，涵盖法人单位5.4万余个，会员189.5万余人。目前，全市参与和谐企业创建的企业1.2万余家，其中规模以上企业参与率达到100%，中小企业、私营企业和外资企业参与率达到92.5%，参与职工186.2万人，进入省、市、县三级劳动关系和谐企业行列的企业达到4526家。通过创建和谐企业，实现了“三个转变”，即：由过去单纯的支持企业法人利益最大化，到以支持企业职工合法权益为重的转变；由比较重视强调企业的低成本操作，到以保护职工基

本权益、促进提高职工工作效率为主的转变；由支持企业的发展，到支持企业和职工同步发展、互利双赢的转变，发展和谐社会劳动关系取得了新的成效。主要做法是：

第一，深入开展以“六位一体”为主要内容的和谐企业创建活动，不断完善发展和谐劳动关系的推进机制。劳动关系和谐状况是制约企业和谐发展的核心问题，劳动关系和谐是“企业和谐”的题中应有之义，是和谐企业的发展方向。工作中我们努力把劳动关系和谐向和谐企业创建工作拓展和延伸，作为创建和谐企业工作的有效载体来抓，突出发挥企业经营者作为创建和谐企业主体的作用，充分激发和调动经营者的参与积极性、主动性，以构建和谐稳定的劳动关系为核心，将企业发展、职工队伍建设、企业文化建设、企业社会责任和企业发展环境纳入到和谐企业创建中，走出了一条“六位一体”建设和谐企业的路子。即：着力建立完善构建和谐劳动关系的内部运行机制；坚持科学发展，提高企业管理水平；加强职工队伍建设，全面提升职工素质；优化企业文化环境，培育特色企业精神；履行社会责任，规范企业行为；推进平安建设，创造稳定的企业发展环境。在工作中，大力推行工资集体协商和厂务公开、民主管理两项工作制度，全面推广劳动争议调解中心、职工维权服务中心、职工法律援助中心、职工就业培训中心“四个中心”建设，建立健全了企业内部民主管理监督、平等协商谈判、困难职工帮扶救助、劳动争议调解、劳动保护监督“五项机制”，努力构建规范有序、公正合理、互利共赢、和谐稳定的社会主义新型劳动关系。通过创建和谐企业，把创建劳动关系和谐企业活动推向了一个更高、更加全面的层次，在发展和谐劳动关系、推动科学发展、促进社会和谐上发挥了重要作用。

第二，建设先进的和谐文化，夯实发展和谐劳动关系的思想基础。倡导和谐理念，培育和谐精神，建设和谐文化，是发展和谐劳动关系的灵魂，也是推动发展和谐劳动关系的精神支柱。尤其是企业经营者的和谐理念，是影响发展和谐劳动关系的关键因素。近年来，我们在大力弘扬“以人为本、利益兼顾、共谋发展、共享成果”的劳动关系和谐企业精神的基础上，结合我市实际，总结提炼并在全市企业中大力推广了“以人为本、关爱职工、忠诚企业、奉献社会”的和谐理念。通过深入开展“爱我潍坊、建设和谐潍坊”主题教育活动，举办“厂长经理论和谐”活动、“和谐企业创建峰会论坛”等，引导广大职工自觉树立和谐思想，维护和谐氛围；引导广大企业经营者总结提炼各具特色的和谐理念，营造和谐环境。现在，许多企业总结形成了富有特色的企业和谐理念，如山东世纪阳光纸业有限公司的“让劳动者幸福”、歌尔声学股份有限公司的“让职工与企业共同成长”、山东福田雷沃国际重工股份有限公司的“科学发展与共享和谐”等，为发展和谐劳动关系工作注入了灵魂、夯实了根基、实现了升华。

第三，探索建立劳动关系协调员队伍，为发展和谐劳动关系提供持久动力。我们认识到，劳动关系矛盾大量发生在基层，建立和谐劳动关系的工作重点在基层，有必要在基层建立一支具有专业水平的劳动关系协调员队伍，提高协调劳动关系的水平，推行工资集体协商，化解各种矛盾纠纷，努力达到工资协商在基层、劳动纠纷发现在基层、争议调解在基层、问题解决在基层，把企业建成让职工“可亲、可信、可靠”的大家庭。为此，我们在全市开展了建立劳动关系协调员队伍工作，建立健全了劳动关系协调员的培训、考核、激励等一系列制度，并将其作为深化发展和谐劳动关系的重要措施，着力在发挥劳动关系协调员作用上下功夫，取得了初步效果。目前，市、县、镇三级工会已聘任10000余名劳动关系协调员，他们作为发展和谐劳动关系的推进主体，在发现纠纷、调处矛盾、协商薪酬、预防职工群体性事件以及帮助职工解决因裁员、欠薪、断保等造成的劳动纠纷中，发挥了“法律法规宣传员、维权工作指导员、维稳工作信息员、劳动纠纷调解员、落实职工权益监督员”

五大员的作用。

第四，完善领导体制和工作机制，努力形成发展和谐劳动关系的良好格局。发展和谐劳动关系，必须有坚强的组织领导作保证。我们把发展和谐劳动关系融入到全市党政工作大局中，将关注民生、保障民生、改善民生的理念，加强“平安潍坊”、“和谐潍坊”建设的要求，科学发展、和谐发展、率先发展的任务目标，纳入和谐企业创建工作之中。在2007年3月份召开的潍坊市第十次党代会上，提出“全员参与、共建共享”和谐社会的要求，把和谐创建工作确定为今后五年我市经济社会发展的“三大战略任务”之一，市委部署开展了以“和谐村庄、和谐社区、和谐企业、和谐单位、和谐家庭”为主要内容的和谐创建活动，成立了由市委书记任第一组长，市委副书记任组长，七位市级领导任副组长，有关部门主要负责同志参加的和谐创建工作领导小组，加强对和谐创建的领导和指导。在此基础上，又成立了由市委常委、分管领导任组长，市人大常委会副主任、市政府分管工业的副市长，市政协副主席、市总工会主席任副组长，有关部门负责同志为成员的和谐企业创建工作领导小组，与原有的职工维权与劳动关系和谐企业创建领导小组并存，两个小组的办公室均设在市总工会，形成了“党委领导、政府主导、部门配合、工会牵头、社会参与”的工作格局。同时，市委、市政府“两办”把和谐创建纳入督查范围，把和谐创建工作纳入对县市区、市属开发区科学发展综合考核与市直部门绩效考核，把考核结果作为评价班子政绩和干部使用的重要依据。坚持每年以市委和市劳动关系三方的名义，分别命名表彰一批市级和谐企业、劳动关系和谐企业。凡达不到和谐企业与劳动关系和谐企业标准的企业及其负责人，取消参与各类评先树优的资格。

二、我市开展和谐企业创建的主要效果

通过深入开展和谐企业创建活动，我市劳动关系总体稳定，有力促进了企业健康持续发展，推进了全市经济社会又好又快发展。三年来，全市地区生产总值年均增长 13.1%；地方财政收入年均增长 22.4%；城镇居民人均可支配收入和农民人均收入年均分别增长 12.8% 和 12.2%，2010 年分别达到 19675.1 元和 8871.6 元。

一是推动了职工最关心、最直接、最现实利益问题的解决。开展和谐企业创建活动以来，全市新签集体合同 1986 份，新签工资集体协议 4010 份，新签劳动合同 42 万余份，全市各类企业集体合同签订率和工资集体协议签订率分别达到 90% 以上，全市规模以上企业普遍与职工签订劳动合同；城镇企业在岗职工平均工资年均增长 24.7%，2010 年达到 31929 元；截至 2010 年底，全市企业职工基本养老保险、城镇职工医疗保险、失业保险、工伤保险、生育保险参保人数分别达到 109.29 万人、127 万人、67.15 万人、108.13 万人和 61.29 万人，五项社会保险参保人数比 2007 年净增 111.67 万人。

二是保障了职工队伍与社会和谐稳定。三年来，就业再就业工作成效显著，全市城镇新增就业 44.6 万人，农村劳动力转移就业 48 万人。全市失业人员再就业 17.4 万人，“4050” 等困难群体再就业 2.5 万人，城镇登记失业率控制在 3.2% 以下；企业安全生产形势持续稳定，职工劳动生产条件明显改善，全市各类安全生产事故及死亡人数年均分别下降 12.6% 和 10.3%；受理劳动争议案件逐年呈下降趋势，按期结案率达到 98% 以上。

三是为加强党的基层组织建设创造了良好环境。在创建和谐企业发展和谐劳动关系工作中，我们把加强基层工会组织建设作为重要前提，坚持和落实“党建带工建、工建服务党建”机制，抓住开展创先争优活动的有利时机深入开展党群共建活动，为基层企事业

单位尤其是新型社会组织、新型经济组织的党组织建设，营造了良好的工作环境和舆论氛围，为健全党的组织网络发挥了积极作用。我市近年来开展的在农业产业链上组建工会、推行中小私营企业党支部书记和工会主席一人兼任等探索性做法，受到了全国总工会的充分肯定和大力推广。

三、关于我市发展社会主义和谐劳动关系的思考

劳动关系是现在社会最基本、最重要的社会关系，没有劳动关系的和谐就没有经济社会的又好又快发展，也就没有社会的和谐。

发展和谐劳动关系，是贯彻落实“以人为本、执政为民”、构建和谐社会的必然要求。“以人为本、执政为民”是我们党的性质和宗旨的集中体现，也是我们党一贯的政治主张和执政理念。我国的改革与发展处于关键时期，改革在广度上已涉及经济、政治、文化等所有领域，在深度上已触及人们具体的经济利益，发展方面已由单纯追求 GDP 上升到追求人文 GDP、环保 GDP，实现人口、资源、环境统筹协调发展。在当前和今后相当长一段时间内，我国经济社会发展面临的矛盾和问题可能更复杂、更突出，作为一级地方党委、政府必须正确面对这些矛盾和问题，花更大气力妥善协调各方面利益关系，正确处理各种社会矛盾，大力促进社会和谐。

发展和谐劳动关系，是坚持科学发展、加快经济发展方式转变的现实需要。落实科学发展观的实质是实现经济社会全面协调可持续发展，造福于人民。一个地区的发展，在某种程度上要靠企业的发展，也可以说企业的发展事关发展大局。企业发展的一个重要内容就是劳动关系和谐，这也是决定企业能否科学发展的重要方面。以科学发展观为指导，大力发展和谐劳动关系，有利于为企业营造和谐稳定、可持续的发展环境，增强企业发展活力和竞争能力；有利于增加职工的收入和提高职工的社会保障水平，促进充分就业，

扩大拉动内需；有利于增强企业的社会责任意识，勇于承担对职工、对社会的责任和法定义务，实现企业与职工的全面发展、企业与社会的协调发展、人与自然的和谐发展。

发展和谐劳动关系，是做好群众工作、加强和创新社会管理的有效措施。扎实做好群众工作、加强和创新社会管理，是维护社会和谐稳定的源头性、根本性、基础性工作。职工队伍是否稳定关乎企业发展乃至经济社会的发展，关乎党的群众基础的稳固。建立和谐稳定的劳动关系，既涉及职工群众的政治权利，又涉及他们的经济利益。能否准确把握新形势下职工群众工作的思路和举措，及时有效地解决构建和谐稳定劳动关系中的突出问题，是加强和创新社会管理工作的基本要求，也是对我们党组织领导水平和执政能力的具体检验。可以说，劳动关系是社会和谐的风向标、晴雨表，劳动关系如果不协调，开始的时候反映在经济纠纷上，如不认真加以解决，简单的劳动纠纷就有可能扩展蔓延为突发性职工群体性事件，就会影响企业发展和社会稳定，影响党的执政地位和执政基础。

发展和谐劳动关系，必须充分发挥各个方面的积极作用。一是需要发挥党委、政府的主导作用。在社会主义市场经济条件下，构建和谐劳动关系完全依靠企业的自我调节是远远不够的，还需要党委、政府通过有效的行政手段，进行适时、适度地调控和引导。我们建立完善了发展和谐劳动关系的体制机制，采取多种方式，定期组织协调例会、常委会、部门党委（党组）会，听取和研究劳动关系方面出现的新情况、新问题，推动工作深入开展。二是需要发挥工会组织的独特优势和作用。工会组织是劳动关系建立、调整和规范的重要参与者，在构建和谐劳动关系中发挥着不可替代的作用。我们按照“让广大群众工作更体面，生活更有尊严；让广大企业市场竞争力更强，发展更健康”的目标，支持和引导工会找准角色定位，认真履行沟通协调、服务引导和监督管理的职能，切实在构建和谐劳动关系中充分发挥桥梁和纽带作用，努力使劳动关系双方在平等协商中化解、缓和矛盾，营造和谐的劳动关系，从而达到“劳资两利”和“劳资双赢”的目的。三是需要发挥广大企业的主体作用。企业不仅是构建和谐劳动关系的参与者，更是和谐企业创建活动的推动者。在深化创建活动中，要充分发挥广大企业自身的主体作用，一方面，要勇于承担社会责任，从各方面关心职工、尊重职工，提高职工收入、改善用工条件，提高职工的归属感，形成规范有序、互利共赢、和谐稳定的社会主义新型劳动关系；另一方面，要切实加强民主管理，支持职工参与管理，充分保障广大职工的知情权、参与权、监督权，依靠职工发展企业，为构建和谐劳动关系夯实基础。

（本文作者系中共潍坊市委副书记）

依靠职工办企业　推动港口大发展

常德传

青岛港成为世界第七大港、我国第二大外贸口岸的发展实践让我们进一步认识到，国有企业作为党执政的重要基础、中国特色社会主义的重要支柱和全面建设小康社会的重要力量，有着极其重要的地位和作用，必须坚持全心全意依靠职工办企业的根本方针，以改革创新精神推动厂务公开民主管理工作深入发展，才能推动港口大发展。

一、牢记国有企业是党执政的重要基础，始终把握正确政治方向

我们始终当好共和国长子、祖国母亲孝子和社会中流砥柱，永远听党话、永远跟党走、永远报党恩，始终把握好举什么旗、走什么路、以什么样的精神状态、朝着什么方向前进。

用社会主义核心价值体系武装头脑、统一思想、指导行动。始终与党中央保持高度一致，深入贯彻落实科学发展观，把党的路线方针政策与港口实际相结合，确立了“一切从实际出发，把青岛港自己的事情办得更好”的指导思想，以“精忠报国、服务社会、造福职工”为使命，把“对国家的贡献越来越大，发展后劲和竞争实力越来越强，职工的生活质量越来越好”作为检验标准，卧薪尝胆，艰苦奋

斗，改造了一个百年老港，建设了三个生机勃勃的现代化新港。在党的十七届六中全会和2012年全国“两会”后，我们都是第一时间举办领导干部学习班，大力实施文化强港战略，推进“改革、发展、民生、和谐”，坚定不移地把思想统一到中央的精神和决策部署上来。省市先后作出山东半岛蓝色经济区和西海岸经济新区开发建设的决策部署后，我们一马当先，挥师南下，在董家口港区一片汪洋大海中，仅用363天就建成常规需要四到五年的全球最大40万吨矿石码头，全面推进矿、煤、油深水大泊位，勇当建设先锋。

用榜样的力量建“钢班子”、带“铁队伍”。各级领导带头学雷锋、当榜样。我们首先解决好当领导“图什么、为什么”的问题，过好信仰关、感情关、苦乐关、标准关和服务关。我们敢于承诺“向我学习、向我看齐”，工作向高标准看齐，生活向低标准看齐，连续24年“冬练三九、夏练三伏”，逢年过节总是“职工过节、领导过关”，甘当“苦行僧”，带出了一支特别能吃苦、特别能战斗、特别能奉献的钢铁之师。全港上下一个信仰、一个声音、一个劲头，奏响“工人伟大、劳动光荣”的时代强音，弘扬“三个一代人”的青岛港精神，培育了凝心聚力、催人奋进的港口文化，激发广大职工强烈的主人翁责任感、使命感，打造了青岛港各项事业蓬勃发展的强大优势。

二、牢记国有企业是中国特色社会主义的重要支柱，坚持依靠职工办企业

走中国特色社会主义道路，就必须坚持人民当家作主，全心全意依靠职工办企业，引导职工说主人话、办主人事、负主人责，把个人命运与党和国家的命运、企业的命运紧密联系在一起。这是社会主义的制度优势，也是我们青岛港发展壮大的关键所在。

创新形式拓宽渠道，企业民主管理制度不断完善。我们坚持企业

民主管理，不断创新机制，加强载体建设，拓宽公开渠道，完善以职工代表大会为基本形式的民主管理制度，构建“五级公开管理格局”，建立起“20条民主管理渠道”、“40项公开”，创新“六连环”表决程序，“十一五”以来的5700多件职工提案，答复率、职工满意率均达到100%，职工参与管理、献计献策的积极性持续高涨。集团党政领导每年向职工代表述职述廉，接受民主评议；30多个基层单位全部设置“一点通”查询机，做到事事透明；400多个基层队全部实行队务管理“十公开”，每月张榜公示；全港职工人手一张“民主管理万能卡”，工时、工资、考勤、奖罚等信息一目了然。

*扩大覆盖拓展范围，企业民主管理的作用愈益彰显。*我们坚持股东权益决不能取代职工的主人翁地位，法人治理结构决不能模糊依靠职工办企业的根本方针，合资公司的厂务公开、职代会建制率一样达到100%，职工照样在企业管理中发挥主人翁作用。外方派驻的管理人员与我们的职工一样披红戴花当劳模，党旗在合资企业高高飘扬。在青岛港工作了12年的集装箱公司外方总经理李成祚谈道：“青岛港坚持民主管理，很好地凝聚了来自不同国家合作方的力量，创造了比西方管理职工更高水平的生产效率。”青岛港有农民工9000余人，占全体职工的1/3。青岛港干部职工把农民工当成自己的家人，强调“谁瞧不起农民工，就是瞧不起俺爹娘”。农民工一样可以当代表参加职工代表大会。目前65名农民工当选为集团职代会代表，2人当选为主席团成员，农民工实现了“由技能匮乏到又红又专、由挣钱吃饭到实现价值、由短期务工到当家作主、由打工者到新时期产业工人”的根本性转变。

三、牢记国有企业是全面建设小康社会的重要力量，积极构建和谐劳动关系

全面建设小康社会，需要生产更发展、生活更富裕、生态更良

好，归根结底是社会更和谐。20多年来，青岛港一手抓生产，一手抓生活，不仅打造了一个世界大港，更培养了一支高素质的职工队伍，实现了港口与职工的同心共建、和谐共享。

坚持以人为本，实现职工全面发展。青岛港坚持“职工的事再小也是大事，再难也要办好”，科学处理好发展和造福的关系。我们向职工庄重承诺“只要愿意干，好好干，就决不撒手不管”，告诫各级领导“谁让职工下岗，就先让谁下岗”。20多年来，不仅从没把一名职工推向社会，为社会创造50多万个就业岗位，还连续23年33次涨工资。我们与时俱进提高职工素质，年年开展脱产大培训，组织技术工人考工晋级、技术比武。我们坚持“五不唯”的用人观，不唯学历、不唯职称、不唯资历、不唯身份、不唯年龄，不管是扛包的、种地的，还是院校的、军营的，谁能干就让谁干，谁干得好就肯定谁。特别是9000多名农民工，与正式工同工同酬同权，一个单子发钱、一个平台学习、一个标准当干部。几十年坚持不懈的努力，培养出了一大批以屡创世界纪录的“振超团队”为代表的先进群体，以享受国务院特贴专家郭志渝，全国技术能手徐青荣，全国劳模、全国优秀农民工徐万年为代表的先模人物，挺起了码头工人的脊梁。

坚持凝心聚力，推动港口科学发展。港口大家庭充满亲情，广大职工把港口的事当成自己的事，一呼百应，敬业奉献。为了建设大港口，职工自发组织开展了十几次建码头义务劳动，千军万马，移山填海，用“小推车”推出了一座座大码头。为了发展大港口，人人比学赶帮超，争创“工人先锋号”，工人发明家层出不穷，先后创出1380多个职工品牌和1800多个绝活，集装箱、铁矿石、纸浆装卸效率始终保持世界第一。为了向世界强港进军，我们把软件开发从专家手中解放出来，变成职工的新式武器，“十一五”以来创出6000多项信息化成果，我们仅用56名决策层机关人员管理着世界第七大港，用全国1.3%的码头岸线干出了6.9%的吞吐量，港口生产实现了从劳动密集型到技术密集型、从汗水经济到智慧经济的本质转变。

我们深知，我们的工作还有不少差距和不足。我们将继续深入学习贯彻中央的决策部署，认真执行《企业民主管理规定》，进一步深化创新厂务公开民主管理工作，坚持稳中求进、好上加好，转型发展、做大做强，勇当建设经济文化强省和宜居幸福现代化国际城市排头兵，在发展中国特色社会主义伟大事业的历史进程中再立新功。

（本文作者系青岛港集团有限公司董事局主席、总裁）

以人为本谋发展　关注职工促和谐

兖矿集团有限公司

兖矿集团是以煤炭、煤化工、煤电铝及机电成套装备制造为主导产业的山东省属国有特大型企业。截至2012年6月末，资产总额1478亿元，在册职工10万人。近年来，我们始终坚持以科学发展观为指导，牢固树立“以人为本、关注职工”的理念，以维护职工群众利益作为企业根本职责，把促进和谐劳动关系作为企业改革发展的重要目标，做到发展为了职工，发展依靠职工，发展成果由职工群众共享，走出了一条企业发展壮大、职工生活幸福的和谐发展之路。

一、坚持科学发展，夯实民生之基

发展是党执政兴国的第一要务。大力发展经济，壮大企业实力，不仅是国有企业的第一要务，更是“以人为本、关注民生”的物质基础。我们深刻认识到：改革发展与关注民生是国有企业的重要任务和目标。只有不断深化改革、加快发展，积累经济实力，才能更好地让职工群众享受企业发展成果；只有不断提高职工群众的幸福指数，才能更好地激发和调动职工群众热爱企业、建设企业的积极性，为企业发展提供源源不断的动力，实现企业可持续发展。

在这个思路指导下，近年来，兖矿集团以党的十七大精神为指导，认真落实科学发展观和国家宏观调控政策，结合企业实际，推进企业发展模式、技术研发创新、大力调整产业结构、不断加快省外和国外资源开发步伐。经过艰苦努力，企业发展定位和格局更加科学优化。目前，已形成邹城、鲁南、兖州三个化工园区，贵州、新疆、陕西榆林、内蒙古鄂尔多斯、澳大利亚五个能化基地加快建设；产业一体化、布局区域化、发展国际化“三向并进”产业布局基本形成；生产经营、资本运营、产品贸易“三位一体”运营发展稳健高效；稳本部、增新区、拓境外“三地支撑”生产策略成效显著；国际国内、产业之间、产业链内部三个协同效应开始显现。企业规模、经济效益和职工收入大幅度增长。

二、坚持生命至上，体现安全关爱

安全保障和生命健康是职工群众最大的福利。兖矿集团从事的煤炭开采、煤化工、煤电铝等产业，都是高危行业。如何把高危行业建成本质安全型行业，让职工群众安全的、体面的、健康的工作，是兖矿集团一直追求的目标。多年来，我们从培塑文化、建立制度和科技保安等方面入手，着力推动三大主业从高危行业向安全行业转变，让职工体验有尊严的工作。

培塑安全文化，打造关爱软环境。安全是职工最大的福利，是企业和谐的基石。我们始终把安全摆在“四个一切”（安全高于一切、先于一切、重于一切、压倒一切）重要位置不动摇，围绕安全发展提出一系列新理念，制定一系列制度规定，安全发展、慎言成绩深入人心，安全工作逐步走上制度化、系统化、规范化轨道。深化“三为六预”安全文化，发挥文化管理导向、激励、凝聚、规范作用，培育职工安全价值观，规范职工安全行为，推进安全工作由“被动要求”向“自我需求”转变。落实上级一系列安全部署要求，加强井下安全避险“六大系统”建设和领导干部带班下井制度督导落实。坚持以预为主安全理念，以完善“理念引导、制度规范、机制保障、科技支撑、素质提升”五个体系为核心，以构建全员、全方位、全过程安全风险预控模式为手段，以推动安全管理由传统制度规范向更高层次的系统管理转变为目的，开展“深化提升年”活动。开展“创岗建区”、“一帮一”、“安康杯”、“双先双优”等活动，发挥共产党员、群监员、青安岗员、安全哨兵在安全生产中的表率作用。兖煤澳洲公司连续4年评为当地安全最好矿井。成功承办全国煤矿安全基础管理现场会，连续5年被评为全国“安康杯”竞赛优胜企业。全国人大常委会委员长吴邦国、国务院副总理张德江、新疆自治区党委书记张春贤、贵州省省长赵克志等领导先后视察兖矿所属企业，对安全工作给予高度评价。

*健全规章制度，强化关爱硬保障。*坚持从健全制度、消除隐患、规范作业入手，实施全面风险预控，有效增强了安全超前管控能力，为安全关爱提供刚性约束。2006年出台32号、74号机制性文件后，坚持每年制定工作意见和配套措施，加大安全投入和培训力度，形成以理念引导、制度规范、机制保障、科技支撑、素质提升为主的“511”预控管理体系。建立安全风险超前辨识评估制度，采取专家诊断式、专业对标式、系统解剖式与职工自主查隐患相结合的方式，从人、机、法、环等方面，实施岗位、班组、区队、科室、矿处、专业公司、集团公司“七级排查”。推行“三位一体”安全评估和“手指口述”安全确认，及时排查消除动态隐患，做到不达标不生产。提高对职工安全培训质量，年度安全培训总量达75000人，职工安全培训率、应知应会率和持证上岗率均达100%。发挥经济杠杆的安全导向作用，分配打破平均主义，建立安全、质量、生产任务“433”工资分配制度，实行全员安全风险抵押，调动干部职工保安全、促和谐、得实惠的积极性，安全事故出不起、不敢出、不能出的理念深入人心。2005—2010年，千人重伤率由

0.08 降到 0.03，原煤百万吨死亡率由 0.108 降到 0。

实施科技兴安，实现关爱全覆盖。尽责尽力为职工创造良好的安全工作环境和条件，提高职工安全保障系数，把不安全因素控制在最小化。坚持立足当前、着眼长远，着力破解制约安全生产、产业链延伸和产品结构调整的突出问题，加大技术研发和创新力度，培育具有自主知识产权的核心技术，保持煤炭、煤化工行业领先地位。围绕节能减排重点难点开展课题攻关，积极应用新技术、新工艺、新设备、新材料，实施供水系统优化、高耗能设备改造、能量系统优化、建筑节能、绿色照明等五项节能工程，加快建设污水治理与综合利用、矸石山综合整治、二氧化硫与烟尘治理等三项污染减排工程。累计投入生产安全费用 23.6 亿元，科技研发资金 24.2 亿元，完成安全工程 12108 项，取得安全科技成果 640 项，其中 36 项技术获全国安全生产科技成果奖。2011 年，共承担 5 项国家“863”研发课题和国家“973”研发课题，获得 71 项省部级以上科技成果奖。被科技部授予“十一五”国家科技计划执行优秀团队奖，被国家知识产权局确定为煤炭行业唯一一家“全国企事业知识产权示范单位”。

三、坚持人人成才，拓展发展空间

职工是企业的命脉。近年来，我们确立“以人为本，人才强企”的战略，致力营造“人人是人才、人人能成才”的舆论氛围，为职工群众搭建个人发展进步的平台。引导职工群众牢固树立“与企业一同成长”、“为企业就是为自己”的理念，把个人理想融入到企业共同目标之中，有力激发和调动了干部职工干事创业的激情和活力。

培养人才提素质。我们把提高职工队伍素质，维护好职工的发展权，作为实施人才关爱的核心内容。着力加强经营管理、专业技术和高技能“三支人才队伍”建设，干部职工队伍整体素质明显提高。根据生产实际，有计划地对职工进行上岗教育、转岗教育和岗位技能职业培训，定期举办采煤技术新工艺、矿压与支护等专题培训班，外出研修交流120人次，聘请专家讲课30余次。开展“创建学习型组织、争做知识型职工”活动，培育工作学习型、生产智慧型、知识创新型职工队伍。利用和君远程卫星教育网、煤炭现代远程教育网对管理人员、专业技术人员进行模块式培训3600余人。通过“送出去”学习、“请进来”培养等方式，加快培养高级管理人才，先后组织13批275人到清华、复旦等高校脱产学习，110名领导干部取得博士、硕士学位。目前，集团公司大专以上学历人员24496人，占职工总数25.92%；技术工人总量6.5万人，高级技能人才10354人，实现了企业发展、职工总量不增目标。

尊重人才激活力。坚持不唯学历看能力、不唯职称看技术、不唯资历看业绩、不唯身份看素质，积极为各类人才脱颖而出、大显身手创造条件。健全人才教育培养、引进使用和考核评价机制，坚持每三年举办一次职工岗位技能比武，每两年开展一次优秀技术技能人才评选，职工队伍素质普遍提高。深化“三项制度”改革，以新建单位及三十七处、国宏公司、信息中心、新闻中心等单位部门为试点，分别实施管理技术岗分设、科级及以下管理人员全员下岗和竞聘上岗。尝试公开选拔处级管理人员，仅2008年以来，集团公司层面共组织公开竞聘正副处级管理人员21人、科级及一般管理人员200余人。推进“泰山学者”、“首席技师”和“金蓝领工程”，每两年举行一次岗位技能比武和优秀技术技能人才评选活动，各类人才创业有机会、做事有舞台、发展有空间，促进了人才队伍建设，实现人人都是人才、都能成才的重要目标。

关爱人才促发展。实施经营管理人员素质提升、专业技术人员知识更新、职工岗位技能提高三项教育培训工程。建立岗位培训、高端培养、技能鉴定、评价考核、岗位准入“五位一体”技能人才

培养开发机制。按照“严格标准、民主推荐、专家评审、群众公示”等原则，精评出首届优秀技术技能人才770名，为煤炭资源开发项目和煤化工、煤电铝重点建设项目输送人才约5000人。同时，有重点地引进了一批煤炭、煤化工等专业技术人才。积极为优秀技术技能人才创造良好工作条件。据统计，已有90%以上的优秀技术技能人才担任了班组长、技术主管和技术负责人，有的被提拔为科级或副处级领导干部。对优秀技术技能人才分别给予3000元至5000元不等的津贴，实现各类人才政治上有地位、事业上有作为、生活上得实惠。开办职工子女就业补习班，积极转变职工子女就业观念，变招工为招生。近年来，共为职工子女提供就业岗位9680个。

四、坚持人文关怀，共享发展成果

发展就是为了民富，就是为了让职工生活得更好，让每个职工都能快乐地创造和生活。多年来，兖矿集团始终坚持发展为了职工、发展依靠职工、发展成果由职工共享，力所能及为职工群众办实事、办好事，关爱困难职工和弱势群体，不断提升职工群众的幸福指数，共建和谐企业。

应对危机暖人心。在经受全球金融危机严重影响，面对前所未有的困难和压力的特殊时期，我们超前分析，正视困难，坚定信心，共克时艰，制定实施“四保两分六压缩六降低八强化一完善”超常规措施，坚定不移实施“先保生产工人工资，再保机关管理和后勤服务人员工资，后发放领导班子成员工资”的工资保发政策和“先减领导班子成员年薪，后减机关管理和后勤服务人员工资，再减生产工人工资”的单位减薪政策，向职工承诺，公司领导班子成员基本年薪减少50%，集团公司和专业公司机关管理人员薪酬减少15%。无论经济怎么困难，都要保证职工工资，保证职工不下岗。

在确保职工利益的前提下，抓住危机中的机遇，积极拓展国内外特别是海外战略资源市场，完成兖煤澳洲公司与菲利克斯公司体制整合，并实现高效运营，全年完成煤炭产量1709万吨、营业收入63亿元、利润25亿元。收购澳大利亚铝土矿资源公司（BRL公司）8.5%股权。贵州能化公司引入中国煤矿（境外）集团外资20.26亿元人民币，入股46%，是贵州省最大的引资项目。集团公司已初步形成资本运营、产业经营、产品贸易并重的国际化发展格局。在集团公司应对危机的务实举措中，职工群众幸福指数不断提升，对公司发展前景充满信心。

真情关爱感人心。对困难职工扶贫帮困提升到全覆盖的水准，对低保家庭和困难的劳模、党员、工病亡遗属、残疾人、单亲女职工等帮扶对象进行普查，建立档案，实行动态管理。建立完善了扶贫送温暖、最低生活保障、井下工友安全互助、残疾人救助、大病互保等10大类基金，总金额3600多万元，形成多层次职工利益保障体系。广泛深入开展“送温暖、解难事、促和谐”为主题的扶贫送温暖活动，深入困难职工家中，进行认真细致的调查摸底，全面了解情况，分层次、分批次、有针对性地进行救助。变“输血”为“造血”，多渠道帮扶困难家庭再就业，创建“自强”系列品牌，开设馒头房、快餐店、合作社、洗车点和放心早餐工程等特困帮扶项目，最大限度安置零就业家庭成员。近年来，共走访慰问困难职工、工病亡遗属、大病职工37510人次，发放救济金、慰问金2625.7万元。开展“金秋助学”、“树献送”活动，发放助学金997.5万元。职工生活水平不断提高，在岗职工人均收入由2005年29681元增长到66603元，矿区医疗、卫生、文化等生活环境明显改善。

和谐发展聚人心。组织“道德模范”和“感动兖矿人物”评选，举办颁奖典礼，发挥先进典型在精神文明建设中的示范引领作用，提升职工群众思想道德素质和精神文化追求，在集团公司范围内形成学习宣传道德先进，争做道德模范的热潮。深化文明单位创建，集团公司被命名为省级文明单位。加强思想政治工作，被评为山东省思想政治工作优秀企业。实施温馨家园建设，投资4.4亿元，建设一批福利和公共设施，区小社会继续加大亲情投入，社区管理全面纳入纵到底、横到边、不留死角的服务考核体系，创出7个省、市级优秀社区和一个国家级“绿色社区”。精心开展文艺晚会、民间艺术表演等大型文艺活动，丰富活跃了矿区文化生活，营造了温馨和谐的良好氛围。

发展和谐劳动关系　创建幸福美好企业

河南省总工会

劳动关系是最基本的社会关系。和谐劳动关系是企业发展、社会和谐的基础。如果没有和谐的劳动关系，企业就不可能会有正常的生产经营秩序，就不可能在激烈的市场竞争中占据较强的竞争优势，就不可能在企业自身发展中具有提升品位和速度的条件和基础。因此，发展和谐的劳动关系、创建幸福美好企业，不仅应该成为各级党委、政府的一项重要工作，也应该成为各个企业提升品位、发展壮大的共同追求。

一、建设和谐劳动关系的重要性与紧迫性

和谐劳动关系是指劳动关系双方一种和谐融洽的良好状态。党的十六届六中全会提出“发展和谐劳动关系”，党的十七大报告要求“规范和协调劳动关系”。当前，为什么要突出强调建设和谐劳动关系呢？

*和谐劳动关系是社会和谐的基础。*构建社会主义和谐社会是我国社会发展的重要目标，而建立和谐稳定的劳动关系是构建社会主义和谐社会的重要基础和基本内容。劳动关系作为一种最基本的社会关系，已经成为社会是否和谐的晴雨表。从这个意义上说，和谐

劳动关系是和谐社会的重要基础，而社会和谐又是劳动关系和谐的体现与保证。

*发展和谐劳动关系是完善社会主义市场经济体制的内在要求。*作为市场经济体制基础的现代企业制度，包括明晰的产权关系与和谐的劳动关系两大层次。发展社会主义市场经济，健全企业法人治理结构，要求发展和谐的劳动关系，广泛调动企业和职工两个积极性，确保生产者和经营者、劳动者和建设者和谐相处、平等合作、互利共赢，使企业保持健康持续发展的良好势头。

*发展和谐劳动关系是协调劳动关系矛盾的迫切需要。*当前我国劳动关系总体是协调稳定的，职工利益得到了较好地实现。但由于我国正处在经济体制转轨和社会转型时期，经济关系、劳动关系日益市场化、多样化和复杂化，一些职工的劳动就业、收入分配、社会保障等权益受到侵犯的现象时有发生。只有妥善处理好劳动关系出现的新情况、新问题，通过协调、协商、沟通的方式解决劳动争议，发展和谐劳动关系，才能巩固职工队伍与社会政治的稳定。

二、当前劳动关系存在的问题

改革开放以来，随着社会主义市场经济的发展，我国的劳动关系发生了深刻的变化。以公有制为主体、多种所有制经济共同发展格局的形成和公有制企业的改革，使劳动关系多样化、复杂化；用工制度的改革和劳动力市场的形成，使劳动关系市场化、契约化。与之相对应，在市场经济条件下调整劳动关系的手段、措施和机制也在逐步完善。以《劳动法》、《劳动合同法》为主体的劳动法律、法规的颁布、实施，使劳动关系矛盾调整处理逐步纳入了法制化和规范化的轨道，为保持劳动关系的和谐、维护社会的稳定、促进国民经济和社会的健康发展发挥了重要的作用。但是，也必须正视存在的问题和不足：

协调机制不健全。很多企业劳动合同格式化现象严重，一些劳动合同不能在职工平等自愿协商一致的情况下履行，完全由资方确定；一些企业劳动争议调解组织不健全、不规范，在大多数非公有制企业基本没有建立；职代会、厂务公开等民主管理工作困难重重，有相当一部分国有企业形同虚设，多数非公有制根本没有建立，企业劳动关系协调机制亟待健全。

法律法规不完善。当前关于协调劳动关系方面的法律法规缺乏刚性，有的法律法规执法主体不明确；工资支付立法层次低，对健全最低工资制度、加强企业工资分配调控缺乏明确的法律条款；工资指导线、劳动力市场价位、行业人工成本信息发布不及时，对企业没有约束力；《工会法》对各级人民政府及其有关部门等执法主体的执法程序、执法权限和工作职责没有作出明确规定，没有落实到具体部门。由于执法程序、权限、职责不明确，现实中造成执法主体行政执法责任落实不到位，缺乏执法力度，工作中被称为“软法”或“豆腐法”。此外，还有各个地方制订出台的一些民主管理方面的法规，由于没有刚性条款，没有明确的执法主体，许多工作在立法前后没有多大差别。

工资分配机制不规范。由于企业劳资双方地位的不对等，企业工会很难与用人单位开展平等协商，企业工资共决机制、工资正常增长机制、支付保障机制很难建立，企业工资分配机制亟待规范。主要表现在：不少企业签订的工资集体协议文本，只是照搬照抄上级工会制定的合同范本或法律条文，没有体现企业自身特点，“文本格式化”；部分企业工资集体协议既不经过职代会审议也不向职工公开，“程序简单化”；一些企业工资集体协议只写了职工工资随企业效益增长而增长，但增长的幅度不具体，概念模糊，缺乏实质性条款，“内容空洞化”。

劳动法律法规落实不到位。由于地方保护主义，一些劳动部门对违反劳动法律法规的劳动关系问题执法不到位，劳动法律法规贯彻落实不好。一是一些非公企业执行国家劳动法律法规情况不好，职工的工作时间长，劳动强度大，远远超过8小时工作标准；二是一些实行计件工资制的企业不执行加班加点工资标准，多数非公有制企业职工每周只休息1天，有的甚至不休假，职工带薪休假制度基本没有落实；三是相当一部分企业以最低工资标准为职工的工资标准，虽然一些职工月工资1000多元，但大都包括加班加点工资，而不是法定工作时间的工资；四是劳务派遣工工资低、待遇差、劳动强度大、自身合法权益维护难，餐饮等行业工作时间太长，工资偏低，值得社会关注。

三、发展和谐劳动关系的思考

发展和谐劳动关系是一项庞大的社会系统工程，应该坚持以打造“幸福美好企业”为载体，通过建立职工诉求机制、分配共决机制，实现企业职工结成“利益共同体、事业共同体、命运共同体”的发展目标。

（一）以打造“幸福美好企业”为载体。

“幸福美好企业”的内涵最少包括以下六个方面：

一是和谐友爱。不论是企业管理层，还是每个车间和班组，都要同心同德，团结和谐、友爱互助，这是衡量一个企业是否幸福美好的重要指标。

二是快乐工作。虽然金钱是快乐的基础，但金钱与快乐并不一定成正比。《福布斯》杂志有一项调查，列出了全球幸福指数排名。其中，幸福指数排在前10名的国家中有8个来自拉丁美洲，其中哥斯达黎加位居榜首，多米尼加排在第二位，越南还排在第五位。诚然，没有钱很难快乐，但仅有钱是远远不够的。给职工创造一个快乐的工作环境，一个快乐的工作机制，让职工快乐工作是企业职工的精神追求。

三是共同富裕。在欧洲，很多企业职工的工资成本占总成本的比重一般在50%左右，最低也占40%，否则招标会受到限制。而我国的职工工资成本平均只有10%左右。不断提高职工工资水平，缩小贫富差距，最终实现全体职工共同富裕，也应该成为企业和职工追求的共同目标。

四是共同发展。一般职工都有一个自我价值实现的追求，作为企业要给他们的成长需求提供展示的舞台，让他们充分地发挥能动性和创作性，让企业与职工共同成长、共同发展。

五是受人尊敬。受人尊敬是一个企业企业文化的重要内容，是一个企业较高层面的精神追求。要成为受人尊敬的企业，爱国是对一个企业最基本的要求。要做到爱国守法、诚实守信，既具有实力，又富有爱心。2008年汶川地震，国内很多企业家都慷慨解囊，王老吉一下捐了一个亿，立刻受到网民的追捧，销量不仅翻番，而且广泛受到人们的尊敬。

六是健康长寿。企业不健康就很难长寿，不长寿的企业就不能给职工安全感，就很难培养职工的忠诚度。企业要健康，才能长寿。企业要健康长寿，不仅要把企业做大，更重要的是要把企业做强、做久。

作为一个企业，回报是创办企业的原动力，如果没有回报就没有投资；创造财富是企业发展自身要求，否则就失去了办企业的意义。而给职工创造幸福，是办好企业的根本条件。因为职工辛勤工作的目的是为了过上幸福美好的生活，因此建设幸福美好企业是每个职工的核心需要。通过在全社会大力开展“幸福美好企业”创争活动，不仅是大力发展和谐劳动关系的主要载体，也应该成为全社会的共识，成为每个企业追求的共同目标。

（二）建立职工诉求机制。

改革开放30多年，中国社会正从同质的单一性社会向异质的多样性社会转型。在社会转型过程中，经济成分、组织形式、就业方式和分配方式日益多元化，社会利益结构也随之分化、重组，新的利益群体和阶层逐步形成。由于针对多元社会的利益诉求机制缺位，目前，我国社会出现了比较严重的利益协调危机，因为利益分配不均衡而产生的社会矛盾尤为突出：吉林通钢“改制”、广本集体停工、富士康十三跳等等。反思这些事件的原因很多，但是最重要的一条应该是企业没有建立起正常的职工利益诉求机制。由于职工利益诉求机制没有建立，职工的意见和建议无法表达，矛盾日渐深化，最终导致悲剧的发生。这类事件的发生不仅损害了职工的利益，影响了企业的正常生产经营，而且直接关系到社会大局的稳定。对于企业职工诉求机制的内涵，最少应该包括以下五个方面的内容：

1. 建立职工诉求表达机制。要建立职工诉求机制，首先要做到能够及时地倾听到职工的意见和建议，要让职工说话，要给职工说话的平台。因此，建立职工诉求表达机制是建立职工诉求机制的前提。

2. 建立职工诉求落实机制。建立职工诉求机制的目的是合理妥善处理职工的意见建议，对合理的给以采纳，不合理的给以解释；错误的给以纠正，损害的给以赔偿；好的给以奖励，错的给以惩罚。因此建立职工诉求的落实机制是建立职工利益诉求机制的关键，也是工作的主要内容。

3. 建立职工诉求共赢机制。建立职工诉求机制的目的是维护职工的合法权益，但绝不是撇开企业的整体利益而单方面维护职工自身的合法权益。俗话说得好：皮之不存，毛将焉附？职工是生活在企业这个大家庭里，在市场经济体制下，彼此实际上已经结成了一个利益共同体。没有企业的发展，哪来职工的利益？只有企业发展了，才是职工权益保证的源泉。因此，建立职工诉求机制的目的，是要做到维护企业的整体利益和职工的具体利益相结合，是“双维护”，是“共赢”。

4. 建立职工诉求反馈机制。建立职工诉求机制，就要把职工意见建议的落实情况及时地反馈给职工，让职工心里清楚、肚里明白，只有这样才能激发广大职工的参与热情，才能不断地推动这项工作的开展。

5. 建立职工诉求激励机制。要建立职工利益诉求机制，必须建立激励机制，只有这样才能极大地调动各方的积极性，才能不断地推动这项工作的开展。

在这五个机制建设中，各个方面互相结合、相互补充，构成一个严密的组织体系。

（三）建立工资协商工作机制。

党的十七大明确提出建立企业职工工资正常增长机制和支付保障机制。党的十七届五中全会指出，要构建和谐劳动关系，合理调整收入分配关系，努力提高劳动报酬在初次分配中的比重。推进企业工资集体协商，是全面建设小康社会的内在要求，是实现富民强国、改善民生的重要内容，是实现劳资双赢保持社会大局稳定的有效途径，能够切实解决广大职工最关心、最直接、最现实的利益问题，是实现职工劳动报酬公平、公正、公开的有效办法。具体在工作中：

1. 要加强源头参与。尽快出台《企业工资法》，用法律的强制力保障企业工资共决机制、正常增长机制、支付保障机制的建立，保障工资集体协商工作机制的建立。

2. 要建立“党政主导、工会力推、各方配合、企业和职工参与”的工作格局。一是要成立党政领导的工作机构。并把工资集体协商工作纳入各级党政目标考核、纳入各级党政民生工程。二是实行上级工会预审。企业工会在确定协商主要事项准备与用人单位正式开展协商前，对协商的主要内容要主动向上级工会汇报，对拟提交职代会审议的工资集体协议（草案），必须向上级工会请示报告。三是完善人社部门审核制度。人力资源和社会保障部门在审查工资集体协议时，不仅要审查协议的程序合法性和协议条款的针对性，还要查看企业开展工资集体协商的会议记录和召开职代会的相关资料。要做到工资集体协议“内容两具体、程序两必须”的工作要求。即：工资标准、工资增长幅度要具体；必须经过集体协商，必须经过职工代表大会讨论通过。四是要发挥各企业主管部门的作用，搞好协调配合，要加强教育引导，在把工资集体协商工作作为评先荐优的条件，对拒不开展工资集体协商工作的企业，其经营者和工会不得参与各类先进集体和先进个人的评选。

3. 要坚持三个原则。一是要坚持实事求是的原则。工作中，不要搞一刀切，不要搞行政命令，要坚持实事求是、具体问题具体分析，要坚持分类指导、分类推进。二是要坚持依法办事的原则。要按照这项制度规定的程序、方法、步骤开展工作。三是要兼顾公平的原则。要兼顾企业、社会、职工三者的利益，不要一味地强调职工的权益，也不要一味地强调企业的利益，也不要一味地强调社会的效益，要使三者有机结合、相互协调、共同发展。

4. 讲求实效。开展工资集体协商，签订工资协议固然重要，但更重要的是履行协议。因此，工作中一定要强化“履约率”，要坚持以职工对工资集体协商的参与度和满意度作为评价标准，以职工实际收入增长与企业发展同步来衡量工作成效，努力将工资集体协商机制建成和谐劳动关系的重要平台。

（四）实现企业和职工利益共同体、事业共同体、命运共同体。

发展和谐劳动关系，打造幸福美好企业，最终要使职工、与企业结成“利益共同体、事业共同体、命运共同体”。而实现这一目标，必须由企业、工会、职工共同努力，三者缺一不可。

1. 企业要坚持以职工为本，尊重职工、维护职工利益，自觉履行社会责任。

企业管理者应该认识到，企业和职工是共生、共赢和共长的关系。企业对职工负责，职工才会对企业负责。因此，企业应该通过各种激励手段来调动和发挥职工的积极性和创造性，保护职工的就业稳定，给予其合理的薪酬和福利，为其提供增长才干的机会，帮助和促进职工实现个人发展。具体而言：一是要尊重职工的劳动创造，让职工进行体面劳动，增强职工的主人翁意识；二是要维护职工的合法权益，落实好各种待遇，确保职工的合法权益不受侵害，得到有效保护。要让职工享受企业发展的成果，保证职工的收入随着企业的发展不断得到提高；三是要实行厂务公开，凡是应该向职工公开的事项要向职工公开，培养职工“厂兴我荣、厂衰我耻”的以厂为家的感情；四是要畅通职工建言献策的渠道，注意倾听职工的呼声，对职工所提建议、意见中的合理部分积极采纳，该整改的要整改，该解决的要解决；五是要关心职工生活，对职工给予应有的人文关怀，切实帮助职工解决学习、工作和生活中遇到的实际困难，营造一个能使广大职工工作安心、生活静心的好环境。

企业尊重职工、维护职工利益，最大的受益者还是企业。因为职工的主人翁责任感一旦被激发出来，其创造、创新的潜能是无穷的。唯如此，企业的发展才能更有生机和活力。

2. 工会组织要切实发挥好桥梁纽带作用，履好职、服好务。

各级工会组织要切实发挥好桥梁纽带作用，搞好劳动关系的协调协商沟通。一是要按照“促进企业发展、维护职工权益”的工作原则去开展工作，用协商、协调、沟通的办法去解决劳动关系中的矛盾。只有企业得到了发展，维护职工权益才具有了有利条件和可靠保障；反之，只有职工权益得到了有效保护，才能保持职工队伍的稳定，更好地调动职工队伍的积极性和创造性，进一步促进企业的发展。二是要切实维护好职工的合法权益。要积极主动地依法开展工资集体协商，推动建立企业职工工资协商共决机制、正常增长机制、支付保障机制，这是维护职工合法权益的最直接、最集中的体现。三是要做好职工的教育、培训工作，组织好劳动竞赛活动，提高职工的技能水平。四是要组织职工开展丰富多彩的文化活动，增强职工的团队意识和企业的凝聚力。

3. 职工要勤奋学习、爱岗敬业，承担起促进企业发展的重任。

一是要强化企业发展的责任意识。以厂为家、爱厂如家，关心企业发展、支持企业发展，以企业发展为己任，自觉地把个人利益和企业发展捆绑在一起，把企业建成企业与职工的利益共同体、事业共同体、命运共同体。二是要爱岗敬业，恪尽职守，保质保量地完成好本职岗位所承担的工作任务。三是要勤奋学习、刻苦钻研，学习新技术、掌握新技能，不断提高为企业发展作出新贡献的本领。四是要提高职业素养，恪守职业道德，爱岗敬业、诚实守信，干一行爱一行。同时，还要学法、懂法、守法，依法维权，善于、敢于用法律的手段保护自身利益。

构建社会主义和谐社会，必须首先构建和谐劳动关系，劳动关系的稳定和协调是构建社会主义和谐社会的基础。作为联系党与职工桥梁纽带的工会，作为推动和谐社会建设的重要人民团体，作为劳动关系一方代表的工会组织，理应勇挑重担、自告奋勇，把建立和谐稳定的劳动关系作为当前的一项重要历史使命而为之努力。

当前我国劳动关系现状与对策的思考

湖北省总工会

劳动关系是从西方市场经济国家引入的一个概念，在我国劳动用工制度改革以来被广泛使用。随着就业方式的市场化，大量劳动者通过与用人单位建立劳动关系实现就业，使劳动关系对经济发展和社会稳定的影响程度日益加深，劳动关系已成为我国基本的社会关系。

一、我国劳动关系的演进与现状分析

注意把握我国劳动关系的变化。一般说来，劳动关系是劳动者与经营者结成的经济利益关系，是生产资料与劳动者相结合的具体表现形式。改革开放30多年来，随着经济体制改革的推进，尤其是国有企业改革深化和所有制结构调整，劳动关系进行了一系列重大改革。特别是20世纪90年代以来，随着社会主义市场经济的发展，社会经济成分、就业方式、利益关系和分配方式日趋多样化，劳动关系也随之发生深刻变化。一是劳动关系运行市场化。劳动关系的建立从行政配置转变为用人单位和劳动者依法在劳动力市场上双向自主选择，劳动关系的运行从由政府直接管理为主转变为以市场调节为基础，劳动合同作为劳动关系双方依法自主订立的契约，成为明确双方权利和义务的重要载体。二是劳动关系类型多样化。随着各种所有制经济快速发展，劳动用工主体多元化，劳动关系协调的范围从国有企业扩大到各种所有制经济组织。三是劳动关系双方利益清晰化。随着劳动关系的市场化，劳动关系双方成为相对独立的两个利益主体，双方利益相对分离又相互联系，在同一利益主体内相互协调。四是劳动关系调整法制化。基本形成了以《劳动法》、《劳动合同法》、《劳动争议调解仲裁法》为主干的劳动关系法律政策体系框架，劳动关系协调进入了规范化、法制化的新阶段。

辩证认识我国劳动关系的现状。当前，我国经济社会发展已进入了非常关键的时期，既是经济社会的“黄金发展期”，同时也是“矛盾凸显期”。一方面，经过改革开放30多年的不懈努力，我国的现代化建设已经取得了历史性成就，改革发展呈现出难得的大好局面；另一方面，随着社会主义市场经济的深入发展和经济社会转型的加快，社会利益格局发生了深刻的变化，社会利益关系日益复杂，经济社会生活中长期积累的深层次矛盾不断显现，一些影响社会公平、和谐稳定的问题更加突出。劳动关系是最基本的社会关系，发展和谐劳动关系是构建社会主义和谐社会的核心问题。当前劳动关系在一些领域出现了尖锐的矛盾必须引起高度重视，应在科学发展观的指导之下，以维护劳动者的利益为重点，发展和谐劳动关系。从现实反映的问题看，劳动关系领域出现的矛盾和摩擦主要表现为劳资冲突，从我国目前劳资冲突的性质来看，绝大多数是由于劳动者的基本劳动经济权益被侵害而又长期得不到解决所致。看不到我国劳动关系状况总体上是协调稳定的，是片面的、有害的；看不到劳动关系矛盾特别是劳动者合法权益被侵害现象在一定范围的存在，同样是片面的、有害的。

理性看待我国劳动关系的矛盾。伴随我国社会主义市场经济的发展，劳动关系发生了一系列深刻变化，那么，客观认真把握新形势下我国劳动关系矛盾的性质和特点，就成为我们调处劳动关系的前提。社会主义和谐劳动关系的实质是劳动关系主体双方利益的和谐，是双方权利和义务的平衡。现阶段，我国劳动关系呈现出“四个并存”的新特点，即矛盾双方政治上平等与经济上的不平等同时并存，矛盾双方的共赢性与非共享性同时并存，矛盾冲突的尖锐性与非对抗性同时并存，矛盾双方在博弈时的主动与被动交叉并存。具体表现为弱势劳动与强势资本之间的矛盾，劳动力过剩与就业岗位不足之间的矛盾，企业利益与职工权益之间的矛盾等等。特别是在“强资本、弱劳动”的劳动关系格局中，劳动者参与利益分配、利益竞争的能力明显处于弱势，我国劳动关系矛盾已经呈现出长期性、复杂性、多发性的态势，劳动关系矛盾冲突呈现着“规模范围扩大化，问题处理复杂化，内部矛盾社会化”等现象。但同时应当承认，从性质上看，当前我国劳动关系矛盾属于根本利益一致基础上的人民内部矛盾；从内容上看，劳动关系矛盾主要表现为经济利益矛盾；从特征上看，劳动关系矛盾差异主要表现为不同性质企业的差异。

二、影响劳动关系和谐的突出问题及原因剖析

劳动关系出现的突出问题。当前，我国劳动关系总体上是稳定的，但影响劳动关系和谐的问题仍然比较多。主要是国有企业改制中遗留的劳动关系问题以及职工劳动报酬在初次分配中比重下降、基本劳动标准不能完全落实到位等问题还很突出。特别是当前国际金融危机的影响尚未完全消除，劳动关系面临的不确定因素较多，问题仍然突出。一是劳动用工失范。部分企业劳动合同续订率降低，劳动合同短期化现象普遍存在；企业用工需求时增时减的不稳定性与劳动者要求就业的稳定性矛盾比较突出，个别企业非法用工时有发生。二是职工工资收入偏低。目前我国的初级分配结构还不是很合理，这是造成社会收入分配差距拉大的主要原因，也是影响

劳动关系的和谐与稳定的因素之一。尤其是劳动者工资增长缓慢，工资水平偏低问题日益凸显。2009 年上半年，全国城镇单位在岗职工平均工资比上年同期增长 12.91%，增幅同比回落 5.05 个百分点，其中农民工比较集中的制造业比上年同期回落 8.1 个百分点。临近春节，拖欠工资问题进入易发期。三是劳动安全卫生问题突出。一些企业因经营困难改善劳动条件的能力降低，执行国家加班工资标准、劳动保护标准以及带薪年休假制度的困难加大。尤其是当前少数行业和中小型非公有制企业安全生产和职业病防治状况令人担忧。四是劳动争议案件激增。据《中国劳动统计年鉴》相关数据显示，2003 年国有企业结案 48771 件，占全国总数的 21.5%，其中集体争议案件 2623 件，占全国总数的 33.5%。而从 2008 年全国劳动争议案件的数量看，比 2003 年增长了 95%。2009 年和 2010 年全国劳动争议案件数量继续保持高位态势，个体私营企业和出口加工型中小企业劳动纠纷多发。北京致诚农民工法律援助与研究中心 2011 年 2 月份发布的《中国农民工权益保护研究报告（二）》显示，自《劳动合同法》和《劳动争议调解仲裁法》实施以来，讨薪案件已不再是农民工维权诉求的“主流”，劳动争议案件数量激增，其中 90% 涉及加班费、社会保险和经济补偿金。

劳动纠纷的表现形式。随着我国向社会主义市场经济转型的加快以及随着多种经济成分的进一步发展，就业方式的灵活变化，劳动关系将比现在更为复杂和多样，劳动纠纷在一定时期将日趋显性化。这些矛盾主要是劳动用工、工资分配、社会保障以及经营者与劳动者之间的矛盾。其主要形式：一是群体性。从这些年企业情况来看，有不少是群体性上访，少的几个人，多的几十个甚至上百人，并且来势猛，情况复杂，很难平息。二是敏感性。特别是集体劳动争议的内容涉及方面比较广泛，主要是国有企业在改制中职工的分流安置、劳动合同、协保政策、经济补偿等问题引起的。还有的是部分企业欠薪和最低工资标准不能兑现。三是传染性。一些群体性争议和上访事件往往会传染到其他邻边单位，有较强的负面影响，甚至有的跨地区聚集起来，联袂上访，在社会上造成极大的反映。四是持续性。不少集体争议尾巴长，多有反复，有相当多职工还存在着“不闹不解决，小闹小解决，大闹大解决”的心理状态。五是对立性。从目前情况来看，上访职工与干部的对立性明显增强，个别职工行为失控。如对立情绪得不到化解可能演变为对抗性矛盾。

劳动关系失衡的成因分析。弱势劳动与强势资本之间、劳力过剩与岗位不足之间、企业利益与职工权益之间、政府引导与市场主导之间等诸多矛盾将长期存在，尤其是劳动法制建设滞后于形势发展，是导致劳动关系不和谐的客观因素。换个角度说，劳动者的权益受到侵害又不能适时合理解决是引发劳动纠纷的直接原因，劳资力量对比极端不平衡是劳资冲突发生的深层次的社会原因，劳动立法和执法的不健全则是劳资冲突的法律原因。梳理当前影响我国劳动关系和谐发展的具体成因，主要有这么几个方面：一是劳动关系利益化。在市场经济作用下，企业追求的是利润最大化，而劳动者则追求自身价值的最大实现，这势必使劳资双方在利益方面构成了矛盾性，形成了利益冲突。二是企业的不规范管理。主要体现为三个不规范：企业制度的不规范、劳动合同管理的不规范、企业改革的不规范操作。三是劳动者的弱势地位。我国劳动力市场处于供过求的局面，“强资本、弱劳动”的格局短时难以改变。企业的控制权掌握在企业的主要投资者手中。一些民营企业虽然建立党支部、工会、职工代表大会等组织，但对企业的经营管理影响很小，无力改变劳动者的弱势地位。因此企业往往轻视或者损害劳动者权益，而劳动者尤其是外来劳动力，自我保护意识特别是维权意识不强，仍抱有陈旧的就业思维定式，为了自己的就业岗位，只能被迫采用“尊严换就业”。四是劳动保障部门依法治理的刚性不足，管理不到位。五是劳动立法不完善。我国《劳动法》总共 13 章 107 条，

大多是原则和纲领性条款，对相关术语未能定义，对事实劳动关系、违约赔偿等缺乏规范，相关法律责任在立法时存有遗漏，配套的法规不健全，涉及到劳动关系运行的重要领域尚无相应的法律予以规范。

三、促进劳动关系和谐发展的基本方略

用和谐的理念统领劳动关系。和谐劳动关系已成为一个国家社会和谐状况的重要衡量指标和不可或缺的重要基石。胡锦涛总书记在党的十七届五中全会上强调，“完善劳动争议协调机制，建立和谐劳动关系”。科学发展观的核心是以人为本，具体到企业与社会，就是要平等保护企业与劳工的合法权益，实现体面劳动，共建共享，建立互利双赢的劳动关系。这就要求坚持以职工为本、依法办事、协调沟通、共建共享共赢的原则，大力发展和谐劳动关系，让广大劳动者共享改革发展成果，实现职工得实惠、企业得效益、经济得发展、社会得稳定的共进局面，努力把企业与职工打造成利益共同体、事业共同体、命运共同体，以劳动关系和谐促进企业健康发展、社会和谐稳定。

用明确的目标引领劳动关系。从社会主义市场经济的要求和我国的实际出发，发展和谐劳动关系，企业和职工双方的自主协调是主要的，在解决大量的、一般性的劳动关系问题上发挥着基础性作用；政府、工会和企业组织三方的协商是重要的，在研究解决普遍的复杂的劳动关系问题上发挥着独特的作用；政府是劳动关系的规制者、劳动纠纷的重要调解者与仲裁者以及特殊情况下的冲突控制者，在制定政策、执法监察和处理重大、突发性群体事件上发挥着主导作用。因此，当前及今后一个时期，要根据我国经济社会发展的阶段性特征和劳动关系的特点，进一步建立健全与社会主义市场经济体制相适应的劳动关系协调体制，构建发展和谐劳动关系的长

效机制，形成规范有序、公正合理、互利共赢、和谐稳定的社会主义新型劳动关系。劳动关系变化相对于宏观经济形势变化往往有滞后性，国际金融危机对劳动关系的负面影响还将持续一个时期，协调劳动关系需要稳中求进，继续实施行之有效的政策措施，并在适应宏观经济形势变化中不断拓宽发展和谐劳动关系的路径。

用健全的法制规范劳动关系。这些年来，国家已经形成了比较完备的劳动法律体系。下一步，要继续完备涉及劳动关系的法律法规和政策。一是完善调整劳动关系的基础性法律法规。完善《劳动法》的内容，做出适应社会主义市场经济体制的修改，尽快出台《劳动基准法》、《劳动标准法》等基础性法律法规，规定最低限度标准，保护弱势群体利益。二是完善配套性法律法规，依法协调劳动关系。推动出台《最低工资法》等单行法律，为规范劳动关系双方的行为和利益、协调劳动关系、促进社会和谐提供法律支撑。三是加大监察执法力度，维护劳动者合法权益。要通过强化执法，切实保护劳动者和职工群众的合法权益。必须依法保护劳动者和职工群众在工资、保险、生产条件、安全生产等方面的权益，必须尊重劳动者和职工群众的人格，必须依法保障工会和职工代表大会的权利和职能。

用有效的机制助推劳动关系。邓小平同志曾经指出，“制度问题更带有根本性、全局性、稳定性和长期性”。发展和谐劳动关系，必须构建有效的机制和管用的制度。一是要建立健全权益保障机制。运用法律、行政、经济等手段，逐步建立欠薪保障、工资支付、社会养老保险、医疗保险、工伤保险等有关劳动保障方面的规章制度。二是要建立合理的利益协调机制。完善劳动合同制度。重点以工资分配、劳动定额等关系劳动者切身利益的事项为核心，全面推进集体协商制度。当前要着力提高劳动报酬在初次分配中的比例，需要建立和完善六种机制：即工资协商共决机制、正常增长机制、支付保障机制、三方协调机制、职工不满申述处理机制和最低工资标准调整机制。三是要建立有效的管理机制。加强劳动监察机制的规范化建设。通过确立工资发放、休息休假、合同变动等方面的行为规范，使劳动关系在公正公平的轨道上运行。四是要建立良好的矛盾疏导机制。建立健全各级劳动争议调解组织，努力把矛盾化解在基层。健全劳动争议仲裁机构，增强劳动争议仲裁力量。五是要建立敏感的预测预警机制。建立突发性重大劳动纠纷处理办法、重大劳动纠纷报告制度、劳动纠纷月报制度、季度性地区劳动关系宏观形势分析制度等多种预警措施，有效遏制重大劳动纠纷和社会冲突事件的发生。

用组织的合力推进劳动关系。要重视协调社会各方力量，进一步巩固完善“党委主导、政府负责、三方运作、社会配合、企业和职工参与”的协调劳动关系工作格局，政府首先要发挥主导作用，在加强宏观调控上下功夫。重点加强对企业分配关系的宏观调控，健全完善社会保障体系，防止两极分化造成社会不公。企业要发挥关键作用，在履行社会责任上带好头。企业在追求利润的同时要让劳动者享有劳动权利、安全健康的工作环境，获得合理的劳动报酬。工会要把积极推动建设和谐劳动关系作为履行职责的切入点，以推动劳动关系和谐企业创建活动为抓手，在劳动关系的设立、运行、监督、调处过程中主动作为。当前，工会要进一步把源头参与摆到更加突出的位置，在职工合理诉求合法化上见实效；做实职代会和平等协商、集体合同特别是工资集体协商工作，大力推进全总“两个普遍”的落实，在依法维权上见实效；健全帮扶机制，在为困难职工排忧解难上见实效；加强自身改革与建设，在激发工会组织活力上见实效。

关于协调劳动关系与构建和谐企业的思考

罗奎武

社会主义和谐社会的构建，是一项宏大的系统工程，它需要社会各种组织要素一方面积极参与其中，一方面又要努力构建和实现自身的和谐。企业作为一个重要而基础性的社会单元，不仅要积极投身于构建和谐社会的伟大实践之中，而且应当积极构建和谐企业，以企业自身的和谐，更好地肩负起发展国民经济、稳定社会秩序、促进社会和谐的历史使命。工会作为工人阶级的群众组织，是构建和谐社会，特别是构建和谐企业的根本力量和重要组织者。在和谐社会、和谐企业的构建过程中，工会组织应当充分发挥自身不可替代的作用，以创建新型和谐劳动关系为着力点，积极服务和推进和谐企业、和谐社会构建。

一、和谐企业的构成要素与基本特征

企业是社会生产力和生产关系一种主要的社会表现形态，涵盖了绝大多数的社会资源和社会财富，牵连着数以亿计的社会个体，相应地，它也成为许多利益群体和社会矛盾的集合体。企业内部的问题和矛盾对社会整体的稳定与和谐有着直接影响，企业不稳定，将造成社会生产关系和经济基础的不稳定，进而影响到整个社会的稳定；企业不和谐，将引发许多深层的社会矛盾，进而影响到整个社会的和谐。所以，和谐企业是构建和谐社会的基石和基础，它是和谐社会系统工程的基本建设载体，是社会和谐发展的基本物质载体，是维护社会稳定的基本组织载体，是社会个体安居乐业的基本就业载体。没有企业的和谐，构建和谐社会就如同沙中建塔，基石不稳，基础不牢。构建和谐社会，离不开和谐企业的构建，每一个企业都把和谐社会的要求落到实处，社会主义和谐社会就有了强有力的支撑。同时，构建和谐对企业而言决不仅仅是付出，企业自身也将在和谐社会、和谐企业的构建中受益受惠。构建和谐企业，是企业自身发展的内在要求，企业只有在和谐状态中才能持续稳定、健康高效地发展。

（一）和谐企业的六大构成要素。

胡锦涛同志从六个方面对和谐社会进行了深刻剖析，即民主法治、公平正义、诚信友爱、充满活力、安定有序、人与自然和谐相处。从这六个方面，可以引申出和谐企业的六大构建要素：民主法治就是企业的法人治理结构，建立现代企业制度；公平正义就是企业用工、人事、分配三项制度，体现公平、公开、公正的原则，实现内部关系协调稳定；诚信友爱就是企业价值观体系中的核心内容，是企业如何对待利益相关方的根本要求；充满活力就是企业机制和体制富有活力和创新性；安定有序就是企业运行体系平稳，人文环境良好；人与自然和谐相处就是要求企业承担社会责任，履行环保义务。

（二）和谐企业的五个基本特征。

围绕和谐企业的六大构建要素，可以勾勒出和谐企业的五个基本特征。

1. 科学发展，经济效益持续增长。和谐企业不可能建立在贫穷落后的基础上。发展是和谐企业的重要基础与保障，企业停滞、萎缩甚至破产，就谈不上和谐。所以，和谐的企业强调以发展求和谐、增和谐。同时，这个发展不是盲目的、超现实的发展，而是以科学发展观为指导的全面的、协调的、可持续的发展。

2. 以人为本，利益结构相对平衡。“企”字无人则止，和谐企业贵在“人和”。和谐企业必须坚持以人为本，强调尊重人、关心人，实现人的全面发展，进而实现企业与职工、职工与职工之间的和谐相处。这当中，关键是要处理好彼此之间的利益关系。和谐企业不是没有利益矛盾、利害冲突的企业，而是有能力处理和化解好利益矛盾与冲突的企业。因此，和谐的企业，就是能不断地协调解决企业与人、企业中人与人之间经济利益矛盾，最终使得企业内各利益群体能够达成相对平衡的企业。

3. 合作双赢，劳动关系协调稳定。劳动关系协调稳定，才能促进企业生产效率的提高和效益的增长，进而使经营者获得利润最大化和劳动者获得报酬最大化。和谐的企业，就是能够本着这种“合作双赢”的宗旨，努力营造出企业与职工共谋发展、共同奋斗、共享成果的“劳资两利”劳动关系的企业。

4. 价值认同，文化理念先进向上。企业文化反映着企业的人文精神和价值理念，代表着企业的发展方向和价值追求，蕴涵着职工的根本利益和价值取向。大力推进先进企业文化建设，营造健康和谐、文明进步的文化氛围，充分发挥其对职工的引导作用，可以为构建和谐企业提供强大的思想保证、精神动力和智力支持。和谐的企业，就是以先进企业文化为先导，使得企业的价值理念能够获得职工高度认同并积极践行的企业。

5. 安全环保，人文自然环境和谐优美。和谐的企业，必然是安全有序、健康环保的企业，既安全生产，又生活安定，拥有一个人人和睦相处、处处治安良好的人居环境，以及绿色环保的自然生态环境。因此，和谐的企业，一方面在获取社会经济效益的同时切实履行社会责任，真心回报社会，一方面珍惜和有效利用资源，从而能够更好地共享各种社会与自然资源。

和谐企业的这五个特征，可用一句话概括，即以发展促和谐，以公正求和谐，以稳定保和谐，以先进的企业文化育和谐，以履行社会责任推和谐，努力实现经济效益与社会效益的统一。

二、协调稳定的劳动关系是构建和谐企业的基石

劳动关系是劳动者在运用劳动能力、实现劳动过程中与用人单位（劳动力使用者）之间结成的社会经济关系，它在本质上是一种经济利益关系，是人与人之间经济利益关系的反映，在纷繁的各种社会关系中，劳动关系是最基本、最重要的社会关系。而企业是劳动关系的重要载体，也是劳动关系发生的主要集中地，劳动关系协调与否，对企业的方方面面都产生着重要而深刻的影响。当前，在我国从农业社会向工业社会转变、从计划经济向市场经济转变、从封闭向开放转变的社会转型过程中，企业承担着改革发展稳定的三大艰巨任务，确保三者互为依托、协调共进，是构建和谐企业的根本要求。

第一，协调稳定的劳动关系，是企业深化改革的有力支撑。改革使企业在体制、机制、经济结构、运行体系等许多方面不断完善，活力日强，但同时也引发了下岗失业、贫富分化、劳动纠纷递升、利益冲突加剧等不容忽视的问题，客观上给企业改革的深化推进带来了阻力和压力。在解决这些问题的诸多措施中，协调、稳定劳动关系至关重要，要有效化解由于改革而引发的诸多矛盾，协调稳定的劳动关系必不可少。劳动关系协调稳定了，职工的合法权益才可能得到切实维护，切身利益才可能得到有效保障，那些承受了企业改革代价而下岗失业的人员，才可能通过再就业实现新的发展。通过协调、稳定劳动关系，可以确保由于改革而剧烈动荡的各种利益关系达到新的相对平衡，从而增强各种利益群体对企业改革的承受力，增强他们对企业改革的理解和支持程度。

第二，协调稳定的劳动关系，是企业壮大发展的重要保证。促进企业发展是劳资双方的共同利益所在，只有企业发展了，双方各自的利益才有了实现的共有物质基础和保障。在企业的发展中，人是最活跃的因素。如果企业劳动关系严重失衡，将使职工投身企业发展的积极性、主动性、创造性受到严重挫伤，企业虽然可获取短期暂时的利润，但失去的不仅仅是宝贵的人力资源和智力支持，发展后劲也将严重不足，长此下去只可能衰败萎缩甚至破产倒闭。只有劳动关系协调稳定，职工的各项合法权益得到切实维护和保障，蕴涵在他们身上的各种积极因素才可能得到充分释放和有效发挥，从而为企业发展提供强大动力和切实保证。

第三，协调稳定的劳动关系，是企业保持稳定的必然要求。劳动关系的严重失衡，不仅对企业发展造成严重后果，而且也会给企业稳定带来严重冲击。改革开放以来，企业劳动关系在总体上是健康协调的，但也存在许多问题和矛盾：职工收入与经济增长不同步，与经营者、管理者的差距不断拉大；劳动争议增多，强迫劳动、克扣工资、随意解除劳动合同等现象时有发生；劳动安全状况堪忧，工伤事故率居高不下；尤其是在企业改制分流过程中，有关主管单位只重视资产保值而忽视职工利益，只重视增效而轻视减员……凡此种种，引起职工群众的强烈不满，由此而引发的停工、集体上访等群体事件，甚至过激违法行为时有发生，影响恶劣，教训深刻。从目前来看，企业乃至社会不稳定的因素当中，最大量的案子、最集中的问题就是劳动关系问题，劳动关系矛盾已经成为当前影响职工队伍安定团结、影响企业和社会稳定和谐的重要因素。

三、创建和谐劳动关系是工会组织的重要职责

工会作为党联系职工群众的桥梁和纽带，作为职工群众合法权益的表达者和维护者，在构建和谐企业中具有不可替代的作用。积

极服务和推进和谐企业的构建，工会责无旁贷。而从工会的本质属性和基本职能看，工会组织要在构建和谐企业中充分发挥作用，最有力、最重要的着力点和抓手，就是创建和谐的劳动关系。

创建和谐劳动关系是工会组织本质属性的具体体现。工会是工人阶级同资产阶级进行经济斗争的必然产物，这种经济斗争，主要是劳资双方在资本收益和劳动权益之间对立、矛盾、冲突、妥协的循环运动过程，实质上是劳动关系的互动，这决定了工会在本质上是劳动关系矛盾运动的产物。在社会主义条件下，虽然两个阶级的经济斗争不存在了，但劳动关系的矛盾依然存在，这就要求工会作为职工群众合法权益的代表者与维护者对其去加以积极的协调。在构建和谐企业的过程中，工会协调劳动关系的作用不仅不能弱化，相反应当进一步强化。

创建和谐劳动关系是工会组织履行维护基本职能的必然要求。在劳动关系中，劳动者往往处于弱势一方，其权益往往容易受到侵害，这就必然要求工会通过对劳动关系的协调来维护劳动者的合法权益，而这也是职工群众的迫切需要。在构建和谐企业中，工会应当通过对和谐劳动关系积极主动的创建，来更好地维护职工群众的合法权益。否则，工会组织则失去了存在的必要。

创建和谐劳动关系是工会组织应对企业复杂矛盾的迫切需要。改革开放以来，我国的劳动关系发生了深刻的变革，呈现出类型多样化、形式契约化、主体明晰化、运作市场化等特点，这既有有利的一面，同时也使企业在劳动关系上出现了工资拖欠、工时超常、社保缺位、有劳动无“关系”、工伤职业病激增、劳动争议大幅上升等一系列复杂矛盾。这些矛盾的解决，迫切需要工会组织进一步加大对劳动关系的协调、调处力度。而创建和谐劳动关系，是工会积极应对当前企业复杂矛盾、切实改善劳动关系状况的根本途径。

创建和谐劳动关系是工会组织推动劳资双方实现双赢的重要途径。作为劳动关系的主体双方，劳动者和经营者有各自独立的利益，这两种利益既有矛盾性，又存在一致性，双方的利益矛盾是在利益一致的前提下具体利益的差异。如果劳动关系紧张，劳资双方很可能两败俱伤，而如果劳动关系和谐，则双方都能从中受益，实现双赢和共同发展。作为工会来讲，一方面要服务第一要务，促进企业发展；一方面要履行维护基本职能，保障职工合法权益，促进职工个体发展，实现这二者之间最佳平衡的重要途径，就是切实发挥自身作用，推动劳动关系日渐和谐，从而实现劳资双赢。

四、工会在创建和谐劳动关系中的作用与机制要求

具体说来，工会在创建和谐劳动关系中要发挥四种作用：

倡导和组织作用。创建和谐劳动关系虽然对劳资双方都有益，但它的最终形成，需要劳资双方的高度认同和共同努力。而要得到他们的认同，首先需要工会大力倡导和谐劳动关系的理念，既对资方进行宣传和灌输，又对劳方进行教育和引导，讲清和谐劳动关系对于二者的意义与益处，促使双方形成共识，改变不利于劳动关系和谐的行为与做法。同时，工会还要主动承担起具体组织者的责任，将这种认同和共识落到实处。

纽带和桥梁作用。工会在劳方和资方、上级工会与本企业之间有着十分重要的纽带、桥梁作用。工会通过沟通信息、反映情况、提出要求等互动手段，使劳资双方达成改善劳动关系的共识。通过在企业签订集体合同等形式，将这种共识落到实处，使劳资双方建立新型劳动关系“协约”。

沟通和协商作用。在劳动关系和谐问题上，职工、企业、政府都需要工会。工会的介入，使企业劳资双方有了平等对话的基础，使劳资双方沟通渠道变得更加畅通。通过工会从中进行沟通、协调，保证双方进行平等协商，使双方在让步和妥协中化解、缓和矛盾，彼此间相互尊重、忍让、协调、合作，从而营造出和谐的劳动关系。

监督和促进作用。工会一方面通过开展集体合同检查、参与劳动争议调解等形式，对企业在劳动关系中的作为进行监督；一方面通过说服教育，引导职工以理性合法的方式表达利益诉求，从而促使劳资双方按照劳动合同规定的双方权利与义务，履行各自的职责，共同保持、维护和谐的劳动关系。

在创建和谐劳动关系的具体工作和实践中，工会应当在建立和完善四种机制上下功夫。

要规范政策出台的源头参与机制。同西方国家工会相比，中国工会具有良好的社会参与功能和资源，应当充分发挥和利用好这些功能与资源。当前劳动关系运行中的矛盾与冲突，一个重要原因是政策不明晰、缺乏群众基础造成的，这就要求工会在企业制订涉及职工利益和企业发展的规章制度时，从源头上深度参与，要有作为。一方面要从维护职工权益出发，有理有据地提出自己的主张，充分表达职工利益诉求；一方面通过对政策进行稳定性评估，看其是否会对劳动关系、对企业稳定产生负面效应，来对企业施以积极的影响，从而切实把职工群众的利益和工会的主张体现到企业的规章制度制订和总体部署中来，从源头上协调劳动关系，表达和维护职工的合法权益。

要健全劳动争议的协调处理机制。要规范三方协商及联席（联系）会议制度的组织形式、活动内容和日常工作，及时就企业内的劳动关系问题进行协商、沟通和研究，从宏观层面上防止劳动争议的萌发；要重视调解委员会的组织建设，充分发挥调解委员会的作用，形成劳动争议协调处理的畅通网络，把企业与职工之间发生的无序冲突变为有序合法的协调行为；在仲裁过程中，工会要理直气壮地以职工利益维护者的身份发表意见，并做好仲裁执行的跟踪监督工作，确保仲裁决定的顺利执行。

要强化弱势群体的帮扶救助机制。帮扶救助企业困难弱势群体是保护职工群众利益、维护企业稳定、促进安定团结的重要工作。

对此，工会要深入调查研究，掌握他们的真实情况，利用各种渠道和形式充分反映他们的意愿与要求，妥善协调处理好涉及其切身利益的政策性问题；要积极参与扩大就业及完善社会保障体系，采取就业培训、职业介绍等措施，积极协助党政做好就业再就业工作，并监督用人单位规范用工行为，和招用的下岗失业人员依法建立劳动关系。同时大力开展“送温暖”活动，切实为弱势困难群体办实事、做好事、解难事。

*要完善职工权益的法律援助机制。*目前，资强劳弱的格局造成职工有些合法合理权益被剥夺，劳动者“弱势化”、“廉价化”趋势明显。因此，工会要运用法律、经济、行政等手段，保护职工权益，特别是要拿起法律的武器，依法保护职工的合法权益。要在职工中大力开展《劳动法》等法律法规的宣传、教育活动，引导职工增强依法维护自身权益的意识；出现劳动纠纷、劳动争议时，要为职工提供法律法规上的咨询和建议；通过代写诉讼状、开设 12351 法律维权热线、建立职工法律援助机构和网络等措施，积极为职工提供法律援助服务，切实依法维护职工的合法权益。

（本文作者系江汉油田井下作业处党委书记）

改革工资分配制度　缩小薪酬收入差距

黄林琰　冯健毅　万桂菊

改革开放以来，我国收入分配制度改革不断深化，各类企业逐步建立了按劳分配为主体、多种分配方式并存的工资分配制度。政府对企业的工资管理从直接管理转变为宏观间接调控，并积极探索依法建立企业职工工资分配共决机制、正常增长机制和支付保障机制，打破了企业工资分配由企业行政单方面决定的局面，使企业职工工资分配日趋规范，工资整体水平与经济发展保持了大体同步增长的态势。1978 年至 2009 年，全国 GDP 年均增长 15.76%，人均 GDP 年均增长 14.75%；同期职工工资总额增长 14.58%，人均工资年均增长 13.68%。其中广东作为改革开放前沿，经济发展迅猛，1978 年至 2009 年 GDP 年均增长 18.87%，人均 GDP 年均增长 16.42%；同期职工工资总额增长 16.73%，人均工资年均增长 14.06%。但在工资水平逐步增长的同时，企业工资分配领域也存在一些问题，必须予以正视，研究解决。

一、企业工资分配领域存在的问题

近年来各地都将推动经济增长作为首要任务，但过于追求经济发展和经济效益，而忽视了劳动报酬权，导致收入分配政策无法取得实效，工资决定机制不健全，职工工资增长滞后，劳动报酬占初次分配的比重不断下降，工资差距不断拉大。

（一）工资增长滞后于经济发展。

工资水平与经济发展密切相关。发达国家的经验表明，人均GDP达到3000美元，意味着一个地区进入了“黄金发展期”，经济结构将出现较大的变动，经济发展方式将由以主要依靠投资驱动转向主要依靠创新驱动，工资水平也相应随着经济增长有一个较大幅度的上升。2008年我国人均GDP超过3000美元，2009年接近4000美元，2010年超过4500美元，其中广东2006年人均GDP已超过3000美元。但从工资与GDP的增速对比看，工资增长明显低于经济发展。2005年至2009年，广东企业在岗职工平均工资年均增长10.47%，比GDP年均15.92%的增幅低5.45个百分点，比人均GDP年均14.55%的增幅低4.08个百分点。同时，与亚洲一些国家人均GDP达4000美元时的工资水平比较，我国的工资水平也相对较低。据原劳动保障部的资料显示，日本在1978年、韩国在1991年、马来西亚在1996年的人均GDP约为4000美元，其人均月工资按当时价格折合分别为684美元/月、1054美元/月和786美元/月。我国2009年城镇非私营单位在岗职工年平均工资为32736元，折合约399.4美元/月，仅为日本、韩国、马来西亚同等经济发展程度时月工资的58.4%、37.9%和50.8%，我国城镇私营单位就业人员平均工资的比例更低。广东2009年企业在岗职工月平均工资折合仅410美元，也仅为日本、韩国、马来西亚同等经济发展程度时月工资的59.94%、38.90%和52.16%。

（二）劳动报酬占GDP的比重偏低。

企业职工工资增长长期低于经济增长，导致劳动者报酬占GDP的比重越来越低。据统计，我国劳动者报酬占GDP的比重，在1983年达到56.5%的峰值后就持续下降，2005年已经下降到36.7%，22年间下降了近20个百分点。广东劳动者报酬占GDP的比重从1978

年的60.58%下降至2005年的47.08%，2009年进一步下降至45.20%，远低于2004年美国、德国、英国和日本的57.3%、51.2%、55.7%和51.4%的水平。与此同时，广东企业营业盈余占GDP的比重却从1978年的14.57%逐年攀升到2009年的25.55%。我国的分配曲线与发达国家“随着经济水平提高，劳动报酬所占比重上升，营业盈余所占比重下降”的情况完全相反，经济社会发展的成果侧重于向企业倾斜。

（三）不同行业职工工资差距拉大。

2005年至2009年，全国制造业在岗职工平均工资相当于全部行业在岗职工平均工资的比例从85.80%降至81.25%。按大行业划分看，2009年，全国职工平均工资最高的金融业工资是最低的农林牧渔业工资的4.7倍；按细分行业看，2008年职工平均工资最高的证券业是最低的畜牧业的15.93倍。广东的情况也相似，2005年至2009年广东制造业在岗职工平均工资相当于所有行业平均工资的比例从75.20%降至74.24%；2009年，建筑业、住宿和餐饮业这两个劳动密集型行业的平均工资只分别相当于全部行业平均工资的71.09%、61.48%。与此同时，广东的金融、科学研究、技术服务和地质勘查等行业工资增长较快、水平较高，尤其是金融业，2005年至2009年在岗职工工资年均增幅在19%以上。2009年，广东行业工资高低差绝对数达77119元，较2005年扩大了38310元。

二、原因分析及其影响

当前企业工资分配存在上述问题的原因是多方面的，但其中最主要的原因是企业工资分配的决定机制和正常增长机制尚不健全、不完善。1992年《国务院关于全民所有制工业企业转换经营机制条例》颁布以后，企业工资的分配主体由国家计划管理逐步向企业自主分配转换，计划经济体制下的由国家高度统一的分配制度已逐步消亡。与此同时，国家根据市场经济的规律，相继建立了最低工资保障制度，政府定期公布劳动力市场价位信息制度和工资指导线制度，通过集体协商决定工资，形成与市场经济相适应的企业工资分配体制。但是，由于当前正处于经济体制转轨时期，这种新的企业工资分配体制尚未完善，其职能还十分脆弱，新体制的实现环境欠佳。

一是企业工资分配缺乏制衡机制。大部分职工个体处于相对弱势的地位，在劳动关系的建立与解除上并没有充分的选择权，可替代性强，而劳动力买方市场的现状决定了职工处于被动地位。虽然近年来各地一直在推行工资集体协商制度，但由于协商主体地位的不对等，部分企业工会的“被雇佣化”，加薪诉求缺乏集中、有力的职工代表，难以形成平等协商的制衡力量，集体协商往往流于形式，在非公有企业或工会组织不健全的企业，协商无法开展起来。

二是企业工资分配欠缺科学的劳动标准。科学合理的劳动标准，是企业工资分配的依据和尺度。但目前除大型国有企业外，其他企业特别是非公有企业，基本没有劳动标准，或者说企业的规定取代了科学合理的劳动标准。如计件工资，按道理应该是合理确定劳动定额和工资标准，然后计算出单位产品的工资含量——计件单价。但在实际生活中，相当一部分企业特别是来料加工劳动密集型企业，往往是采取利润既定的方式来计算劳动者的工资单价，即先扣除材料成本和企业利润后，余下部分才计算工资单价。缺乏科学合理的劳动标准，无法保证工资分配的客观性。

三是不正确的政绩观影响企业工资的正常增长。一些地方领导片面追求经济增长目标，把发展经济与维护劳动者的合法权益对立起来，尤其是部分经济欠发达地区，为强调改善招商引资环境，忽视劳动者工资的正常增长，甚至牺牲劳动者的合法权益来换取地方的经济增长。

四是一些企业没有加薪的意愿或能力。企业作为社会的组成部分，应当承担社会责任的理念为越来越多的国家和企业接受。但不少企业没有履行社会责任，忽视职工的需求，欠缺与职工共建共享发展成果的理念。一些外贸加工企业反而最大限度地降低人工成本，通过降低产品的出口价格提升竞争优势，宁愿面临“反倾销”的风险，也不愿意给劳动者增加工资。而一些传统劳动密集型企业的对外依存度高，产品附加值低，利润空间小，也难以给职工增加工资。

此外，一些行业利用其垄断地位、国家价格政策和对国有资产的占有等有利条件获得超额利润，对正式职工发放高工资，而对大量劳务派遣工支付低工资。一些高级管理人员对工资分配有决定权，只给小范围的管理人员与核心技术人员支付高薪，工资水平甚至比一线职工高20—50倍。不少普通职工技能水平低，又缺乏培训提升的机会，长期只能从事简单劳动，工资增长慢。这些也导致了收入差距拉大。

企业工资分配领域存在的问题，对经济社会发展造成负面影响。一方面，不利于国民经济的快速、可持续、健康发展，阻碍经济发展方式的转变。在消费、投资、出口三大经济动力中，消费是最根本和最主要的动力，是拉动经济增长的第一动力。但我国企业职工工资水平低、增长慢，结果是整个社会的消费水平下降，消费结构升级缓慢，导致经济长期可持续发展缺乏内在动力。而消费结构的升级是产业结构升级、建设现代产业体系的前提条件和重要基础。如果整个社会绝大部分人的需求无法扩大，那么消费结构升级、传统产业转型升级就无法实现，现代产业体系建设也无法顺利展开。与此相应的是，在内需不足的情况下，过剩的生产能力只能在国际市场上找出路，使得我国经济的对外依存度增大，一旦国际经济发展变化导致外需不足，将出现严重的产能过剩，并可能引发经济衰退。这次全球金融危机对我国的影响就是这方面的极好说明。另一方面，不利于社会的公平正义，影响和谐稳定。国民收入分配既是一个经济问题，也是一个社会问题。现代社会结构的基本形态应当是橄榄型，即中等收入者构成总人口的主体，这对社会贫富分化和对社会利益冲突具有较强的调节、缓冲功能。但目前企业工资分配中存在的结构问题，不利于现代社会结构的形成，影响广大人民群众共享改革发展成果，会导致社会不稳定，容易陷入“中等收入陷阱”，引发社会各种不满情绪，甚至激化社会矛盾。只有促进国民收入合理分配，才能增强广大人民群众的凝聚力和认同感，推进改革开放向纵深发展，实现社会和谐稳定。

三、对策建议

党的十七大和十七届五中全会指出，合理的收入分配制度是社会公平的重要体现，并要求逐步扭转收入分配差距扩大趋势。要实现这一目标，必须转变观念，正确对待分配问题，进一步深化企业工资分配制度改革，着力提高企业一线职工工资水平，提高劳动报酬在初次分配中的比重，促进分配公平。

第一，以科学发展的观点正确认识分配问题，把企业工资分配摆上重要位置。各级党委政府要以科学发展观为指导，把企业工资分配工作提上重要的位置，把提高居民收入在国民收入分配中的比重、劳动报酬在初次分配中的比重以及促进职工工资正常增长纳入全省国民经济和社会发展计划。在制订扩内需、调结构的宏观经济政策时，要围绕“提高两个比重”，制订适当提高职工工资水平的政策措施。同时，建立工资增长目标评估考核办法，定期公布各地考核目标完成情况。

第二，全面推行工资集体协商制度，建立扎实有效的工资共决机制。市场经济发达国家的经验告诉我们，劳资双方集体协商（谈判）决定工资水平，是市场经济的必然选择和提高工资的有效手段，必须大力推行。一是各级政府应加大工资集体协商的协调力度。政府应加大对工资集体协商的指导，改革工资集体协商的制度设计，完善具体规定，明确对企业不回应工会或职工代表提出的集体协商要约的法律责任。对于拒不开展工资集体协商的企业，列入不愿承担社会责任企业名单向社会公布。对企业通过工资集体协商确定的职工工资总额，认定为“合理的工资薪金”，据实进行税前扣除，从而使劳动报酬占初次分配的比重逐步提高。同时，每年均应当发布人力资源市场工资价位和工资指导线，为工资集体协商提供科学的参考依据。为提高人力资源市场工资价位和工资指导线的指导作用和权威性，建议将现行的由人力资源社会保障部门公布改为由政府公布。二是各级工会组织包括企业工会，应定期收集职工诉求，定期向企业提出协商要约，真正代表职工与企业经营者开展工资集体协商，充分发挥各级工会组织在工资集体协商中的作用。三是各级企业联合会、工商联等企业代表组织，应提倡鼓励企业参照政府公布的企业工资指导线等，与企业工会或职工代表开展工资集体协商，建立正常有效的工资增长机制。

第三，加强职工技能培训，提高职工获得更高收入的能力。技能培训是保证劳动者获得持久高收入的根本之路。目前各地的高技能人才数量总体偏低，而且由于职工流动性较强，企业投资培训员工技能的意愿不高。因此，政府要从提高人力资源总体质量的角度，完善职工技能培训资助政策，对培训机构给予补贴，降低以至免收职工参加培训的费用和考试费用，对允许职工在职参加培训的企业给予社保费补贴，着力提高职工的技能水平，为转型升级提供优质的人力资源，增强企业的盈利能力，推动职工的工资增长。

第四，建立最低工资标准增幅不低于 GDP 增幅的联动机制，加快提高低收入者的工资收入。在市场经济条件下，调整最低工资标准是政府宏观调控工资的直接和有力手段，对提高低收入劳动者工资的作用非常明显。为了扭转职工工资增幅特别是低收入职工工资增幅低于 GDP 增幅的局面，建议在“十二五”期间，建立最低工资标准增幅不低于 GDP 增幅的联动机制，规定各省每年在 GDP 公布后的5、6月份，调整新的最低工资标准，且最低工资标准增幅应等于或略高于GDP增幅，逐步缩小低收入职工工资与职工平均工资的差距，提高职工工资占GDP的比重，也逐步达到最低工资标准占职工平均工资40%～60%的国际惯例。

第五，开展劳动标准研究，制定科学合理的劳动标准。继续加强对企业工时的规范和管理，建立工时审批和动态监管制度，切实保障职工的休息权和加班工资待遇。开展劳动定员定额标准的制定、修订工作，发挥行业协会的作用，分行业制定科学的定员定额标准，防止和纠正企业通过提高劳动定额或压低计件单价等手段变相压低职工工资的现象，保障分配公平。

第六，提高个税起征点，发挥税收政策在调节收入分配中的职能。政府应根据经济社会发展水平，及时调整个税起征点，降低中低收入职工的税收负担，对高收入者实行累进税率。同时减少税级数，切实惠及广大中低收入职工。充分发挥消费税在调节个人收入分配方面应有的作用，将一些高档消费品纳入消费税的征收范围，有效调解过高收入。

第七，设定硬性的倍数限制，控制过高工资。对于国有、集体企业的经营管理人员，限制其工资不得超过所在企业平均工资的一定倍数，具体倍数必须通过企业工资集体协商来确定。这样既限制了经营者的过高收入，又增强了经营者给普通职工加薪的积极性。对于垄断企业，限制企业职工的平均工资不得超过所在地区上年度职工平均工资的一定倍数。

第八，降低部分社会保险的缴费，增加职工可支配收入。通过国有资产变现收入或从国有资产收益中补充社会保险基金以及发行社会福利彩票、捐赠等办法，扩大社会保险资金来源，降低社保基金对单位、个人缴费的依赖度。同时，对目前一些社会保险基金结余较为宽裕的省份，特别是对于医疗、工伤、失业、生育这4项以“收支平衡、略有结余”为总原则的社会险种，如果可保证支出6

个月以上的，建议国家允许省级政府在一定时期内降低上述4项社保费的企业缴费部分和医疗、失业保险的个人缴费部分，减少的企业缴费部分用于职工福利，增加职工的可支配收入。

（本文作者分别系广东省人力资源和社会保障厅原巡视员、主任科员、副主任科员）

当前影响我区劳动关系和谐稳定的突出问题和对策建议

广西壮族自治区人力资源和社会保障厅

劳动关系是最基本的社会关系，是构建和谐社会的重要内容。近年来，我区各级党委、政府以及人力资源和社会保障部门采取各种有力措施，努力促进劳动关系的和谐稳定，取得明显成效。总体而言，随着和谐劳动关系工作力度的加大，我区劳动关系处于良性运转并将继续向好的态势不会改变。但是，存在的问题仍不能忽视，必须认真地加以分析研判，采取相应的应对措施，以促进和确保劳动关系的建康和和谐稳定。

一、问题及特点

（一）欠薪是引发职工群体性事件的主要因素。

2011 年，我区发生涉及人力资源和社会保障业务的集体上访和停工共 172 件，涉及职工 3860 人次，其中由拖欠农民工和职工工资引发的有 105 件，占总数的 61.05%。在 2011 年我区劳动保障监察机构处理的 435 件群体性突发事件中，95% 以上是由企业拖欠工资引发。由此可见，我区引发群体性事件的主要因素是企业拖欠职工工资，特别是农民工的工资。这些群体性事件主要呈现如下特点：一是拖欠工资主要发生在中小规模劳动密集型企业，特别是建筑施工单位、个体私营企业问题较为突出；二是欠薪对象绝大多数是农民工；三是拖欠工资数额大、时间长，个别企业甚至数月不发放工资。

（二）收入差距过大，一线工人收入太低是劳动关系不稳定的主要根源。

收入分配是民生之源。当前我国社会分配不公，收入差距过大，已经成为全社会关注的焦点。国际上通常用基尼系数来表示贫富差距，广西的基尼系数目前大约是0.49，大大超过国际公认的0.40的警戒线，甚至高于全国平均数，说明我区贫富差距仍在拉大。收入差距过大主要表现在部分垄断行业职工工资水平和国有企业管理人员收入高、增长快，而劳动密集型竞争行业、私营企业职工特别是一线职工（包括垄断行业的一线职工）工资水平偏低、增长较慢，导致劳动报酬在初次分配中的比重持续呈下降趋势。如2011年南宁市制造业平均劳动报酬为21198.32元，而金融业则为88674.37元，是制造业的4倍多；地处山区的河池市职工总体收入水平相对较高的农业银行，中层干部月工资一般在3000至4000元，而一线职工只有1000元左右，相差2到3倍。广大一线职工对现实存在的这种差距极为不满，时常引发各种诉求的集体上访。当前收入差距过大已经成为劳动关系不和谐的一大诱因，甚至成为经济良性发展、可持续发展以及社会进步的一大障碍。

（三）劳动者体面劳动的愿望和权利未得到应有的尊重，对劳动关系的和谐稳定造成重大影响。

让广大劳动者实现体面劳动，是以人为本的要求，是时代精神的体现。但粗放型的经济增长方式却与劳动者体面劳动的愿望背道而驰。一些企业随意提高劳动定额标准，迫使职工超时劳动而得不到充分的休息和应有的报酬；一些企业特别是资源型企业工作环境恶劣，劳动强度大，职业危害严重，事故频发，职工的安全、健康得不到应有的保障；一些企业随意降低职工社会保险缴费水平，职工未来福利受到无情侵害。只要劳动者长期在这样的氛围下工作，劳动关系的和谐就无从谈起。

二、原因分析

（一）建筑行业的层层分包管理模式是导致农民工工资拖欠的主要原因。

建筑项目层层分包，形成层层利益主体，现金支付环节及利润分配次数较多，很容易使处于最底层的农民工工资被拖欠。由于建筑市场管理不规范，建设方和施工方一旦出现资金断裂或其他情况，未能及时协调处理好农民工工资问题，往往造成小工头欠薪逃逸或唆使、裹胁农民工采取过激行为，名为追工资，实为讨要工程款，从而引发不安定因素。

（二）在劳动关系中劳动者处于弱势地位。

我国是农业大国，劳动力供大于求的状况突出，我区的情况尤其严重，从而导致劳动者受到劳动力无限供给和资本稀缺的双重挤压，在劳动关系中力量严重失衡，劳动者处于弱势的地位，职工在与企业进行工资协商时没有讨价还价的余地，工人在改善劳动条件和工资分配中没有话语权。在劳动关系双方不均衡的情况下，企业方有意压低劳动力价格，由于劳动者合理合法的利益要求在制度和法律范围内得不到表达和支持，体面劳动的权利无法实现，缺乏协调社会利益关系和矛盾的有效机制，身为弱势一方的劳动者往往只有通过激烈的大规模的群体行动来实现其利益，甚至通过反社会的破坏性行为来抗争。

（三）企业为追求利润最大化而压低用工成本。

在市场经济条件下，企业为了参与市场竞争，最大限度地谋求利润，采取了最简单、也是降低成本最奏效的办法，就是不惜牺牲职工的利益，拼命压低一线职工的薪酬水平，支付给劳动者的仅仅是满足简单再生产的劳动报酬，劳动力价格通常被压低在劳动力价值之下，劳动者的价值被严重低估；企业在生存和发展的过程中，出于规模扩张、结构调整以及产品升级换代的要求，对资本、技术、管理等生产要素的需求呈日益上升的趋势，对劳动力要素则产生了明显的“挤出”效应。这两方面的因素加剧了劳动力资源过剩和资本资源稀缺之间的矛盾，导致资本、劳动要素在企业工资分配中的关系出现大幅度的调整，收入分配逐步向管理层、骨干层倾斜，劳动力资源在收益分配中的地位逐步被淡化和忽视，加上企业在管理上随意性过大，缺乏有效的工资增长机制，一线职工的工资收入也就难以得到合理的增长，劳动者体面劳动的愿望也无法达成。

（四）政府宏观调控不力，监控缺失。

“允许一部分人先富起来达到共同富裕”的基本出发点，是以收入分配的差距来换取效率的提高和经济的增长，这在改革开放的初期无疑是正确的。但经济增长并不能自动缓和收入分配的不平等，而且事实证明经济的增长不仅不能自动解决收入差距问题，而且收入差距悬殊反过来会影响经济的增长。目前，国家对企业收入分配实行“市场机制决定、企业自主分配、职工民主参与、国家宏观调控”的政策，我区各级政府主要通过制定工资指导线，公布劳动力市场工资指导价位、企业人工成本信息，指导企业开展工资集体协商，落实最低工资制度等措施对企业工资收入分配进行宏观调控。这些宏观调控措施除最低工资制度外，都不具有约束力和强制性。这种“只限低不限高”的宏观调控管理体制使企业收入分配差距失去了有效控制。

（五）劳动关系管理、劳动人事争议仲裁、劳动保障监察力量不足。

这些年政府在社会管理、社会建设方面的重视和投入不够，劳动关系管理、劳动人事争议仲裁、劳动保障监察等机构的工作人员缺乏，使政府部门预防化解劳动关系矛盾的能力、主动服务的力量不足，致使一些问题得不到及时解决，也就是未能实现把问题解决在基层，把矛盾化解在萌芽状态的目标，从而使一些本可以及早化解的矛盾和问题发展成大问题。

三、措施建议

（一）进一步规范建筑市场的管理。

一是坚持总包负责制的原则，坚决杜绝转包、违法分包和“包工头挂靠”。二是从法律上加大对恶意欠薪的惩罚力度，立法明确恶意欠薪企业法定代表人的法律责任。三是进一步完善和落实工资保障金制度，确保劳有所得的实现。

（二）从制度上进一步完善企业职工工资正常增长机制。

一是建立利于一线产业工人收入提升的分配协调机制。即管理者和劳动者之间的分配协调机制、资本所有者和劳动者之间的分配协调机制和一线职工收入增长机制。二是着力扭转劳动要素分配权益相对弱化的趋势。提高一线职工在收益分配中的话语权。建立相应的政策、法规明确尊重劳动、倡导劳动、保护劳动的指导思想，从制度上进一步确立和加强职工在工资谈判中的地位。三是积极推行并以制度保证工资集体协商制度、扩大集体合同覆盖范围，发展和谐劳动关系。四是充分发挥工会组织在企业职工收入分配中的作用。健全企业工会组织，赋予工会更多的资源和手段，减少工会对企业行政的依附，使工会的独立性真正得到保障。五是培育真正的谈判主体，在没有成立工会的企业实行职工代表制，确保职工的利益不受侵害。

（三）加强政府在收入分配宏观调控中的职能作用。

一是改变政府偏重于再分配领域调节的做法，积极介入国民收入的初次分配调节，动用一切法律和政策手段，将收入分配差距控制在社会所能认可的范围内。二是强化政府干预，提高工资指导线的作用。目前我厅正在指导有关市积极探索通过税收优惠，对符合工资指导线制度的工资增长部分，工资总额在税前列支、减少所得税征收，引导企业落实工资指导线制度的相关政策。三是加强对工资集体协商的指导。制定相关政策，规定在没有工会组织的企业，政府可直接参与工资集体协商。四是改革工资总额管理办法，加强政府对垄断企业工资总额的控制。五是建议国家尽快出台《工资条例》、《劳务派遣规定》等法律法规，完善国家劳动定额标准，进一步规范劳动关系的管理。

（四）采取强有力的措施，加快劳动关系方面的基础能力建设。

政府要高度重视并加大投入，完善各级劳动人事争议调解仲裁、劳动监察和农民工服务能力建设，进一步提高各级劳动人事争议调解仲裁和劳动监察能力，提高队伍素质，完善体制机制，坚持预防为主、基层为主、调解为主、服务为主，公正执法，热情服务，促进劳动关系和谐稳定。

完善"四大机制" 发展和谐劳动关系

重庆市总工会

近年来，各地认真贯彻落实党中央关于构建社会主义和谐社会的总体部署，把大力构建和谐劳动关系作为一项十分重要的政治任务，在一些关键环节和重点领域取得了重大进展，实现了重大突破。在当前和今后一个时期，按照党中央关于发展社会主义和谐劳动关系的新要求，大力加强和谐劳动关系发展机制建设，努力形成劳动关系各方利益协调、交流沟通、矛盾调处、权益保障四大机制协调运行的良好格局，统筹推动和谐劳动关系发展步入制度化、规范化轨道，既是一项带有根本性的战略任务，也是破解当前各种重大难题的有效突破口和着力点。

一、完善利益协调机制，推动社会财富分配更趋公平

劳动关系的核心是利益关系。通过三十多年的改革开放和快速发展，一方面使我国的社会财富迅猛增长，GDP 总量和财政收入已跃居世界第二；另一方面却是社会财富分配的公平性越来越低，城乡差距、地区差距、行业差距、群体差距不断扩大，基尼系数高达 0.475，也是高居全球第二。社会财富分配的结构性矛盾，成为导致劳动关系紧张的主要因素。因此，完善利益调节机制，建立起社会

财富公平分配的新秩序迫在眉睫。要按照“初次分配既注重效率、也注重公平，二次分配更注重公平”的利益分配原则，通过“提低、扩中、调高”三条途径，全面改革收入分配制度，加快推进收入分配由“金字塔型”向“橄榄型”的重构。

（一）完善低收入群体快速增收机制。

低收入群体主要集中在企业普通一线职工和农村居民两个领域。要把提高普通一线职工低收入群体的收入水平作为完善利益协调机制的重点任务，努力推动大量低收入群体尽快进入中等收入群体，加快降低低收入群体的比重。

一是完善最低工资制度。根据 GDP、CPI、财政收入增长和不同地区的实际状况，合理确定并逐年提高职工最低工资标准，实现职工最低工资标准与经济发展水平保持同步并较快增长，尽快达到最低工资标准占职工平均工资 60% 的目标。

二是完善社会保障制度。在尽快实现社会保障对象全覆盖的基础上，提高低收入群体的社会保障标准，逐步缩小不同收入群体间的社保差距，消除现行社会养老保险等制度的“马太效应”。要努力消除针对农民工的各种歧视，实现一视同仁、同工同酬，力争使“农民工”这一名词尽快消失。要严格按照相关规定，有效控制劳务派遣工的使用范围。

三是扎实做好就业再就业工作。把提高就业水平作为减少低收入群体的关键措施，千方百计消除“零就业”家庭，通过增加就业岗位、加强就业培训等各种有效途径，帮助下岗失业人员实现就业，采取各种有效方式支持农民工返乡创业和大学生创业。

四是深入开展扶贫帮困工作。各级政府要努力加大扶贫帮困工作的资金投入，积极动员慈善机构和社会力量，对特殊困难群体加大帮扶力度，使困难群体的基本生产生活得到有效保障。对于农村居民，应采取加大国家对农村基础设施建设的投入、增加就业增收门路、扩大务农补贴范围、提高务农补贴和社会保障标准等综合措施，确保农村居民收入增长幅度稳步高于城市居民，努力把城乡居民收入差距控制在2.5：1以下。

（二）完善中等收入群体稳定增收机制。

要把加速扩大中等收入群体、推动中等收入群体稳定增收作为完善利益协调机制的主要目标。

一是完善职工工资增长机制。据调查，当前重庆市不同所有制企业职工劳动报酬占企业生产成本的比例太低。因此，要积极着手建立完善企业效益分配向普通职工倾斜的导向政策，通过完善企业效益增长与职工工资增长挂钩机制、加强企业职工工资集体协商等途径，不断提高企业初次分配中职工所得的比重，推动形成职工工资收入稳定增长的良好局面。

二是调整收入分配制度。1995年到2007年间，我国财政税收年均增长16%，而城镇居民人均可支配收入年均增长8%，农民人均纯收入年均增长6.2%。收入分配秩序形成极不合理。因此，要积极着手建立完善社会财富分配向劳动者倾斜的导向政策，通过加大对医疗卫生、社会保障、就业福利等涉及劳动者利益领域的投入等途径，推动形成国家藏富于民的新型再分配机制。

三是完善劳动者税赋制度。在2009年的个人所得税中，中低收入群体纳税额占税收总额的比例达到65%以上，而高收入群体只占30%左右。这种畸形的个人所得税制度必须进行调整。要改变个人所得税征收办法，将个人所得税起征点调至职工平均收入水平以上，减轻中等收入群体的税赋负担，努力形成政府让利于民的税收格局。

（三）适度限制国有企业、垄断行业的过高收入。

有统计显示，占全国职工人数不到8%的垄断行业从业人员的工资和工资外收入总额，相当于当年全国职工工资总额的55%；20个行业门类收入差距接近5倍，有的行业是其他行业的10倍。垄断行业职工收入畸高，成为影响劳动关系和社会和谐的一个障碍，必须尽快祛除。应大力规范国有企业、垄断行业薪酬制度，适度控制国有企业、垄断行业职工特别是高中层管理人员的收入，严格控制职务消费。加快垄断行业改革步伐，最大限度引入竞争机制，特别对需要国家出资经营的垄断性行业，应提高“红利”上缴比例，同时实行严格的收费成本核算、价格听证和职工工资、福利水平、职务消费等公开制度，接受社会监督，努力把垄断行业的职工收入水平控制在广大劳动者可接受的范围之内，不断缩小行业差距。

二、完善交流沟通机制，促进诉求表达渠道更为畅通

当前，由于社会各阶层之间的交流沟通机制不够健全，职工群众诉求和社情民意表达不够畅通，导致普通职工群众的知情权、参与权、表达权和监督权落实不够到位，严重影响了劳动关系和谐和社会稳定。因此，要把完善交流沟通机制作为构建和谐劳动关系的重要举措，积极推进社会主义民主政治建设步入健康轨道。

（一）拓展民意诉求传递渠道。

我国人均 GDP 超过 4000 美元，标志着我国已进入经济社会发展的重要转型期和社会矛盾的凸显期。拓展民意诉求传递渠道，及时把握广大劳动群众的思想脉搏，有助于采取针对性措施消除矛盾，促进和谐。

一是不断完善群众信访制度。各级政府要努力形成群众信访方便快捷、及时处置的工作机制，进一步畅通民意诉求的主通道。

二是不断完善密切联系群众制度。各级领导干部要努力克服官僚主义，切实转变工作作风，用更多的时间深入基层、深入一线，不断扩大与广大群众的接触面，提升对基层实际情况的把握度，变群众上访为干部下访，变群众诉求为干部求诉，掌握协调劳动关系的主动权。近年来，重庆市大力推行机关干部“三进三同”、“大下访”等活动，妥善解决了大批职工群众最关心最直接最现实的利益

问题，取得了良好效果。

三是拓展社会化交流沟通渠道。充分发挥报纸杂志、新闻媒体、社会调查机构和网络等社会化交流渠道的作用，通过建立完善新闻发言人、网络监督、网络评论、在线交流等一系列制度，广泛搭建决策层和广大群众的双向交流沟通平台，增进理解，促进共识，消除群众疑虑。

（二）健全民主管理推进制度。

民主管理是畅通民情、体现民意、集中民智、消除民怨，推进和谐劳动关系的重要方式。要切实加强新形势下的民主管理工作。

一是要健全民主管理工作体制。各级党委、政府要真正把民主管理工作摆上重要日程，纳入地方经济社会发展的总体规划、年度工作目标和检查考核之中。相关部门要各司其职，各尽所责，积极构建党委统一领导、党政共同负责、有关方面齐抓共管、职工群众广泛参与的工作格局。

二是要大力推动民主管理的制度化和规范化。要与时俱进地制订和修改加强民主管理的法律法规和配套政策，不断创新民主管理工作的推进举措，确保民主管理在各类企事业单位的施行有法可依、有章可循，加快推进民主管理的制度化和规范化进程。

三是要把握重心，切实增强民主管理的针对性和实效性。要进一步深化国有企业厂务公开民主管理工作，确保其重大事务在阳光下运行，为推动国有企业可持续发展营造更好的内部环境。要大力提高非公有制企业厂务公开民主管理的建制率和覆盖面，积极探索各种行之有效的运行模式，迅速补强民主管理工作的“短板”。要全面推进各个领域的民主管理工作，努力把广大职工群众投身改革发展的积极性、创造性充分调动起来。

（三）完善民主决策制度。

重大决策能否普惠于民，关键在于决策基础是否出自于民。应积极顺应职工群众民主意识日益增强、政治热情不断高涨、决策参与能力逐步提高的新形势，合理提高党代表、人大代表、政协委员中职工群众的比例，广泛推行和不断完善重大决策的群众调查、咨询、听政、监督等系列制度，大力推行公司职工董事、职工监事制度，切实推动各项重大决策直接出自群众意愿，充分体现群众诉求，努力从源头上消除影响和谐劳动关系的土壤 。

三、完善矛盾调处机制，确保矛盾纷争排解更具实效

近年来，我国劳动关系矛盾呈现尖锐化、复杂化、集体化趋势，全国劳动争议案件出现“井喷”。如果大量的劳动纠纷不能得到及时有效的调解，极易引发恶性事件，对和谐劳动关系造成重大损伤。因此，要把完善劳动矛盾调处机制作为当务之急，按照“关口前移、重心下移”的原则，把好“三道关口”予以有效化解。

（一）完善劳动关系矛盾预防制度。

化解矛盾重在预防。应加大对劳动关系矛盾产生环节的监控力度，努力将大量的劳动争议消除在萌芽状态。

一是强化信息搜集分析。畅通渠道、整合资源，依托劳动行政部门、工会组织、公安、信访等各个平台，建立一支预警信息员、舆情信息员队伍，形成覆盖面广、反馈及时的劳动关系信息搜集网络，及时掌握职工群众所思、所盼、所想。加强对劳动关系矛盾信息的分析研究，加大劳动关系矛盾预测、预判、预警工作的提前量，及时提出相应的预防措施。

二是积极开展劳动关系矛盾风险评估。对当前正在施行的涉及职工群众利益的法律法规和相关政策，要开展劳动关系矛盾风险评估工作，对可能诱发不稳定因素的相关规定及时进行修正，努力消除引发劳动关系矛盾的政策“误区”。

三是强化劳动关系矛盾排查。各级党委、政府和相关部门以及基层单位要建立完善劳动关系矛盾及时排查制度，分类制订各种劳

动纠纷的解决方案。尤其要将企业改制、破产重组等涉及职工重大利益调整的敏感问题，以及集体劳动争议、职工群体性突发事件列为重点对象，确保在第一时间妥善处理。

（二）完善四大调处手段。

在劳动调解方面。要推动企业普遍建立三方参与的劳动争议调解委员会，不断增强企业劳动争议调解委员会的独立性和公信力。完善乡镇、街道等基层劳动争议调解组织体系，建立区域性劳动争议调解委员会。切实赋予调解协议以羁束力，增强劳动争议调解的执行力。

在劳动仲裁方面。要切实加强仲裁队伍建设，逐步实现调解员队伍专业化、职业化。推进工会组织、用人单位代表和政府部门三方主体归位，充分发挥工会组织在仲裁机构中的作用，构建真正意义的“三方协调机制”。同时，要严格按照《劳动争议调解仲裁法》的规定，厘清仲裁机构和法院受案范围，杜绝“踢皮球”现象。

在劳动诉讼方面。应该遵循“三方原则”，由法官和来自工会、企业组织的人民陪审员组成劳动法庭。进一步完善举证制度，适当地运用举证责任倒置，突出对劳动者弱势群体的保护。调整仲裁和诉讼的关系，建立“或裁或审，各自终局”的模式，诉讼采取“两审终局”，仲裁采取“一审终局”，提高争议处理机构的调处效率。

在劳动监察方面。应通过立法改革，完善和加强劳动保障监察制度，提高劳动保障监察的法律地位，明确劳动保障监察机构在劳动执法中的调查权、审核权、请求协助权等诸项权力，提高企业及企业经营者的违法成本。

四、完善权益保障机制，实现劳动权益保障更有力度

（一）完善劳动权益保障机制。

各级党委、政府要把劳动者权益保障工作作为落实和改善民生

的一项基础性工程，摆上重要日程，统筹安排，综合施策，大力推动。在各级人大增设专门委员会，尽快制定《企业工资条例》等法律法规，加强对劳动者权益的立法保障，推动法律法规的修改完善、执法衔接和执法监督。加快地方立法进程，鼓励有立法权限的地区创造性地开展劳动权益保障的立法探索，尽快在基层形成法制化、规范化的劳动纠纷解决体系。相关部门要把发展社会主义和谐劳动关系融入本职工作，统筹推进。宣传舆论机构要始终保持正确的舆论导向，积极营造共建共享和谐社会的良好舆论氛围。劳动行政部门要提高执法水平，加强对工资拖欠、农民工保护等重点领域执法力度，努力推动形成以人为本、和谐共处、共谋发展、共享成果的新型社会主义劳动关系。

（二）完善劳动保障督察指导制度。

成立由政府、工会、企业组织等三方联合组成的各级劳动关系调处督导组，采取逐级督察与越级督察相结合、阶段性督察和日常性督察相结合、听取情况汇报与查看档案资料和实地考察相结合的工作方式，对劳动者权益保障情况进行督察，对排查出来的重大问题实行挂牌督办、限期解决。充分发挥人大、政协、各类团体和舆论媒体的监督作用，配合党政及时发现问题、解决问题。各级督导机构要有效指导各基层组织通过“抓早、抓小、抓苗头”，实现“纠纷不出镇、矛盾不上交”。

（三）夯实劳动权益保障的组织基础。

各级工会组织要切实担负起维护职工合法权益的基本职责，努力在发展社会主义和谐劳动关系的宏大事业中大有作为。

一是深入推进工会组织建设。大力推进各种企事业单位普遍建立工会组织，积极推动工会组织向基层延伸，努力形成“哪里有职工，哪里就有工会”的组织体系，努力扩大构建和谐劳动关系的参与面。

二是建设一支高素质的工会干部队伍。充实各级工会干部队伍，努力提高工会干部队伍的整体素质，稳步推进社会化、职业化工会工作者聘用工作，不断完善工会组织开展工作、发挥作用的必要条件，不断提高工会组织推动和谐劳动关系建设的能力和水平。

三是充分发挥工会组织的积极作用。各级党委、政府要注重发挥工会组织在发展和谐劳动关系中的重要作用，大力支持工会组织依法独立自主开展工作。各级工会组织要切实履行职责，拓宽维权途径，创新维权方式，大力推动劳动关系和谐企业创建活动，在推进企业普遍开展工资集体协商和推行集体合同制度、全面维护职工合法权益、广泛组织开展群众性劳动竞赛、帮贫济困等各项工作中积极发挥主体作用，努力为发展社会主义和谐劳动关系作出应有贡献。

从分析当前劳动关系中的主要矛盾入手 破解构建和谐劳动关系的难题

柳东升

和谐劳动关系是和谐社会的重要基础，而社会和谐又是劳动关系和谐的体现与保证。构建和谐稳定的劳动关系，是完善社会主义市场经济体制、建立社会主义和谐社会的内在要求，是转变经济发展方式的必然要求，更是促进社会可持续健康发展的迫切需要。党和政府历来重视和谐劳动关系的构建工作。近年来，出台了一系列的政策和文件，采取了一系列的措施，促进劳动关系的和谐稳定。

但应当看到，随着社会经济的发展，特别是我们正处在经济转型时期，劳动关系呈现出了多元化、复杂化的变化，劳动关系矛盾已进入易发期和多发期。破解构建和谐劳动关系的难题，要从分析当前影响构建和谐劳动关系的主要矛盾入手，找到问题的症结，采取有效的措施，促进劳动关系和社会的和谐稳定。

一、当前劳动关系中反映出的主要矛盾

《劳动合同法》和《劳动合同法实施条例》实施以后，用人单位与劳动者双方的法律意识得到明显提高，用人单位劳动用工管理更加规范，劳动合同签订率及社会保险参保率都有显著提高，用人

单位依法进行劳动用工管理和劳动者依法维护自身合法权益的意识得到增强。但劳动关系中仍然暴露出一些突出的矛盾，主要有以下几个方面：

（一）因历史遗留问题带来的矛盾。

一是因用人单位加班工资支付和社会保险缴纳历史欠账引发的矛盾。支付加班工资和缴纳社会保险是《劳动法》的规定，但相当一部分企业过去未按这项规定办理。随着《劳动合同法》的颁布实施，劳动者纷纷要求用人单位支付其历年的加班工资及补缴历年欠缴的社会保险费。由于用人单位的历史欠债太多，用人单位自身根本无法解决这一历史遗留问题，由此引发的矛盾非常突出。

二是由于政策缺失引发的历史遗留问题处理带来的矛盾。一些劳动者常常要求按照新的规定去解决历史遗留问题，但法律的基本原则是法不溯及既往，即法律政策只解决出台以后的问题。因政策的缺失，解决历史遗留问题缺乏依据，所以常常引发劳动者长时间上访，要求解决历史遗留问题。

三是由于国有企业在不同的时期实行不同的政策引发的矛盾。存续时间较长的多数国有企业，大都经历了下岗分流、分离或合并、改革改制、主辅分离，有的还经历了破产、搬迁等历史过程，在不同的阶段实行不同的政策。特别是多数国有企业通常是首先实行了下岗分流，下岗职工进出再就业中心的工作，之后，因种种原因，企业又实施了改革改制、破产或搬迁等。由于下岗分流政策和改革改制、破产或搬迁政策在职工待遇上的巨大差距（下岗分流中职工的经济补偿金计算基数低，相当一部分人员执行了经济补偿金最多不超过 12 个月的政策；而改革改制、破产或搬迁等过程中，职工的经济补偿计算年限未封顶，其中，1986 年 10 月 1 日前参加工作的固定工执行的是按上年度三倍社会平均工资计算的安置费，达到提前退休条件的还可以申请办理提前退休）时常引发原下岗分流的职工集体上访，要求按更加优惠的政策重新计算支付其待遇，反映出的矛盾强烈。

四是国有企业内部不同身份职工在企业的变化过程中执行不同政策引发的矛盾。在国有企业内部长期存在不同身份的人员，如固定工、劳动合同制职工、临时工、城镇职工、农民工及近年出现的劳务派遣用工等多种用工人员，这些人员在企业发生重大变化进行安置时，由于在劳动关系存续期间的身份不同，对待不同，在安置时执行的安置政策也不同，常引发部分群体职工上访。

五是国有企业内退职工要求提高内退待遇引发的矛盾。在九十年代初期，当时国有企业的发展普遍面临巨大困难，国有企业的生产经营不正常，出现了大量的国有企业富余职工。为妥善安置国有企业富余职工，提高企业经济效益，1993 年 4 月 20 日，国务院发布了《国有企业富余职工安置规定》（国务院第 111 号令），规定对距退休年龄不足 5 年的职工，经本人申请，企业领导批准，可以退出工作岗位休养。职工退出工作岗位休养期间，由企业发给生活费；达到国家规定的退休年龄后，按照规定办理退休。该文件出台后，多数国有企业在下岗分流、分离或合并、改革改制、主辅分离、破产、搬迁等阶段，均采取了这种方式，办理了大量的退出工作岗位休养的人员，即“内退人员”。由于该政策至今仍然适用，因此，“内退人员”还在不断产生，且企业在执行该政策的过程中，都存在扩大化的现象，一是突破了距退休年龄不足 5 年的限制，二是从国有企业扩大到各类所有制形式的用人单位。目前各类用人单位中存在大量的这种在册不在岗的特殊劳动关系人员。一方面，这类人员在原单位享受生活费和社会保险待遇的同时，一些人员又到新的单位从事有报酬的劳动，导致劳动关系的混乱，时常引发矛盾。另一方面，这类人员在办理“内退”时，均是按照其“内退”前的收入水平确定的其“内退”后的待遇，在在岗职工工资和退休人员待遇有所调整增长的情况下，“内退人员”要求相应增加待遇的呼声很强烈，反映出的矛盾很激烈。我市已发生多起“内退人员”要求提高内退待遇的集体信访事件。

六是部分行业对有偿解除劳动关系人员的处理引发其他行业有偿解除劳动关系人员攀比导致的矛盾。2009 年，中央属企业的石油、地质等企业，在企业有偿解除劳动关系人员反映强烈的情况下，将与企业已解除劳动关系并领取了经济补偿的人员收回企业，与企业重新签订协议，由企业按月支付其生活费，并为其缴纳社会保险，享受与“内退人员”类似的待遇。这些行业企业的做法引起了其他行业企业有偿解除劳动关系的类似人员的攀比，纷纷要求其原企业也按此种方式恢复其劳动关系，在企业不同意满足其要求的情况下，该类人员时常进行集访。

（二）行业之间及用人单位内部收入分配中不公平引发的矛盾。

劳动关系建立后，劳动者从用人单位获得的劳动报酬是劳动关系存续期间劳动关系的核心。在我国经济由计划经济向市场经济的过渡过程中，强调用人单位的分配自主权，如《劳动法》第四十七条规定：“用人单位根据本单位的生产经营特点和经济效益，依法自主确定本单位的工资分配方式和工资水平”，在一定程度上放松了对企业收入分配的调控。同时，由于劳动关系中，强资本弱劳动的固有特性，及我国劳动力相对过剩的基本国情，使得劳动者在企业的收入分配中没有话语权，企业自主分配基本成了企业“随心所欲”的分配，企业内部分配不公、差距过大，行业之间差距悬殊的现象比较普遍，企业职工特别是一线职工的工资长期偏低、增长偏慢，没有随企业的效益同步增长，反映出的矛盾比较突出。近年来，国家通过工资宏观调控政策，对国有企业的工资总额进行审核，通过当地政府发布工资指导线引导企业提高职工工资水平，通过最低工资调整提高最低工资保障水平，通过工资集体协商促进企业工资分配的合理性等方式，解决收入分配中存在的问题，起到了一定的作用。但对国有企业工资总额的审核没有解决企业内部分配的合理性问题；工资指导线仅具有指导作用，不具有强制作用；最低工资调整解决收入分配问题的力度有限，且调整中的阻力很大；工资集体协商因劳动关系双方的力量不对等，推行困难，在不少地方和企业流于形式。收入分配中的矛盾已经成为当前社会矛盾中的主要矛盾。

（三）行政机关、事业单位、社会团体对非在编人员使用中的矛盾。

《劳动合同法》第二条、第九十六条将行政机关、事业单位、社会团体的非在编劳动者纳入了《劳动合同法》的调整范围。现实中该类单位由于编制的限制，不少单位使用了大量的非在编劳动者。目前，由于社会保障体制的建设是按照生产经营性企业特点设计的，没有考虑到上述单位对非在编劳动者用工的特殊性，因此导致用人单位在管理上的困难。如《劳动合同法》第十四条规定，用人单位在与劳动者签订无固定期限劳动合同的情形出现时，应当按照规定与劳动者签订无固定期限劳动合同。但该类型的用人单位由于编制的限制，财政拨款的限制以及该类劳动者用工特点的原因，守法难度大，由此产生的矛盾也较为突出。一些用人单位为了规避与劳动者签订无固定期限劳动合同的法律责任，特别是为了避免劳动者在本单位退休，对一些工作年限较长接近退休年龄的劳动者，采取了辞退的办法，对非在编继续工作的劳动者，采取劳务派遣的办法继续使用，由于劳务派遣人员与用人单位的工勤人员存在同工不酬的现象，引发的矛盾非常突出。

（四）因现行部分政策规定不能适应劳动关系新变化的矛盾。

现行部分政策目前主要存在的问题：一是政策规定存在缺陷，规定不够明确，缺乏可操作性；二是政策的衔接缺乏系统性，有的政策规定相互矛盾；三是一些政策规定已不能适应劳动关系的新变化，政策规定在当前劳动关系的调整中明显具有不合理性。因政策规定存在的问题，引发劳动关系双方产生了大量的矛盾，给和谐劳动关系的构建带来影响。因政策规定引发劳动关系双方的矛盾主要表现在以下几个方面：

1. 现行法律政策规定对劳动者的诚信缺乏约束机制。《劳动合同法》第三条明确了劳动合同的订立应当遵循合法、公平、平等自愿、协商一致、诚实信用的原则。相关规定也对用人单位的行为进行了限制，但对劳动者的不诚信行为缺乏约束规定。如《劳动合同法》第三十七条规定了劳动者解除劳动合同应当履行的法律义务，但未规定未履行法律义务的责任，因此在现实中，劳动者主动与用人单位解除劳动合同时，基本上不按法律的规定履行程序。由于法律只规定了用人单位不履行劳动合同的法律责任，未规定劳动者不履行劳动合同的法律责任，因此劳动者不按规定程序解除劳动合同或恶意跳槽的不诚信行为，给用人单位的管理带来了困难。

2. 现行法律政策规定对劳动关系建立和消亡的标准不明确。《劳动合同法》第七条和第十条规定：从用工之日起建立劳动关系。但当前的用工形式极其复杂和灵活，法律又未对“用工”作出进一步的明确和规定，劳部发〔2005〕12 号文件虽对劳动关系的确认作出了一些具体规定，在实际工作中仍然存在较难把握的问题，这也是目前劳动关系确认案件大量上升的主要原因。同时，《劳动合同法》在将“用工”作为劳动关系建立的标志的情况下，却没有将“用工”的消亡作为劳动关系消亡的标志，《劳动合同法》第五十条规定：“用人单位应当在解除或者终止劳动合同时出具解除或者终止劳动合同的证明”，即将用人单位出具解除或者终止劳动合同证明规定为劳动关系消亡的法定程序，使现实中出现了大量的消而不亡的劳动关系，即“用工”已长时间消亡，但劳动关系却仍然存在的现象，这种不规范、不正常的劳动关系常常带来一些不和谐的影响。

3. 现行法律政策规定对用人单位的工资没有形成科学合理的体系。劳动者的工资是劳动关系存续期间劳动关系的核心，而现行法律政策对用人单位的工资没有形成科学合理的体系，工资的概念不清晰。《劳动法》和《劳动合同法》在这两部法律中均没有对工资概念进行明确，在这两部法律中出现了多种名词，有“劳动报酬”、“工资报酬”、“工资”、“同工同酬”、“加班费”、“奖金”、“计时工资”、“计件工资”、“津贴”、“补贴”、“货币性收入”等多种说法。劳部发〔1995〕309号文件第53条虽对《劳动法》中的工资作出了解释，但该条对工资的解释引用的是国家统计局对工资总额的统计概念，这一概念被用于各种情况下劳动者工资的计算，导致了很多情况下的重复计算和无法计算，比如，劳动者的加班工资、劳动者不在岗期间的工资等等。且现行的工资支付制度是按照全日制、月薪制情况下设计的，但我们的生产经营性企业，绝大多数是按照计件制、提成制设计的薪酬管理办法。目前劳动用工关系中又出现了新的非全日制用工形式。因此，当职工出现特殊情况时，如职工因患病或非因工负伤在医疗期内的待遇；女职工在生育期内的待遇；职工在享受各种假期期间的待遇；用人单位对职工作出解除劳动合同处理后，被人民法院撤销单位的处理，职工在错误处理期间的待遇等，按照现行政策无法计算其待遇，劳动关系双方常常因此发生争议。

4. 现行医疗期政策对职工在怎样情况下应当享受医疗期待遇不明确。现行医疗期政策对职工患病或非因工负伤达到怎样的程度可以享受医疗期待遇规定得不够明确，“需要停止工作医疗”的规定在实践中难以界定。由于政策规定不明确，而目前的医疗机构在出具因病休假证明时又不受任何的限制，一些医院的医生常常非常随意地向职工出具因病休假证明。因此，在现实生活中，一些职工拿到医生出具的因病休假证明后，就向用人单位提出不上班的要求，并要求用人单位支付其病假工资。有些职工甚至一边在用人单位享受着病假工资，另一方面又到其他单位从事有报酬的劳动，从而导致劳动关系双方常常因此发生纠纷，对劳动关系的构建带来不和谐的因素。

5. 社会保险费的征缴政策在操作层面引发的问题。目前实行社会化统筹的养老、失业、医疗、工伤、生育五大社会保险，保险费的征缴分为两个层面，一个是用人单位按单位工资总额缴纳的部分，另一个是劳动者个人按其本人工资总额缴纳的部分，并且政策对缴费的基数作出了下限和上限的规定。由于社会保险经办机构在向用人单位征缴社会保险费时，社会保险经办机构实际上并不掌握用人单位的工资总额情况，也不掌握每个劳动者的工资情况，用人单位缴纳社会保险的工资总额数是以用人单位申报的工资总额数为准的。当社会保险经办机构将用人单位申报的工资总额数按其参保人数进行平均测算，确定其平均数符合下限和上限的规定后，即予以了认可征缴。由于用人单位自身利益的驱使，其申报的工资总额数常常低于单位实际工资总额数，因此，当劳动者达到退休年龄享受退休待遇时、工伤后享受一次性伤残补助金和伤残津贴时、女职工生育后享受生育津贴时，就会发生其享受社会保险基金支付的待遇和按其本人工资计算的待遇存在差距，由此引发纠纷。

6. 各种假期规定的衔接和待遇问题。随着社会经济的发展，国家越来越重视劳动者休息休假的权利，作出了一系列休息休假的规定。如国家法定节假日调整为11天，实现每周五天工作制，劳动者在用人单位享受年休假、探亲假、婚假、丧假，女职工享受的生育假和男职工在配偶生育期间享受的陪护假，部分职工享受的假日，如“三八妇女节”等。这些众多的休假相互之间如何衔接，享受休假期间劳动者如何享受待遇，因工作原因劳动者未享受到休假，用人单位如何支付劳动者待遇，特别是对于实行计件制、提成制薪酬制度人员如何享受待遇等，在政策设计上不系统，待遇支付上不明确，时常引发劳动关系双方产生矛盾。

7. 现行的社会保障政策实体性规定存在覆盖范围不全的问题。《劳动法》和《劳动合同法》已将劳动法律调整范围扩大到包括国家机关、事业单位、社会团体、民办非企业等组织用人单位，但我们相当多的社会保障政策实体性规定只对企业作出了要求，没有将劳动法律调整范围内的所有用人单位完全覆盖，由此引发的矛盾也较突出。

上述劳动关系中反映出的矛盾，是个人在劳动保障十几年的实践工作中，感受到的目前最突出和亟待解决的一些主要矛盾和问题。受篇幅所限，还有一些劳动关系中的突出矛盾和问题，不能一一尽述。

在我们的实践工作中，不仅要善于发现和总结问题，最根本的，还要找到解决问题和矛盾的办法和措施。只有在找准问题和矛盾的基础上，采取有针对性的办法和措施，才能从根本上解决问题，化解矛盾。

二、采取切实可行的措施，化解劳动关系中的主要矛盾，促进劳动关系和谐稳定

（一）妥善处理和化解历史遗留问题带来的主要矛盾。

一是要进一步梳理在企业改革和发展过程中因历史遗留问题带来的矛盾，把历史遗留问题主要矛盾的解决作为劳动关系协调工作的一项重要内容。

二是要制定和完善政策规定，有针对性地出台政策，在国家层面上统一对国有企业改革、改制等过程中形成的重大历史遗留问题处理的做法，避免因地域、行业不同带来处理上的差异，引发大面积的社会矛盾。

三是要建立劳动者合法权益的保护时效期制度，即劳动者合法权益受到侵害，必须在规定的时效期内主张自己的权益，否则，无休止地算历史的老账永远也算不清楚，现实中的矛盾始终无法得到解决。

四是要尽快取消和废止特殊时期出台的特殊政策，将劳动用工管理统一到《劳动法》和《劳动合同法》上来，避免产生新的历史

遗留问题。

（二）突出解决好行业之间及用人单位内部收入分配的矛盾。

社会各阶层收入分配的调整，涉及国家一系列综合性政策的制定和完善，但作为贯彻和执行《劳动法》和《劳动合同法》主体的人力资源和社会保障部门，应当采取措施解决法律规定的用人单位收入分配中的矛盾和问题。

一是要建立人力资源和社会保障部门使用的科学合理的工资体系，将劳动者从用人单位获得的工资区分为正常情况下获得的工资和特殊情况下获得的工资，明确在什么情况下使用劳动者正常情况下的工资，什么情况下使用包括劳动者特殊情况获得的工资在内的工资总额概念的工资。

二是对国有垄断行业用人单位的职工平均工资作出限制性规定，限制标准建议确定为当地社会平均工资的两倍，口径应为工资总额。

三是对同一用人单位内部的收入差距进行适当限制，限制标准建议为，最高收入者不得高于本单位平均水平的 8 倍，提供了正常劳动的劳动者最低收入不得低于本单位平均水平的 60%，用人单位“内退人员”不得低于本单位平均工资水平的 50%，口径应为正常情况下劳动者应得工资。

四是必须建立劳动者工资总额按用人单位效益增长的一定比例增长的机制，确保劳动者收入的增加，但是，对用人单位要进行分类对待，用人单位平均工资水平高于当地社会平均工资的，增长比例要低，反之，平均工资水平低于当地社会平均工资的，增长比例要高。

五是建议出台政策，允许用人单位与劳动者就加班工资的计算基数进行书面约定，但约定的标准不得低于当地最低工资，避免劳动关系双方因加班工资计算基数引发的大量矛盾。

（三）针对机关、事业单位、社会团体的特点制定非在编人员劳动用工管理的特殊规定。

现行的劳动保障法律政策由于是按照生产经营性企业特点设计

的，不能适应上述用人单位对非在编人员劳动用工管理的需要，因此，必须尽快研究和制定适应上述用人单位特点的劳动用工管理规定，避免因此产生的矛盾。

（四）对现行劳动保障政策进行认真清理完善，理顺劳动用工管理规定，从根源上防止劳动争议的发生。

要从根源上预防劳动争议的发生，必须首先理顺劳动用工管理的政策规定，使劳动用工管理有法可依，有章可循，因此，应当对现行的劳动保障法律法规政策进行全面、系统的清理，对应当废止的予以废止，对应当修订的予以修订，对缺失的政策予以增加，避免因法律法规政策的原因带来的劳动关系中的矛盾。

（五）加强对用人单位劳动用工管理的指导，提高用人单位的管理水平，避免劳动争议的发生。

当前还有一些劳动关系中的突出矛盾，是在政策规定明确的情况下，由于用人单位劳动用工的管理水平不高，对政策的理解出现偏差，没有严格按照政策的规定执行引发的，因此，需要加强对用人单位劳动用工管理的指导，提高用人单位的人力资源管理水平，从而即时避免和化解劳动争议纠纷。

（六）加强劳动保障的执法力度，确保劳动者的合法权益得到保护。

要加强对用人单位执行劳动保障法律法规情况的监督执法检查，督促用人单位严格执行劳动保障法律法规的规定，对拒不执行政策规定的用人单位要加大处罚力度，同时，要畅通劳动争议的举报、投诉、申诉的渠道，及时快捷地处理劳动纠纷，保障劳动者的合法权益，促进劳动关系和谐。

（本文作者系重庆市人力资源和社会保障局劳动关系处副处长）

成都市企业职工收入状况及对策初探

成都市总工会课题组

企业职工的工资问题，是关系企业劳动关系和谐稳定的重要问题。2010 年 10 月我们对成都部分企业进行了以企业职工收入为主要内容的调查。此次调查共走访 50 余家企业，召开调研座谈会 50 个，并对 30 家企业的 1118 名职工进行了专题问卷调查。共发放问卷 1118 份，回收有效问卷 951 份，问卷回收率为 85.06%。

一、现状及存在的问题

这次调查的重点是企业收入分配、职工工资决定、工资正常增长及支付保障机制。从走访调查收集的情况和问卷调查数据分析看，近年来成都市企业职工工资平稳增长，工资支付基本得到保障，企业劳动关系总体和谐，但还存在一些亟待解决的问题。

一是企业职工工资逐年增长，但增幅有限。调查显示，大部分国有及国有控股企业、私营企业、外商投资企业和其他企业在过去几年当中都或多或少涨过工资，但是，多数职工的工资增长幅度依然偏小。在调查中，工作年限在 10 年以上的职工过半数表示在其工作年限内工资累计增长幅度不超过 40%，尤其是工龄在 3 年左右的职工 56.67% 表示工资累计增长没有超过 20%（如下表）。有不少职工反映，他们的工资基数低，并且工资增长幅度长期维持在一个较低的水平。

表1　不同年限职工在各自工作年限内的工资增长幅度情况

工资增幅	20%以下	20%～40%	40%～60%	60%～80%	80%～100%	其他
工作年限10年以上的职工工资增幅分布	31.65%	24.34%	18.35%	4.87%	10.11%	10.68%
工作年限4—10年的职工工资增幅分布	51.62%	31.83%	4.22%	1.62%	1.62%	9.09%
工作年限3年左右的职工工资增幅分布	56.67%	27.50%	2.50%	0.00%	1.67%	11.66%

二是企业低收入群体较大。据成都市人力资源与社会保障部门提供的资料，2009年全市城镇职工收入为27272元，月平均收入为2272元。在调查中，我们发现有近37%的职工月收入低于1600元。这部分职工中有90%的人学历水平大多在高中、中专学历以下，他们普遍从事劳动密集型工作，工作技术含量不高，存在很大的可替代性。

表2　职工收入情况

月工资收入	800－1600元	1600－4000元	4000－8000元	8000－16000元	16000元以上
样本职工比例	36.92%	53.19%	9.04%	0.74%	0.11%

三是劳动合同基本履行，工资支付基本得到保障。从调研结果上看，职工普遍认为，雇佣方基本能履行所签订的劳动合同，仅有4.4%的职工认为企业未能履行劳动合同内容，但也只有44.5%的职工认为，企业能完全履行劳动合同。随着以工资支

付为主要内容的监督检查力度的加大，样本企业基本建立了职工工资支付保障机制，拖欠工资的问题有了根本的好转。在问卷调查中，有80.9%的职工表示企业从不拖欠工资，17.7%的职工表示企业有时会拖欠工资，1.4%的职工表示用人单位会经常拖欠工资。

四是企业对职工的社会保障基本覆盖。在企业职工工资逐步提高的同时，以养老、医疗、失业、工伤和生育保险为主要内容的社会保障体系也在逐步趋于完善。在调查的职工中，基本上都享受到了单位的保障措施，其中95%以上的职工享受到养老和医疗保险。

五是劳动定额存在不合理性。职工普遍反映，只有完成了劳动定额，才能拿到基本工资。而基本工资却大都是以本地的最低工资标准来确定的，因而职工要想得到更多的收入就必须通过加班方式来完成更多的工作任务。从调查中得知，多数职工的日工作时间在8—10小时，特别是计件性职工和提成性职工每天加班的比例分别达到67.6%和75.7%。

表3 职工日工作时间

项 目	小于8小时	8—10小时	10—12小时	12小时以上
计时工资	37.8%	58.7%	2%	1%
计件工资	32.4%	53.4%	10.8%	3.4%
提成工资	24.3%	64.9%	10.8%	

同时，在加班费的问题上，59.2%的职工得到了《劳动法》规定的加班费，19%的职工虽能得到加班费，但加班费低于《劳动法》规定，还有22.8%的职工加班后未能获得加班费。

六是在工资方面职工议价能力不强。从劳动合同的签订上看，49%的职工是在未经协商的情况下与企业直接签订了劳动合同，这表明相当多的职工在签订劳动合同时缺乏议价能力。

表4 职工劳动合同签订方式

与企业协商后签订	未经协商直接签字	工会指导	其他
40.5%	49%	7.3%	3.2%

调查显示，有24.8%的职工的工资是由工会与企业共同决定的（如下表）。在走访调研中，我们了解到，大多数企业工会都向企业行政方发出了工资集体协商的要约，但不少企业行政方采取各种形式和手段，拖延、回避与职工代表或工会组织进行协商。

表5 工资制定机制

老板决定	领导集体决定	工会与企业共同决定	不清楚	其他
10.8%	33.6%	24.8%	29.1%	1.7%

二、原因分析

（一）职工工资增长与决定机制不健全。

一是企业职工劳动报酬占初次分配的比重较低。通过对成都市统计局公布的数据分析来看，从2000年到2009年，成都市职工工资总额与地区GDP的占比（见表6），最高的是2000年的11.52个百分点，最低为2007年的10.49个百分点，并呈现下降趋势。这一比例低于全国平均水平（12.35%）。说明与GDP的增长相比成都市企业职工工资增长相对不足，当然值得关注的是2008年、2009年的占比开始上升。

表6 成都市职工工资总额在地区GDP中的比例

年份	工资总额（百万元）	地区GDP（百万元）	工资总额在GDP中比例（%）
2000	133.35	1156.5	11.52
2001	148.98	1322.1	11.27
2002	167.25	1488.8	11.25
2003	189.45	1705.3	11.11
2004	215.64	2031.1	10.62
2005	257.25	2370.8	10.85
2006	300.86	2750.5	10.94
2007	348.87	3324.2	10.49
2008	437.13	3901	11.21
2009	505.96	4502.60	11.23

二是职工工资增长缺乏正常决定机制。从调查情况看，职工工资增长多是企业的单方面决定。正是由于职工工资决定机制的不合理性，缺乏正当约束，没有企业核心利益相关者职工的参与，仅是资本方及其代理人的单方面所为，是导致现在企业职工工资增长缓慢的重要原因。

三是劳动定额不合理。调查显示，劳动定额的确定，大多是由企业行政方自定，不少企业确定劳动定额采取的是成本倒推的方式，这样制定的劳动定额往往偏高，以致许多职工反映在8小时内根本完不成生产任务。合理地确定劳动定额，这是初次分配中劳动报酬的比重是否适度的关键所在。但是由于经济发展对资本的强劲需求和劳动力供大于求、职工缺乏话语权等原因，使得计件单价和劳动定额的确定和变动完全被企业单方控制了，职工或工会都难以对这个问题予以制衡。

四是最低工资标准偏低，难以发挥调节企业工资分配作用。2010年，成都市提高了最低工资标准，从原来的每月650元增加到了850元，增幅达到30%，在一定程度上推动了企业基本工资的上调。但是最低工资仅相当于本市月平均工资2272元的37%，而根据国家和四川省有关最低工资的法律法规，最低工资标准应相当于社会平均工资的40%～60%。同时，与不断上扬的物价水平比较，现今的最低工资标准很难维持一个劳动者的简单再生产，进而形成了推动最低工资标准上调的压力。在当前全面推进城乡统筹发展、加快城市现代化的关键时期，应当根据成都市区域劳动人力资源市场供求关系变动趋势、经济增长周期的规律性和产业结构调整的需要，来把握最低工资标准的调整节奏，以更加有效地发挥最低工资制度在调节企业收入分配的作用。

（二）企业行政方与职工方地位不对等。

企业行政方与职工方地位不对等是导致职工议价能力低的主要原因。由于人力资源市场上长期存在劳动力供大于求的现象，导致部分劳动者为了获得工作接受较低的工资，也为企业行政方压低职工工资提供了空间。于是，在现有的劳动关系中，多是企业行政方单方面提供劳动合同，职工被动接受，即使存在协商的情况，也仅仅是在企业提出的框架内进行少量的修改，即便是不被广大职工所接受的条件，也总有人会接受，最终形成了职工虽不满意现状仍只能接受的无奈状况。

（三）企业工会在协商中处于弱势。

集体协商难以发挥作用是初次分配中劳动报酬较低的制度性原因。工会应当依法代表劳方与资方进行集体协商谈判，在工资共决机制中发挥重要的制衡作用。问卷调查显示，仅有24.8%的职工工资是由工会与企业共同协商决定，而75.2%的职工的工资决定均是在未受工会保护下进行的。在企业中工会组织多是依附于企业行政，企业工会主席直接受雇于企业，因而在工资决定上企业工会很难发挥职能作用。

（四）集体协商机制力度较弱。

工资集体协商，是劳动者在工资决定中发挥作用的不可替代的重要程序。成都工会近年来不遗余力地开展工资集体协商工作，到2010年7月已签订工资集体协议4595份，市政府也出台了《关于进一步推动职工工资集体协商和全员参加社会保险工作的意见》，目前全市工资集体协商工作正在大规模地有序进行。但从调查数据看，企业工资由企业行政方独自决定的比例依然很高，职工在多数情况下都是被动接受。其根本原因在于部分企业行政方缺乏民主意识，漠视职工的正当权益，不尊重工会的法定权利。此外，部分职工对自身权利保护意识不强，在自身权益遭受侵犯的时候多选择被动承受，以至于自己的正当主张无法得到实现，合理需求无法得到满足。正是因为集体协商机制不健全，涉及有关职工权益的事项不能在平等基础上进行协商，导致了部分职工对工资收入状况的不满。

（五）政府调控政策影响力不够。

政府作为公共利益的代表者，体现的是社会公平和正义。调控企业职工收入分配，是政府行使行政权力的应尽之责。政府主要是通过最低工资保障制度、工资指导线等方式对企业收入分配进行调控。但是，政府调控能力还存在欠缺，最低工资标准往往难以有效执行，企业工资增长指导线又缺乏强制力，对大量非国有企业很难进行约束。同时，劳动部门对企业收入分配行为因种种原因监督乏力，加之部分政府官员存在诸如企业初次分配纯属市场行为，政府不宜干预，以及担忧工资上调影响招商引资等模糊甚至错误的观念，引致政府在企业收入分配上重视不够、调控乏力。这助长了企业在制定职工工资、确定工资增长幅度时通过寻找政策法规的漏洞，侵占职工权益。

三、对策建议

（一）进一步完善全市企业职工工资增长指导线制度。

健全协调劳动关系三方机制，建立由各方代表组成的工资指导委员会，引入劳动保障方面专家，结合成都市的具体情况，共同研究分析地区GDP、CPI指数、经济大环境等因素对工资影响的程度，按照“劳动报酬增长和劳动生产率提高同步”原则，科学制定全市工资政策和工资增长计划，科学计算确定地区平均工资水平调整的上限与下限和全市企业职工工资指导线并及时颁布，定期指导行业、企业确定合理工资价位，提高工资水平。当前尤其是要在完善全市企业职工工资增长指导线实施方案的基础上，加紧研究制订并定期发布行业工资增长指导线，完善对不同行业、不同企业工资分配的分类指导。对当年经济效益增长但职工工资未达到最低增长比例的企业实施监督，劳动保障行政部门要向其发出警示信息。对工资水平明显偏低、分配关系严重失衡、企业职工反映强烈的，对企业及其经营者实施处罚，直到其依据规范，增长并补还职工工资为止，必要时可借由新闻媒体向社会曝光。

（二）进一步健全完善劳动标准管理制度。

建立健全由劳动保障部门牵头，工会组织和行业组织共同参与制定行业劳动标准的制度，研究制定与企业职工工资密切相关的劳动定额、计件单价和工作时间等劳动标准，定期发布本地区有关行业、企业的劳动标准信息。国家和省市对行业（企业）劳动定额有明确标准的，企业应严格按标准执行；国家和省市尚未制定劳动定额标准的，应通过集体协商方式合理核定并定期调整本企业劳动定额（计件单价）水平，经企业职代会或工会讨论通过后要及时向全体职工公示，并按规定向劳动保障行政部门备案才能执行。

（三）进一步发挥政府在工资决定机制中的主导作用。

成立由政府主导的工资集体协商工作领导机构，将工资集体协商纳入成都“十二五”经济社会发展总体规划，明确规定在“十二五”期间全市企业必须依法建立工资集体协商制度，确保在经济发展和劳动生产率提高的基础上职工工资收入同步增长。制定和颁布有关职工工资集体协商的地方法规或政策规定，建立健全综合协调管理企业工资分配的职能部门，不断完善全市多层次的全域覆盖的协调劳动关系三方机制。指导企业建立职工工资集体协商机制，经集体协商依法确定的工资总额应当允许全部进入企业生产经营成本，在税前列支。建立诚信企业和违信企业的奖惩机制，表彰宣传劳动关系和谐的企业和企业工会。

（四）进一步加强工资决定机制中的主体建设。

提高工会组织在建立和完善企业工资决定机制的力量。积极稳妥地推进民主选举产生企业工会主席的工作，主动有效地推进行业性区域性工会建设，坚持并完善企业职工民主管理制度，着力加强区域性行业性职代会制度建设，切实提高企业工会在涉及职工工资增长、福利改善等核心利益上的协商能力。地方总工会应对企业工会加强培训，明确其职能，并对企业工会工作进行绩效考核。同时，应进一步健全工资集体协商指导员的选拔培训机制和目标管理绩效考核机制，充分发挥指导员在指导企业建立工资集体协商制度和签订工资集体合同中的作用。

要努力培育企业行政方面的协商能力。各级各类企业都应依据政府发布的工资增长指导线、劳动力市场工资指导价位等政策，结合本企业经济效益，参照成都地区经济发展、职工工资水平、行业平均利润率等因素，通过职工代表或工会与企业代表平等协商的方式，依法确定本企业内部工资分配制度和分配方案。不同类型企业可根据自身的实际情况，经协商后实行不同的分配方式，但是对于在同一企业工作的职工应当一视同仁，不能歧视，做到同工同酬。

（五）进一步健全城乡一体的人力资源市场体系。

一是加快推进成都市户籍制度改革，进一步完善成都市城乡统一的人力资源市场，要打破垄断，消除劳动力在各产业、各企业之间合理流动的制度障碍。二是进一步改进成都市最低工资保障制度，在当前企业分配中劳动报酬占比较低和物价处于上升的现实条件下，应缩短最低工资标准调整周期，根据经济增长水平实现每年适度调整一次，将最低工资水平提高到社会平均工资的40%。三是加强对职工的教育培训。不断提高劳动者自身素质和技能素质。应进一步健全由政府主导的全市职工文化与技能提升培训体系，将人力资源转化为人力资本，将低端人力资本转化为高端人力资本，不断提高劳动者自身素质和技能素质。同时，应加大对工青妇等社会团体的职工培训项目的财政扶持。

（本课题组成员：成都市总工会党组书记、常务副主席王建平，市总工会党组成员、副主席高伟，市总工会政策研究室主任夏煜煊）

发挥“大学校”作用
推进和谐劳动关系的实践与思考

攀钢集团有限公司工会

充分发挥工会“大学校”作用，努力提高职工队伍整体素质，是党中央赋予工会组织的一项战略任务，也是工会组织从根本上协调劳动关系的一个重大实践课题。

一、切实增强发挥工会“大学校”作用的紧迫感、责任感

（一）发挥工会“大学校”作用，是党中央对工会组织提出的战略任务。

胡锦涛总书记要求，充分发挥工会“大学校”作用，把提高职工队伍整体素质作为一项战略任务抓紧抓好，并指出不断提高广大劳动群众的综合素质是实现人的全面发展的必然要求，是推动经济社会发展的重要保证。王兆国同志也多次指出，坚持走中国特色社会主义工会发展道路，就是要把全面提高职工队伍的整体素质作为发展工人阶级先进性的基础工程和战略任务，充分发挥工会“大学校”作用，着力培养造就一大批知识型、技术型、创新型的高素质职工。这一系列阐述深刻揭示了劳动者素质与促进经济社会发展、实现人的全面发展和体面劳

动的内在关系，体现了党对工会工作的新要求、新定位，工会组织必须承担起并完成好这一重任。

（二）发挥工会“大学校”作用，是企业实现发展目标的客观需要。

当前攀钢提出了“建设成为具有国际竞争力的大型钢铁钒钛企业集团”的战略目标，要达成这一企业愿景，关键是建设一支高素质的职工队伍。从总体来看，攀钢目前的人才总量和结构还难以适应企业未来的发展。为此，必须实施人才优先战略，着力建设一支素质优良、结构合理、专业门类配套、后备力量充足的职工队伍，为企业的可持续发展提供可靠支撑。要实现这一人才战略目标，需要各个系统、各个部门形成合力，而工会以发挥“大学校”作用为切入点，正契合了企业发展的战略需要。

（三）发挥工会“大学校”作用，是构建社会主义和谐劳动关系的可靠保证。

当前我国的社会经济结构正在进行深层次调整，保障职工的劳动权、学习权和发展权尤为重要。职工对劳动机会的初次获得和持续占有以及在劳动中进一步实现自我价值、获得职业提升和个人发展，都与职工的素质与能力紧密相关。继续学习、提升技能是职工强烈的内在渴望。工会组织要从根本上关心职工，维护职工合法权益，就必须适应这一诉求，全面贯彻以人为本的基本理念，把职工的生存发展放在首位，通过各种形式的创建活动，为广大职工创造学习条件，搭建学习平台，加强对职工的教育培训，帮助职工不断提升自身的岗位适应能力和竞争能力，使职工发展与企业发展同步，职工的思想观念解放与企业改革开放的步伐同步，职工的技能提升与企业技术工艺革新同步，职工的执行力提升与企业管理流程再造步伐同步。只有做到这一点，劳动关系才有可能走向稳定，工会维权才是到位的、贴心的、有效的。

二、发挥工会“大学校”作用的主要做法

（一）开展富有时代特色的思想教育，发挥工会“大学校”的育人功能。

不断深化理论武装工程，坚持开展“共铸理想信念、共促科学发展”、“理想在岗位闪光”等系列主题教育活动，用社会主义核心价值体系武装职工头脑，巩固广大职工团结奋斗的共同思想基础。加强职工职业道德教育，持续开展了“爱岗敬业、争创一流”活动，广泛宣传以攀钢英杰为代表的劳模、标兵等先进典型，引导职工塑造良好的攀钢人形象和企业形象，提升职工职业素养。推进企业文化建设，通过“攀钢精神大家谈”等活动，引导职工树立与时俱进、奋发有为的精神状态，追求卓越、造福社会的价值取向，实干进取、敬业奉献的工作态度，团结协作、忠诚攀钢的团队意识等，提高了职工对企业文化的认同感和对企业的归属感。引导职工解放思想、转变观念，破除满足心理，树立不为人后的追赶意识，破除畏难情绪，树立敢闯敢干的拼搏意识，破除慢慢发展思想，树立又好又快的发展意识，增强市场竞争的危机感、科学发展的紧迫感、自主创新的责任感，为企业改革发展提供了坚实的思想基础。

（二）深化群众性经济技术创新活动，发挥工会“大学校”的创效功能。

引导职工在实践创新中不断完善自我、发展自我，实现自我发展与企业发展相统一。围绕调整结构、科技创新、节能减排等中心工作，深入开展劳动竞赛和“评选金、银、铜点子”等多种形式的群众性经济技术创新工程，建立了职工创新成果征集、发布、申报和评审奖励制度，组建职工自主创新小组4000多个，每年坚持确立和落实重点项目专项竞赛，引导职工在提高自主创新能力、转变经

济发展方式、产品结构优化升级、节能减排和促进生态文明建设等方面建功立业，充分调动了职工创造活力和劳动激情。近年来每年开展劳动竞赛都在200项以上，职工提合理化建议4万多条，完成“群创”课题8000项以上，群众性经济技术创新活动的内容和领域不断拓展，为攀钢发展作出了重要贡献。

（三）推进职工素质工程建设，发挥工会“大学校”的育才功能。

深入开展“创争”活动，大力推进职工读书活动。引导职工积极参与企业技术进步和技术改造、小改小革等群众性经济技术创新活动，在解决问题、克服难题、完成工作任务中实现自我技能的提升。结合实际广泛开展各种形式的岗位技能培训和技术比武、技术练兵活动，为职工提供更多在实践中锻炼、展示的平台和机会。发挥工人技师、技术骨干的带头作用，成立了技师联谊会，开展名师带徒、总结推广先进操作法等活动，在培养技术尖子的同时让职工整体素质得到提升。自2004年起，工会先后举办了四届职工技术运动会，共有16万人（次）职工参加比赛，培养了攀钢技术状元等一大批技能拔尖人才。

（四）推进班组建设，发挥工会“大学校”的强基功能。

工会与行政相关部门共同研究制定了《攀钢班组建设管理条例》，把增强职工学习能力、实践能力和创新能力纳入班组建设目标，深入开展“学习型、创新型、安全型、和谐型”班组创建活动，完善创新激励机制，努力把班组建设成为凝聚人才、培育人才、发展人才的阵地，并规范了学习型班组的评选程序，提出了学习型合格班组、学习型先进班组、学习型红旗班组、学习型红旗班组标杆四个等级的评选条件和认定标准以及知识型先进职工评选标准，还因地制宜地开展了“十型班组”、“星级班组”、“流动职工小家”等创建活动，班组建设进一步制度化、规范化。

（五）加强机制和阵地建设，为工会“大学校”发挥作用提供有力支撑。

加强规划，健全领导机制。成立了工会、人力资源部（组织人事部）、党委宣传部等部门组成的工会“大学校”建设领导小组，研究制订工会“大学校”建设方案，做好组织协调工作，各子、分公司也建立了相应的工作机构，形成上下互动、左右合作的工会“大学校”建设工作格局。

落实激励机制。每年对学习型班组和知识型先进职工进行表彰，对技术拔尖人才、骨干给予重奖，积极推荐高技能人才参评各级各类劳模、先进评选，并建立先进骨干外出学习、考察、培训制度，对职业技能竞赛中涌现出来的优秀人才，推荐晋升职业资格或优先参加技师、高级技师考评等。

创新培训方式。工会与行政培训部门合作，通过校企联合办学等方式，培养高级经营管理人才、高级技术带头人、高级工程技术人员。有的单位工会还开办了“网络课堂”、职工业余学校等，拓宽了职工培训渠道。

加强阵地建设。工会利用四川机电职业技术学院、攀钢管理干部学校的培训教育资源，开展班组长、技能人才培训等，近年来培训经营管理业务骨干563人，共有2427名班组长通过培训获得班组长任职资格证书。投入资金400万元，建成“职工书屋”49个和一批班组“读书角”，工会读书设施网络覆盖面进一步扩大。加大投入建设职工文体活动场馆，实现了主要文体项目活动场馆对职工生活区的全覆盖，促进了职工健康素质提高。

三、发挥工会“大学校”作用目前存在的问题分析

（一）对发挥“大学校”作用的认识有待进一步深化。

一些工会干部对发挥工会“大学校”作用认识不到位，有的认

为职工培训教育主要是企业培训部门的事，工会过分重视就有越组代庖之嫌，职能定位缺失，重视程度不够；有的对发挥“大学校”作用的现实紧迫性认识不足，在具体工作中缺乏推进力度和可持续性，责任感不强。部分职工尚未树立起终身学习的理念，融入工会“大学校”的主动性不强，还不能把学习当作一种生活态度、一种工作责任、一种精神追求、一种日常习惯。一些企业经营管理者对工会发挥“大学校”作用的认识也存在偏差，认为企业已有培训部门，对支持工会组织开展教育培训缺乏积极性。

（二）发挥“大学校”作用的内容途径有待进一步完善。

虚实结合不够。重有形的技能培训（如举办培训班等），轻无形的价值引领和文化的潜移默化。

点面矛盾突出。重培养技术骨干和技术尖子，轻职工队伍整体素质提升，以致技术比武在有的单位变成了少数技术尖子、骨干之间的较量，影响了大多数职工学技术的积极性。

关注角度单一。有的基层单位职工教育培训计划的科学性、系统性不强，与企业的发展战略匹配度不高，且从职工自身需求角度出发提供培训服务不够，甚至脱离了职工对教育培训的实际需求。

（三）发挥“大学校”作用的各类资源需进一步整合。

工会“大学校”是企业职工教育培训体系的重要组织部分，它既有其自身的特点和规律，同时也需要得到企业的各级管理者和相关部门的支持，既需要有领导决策资源，又需要有组织支撑资源，既需要有充足雄厚的师资资源，又需要有适合职工需求、满足企业需要的培训产品资源，还需要阵地建设、平台构建、制度保证和激励措施，各种资源只有在实施过程中相互配合、协调一致、有效整合，才能更好地发挥作用、创造效益。但从目前的实际情况看，一些工会干部还不善于对企业、社会的各类资源进行很好的整合和有效利用。

（四）发挥“大学校”作用的激励评估体系有待进一步完善。

激励机制方面，存在转岗难、一岗定终身等现象，岗位竞争还没有成为常态，这客观上影响了职工学技术、争当复合型人才的积极性。评估机制方面，存在重活动、轻评估现象，把“大学校”建设当成一项“软任务”，只要活动搞得轰轰烈烈，效果如何却较少关注。虽然工会有各种评比、表彰，但未建立起全面、系统、规范的目标管理和考核评价机制、业绩评估体系，对于职工素质提升效果缺乏有效的评估标准、手段和体系。

四、对进一步发挥工会“大学校”作用的思考

（一）努力培育社会主义核心价值体系，仍是工会“大学校”的首要任务。

我国社会正处于经济全球化背景下急剧变革时期，利益多元化导致了价值取向多样化，工会发挥“大学校”作用的首要任务就是要坚持在职工中深入开展社会主义核心价值体系建设，引导广大职工群众牢固树立中国特色社会主义共同理想和实现中华民族伟大复兴的坚定信念。一是要树立全过程融入的理念，将价值引领与职业道德建设、企业文化建设、观念创新与思想解放等相结合，通过思想教育、舆论引导、文化熏陶、典型示范、实践养成和制度保障等各种手段，体现社会主义核心价值体系的要求和规范。二是坚持知行合一，引导职工把本职岗位作为践行核心价值观的平台，促进价值认同由认知认同、情感认同发展升华为行为认同，真正把职工核心价值观的要求内化为精神支柱，外化为自觉行为，转化为提高思想素质和能力素质、做好本职工作的具体行动，体现为推动企业科学发展的实际成效。三是价值导向要不断创新方法，注重灌输教育与自我修养、理论教育与生活实践、真理力量与人格力量、思想引领与激励约束、团体价值肯定与职工个人自我价值确认等相结合，

形成多渠道的培育格局。

（二）把职工需求与企业需要相融合，实现培训效益最大化。

企业需要和职工需求常常存在一定差异性，只有把企业需要与个人需求相结合，才能实现培训效益最大化。为此，工会应进行全面的素质提升需求分析，提供符合组织目标和职工需求的培训产品。一要引导职工把个人价值与企业发展目标相协调，从企业发展需要出发进行个人职业生涯设计与规划，自觉主动地融入实现企业发展目标的体系之中。二要立足企业实际分析把握职工的素质现状，与企业发展目标和人才需求目标相对照，找准差距，协同相关部门共同拟定企业内部职工素质提升和结构优化的目标和培训方案。三要从职工需求出发，把企业培训目标和职工需求高度融合设计培训产品、提供培训服务，实现培训效果最优、培训效率最高、培训绩效最大，重点是要不断积极开发与企业和职工需求对接的素质提升课程和项目。四是不断拓展教育培训内容，在加强职业技能培训的同时，对职工的心理素质、健康素质提升等给予更多的关注和实际的帮助。

（三）创新思路、打造品牌，不断拓展和丰富发挥工会“大学校”作用的渠道与载体。

传统载体需要常抓常新。对“创争”活动等传统的活动载体，要在继承中创新、在创新中发展，对如何提高劳动竞赛的实效、增强技术比武吸引力、提高合理化建议实施率、提高名师带徒效率等，都应深入研究，使传统的活动载体保持活力。

创新思路打造新的品牌。要善于学习和借鉴国内外企业在职工队伍建设上的成功经验，引入人力资源培训的理论和实践，结合工会组织自身的传统和特点，不断推陈出新，打造更多富有吸引力的活动品牌。如组建职工创新工作室、职工JK小组、职工书屋、技师协会、农民工夜校等，开展创新论坛、创新沙龙、成果发布会等活动，搭建职工学习创新平台。

积极探索新途径新方法。要努力促进教育手段的现代化和教育资源的社会化，比如利用远程教育、QQ 群或其他虚拟路径建立学习交流平台和信息咨询渠道，开办网络学校、在线课堂，与大专院校合作办校等，为广大职工学习文化、管理、科技知识，提高自身素质提供多样化的选择。

（四）从战略高度谋划，努力构建共建共享的工作模式。

一是信息资源共享。对企业内部的人力资源结构和动态情况及时掌握，采用同一统计渠道，或分类执行统计任务，保证基础数据的准确无误；对职工培训需求的分析结果共享，结合企业的发展战略和人力资源需求一起共同研究培训规划；对各类培训资源供给信息共享，纳入统一的培训规划全面安排和部署。二是师资力量共享。对于外部师资力量按照对口优选原则确定，对内部师资力量进行整合，强化对专职教师的业务培训和素质提升，对兼职教师进行专业化优选配备和内部资格准入制度，建立各类兼职教师师资库，随时更新以备调用。三是阵地平台共享。将企业内部培训阵地平台集中共享，优化配置，以便系统谋划职工教育培训工作，发挥出最大效益。四是渠道畅通，成果共享。包括培训渠道、信息交流渠道、考核评价渠道等畅通，实现企业与职工个人同步发展。

（五）完善激励考评体系，为工会“大学校”建设提供有力保障。

完善目标管理机制，建立工会“大学校”建设目标考核体系，做到目标任务量化可考，让工会“大学校”建设过程有跟进，成效有评价，优劣有奖罚，并纳入到工会工作竞赛体系之中，作为对各级工会主席的重要考核内容之一。完善培训教育制度，在全面掌握企业需要和充分了解职工需求的基础上制定落实教育培训方案，使职工教育培训逐步形成需求分析、项目选择、教育培训、效果评价反馈的科学路径，让职工素质提升成为常态工作。完善职业晋升机制，致力于为各类职工打造成长成材环境和职业晋升路径，关注职工职业成长通道，通过政策建议等各种渠道，建立评聘首席操作师、岗位带头人等制度，推进职业技能鉴定工作，通过岗位竞聘等方式，进一步打破一岗定终身的状况，畅通职工职业成长通道。完善创新激励机制，通过适当的物质奖励和精神激励引导职工，对高技能人才、优秀班组长及其他表现突出的职工在聘任、工资、带薪学习、培训等方面制订相应的鼓励办法，拓展基层一线职工，对参加科技攻关和技术革新并作出突出贡献的高技能人才，可从成果转化所得收益中，通过奖金等多种形式给予相应奖励。

理念引领　制度保障
沟通协调　平衡双赢

四川宏达集团公司

四川宏达集团历经31年的创业发展，现已成为一家集矿山、冶金、化工、金融、地产和贸易等产业于一体的大型现代企业集团，被列为中国500强企业和中国最大500家企业集团。近年来先后被表彰为全国“关爱职工、实现双赢”先进企业、全国就业和社会保障先进企业。

一、理念引领，认识到位，思想统一，氛围营造，是企业开展好工资集体协商的前提

企业是一个股东、职工和社会的利益共同体，这三者的关系就如同一个等边三角形，只有三边等长的时候，面积才最大，企业利益共同体各方才能实现效益的最大化和最佳化。同时，在现代社会，要建设和谐企业和幸福企业，企业职工既是经济化的人（如待遇、奖赏、处罚），也是社会化的人（如感情、荣誉、尊严），还是个性化的人（如成就感、体面感、归宿感），是这三者的统一。因此，四川宏达集团完全认同企业的利益和职工的利益是捆绑在一起的，企业的发展目标与职工的发展前景趋于一致。以科学财富观引

领的战略性社会责任管理已成为宏达集团现代企业管理的创新模式、价值判断、决策依据、管理氛围和行为准则。在“宏达十大社会责任原则”中，“关爱职工，团队成长，和谐双赢”是其中重要的一条。企业为职工提供了创造价值、实现价值、回报价值的平台，职工为企业添砖加瓦，建功立业，企业和职工同成长，共进步，互惠双赢。

二、制度保障，沟通协调，符合实际，平衡双赢，是企业开展好工资集体协商的关键

自国家、省、市各级相关部门相继出台工资集体协商的相关文件后，四川宏达集团高度重视，主动响应，逐步推进。由于是以资本为主要联结纽带的母子公司管理体系和管控模式，针对自身多元化、国际化、跨行业、跨地域的企业集团经营管理特点，四川宏达集团党委会、董事局、经营班子和工会组织共同协商制定“按劳分配、同工同酬、责权利绩、内外调研、行业特点、地区差异、适当上浮、逐年递增、民主协商、公平公正、公开透明、上报备案”等薪酬体系总体思路，以及定原则、定要求、定总额、定涨幅、定方式的“五定方针”。各地成员企业由法定代表人牵头，董事会薪酬委员会和人力资源部具体实施，工会主席和职代会专门小组成员参与，深入到职工中间了解职工意愿和期望，并通过广泛摸底调研企业所在地区同行业和兄弟企业薪酬水平，综合考虑当地物价指数、政府工资指导线、市场工资指导价位和企业上年度职工工资水平等因素，制定出下年度职工工资标准建议方案，主动向职工方发出工资集体协商要约。充分发挥工会组织的纽带作用，使劳资双方进行充分、深入的意见征求和沟通交流。发挥职代会作用，将工资集体合同草案提交职代会审议并修改完善，经集团经营班子和集团工会协商认定后报劳动部门登记备案并正式实施。集团在工资协商时，

对老少边贫困地区、高原艰苦地区和海外成员企业的职工工资标准按一定比例整体上浮；同时规定原则上每年按3%～10%上调职工工资基数。

跨行业、跨地域的特点，决定了四川宏达集团必须采取多样化、差异化的薪酬体系。在31年的企业管理和多元化发展实践中，四川宏达集团及其各成员企业经营班子摸索出了一套适合宏达行业特点的工资分配体系。该体系充分兼顾行业特点和地域差异，尽力找到股东利益与职工利益的最佳平衡点，充分调动各成员企业自主性和全体职工的积极性，并经与工会和职工代表充分协商，全体职工广泛认同，深受其益。以工业发展起步的宏达，其薪酬分配的主要方式是：集团对各成员企业实行生产经营目标责任制管理。各成员企业董事会、股东会和职代会审议通过《年度生产经营目标计划》后，与集团签订年度生产经营目标责任书。集体协商，年初签订，中途不变，年终兑现，责权利明确。

在职工工资的行业差异性方面，工业企业实行集体协商通过的吨合格产品工资含量、按消耗节约比例分成和按企业年度实现税后“净利润”提成方式进行考核计算，绩效挂钩的工资总额包含：计时基本工资或计件基本工资、岗位或技能工资、加班工资、津贴和补贴（如专业技术津贴、有毒有害津贴、倒班补贴、井下津贴、高温津贴、高空作业补贴、行车安全补贴等）、绩效工资等。房地产、金融、贸易等企业实行档案工资加绩效工资的管理办法。档案工资按集团核定的标准执行，绩效奖金按实现“净利润”的一定比例提成计算，提成比例也以集体协商方式确定。

四川宏达集团在实施专业化管理和民主管理中，着力夯实工资集体协商工作的基础，分行业、分地域成立了专门的薪酬研究委员会，动态掌握集团相关行业不同地域的薪酬水平，定期走访集团内不同行业不同工种的各级职工代表，了解他们的思想动态和切身愿望。同时，为适应新时期企业发展需要，四川宏达集团从2010年起，将包括工会和职代会工作在内的党群工作、企业文化建设纳入《企业年度生产经营目标责任制》检查和考核，从而为工资集体协商工作的持续有效开展提供了制度保障和组织保障，达到全员内化于心、固化于制、外化于行的氛围和效果。

通过多年的管理实践和不懈努力，四川宏达集团在工资集体协商工作方面取得了一定的实效，得到了企业内外各方的一致认可。在2009年的集团民意测评中，有97.22%的高级管理人员认为工资集体协商对稳定劳动关系和完善企业薪酬管理制度有积极作用；93.65%的职工对工资集体协商的方式和效果表示满意。

建设职工文化队伍　促进和谐企业构建

赵　单

首钢水城钢铁（集团）有限责任公司是一个地处贵州偏远山区的老钢铁企业，始建于“三线建设”时期。由于地处偏远，职工业余文化生活相对单调和贫乏。多年来，首钢水城钢铁（集团）有限责任公司工会（以下简称水钢工会）坚持开展职工思想政治教育工作，诸如采取每季度下发形势任务教育提纲、每月安排班组政治学习讨论题等，加强职工思想政治教育工作，另外，还于五年前启动了“职工思想动态预警预报机制”，关注职工思想变化，释疑解惑。虽然诸多工作齐头并进，但未达到预期效果，职工参与热情和接受程度均不理想。经过反复调研和论证，水钢工会探索出符合企业实际工作的新思路——遵循贴近性原则，以职工文化队伍建设为切入点，创新职工思想政治教育新方法，让广大职工自信工作、体面劳动，在展示自我的过程中教育和引导职工树立正确的世界观、人生观和价值观，与企业同呼吸、共命运，共同构建和谐企业。此举不仅充分调动起水钢广大职工的积极工作内因，让广大职工增强了自信工作、自行生活的幸福指数，而且还进一步丰富了职工的业余文化生活，激发起职工忠诚企业、爱岗敬业的精气神，增强了职工的归属感和与企业共同发展进步的信心。此项工作自开展以来，收到了良好效果，并与开展的职工岗位技术比武、职工职业道德建设等活动互为补充，相得益彰，共同形成了独具水钢企业特色的职工文化元素，为构建和谐企业起到了积极助推作用。

一、开展职工文化队伍建设工作的实践

开展职工业余文化队伍建设工作以来，经过不断探索和实践，总结出“一四四”工作法，即依托“职工书屋”一个平台，发挥“四支队伍”主力作用，办好职工群众关注的“四个载体”，通过职工文化队伍建设凝心聚力，统一思想，促进和谐企业的构建。

自2008年以来，在全总和贵州省总工会的安排和部署下，水钢工会积极开展“职工书屋”创建工作，各单位结合自身实际，因地制宜，凸显特色，做到“一厂一品”。各单位纷纷采取送书到班组、送书到岗位等形式多样的创建方式，引导职工多读书、读好书，掀起了职工书屋建设高潮。“职工书屋”的创建为水钢开展职工业余文化队伍建设奠定了坚实的基础，“职工书屋”在水钢成了职工活动的新中心，各单位职工业余文化活动均借助“职工书屋”这一平台来开展。仅三年时间，水钢先后创建了1个全国职工书屋示范点，7个省级职工书屋示范点，16个自建书屋。

根据广大职工日益增长的文化需求，逐步完善各项职工文化队伍管理制度，推进职工文化的发展和繁荣，先后组建了水钢职工摄影兴趣组、文学组、书画组和戏剧组等职工文化队伍。同时，水钢工会所属的24个二级单位工会也相继组建了摄影、舞蹈、文学、技术协会等。目前，公司级职工文化队伍人数达420人，二级单位各兴趣组人数超过4500人，占职工总数的1/5。在此带动下，各单位职工业余文化活动蓬勃开展，效果显著。

职工文化队伍相继组建后，水钢工会因势利导，积极重组、开辟出适应职工文化发展需求的多个载体，如《水钢工会工作》、《火棘》刊物、职工文化橱窗、水钢职工教育读本、电视短剧《快乐班

组》等，让广大职工能够充分展示其自身所长和兴趣爱好。通过几年的努力，这些载体都成了水钢广大职工及家属喜爱和赞誉的“固定栏目”。

一是“写你身边的人，做好每一件事”。每月一期的《水钢工会工作》刊物作为水钢工会传达贯彻落实上级工会精神、工作交流、经验推广、礼赞工人伟大精神的一个主要阵地，着力突出指导性、研讨性、宣传性、可读性和贴近性，刊物不仅走进车间、班组，还力求在内容和形式上不断创新，实现了期期有主题，本本有看点，深受职工群众的喜爱。《火棘》刊物则用优秀的职工文艺作品感染职工、教育职工、激励职工。公司广大文学爱好者踊跃投稿，创作热情持续高涨，并由此带动了一大批文学爱好者创作反映水钢职工生产生活的文学作品，这些作品集中反映了水钢在改革发展进程中，职工与企业共同成长的感人故事，深深感染和教育广大职工投身到火热的生产工作中。

二是“发现身边的美，让心中充满阳光”。30余米长的水钢工会职工文化橱窗作为宣传工会主张、展示职工文化风采的一个窗口，每年均要举办6—7期职工摄影和书画展，调动和鼓励公司广大书画和摄影爱好者将画笔和镜头对准生产一线，发掘生活中的真善美。特别是近几年来，公司爱好摄影的职工日益增多，器材升级逐步加速，热情高涨，学、比、帮的氛围浓郁，涌现出了一大批优秀摄影骨干，其作品不仅丰富了公司职工业余文化生活，并屡次参加市、省及全国冶金行业赛事和展出，频频获奖。

三是“成长在巨人的肩上，我也很优秀”。水钢职工教育读本以旗帜鲜明地宣传水钢各行各业先进人物事迹和推广各单位工会先进做法为目的，具有贴近职工、真实可信的特质。近几年来，水钢工会相继编撰了展现技术比武状元成长历程的《钢城星座，蓝领精英》、反映劳动模范精神的报告文学集《足迹》、水钢两级工会组织围绕中心服务大局纪实的《见证》等一系列职工教育读本，使先进模范人物的精神得到弘扬光大，让广大职工学有方向、赶有动力，也将各级工会先进做法和典型经验推广。

四是“我参与我快乐，人人都能成明星”。电视短剧《快乐班组》的拍摄、播放是水钢职工业余文化生活的又一亮点。这个活动自2008年起，从编剧、导演、拍摄，到演员演出、后期制作等，全部由水钢职工担纲，演员中有高炉炉前工、炼钢行车工、轧钢调整工，工作上他们是生产现场的骨干，镜头中他们是钢城荧屏上的明星。电视短剧《快乐班组》通过编排一些反映职工日常生产生活的诙谐故事，寓教于乐，陶冶职工情操，这种贴近职工、贴近生活的新颖宣传教育形式，受到了公司广大职工及家属的一致好评。

二、开展职工文化队伍建设工作的效果

水钢工会通过满足职工日益增长的业余文化需求，引导职工参加形式多样、健康向上的各类业余文化活动，使广大职工在共同的兴趣和爱好中逐步树立起对美好生活的向往，陶冶情操，融洽感情，增强沟通和了解。工会组织因势利导，使广大职工在参与活动的同时受到潜移默化的教育和影响。此举融洽了干群关系，化解了矛盾，缓释了工作的紧张压力，在全公司营造出健康、文明、团结、和睦的浓厚氛围，不仅增强了广大职工的归属感，职工的使命感和荣誉感也进一步得到增强，对企业的生产经营和改革发展产生了强大的推动力。

职工文化队伍建设工作开展以来，水钢各单位纷纷结合实际，创新性地开展工作，广大职工也在活动中逐步树立起“成长与企业同行，收获与企业共享”的价值观。在2008年凝冻期间，水钢广大职工展现出与企业同呼吸共命运的感人场面——有动力厂钳工冉崇强30公里打的士赶到厂里参加抢修、有观音山矿职工每天步行10余公里准时到岗等等感人事迹。此外，在抗击国际金融危机冲击过

程中，全公司干部职工万众一心，奋力拼搏，确保各项产量指标均创历史最好水平，将公司的损失降到最低点。动力厂职工“蓝天”技术协会，积极组织高炉喷煤技术攻关，开展节能降耗活动，协会成员利用业余时间攻克技术难题，仅2010年每月就为企业节约资金17.28万元。

这种从职工业余文化兴趣入手的思想政治教育工作方法，在水钢的实践运用中起到了良好的效果。诚然，一个企业的管理必须严格，企业的规章制度也必须要规范和严格执行，但随着企业生产经营和外部市场的变化，职工在繁重的工作中更需要组织的关心、关怀和关注，人性化地为维护职工生存、发展以及成长，无疑会收到事半功倍的效果，职工业余文化生活丰富了，干群关系融洽了，和谐企业的根基自然就夯实了。

三、开展职工文化队伍建设对促进企业和谐的思考

笔者认为，在抓职工文化队伍工作上，思路要清，心意要诚，要虚功实做，既要认清开展职工文化队伍建设是拓展新时期职工思想政治教育的新途径和新方法，也要在活动中加强引导，做到“三结合”，为构建和谐企业服务。

（一）工会组织优势与职工发展需求相结合。

要充分发挥法律赋予工会的职能优势，维护好企业职工的生存权、学习权和发展权，从培养职工健康的兴趣爱好入手，循序渐进，教育职工树立起正确世界观、人生观和价值观。同时，增强其适应时代发展需要的本领。要充分发挥工会组织的网络优势，只要有职工的地方，就有工会组织。这样的组织网络可以确保职工文化队伍建设与职工综合素质提升的各项活动措施进到班组、落到个人。要充分发挥工会组织的阵地优势，激发广大职工的主人翁精神，运用工会组织的文化、宣传、教育阵地，使职工既展示了自我，

又促进了企业的发展。要充分发挥工会组织的活动优势。通过开展各种丰富多彩、主题鲜明、健康向上的活动，在活动中凝聚了职工，培育了团队精神，为构建和谐企业起到了积极助推作用。

（二）工会机制体制建设与职工成长成才相结合。

通过多年的工作实践，水钢工会开展的职工文化队伍建设工作已与工会其他工作相得益彰，相辅相成。一是工会的教育机制为职工文化队伍建设打下了良好的思想基础。水钢劳模报告会、感恩故事会等主题教育和实践活动，引导广大职工树立正确的“三观”，努力为企业培育一支品德高尚的“四有”职工队伍，从而为企业创新发展打下了良好的思想基础。二是工会的人才晋升机制为职工文化队伍建设提供了人力保障。水钢工会一直致力为企业培养骨干和人才，通过组织开展劳动竞赛和技能比赛，使优胜者顺利晋升技术等级，能工巧匠脱颖而出，逐步形成选拔—培训—竞赛—晋级的一套复合型人才培养程序和办法。三是工会的创新机制为职工文化队伍建设提供了发展动力。水钢各级工会组织十分重视群众性经济技术创新工作，“金点子”、“合理化建议”、“六小”活动持续开展，为水钢实施品牌战略、节能减排提供了强有力的保障，同时也为职工素质建设提供强大的发展动力。四是工会的典型示范机制为职工文化队伍建设标示了方向。水钢工会开展的劳动模范、工人先锋号、职工之家等评先树优机制，宣传、学习、倡导新时期劳模精神，树立具有广泛群众基础的先进典型发挥示范的作用，引导职工、鼓舞职工、鞭策职工。

（三）工会职工文化建设与职工思想教育相结合。

实践证明，开展职工业余文化队伍建设还必须与职工思想教育相结合，既要防止“两张皮”现象，坐而论道，浅尝辄止，更忌为了活动而开展“活动”。要与职工共享企业发展和文化发展成果相结合，用文化铸魂，用文化聚力，用文化育人，用文化塑形。第一，工会要成为职工文化队伍建设的导向者。通过有效的手段和方式，在职工中进行传播和导向，培育企业精神、敬业意识和团队理念，形成全体职工共同认可和共同遵守的主体价值观念，引导职工与时代同步，与企业共进。第二，工会要成为职工文化队伍建设的激励者。把职工业余文化活动作为调动与激发职工的积极性、主动性和创造性的催化剂，促使职工树立高度的责任感、使命感、发展观，有效集聚和放大团队凝聚力，形成企业可持续发展的合力。第三，工会要成为职工文化队伍建设的推动者。通过开展职工业余文化活动，引导广大职工树立终身学习理念，带动企业整体学习与创新能力的提高，着力打造创新之势、创新之能、创新之效，为职工搭建成长的大舞台，激励更多的职工敢于向极限挑战，在工作中和岗位上不断攀登新的高峰。

（本文作者系首钢水城钢铁有限责任公司工会主席）

发展社会主义和谐劳动关系必须正确把握七条原则

王惠萍

劳动关系是社会关系中最普遍最重要的关系。劳动关系是否和谐，不仅关系到国计民生，更关系到社会的和谐稳定，还会影响到社会的进步和发展。怎样发展社会主义和谐的劳动关系呢，我认为，必须坚持以规范有序、公正合理、互利共赢、和谐稳定为目标，正确把握以下七条原则。

一、必须坚持党的领导

劳动关系涉及政治、经济、文化等社会生活的各个方面和政府、企业、社会组织、职工等多个主体，是一项复杂的系统工程。发展社会主义和谐劳动关系，只有在党的领导下，才能协调好各方面的关系，促进劳动关系和谐稳定。首先，发展社会主义和谐劳动关系，需要依靠党的领导来整合社会各方力量，共同做好维权工作，推动社会主义新型劳动关系的建立。其次，劳动关系各方权益的保障，需要在党的领导下，建立和完善协调劳动关系的各项法律法规，用法律法规约束劳资双方的行为，特别是约束资方侵犯劳动者合法权益的行为，保护劳动者的合法权益。再次，解决劳动关系矛盾中的突出问题，需要依靠党的领导，从政策上介入、措施上施加压力，才能使劳动关系双方消除矛盾对立，促进劳动关系和谐稳定。总之，坚持党的领导，是发展社会主义和谐劳动关系的根本保证。在发展社会主义和谐劳动关系的整个过程中，我们必须始终坚持党的领导。

二、必须坚持共建共享

党的十六届六中全会明确提出："我们要构建的社会主义和谐社会，是在中国特色社会主义道路上，中国共产党领导全体人民共同建设、共同享有的和谐社会。"共建是构建和谐社会的力量之源，只有共同建设才能促进共同发展，为构建和谐社会提供物质保障。发展经济的最终目的是为了改善职工群众的生活。只有共享才能激发职工群众的创造活力和生产积极性，才能做大经济蛋糕，使劳资双方受益，实现劳动关系和谐稳定。因此，发展社会主义和谐劳动关系，必须坚持共建共享这一原则，在共建中促进共享，在共享中促进和谐，通过共建共享，使劳动关系双方利益实现最大化，从而使整个经济社会体系走向和谐健康发展。

坚持共建共享原则，首先，要加强教育引导，让经营者和劳动者都树立共建共享的理念，双方形成事业共同体，共同致力于发展、致力于维护劳动关系和谐稳定。其次，要使劳动关系双方形成利益共同体。劳动关系双方要围绕经济效益共创、发展成果共享这一目标形成合力，发挥两个积极性，真正做到"企业得发展，职工得实惠"。企业经营者要关心职工，尊重职工的主体地位和首创精神，最大限度地激发职工的参与热情和创造活力，尊重和保障职工的合法权益。职工要热爱企业，推动企业又好又快发展，为社会和谐创造雄厚的物质基础。第三，用人单位必须建立单位利润与劳动者收入和福利同步增长、劳动者自身与用人单位同步发展、劳动者依法参与用人单位发展规划和制度建设等相关机制，以保障共建共享原则的全面实现。

三、必须坚持公正合理

公平正义是社会文明进步的重要标志，也是和谐社会的核心价值理念。协调劳资矛盾，必须体现公平正义这一核心价值理念，坚持公正合理这一调处原则。公正合理，说到底就是用人单位与劳动者双方在公平公正的基础上，以不断健全的法律法规为依据，通过平等协商来实现自己的利益需求，使各自利益关系得到相互认同，使劳资矛盾得到妥善处理。当前，我国正处于经济转型时期，资本的强势地位和劳动力的弱势地位的矛盾、劳动力供大于求的矛盾突出，导致劳动关系中地位处于弱势一方的利益不能得到有效保证。因此，发展和谐劳动关系，必须遵循公平合理原则来解决劳动关系双方利益和矛盾冲突，这既是和谐社会的本质要求，也是构建和谐劳动的根本要求。

坚持公正合理原则，核心就是使用人单位与劳动者之间对利益分配的接受和认同程度趋向一致，双方都能接受。要做到这一点，就必须公正合理协调劳动关系。一是劳动关系的建立与运行程序要公正。劳动关系的建立与运行要纳入法律和制度的轨道，依法循章运作。二是劳动关系双方权利义务的确定要公正公平。即劳动关系双方权利义务的确定，一方权利的实现要以另一方义务的履行为保证，一方的义务又是对另一方权利的体现。劳动关系双方要相互尊重、平等协商，既要考虑自身权利义务的实现，又要尊重对方权利义务的保证，避免权利义务的不对等和失衡。三是劳动关系双方利益分配要合理合法。要在法律、政策允许的条件下和双方利益兼顾的前提下，劳动关系双方就利益分配进行平等协商，确保既能保证用人单位的正常运转和健康发展，又能保障劳动者获得的利益和福利，还能够体现劳动价值，实现真正意义上的公正合理。

四、必须坚持互利共赢

在市场经济条件下，劳资双方均是相对独立的利益主体。企业总是千方百计地降低成本，以追求效益最大化，而劳动者则追求工作稳定和收入最大化，相互间不可避免地会产生利益矛盾。在社会主义制度下，这对利益矛盾具有根本利益高度一致性和具体利益的相对差异性，在劳动关系中，双方都可以通过互利共赢这一合作原则，来协商达成利益的一致。首先，劳资双方都要对各自不同的权益予以承认，形成互利互惠共赢共识，形成一种良性互动的局面。其次，劳资双方都要以合作为基础，围绕做大做强企业这一共同目标，各尽所能、通力合作，整合和体现双方的利益。第三，劳资双方都要以追求共赢为目标，做到互利互惠、风险共担、利益共享，保持和谐统一。

五、必须坚持劳动关系主体双方权利义务对等

坚持劳动关系主体双方权利义务对等原则，是发展稳定和谐劳动关系的基石。在劳动关系中，劳动者和用人单位都享有权利和负有义务。在协调劳动关系中，权利义务的规范处于同一重要的位置，相辅相成，相互统一。这不仅表现为劳动关系主体之间对劳动过程的共同支配，而且反映了主体间相互制约的辩证关系。发展和谐劳动关系必须实现双方的权力义务相互对等为原则，彼此依存，互为一体。我国《劳动合同法》依法规范了劳动合同双方当事人的权利和义务，在法律上实现了劳动关系双方权利义务的对等。但是，目前在执行《劳动合同法》的过程中，还存在政府监管力度不够、劳动者对《劳动合同法》的了解和理解不足、劳动合同签订率偏低、劳动合同履行困难等问题，导致劳动双方权利义务对等难以

真正实现。因此，要落实劳动关系双方权利义务对等原则，就必须不折不扣地执行《劳动合同法》。一是政府部门特别是劳动保障部门要严格执法，切实履行职责，建立健全有效的劳动用工管理体系和运行机制，进一步促进积极就业，有效调控失业，加强劳动保障监察和劳动争议仲裁工作，保证《劳动合同法》的贯彻实施；二是用人单位要切实履行社会责任，依法签订劳动合同，保证劳动者的基本权益；三是劳动者要认真学习和领会《劳动合同法》，依法行使权力，履行义务，切实利用法律维护自身的合法权益。

六、必须坚持依法协商

市场经济是法制经济。中国特色社会主义新型劳动关系的建立，必须依法进行。发展社会主义和谐劳动关系，必须坚持依法协商这一推进原则，这既是社会主义市场经济的内在要求，也是发展和谐劳动关系的重要保证。胡锦涛总书记强调，要坚持依照法律和政策办事，使维护群众权益工作走上法制化、规范化的轨道。在社会主义市场经济条件下发展社会主义劳动关系，就必须把协调劳动关系纳入法律和制度的轨道，依法循章、规范运作，对劳动关系双方的利益矛盾和冲突进行依法协商，使劳动关系实现良性运行。改革开放以来，我国相继制定和修订了《劳动法》、《工会法》、《劳动合同法》、《劳动争议调解仲裁法》、《企业破产法》、《就业促进法》、《社会保险法》等多项法律，国务院制定了不少涉及职工权益和劳动关系的行政法规，各地立法部门和地方政府也从实际出发，出台了许多维护职工权益的具体法规政策，如云南省制定出台了《云南省实施〈中华人民共和国工会法〉办法》、《云南省集体合同条例》、《云南省职工劳动权益保障条例》等地方法规。这些共同构成了我国比较完备的劳动法律体系，为依法协商推进和谐劳动关系的发展提供了法律保障。但是，由于劳动关系是在不断发展的，在不同阶段、不同地区有不同的特点，现有法律法规和政策文件在具体执行过程中，还存在法律法规本身不够完善，政策文件缺乏权威性，执法不力、不严，相关运行机制不健全等问题。因此，发展和谐劳动关系，要坚持依法协商这一推进原则，就必须进一步建立健全协调劳动关系的法律法规和政策、制度，才能把劳动关系的调整真正纳入法制化、制度化轨道，实现劳动关系的良性运行。一是要建立健全以协调劳动关系为核心的劳动法律体系。要进一步提高劳动立法层次，加快与《劳动法》、《工会法》、《劳动合同法》相配套的法律法规的制定，增强法律的权威性、针对性和实效性。二是要加大劳动执法的监督检查力度。进一步健全和完善劳动保障法律监督制度，加强劳动保障行政监察与群众监督的配合，充实劳动监察力量，发挥群众监督作用，加大监督检查力度，促进劳动法律法规的贯彻落实。三是要改进劳动争议调解、仲裁和诉讼制度。建立健全劳动关系矛盾预警和疏导机制、职工群体性事件应急处理机制，加强地方和区域性、行业性劳动争议处理机制和协调机制的建设，及时高效地处理劳动争议案件，努力维护职工队伍和社会政治的稳定。四是要有效发挥工会的作用。加强工会宏观参与的制度建设，畅通参与渠道，提升参与能力，切实维护职工群众的合法权益。

七、必须坚持国家干预

国家干预劳动关系，是指当劳动关系内部机制不能自行解决运行过程中产生的矛盾和障碍时，由国家政府这种外力依法介入加以解决。坚持国家干预是实现劳动关系稳定和谐的制度保障。我们的政府是人民的政府，承担着实现、维护和发展职工合法权益的重要职责，发展和谐劳动关系也是政府工作的主要目标和重要任务。当前，我国处在社会主义初级阶段和社会主义市场经济建立和完善阶段，新型劳动关系的制度还在建设过程中，劳动关系必须坚持国家干预。一是由市场经济条件下劳动关系的不平衡决定的。社会主义市场经济条件下，我国的劳动关系已经逐渐以契约化、市场化为主导，劳动关系主体的利益对立以及主体地位的强弱显示，如果劳动关系主体之间缺乏有效的权力制衡机制，仅仅依靠劳动关系主体的自主协商机制，作为资本的强势一方几乎不可能主动承担对劳动者以及社会的责任，劳动者最基本的就业权利、劳动保护、工资标准和福利待遇就缺乏保障，这样的劳动关系就不可能和谐。劳动关系双方地位的不平衡，就需要政府加强管理、严格执法和采取必要的宏观调节手段，规范企业行为，保障职工权益，实现劳动关系双方权利义务的公平合理。二是履行政府核心职能的要求。行政学的研究表明，政府的核心职能在于秩序、管理（即寻求效率和公平之间的平衡）和服务。国家的行政命令虽不能直接干预企业法人的分配行为，但国家可以通过政策法规来影响劳资分配的比率，用法律来保障劳工和劳工组织在与资本的对话中获得应有的权利和利益。这是政府履行社会公共职能的内在要求，更是社会主义国家人民政府职责之所在。三是保障劳动者权益所需。劳动关系是最基本的社会经济关系，劳动关系的和谐是和谐社会的根本保证。对大多数劳动者来说，劳动关系与其生存有关，保障劳动者的合法权益就是保护劳动者基本生存权。但是，在市场经济中，用人单位的强势地位和追求利益最大化的本性，决定了他们不可能自觉维护公共利益，国家干预劳动关系就成为必然。国家要从宏观和微观两方面采取积极的干预政策，约束不规范的市场行为，避免劳动关系的过度失衡，促进劳动关系的和谐稳定。在宏观调控方面，要采取积极就业政策，增加就业机会，控制失业率；实行覆盖所有就业人群的强制性社会保险，为劳动者提供社会安全网，促使劳动关系和谐发展；形成规范化、制度化的法律体系和调整机制，使劳动关系的和谐建立在民主法治的基础上。在微观层面上，要以发展和谐劳动关系为切入点，着眼于劳动关系的建立、运行、监督、调处等环节，建立健全利益协调、诉求表达、矛盾调处、权益保障等机制，推动企业建立健全劳动合同制度、平等协商和集体合同制度、以职工代表大会为基本形式的民主管理制度，切实维护职工的劳动经济权益和职工民主权益和社会保障等权益，使广大职工共建和谐社会、共享发展成果。

（本文作者系云南省总工会党组书记、常务副主席）

努力构建和谐稳定的劳动关系

陈　琳

劳动关系是最基本的社会关系。构建和谐劳动关系，是维护职工合法权益、促进职工队伍稳定的迫切需要，是构建社会主义和谐社会的重要基础，是推动科学发展、实现“十二五”规划目标的必然要求。当前，我国劳动关系总体稳定，但也出现了一些新情况、新变化、新问题，需要我们深刻认识、准确把握，找准切入点、着力点，努力化解劳动关系矛盾，构建符合时代要求、契合市场规律、具有鲜明特色的和谐劳动关系。

一、准确把握和谐劳动关系的基本特征和主要原则

和谐劳动关系是指劳动过程中的主体与客体之间的和谐关系，结合我国国情，其具备以下基本特征：一是法制型的。市场经济是法制经济，法律是调整劳动关系的基本手段。我国劳动法律体系已经基本形成，以《劳动法》为龙头建立了调整劳动关系各个方面的法律规范，在劳动关系运行的各个环节基本上有法可依，这是建立和谐劳动关系的基本依据和保障。二是民主型的。民主化的劳动关系主要包括劳动关系三方协商、平等协商集体合同和职工民主管理制度。三方协商机制是政府劳动部门、工会和企业方代表共同协商

劳动关系，参与劳动法律、法规、政策的制定实施，研究解决劳动关系矛盾问题。平等协商集体合同制度是由工会代表职工与用人单位就职工劳动权益问题进行平等协商、签订集体合同，以此规范双方的行为，体现劳动关系的共同决定权。职工民主管理是职工依法参与管理所在单位内部事务，其作用主要表现为职工意志对用人单位意志的影响和制约，用人单位意志对职工意志的吸收和体现，从而使劳动关系建立在民主的基础上。三是合同型的。劳动关系以劳动合同形式给予确认和规范，劳动合同一经签订，即确立了劳动法律关系，任何一方不得违约侵害另一方权益，否则须承担经济或法律责任。建立和谐劳动关系，必须全面实行劳动合同制度，加强劳动合同管理，充分发挥劳动合同调整劳动关系的积极作用。四是共赢型的。在社会主义市场经济条件下，劳资双方是共生、共赢和共长的关系，根本利益是一致的，存在互利共赢的平衡点，双方和则两利，斗则俱伤。和谐劳动关系不仅有利于各自利益需求的实现，更有利于共同发展、共同成长、共同进步。五是救助型的。劳动关系双方由于价值取向的差异和看问题角度的不同会产生一些矛盾，需要双方认可的中间组织，以适当的手段、方法去协商、协调和解决。特别是涉及到矛盾集中的劳动经济权益问题，必须也能够通过行为纠错和经济补偿来达到化解矛盾、协调一致的目的。

从以上基本特征出发，构建和谐劳动关系应把握以下主要原则：一是坚持中国特色本质。党在新时期的根本任务是建设富强、民主、文明、和谐的社会主义国家，这也是全社会各阶层、各利益群体的共同目标任务。中国特色社会主义追求公平正义，追求社会和谐。构建和谐劳动关系，是构建社会主义和谐社会的应有之义，是建设中国特色社会主义事业的重要内容，理所当然应体现中国特色社会主义的本质要求。二是坚持以人为本理念。在我国，无论社会主义市场经济如何发展，无论所有制性质、经营方式、用工形式、利益分配如何变化，职工的主人翁地位始终没有也不能改变。

只有坚持以人为本，尊重职工的主体地位和作用，保障职工的合法权益和全面发展，和谐劳动关系构建才具备坚实的基础。三是坚持互利共赢目标。职工是推动经济社会发展的根本力量，最大限度地保护、调动和发挥职工的积极性主动性创造性，有利于科学发展、和谐发展。只有在经济发展、社会进步的趋势中，在职工合法权益的实现和企业生产经营的改善中，和谐劳动关系的建立才有切实保证，才能实现劳动关系双方利益的最大化。四是坚持协调协商方法。我国劳动关系矛盾本质上是人民内部矛盾，不存在阶级对立、阶层对抗，是劳动关系双方利益博弈过程中暂时、具体的问题，是完全可以通过协商协调的办法加以解决的矛盾。实践证明，正是工会组织在其中发挥了重要的协调作用，有效地促进了劳动关系的总体和谐稳定。

二、深刻认识当前劳动关系的总体现状和突出问题

改革开放以来，随着社会主义市场经济的发展，我国劳动关系发生了深刻的变化。以公有制为主体、多种所有制经济共同发展的格局，以及劳动用工制度改革和人力资源市场的形成，使劳动关系多样化、复杂化、市场化、契约化。与之相适应，调整劳动关系的手段、措施和机制逐步完善，以《劳动法》、《劳动合同法》为主体的劳动合同制度和集体合同制度、劳动标准体系、劳动争议调处机制和劳动保障监察制度，劳动法律、法规体系的颁布、实施，以及劳动关系三方会议制度的确立，使劳动关系矛盾调处步入了法制的轨道，朝着有序的方向发展。这些制度改革和机制的形成，初步实现了劳动关系调整的法制化和规范化，有力促进了和谐劳动关系的构建。从总体上看，当前我国劳动关系是和谐稳定的。

但必须看到，随着工业化、城镇化、现代化、全球化等多重社会变迁交织，用人单位主体多元化，用工形式和就业主体多样化，

劳动关系多样化、复杂化、动态化、分层化日趋明显。特别是随着国有企业深化改革、经济结构战略调整和产业结构优化升级，以及农村劳动力加速转移，劳动就业、社会保障、收入分配等关系劳动者切身利益的问题比较突出，使得我国劳动关系问题主要表现为：一是利益分配出现偏差，引发劳资双方经济利益冲突。我国现有的分配制度是以按劳分配为主体，多种分配方式并存。但目前一些地方、行业利益分配实际上是“强资本、弱劳动”，在收入分配问题上企业单方说了算，职工缺乏话语权，造成同工不同酬、分配不公平、收入差距大等问题，劳资双方的博弈日趋激烈，冲突不断增多。二是协调机制不够完善，阻碍和谐劳动关系构建进程。尽管企业普遍实施了劳动合同制度，但一些劳动合同格式化、形式化明显，缺乏职工平等、自愿、协商一致的前提和过程；有的国有企业集体协商制度和劳动合同制度流于形式，在非国有企业和农村进城务工人员中推行集体协商和集体合同制度覆盖面小、难度较大，工资正常增长机制、劳动关系协调机制不够完善，解决职工群众最关心、最直接、最现实利益问题的成效不理想，成为构建和谐劳动关系的障碍。三是法律法规落实不力，造成职工合法权益受到侵犯。当前职工工资支付的立法层次较低，对扩大就业，健全最低工资制度，加强企业工资分配调控和指导，发挥工资指导线、劳动力市场工资指导价位、行业人工成本信息对工资水平的引导作用，完善工资正常增长机制，逐步提高保障标准等措施的针对性、操作性不强；对拖欠工资违法行为处罚力度不大，非全日制用工、劳务派遣工的立法还基本上是空白；有的国有企业只注重经济效益，忽视社会责任，滥用劳务派遣工，人为制造身份差别、待遇差距等，在一定程度上影响了《劳动法》的全面贯彻实施，职工权益维护难度加大。四是合同实施缺乏规范，影响职工劳动保障权益实现。一些国有企业转制过程中缺少监督制约机制，拖欠职工工资、养老保险金、医疗保险金、集资款等历史遗留问题未完全解决。有的中小企业劳动合同订立率低，短期化严重；有的劳动合同存在用工歧视、“霸王条款”，尤其是女二和未成年工的权益得不到应有保护。甚至一些企业强迫职工超时加班、高强度劳动，肆意克扣、拖欠工资，工作环境恶劣，工伤事故不断，欠缴或拒缴社会保险，随意辞退、解雇工人等等。这些与我国劳动法律法规和社会主义制度格格不入。

以上问题，一方面是当前劳动关系领域存在的突出问题，是影响劳动关系和谐的主要因素。另一方面是经济社会发展过程中劳动关系冲突不可避免的现象，是内部不同群体间在总体利益一致的基础上，企业与职工具体利益存在差异的表现。这种差异本质上不具有根本对抗性质，不影响劳动关系和谐的主流趋势，能够在协商、协调的基础上得以解决，从而保持劳动关系的和谐稳定。

三、充分发挥工会推动构建和谐劳动关系的重要作用

工会在协调劳动关系方面的作用主要体现在帮助职工实现共享改革发展成果，通过制度化的社会保障、集体谈判、职工参与以及劳动争议调处等，化解劳动关系矛盾，促进劳动关系总体稳定。各级工会要立足优势、发挥作用，在提高职工素质、规范劳资行为、化解劳动纠纷、解决实际困难、调动积极性中，当好科学发展、社会和谐的“助推器”、“调节器”。

一要着力提高职工构建和谐劳动关系的素质能力。培养造就高素质的职工队伍，是构建和谐劳动关系、推进全面建设小康社会的必然要求。各级工会要大力开展社会主义核心价值体系教育，广泛弘扬工人阶级伟大品格和劳模精神，引导职工树立中国特色社会主义共同理想，自觉把个人理想与社会需要、与全面建设小康社会的伟大实践结合起来，在推动构建和谐劳动关系中体现自身价值。教育职工增强集体意识、互助意识、自我保护意识，识大体、顾大局，互帮互助、同舟共济，珍爱生命、重视安全。引导职工顺应时代发

展和社会进步的要求，树立终身学习观念，主动学习掌握市场经济知识、最新理论成果和前沿技术，争做学习型、知识型职工。与此同时，着眼于激发职工促进发展、构建和谐的创造活力，培育和创新富有时代特征、行业特色、企业特点的工作载体，高扬“工人先锋号”旗帜，广泛开展创新型、技能型、服务型劳动竞赛和练兵比武、发明创造、合理化建议、科技创新等活动，搭建建功立业平台，动员职工在奉献中实现自身价值，在实践中推动构建和谐企业。

二要着力调动职工构建和谐劳动关系的积极性。由于多种原因，当前一些地方、领域职工权益受到侵犯的现象时有发生，直接影响构建和谐劳动关系，广大劳动者对维护自身权益的要求更加迫切而强烈。各级工会必须履行维护职工合法权益职责，将维权工作纳入社会建设和管理大格局之中，探索有效机制、手段和途径，推动建立规范有序、公正合理、互利共赢、和谐稳定的劳动关系。通过源头参与、加强机制制度建设等有效途径，体现职工的意愿和要求，给职工一个公平的社会环境；通过发挥职代会作用、推行厂务公开等有效手段，畅通职工诉求表达、民主参与的渠道，给职工一个平等的发展空间；通过推行工资协商等制度，建立科学的收入分配机制，给职工一个合理的薪酬待遇；通过加强工会劳动法律监督和劳动执法监察，改善劳动生产条件和工作环境，给职工一个舒畅的工作氛围；通过发挥劳动关系矛盾预警、争议调处机制的作用，做好“疏导”和“协调”工作，促进劳动关系和谐与职工队伍稳定。

三要着力增强职工构建和谐劳动关系的思想基础。工会组织在构建和谐劳动关系中充分发挥作用，就是要指导职工与用人单位签订劳动合同，代表职工签订集体合同，帮助职工提高维权意识，为职工群众的根本利益尽心竭力，以富有成效的思想政治工作，增强思想基础、凝聚和谐力量。加强形势政策和法律法规宣传教育，使劳动关系双方正确对待劳动关系的发展变化，认清构建和谐劳动关系的意义、责任、义务和权利，自觉参与构建和谐劳动关系。进一步密切与职工群众的联系，经常深入基层，深入困难大、矛盾多的地方，真正了解职工所思、所想、所盼、所求，把握动态、未雨绸缪，多办实事、化解矛盾。特别要注重加强对职工的人文关怀和心理疏导，帮助他们搞好自我管理、自我调适，缓解工作、生活压力，营造良好的人际关系。坚持把解决思想问题与解决实际困难结合起来，帮助职工克服生产生活难题，督促企业加强和创新管理，改善劳动生产条件，促进实现体面劳动和有尊严的生活。重视发挥文化凝聚人心、鼓舞士气的作用，发展具有鲜明特色的环境文化、管理文化和行为文化，营造企业和职工互相尊重、彼此信任，和谐共融、齐心协力的氛围。

四要着力提升创建劳动关系和谐企业的实效性。在市场经济条件下，解决企业追求经济效益最大化和职工追求劳动报酬最大化的矛盾，实现互利双赢的最佳效果，工会必须在调动劳动关系双方共同参与的积极性上下功夫，以企业为主体，深入开展劳动关系和谐企业创建活动。实践证明，劳动关系和谐企业创建活动在促进稳定就业、实现公平分配、化解劳资矛盾、保障职工权益方面，具有积极而重要的作用。要加强宣传引导，既帮助企业经营者充分认识劳动者作为人力资源、人才资源、技术资源对于企业发展的极端重要性，自觉树立尊重职工劳动、依靠职工办企业的理念，积极履行社会责任；又引导职工主动与企业“共同约定”，建立平等互助的契约性劳动关系和利益共同体，把企业作为实现人生价值的平台，积极为企业改善经营管理、加快科学发展献计出力。围绕企业生产经营和职工切身利益容易产生冲突的环节和问题，积极参与有关劳动法律法规的制定，理性依法开展协商、协调、沟通、合作，促进实现各自利益均衡状态下的最大化。着眼于增强创建活动的吸引力和实效性，进一步丰富内容、创新形式、完善载体，把创建过程转化为促进企业发展、维护职工权益的过程，转化为劳动关系双方增强信任、焕发活力的过程，形成企业主动开展、职工踊跃参与、双方共进互赢的良性循环。

五要着力强化构建和谐劳动关系的法律制度保障。法律具有约束性、强制性，制度具有根本性、长期性。要坚持走法治之路，推动加快立法步伐，提高立法层次，健全法律法规体系，促进和谐劳动关系法制化、规范化。针对劳动法律法规贯彻实施过程中所存在的一些问题，推动加强劳动监察和执法监督，严格公正执法，妥善处理劳动争议案件，维护劳动关系双方合法权益。不断健全工作机制，发挥工会与政府联席会议制度、协调劳动关系三方机制的作用，推动解决工会维权维稳的重要问题和职工关心的热点难点问题。进一步健全社会化维权机制，整合工会内外资源，建立由工会与相关部门共同参与的联动维权、法律援助等制度，形成“党政主导、企业主体、工会运作、多方配合、职工参与”的维权工作格局。进一步完善集体谈判制度，大力推行工资集体协商，建立职工工资协商共决、正常增长和支付保障机制，促进职工共享发展成果。推动用人单位完善内部重大利益事项的共商共决机制、诉求利益表达的畅通协调机制以及制度执行运转的问责保障机制等，坚持以薪酬管理、劳动纪律等劳资管理制度为主体，以集体协商、民主管理、职工大会等为补充，将企业文化的人本理念植根于制度之中，实现劳动管理法治化、人本化的统一。

（本文作者系甘肃省总工会党组书记、常务副主席）

在构建铁路企业和谐劳动关系中充分发挥职工思想政治工作作用

中华全国铁路总工会课题组

构建铁路企业和谐劳动关系，是铁路工会面临的一项长期而重大的任务。承担这一重大任务，实现构建铁路企业和谐劳动关系目标，铁路工会具有多种途径和手段，其中职工思想政治工作是一个始终不可须臾离开的重要法宝。中共中央办公厅、国务院办公厅在转发《中央宣传部、国务院国资委关于加强和改进新形势下国有及国有控股企业思想政治工作的意见》中，强调了要积极发挥企业工会等群众组织在开展思想政治工作方面的重要作用，为在新形势下加强和改进铁路职工思想政治工作指明了方向，迫切要求铁路工会切实把贯彻党和政府的要求与加强职工思想政治工作有机结合起来，在构建铁路企业和谐劳动关系中发挥积极作用。

一、深刻认识在新形势下构建铁路企业和谐劳动关系中充分发挥职工思想政治工作作用的重要性

在当前铁路改革发展十分重要的战略机遇期，如何发挥好铁路职工思想政治工作作用，促进铁路企业和谐劳动关系构建，凝心聚力，团结引导广大职工为铁路建设发展贡献力量，是各级铁路工会

组织面临的一项十分紧迫而重要的任务。

构建和谐劳动关系需要加强职工思想政治工作，不断化解矛盾。“十一五”以来，铁路为适应现代化发展要求，进行了大力度管理体制改革：撤销了全路所有铁路分局，实行铁道部、铁路局、站段三级管理；进行了大规模运输生产力布局调整，合并、整合、撤销了一大批基层站段，这在铁路改革历史上是前所未有的。在这些改革中，一批干部职工的工作生活受到了较大影响，特别是撤并单位时形成了大量异地工作职工，其生产生活和家庭等均受到不同程度影响，也出现了这样或那样的思想情绪。面对这些新情况、新矛盾，一方面，铁路工会各级组织健全和运用各种维权机制，切实维护好职工的合法权益；另一方面，通过民主的、说服教育的、相互沟通的方式，帮助铁路职工化解矛盾，协调各种关系，把问题和矛盾化解在萌芽状态。同时，帮助在改革中失去岗位的职工再就业，为特、重困职工家庭送温暖等，确保职工队伍稳定。面对铁路改革中出现的各种劳动关系矛盾，发挥好职工思想政治工作作用，既是工会工作的一项重要内容，也是必须肩负的一种重要职责。

构建和谐劳动关系需要加强职工思想政治工作，及时解疑释惑。随着“十二五”计划的实施，铁路改革的力度还将进一步加大，特别是管理体制改革必将向更深层次推进，一些改革措施的出台也将涉及到职工群众的切身利益，势必对广大职工的思想产生大的影响。比如，对改革存在的迷茫思想，由于前几年铁路改革出现了一些反复，专业化公司和运输组织的重复整合等，使一些职工对改革信心出现动摇。存在着抵触情绪，部分职工片面认为铁路改革就是改职工的利益而不愿参与；存在着惧怕心理，个别职工由于自身业务技能原因，怕在改革中失去岗位等。面对这些模糊认识，如何引导广大职工正确认识改革、全力支持改革、全身心投入改革，如何正确处理国家、集体和个人三者之间的利益关系，推动职工解放思想、统一认识，凝聚起为铁路改革发展贡献力量的强大合力，是目前铁路职工思想政治工作必须面对的一个重要课题。

构建和谐关系，需要加强职工思想政治工作，大力营造氛围。目前，党中央把关注民生摆在重要位置。铁道部党组以改善职工生活为题进行广泛调研，从关心一线职工生产生活入手，明确提出在加快铁路发展、提高经济效益的同时，努力提高职工收入，改善沿线职工生产生活条件，加大保障性住房建设力度，解决异地工作职工生活困难，关注一线职工身心健康，缓解运输一线职工超劳现象，健全完善“三不让”帮扶救助机制，丰富职工业余文化生活，强化铁路局改善职工生活主体责任等一系列具体措施，并在制定铁路“十二五”规划中，专门提出了《关于“十二五”铁路职工生活规划》等。如何把党中央、国务院和铁道部党组这些利民、惠民政策宣传好，鼓舞士气，调动起广大职工推动铁路科学发展、和谐发展、可持续发展的积极性，是各级铁路工会组织发挥思想政治工作优势、凝心聚力的一次难得机遇。

二、认真总结近年来在构建铁路企业和谐劳动关系中发挥职工思想政治工作作用的丰富实践经验

近年来，面对铁路改革发展新形势，铁路各级工会始终坚持科学发展观，紧紧围绕建设和谐铁路大局，充分发挥职工思想政治工作的优势，在构建和谐铁路企业劳动关系中发挥了积极作用。

强化工会“大学校”作用，积极发挥教育引导作用。铁路各级工会会同党委宣传部门，广泛开展“爱党爱国、服务人民、奉献铁路、争创一流”铁路核心价值观教育，并引导职工自觉落实到促进铁路劳动关系和谐稳定、推动实现科学发展上来。弘扬新时期“火车头精神”，践行“人民铁路为人民”的根本宗旨。积极响应、主动融入“创建学习型组织、争做学习型职

工”活动中，着重引导铁路职工树立终身学习理念。加强铁路职工文化建设，组织开展健康向上、形式多样的文化艺术活动。围绕建设世界一流高速铁路和客运专线目标，深入推动重点工程建设劳动竞赛活动，授予火车头奖杯、奖章，弘扬劳模精神，切实发挥广大职工在推进铁路科学发展中的主力军作用。

切实疏通职工诉求表达渠道，积极营造企业和谐氛围。针对铁路改革发展中所产生的职工利益诉求多样化、利益关系复杂化和劳动关系矛盾增多的现象，铁路各级工会切实发挥党联系职工群众的桥梁纽带作用，会同企业党政建立职工思想动态分析机制，畅通信息渠道，把倾向性问题和群体性问题纳入掌控之中。建立职工利益诉求表达机制，利用热线电话、手机短信平台等，及时了解职工的呼声和意见，针对性地做好工作。在铁路各种改革政策出台前，注意做好形势宣传教育，增强职工对改革的认同感和承受力。对铁路改革中职工关心的一些重大问题，特别是涉及职工切身利益的重点、难点和热点问题，进行广泛宣传，释疑解惑，明理顺气，在稳定职工队伍方面发挥了积极作用。

解决思想和实际问题相结合，切实为职工办好事、解难事。为切实解决运输一线特别是偏远站区职工生产生活问题，铁路工会进一步加大了以生活线、文化线、卫生保健线为主要内容的“三线”建设力度。切实加强调查研究，继续深化落实不让一个职工家庭生活在贫困线以下、不让一名职工子女上不起学、不让一名职工看不起病的“三不让”帮扶救助工作，确保企业困难职工、患病职工得到及时救助。积极开展送温暖活动，加大对受灾企业和职工家庭的走访力度，实现慰问困难职工无遗漏、全覆盖。加强铁路施工单位农民工工作，积极推进农民工入会和开展工会活动。督促做好农民工工资按期、足额发放，不断落实民主政治权利。选树表彰大批农民工先进典型，充分激发和调动广大农民工投身铁路重点工程建设的热情和积极性。

三、积极探索和创新在新形势下构建铁路企业和谐劳动关系中进一步发挥职工思想政治工作作用的实现途径

在构建铁路企业和谐劳动关系中，进一步发挥职工思想政治工作作用，应着重在以下五个方面下功夫：

第一，推动建功立业活动，在服务大局中统一思想、凝聚力量。要认真贯彻落实党的依靠方针，紧密围绕铁路转变发展方式主线，深入开展以“建功立业‘十二五’，科学发展当先锋”和“保安全、保质量、保稳定、促发展”为主题的劳动竞赛活动。要认真学习贯彻党中央关于大力弘扬工人阶级伟大品格和劳模精神的重要指示，尊重职工的主人翁地位，不断激发创新潜能和创造活力。要继续开展好火车头奖杯和奖章的评选工作，激励创先争优，充分发挥铁路职工在促进铁路建设发展中的主力军作用。

第二，加强维权机制建设，进一步协调好铁路企业各种利益关系。要坚持完善以职工代表大会为基本形式的企事业民主管理制度和厂务公开制度，不断完善平等协商和集体合同制度，深入开展创建劳动关系和谐企业活动，畅通职工反映利益诉求的渠道，做好劳动争议调处工作，贯彻“两个普遍”要求，推动在企业重组、改制、新建以及新开工铁路建设项目中的工会组建工作，积极发展农民工入会，切实维护好他们的合法权益。

第三，努力为职工办好事实事，在推动发展成果共享上见成效。要充分发挥桥梁纽带作用，多渠道、多形式地为铁路职工做好事、办实事、解难事。要改善职工生产生活，协助铁道部党组推进好提高职工收入工作。要坚定不移地推动好“三不让”帮扶救助工作，真正把这一具有铁路特色、凝心聚力的民心工程、爱心工程、暖心工程落实好。要坚持不懈地搞好“三线”建设，适应铁路建设新形势和职工群众新期盼。要满腔热情地开展好送温暖活动，开展

好职工疗修养活动，切实把党的关怀送到职工心坎上。

第四，提高职工文化建设质量，大力提升铁路职工队伍整体素质。要坚持用中国特色社会主义理论体系武装铁路职工，深入开展社会主义核心价值体系主题教育活动。要适应铁路发展特点，融入安全、质量、服务、品牌、诚信、和谐等理念，培育和形成特色鲜明、内涵丰富的铁路职工文化体系。要深化“创建学习型组织、争做学习型职工活动”，促进铁路职工素质的全面提升；要发挥全路工会文艺骨干和火车头职工艺术家的作用，积极宣传在铁路改革发展中涌现出的先进典型和感人事迹。要认真贯彻落实《全民健身条例》，因地制宜地开展职工体育健身活动，举办适应铁路特色的体育比赛，推动职工群众文体活动健康开展。

第五，以创先争优为契机，不断提高铁路职工思想政治工作水平。要根据形势任务的变化和铁路职工的特点，不断改进和创新铁路职工思想政治工作的内容和方式方法。要以符合铁路现代化建设要求的先进理念为指导，遵循思想政治工作针对性、有效性和主动性的原则。要从铁路职工的思想实际出发，在方法上以发挥优势、解疑释惑、理顺情绪、人文关怀和心理疏导见长。要避免一般化的教育倾向，做到因人施教，进而收到事半功倍的效果。

北京市“十二五”时期职工发展规划

北京市总工会　北京市发展和改革委员会

序　　言

“十一五”期间，在圆满完成北京奥运会、残奥会以及新中国成立60周年庆祝活动等重大政治任务中，在应对国际金融危机冲击、推动首都经济社会平稳较快发展中，北京职工积极参与，在各行各业、本职岗位上作出了重大贡献；同时，在党和国家积极倡导科学发展、以人为本的时代背景下，在市委、市政府改善民生、促进和谐社会建设的努力中，北京职工各项权益得到较好实现，更好地共享了北京经济社会发展的成果，职工体面劳动实现水平得到提高。

“十二五”时期，北京经济社会发展进入新阶段，人力资源越来越成为推动经济社会发展的战略性资源。坚持科学发展、加快转变经济发展方式，最终需要依靠广大高素质职工的努力。着力打造“北京服务”、“北京创造”品牌，率先形成创新驱动发展格局的关键是职工队伍的全面发展。职工是推动首都科学发展的主力军和维护社会和谐稳定的中坚力量，实现北京职工的体面劳动，是实现“十二五”首都经济社会发展各项战略目标的关键之一，是推动实施“人文北京、科技北京、绿色北京”战略的有力保障，是建设中国特色世界城市的重要体现。

体面劳动权益，包括就业权、收入权、安全权、保障权、参与权和职业发展权，是衡量职工权益发展状况、体现北京市经济社会发展水平的重要指标。就业权、收入权和安全权是“体面劳动”的核心内涵；保障权是“体面劳动”的拓展和体现；参与权是维护职工其他权益的政治保障；职业发展权是“体面劳动”持续发展的关键。为适应首都经济社会发展需求，推动北京职工“体面劳动”的实现，根据党和国家有关维护与保障职工发展权益的法律、法规和政策以及《北京市国民经济和社会发展第十二个五年规划纲要》，特制定本规划。

本规划实施年限为2011年至2015年。

第一部分 “十一五”期间北京职工发展状况的回顾

一、“十一五”期间职工队伍现状

（一）职工队伍规模迅速增长。

随着北京经济社会发展，“十一五”期间，从业人员由2006年的919.7万人增加到了2010年的1031.6万人，五年间增长了111.9万，总增长率为12.2%；在岗职工人数由453.1万人增加到了587.7万人，五年间增长了134.6万人，总增长率为29.7%。在岗职工人数与从业人员的比率由2006年的49.3%上升到2010年的57.0%。

（二）职工队伍结构日趋多元。

“十一五”期间，职工在第三产业的就业比例大幅提高，第三产业从业人员由634.0万人增长到767.5万人，增加了133.5万人，第二产业从业人员则由225.4万人下降到202.7万人，第三产业从业人员的比重达到74.4%，比2006年的68.9%提升了5.5个百分点；职工就业单位的所有制结构日趋多元化，“十一五”期间，非国有、集体企事业单位职工占城镇单位在岗职工的比重快速提高，由2006年的58.2%上升到2009年的65.5%，非公企事业单位成为新增就业岗位的主渠道。

（三）职工队伍素质明显提升。

2010年北京市第二次全国经济普查数据显示，同2005年第一次全国经济普查相比，在从业人员中，具有大专及以上学历的人员由273.3万人增加到399.3万人，所占比重由38.8%上升到48.9%；具有专业技术职称的人员由172.2万人增加到181.1万人；具有技术等级的人员由67.4万人增加到113.0万人，所占比重由9.6%上升到13.9%。与经济社会发展需要相比，具有中高级技术职称和技术等级的职工依然紧缺。

二、“十一五”时期职工发展取得的成就

（一）职工劳动就业基本稳定。

“十一五”期间，失业人员总数由2006年的32.07万人下降到31.09万人，期末实有城镇登记失业人员由10.40万人下降到7.73万人，城镇登记失业率由1.98%下降到1.37%。失业人员就业人数由19.11万人提高到21.19万人，城镇登记失业人员就业率由59.6%提高到68.17%，职工平等就业权得到必要保障。

（二）职工收入总体稳步提高。

“十一五”期间，全市职工平均工资由2006年的36097元/年增加到2010年的50415元/年，上涨了39.7%，年均增长9.0%；其中全市城镇法人单位在岗职工平均工资由40117元/年增加到65683元/年，上涨了63.7%，年均增长16.8%。调查数据表明，“十一五”期间北京市职工收入呈现稳定增长态势，但仍有少数非正规就

业职工群体的收入增长机制有待规范。

（三）职工保障水平显著提高。

“十一五”期间，社会保险覆盖范围不断扩大，统一了农民工参加职工基本养老保险政策，职工养老保险参保率达到96%。职工医疗保险参保率达到95.6%，生育保险参保率达到93.8%。与“十五”期末相比，享受职工基本养老保险待遇人员平均养老金增长近1倍，失业保险金标准增长55%，城镇职工门诊、住院医疗、社区就医报销比例分别提高到70%、85%、90%，职工社会保险待遇和实际福利水平均有显著提高。工伤保险制度从企业向事业单位、社会团体及民办非企业单位拓展，参保率达到92.85%。工伤保险伤残津贴、护理费和供养亲属抚恤金平均水平分别增长95%、136.3%、98.5%，分别达到2200元/月、1445元/月和1308元/月，建立了“康复机构服务、工伤基金支付”的工伤康复模式。“十一五”期间，全市一系列助学、助医、助困帮扶措施出台和有效执行，职工互助保障机制不断创新，以及企业各类补充保障措施持续发展，促使职工总体保障状况明显改进，困难职工生活得到有效保障。

（四）职工劳动生产条件有效改善。

安全生产监管力度不断强化，企业安全生产主体责任全面落实，对重点行业和领域安全隐患的排查与治理工作进一步加强，重特大安全事故频发现象得到有效遏制。贯彻“预防为主”方针，积极开展工业卫生和职业病防治工作，劳动保护措施不断完善，女职工劳动保护法规得到进一步落实。

（五）职工民主参与权利切实体现。

“十一五”期间，通过不断完善以职工代表大会为基本形式的民主管理制度，深化厂务公开工作，推动了基层民主政治建设。北京市重点规范了国有企业改制中的民主程序，探索非公企业民主管理的实现形式，到2010年，全市国有、集体及其控股企业实行职代会或其他形式民主管理的建制率为97.3%，事业单位建制率为90.3%，已建会的非公企业建制率为50.6%，有力促进了职工民主参与，保障了职工的知情权、参与权、表达权和监督权。同时，工会组织通过深入开展调查研究，畅通职工表达诉求的渠道，及时将职工关注的热点、难点问题反映到党委、政府，为职工有组织、广泛而规范地参与首都经济社会建设提供了有效的途径。

（六）职工职业发展平台逐步完善。

“十一五”期间，北京市的“首都职工素质建设工程”业已成为职工职业发展的重要平台，在全市逐步建立起与职业技能提升、学历教育连接的职工教育网络体系。到2010年末，有近千万人次参加了职工素质教育培训，有效促进了职工劳动技能的提升；通过开展职工主题教育活动，提升了首都职工岗位敬业精神；通过开展劳动竞赛和技能比武等活动，一大批优秀职工脱颖而出，平均每年参与竞赛活动的职工达到130万人；通过建设“农民工技能学习基地”、农民工培训站点、培训农民工小教员等多种形式辐射培训农民工近30万人，为农民工群体实现持续性职业生涯发展提供了有效途径。

第二部分　指导思想和主要目标

一、北京市职工发展事业的重要性

职工发展是关系到北京经济社会可持续发展与和谐社会建设的重大议题，职工体面劳动的实现水平和发展状况则是衡量北京市经济社会进步的重要指标。当前，我国经济体制深刻变革，社会结构、利益格局、思想观念正发生深刻变化，社会利益群体日益多元，职工队伍结构和利益需求更趋复杂，和谐劳动关系与高素质的职工队伍培养成为经济发展和社会和谐的重要因素。

从职工发展的客观环境看，“十二五”时期，随着北京市经济结构调整、增长方式转变以及城市化进程的加快，职工队伍也将呈现新变化、新特点，主要表现为：学历水平更高、非京籍职工比例加大、第三产业就业职工数量增多、非正规就业职工群体比例提高、非公有制经济组织职工数量增加等趋势，职工队伍构成将日趋复杂化、分散化。此外，职工在就业、收入、住房、医疗、自身素质提升和子女教育等方面面临的压力将继续加大，职工对企业及传统群众组织的认同感及忠诚度都有待提高，各类新兴社会组织对职工的吸引力也在逐渐提高。同时，职工对收入增长、职务晋升和生活条件改善以及自身素质提高的期望不断攀升。

从企事业单位发展的需要看，用人单位面对竞争压力的不断加剧，需要在技术创新、市场开拓和内部管理上不断加大投入，需要社会提供高素质、有潜力、成本低的人才。各类用人单位更倾向于弹性用工和灵活用工方式，但用人单位单方面难以满足职工充分就业、劳动保护、收入增长、社会保障、民主参与和职业发展诸多方面的长期持续增长的需求，这在一定程度上会对北京市职工发展事业，特别是与职工就业权、收入权、安全权、保障权、参与权和职业发展权有关的权益维护和促进事业带来严峻挑战。将对传统的、以工会组织为主的职工工作格局，以及政府部门各有侧重、相对独立的政府工作模式提出挑战。

因此，“十二五”时期必须加强对职工各项发展权的关注，结合社会管理、社会治理和社会建设的新模式，联合多种力量，整合各类资源，为北京市职工发展各项权益的全面实现提供组织保证、机制保证和资源保障。

二、北京市职工发展事业的指导思想

坚持以邓小平理论和“三个代表”重要思想为指导，坚持以人为本的科学发展观，以和谐社会为建设目标，以全面实现职工体面劳动为基本出发点，以规范与和谐劳动关系、维护职工发展权益为主线，以维护和促进北京职工的就业权、收入权、安全权、保障权、参与权、职业发展权为主要建设内容，以“枢纽型”社会组织为重要载体，以规范化、有组织的职工权益维护与发展为具体工作形式，以系统化、社会化、公益化的服务格局为主导运作模式，以多层级职工服务体系为组织平台，通过创新服务机制、改进服务形式、延伸服务触角、扩展服务覆盖范围、提高服务质量为工作原则，努力在全国率先建立制度领先、机制创新、方法先进、资源集成、保障得力、覆盖全面、重点突出、服务可靠、成效显著的职工发展事业，有效促进北京市职工群体“体面劳动”的充分实现。

三、北京市职工发展事业的主要目标

“十二五”时期，北京市职工发展的主要目标是：为北京市职工提供就业有平等机会、收入有同步增长、工作有安全保护、保障有多元平台、参与有充分渠道、职业发展有支撑条件的职业环境。

——就业有平等机会。积极维护职工的平等就业权和自主择业权，积极完善和落实劳动法律，促进和谐劳动关系，反对各种形式的就业歧视。进一步改善劳动就业环境，全面落实劳动合同制度，地方企业劳动合同签订率达到95%以上。

——收入有同步增长。实现职工收入与经济增长、劳动生产率提高的两同步，逐步形成反映人力资源市场供求关系和企业经济效益的工资决定和增长机制，稳步提高最低工资标准，确保劳动者分享社会进步成果。普遍开展工资集体协商，在已建立工会组织的企业中，集体合同签订率达到80%。

——工作有安全保护。“十二五”时期提高职工安全生产水平，建立和完善职业安全和劳动保护规范化标准，提高全社会的职业安全和劳动保护意识，逐步建立安全工程师制度，强化安全生产和劳动保护的责任体系。“十二五”期间，行业性职业安全与劳动保护标准的覆盖率达到90%以上。

——保障有多元平台。基本社会保险制度覆盖全体职工，职工各项社会保险的参保率均达到98%以上，以职工互助体系和社会救助加大对困难职工的保障力度，企业补充保险和企业职工援助计划惠及部分职工。

——参与有充分渠道。保证职工在企事业单位内部的民主治理、行业性或区域性社会事务管理以及北京市相关社会事务及政治生活中享有平等参与的机会，确保职工能够充分参与民主管理和社会治理的各种渠道和途径。积极提升职工民主参政议政的能力，促进职工有组织的社会参与，切实提高职工的政治参与能力。

——职业发展有支撑条件。提高公益性职工教育的可及性和便利性，促进职工身心健康、提高职工文化素养、岗位专业能力和综合素质，为职工职业发展提供多种渠道和机会。通过提供技术发明和技术创新展示平台，建立高技术人才激励机制和培育平台，促进北京人才队伍的发展。建立科学规范的职业体系，推进职业资格规范化进程，完善专业人才评价认证体系，保证职工职业发展有明确方向和持续动力。

第三部分 “十二五”时期北京职工发展重点任务

一、发展和谐劳动关系，实现平等就业

“十二五”期间，以促进劳动关系规范与和谐为重点，促进职工就业权的全面实现，保障职工平等就业权和自主择业权。全面推进《劳动合同法》和《就业促进法》的贯彻实施，逐步建立规范有序、公正合理、互利共赢、和谐稳定的劳动关系，保障和促进职工的就业权益，促进经济发展与社会和谐之间的统一。

（一）促进职工平等就业权的实现。

不断健全劳动法律法规，实施劳动合同制度，发展和谐劳动关系。地方企业的劳动合同签订率保持在95%以上。加强对劳动合同的执法检查和社会监督，及时发现和纠正违法用工行为。加强对中小企业签订劳动合同的指导和对编制外职工签订劳动合同的辅导工作等。在“十二五”期末，对中小企业和编制外用工签订劳动合同的有效辅导率应达到70%以上。工会等“枢纽型”社会组织要切实肩负起指导和帮助职工签订劳动合同的责任。

全面开展《劳动合同法》的公益性宣传与教育，各级政府就业与社会保障领导小组负责推动《劳动合同法》的宣传、执行与监督，工会等社会组织应大力营造遵守劳动合同、促进职工平等就业和自主择业权利的社会环境，积极提高职工运用法律手段保障自身权益的自觉意识，充分发挥社会组织的枢纽和桥梁作用，切实提高广大职工理性维护自身权益的能力，拓展职工有组织维权、规范维权、主动维权、长期维权的渠道和空间。

（二）规范北京市职业标准、准入条件和评价体系。

按照国家法律规定，在人力资源和社会保障部统一组织并开发

的职业技能标准、职业培训教材、职业技能鉴定题库指导下，积极组织开展职业技能培训、考核、鉴定工作，为维护职工劳动就业权和其他权益提供科学性、规范性的评判基础和沟通协商数据依据。

（三）建立人力资源市场信息发布机制。

“十二五”期间，建立市区（县）两级分行业、分地区的人力资源市场信息发布机制。各级政府、大型企业、行业协会、工会组织、教育培训机构以及人力资源市场服务机构应及时提供人力资源供需动态信息，为劳动合同、工资谈判以及劳资争议的解决等提供信息公开平台。到“十二五”期末，分行业、分地区、分岗位（职业）的供需双方信息实时动态发布率应达到80%，每年确定的重点监督行业的实时动态发布率达到90%以上。

（四）建立全覆盖的市级、行业或区域性的两级劳动管理信息系统。

逐步建立劳动管理信息平台，及时发布信息以指导职工就业和维护职工权益。建立行业性、区域性的劳动管理信息系统，全面收集劳动合同信息、用工状况、收入福利信息、培训和教育信息以及社会保险缴纳等信息，并建立行业性、区域性劳动管理信息集成、分析与发布工作机制。在“十二五”时期末，形成职工就业、劳动合同信息与城乡各类人员社会保障信息之间的对接和共享。

（五）提高职工就业指导与辅导人员的专业化水平。

提高职工就业指导与辅导人员的专业化水平，促进职工自主创业，提高劳动者的就业能力和质量，帮助职工实现稳定就业。进一步促进专业化人力资源服务机构的发展，培育人力资源配置和择业辅导的专业化服务机构，提高就业指导与辅导人员的专业化程度，尤其是社会组织中公益性就业指导与辅导人员的专业化水平，以提高政府和社会就业促进事业的专门能力。充分发挥职工服务体系中就业促进和劳动权益维护专职人员的专业作用，逐步建立专职就业指导人员队伍，并对社会组织、社区服务、政府机构以及中介组织的就业辅导和指导人员进行规范化的人员认证，以规范其执业资格，从而切实提高北京市各类组织就业促进的服务能力和服务效果。到“十二五”期末，专业化的、有资质的、全职就业辅导和指导师与职工人数的比例力争达到1：3000，助理就业辅导和指导师的比例达到1：5000。

二、提高职工收入水平，逐步建立职工收入正常增长机制

营造尊重劳动，尊重知识，尊重技能的环境，维护职工的公平收入权，提高职工劳动报酬水平，保证经济和社会发展的成果更多惠及广大职工。

（一）努力提高一线职工收入水平。

要通过转变经济增长方式和产业结构升级，保证职工收入水平的持续提高；倡导尊重劳动、尊重知识、尊重技能的社会氛围，逐步提高居民收入在国民收入分配中的比重，提高劳动报酬在初次分配中的比重，尤其要提高一线职工收入在企事业单位收入分配中的比重，真正体现职工的劳动、技能和智力的价值，逐步形成反映人力资源市场供求关系和企业经济效益的工资决定和增长机制。

（二）积极推进工资集体协商。

建立健全工资集体协商的法律制度，各类企业应结合企业经济状况，依据职工的愿望和要求，参考市场前景、物价上涨指数、工资指导线、劳动力市场价位、同行业工资水平等综合因素，与职工集体协商，以确定工资分配制度、工资标准、调整比例、支付办法等事务。企业工会和行业工会要成为推动工资集体协商的重要主体，设立专业化的工资集体协商指导员队伍，人员配比应与职工人数、企业和行业产值规模挂钩。“十二五”期间，建会企业集体合同签订率要达到80%，规模以上建会企业签订工资集体协商专项协

议的比例要达到90%，规模以下企业要积极开展区域性或行业性工资集体协商。区域性、行业性工会联合会（或上级工会）应当主动提出协商要约，与区域内企业代表或行业协会，根据经济发展水平和当地生活水平，协商签订区域性或行业性工资专项协议，再通过与辖区内企业逐一协商，督促落实。

（三）完善最低工资制度。

推动我市最低工资标准“十二五”期间年均增长13%以上的目标得到实现。突出工会组织的监督职能，加大工会对企业执行最低工资制度及企业内部分配制度的民主监督力度，坚决反对企业将最低工资作为支付标准的行为，杜绝正常劳动情况下支付劳动者工资低于最低工资标准的现象，强化法律权威和执法力度。建立最低工资与物价水平挂钩、与城乡居民收入水平相协调的联动机制，合理提高各项社会保障待遇水平。

三、强化劳动保护，提高职工职业安全意识与能力

（一）强化劳动保护行业标准。

要不断强化用人单位执行相关劳动保护标准的意识，在职业风险较高的行业建立全覆盖、强制性的职业安全标准。在制定机构准入、政府采购以及政府补贴等政策中，应充分考虑用人单位落实职业安全与劳动保护标准的情况，特别是用人单位的职业安全状况。“十二五”期间，行业性职业安全与劳动保护标准的覆盖率达到90%以上，规模以上企事业单位建立规范系统的职业安全和劳动保护制度的比例应达到90%以上，规模以下各类企事业单位的制度建立比例达到60%以上。

（二）巩固和提高全社会的职业安全意识。

进一步推进安全生产执法行动、治理行动和宣传教育行动。落实企业主体责任、强化班组现场管理、提高职工安康素质。组织开

展安全理念、安全知识、安全技能进企业、进工地、进社区、进乡村、进校园等“五进”活动，广泛开展群众性“安康杯”竞赛活动，针对北京市高风险行业制订相关的应急预案和预警监控机制，联合各界力量建立市级演习与模拟基地，以促进生产经营单位主要负责人、安全管理人员、广大从业人员的安全意识和安全素质的巩固与提高，在全社会营造“关爱生命、关注安全”的社会氛围，预防和减少安全生产事故的发生。将职业安全和劳动保护的基本知识与核心技能作为高中阶段，包括普通高中、职业高中及大学教育阶段的必修课程。同时，切实提高各界对职业病预防、治疗和康复的投入水平，重点企业应提供强制性免费定期体检和康复治疗。加大投入和专业指导，保证职业病防治队伍的稳定增长。

（三）提高劳动保护领域专业人员水平。

加强企业安全生产监督员队伍建设，逐步推广注册安全生产工程师制度，在职业安全风险相对较高的领域，如大型机械制造业、石化业、矿产业、大型公共交通运输业、土木建筑以及其他高风险行业，规模以上企业设立首席安全生产工程师岗位，负责企业的职业安全、劳动保护与生产安全。

四、维护职工社会保障权，健全行业性和区域性的保障工作机制

职工社会保障是基于国家社会保障体系和工会服务体系，保障职工实现基本生活安全的行动计划和工作成效。在“十二五”期间要提高职工社会保险参保率，充分发挥行业性和区域性社会组织的保障作用，健全和加快发展职工互助性保障工作机制，发挥社会救助机制，鼓励适度发展企业补充型保障。

（一）实现社会保险职工全覆盖。

养老、医疗、失业、工伤和生育五项社会保险参保率达到98%以上；并逐渐提高非正规就业职工的参保率。同时积极推进城乡统

筹、事业单位职工的失业保险制度和非正规就业职工的社会保险事业，实现社会保险对职工的全覆盖。加强社会保障知识教育、维护职工对社会保障状况的知情权，将职工社会保险知晓率提高到99%以上。

（二）积极发展互助型社会保障。

强化社会组织的互助保障功能，完善职工互助医疗保障制度。在改善国家基本医疗保险管理服务和待遇水平的基础上，探索职工医疗互助基金的管理模式和立法问题，将职工个人年度医疗费用的自付比例控制在总费用的20%以下，职工供养家庭成员的年度医疗费用控制在总费用的40%以下。同时，推进为困难职工提供“在职职工住院医疗”、“在职职工重大疾病”和“在职女职工特殊疾病”的互助保障计划，以增强困难职工抵御疾病风险的能力。将医疗救助和职工医疗互助基金的覆盖范围扩大到非正式就业群体。“十二五”期间，将生活型服务业、创意产业和保险代理等行业的非正规就业职工逐步纳入职工医疗互助保障基金的服务范围。

（三）有效创新职工社会救助模式。

改善面向职工的社会救助体系，做到“第一时间知晓，最基层实施”。工会组织与社会保险经办机构紧密合作，共享信息，建立困难职工信息库，并充分利用职工多级服务体系和职工工资监测体系，建立弱势就业群体的实际生活水平监测体系，及时准确掌握困难职工的情况；充分发挥职工多级服务体系的网络和枢纽作用，快捷、直接地为困难职工提供切实有效的帮扶，实现对困难职工的社会化、网络化、项目制社会救助模式。

（四）适度发展企业补充保险和职工援助计划。

在相关行业，如金融业、高端生产性服务业、高技术产业、战略性新兴产业等行业中推动开展行业性补充社会保险，特别是补充医疗保险和补充养老保险。在高危行业，要建立由用人单位支付的强制性、行业性补充医疗保险和事故保险等，并逐渐建立覆盖重点高危行业的企业补充保险计划，逐渐建立企业保险缴纳费率与其发生事故情况挂钩的制度。采用企业、政府和工会多方联合、共同采购的方式，针对单亲职工、残疾职工、低收入职工、高危行业职工和其他困难职工，建立由第三方专业机构介入的困难职工援助计划。

五、充分拓展职工参与渠道，维护职工参与单位治理和社会治理的权益

职工参与权的实现是劳动关系规范与和谐，实现企事业单位健康持续发展的保证，也是确保职工就业权、收入权、安全权、保障权和职业发展权的基础。职工参与水平是衡量劳动关系和谐程度、社会治理完善程度和社会建设发展水平的重要指标。

（一）维护职工参与单位治理的基本权利。

在各类企事业单位健全完善以职工（代表）大会为基本形式的民主管理制度，严格贯彻落实《北京市企事业单位职工（代表）大会工作程序规定》，规范履行各项民主程序；按期进行职代会换届，严格按规定比例、程序做好职工代表的选举、撤换、补选工作；认真执行职代会决议落实情况公示制度和向职代会报告制度，接受职工代表监督。坚持改制民主程序预案征求意见制度。严格落实“改制方案必须提交职工代表大会审议，职工分流安置方案必须经职工代表大会审议通过”的规定。“十二五”期间，职代会规范运作率达到90%以上，良好运作率达到70%以上，60%以上的企事业单位职工对职代会的满意度在90%以上。加强厂务公开体制机制建设，健全和完善各项规章制度，针对不同类型企业，制定厂务公开工作的具体标准和实施规范。推动“创建劳动关系和谐企业活动”，推动用人单位搭建劳动关系双方对话平台，落实民主管理制度，以保障职工民主参与单位治理、享有基本民主的权利。“十二五”期间，有60%以上的企业成为劳动关系和谐企业。

（二）建立行业性、区域性的职工事务集体协商制度。

在涉及到职工利益、职工发展事业、特别是群体性的职工发展事务的相关重大决策和重要事件处理中，要充分发挥工会等各类社会组织的作用，政府的相关部门要积极征求工会、行业协会、从业人员代表、用人单位等各方的意见和看法，以保证职工的知情权与参与权。“十二五”期间，在产业结构和增长方式调整过程中，重点做好涉及职工群体性利益的行业和区域的集体协商工作，职工对行业重大变化和重大决策的知晓率要达到90%以上，与职工发展事业有关的提案有效反馈率在80%以上，职工有组织、规范化的参与率在70%以上。

在新兴行业，要以高起点、大视野为出发点，逐步建立行业性的集体协商、信息共享、资源互通的工作机制，努力发挥工会等社会组织的枢纽作用，以促进劳动关系和谐、降低行业劳动争议，减少劳动关系冲突等为目标，更好地促进新兴行业的发展。

（三）拓展职工民主参与社会事务和公共决策的机会。

切实保证和增加职工代表在人大、政协以及其他参政议政环节的席位，各级党委和政府在涉及职工利益和民生问题的重大决策中，应建立面向职工的征求意见、决策咨商的工作机制，切实实现由行政管理向社会建设与社会治理的转变，从而在根本上保证和维护职工的参与权益，特别是社会参与权益。要切实提高工会等社会组织自身对社会政策和公共政策的研究能力和舆情调研能力，以解决职工最关心、最直接、最现实的问题为抓手，以厂务公开协调（领导）小组、协调劳动关系三方机制为依托，充分利用工商联、私个协、行业协会等社会资源，加强源头参与，发挥桥梁和纽带作用。

六、提高职工教育的可及性和便利性，提升职工综合素质

职业发展权，是职工在较高水平上持续实现其就业权、收入

权、安全权、保障权和参与权的重要前提，也是衡量北京市职工发展事业的重要指标。职业发展权的实现体现为职工职业技能素质、身体健康素质、科学文化素质等综合素质的提高。

（一）提高职工教育的可及性和便利性。

采用多部门联合工作，多层次培训与教育项目整合，多渠道社会资源融合的方式来逐渐提高职工自身提高所需的公益性的、社会性的职业教育资源的可及性和便利性，保证全体职工都能享有基本的素质提升和生涯发展权益。建设首都职工教育中心，广泛开展公益性大讲堂活动，建设和完善职工学习超市，为职工提供基本职业技能、职业素质和文化素养的公益性培训和教育服务。以政府采购、政府和社会合作、政府与企业合作的方式，促进各类职业教育参与职工培训与开发。通过开办高等职业教育推进职工素质教育工程的学分银行制度，帮助职工提高职业素养和学历水平。

积极推动和倡导关爱职工健康的活动，促进职工群众文体活动的发展，提升职工健康素质。充分调动企事业单位、行业、区域各类单位的积极性，加大投入，给予激励措施，保障职工文体活动的持续开展，并定期举办行业性的、区域性的职工文体交流和竞赛活动。提供政策，鼓励各类社会力量为职工优惠提供文体活动的相关场地、设施和赞助。在“十二五”期间，积极鼓励具备条件的企事业单位增加职工文体活动设施、场地和人员辅导教练方面的投入，致力于促进职工健康素质。

（二）加强职工岗位技能培训。

明确企事业单位的主体责任，提高用人单位在开发职工能力上的关注度。抓住北京市“十二五”产业升级有利时机，调动重视职工专业素质开发的积极性，以提高职工对单位的忠诚度和认同感，并强调各类企事业单位在职工岗位技能培训和专业素质开发上的责任，将是否建立职工岗位技能培训制度、专项经费投入及岗位技能培训情况和效果纳入到“劳动关系和谐企业”的评价内容中。联合各界力量，加大投入力度建设高技能人才示范基地，营造重视专业素质、尊重专门人才的社会氛围。举办职工职业技能大赛，每年举办一次全市职工职业技能大赛。

（三）提升职业资格认证的权威性和覆盖率。

积极推进职业资格认证与评价工作。鼓励用人单位更多采用以技能－绩效为基础的聘任与薪酬制度，并在招聘、晋升和薪酬等环节采用职业资格评价与认可结果，从而从人力资源市场以及专业人才提升途径的高度来真正推动职工素质提升，持续保障职工的职业发展权。

（四）广泛开展发明创造和技术革新活动。

组织动员职工积极参与合理化建议、技术革新、技术协作和职工小发明、小革新、小改进、小核算、小节约、小经验“六小活动”，定期举办职工发明创新大赛，激发职工创新活力。组织开展项目攻关、名师带徒、技术交流等活动；以职工创新工作室、职工技协为载体，通过举办论坛、观摩会等活动，吸引不同企业职工广泛参与，促进职工技术交流。提高技术论坛、技术交流以及职工技能大赛的社会知晓度和美誉度，使之成为享誉北京的常规性职工活动，提高获奖人员的社会知晓率和行业美誉度。遴选专业领军人物和高素质劳动模范，从职工技能大赛优胜者、高技能人才、劳动模范中选树专业领军人物。五年内建立500个市级职工创新工作室，并将职工队伍中的杰出代表纳入到北京市高层次人才队伍建设工作中，“十二五”期末，进入到北京市高层次人才计划的高级技师和职工创新先进的人数应在1000人以上。

（五）针对困难群体提供优惠培训。

多渠道筹措资金，建立健全困难职工和农民工学习资助政策。重点扶持非公中小企业、困难企业、困难职工的职工教育活动。加大对农民工职业技能培训和专业素质开发的扶持力度，广泛开展针对农民工的职业素质提升的专项培训。“十二五”期间，针对困难群体的专项职工教育项目应当保持在10%以上。筹措资金，以资助学费等方式在北京青年农民工较为集中的行业、企业推行“首都青年农民工大学生助推计划”。为经济困难的有志专业人才提供个人生涯发展的一揽子支持计划，从继续教育、职业生涯规划、就业辅导、创业辅导、资金支持等方面以专家辅导团队的形式、风险投资模式、资源整合、全程定向支持的方式帮助有志职工成长。争取到“十二五”期末，北京市参与到该支持计划的青年职工总体规模在3000—5000人，专家辅导团队达到40—50个。

第四部分　促进职工发展的保障措施

一、明确各级党委政府领导职责，构建职工发展事业的领导体制

以为人民服务为宗旨，以和谐社会建设为目标，以促进社会建设、优化社会管理为重要任务，将维护社会稳定工作关口前移，将促进职工发展事业构建和谐劳动关系保障体面劳动作为各级党委和政府的重要职责，应在各级政府的绩效评价指标中包含与职工发展事业有直接相关的内容，并作为一把手和班子评价的重要指标内容。在“社会保障和再就业工作领导小组”的职责中加强围绕体面劳动有关的就业权、收入权、安全权、保障权、参与权和职业发展权等权益维护和保障有关的工作。

二、构建多层级职工服务体系，建设职工发展事业的服务网络

从组织机制上创新职工发展事业的服务体系，并强化其针对职工发展多层次、多元需要的服务能力。以建设服务型政府、促进和谐社会建设为目标，充分发挥社会组织作用，在现有工会服务体系

基础上，建立和发展北京市职工发展多层级服务体系，并与现有的社区服务体系和党建服务体系协同作用，以协调用人单位和职工，联合各类社会力量共同服务于职工发展事业。建立面向职工需要、致力于职工发展事业的组织基础和组织网络，建设与职工就业促进、社会保障、劳动保护、收入分配、民主参与和民主建设、职工教育和终身教育等与职工利益紧密相关的民生建设和社会建设问题的公共服务派送网络化体系。

三、完善职工发展事业的法律制度，建设职工发展事业的法律支持体系

在《劳动合同法》、《就业促进法》、《社会保险法》与《工会法》等法规指导下，积极完善北京市与职工发展，特别是与职工体面劳动权益有关的职工发展相关内容的法律制度建设，并推进职工权益维护法律服务体系的发展。提高职工权益维护工作的专业化水平，积极聘请专兼职的职工权益维护律师和其他法律工作者。建立市级职工法律服务咨询中心和区县的法律服务工作站，依托职工服务体系开展法律教育、法律咨询、法律援助工作。“十二五”期间，继续加强专业化的劳动争议第三方调解制度，贯彻“预防为主、基层为主、调解为主”的工作方针，深入开展企业调解、区域调解、行业调解等人民调解工作，构建多层次、广覆盖、开放式的劳动争议调解体系和联动机制。聘请专业化法律工作者进行劳动争议调解服务，不断降低劳动仲裁和劳动争议引发的诉讼案件数量。

四、整合各类资源，建设职工发展事业的共享机制

要进一步提高职工发展事业的社会化、网络化、专业化水平，要整合政府相关部门和社会组织的相关资源，建立社会治理的新机

制，推动社会管理和社会建设，实现职工体面劳动、社会劳动关系和谐的新局面。建立多方联动机制、工作例会制度、重大决策咨商制度以及工作信息通报制度，建立责任明确、保障得力、奖惩明晰、反馈及时的工作评价机制和工作流程，促进各级政府间、政府与社会组织间、政府与企业间的协调行动。同时，积极培育、鼓励和吸纳各类新兴社会组织参与到职工发展事业中，以形成联合共建、协调共享的局面。

五、确保财政投入和政府保障，建设职工发展事业的基础设施

为适应北京市经济与社会发展的新形势，满足职工多元化、深层次的需要，各级党委与政府要确保职工事业发展所需要的财政投入和基本保障。“十二五”期间，充分利用为职工发展提供便利服务的存量资源，开展困难职工帮扶、法律服务等服务，并为专职工会社会工作者提供培训和业务指导，进一步完善服务职工发展的新机制，满足全市企事业单位职工终身学习及职业发展的需求。在原有财政资金支持的首都职工素质建设工程项目基础上做好职工服务体系，提供更多的公益性服务。

六、加快信息化和数字化建设，完善职工发展的信息基础设施

加快与职工发展相关的信息化和数字化建设，完善以工会会员为中心、覆盖多数职工的职工发展网络服务派送系统，包括免费保险服务、法律咨询、就业辅导和生涯规划、心理咨询服务，以及职工数字图书馆、技术英才网、职工素质建设工程网、网上学习超市等远程在线教育和电子学习项目等信息服务内容；建立完善 12351 职工服务信息平台，完善平台提供的内容和技术支持。采集、收集、分析相关信息和数据，建立全市统一的涵盖职工就业、劳动合

同、收入、社会保障、福利和教育培训以及民主参与等领域信息集成平台；拓展工会组织现有的职工信息系统，要覆盖到非公有制单位和非正规就业部门，及时掌握职工权益的动态信息和保障情况，方便职工及时了解行业、地区劳动就业动态以及企业动态信息，理性分析个人权益、个人职业发展以及所需教育培训的状况。建立北京市职工舆情信息系统和分析中心，及时了解职工需求和相关动态，为及时维护和保障职工发展权益、促进和谐劳动关系提供信息基础。建立覆盖职工服务体系，涵盖区县、重点企事业单位、重点行业和重点区域的职工发展监测网络、咨询服务网络、法律服务和培训服务、认证服务、社会保障服务的网络配送系统，与服务体系形成相互支撑的体系。

七、加强人才的专业化和社会化，建设职工发展的人才队伍

进一步提高各级工会组织专职和兼职干部以及专职工会社会工作者的职业素质，提高其服务职工发展事业的专业能力和胜任素质，提高企事业单位工会主席依法独立开展工作的能力，提高其在职工中的影响力。要加强职工事业发展领域的社会工作者队伍建设，提高北京市职工发展多级服务体系中专业人员和职工权益律师的专业素质和服务精神。重视职工发展中人才队伍建设的重要性，系统研究并规划人才队伍发展战略，通过引进延揽与培训开发相结合的方式，建设规模适当、结构合理、专业到位的队伍。力争到“十二五”期末，与职工事业有关的社会工作者与职工人数的比例达到1：2000，职工权益律师与职工人数比例达到1：10000。

征文参与名单

全球化时代的中国职工文化建设 …………………………… 邹广文
关于和谐劳动关系的定性分析及其量化设想 …… 马谋超 马宇宏
关于发展和谐劳动关系的调研与思考
…………………………… 天津市人力资源和社会保障局劳动关系处
浅谈工会在创建和谐企业中的角色定位 …………………… 阎海荣
试论工商联在构建和谐劳动关系中的地位和作用
……………………………………………… 天津市工商业联合会
创建和谐劳动关系 推动公司创新发展
……………………………… 天津日商卫生科技发展有限公司
深化维权机制是发展企业和谐劳动关系的
重要途径 ………………………… 马贞轩 张峰崎 周雅丽
创建和谐劳动关系 促进企业科学发展 … 河北永洋钢铁有限公司
构建社会主义和谐劳动关系面临的问题及对策 …………… 王志萍
发展社会主义和谐劳动关系与加强基层党的建设 ………… 郝维俊
维护职工权益 促进企业发展 用平等协商促进
和谐劳动关系 …………………………………… 山西省总工会
努力建设和谐稳定新型劳动关系 促进科学发展
实现和谐稳定 ………………… 山西沁新能源集团股份有限公司

构建和谐劳动关系　倾情打造和谐企业 ……… 山西亚宝药业集团
社会主义和谐劳动关系构建研究 ……… 高鹏博　齐银昌　李亮山
充分发挥工会组织在发展社会主义和谐劳动
关系中的作用 ……………………………… 内蒙古自治区总工会
发展社会主义和谐劳动关系与加强职工思想
政治工作建设企业文化的重要关系
——内蒙古民营企业文化建设在引导企业发展
构建和谐社会中的作用 …… 内蒙古自治区工商业联合会
以人为本　关爱职工　创建劳动关系和谐企业
………………………………………………… 内蒙古西蒙集团公司
构建和谐劳动文化　发展和谐劳动关系 …………………… 曲延志
试论充分发挥工商联在构建和谐劳动关系中的
积极作用 ……………………………………………………… 袁有训
民营企业构建和谐劳动关系需要俩好轧一好的
企业文化
——利益需要和谐，精神更要和谐 …………… 武永存　袁有训
构建和谐企业文化　发展和谐劳动关系
……………………………… 辽宁省沈阳和佳道桥工程有限公司
民营企业是构建和谐劳动关系的重要主体 ………………… 牟春丽
国有企业和谐劳动关系的建立及管理
……………………………… 齐齐哈尔轨道交通装备有限责任公司
构建和谐劳动关系　促进企业快速发展
……………………………… 黑龙江省西林钢铁集团有限公司
深化共同约定行动　推动和谐企业创建 …… 上海市闵行区总工会
发展社会主义和谐劳动关系对于推动科学发展
促进社会和谐的重要意义 ………………………………… 郑燕鸣
对新形势下构筑和谐劳动关系的思考 ……………………… 王珍宝

构建和谐的劳动关系是企业稳定发展的基础 ……………… 薛浩善

构建和谐劳动关系企业的思考 ……………………………… 龚新生

和谐企业建设需要一支心理和谐的职工队伍 ……………… 刘德顺

浅谈发展社会主义和谐劳动关系与发挥职工
群众作用 ………………………………………………… 周 静

人本管理：构建和谐劳动关系的微观探究 ………………… 周世亮

对创新政府治理劳动关系冲突机制的思考 ………………… 顾 潮

当前我国劳动关系的特点、问题及对策 …………………… 郑 鸿

职工至上 谋求双赢
——江苏远东控股集团构建和谐劳动关系的实践
……………………………… 江苏远东控股集团有限公司

劳动关系和谐是社会和谐的基础
——浙江劳动关系的现状与思考 ………………………… 陈诗达

浅论如何发展民营企业和谐劳动关系 ……… 浙江省工商业联合会

弘扬企业文化 多管齐下共建和谐劳动关系
…………………………………… 中信银行杭州分行工会

“招工难”困局引发的思考 ………………………………… 李坤刚

论发展社会主义和谐劳动关系需要各方主体
共同努力 ………………………………………………… 丁胜如

发挥党群组织作用 创建和谐劳动关系
——浅谈构建和谐劳动关系的做法和体会
………………………………………… 安徽联华实业集团

构建和谐劳动关系 夯实和谐社会基础
——简析当前我国劳动关系的现状、问题和对策
…………………………………………… 黄立新 诸葛琼

我国社会主义和谐劳动关系的基本特征、
目标模式 ………………………………………………… 占金洪

围绕构建和谐劳动关系加强非公有制企业
党建工作 …………………………………… 福建省工商业联合会
构建和谐劳动关系 促进企业科学发展
…………………………………… 福建省厦门宏泰发展有限公司
经济欠发达地区的劳动关系现状、问题及对策建议
——以江西为例 ………………………… 罗水泉 李金华 郭添红
创建和谐劳动关系 ……………… 江西赣州华坚国际鞋城有限公司
加强政府监管服务 构建和谐劳动关系 …………………… 解立峰
运用三方机制调整劳动关系初探 …………… 山东省工商业联合会
夯实三大基石 构建劳动关系和谐企业 …………………… 曹成峰
和谐劳动关系是企业发展的稳固基础 …… 山东佳怡物流有限公司
从“用工荒”谈和谐劳动关系与企业文化建设
…………………………………………………… 河南省工商业联合会
发展社会主义和谐劳动关系与发挥企业经营者的
作用 ………………………………………………………… 张长喜
营造和谐劳动环境 创建和谐企业文化
…………………………………… 河南广安生物科技股份有限公司
企业和谐满园春 …………………… 河南开封特耐股份有限公司
以和谐劳动关系为导向的我国劳动政策演变及
劳动关系发展 …………………………………………… 任长江
加强企业民主管理 建设和谐劳动关系 …………………… 陈德明
企业管理者在创建和谐劳动关系中应发挥的作用
…………………………………………………… 甄冠楠 季新革
影响企业和职工队伍稳定的主要问题及对策
………………………… 河南省三门峡市人力资源和社会保障局
当前我国劳动关系的状况、特点、问题及对策措施
…… 河南省鹤壁市人力资源和社会保障局就业促进与农民工工作科

注重劳动争议调解　构建和谐劳动关系 …………………… 毛杰勇
关于当前我省劳动关系现状的调查与思考 ………………… 蔡　伟
健全协调劳动关系体制机制　发展社会主义和谐
　劳动关系 …………………………………… 夏继水　黄振宇
当前湖北劳动关系的现状及对策 …………… 湖北省工商业联合会
构建和谐劳动关系　促进企业健康发展 …………………… 戴旭彪
工资集体协商：中国特色的劳动关系协调模式 …………… 谢玉华
浅谈企业工会如何构建和谐劳动关系 …………………… 谢肖冰禔
发展社会主义和谐劳动关系与发挥企业经营者
　作用 ………………………………… 广西南华糖业集团有限公司
营造心灵“家园”　构建和谐“南方”
　…………………… 广西河池南方有色冶炼（集团）有限责任公司
发展和谐劳动关系　建设和谐中恒集团
　……………………………………… 广西梧州中恒集团股份有限公司
发挥社会主义制度优势　构建有效载体和平台
　发展社会主义和谐劳动关系 ……………… 海南省工商业联合会
以人为本　创新求进　创和谐企业
　…………………………………… 海南现代科技集团有限公司
加强科学化社会管理　促进民营企业和谐劳动
　关系建设 …………………………………… 重庆市工商业联合会
中国现代国有企业如何创新“以人为本”管理战略 ……… 岳传刚
中国国有金融企业如何推行行务公开制度 ………………… 岳传刚
发展社会主义和谐劳动关系与发挥企业经营者作用
　——《劳动合同法》实施与企业用工管理解读兼论
　　企业的职权 ……………………………………………… 陈　昱
关爱职工 企业才能士气昂扬
　…………………………………… 重庆小康汽车控股有限公司

当前四川省劳动关系的特点、问题分析及对策建议
……………………………………………… 杨　杉　饶　风　唐　青
企业文化建设是构建和谐劳动关系的内生动力
…………………………………………………… 四川省工商业联合会
发挥工会作用　促进劳动关系和谐稳定健康发展　………… 韦景智
关于和谐劳动关系的几点思考　……………… 贵州省工商业联合会
以和谐劳动关系促企业健康发展
…………………… 贵州省施达房地产开发（集团）有限责任公司
民营企业构建和谐劳动关系之探讨　………………………… 潘晓云
以劳动者为本　成就和谐昆钢　…………… 昆明钢铁控股有限公司
坚持以人为本　努力构建劳动关系和谐企业
……………………… 云南昆明财兴盛商贸（集团）有限公司
云南龙赢投资集团有限公司建设和谐企业
保障职工权益　…………………… 云南龙赢投资集团有限公司
对新形势下构建我区和谐劳动关系的思考　……… 李养权　李　丹
劳动保障监察是构建和谐劳动关系的有力保证　… 史　想　王　佳
努力构建和谐劳动关系　大力推进和谐社会建设　………… 王　珂
关于构建和发展我国社会主义新型劳动关系的
理性思考　…………………… 陕西省总工会劳动关系研究课题组
和谐劳动关系　诚信服务百姓　………………… 陕西西安唐城医院
加强劳动用工备案工作　构建和谐稳定的劳动关系
——当前劳动关系工作思考　………………………… 薛立平
发展社会主义和谐劳动关系对于推动科学发展
促进社会和谐的意义
——浅谈非公有制经济在构建社会主义和谐社会中的作用
…………………………………………………… 甘肃省工商业联合会

后　记

劳动关系是最基本的社会经济关系，与广大职工切身利益息息相关。构建和谐劳动关系是保障和改善民生、维护职工队伍和社会安定和谐的基础，不仅具有重大的经济意义，而且具有重大的政治意义和社会意义，在党和国家工作大局中地位十分重要。

2011 年 8 月，全国构建和谐劳动关系先进表彰暨经验交流会在北京召开。中央召开的这次会议，是改革开放 30 多年来第一次全国性、高规格的研究部署构建和谐劳动关系的工作会议。会议全面分析了我国劳动关系工作面临的形势和任务，集中研究部署构建和谐劳动关系工作，对于进一步做好新形势下的劳动关系工作具有重要意义。

中共中央政治局常委、中央书记处书记、国家副主席习近平同志出席会议并发表重要讲话。习近平同志的重要讲话，站在党和国家事业发展全局的战略高度，深刻阐述了构建和谐劳动关系的重要意义，明确指出构建中国特色和谐劳动关系，是坚持中国特色社会主义道路、贯彻中国特色社会主义理论体系、完善中国特色社会主义制度的重要组成部分，其经济、政治、社会意义是十分重大而深远的；有针对性地部署了当前和今后一个时期的重点工作，要求坚持正确的指导思想、工作原则和政策措施，切实做好完善劳动法律并保障其实施、合理调节企业工资收入分配、加强企业民主管理建设、努力化解劳动关系矛盾、加强企业党组织建设、支持企业健康发展等六个方面的工作；提出必须加强组织领导，提高构建和谐劳动关系工作水平。习近平同志的重要讲话，为我们做好今后的工作提供了理论指导，指明了方向。

为认真贯彻落实这次会议精神，大力构建社会主义和谐劳动关系，推动科学发展、促进社会和谐，我们以中共中央宣传部、中共中央政策研究室、人力资源和社会保障部、中华全国总工会、中华全国工商业联合会、中国企业联合会/中国企业家协会于2011年2月征集的论文为基础，编辑了《构建社会主义和谐劳动关系》一书。这次征集，共收到各类文章共200篇，我们从中选编了90篇。这些文章，内容丰富，论述深刻，既有理论上的深入探索，也有实践上的奋力开拓，富于思想性、创新性和典型性，集中反映了当前有关我国和谐劳动关系构建的阶段性成果，对深入做好发展和谐劳动关系工作具有重要的借鉴意义。经请示，中共中央政治局委员、全国人大常委会副委员长、中华全国总工会主席王兆国同志同意以在全总十五届八次主席团会议上的讲话作为本书序言。

本书由中华全国总工会研究室编辑，安远超、徐世鼎、何其长、陈文娟同志具体负责，辽宁省总工会梁长山同志参加了部分编辑工作。在编辑工作中，着眼于鼓励探索和思考，我们对文章中的观点予以保留。研究室巡视员兼副主任安建华同志初审。中华全国总工会书记处书记、研究室主任李滨生同志终审。

由于编辑水平有限，对于本书不足之处，敬请读者予以批评指正。

谨以此书献给中国共产党第十八次全国代表大会！

编 者

2012年7月